诚信为本

坚持准则

操守为重

不做假账

——与学习会计的同学共勉

诚信为本

坚持准则

操守为重

不做假账

——与会计师同学共勉

“十四五”职业教育国家规划教材
智能财税 1+X 证书制度系列教材

智能财税基础业务 1
社会共享初级代理实务

中联集团教育科技有限公司 编

初级

中国教育出版传媒集团
高等教育出版社·北京

内容简介

本书是“十四五”职业教育国家规划教材、智能财税 1 + X 证书制度系列教材。

本书根据教育部职业技术教育中心研究所公布的《智能财税职业技能等级标准》中的《初级 -1：社会共享初级代理实务——职业技能要求》编写而成，是以相关知识点系统学习为前提基础，着重于智能财税的职业技能培训、考核与评价。

本书按照智能财税职业技能等级标准，对标中小微企业发票代理开具、中小微企业票据整理制单、中小微企业财税规范性审核、小规模纳税人税收申报、一般纳税人税收申报五大工作领域，五大工作领域进一步分解为 18 个典型工作任务。全书真实案例贯穿始终，系统介绍了中小微企业发票开具、整理、审核的全过程，以及小规模纳税人税收申报的规范流程，可使学习者重点掌握五大工作领域的典型工作任务，即开票、理票及制单、复核业务、小规模纳税人税务申报、一般纳税人税务申报的相关职业知识、操作流程及操作技能。本书配有教学课件、场景短片、业务操作等二维码资源，学习者可通过移动终端随扫随学，具体获取方式请见书后“郑重声明”页的资源服务提示。

本书是“智能财税职业技能等级证书（初级）”培训教材，适用于高等职业教育专科、职业教育本科院校及应用型本科院校财务会计类专业及相关专业开展专项实训的教学用书，还可以作为从事财税及财税第三方服务、工商企业管理等社会从业人士的参考用书。

图书在版编目（C I P）数据

智能财税基础业务. 1，社会共享初级代理实务 / 中联集团教育科技有限公司编. -- 北京 : 高等教育出版社, 2019.11（2024.1重印）
ISBN 978-7-04-053256-2

Ⅰ. ①智… Ⅱ. ①中… Ⅲ. ①财税－管理信息系统－高等职业教育－教材②税务代理－管理信息系统－高等职业教育－教材 Ⅳ. ①F810-39

中国版本图书馆CIP数据核字(2019)第275450号

智能财税基础业务1　社会共享初级代理实务
ZHINENG CAISHUI JICHU YEWU 1 SHEHUI GONGXIANG CHUJI DAILI SHIWU

策划编辑　武君红　　责任编辑　贾玉婷　　封面设计　王　洋　　版式设计　张　杰
责任校对　刁丽丽　　责任印制　田　甜

出版发行　高等教育出版社
社　　址　北京市西城区德外大街 4 号
邮政编码　100120
印　　刷　中煤（北京）印务有限公司
开　　本　787mm× 1092mm 1/16
本册印张　9.75
本册字数　190 千字
购书热线　010-58581118
咨询电话　400-810-0598
网　　址　http://www.hep.edu.cn
　　　　　http://www.hep.com.cn
网上订购　http://www.hepmall.com.cn
　　　　　http://www.hepmall.com
　　　　　http://www.hepmall.cn
版　　次　2019 年 11 月第 1 版
印　　次　2024 年 1 月第 6 次印刷
总 定 价　168.00 元

物 料 号　53256-B0

认知与导读

一、智能财税社会共享生态

财税是事关企业和其他工商主体（本书通称“企业”）经营发展的大事。我国有1.1亿工商主体，为企业营造良好的营商服务环境不仅是国家经济转型的一项重要战略性任务，也是整个财税类专业的价值所在。由社会专业机构进行财税第三方服务，使企业以微小的代价享用专业化、规范化、高品质的财税运营和治理，是社会营商环境建设和价值经营管理的重要基础性构建。无论是在发达国家还是在我国，财税第三方服务都得到了长足的发展。随着数字经济时代的到来，智能财税蓬勃兴起，正在从治理范式、作业模式、运营方式等层面改变甚至颠覆传统财税行业。基于我国以票控税监管体制而诞生的票财税共享化、便捷化、一体化智能财税平台，正在成为财税工作的基础设施，特别是构成中小微企业以财税为中心的财经治理结构的基本专业支柱。

智能财税是互联网、大数据、智能化、云计算、物联网等现代技术在财税行业应用的必然结果，是企业和经济领域价值管理和运行的基本业态和核心基础工程。它适应服务于产业升级和创新创业需求，以核算流程与管理行为智能化和人机交互为基础，以工厂化、共享化、专业化、产业化为典型模式，以技能升级与管理革命为功能特征，实现了财税工作与大智移云技术的深度融合发展，并通过智能财税分析促进企业财务管理和经营管理的转型升级。其中智能财税社会共享业态以智能财税社会共享互联网平台为枢纽，以业票财税融一体化为核心牵引，集成工商、人社、证照等服务系统，形成中小微企业智慧财经管家与大中型企业财税外包并举的智能财税社会共享服务O2O体系，集成“智能财税社会共享平台+智慧财经专业服务机构+智慧企业财经管家”的智能财税社会共享生态（见图1）。同时智能财税以企业财税智能化、数字化引领形态为坐标，体现智能财税的共通性、普适性，形成线上、线下相结合的通用业务生态。

线上服务是智能财税社会共享平台，包括中小微企业的票财税代理服务和大中型企业的财税外包服务；线下服务是中小微企业智慧财经管家。线上平台+线下管家，人机交互构成了大智移云技术赋能下的智能财税服务O2O体系。

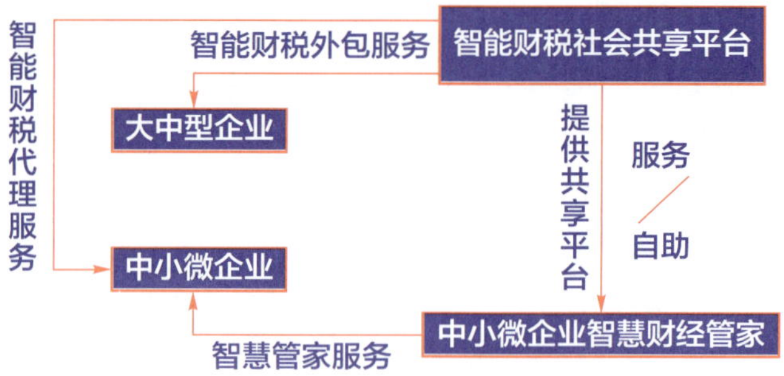

图 1　智能财税社会共享生态

智能财税社会共享平台提供智能财税服务的社会共享系统，纵向实现业票财税融智能化、一体化的采集、核算、评估、报告、管理，特别是运用大数据生产方式实现财税作为创值资源和创值业态的变革；横向按工作岗位和内容的共性实施专业化作业，对外联通业务数据输入和输出接口，为财税服务标准化、规范化、高效化和大数据创值展业提供基础设施。

中小微企业智慧财经管家可为中小微企业提供财经服务以及工商、人社、证照等多个领域的“跨界人才”，成为中小微企业主最得力的“人才库”。中小微企业智慧财经管家的大量工作是线下完成的，但是离不开平台的支撑。智能财税平台既可以由中小微企业智慧财经管家共享自助使用，也可以为第三方专业管家提供共享服务，让管家与事务解决方案不再割裂。

智能财税社会共享平台与中小微企业智慧财经管家之间的生态如图 2 所示。

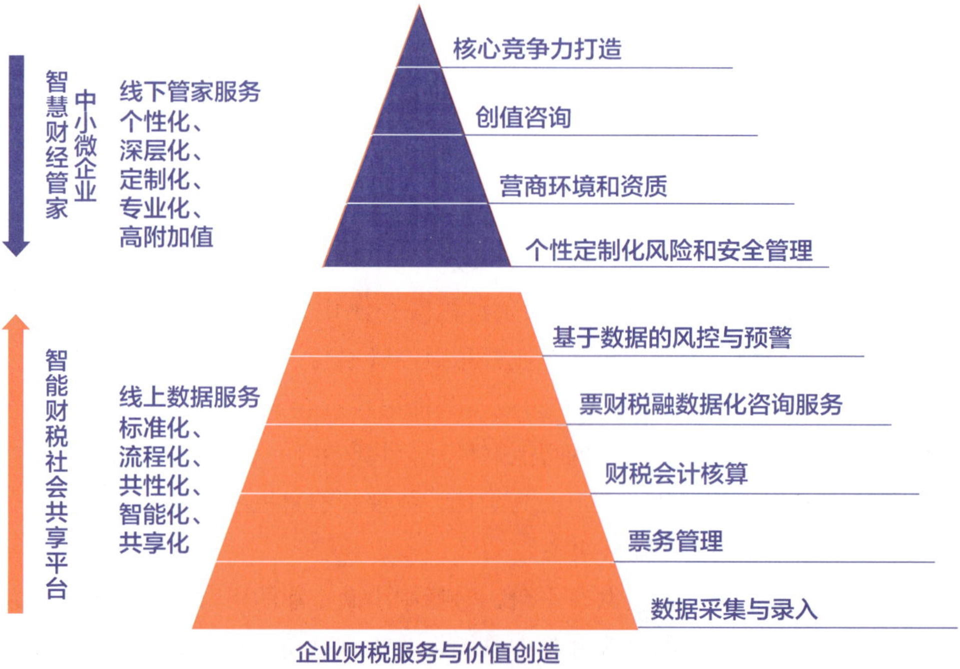

图 2　智能财税社会共享平台与中小微企业智慧财经管家生态

智能财税社会共享平台在应用端，表现为财税数据从静态数据演变为生产要素，产生财融、票融、税融等产品，成为广泛的企业生产和经济产出的资源资本。数字经济打造智能财税；智能财税从核心价值链上构建工业互联网（2B），带动社会经济生产方式和核心资本核心资源体系的变革，成为数字经济时代的强大引擎。

二、智能财税社会共享平台

智能财税社会共享平台是依托智能化、大数据、移动互联等现代技术，以财税业务流程处理为基础，以优化组织结构、规范工作流程、提升管理效率、降低运营成本和创造产业价值为目的，将不同地域、不同法人、同一时空范畴的财会业务、税务业务，按照其工作环节内容的共性，按作业专业化模式进行流程再造，在同一个平台统一票务、统一报账、统一核算和报告、统一报税，从而保证会计计量与报告、财税处理的标准规范和安全高效，并且形成大数据财税创值业态的基础工程。

智能财税社会共享平台以票财税一体化为专业逻辑，以智能化作为重要技术手段，据此构建平台底层业务逻辑，普遍适用智能化条件下企业财税会计业务，兼容第三方服务和企业自行管理两大场景。企业票财税一体化流程如图 3 所示。

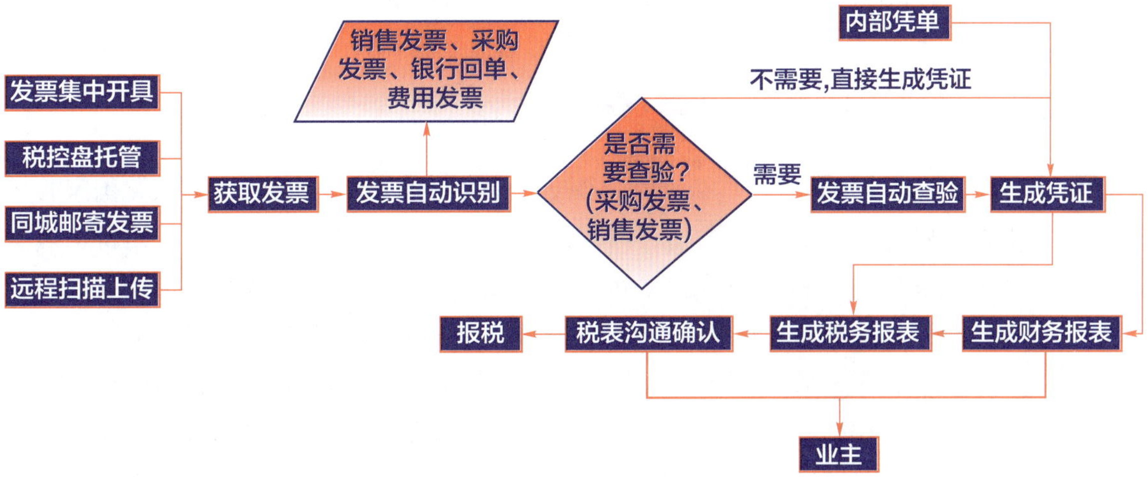

图 3　企业票财税一体化流程

智能财税社会共享平台按业务流程对同一内容业务环节岗位进行专业化打造，构建跨流程、跨法人、跨业主、跨区域的专业化共享业态，极大地提高了财税工作效率、降低了财税日常数据输入、核算、报告的人财消耗，形成财税数据资源共享和大数据财税创值产业的核心基础。平台的共享、大并发、多样性和大数据资源，又成为强大驱动，使财税智能化、流程再造和业态升级，成为社会和企业智慧财经的真正引领，具有普适性。智能财税社会共享平台流程如图 4 所示。

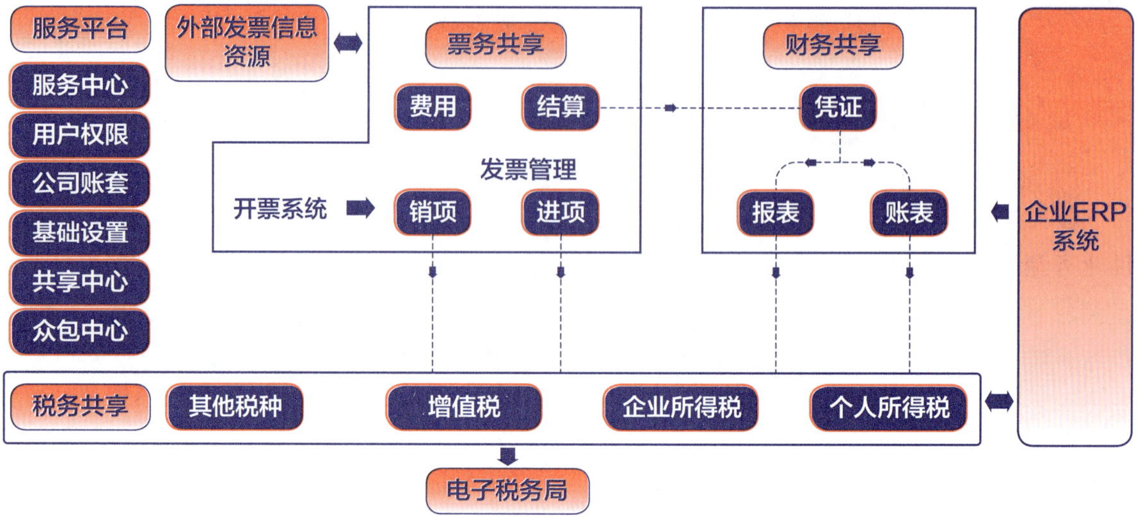

图 4　智能财税社会共享中心流程

智能财税社会共享平台在我国运用广泛。主流平台包括财天下（含票天下、金税师）、云代账、慧算账、大账房等，这些平台在票财税一体化、智能化、共享化方面具有相似的特点，依据相同法规准则，具有竞争性选择的市场条件。

三、“智能财税职业技能等级证书”及其培训资源

党的二十大报告指出“教育、科技、人才是全面建设社会主义现代化国家的基础性、战略性支撑。必须坚持科技是第一生产力、人才是第一资源、创新是第一动力，深入实施科教兴国战略、人才强国战略、创新驱动发展战略，开辟发展新领域新赛道，不断塑造发展新动能新优势。”“智能财税职业技能等级证书”立足于“1+X”作为职业教育制度设计这一根本，校准“X”对“1”进行“补充、拓展、强化”的基本定位，着力围绕数字经济时代国家需要、市场需求和学习者就业从业能力提升，以行业龙头企业和典型平台、典型业态为背景，以学习者为中心，开展“书证”融合、课证融合、场景融合、教培融合、产教融合、科教融汇，并服务于院校专业建设、课程建设、教师队伍建设，深化“三教”改革，促进技术优化升级，不断创新，推进教育数字化、信息化。

智能财税职业技能等级证书的总体设计对标数字经济时代智能财税社会共享新业态和岗位群，采用大数据能力测评模型，从主要工作领域、工作任务、技能要求三个层次进行对岗测评，解析初、中、高三个职业技能等级对应知识、技能、素质

所集成的综合能力框架，根据国家标准化工作指引，形成《智能财税职业技能等级标准》。对标准、教材、培训考核评价平台、考核大纲等培训资源进行一体化开发，并对培训指导方法、培训评价站点、培训评价办法等培训条件和制度办法进行系统化设计。

智能财税职业技能等级标准和本系列教材、资源有几个显著的特点：

一是等级标准设计在院校内运用场景覆盖中职、高职、应用型本科，有效服务于“1+X”制度改革全覆盖。

二是充分体现“X”对“1”的补位作用，既能精准对岗解决先进性、适时性、好用性问题，又优化业态辑选，每门课程控制在40~56学时。

三是立足于与学历教育有效衔接，设计了课程置换、学分置换、实训实习实践置入等“1”与“X”完全融合的多种适用形式。

四是岗位群对接既讲求精准度，持证即独怀绝技，又讲求岗位群分布广泛。智能财税职业技能等级证书，既精准对岗智能财税社会共享生态（共享平台操作＋专业服务机构管家/企业管家）岗位群，还能对岗企业内部智能财税岗位群。

智能财税初级职业技能考试对应中小微企业的社会共享代理、大中型企业的社会共享外包、社会共享的管家服务三大板块基础业务，分别开发了《智能财税基础业务1社会共享初级代理实务》《智能财税基础业务2社会共享初级外包实务》《智能财税基础业务3社会共享初级企业管家》三册培训教材。智能财税基础业务初级培训教材是智能财税中级、高级培训教材的基础。

作为智能财税1+X证书制度配套教材，本系列教材内容对接《智能财税职业技能等级标准》（初级）及社会实际，真实业务示例或仿真案例教学贯穿其中，通过强化训练，能够培养学习者快速适应财税职业工作岗位初级任职需要。本教材编写过程中得到了广大财经税务行业企业、院校及相关领导专家的大力支持，感谢中国注册税务师协会、中国石油化工集团公司、中国石油天然气集团有限公司财务共享中心、东旭光电科技股份有限公司等单位提供的指导和帮助，同时孙万军、李宇红、张青、钟爱军、杨蕊、梁建秋、韩林、韩猛、邓艳芳、冯全、熊显彬、侯刘成、刘兴钒、贺立斌、胡彦平、郝黄达等为本书编写提供了帮助，在此一并深表感谢。

希望本系列教材的出版能够为社会培养更多的面向智能财税共享中心、专业服务机构和企业财税会计基础工作岗位群的优秀人才尽绵薄之力。

中联集团教育科技有限公司

2023年7月

目　录

工作领域一

中小微企业发票代理开具

技能目标

1. 了解发票管理办法实施细则、网络发票管理办法等相关法律法规的基本内容并能在实际业务中应用。

2. 能合理选择并正确使用准备代开发票所需要的设备、材料。

3. 熟悉各种代开发票的操作流程。

4. 能正确在智能化票据操作平台上录入开票票面数据信息和准确对税控信息进行匹配。

5. 能准确对开具发票的信息进行复核并完成发票的开具。

任务一　为具有开票资格的纳税人代开纸质发票

场景短片

一、任务情境

（一）任务场景

北京紫霖财税共享服务中心公司（以下简称“共享中心”）是一家为企业提供财税咨询和代理的专业服务公司，该公司管家岗员工郑小波与北京陈鸿商贸有限责任公司（以下简称“陈鸿公司”）签订了代理记账合同。

陈鸿公司基本信息

陈鸿公司是一家商贸企业，实行 2007 企业会计准则，代理建账会计期：2019 年 11 月，统一社会信用代码（纳税人识别号）：91110105397030000N，纳税人类型：一般纳税人。公司经营地址：北京西城区复兴路 25 号，电话：010-88000000。开户行：中国工商银行股份有限公司复兴路支行，开户银行账号：0200219800920001760O。

纸质发票委托开具

陈鸿公司将 2019 年 11 月的代理开具发票业务同时委托了共享中心，共享中心税务岗员工张皓的岗位职责是为委托客户代理开具发票、填制税务报表及纳税申报。11 月 5 日，张皓接到客户陈鸿公司发来的销售合同及委托开具发票申请，并按发票信息为其代开发票。

委托开具发票信息如下：

1. 代开增值税普通发票

北京爱佳生活超市有限公司；纳税人识别号：91110105567900000Y；营业地址：北京市朝阳区北沙滩 31 号院；电话：010-58761111；开户银行：中国工商银行股份有限公司北京玛丽安路支行；账号：0200025111920003000066。

开票日期：2019 年 11 月 5 日；商品名称：糖心苹果；数量：400 箱；单价：90 元；不含税销售金额：36 000 元；增值税税率：9%。

发票相关概念及委托开具的适用条件

2. 代开增值税专用发票

购买方名称：北京味道全餐饮有限公司；纳税人识别号：91110111MA01EH600P；营业地址：北京市房山区南京北路 58 号；电话：010-60381111；开户银行：中国银行股份有限公司朝阳支行；账号：345464918970。

开票日期：2019 年 11 月 14 日；商品名称：嘻哈哈矿泉水；数量：2 000 箱；单价 30 元；不含税销售金额：60 000 元；增值税税率：13%。

（二）任务布置

共享中心员工张皓按要求为陈鸿公司开具有效的增值税普通纸质发票和增值税专用纸质发票，具体要求如下：

（1）对开票信息进行认真核查；

（2）导入发票信息；

（3）填写购买方信息；

（4）填写商品信息；

（5）完善票面信息；

（6）审核开票信息并开具发票。

二、工作准备

（一）知识准备

1. 发票

发票是指单位和个人在购销商品、提供或接受服务以及从事其他经营活动中，所开具和收取的业务凭证，是财务收支的法定凭证，是会计核算的原始依据，也是审计机关、税务机关执法检查的重要依据。发票分为增值税发票和普通发票。常见的有：增值税专用发票、增值税普通发票、增值税电子普通发票、机动车销售统一发票、二手车销售统一发票、旅游景点门票、过路过桥费发票、定额发票、客运发票等。

2. 发票委托开具

发票委托开具是指把本公司（以下简称：委托公司）的发票开具权限委托给具有专业会计业务处理能力的单位或个人（以下简称：代理记账公司），由其代为开具发票的行为。代理记账公司根据委托公司提供的销售项目和金额为委托公司开具相应种类和税额的发票。

3. 发票委托开具的适用条件

（1）中小微企业的销售量和销售额与大型集团公司相比较小，聘请专业团队或专业财务人员去完成开具发票、做账、报税等一系列财务工作的成本相对较高。而发票委托开具具有低成本的特点，比较适合中小微企业采用。

（2）进行发票委托开具的代理记账公司都需要根据国家会计相关法律法规的要求成立，其工作人员都具有一定的资格认证和多年的从业经验，因此保证发票委托开具业务完成的正确性。

（3）代理记账公司因为代理的公司众多，开票量大，会采用安全、便捷、高效、准确率高的开票软件，以提升开票的质量和效率。

发票委托开具业务的注意事项

4. 发票委托开具业务的注意事项

（1）填开发票的单位和个人必须在发生经营业务确认营业收入时开具发票，未发生经营业务一律不准开具发票。

（2）开具发票后，如发生销货退回需开具红字发票的，必须收回原发票并注明“作废”字样或取得对方有效证明。开具发票后，如发生销售折让的，必须在收回原发票并注明“作废”字样后重新开具销售发票或取得对方有效证明后开具红字发票。

（3）单位和个人在开具发票时，必须做到按照号码顺序填开，填写项目齐全，内容真实，字迹清楚，全部联次一次打印，内容完全一致，并在发票联和抵扣联加盖发票专用章。

（4）开具发票应当使用中文。民族自治地方可以同时使用当地通用的一种民族文字。

（5）加强对发票管理人员的培训，提高发票管理人员的素质和执法意识。

（二）操作准备

（1）共享中心管家（系统管理员）郑小波为陈鸿公司在财税共享中心云平台上建立纳税主体基础信息；

（2）安装税控盘。

（三）业务要领

（1）代开纸质发票时必须使用委托企业的税控盘。如果委托企业同意，也可以利用科技手段实现远程开票，此时需要注意三点：一是委托企业应与受托方达成一致意见，允许受托方远程读取税控盘信息；二是委托方的税控盘应一直插在一台计算机上，计算机确保不能断电和断网；三是在受托方处可以适当留存部分纸质发票，由受托方直接打印，或者受托方填写开票信息，在委托方处由委托方自行打印，纸票号码必须连续开具，不能断号。

（2）发票备注栏的填写：当企业提供货物运输服务、建筑服务、租售出租不动产、销售预付卡、铁路运输企业提供货物运输服务等项目中，备注栏的填写具有相关规定，务必准确把握，如：货物运输服务，在开具发票时，无论增值税专用发票还是普通发票，均应将起运地、到达地、车种车号以及运输货物信息等内容填写在发票备注栏中，如内容较多可另附清单；租售出租不动产业务中，应在发票“货物或应税劳务、服务名称”栏填写不动产名称及房屋产权证书号码（无房屋产权证书的可不填写），“单位”栏填写面积单位，备注栏注明不动产的详细地址。出租不动产，应在备注栏注明不动产的详细地址。

三、业务流程

为具有开票资格的纳税人代开纸质发票业务处理流程，如图 1-1 所示。

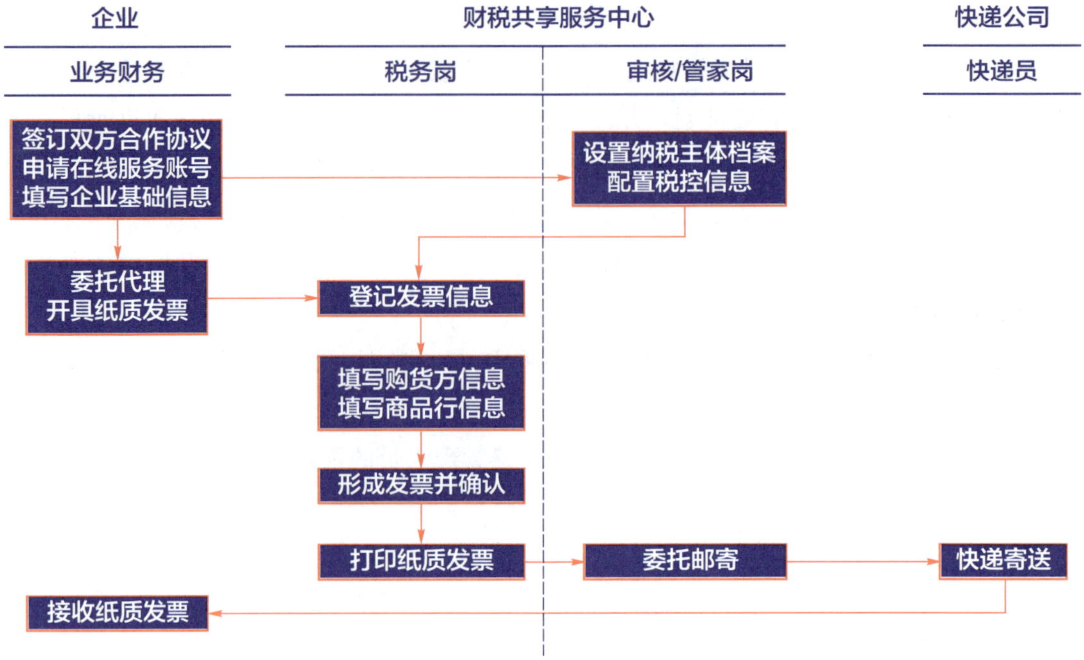

图 1-1　为具有开票资格的纳税人代开纸质发票业务处理流程

四、业务操作

市场上代理记账公司使用的开票软件种类繁多，现以财天下科技有限公司的开票云平台（简称：票天下云平台）为例，讲解增值税专用发票委托开具业务的具体操作流程。

票天下云平台整合了国内仅有的百望和航信两大税控厂商接口，实现了统一平台跨服务开票。代理记账公司可以通过税控厂商或第三方开票云平台实现对委托公司的税控盘集中式托管，实现发票开具、发票统计管理、自动申领发票、自动抄报税、发票风险预警管理等众多简单便捷的功能。委托公司（纳税主体）只需提供税控盘以及公司名称、纳税人识别号、地址、电话、开户银行、开户银行账号等相应票种的票面上所需信息，代理记账公司即可通过票天下完成申请开票服务。

代理记账公司税务岗管理人员需要登录票天下云平台，根据委托公司（纳税主体）提供的信息建立对应的客户（纳税主体）档案，建立完成后，由负责委托公司开票业务的人员完成相关工作。

具体操作步骤如下：

查阅纳税主体基本信息及导入发票

（一）查阅纳税主体基本信息

单击系统左侧“基础设置”菜单，选择“纳税主体管理”，在纳税主体管理界面，单击开票公司名称“北京陈鸿商贸有限责任公司”，右侧显示该公司相关信息，如图 1–2 所示。

图 1–2　纳税主体信息

（二）导入发票

（1）单击系统左侧“云开票”菜单，选择“发票领购”，显示发票领购界面，如图 1–3 所示。

图 1–3　发票领购

（2）在“销方名称”选项的下拉框中选择开票公司“北京陈鸿商贸有限责任公司”；在“开票终端”选项下拉框中选择该公司对应的开票终端“北京陈鸿商贸有限责任公司”；在“发票类型”选项下拉框中选择发票类型“专用发票”，如图 1–4 所示。

图 1–4　发票领购信息

（3）单击“领购”按钮，弹出“税控盘密码”窗口，输入密码：88888888，单击“确定”按钮，如图 1–5 所示。

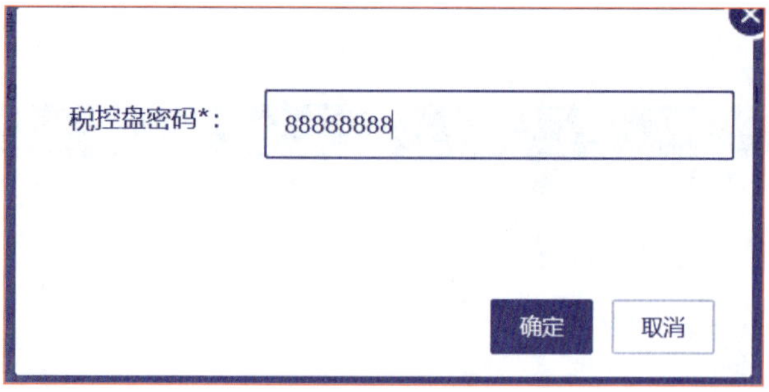

图 1–5　输入税控盘密码

（4）确定后，系统弹出“数量”窗口，输入本次领用的数量“1”，单击“确定”按钮，如图 1–6 所示。

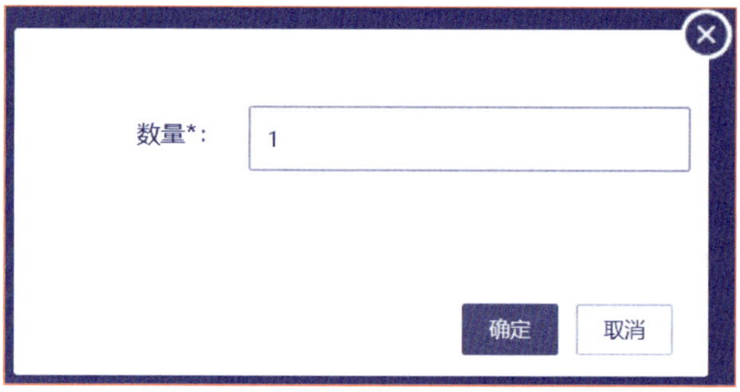

图 1–6　输入领用数量

（5）输入完成后，在系统界面，可以查看导入的发票信息，如图 1–7 所示。

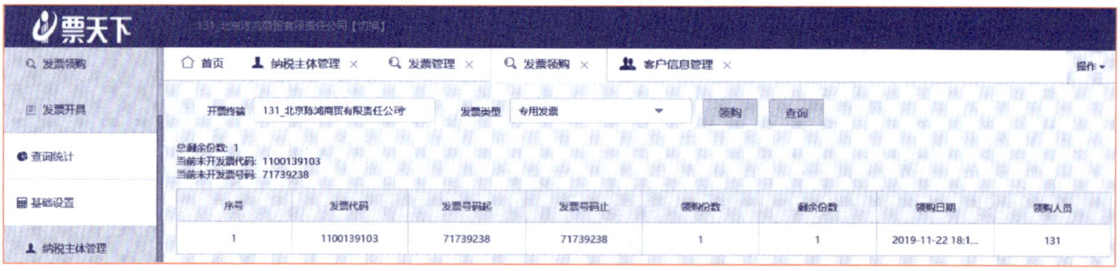

图 1–7　发票领用信息

（三）填写购买方信息

填写购买方信息及开具发票

（1）在票据管理系统“票天下”主界面，执行“基础设置”|“客户信息管理”，打开“客户信息管理”界面；

（2）单击“新增”，填写购买方的开票信息，填写完成后如图 1–8 所示，单击“保存”按钮。

图 1-8　填写购买方信息

（四）填写商品信息

（1）在票据管理系统“票天下”主界面，执行“基础设置”|“商品服务档案”，打开“商品服务档案”界面；

（2）在“税收分类”选择最末级的“包装饮用水”简称“软饮料”。

（3）单击“新增商品”按钮，填写“商品服务名称”“税率（%）”等商品信息，填写完成后如图 1-9 所示，单击“保存”按钮。

图 1-9　填写商品信息

（五）开具发票

（1）单击系统左侧“发票开具”菜单，进入发票列表后，单击“新增”按钮，如图 1-10 所示。

图 1-10　进入发票开具界面

（2）在弹出框，选择所开票据类型为“专票（纸）”，此时，系统会自动显示出销方信息。

（3）选择客户信息：单击购买方“名称”行右侧 🔍 按钮，弹出选择客户窗口，在“客户名称”选项中输入“味道全”，系统会在已预置的客户中筛选出该客户信息，列示在下方，选择确定后，系统会自动将已预置好的客户信息填入发票的购买方，如图 1-11 所示。如果第一次使用票天下系统为购方客户开票，需要先在“客户信息管理”菜单中维护客户信息，第二次则可以直接使用，无须重复录入。

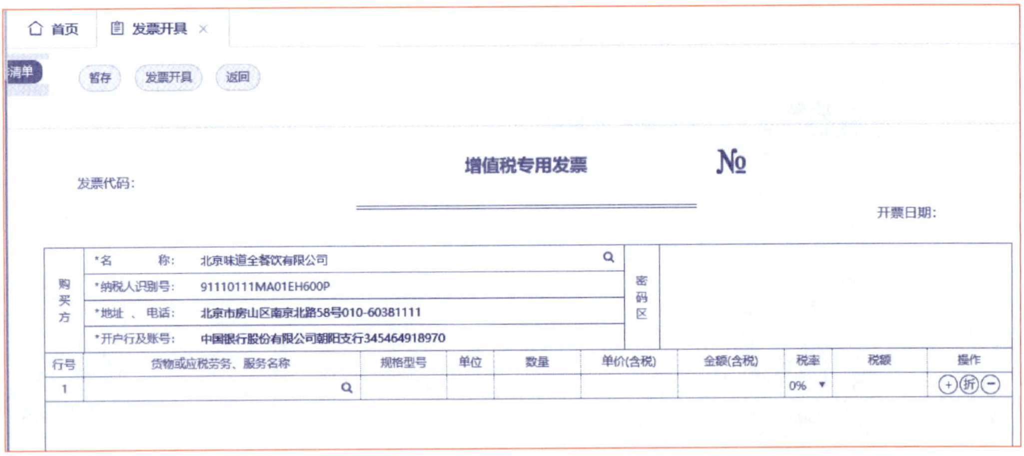

图 1-11　客户信息维护

（4）选择商品信息：填写商品行信息时，单击“货物或应税劳务、服务名称”列第一行边 🔍 按钮，在“商品名称”框中输入“矿泉水”，单击“查询”按钮，在下方显示的列表中，选择“嘻哈哈矿泉水”，如图 1-12 所示。如果第一次使用的商品名称，需要先在“商品服务档案”菜单中维护商品信息，第二次可直接使用，无须重复录入。选择后，该商品名称会自动填入发票中。

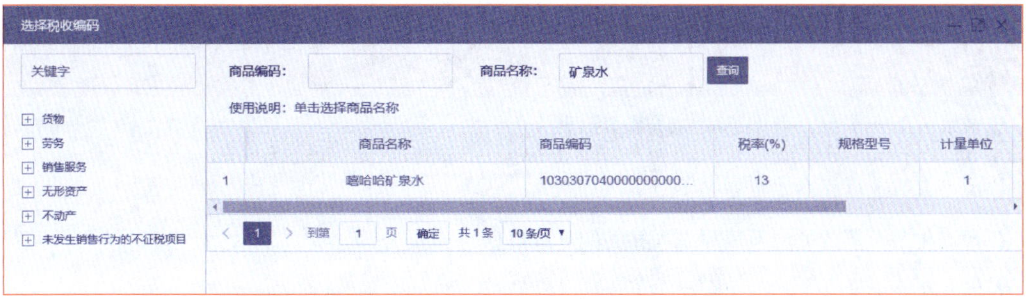

图 1-12　选择商品行

（5）填写商品信息：确认商品名称后，输入数量：2 000；单价（不含税）：30；系统会自动计算金额和税款。

（6）确认发票信息无误后，单击“发票开具”按钮。等待开具成功后，最终列表页面第一条数据就是刚刚开具的发票信息，单击旁边 🔍 按钮，会显示已开具的发票，如图 1-13 所示。

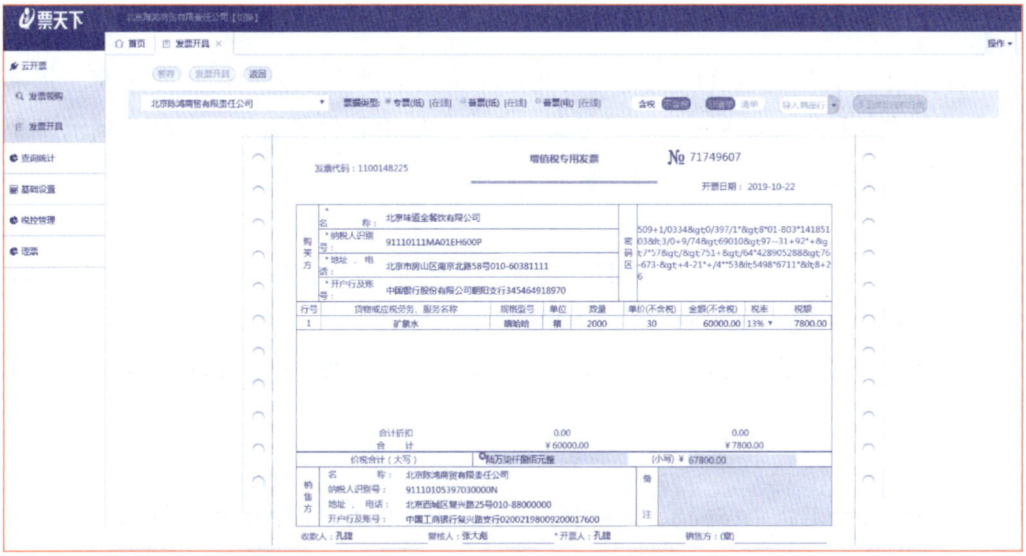

图 1-13　发票开具完成页面

发票委托开具对于中小微企业的开票业务是一种实质性的协助，以低成本、高效率、高准确率的方式帮助中小微企业实现发票的快速开具和发票管理。

五、任务评价

本任务评价表如表 1-1 所示。

表 1-1　"为具有开票资格的纳税人代开纸质发票"任务评价表

工作任务清单	完成情况
登录票天下云平台，查询纳税主体基本信息	
在票天下云平台导入并申领发票	
在智能化票天下云平台上填写录入相关的开票信息	
在智能化票天下云平台完成纸质版发票的开具	

任务二　为具有电子发票开票资格的纳税人代开电子发票

一、任务情境

（一）任务场景

电子发票开具

陈鸿公司于 2019 年 11 月 25 日向北京味道全餐饮有限公司销售方便面，北京味道全餐饮有限公司要求提供电子发票一张，共享中心税务岗员工张皓收到销售合同及开具电子发票的有关信息后，准备开具电子发票。

开具电子发票的相关信息如下：

开票日期：2019 年 11 月 25 日；商品名称：方便面；数量：200 箱；单价 60 元；不含税销售金额：12 000 元；增值税税率：13%。

接收电子发票手机号：13635260088；接收电子发票邮箱：biwdq@163.com。

（二）任务布置

共享中心员工张皓按要求为陈鸿公司开具有效的增值税普通电子发票，具体要求如下：

（1）对开票信息进行认真核查；

（2）导入发票；

（3）填写商品信息；

（4）完善票面信息；

（5）填写电子发票的接收手机号或邮箱；

（6）审核开票信息并开具发票。

二、工作准备

（一）知识准备

1. 电子发票的诞生背景及现实意义

电子发票同普通发票一样，采用税务局统一发放的形式给商家使用，发票号码采用全国统一编码，采用统一防伪技术，分配给商家，在电子发票上附有电子税局的签名机制。

电子发票相关知识点

国家税务总局2013年发布并于2018年修正的《网络发票管理办法》强调，省以上税务机关在确保网络发票电子信息正确生成、可靠存储、查询验证、安全唯一等条件的情况下，可以试行电子发票。提出电子发票是加强税收征管、强化发票管理、降低征纳成本、提升节能减排效益的有效途径，为税务机关发票管理方式的转变指明了方向。统计数据显示，截至2017年，我国电子发票开具量达13.1亿张，预计到2022年将可能高达545.5亿张，保持超过100%的年均增长速度。

电子发票是税收服务适应互联网信息发展新形势、新要求的重大创新举措，是新时代下税务机关征收管理方式优化提升的里程碑式创新。它彻底突破了原有必须通过纸质载体记录交易信息的纸质发票模式，通过不可篡改的数据文本记录、存储交易双方的交易信息，构建了全新的无纸化发票模式，有利于进一步简化发票的流转、贮存、查验、比对，大幅降低纳税人领用、运输、存储和管理成本。

电子发票的发行和实施具有非常积极的意义，如降低收到假发票的风险、方便保存和使用发票、对打印次数没有限制、不用再担心发票丢失从而影响维权或报销等，省去了传统纸质凭证入账的环节，提升了受票企业财务人员的工作效率。

总的来讲，电子发票为企业节约了大量成本、使政府资源得到有效利用，为税企双方及广大消费者带来了极大便利。

2. 申请电子发票的条件

企业应按规定申请电子发票：

首先，企业应购买税控设备（百望股份有限公司的黑色税控盘或上海爱信诺航天信息有限公司的白色金税盘）。

其次，企业应携带相关材料至当地国税局进行核定和申领工作。具体携带材料如下：

（1）公章、发票专用章；

（2）税控盘或者金税盘；

（3）电子发票购票人身份证原件及复印件；

（4）税务登记证或三证合一证书复印件；

（5）网络（电子）发票业务申请表；

（6）纳税人领用发票票种核定表；

（7）纳税人票种核定流转单（注：根据所属分局的要求）。

上述材料中第（5）~（7）项按所属分局要求去税务局填写。

最后，选择一个电子发票服务商。国家税务总局统一制定电子发票服务平台的技术标准和管理制度，并发布《国家税务总局关于发布增值税发票系统升级版与电子发票系统数据接口规范的公告》（国家税务总局公告 2015 年第 53 号），明确了电子发票系统数据接口规范。根据企业的规模和需求不同，企业可自建电子发票服务平台，也可选择第三方专业的电子发票服务平台。大型企业可以选择自建开票服务系统，满足高频发、大流转、大容量的开票需求。中小微企业可以选择以发票云的方式开具电子票，例如借助票天下云平台。

（二）操作准备

（1）共享中心管家（系统管理员）郑小波为陈鸿公司在财税共享中心云平台上建立纳税主体基础信息；

（2）安装税控盘；

（3）搭建电子发票服务平台。

（三）业务要领

（1）确认委托方使用的税控设备是增值税发票系统升级版；

（2）在委托方没有自建开票平台的条件下，协助委托方选择在税务局备案的第三方搭建电子发票服务平台；

（3）携带经办人身份证明原件及复印件、委托方发票专用章印模到委托方主管税务机关的办税服务大厅提出电子发票的票种核定申请，填制“纳税人领用发票票种核定表”（一式二份），办理流程、所需资料与办理增值税普通发票票种核定一致。

三、业务流程

电子发票开具业务处理流程如图 1-14 所示。

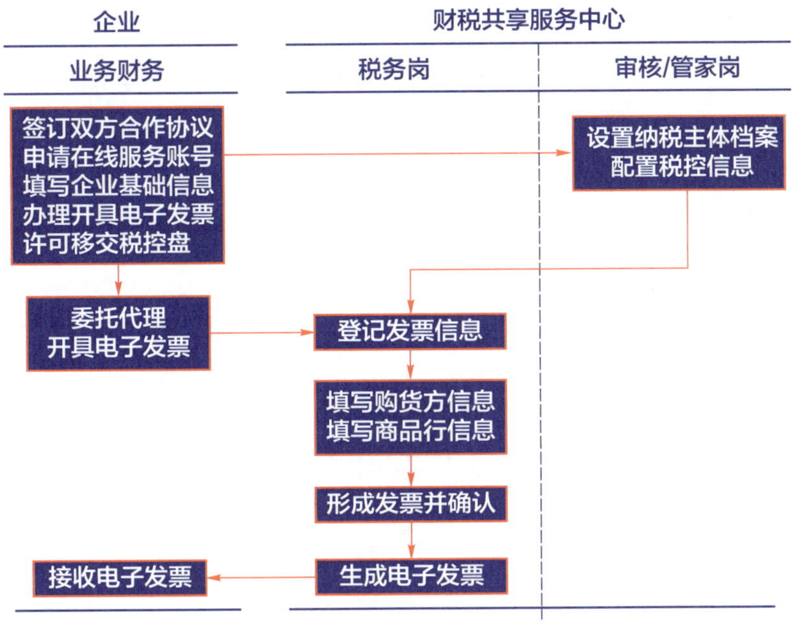

图 1–14　为具有开票资格的纳税人代开电子发票业务处理流程

四、业务操作

下面以票天下作为实例来讲解电子发票开具的操作过程。事实上，使用票天下开具电子发票与委托开具增值税专用（普通）发票的操作基本相同，本书仅将不同之处总结如下，以供学习者参考。

电子发票开具

（一）选择开票类型

新增填写发票信息前，选择所开票据类型时，选择“普票（电）”，如图 1–15 所示。

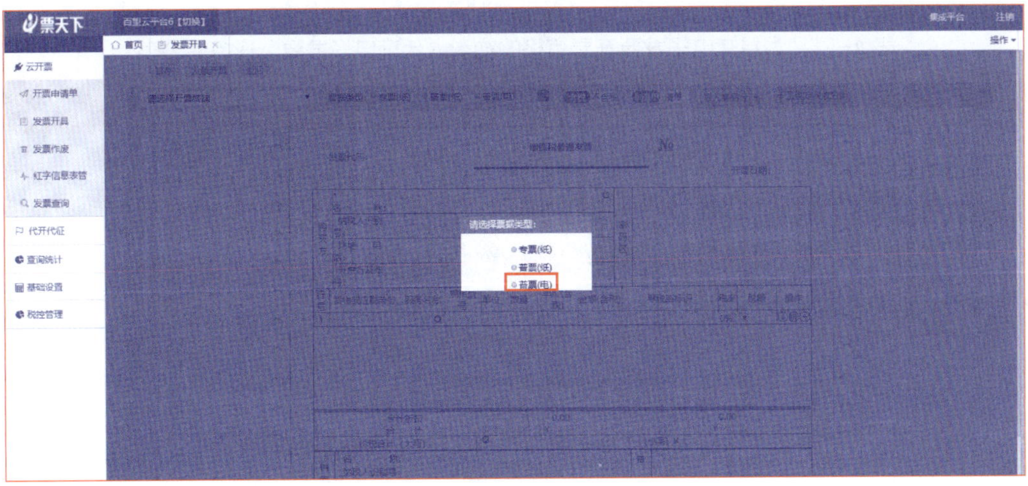

图 1–15　选择所开票据类型

（二）填写开票信息及接收信息

按照提示填写电子发票的接收手机号或者邮箱（至少填写一项），如图 1–16 所示。

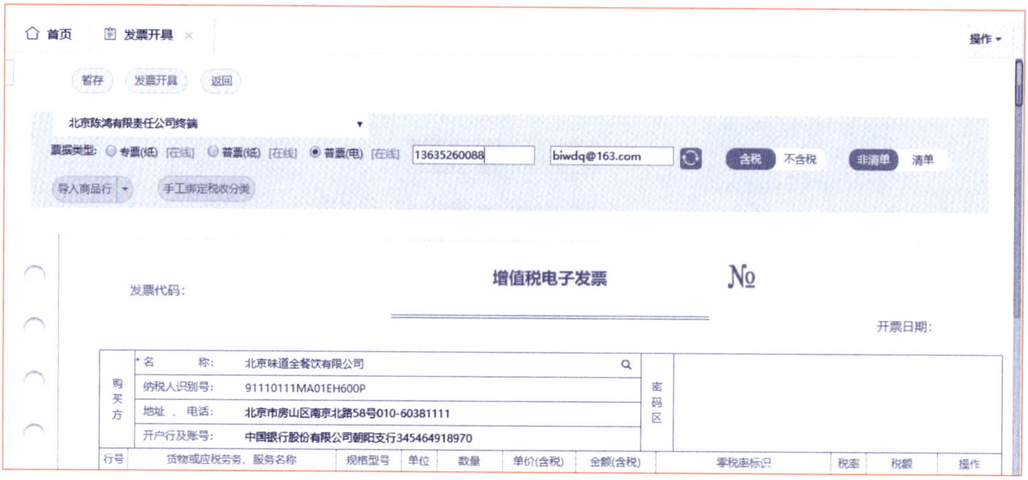

图 1–16　填写联系方式

（三）发票开具

审核发票开具的各项信息，无误后单击“发票开具”按钮，完成发票开具。开具成功后，在填写的手机号或者邮箱中会在几秒钟后收到电子发票开具成功的信息，也可以在票天下中按需下载电子发票留底。

五、任务评价

本任务评价表如表 1–2 所示。

表 1–2　“为具有电子发票开票资格的纳税人代开电子发票”任务评价表

工作任务清单	完成情况
核实企业所在地税务机关网络发票电子信息的生成、存储、查询、验证、安全等情况	
携带相关材料到当地税务局做电子发票发行，并填写相关表格	
根据获取的开票信息在智能化票天下平台上完成电子发票开具	

任务三　为无开票资格的纳税人代开纸质发票

一、任务情境

（一）任务场景

北京飞扬数码科技有限公司（以下简称：飞扬数码科技）是一家经营软硬件服务的小规模纳税人，不具备开具增值税专用发票的资质。该公司统一社会信用代码（纳税人识别号）：91110108736481111；经营地址：北京市大兴区康庄路甲 23 号；电话：010-88000258；开户行：中国工商银行股份有限公司北京兴大支行；开户银行账号：2002198009300098765。

飞扬数码科技公司基本信息

2019 年 11 月，飞扬数码科技与共享中心管家郑小波签订了代理记账委托合同，同时授权共享中心员工张浩代飞扬数码科技在当地税务局（或登录税务局网站）代开增值税专用发票。

11 月 22 日，张皓接到客户飞扬数码科技的销售合同，委托张皓为其代开一张增值税专用发票。

委托代开发票信息如下：

购买方：北京华润有限责任公司；纳税人识别号：91110562346554811B；营业地址：北京丰台区体育路甲 5 号；电话：010-88002366；开户银行：中国工商银行体育路分理处；账号：020065538888；商品名称：平板电脑；数量：10 台；单价（不含税）：3 000 元；含税金额 30 900 元，增值税税率：3%。

（二）任务布置

共享中心员工张皓按要求为飞扬数码科技代开有效纸质的增值税专用发票，具体要求如下：

（1）对开票信息进行认真核查；

（2）登录国家税务总局北京市电子税务局网站，根据客户提供的合同及相关开票信息认真填写“代开增值税专用发票缴纳税款申报单”；

（3）填写发票票面信息并复核，审核无误后提交税务机关并于网上缴纳税款；

（4）填写快递邮寄发票地址。

代开发票
相关知识

二、工作准备

（一）知识准备

1. 代开发票的概念

代开发票是指暂时或不符合领购发票资格的企业在发生购销业务、提供劳务服务、转让无形资产、销售不动产及税法规定的其他商事活动（餐饮、娱乐业除外）过程中，需要开具发票时，找寻一个代理开票者帮其开具税务发票的行为。

2. 代开发票的条件

根据《国家税务总局关于加强和规范税务机关代开普通发票工作的通知》，企业有下列情形之一的，可以向主管税务机关申请代开发票：

（1）依法不需要办理税务登记，临时取得收入的；

（2）正在申请办理税务登记的；

（3）外省、自治区、直辖市来本辖区从事临时经营活动的纳税人未被核准领购发票的；

（4）被税务机关依法收缴发票或停供发票的；

（5）其他不符合领购发票条件的。

3. 代开发票的注意事项

《中华人民共和国发票管理办法实施细则》第二十六条规定：凡需向税务机关申请开具发票的单位和个人，均应提供发生购销业务、提供接受服务或者其他经营活动的书面证明，对税法规定应当缴纳税款的，税务机关应当在开具发票的同时征税。这项规定说明，只有税务机关才有“代开发票”的权利。税务机关根据发票管理的需要，可以按照国务院税务主管部门的规定委托其他单位代开发票。

代开发票
注意事项
及特例

需要临时使用发票的单位和个人，可以凭购销商品、提供或者接受服务以及从事其他经营活动的书面证明、经办人身份证明，直接向发生业务所在地税务机关申请代开发票。

已办理税务登记的小规模纳税人（包括个体经营者）以及国家税务总局确定的其他可予代开增值税专用发票的纳税人可以向所属范围内的税务机关提交增值税专用代开发票申请。

4. 代开增值税专用发票的五个特例

自 2004 年《国家税务总局关于印发〈税务机关代开增值税专用发票管理办法（试行）〉的通知》（国税发〔2004〕153 号，下文简称 153 号文）出台，国家税务总局将代开增值税专用发票纳入防伪税控系统管理至今，随着时间的推行，特别是营改增等诸多新政推行以来，实务中代开增值税专用发票出现几项特例，现总结归纳如下：

（1）"为非管辖范围内纳税人代开专用发票"的特例。153号文第二条规定："本办法所称代开专用发票是指主管税务机关为所辖范围内的增值税纳税人代开专用发票，其他单位和个人不得代开。"该条款限定主管税务机关只能为所辖范围内增值税纳税人代开专用发票。但在实务中已有"为非管辖范围内纳税人代开专用发票"的特例。

2017年，国家税务总局出台《货物运输业小规模纳税人申请代开增值税专用发票管理办法》（国家税务总局公告2017年第55号，以下简称55号公告）。55号公告第三条规定："纳税人在境内提供公路或内河货物运输服务，需要开具增值税专用发票的，可在税务登记地、货物起运地、货物到达地或运输业务承揽地（含互联网物流平台所在地）中任何一地，就近向税务机关（以下称代开单位）申请代开增值税专用发票。"为进一步方便纳税人，结合运输业跨区域经营的行业特点，55号公告针对公路或内河货物运输服务业小规模纳税人出台可以在税务登记地、货物起运地、货物到达地或运输业务承揽地（含互联网物流平台所在地）中任何一地，不受主管税务机关管辖范围限制，就近申请代开增值税专用发票。

值得注意的是，55号公告明确纳税人在非税务登记地申请代开增值税专用发票，不改变主管税务机关对其实施税收管理；同时，增值税发票管理新系统定期将纳税人异地代开发票、税款缴纳等数据信息清分至主管税务机关。主管税务机关应加强数据比对分析，对纳税人申请代开增值税专用发票金额明显超出其实际运输能力的，主管税务机关可暂停其在非税务登记地代开增值税专用发票并及时约谈纳税人。经约谈排除疑点的，纳税人可继续在非税务登记地申请代开增值税专用发票。

（2）"自然人代开增值税专用发票"的特例。153号文第五条规定："本办法所称增值税纳税人是指已办理税务登记的小规模纳税人（包括个体经营者）以及国家税务总局确定的其他可予代开增值税专用发票的纳税人。"申请代开专票的纳税人包括已办证的小规模纳税人和其他国家税务总局（简称总局）规定可以代开的纳税人；实务中已有"自然人可以代开增值税专用发票"特例对应153号文"其他总局规定可以代开纳税人"对应表述。

具体来说，依据《国家税务总局关于营业税改征增值税委托地税局代征税款和代开增值税发票的通知》（税总函〔2016〕145号）规定："增值税小规模纳税人销售其取得的不动产以及其他个人出租不动产，购买方或承租方不属于其他个人的，纳税人缴纳增值税后可以向地税局申请代开增值税专用发票。"

依据此条款，其他个人（也就是自然人）销售其取得不动产或出租不动产，购买方或承租方不属于其他个人的，可以申请代开增值税专用发票。也就是说，自然人销售取得的不动产或者出租不动产，只要受票方不是自然人，都可以申请代开增值税专用发票。

（3）"汇总代开增值税专用发票"的特例。《国家税务总局关于个人保险代理人税收征管有关问题的公告》（国家税务总局公告 2016 年第 45 号，以下简称 45 号公告）第三条规定："接受税务机关委托代征税款的保险企业，向个人保险代理人支付佣金费用后，可代个人保险代理人统一向主管国税机关申请汇总代开增值税普通发票或增值税专用发票。"

简单来说，45 号公告规定了一种特例，受票方（保险企业）可以代替开票方（个人保险代理人），向税务机关申请汇总代开增值税专用发票。这一特例，也是从提高办税效率、节约办税成本的角度，破解实务中保险代理人众多、代开发票耗时耗力这一难题。值得注意的是，45 号公告规定：证券经纪人、信用卡和旅游等行业的也可以选择汇总申请代开发票方式来实现。

（4）"小规模自开增值税专用发票纳税人仍须代开增值税专用发票"的特例。现行政策规定，月销售额超过 3 万元（或季销售额超过 9 万元）住宿业和鉴证咨询业、建筑业、工业以及信息传输、软件和信息技术服务行业的小规模纳税人可以自行开具增值税专用发票。

但纳税人需要注意的是，上述纳税人发生"销售其取得的不动产"这一增值税应税行为时，仍须前往税务机关代开专票，其他增值税应税行为均自行开具增值税专用发票。

（5）"联次留存"的特例。依据 153 号文第十三条"为增值税纳税人代开的专用发票应统一使用六联专用发票，第五联代开发票岗位留存，以备发票的扫描补录，第六联交税款征收岗位，用于代开发票税额与征收税款的定期核对，其他联次交增值税纳税人。"

但其中也存在特例。依据《国家税务总局关于纳税人销售其取得的不动产办理产权过户手续使用的增值税发票联次问题的通知》（税总函〔2016〕190 号），纳税人办理产权过户手续需要使用发票的，可以使用增值税专用发票第六联或者增值税普通发票第三联。因此，从这一角度出发，纳税人销售其取得的不动产和其他个人出租不动产申请代开增值税专用发票时，第四联由代开发票岗位留存，以备发票扫描补录；第五联交征收岗位留存，用于代开发票与征收税款的定期核对；其他联次交纳税人。

总之，代开专用发票时，一般情形下，纳税人留存第一至第四联；涉及不动产销售、出租业务代开专票时，纳税人留存第一、二、三、六联次，其中第六联次用于办理产权过户手续。

（二）操作准备

（1）准备客户"北京一证通"；

（2）准备客户提供的合同及相关开票信息。

（三）业务要领

（1）在开具发票前，委托方必须完成税务登记，没有税务登记的纳税人，不能申请代开发票。

（2）代开发票应先在“税务局的网上营业厅”或者“电子税务局”提出申请，系统中在办理税务登记时根据纳税人识别号内置了密码（取得该密码后可以修改，不修改的话，切记不能忘记，找回密码必须到纳税服务厅办理）。

（3）当申请状态为“发票开具成功”时，可以前往大厅取票或者通过 EMS 邮寄。前往大厅取票则可以选择在自助终端或者代开窗口进行取票，选择自助终端取票的用户，请纳税人记住申请单号，并带齐身份证，前往取票。选择 EMS 邮寄发票的用户，需确认 EMS 邮寄地址等联系方式。

（4）收到代开的发票，务必记住在“备注栏”加盖委托方的“发票专用章”，即纳税人盖章，而不是代办公司盖章。

三、业务流程

为无开票资格的纳税人代开纸质发票业务处理流程如图 1-17 所示。

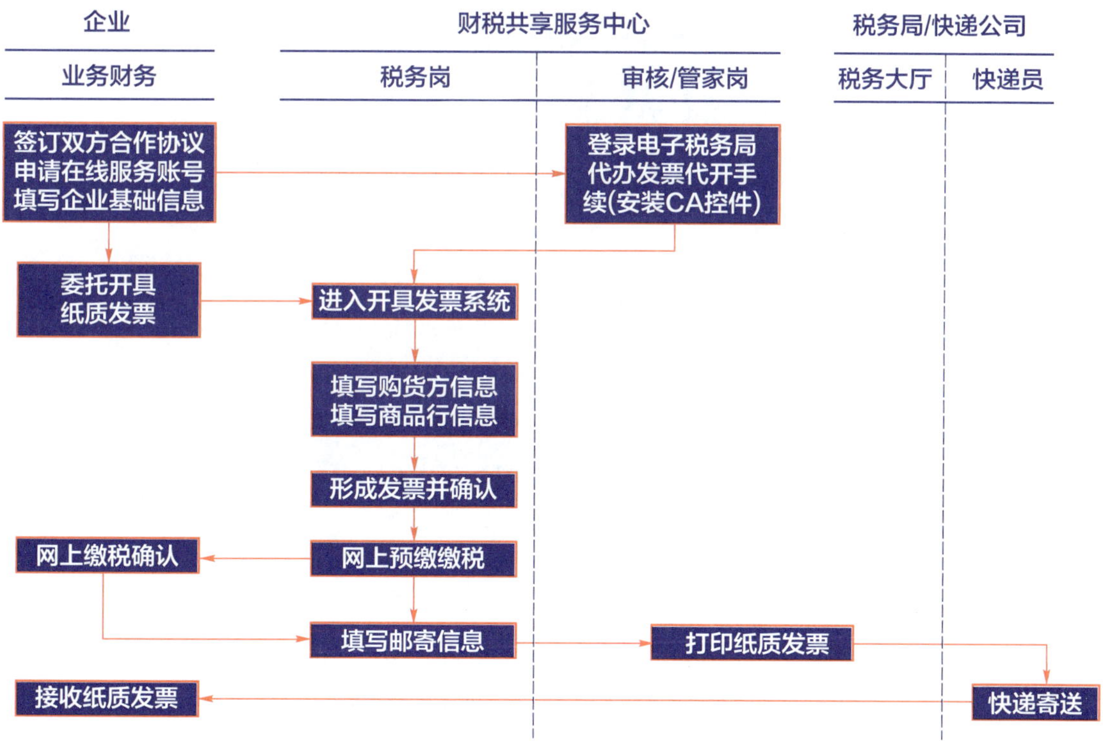

图 1-17　为无开票资格的纳税人代开纸质发票业务处理流程

代开发票
业务操作

四、业务操作

下面以北京电子税务局代理开具增值税专用发票为例，介绍增值税专用发票的代开操作流程。

具体操作步骤如下：

（一）登录北京市电子税务局

（1）将一证通证书插入计算机 USB 插口。

（2）在浏览器中输入登录地址（https://dummyedutest.cailian.net/#/login），进入国家税务总局北京市税务局界面，然后单击“电子税务局（网页版）”，再单击“我要办税”进入登录界面，如图 1–18 所示。

图 1–18　北京市电子税务局界面

（3）根据企业需求在登录界面选择一种登录方式，按要求输入对应登录信息，单击“登录”按钮，完成登录。

系统提供了 5 种不同的登录方式以满足不同企业的登录需求，如图 1–19 所示，分别为账号登录、CA 登录、授权人登录、自然人登录、电子证照登录。

这里选择 CA 登录方式进行实例讲解，如图 1–20 所示。

企业首次 CA 登录时，系统会出现“企业 CA 控件未安装”的提示，此时需要企业安装 CA 控件。单击“请下载 CA 控件安装”超链接，并在下载页面根据持有的一证通证书选择相应的驱动程序下载，如图 1–21 和图 1–22 所示。

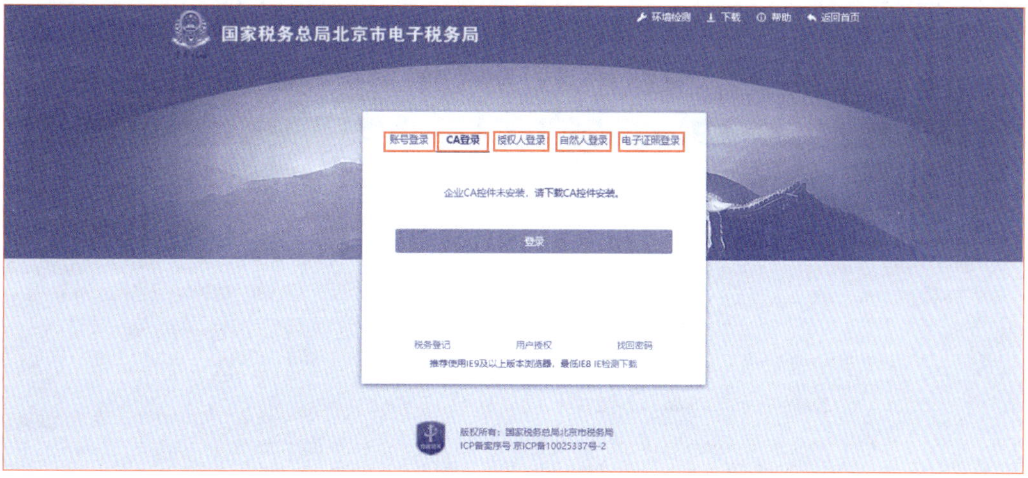

图 1-19　登录方式选择界面

图 1-20　选择 CA 登录方式

图 1-21　未安装控件提示

图 1-22　按提示下载 CA 登录控件

下载完成后会看到名为 BJCA_client.exe 的软件，双击该软件进行安装。安装完成之后，刷新登录页面，推荐使用 IE9 及以上版本浏览器（最低 IE8），如图 1-23 所示。

图 1-23　按提示下载 CA 登录控件

如果 CA 控件安装成功，刷新登录页面后，系统会检测到与计算机连接的一证通，自动填充登录用户名，即代开公司名称，然后输入正确一证通密码，单击“登录”按钮，完成登录，如图 1-24 所示。

图 1-24　输入密码完成登录

（二）提交代开增值税专用发票申请

（1）进入首页，单击一级菜单“专用发票代开”，选择“专用发票代开（邮寄配送）”，这里以“专用发票代开（邮寄配送）”为例展开说明，如图 1–25 所示。

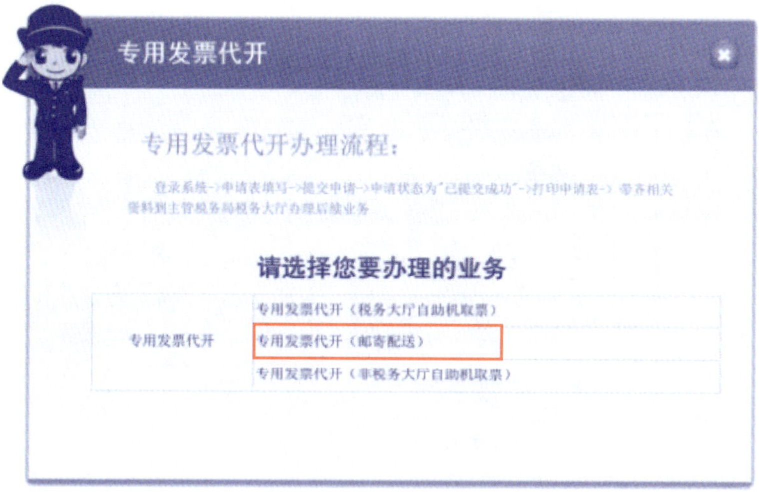

图 1–25　选择办理业务

（2）单击一级菜单“发票代开”下的二级菜单“代开增值税专用发票”，如图 1–26 所示。

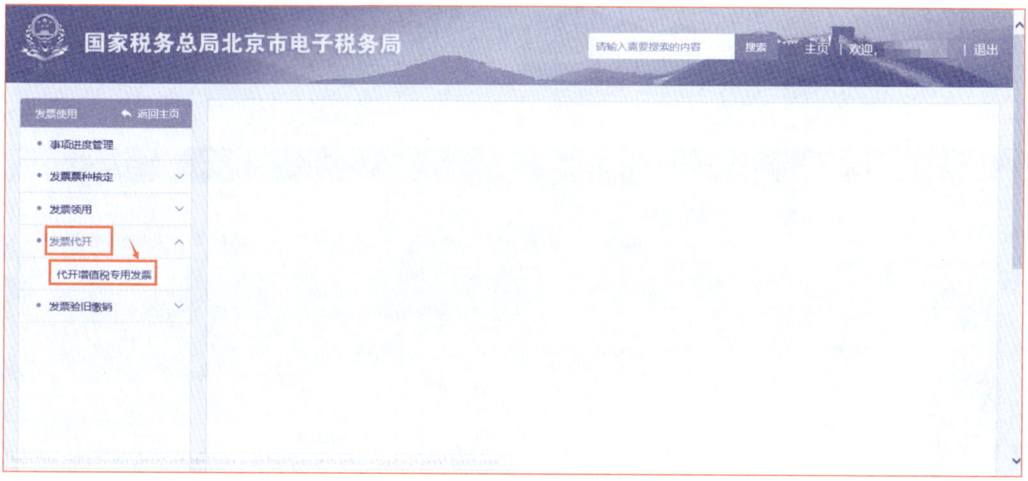

图 1–26　选择代开增值税专用发票

（3）按照系统提示填写购买方信息。填写完成后系统会自动带出销售方相关信息，若未自动带出则需要补充填写，如图 1–27 所示。确认信息无误后，单击“下一步”按钮。

（4）填写商品行信息。首先选择税收分类及细类，填写货物或应税劳务、服

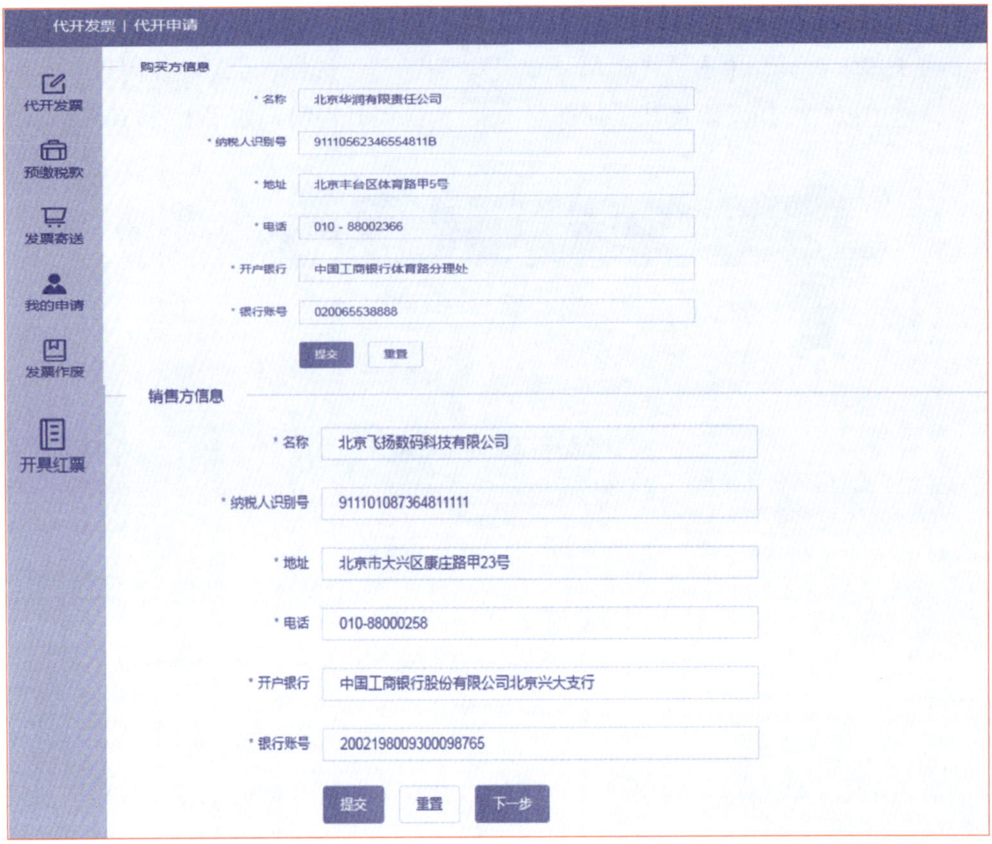

图 1-27　按提示填写购买方信息

务名称，填写价税合计值和数量。系统会自动计算相应单价、不含税销售额、征收率、税额等数值。按提示填写商品信息，如图 1-28 所示。

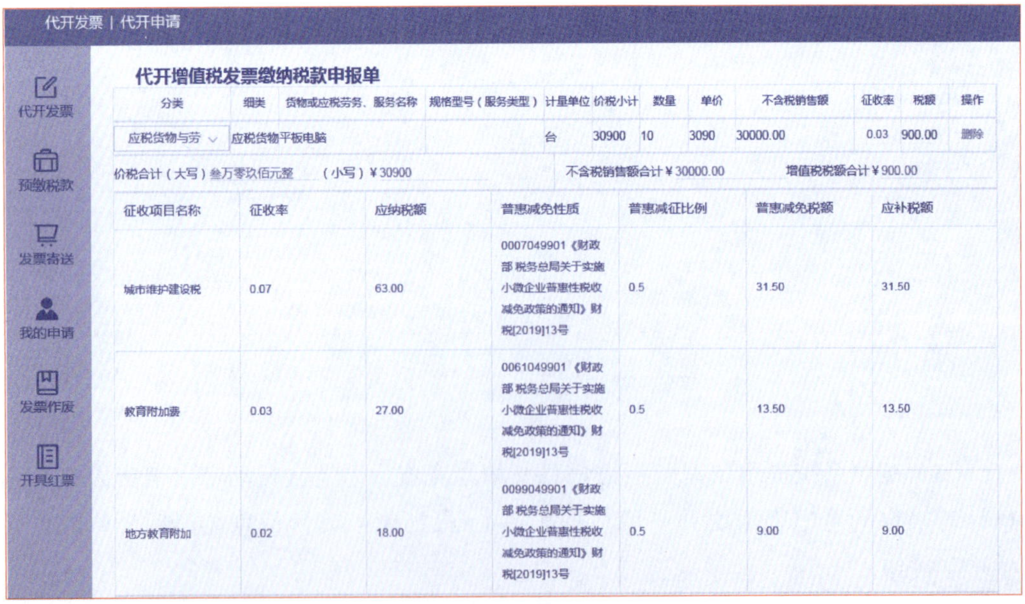

图 1-28　按提示填写商品信息

（5）确认征收项目对应的应纳税额、减免税额及税额合计是否正确，确保无误后单击“提交”按钮提交申请（申请单提交后无法修改，务必确认信息无误后再提交）。

（三）网上预缴税款

（1）单击左侧“预缴税款”菜单，找到上一步操作提交的代开申请单，如图1-29所示。

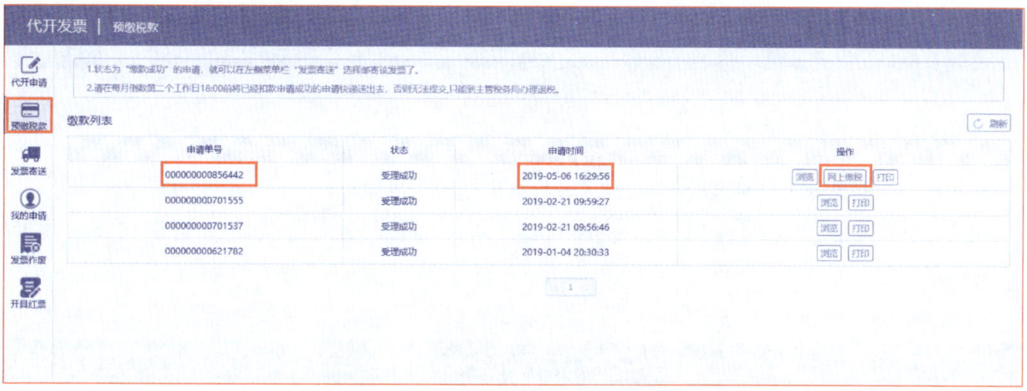

图1-29　按提示办理网上预缴税款

（2）单击“网上缴税”按钮，弹出框单击“确定”，待扣款结束后，完成缴税，如图1-30所示。

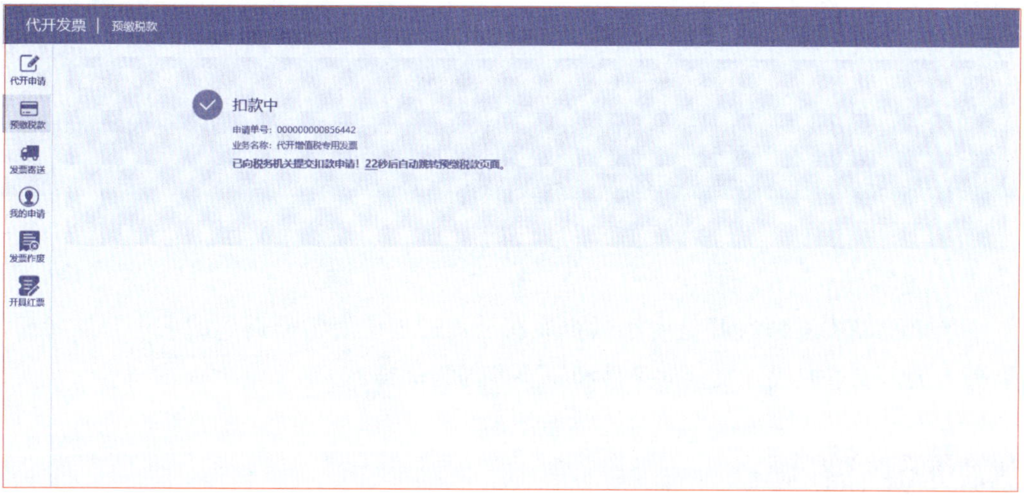

图1-30　完成网上扣缴税款

（四）选择快递寄送发票

（1）单击左侧“发票寄送”按钮，新增收货地址后保存（若已有收货地址信息，则不需要新增填写），如图 1-31 所示。

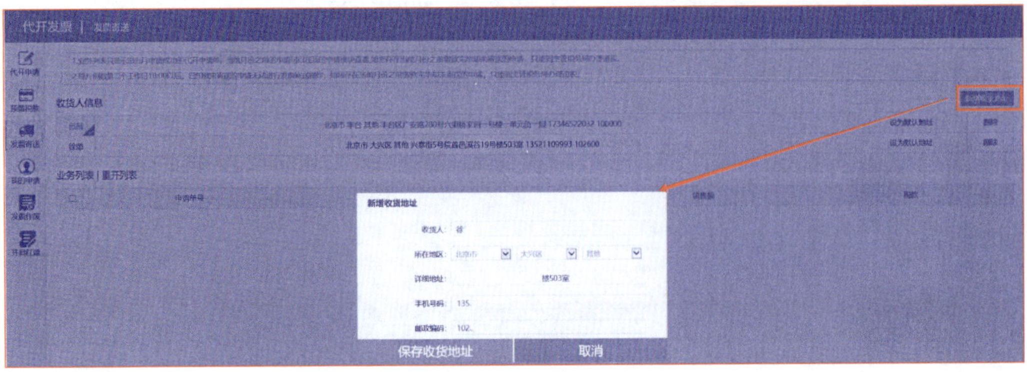

图 1-31　新增发票寄送地址界面

（2）选中新增的收货地址，在下方业务列表中选中上一步已缴纳过税款的代开申报单，确认信息无误，单击“快递寄送”后，完成提交发票快递寄送订单，如图 1-32 所示。

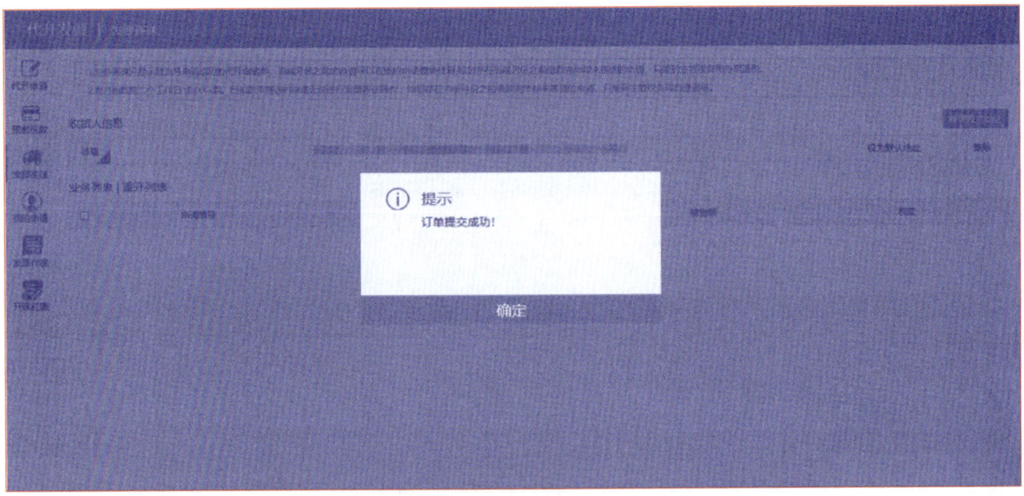

图 1-32　提交发票快递寄送

增值税专用发票代开是中小微企业在经营过程中经常会遇到的一个开票场景，财务人员需要掌握代开发票的条件和需要准备的材料。

五、任务评价

本任务评价表见表 1-3。

表 1-3 “为无开票资格的纳税人代开纸质发票”任务评价表

工作任务清单	完成情况
代开发票的办理流程及需准备的相关资料	
在税务局平台填写并提交“代开增值税发票缴纳税款申报表”并预缴税款	
选择快件服务公司将代开的发票邮寄到客户手中，并与客户确认	

工作领域二

中小微企业票据整理制单

技能目标

1. 了解《中华人民共和国发票管理办法实施细则》《支付结算办法》和《企业银行结算账户管理办法》等法律法规的相关内容，并能在实际业务中应用。

2. 能正确对销售类、成本类、费用类发票资料的完整性和正确性进行核查并与实际业务核对一致，能准确对发票进行分类归档整理。

3. 能准确对纸质和电子版银行对账单进行核查并与收支核对，能与业务内容将银行单据与发票单据进行对接。

4. 能按照业务类型划分票据的种类、准确记入会计科目并生成记账凭证。

5. 熟悉在智能化操作平台批量制单的流程并能一键生成记账凭证。

任务一　销售类发票整理与制单

一、任务情境

（一）任务场景

共享中心员工周明是一名理票员，其岗位职责是对客户提供的各类票据进行整理并制单。12 月 25 日，周明接到客户陈鸿公司交来的销售发票 3 张、飞扬数码科技交来的销售发票 2 张，共 5 张发票，如图 2-1 至图 2-5 所示，以及陈鸿公司增值

销售类发票整理与制单

1100151140　北京 增值税专用发票　№ 45487102　1100151140　45487102

科技伴随 高效学习

此联不作报销、扣税凭证使用

机器编号：982888812312　开票日期：2019年12月03日

税总函〔2016〕××号××××公司

购买方	名称：北京味道全餐饮有限公司 纳税人识别号：91110111MA01EH600P 地址、电话：北京市房山区南京北路58号010-60381111 开户行及账号：中国银行股份有限公司朝阳支行345464918970	密码区	172312-4-275＜1+46*54* 82*59* 181321＞＜8182*59*09618153＜/ ＜4＜3*2702-9＞9*+153＜/0 ＞2-3 *08/4＞*＞＞2-3*0/9/＞＞25-275＜1

货物或应税劳务、服务名称	规格型号	单位	数量	单价	金额	税率	税额
*软饮料*矿泉水	嘻哈哈	箱	3000	30.00	90,000.00	13%	11,700.00
*方便食品*方便面		箱	500	60.00	30,000.00	13%	3,900.00
合　计					¥120,000.00		¥15,600.00
价税合计（大写）	⊗ 壹拾叁万伍仟陆佰元整				（小写）¥135,600.00		

销售方	名称：北京陈鸿商贸有限责任公司 纳税人识别号：91110105397030000N 地址、电话：北京西城区复兴路25号010-88000000 开户行及账号：中国工商银行复兴路支行02002198009200017600	备注	校验码 52118 02917 08243 65121

收款人：孔捷　复核：张大庞　开票人：孔捷　销售方：（章）

第一联：记账联　销售方记账凭证

图 2-1　北京陈鸿商贸有限责任公司销售专用发票

011002000104　北京 增值税普通发票　№ 35681672　011002000104　35681672

科技伴随 高效学习

记账联

机器编号：182888813563　开票日期：2019年12月09日

税总函〔2018〕××号××××公司

购买方	名称：北京爱佳生活超市有限公司 纳税人识别号：91110105567900000Y 地址、电话：北京市朝阳区北沙滩31号院010-58761111 开户行及账号：中国工商银行股份有限公司北京玛丽安路支行	密码区	172312-4-275＜1+46*54* 82*59* 181321＞＜8182*59*09618153＜/ ＜4＜3*2702-9＞9*+153＜/0 ＞2-3 *08/4＞*＞＞2-3*0/9/＞＞25-275＜1

货物或应税劳务、服务名称	规格型号	单位	数量	单价	金额	税率	税额
*水果*糖心苹果	红富士	箱	1600	90.00	144,000.00	9%	12,960.00
*方便食品*方便面		箱	300	60.00	18,000.00	13%	2,340.00
合　计					¥162,000.00		¥15,300.00
价税合计（大写）	⊗ 壹拾柒万柒仟叁佰元整				（小写）¥177,300.00		

销售方	名称：北京陈鸿商贸有限责任公司 纳税人识别号：91110105397030000N 地址、电话：北京西城区复兴路25号010-88000000 开户行及账号：中国工商银行复兴路支行02002198009200017600	备注	

收款人：孔捷　复核：张大庞　开票人：孔捷　销售方：（章）

第一联：记账联　销售方记账凭证

图 2-2　北京陈鸿商贸有限责任公司销售普通发票

2

税专（普）票汇总表 2 张，如图 2-7 和图 2-8 所示，飞扬数码科技增值税普票汇总表 1 张（示例图略），经认真审核无误后签收。

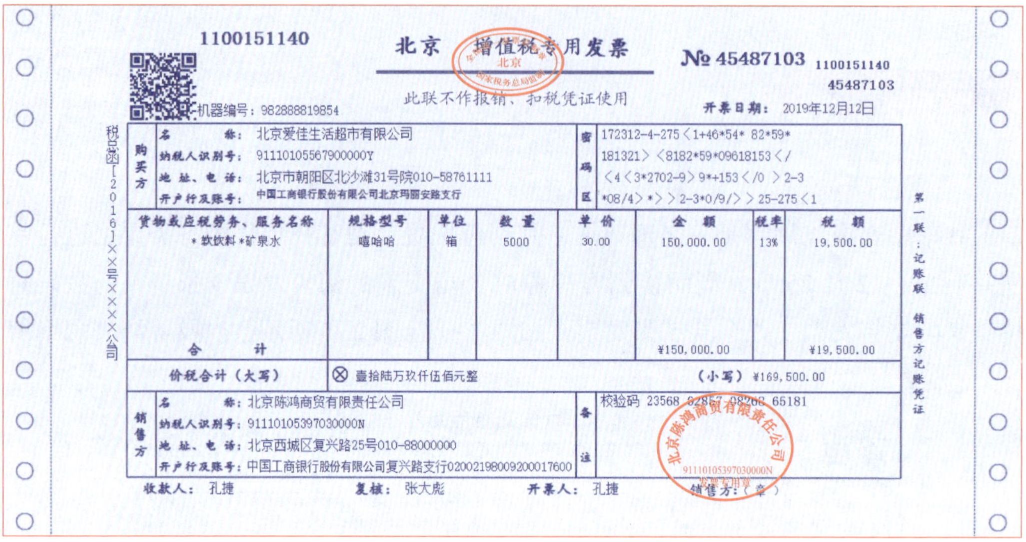

1100151140　北京 增值税专用发票　№ 45487103　1100151140　45487103

此联不作报销、扣税凭证使用

机器编号：982888819854　开票日期：2019年12月12日

税总函［2016］××号××××公司

购买方	名　　称：北京爱佳生活超市有限公司 纳税人识别号：91110105567900000Y 地　址、电　话：北京市朝阳区北沙滩31号院010-58761111 开户行及账号：中国工商银行股份有限公司北京玛丽安路支行	密码区	172312-4-275＜1+46*54* 82*59* 181321＞＜8182*59*09618153＜/ ＜4＜3*2702-9＞9*+153＜/0 ＞2-3 *08/4＞*＞＞2-3*0/9/＞＞25-275＜1

货物或应税劳务、服务名称	规格型号	单位	数量	单价	金额	税率	税额
*软饮料*矿泉水	噫哈哈	箱	5000	30.00	150,000.00	13%	19,500.00
合　　计					¥150,000.00		¥19,500.00
价税合计（大写）	⊗壹拾陆万玖仟伍佰元整				（小写）¥169,500.00		

销售方	名　　称：北京陈鸿商贸有限责任公司 纳税人识别号：91110105397030000N 地　址、电　话：北京西城区复兴路25号010-88000000 开户行及账号：中国工商银行股份有限公司复兴路支行0200219800920001760	备注	校验码 23568 02857 08262 65181

收款人：孔捷　复核：张大彪　开票人：孔捷　销售方：（章）

第一联：记账联　销售方记账凭证

图 2-3　北京陈鸿商贸有限责任公司销售专用发票

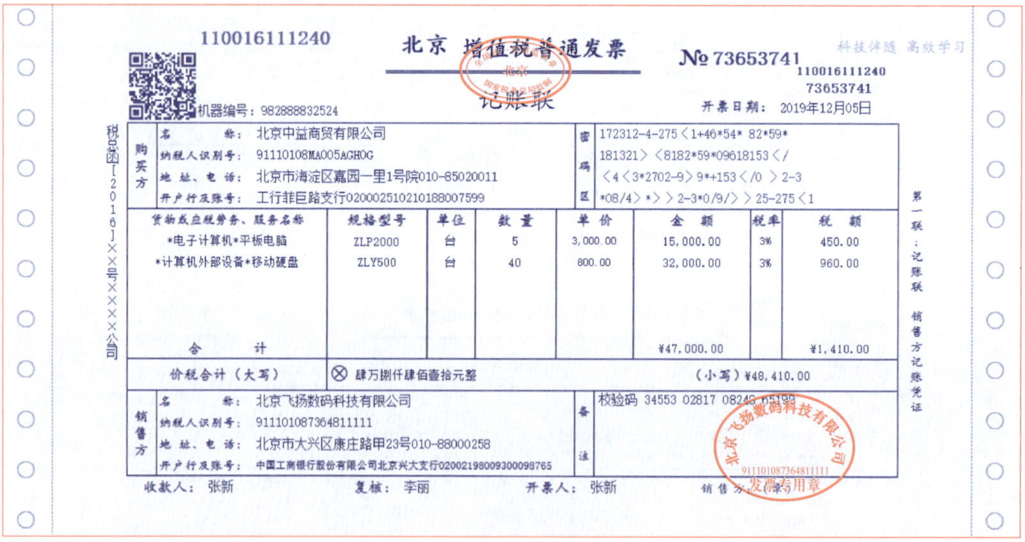

110016111240　北京 增值税普通发票　№ 73653741　110016111240　73653741

记账联

科技伴随　高效学习

机器编号：982888832524　开票日期：2019年12月05日

税总函［2016］××号××××公司

购买方	名　　称：北京中益商贸有限公司 纳税人识别号：91110108MA005AGH0G 地　址、电　话：北京市海淀区嘉园一里1号院010-85020011 开户行及账号：工行菲巨路支行020002510210188007599	密码区	172312-4-275＜1+46*54* 82*59* 181321＞＜8182*59*09618153＜/ ＜4＜3*2702-9＞9*+153＜/0 ＞2-3 *08/4＞*＞＞2-3*0/9/＞＞25-275＜1

货物或应税劳务、服务名称	规格型号	单位	数量	单价	金额	税率	税额
*电子计算机*平板电脑	ZLP2000	台	5	3,000.00	15,000.00	3%	450.00
*计算机外部设备*移动硬盘	ZLY500	台	40	800.00	32,000.00	3%	960.00
合　　计					¥47,000.00		¥1,410.00
价税合计（大写）	⊗肆万捌仟肆佰壹拾元整				（小写）¥48,410.00		

销售方	名　　称：北京飞扬数码科技有限公司 纳税人识别号：911101087364811111 地　址、电　话：北京市大兴区康庄路甲23号010-88000258 开户行及账号：中国工商银行股份有限公司北京兴大支行02002198009300098765	备注	校验码 34553 02817 08243 65199

收款人：张新　复核：李丽　开票人：张新　销售方：（章）

第一联：记账联　销售方记账凭证

图 2-4　北京飞扬数码科技有限公司销售普通发票

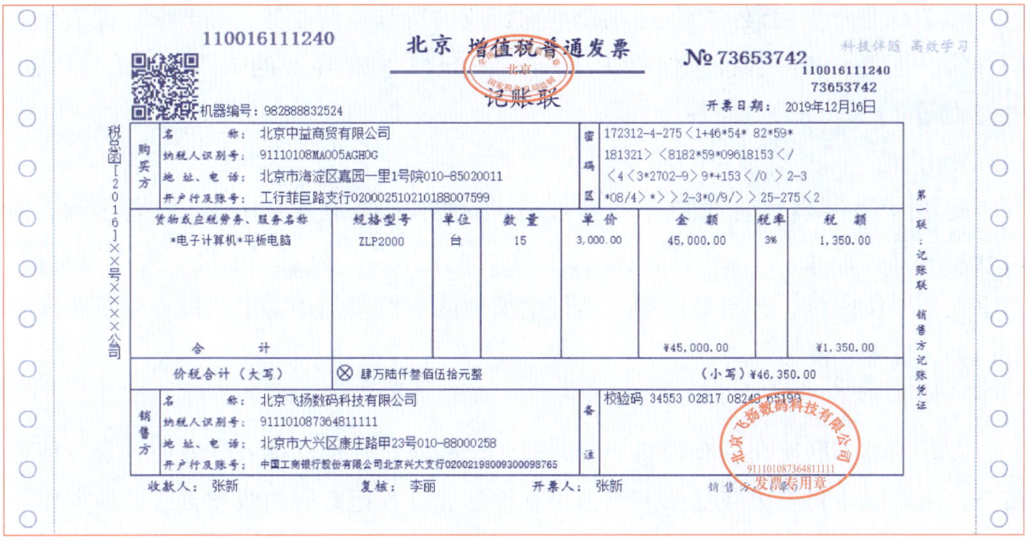

110016111240　　北京 增值税普通发票　　№73653742　　110016111240 73653742

记账联

机器编号：982888832524　　开票日期：2019年12月16日

购买方	名　称：北京中益商贸有限公司 纳税人识别号：91110108MA005AGH0G 地址、电话：北京市海淀区嘉园一里1号院010-85020011 开户行及账号：工行菲巨路支行0200025102101888007599			密码区	172312-4-275＜1+46*54* 82*59* 181321＞＜8182*59*09618153＜/ ＜4＜3*2702-9＞9*+153＜/0＞2-3 *08/4＞*＞＞2-3*0/9/＞＞25-275＜2		
货物或应税劳务、服务名称	规格型号	单位	数量	单价	金额	税率	税额
*电子计算机*平板电脑	ZLP2000	台	15	3,000.00	45,000.00	3%	1,350.00
合　计					¥45,000.00		¥1,350.00
价税合计（大写）	⊗ 肆万陆仟叁佰伍拾元整				（小写）¥46,350.00		
销售方	名　称：北京飞扬数码科技有限公司 纳税人识别号：911101087364811111 地址、电话：北京市大兴区康庄路甲23号010-88000258 开户行及账号：中国工商银行股份有限公司北京兴大支行0200219800930098765			备注	校验码 34553 02817 08248 05190		

收款人：张新　　复核：李丽　　开票人：张新　　销售方：（章）

税总函[2016]××号×××公司　　第一联：记账联　销售方记账凭证

图 2-5　北京飞扬数码科技有限公司销售发票

（二）任务布置

共享中心员工周明按照合同业务要求分别为陈鸿公司、飞扬数码科技整理票据并进行记账，具体要求如下：

（1）对签收的销售发票进行检查、核对是否完整；

（2）对销售发票进行归类整理；

（3）每张纸质票据通过扫描或拍照，将纸质票据转成电子影像文件；

（4）采集票据影像文件，自动识别票据并人工校验；

（5）自动生成记账凭证并进行人工校验，或人工编制记账凭证。

二、工作准备

销售发票相关知识

（一）知识准备

1. 销售发票

销售发票是销售业务发生时，销售方根据购销合同的要求，开具给购买方以记录销售商品的规格、数量、单价、销售金额、运费和保险费、开票日期、付款条件等内容的凭证。

2. 发票的种类与使用范围

（1）增值税专用发票：仅限于一般纳税人领取使用，部分小规模纳税人也可领取使用；

（2）普通发票：主要由小规模纳税人使用，增值税一般纳税人在不能开具增值税专用发票的情况下也可以使用普通发票；

2

（3）行业专业发票：指仅适用于特殊行业的特殊经营业务，如金融、保险企业的存贷、汇兑、转账凭证，保险凭证，国有邮政、电信企业的邮票、邮单、话务、电报收据等。

3. 发票内容

发票内容一般包括：票头、发票号码、发票代码、联次及用途、客户名称、银行开户账号、商（产）品名称或经营项目、计量单位、数量、单价、大小写金额、经手人、单位印章、开票日期等。实行增值税的单位所使用的增值税专用发票还应有税种、税率、税额等内容。

4. 发票联次

发票的基本联次包括存根联、发票联、记账联。存根联由收款方或开票方留存备查；发票联由付款方或受票方作为付款原始凭证；记账联由收款方或开票方作为记账原始凭证。

现行增值税发票的联次具体规定如表 2-1 所示。

表 2-1　增值税发票联次表

发票名称	联次分类	联次用途
增值税专用发票	三联	第一联为记账联；第二联为抵扣联；第三联为发票联
	六联	第一联为记账联；第二联为抵扣联；第三联为发票联；第四联、第五联、第六联为副联
增值税普通发票	二联	第一联为记账联；第二联为发票联
	五联	第一联为记账联；第二联为发票联；第三联、第四联、第五联为副联

（二）操作准备

（1）客户销售类发票签收单；

（2）扫描仪（或手机）一台（部）。

（三）业务要领

销售类发票整理工作相对简单清晰，考虑到销售类发票构成增值税纳税申报表中收入的主要项目，因此在整理时应把握如下三点：

（1）要求委托企业提供从税控盘导出的全部开票记录的电子版文件，与企业提供的纸质发票和电子发票信息进行核对，检查是否完整；

（2）根据发票上注明的增值税税率不同分别整理，即：相同税率的发票作为一个工作单元；

（3）增值税专用发票的联次是否准确，企业应保留记账联等联次。

三、业务流程

销售类发票整理业务处理流程如图 2-6 所示：

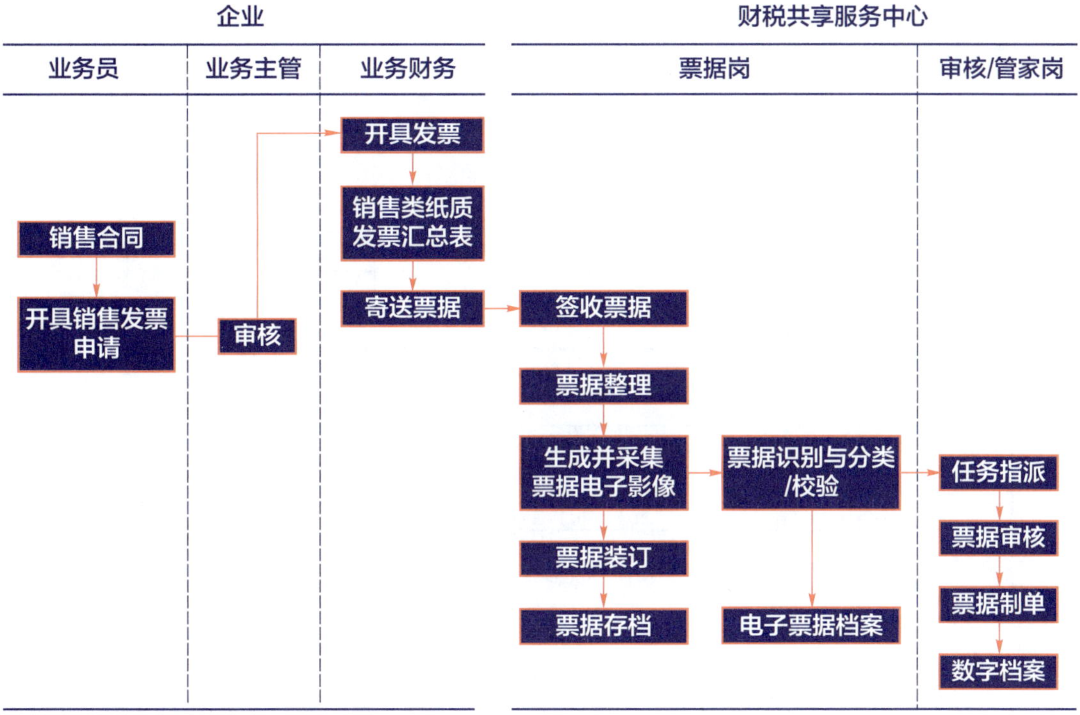

图 2-6　销售类发票整理业务处理流程

四、业务操作

销售类发票整理与制单业务操作流程

（一）销售类发票整理

（1）收到客户提供的票据时，检查客户提供的资料中，是否有客户从其开票系统中下载的“增值税专用发票汇总表”（如图 2-7 所示）或“增值税普通发票汇总表”（如图 2-8 所示）。其中，需特别关注开票份数、开票统计、开票明细等信息是否完整。

（2）核对客户提供的销售发票与发票信息统计汇总表（增值税专用发票、增值税普通发票）是否匹配，主要核对正数和负数发票张数、作废发票张数、实际销项金额及税额。

（3）如果核对当月发票份数不全，则需对开票明细表中的发票号码和发票进行逐一核对，查找出缺失发票，与客户沟通，补寄。

（4）按照发票采购方单位名称分类整理。

增值税专用发票汇总表

制表日期：2019年12月31日
所属期间:2019年12月
税控盘：:20
纳税人登记号：91110105397030000N
企业名称：北京陈鸿商贸有限责任公司
地址电话：北京西城区复兴路25号 010-88000000

★发票领用存情况★

期初库存份数	13	正数发票份数	2	负数发票份数	0
购进发票份数	0	正数废票份数	0	负数废票份数	0
退回发票份数	0	期末库存份数	11		

★销项情况★
金额单位：元

序号	项目名称	合计	13%	9%	6%	3%	其他
1	销项正废金额	-	-	-	-	-	-
2	销项正数金额	270,000.00	270,000.00	-	-	-	-
3	销项负废金额	-	-	-	-	-	-
4	销项负数金额	-	-	-	-	-	-
5	实际销售金额	270,000.00	270,000.00	-	-	-	-
6	销项正废税额	-	-	-	-	-	-
7	销项正数税额	35,100.00	35,100.00	-	-	-	-
8	销项负废税额	-	-	-	-	-	-
9	销项负数税额	-	-	-	-	-	-
10	实际销项税额	35,100.00	35,100.00	-	-	-	-

图 2-7　增值税专用发票资料统计

增值税普通发票汇总表

制表日期：2019年12月31日
所属期间:2019年12月
税控盘：:20
纳税人登记号：91110105397030000N
企业名称：北京陈鸿商贸有限责任公司
地址电话：北京西城区复兴路25号 010-88000000

★发票领用存情况★

期初库存份数	10	正数发票份数	1	负数发票份数	0
购进发票份数	0	正数废票份数	0	负数废票份数	0
退回发票份数	0	期末库存份数	9		

★销项情况★
金额单位：元

序号	项目名称	合计	13%	9%	6%	3%	其他
1	销项正废金额	-	-	-	-	-	-
2	销项正数金额	162,000.00	18,000.00	144,000.00	-	-	-
3	销项负废金额	-	-	-	-	-	-
4	销项负数金额	-	-	-	-	-	-
5	实际销售金额	162,000.00	18,000.00	144,000.00	-	-	-
6	销项正废税额	-	-	-	-	-	-
7	销项正数税额	15,300.00	23,400.00	12,960.00	-	-	-
8	销项负废税额	-	-	-	-	-	-
9	销项负数税额	-	-	-	-	-	-
10	实际销项税额	15,300.00	23,400.00	12,960.00	-	-	-

图 2-8　增值税普通发票资料统计

（二）票据扫描识别

1. 对票据进行分类

首先按照收入、成本及费用三个类别对票据进行分类，为数据采集做准备。票据采集的顺序为先进行收入类票据整理采集，再进行成本类和费用类票据整理采集。

2. 票据电子影像转换

通过扫描或者拍照等方式，将已经分类的纸质票据转换成电子影像文件。企业实务中，通常用扫描仪对纸质票据进行批量扫描处理转换为电子影像文件，其中对于扫描效果差、票面不清晰的纸质票据，可利用高拍仪单独进行电子影像处理。

3. 发票识别、查验与制单

（1）登录财天下，在界面左上角先选择公司名称，如图 2-9 所示。

图 2-9 登录财天下

（2）在左侧菜单栏中选择“票据”项，单击“票据采集”，并进入票据采集界面，如图 2-10 和图 2-11 所示。

图 2-10 单击票据采集

2

图 2-11　票据采集页面

（3）发票采集并上传。单击“采集”，选择“本地图片 / PDF”上传图片，如图 2-12 所示。单击后系统显示上传成功，如图 2-13。

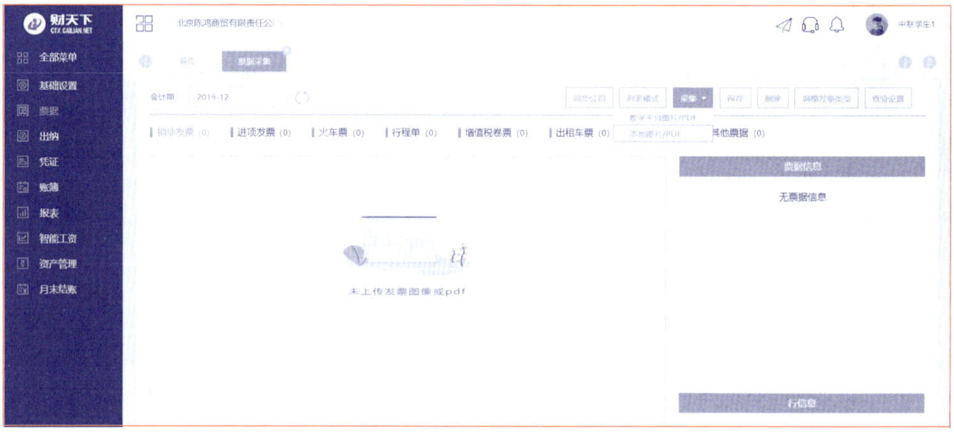

图 2-12　选择本地图片上传页面

图 2-13　票据上传成功页面

（4）核对信息及查验。票据上传结束需要进行信息核对，单击“查验”，如图2-14至图2-15所示。若出现票面不清晰等错误情况，需核对右侧自动识别的票据信息。其中可以利用放大功能，对电子版票据进行局部放大和缩小，重点关注票面信息中票面金额等信息是否采集正确，与行信息是否一致。若查验中数据与票面信息不一致，可手动修改行信息及票据信息。若采集的票面信息经核对无误，单击“保存”即可。信息核对无误后，输入校验码，单击“查验”，如图2-16至图2-18所示。

（5）凭证制单。选择正确发票类型后进行查验，完成查验后的票据可自动生成凭证，如图2-19所示。

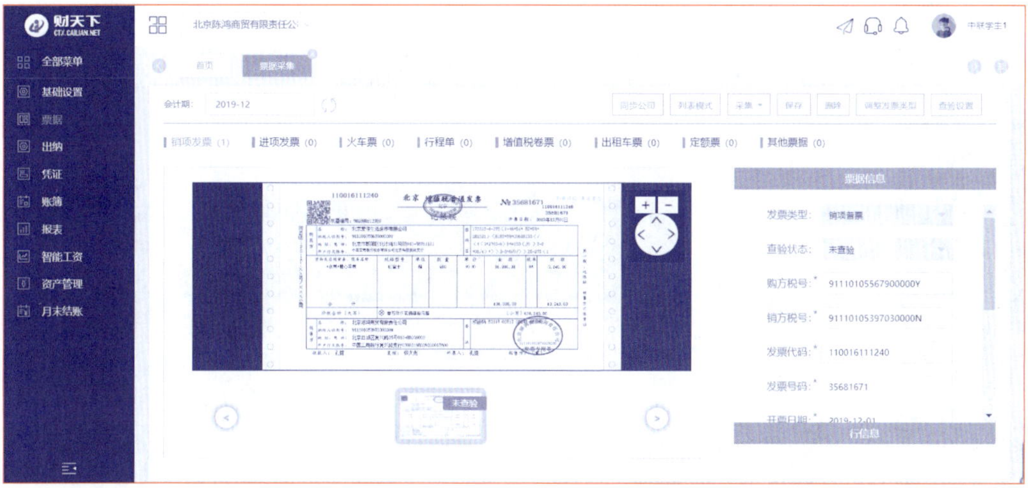

图2-14　票据查验页面

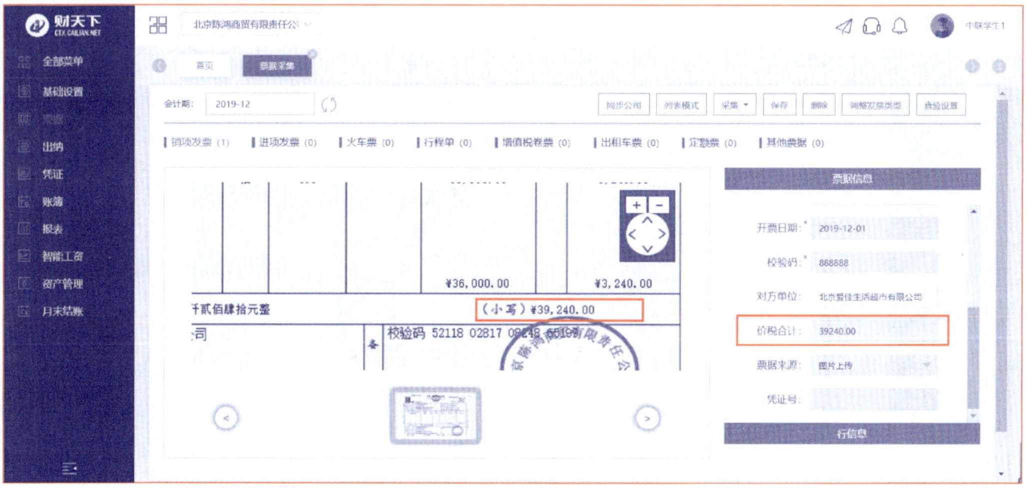

图2-15　核对票据信息

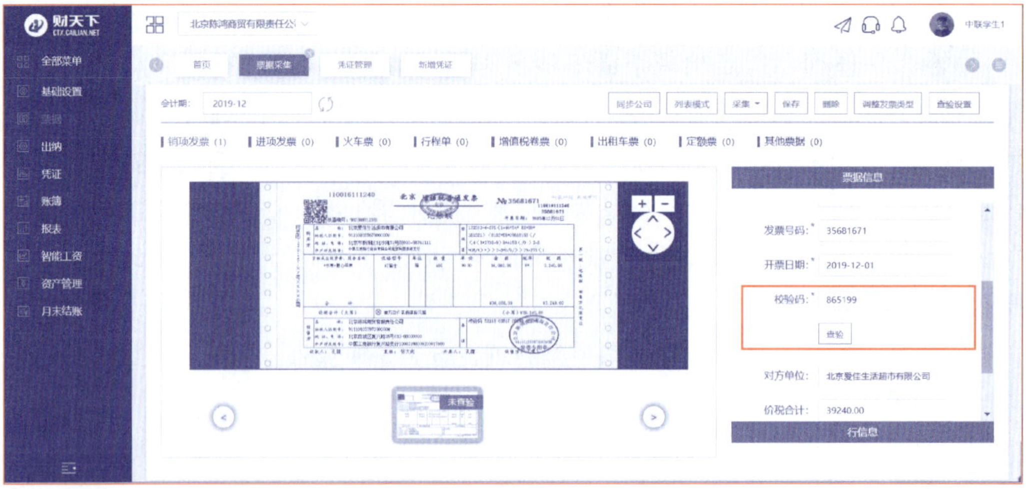

图 2-16　票据信息查验

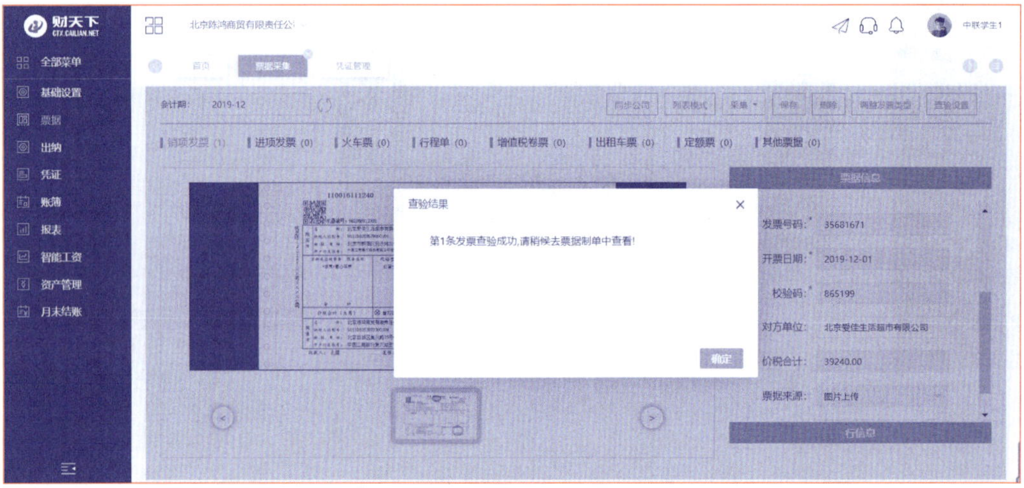

图 2-17　查验成功页面

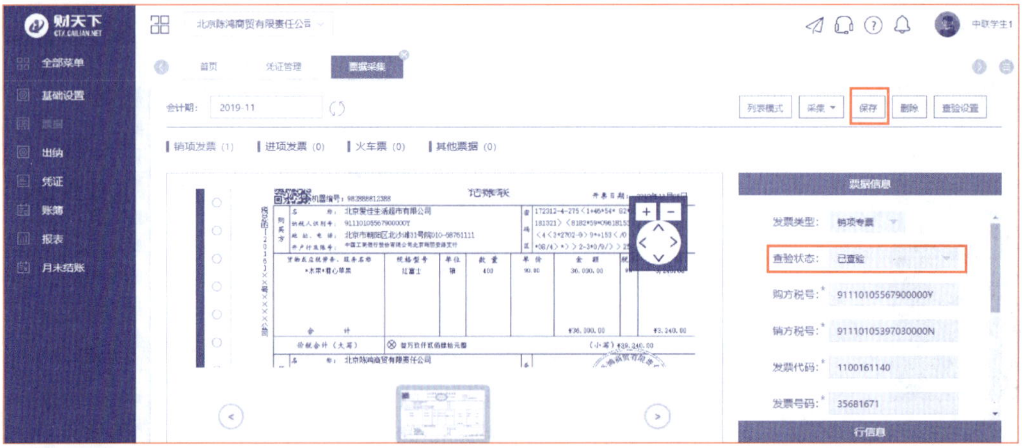

图 2-18　查验后保存页面

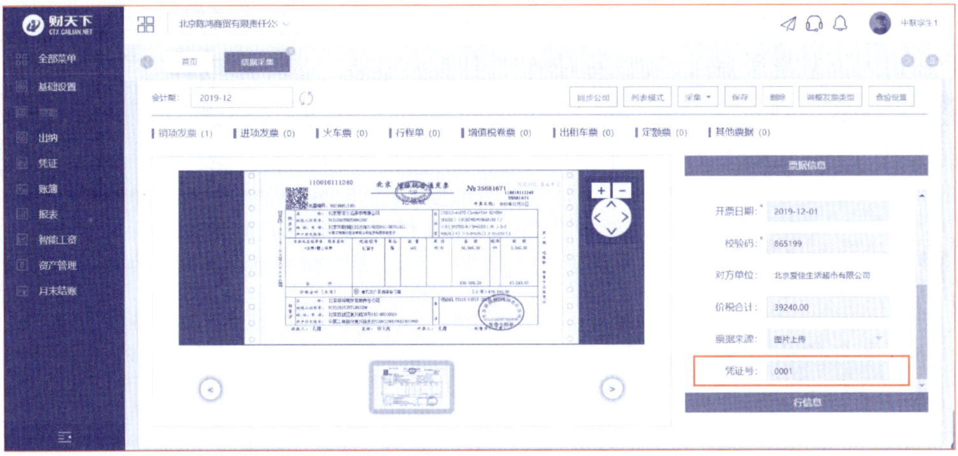

图 2-19　生成记账凭证

同时也可在左侧菜单栏中选择“凭证管理”中查看凭证，并对凭证进行审核等管理事项，如图 2-20 和图 2-21 所示。

图 2-20　选择凭证管理

图 2-21　凭证管理页面

其中如果无法自动生成凭证或者出现错误，可手工填写或者修改记账凭证。

在财天下共享平台上，使用扫描软件快速对收入、成本票进行扫描，自动识别一键上传系统，抓取全票面信息，实现批量制单、自动生成记账凭证，以高效率、高准确率的方式帮助中小微企业实现发票的快速查验和制单工作。

五、任务评价

本任务评价表见表 2-2。

表 2-2 “销售类发票整理与制单”任务评价表

工作任务清单	完成情况
对企业当月开具的销售类票据进行核查	
对企业当月增值税专用发票与智能化税务操作平台的开票统计数据进行核查	
对企业当月增值税普通发票与智能化税务操作平台的开票统计数据进行核查	
在智能化票据操作平台上查找缺失发票，并跟客户沟通进行补寄	
对企业当月开具的销售类票据进行分类归档整理、制单	

任务二　成本类发票整理与制单

一、任务情境

（一）任务场景

成本类发票整理与制单

共享中心理票员周明于 12 月 25 日接到客户陈鸿公司交来购进货物的增值税专用发票 2 张（每张 2 联），如图 2-22 至图 2-25 所示；飞扬数码科技交来的购进增值税普通发票 1 张，如图 2-26 所示，经认真审核无误后签收。

（二）任务布置

共享中心员工周明按照合同业务要求分别为陈鸿公司、飞扬数码科技整理票据并进行记账，具体要求如下：

1100151140　　北京增值税专用发票　　№ 89608818　1100151140　89608818

抵扣联

机器编号：982888812388　　开票日期：2019年12月13日

税总函[2016]××号××××公司

购买方	名　　称：北京陈鸿商贸有限责任公司 纳税人识别号：91110105397030000N 地址、电话：北京西城区复兴路25号010-88000000 开户行及账号：中国工商银行复兴路支行02002198009200017600	密码区	172312-4-275<1+46*54* 82*59* 181321><8182*59*09618153</ <4<3*2702-9>9*+153</0 >2-3 *08/4>*>>2-3*0/9/>>25-275<1

货物或应税劳务、服务名称	规格型号	单位	数量	单价	金额	税率	税额
*软饮料*矿泉水	嘻哈哈	箱	12000	12.00	144,000.00	13%	18,720.00
合　计					¥144,000.00		¥18,720.00
价税合计（大写）	ⓧ壹拾陆万贰仟柒佰贰拾元整				（小写）¥162,720.00		

销售方	名　　称：北京嘻哈哈饮品有限公司 纳税人识别号：91110106556688588H 地址、电话：北京市朝阳区安华西里三区1号楼2-1010-88032056 开户行及账号：中国建设银行安华北里支行11006022401806662	备注	校验码 67318 02817 08048 65199

收款人：　　复核：孙浩宇　　开票人：朱妩　　销售方：（章）

第二联：抵扣联　购买方扣税凭证

图 2-22　陈鸿公司增值税专用发票抵扣联

1100151140　　北京增值税专用发票　　№ 89608818　1100151140　89608818

发票联

机器编号：982888812388　　开票日期：2019年12月13日

税总函[2016]××号××××公司

购买方	名　　称：北京陈鸿商贸有限责任公司 纳税人识别号：91110105397030000N 地址、电话：北京西城区复兴路25号010-88000000 开户行及账号：中国工商银行复兴路支行02002198009200017600	密码区	172312-4-275<1+46*54* 82*59* 181321><8182*59*09618153</ <4<3*2702-9>9*+153</0 >2-3 *08/4>*>>2-3*0/9/>>25-275<1

货物或应税劳务、服务名称	规格型号	单位	数量	单价	金额	税率	税额
*软饮料*矿泉水	嘻哈哈	箱	12000	12.00	144,000.00	13%	18,720.00
合　计					¥144,000.00		¥18,720.00
价税合计（大写）	ⓧ壹拾陆万贰仟柒佰贰拾元整				（小写）¥162,720.00		

销售方	名　　称：北京嘻哈哈饮品有限公司 纳税人识别号：91110106556688588H 地址、电话：北京市朝阳区安华西里三区1号楼2-1010-88032056 开户行及账号：中国建设银行安华北里支行11006022401806662	备注	校验码 67318 02817 08048 65199

收款人：　　复核：孙浩宇　　开票人：朱妩　　销售方：（章）

第三联：发票联　购买方记账凭证

图 2-23　陈鸿公司增值税专用发票发票联

1100151140　　北京增值税专用发票　　№ 89608692　1100151140　89608692

抵扣联

科技伴随　高效学习

机器编号：982888816597　　开票日期：2019年12月17日

税总函[2016]××号××××公司

购买方	名　　称：北京陈鸿商贸有限责任公司 纳税人识别号：91110105397030000N 地址、电话：北京西城区复兴路25号010-88000000 开户行及账号：中国工商银行复兴路支行02002198009200017600	密码区	172312-4-275<1+46*54* 82*59* 181321><8182*59*09618153</ <4<3*2702-9>9*+153</0 >2-3 *08/4>*>>2-3*0/9/>>25-275<1

货物或应税劳务、服务名称	规格型号	单位	数量	单价	金额	税率	税额
*方便食品*方便面		箱	2000	35.00	70,000.00	13%	9,100.00
合　计					¥70,000.00		¥9,100.00
价税合计（大写）	ⓧ柒万玖仟壹佰元整				（小写）¥79,100.00		

销售方	名　　称：北京面面聚食品有限公司 纳税人识别号：91110105MA01KH6668 地址、电话：北京市朝阳区信息路33号010-88016532 开户行及账号：中国银行股份有限公司朝阳支行3454649146663	备注	校验码 22318 02817 08048 65199

收款人：　　复核：黄微松　　开票人：方圆　　销售方：（章）

第二联：抵扣联　购买方扣税凭证

图 2-24　陈鸿公司增值税专用发票抵扣联

2

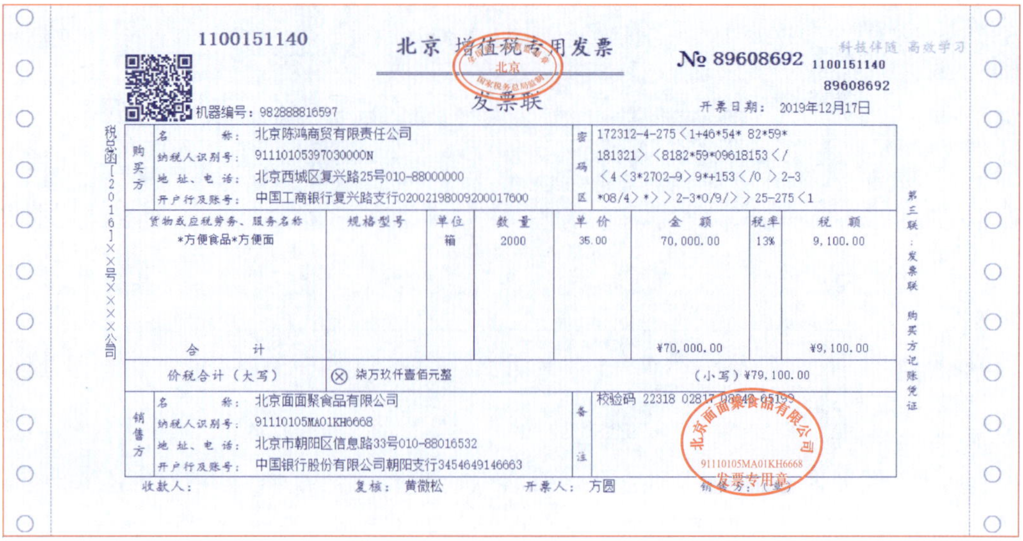

1100151140　北京　增值税专用发票　№ 89608692　1100151140　89608692

科技伴随　高效学习

发票联

机器编号：982888816597　开票日期：2019年12月17日

购买方	名　　称：北京陈鸿商贸有限责任公司 纳税人识别号：91110105397030000N 地 址、电 话：北京西城区复兴路25号010-88000000 开户行及账号：中国工商银行复兴路支行02002198009200017600	密码区	172312-4-275＜1+46*54* 82*59* 181321＞＜8182*59*09618153＜/ ＜4＜3*2702-9＞9*+153＜/0 ＞2-3 *08/4＞*＞＞2-3*0/9/＞＞25-275＜1

货物或应税劳务、服务名称	规格型号	单位	数量	单价	金额	税率	税额
*方便食品*方便面		箱	2000	35.00	70,000.00	13%	9,100.00
合　　计					¥70,000.00		¥9,100.00
价税合计（大写）	⊗ 柒万玖仟壹佰元整				（小写）¥79,100.00		

销售方	名　　称：北京面面聚食品有限公司 纳税人识别号：91110105MA01KH6668 地 址、电 话：北京市朝阳区信息路33号010-88016532 开户行及账号：中国银行股份有限公司朝阳支行3454649146663	备注	校验码 22318 02817 08848 05199

收款人：　复核：黄微松　开票人：方圆　销售方：（章）

北京面面聚食品有限公司　91110105MA01KH6668　发票专用章

税总函［2016］××号××××公司

第三联：发票联　购买方记账凭证

图 2-25　陈鸿公司增值税专用发票发票联

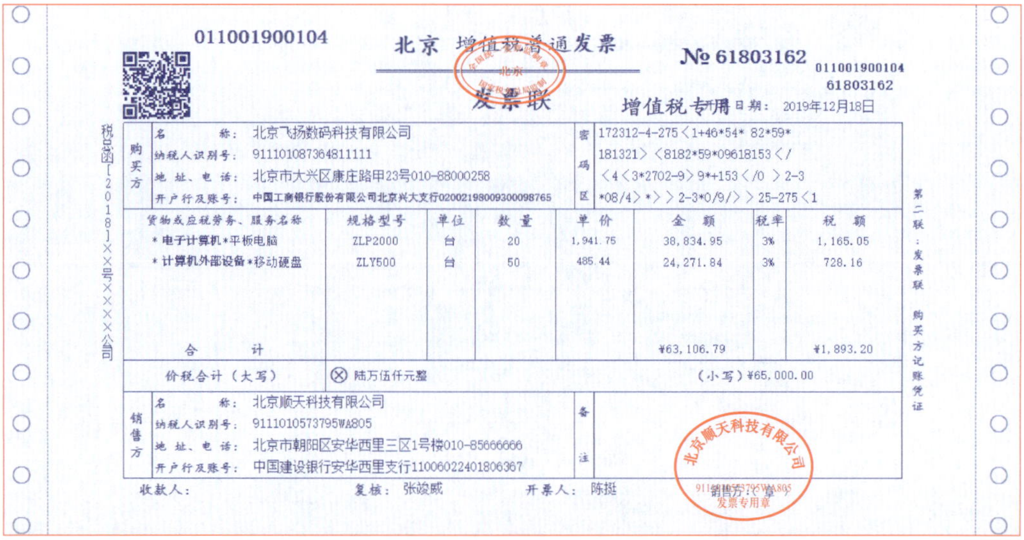

011001900104　北京　增值税普通发票　№ 61803162　011001900104　61803162

发票联

增值税专用　开票日期：2019年12月18日

购买方	名　　称：北京飞扬数码科技有限公司 纳税人识别号：911101087364811111 地 址、电 话：北京市大兴区康庄路甲23号010-88000258 开户行及账号：中国工商银行股份有限公司北京兴大支行02002198009300098765	密码区	172312-4-275＜1+46*54* 82*59* 181321＞＜8182*59*09618153＜/ ＜4＜3*2702-9＞9*+153＜/0 ＞2-3 *08/4＞*＞＞2-3*0/9/＞＞25-275＜1

货物或应税劳务、服务名称	规格型号	单位	数量	单价	金额	税率	税额
*电子计算机*平板电脑	ZLP2000	台	20	1,941.75	38,834.95	3%	1,165.05
*计算机外部设备*移动硬盘	ZLY500	台	50	485.44	24,271.84	3%	728.16
合　　计					¥63,106.79		¥1,893.20
价税合计（大写）	⊗ 陆万伍仟元整				（小写）¥65,000.00		

销售方	名　　称：北京顺天科技有限公司 纳税人识别号：9111010573795WA805 地 址、电 话：北京市朝阳区安华西里三区1号楼010-85666666 开户行及账号：中国建设银行安华西里支行11006022401806367	备注	

收款人：　复核：张竣威　开票人：陈挺　销售方：（章）

北京顺天科技有限公司　9111010573795WA805　发票专用章

税总函［2018］××号××××公司

第二联：发票联　购买方记账凭证

图 2-26　飞扬数码科技公司增值税普通发票发票联

（1）对签收的购进发票进行检查、核对是否完整；

（2）对购进发票进行归类整理；

（3）每张纸质票据通过扫描或拍照，将纸质票据转成电子影像文件；

（4）采集票据影像文件，自动识别票据并人工校验；

（5）自动生成记账凭证并进行人工校验，或人工编制记账凭证。

二、工作准备

（一）知识准备

1. 成本及成本票的概念

成本是企业为生产一定数量和种类的产品或为提供一定数量和种类的劳务而发生的各种耗费。成本票是企业从事生产经营过程中，购进用于加工商品或销售商品所需要的原材料、动力或货物等从销售方获得的发票和票据，这些票据是企业计算生产成本或经营成本的主要原始凭证。

成本类发票相关知识

2. 成本票获取

成本票是公司销售商品或者加工商品过程中所消耗的费用，主要是指直接或间接记入“生产成本”“制造费用”等方面的发票和票据。

3. 成本类发票获取时应注意的事项

（1）未填写购买方的纳税人识别号或统一社会信用代码的普通发票不予报销。

（2）填开内容与实际交易不符的发票不予报销。

（3）取得提供货物运输服务未在备注栏注明规定信息的发票不予报销。

（4）取得提供建筑服务未在备注栏注明规定信息的发票不予报销。

（5）取得销售不动产未按规定要求填开的发票不予报销。

销售不动产，纳税人自行开具或者税务机关代开增值税发票时，应在发票“货物或应税劳务、服务名称”栏填写不动产名称及房屋产权证书号码（无房屋产权证书的可不填写），“单位”栏填写面积单位，“备注”栏注明不动产的详细地址。

（6）取得出租不动产未在“备注”栏注明规定信息的发票不予报销。

（7）未在增值税发票管理新系统中开具的二手车销售统一发票不予报销。

（8）未按规定要求开具的成品油发票不予报销。

（9）未填开付款方全称的发票不予报销。

（10）未加盖发票专用章的发票不予报销。

（11）商业企业一般纳税人零售消费品开具增值税专用发票不予报销。

商业企业一般纳税人零售的烟、酒、食品、服装、鞋帽（不包括劳保专用部分）、化妆品等消费品不得开具专用发票。

（12）单用途卡销售、充值与使用等环节发票开具不规范不予报销。

单用途卡发卡企业或者售卡企业向购卡人、充值人开具增值税普通发票，不得开具增值税专用发票。

（13）多用途卡销售、充值与使用等环节发票开具不规范不予报销。

支付机构向购卡人、充值人开具增值税普通发票，不得开具增值税专用发票。

（二）操作准备

（1）客户成本类发票签收单；

（2）扫描仪（或手机）一台（部）。

（三）业务要领

（1）票面信息的核对：主要是商品和服务税收分类编码是否正确。自 2016 年 5 月 1 日起，国家税务总局在全国范围内推行了商品和服务税收分类编码。自 2018 年 1 月 1 日起，纳税人通过增值税发票管理新系统开具增值税发票（包括：增值税专用发票、增值税普通发票、增值税电子普通发票）时，商品和服务税收分类编码对应的简称会自动显示并打印在发票票面“货物或应税劳务、服务名称”或“项目”栏次中。

（2）发票、交付物与业务的核对：发票是业务的具体体现，在整理票据时务必查阅发票对应的业务，即：合同信息是否一致；发票与业务对应的交付物是否一致，如发票内容显示购进黄金饰品，实物管理是否有黄金饰品的验收和入库等材料。

（3）成本类发票整理应注意增值税和企业所得税的不同要求：如企业购进的用于职工福利的商品发票，这些发票不能进行增值税进项税额抵扣，但是可以作为企业所得税税前扣除凭证，因此在整理票据时应按照增值税的要求和企业所得税税前扣除的要求分别做好标记。

三、业务流程

成本类发票整理与制单业务处理流程如图 2-27 所示。

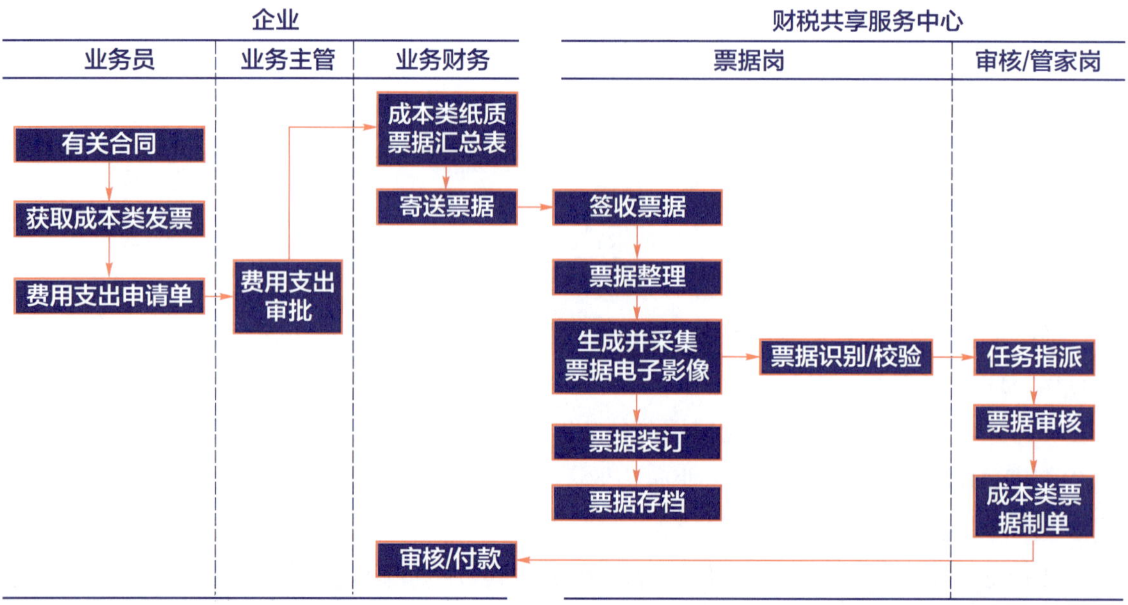

图 2-27　成本类发票整理与制单业务处理流程

四、业务操作

（一）成本类发票整理

（1）企业收到客户提供的票据时，应按照企业提供的成本类纸质票据汇总表检查当月票据是否完整，如果票据有缺失，需及时跟供应商沟通，补寄。

（2）按照发票供应方单位名称分类整理。

成本类发票整理业务操作

（二）票据扫描识别

成本类发票、票据扫描识别业务操作步骤与销售类发票相同，此处不再赘述。

（三）自动生成记账凭证并进行人工校验，或人工编制记账凭证

自动生成记账凭证并进行人工校验，或人工编制记账凭证业务操作步骤与销售类发票相同，此处不再赘述。

在财天下共享平台中，可实现中小微企业的成本类发票分类计入成本支出单的操作处理，实现批量制单、自动生成记账凭证，以高效率、高准确率的方式帮助中小微企业实现发票的快速查验和制单工作。

五、任务评价

本任务评价表见表2–3。

表2–3　“成本类发票整理与制单”任务评价表

工作任务清单	完成情况
对企业当月收到的成本类发票要素进行查验	
对企业当月收到的成本类发票类别和实际发生业务的一致性进行核查	
根据实际发生业务查找出缺失发票，并跟供应商沟通进行补寄	
对核查正确的成本类票据进行分类归档整理并制单	

2

任务三　银行结算单据整理与制单

一、任务情境

（一）任务场景

共享中心理票员周明于 12 月 25 日接到客户陈鸿公司交来 1 张银行转账支票存根、1 张网上银行电子回单、1 张银行现金支票，如图 2-28 至图 2-30 所示，飞扬数码科技交来的 1 张银行现金支票、1 张银行转账支票存根（银行单据示例图略），经认真审核无误后签收。

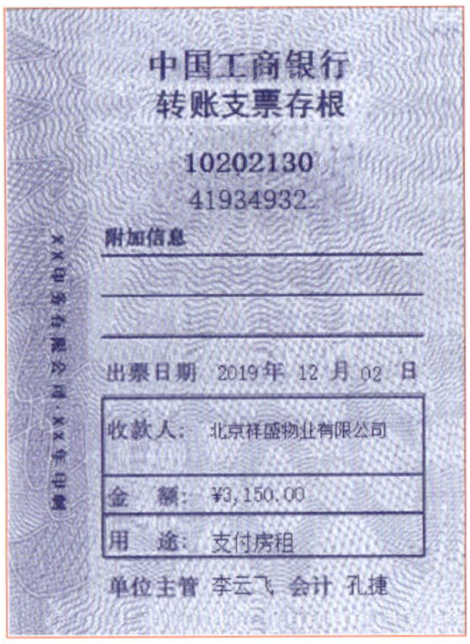
中国工商银行
转账支票存根
10202130
41934932
附加信息
出票日期　2019 年 12 月 02 日
收款人：北京祥盛物业有限公司
金　额：¥3,150.00
用　途：支付房租
单位主管　李云飞　会计　孔捷
××印务有限公司·××年印制

图 2-28　银行转账支票存根

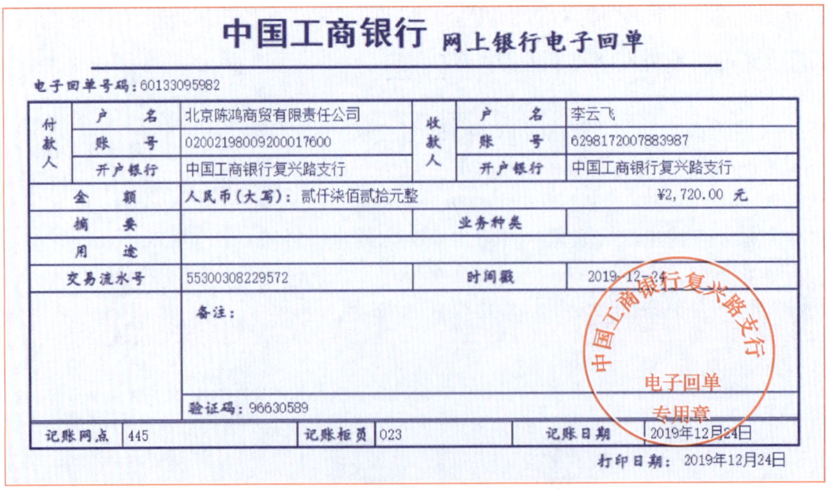
中国工商银行　网上银行电子回单

电子回单号码：60133095982

付款人	户　名	北京陈鸿商贸有限责任公司	收款人	户　名	李云飞
	账　号	0200219800920001 7600		账　号	6298172007883987
	开户银行	中国工商银行复兴路支行		开户银行	中国工商银行复兴路支行
金　额		人民币（大写）：贰仟柒佰贰拾元整			¥2,720.00 元
摘　要			业务种类		
用　途					
交易流水号		55300308229572	时间戳		2019-12-24
		备注： 验证码：96630589			
记账网点	445	记账柜员	023	记账日期	2019年12月24日

打印日期：2019年12月24日

中国工商银行复兴路支行　电子回单专用章

图 2-29　网上银行电子回单

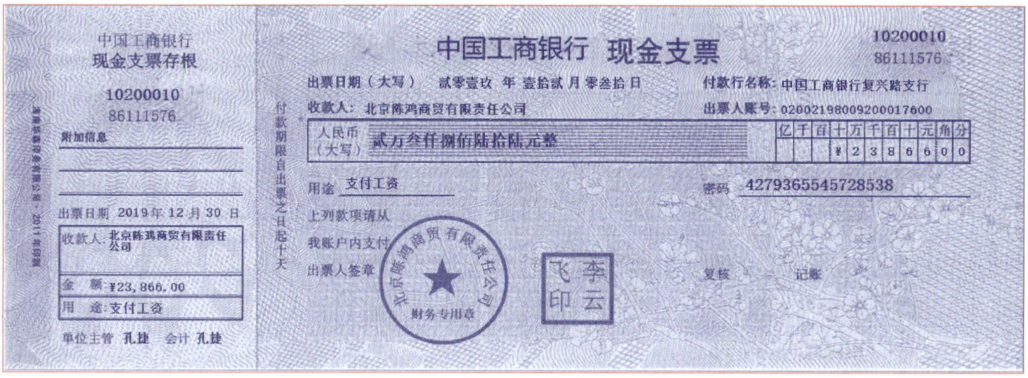
中国工商银行
现金支票存根
10200010
86111576
附加信息
出票日期 2019年12月30日
收款人：北京陈鸿商贸有限责任公司
金 额：¥23,866.00
用 途：支付工资
单位主管 孔捷 会计 孔捷

中国工商银行 现金支票
10200010
86111576
出票日期（大写） 贰零壹玖 年 壹拾贰 月 零叁拾 日
付款行名称：中国工商银行复兴路支行
收款人：北京陈鸿商贸有限责任公司
出票人账号：02002198009200017600
人民币（大写） 贰万叁仟捌佰陆拾陆元整
亿 千 百 十 万 千 百 十 元 角 分
¥ 2 3 8 6 6 0 0
付款期限自出票之日起十天
用途 支付工资
密码 4279365545728538
上列款项请从
我账户内支付
出票人签章
北京陈鸿商贸有限责任公司 财务专用章
飞李 印云
复核 记账

图 2-30　银行现金支票

（二）任务布置

共享中心员工周明按照合同业务要求分别为陈鸿公司、飞扬数码科技整理票据并进行记账，具体要求如下：

（1）对签收的银行单据进行检查、核对是否完整；

（2）对银行单据与相对应的发票单据进行对接、按照业务类型归类整理；

（3）每张纸质票据通过扫描或拍照，将纸质票据转成电子影像文件；

（4）采集票据影像文件，自动识别票据并人工校验；

（5）自动生成记账凭证并进行人工校验，或人工编制记账凭证。

二、工作准备

（一）知识准备

1. 银行结算

银行结算是指通过银行账户的资金转移所实现收付的行为，即银行接受客户委托代收代付，从付款单位存款账户划出款项，转入收款单位存款账户，以此完成经济单位之间债权债务的清算或资金的调拨。目前国内银行结算方式主要有银行汇票、商业汇票、银行本票、支票、汇兑、委托收款、托收承付、信用卡、信用证等。

银行结算单据相关知识

2. 银行结算单据

银行结算单据就是收付款双方及银行办理银行转账结算的书面凭证。它是银行结算的重要组成内容，也是银行办理款项划拨、收付款单位和银行进行会计核算的依据。

（二）操作准备

（1）客户银行结算单据签收单；

（2）银行结算单据及银行对账单；

（3）扫描仪（或手机）一台（部）。

（三）业务要领

随着互联网支付的发展，在中小企业中，小企业业主个人通过微信、支付宝等账户执行收付款业务的现象非常普遍。这些业务实际是公司行为，资金结算却未能通过公司账户完成，在结算单据整理时一定要注意询问企业业主个人账户中可能混同的企业收付款事项。在实际业务中，最好获取企业的电子银行流水单据和微信、支付宝账户的相关收付款记录等信息。

三、业务流程

银行结算单据整理和制单业务处理流程如图 2–31 所示。

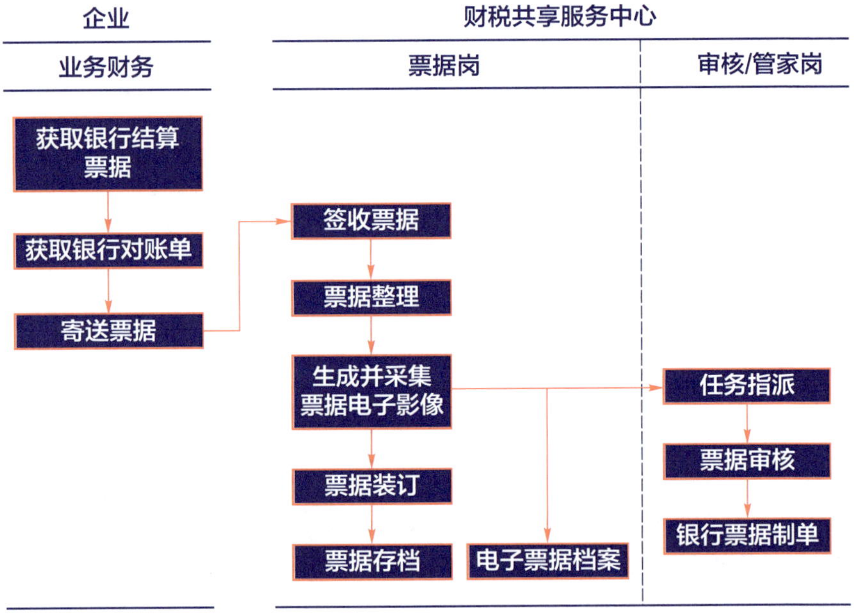

图 2–31　银行结算票据整理与制单业务处理流程

四、业务操作

银行结算单据整理与制单业务操作

（一）银行结算单据整理操作

（1）当收到客户提供的银行单据时，检查当月银行单据、银行对账单等资料是否完整。

（2）在整理银行资料时，要核对银行对账单每笔业务是否有回单，如果没有，则需及时与银行沟通，补打银行单据。

（3）如果企业办理了网银，则可以进入网银直接打印银行对账单，同时导出电子版银行对账单，如图 2-32 所示。

唯一编号	交易日期	交易时间	凭证种类	凭证号	借方发生	贷方发生	余额	对方户名	对方账号	摘要
19010400	20190104	111202	5527	[illegible]	2190.70		59248.65	[illegible]	[illegible]	
19010400	20190104	195529	5527	[illegible]	225.18		59023.47	[illegible]	[illegible]	
19010500	20190105	070841			1618.76		57404.71	[illegible]	[illegible]	社保代扣
19010700	20190107	135100	5527	[illegible]	4997.18		52407.53	[illegible]	[illegible]	
19010700	20190107	140034	5527	[illegible]	349.80		52057.73	[illegible]	[illegible]	
19010800	20190108	222956			15.00		52042.73	[illegible]	[illegible]	收费
19011800	20190118	181700	0703			13460.00	65502.73	[illegible]	[illegible]	自定义
19011800	20190118	183355	0703			27039.00	92541.73	[illegible]	[illegible]	自定义
19012000	20190120	094915		[illegible]	69899.30		22642.43	[illegible]	[illegible]	自定义
19012000	20190120	095136		[illegible]	10933.40		11709.03	[illegible]	[illegible]	自定义
19012500	20190125	223910			26.00		11683.03	[illegible]	[illegible]	收费
19020500	20190205	070641			1618.76		10064.27	[illegible]	[illegible]	社保代扣

图 2-32　电子版银行对账单

（4）企业通过银行结算的业务，需要有正规的发票单据相对接，按照业务类型进行分类整理。

（二）票据扫描识别

银行结算单据票据扫描识别业务操作步骤与销售类发票相同，此处不再赘述。

（三）自动生成记账凭证并进行人工校验，或人工编制记账凭证

自动生成记账凭证并进行人工校验，或人工编制记账凭证业务操作步骤与销售类发票相同，此处不再赘述。

在财天下共享平台中，可实现中小微企业的银行结算业务的操作处理，按照业务类型分类，企业客户提供的银行单据与银行对账单核对，以高效率、高准确率的方式帮助中小微企业实现银行对账工作。

五、任务评价

本任务评价表见表 2-4。

表 2-4　“银行结算单据整理与制单”任务评价表

工作任务清单	完成情况
对当月收到的银行单据进行核查	
对每笔银行收支业务与银行对账单核对，查找缺失的银行回单，并跟银行沟通进行补寄	
在网银系统上对电子版银行对账单进行导出和打印	
对审核无误的各类银行单据与发票单据进行对接，按照业务类型进行分类归档整理、制单	

任务四　费用类票据整理与制单

一、任务情境

（一）任务场景

费用类票据整理与制单

共享中心理票员周明于 12 月 25 日接到客户陈鸿公司交来房屋租金普通发票、办公用品普通发票、餐饮服务电子普通发票、火车票、酒店住宿普通发票、工资计算单共计 7 张，如图 2-33 至图 2-38 所示，飞扬数码科技交来房屋租金普通发票、

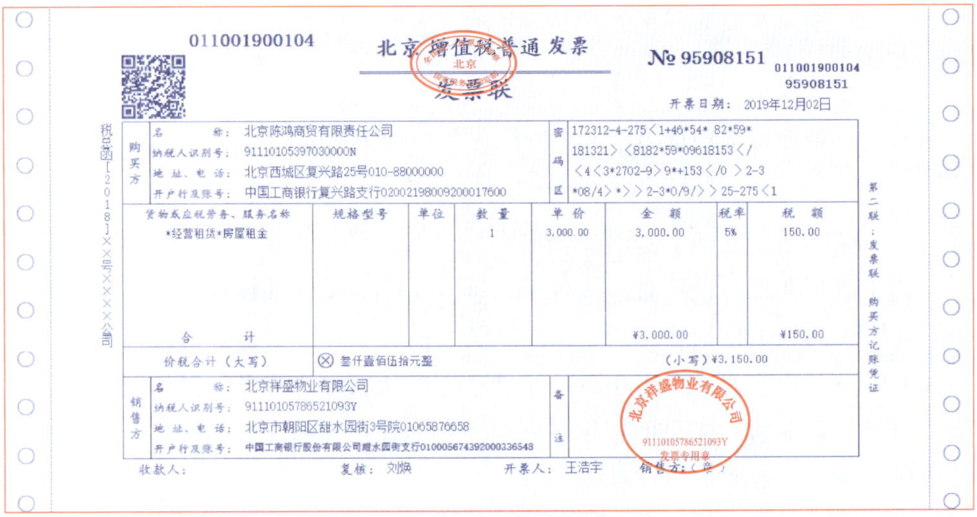

011001900104　北京增值税普通发票　№ 95908151　011001900104　95908151

发票联

开票日期：2019年12月02日

税总函[2018]××号×××公司

购买方	名　　称：北京陈鸿商贸有限责任公司 纳税人识别号：91110105397030000N 地 址、电 话：北京西城区复兴路25号010-88000000 开户行及账号：中国工商银行复兴路支行0200219800920017600	密码区：172312-4-275＜1+46*54* 82*59* 181321＞＜8182*59*09618153＜/ ＜4＜3*2702-9＞9*+153＜/0 ＞2-3 *08/4＞*＞＞2-3*0/9/＞＞25-275＜1

货物或应税劳务、服务名称	规格型号	单位	数量	单价	金额	税率	税额
*经营租赁*房屋租金			1	3,000.00	3,000.00	5%	150.00
合　　计					¥3,000.00		¥150.00
价税合计（大写）	⊗叁仟壹佰伍拾元整				（小写）¥3,150.00		

销售方	名　　称：北京祥盛物业有限公司 纳税人识别号：91110105786521093Y 地 址、电 话：北京市朝阳区甜水园街3号院01065876658 开户行及账号：中国工商银行股份有限公司甜水园街支行010005674392000336548	备注

收款人：　复核：刘焕　开票人：王浩宇　销售方：（章）

第二联：发票联　购买方记账凭证

图 2-33　房屋租金普通发票

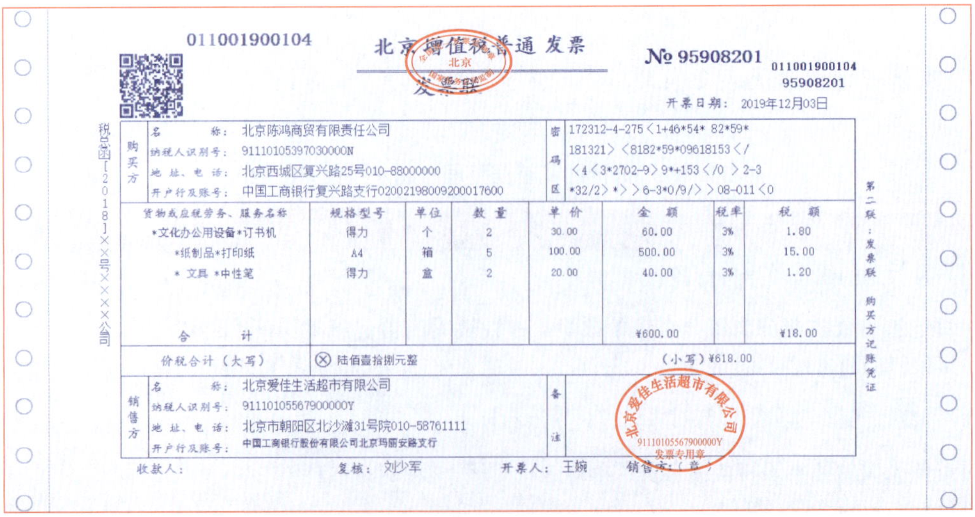

011001900104　北京增值税普通发票　№ 95908201　011001900104　95908201

发票联

开票日期：2019年12月03日

税总函[2018]××号×××公司

购买方	名　　称：北京陈鸿商贸有限责任公司 纳税人识别号：91110105397030000N 地 址、电 话：北京西城区复兴路25号010-88000000 开户行及账号：中国工商银行复兴路支行0200219800920017600	密码区：172312-4-275＜1+46*54* 82*59* 181321＞＜8182*59*09618153＜/ ＜4＜3*2702-9＞9*+153＜/0 ＞2-3 *32/2＞*＞＞6-3*0/9/＞＞08-011＜0

货物或应税劳务、服务名称	规格型号	单位	数量	单价	金额	税率	税额
*文化办公用设备*订书机	得力	个	2	30.00	60.00	3%	1.80
*纸制品*打印纸	A4	箱	5	100.00	500.00	3%	15.00
*文具*中性笔	得力	盒	2	20.00	40.00	3%	1.20
合　　计					¥600.00		¥18.00
价税合计（大写）	⊗陆佰壹拾捌元整				（小写）¥618.00		

销售方	名　　称：北京爱佳生活超市有限公司 纳税人识别号：91110105567900000Y 地 址、电 话：北京市朝阳区北沙滩31号院010-58761111 开户行及账号：中国工商银行股份有限公司北京玛丽安路支行	备注

收款人：　复核：刘少军　开票人：王婉　销售方：（章）

第二联：发票联　购买方记账凭证

图 2-34　办公用品普通发票

北京增值税电子普通发票

机器编号：515917798789

发票代码：035664865281
发票号码：45886583
开票日期：2019年12月09日
校 验 码：03789663941249119765

购买方	名　　称：北京陈鸿商贸有限责任公司 纳税人识别号：91110105397030000N 地 址、电 话：北京西城区复兴路25号010-88000000 开户行及账号：中国工商银行复兴路支行0200219800920001760			密码区	172312-4-275＜1+46*54* 82*59* 181321＞＜8182*59*09618153＜/ ＜4＜3*2702-9＞9*+153＜/0 ＞2-3 *08/4＞*＞＞2-3*0/9/＞＞25-275＜1		
货物或应税劳务、服务名称	规格型号	单位	数 量	单 价	金 额	税率	税 额
*餐饮服务*餐费			1	888.88	888.68	6%	53.32
合　　计					¥888.68		¥53.32
价税合计（大写）	⊗ 玖佰肆拾贰元整				（小写）¥942.00		
销售方	名　　称：北京齐野家快餐有限公司 纳税人识别号：911100006000650191 地 址、电 话：北京市西城区新街口南大街28号010-65225566 开户行及账号：中国工商银行股份有限公司北京新世界支行0200080409024507121			备注			

收款人：杨伟　　复核：郭春　　开票人：杨伟　　销售方：（章）

图 2-35　餐饮服务电子普通发票

X578995
北京西 售
2019 年 12 月 22 日 09:38 开　12 车 22C 号
一等座
北京西站 G307 次 成都东站
beijingxizhan　chengdudongzhan
¥ 1246 元　网
限乘当日当次车
李云飞
341221198112081313
4657 3318 0585 0725 3641-2　和谐号

X679012
成都东 售
2019 年 12 月 23 日 19:11 开　10 车 12A 号
一等座
成都东站 G308 次 北京西站
chengdudongzhan　beijingxizhan
¥ 1246 元　网
限乘当日当次车
李云飞
341221198112081313
4657 3318 0585 0725 06784-1　和谐号

图 2-36　火车票

051002000104

四川 增值税普通发票

发票联

№ 72016675

051002000104
72016675
开票日期：2019年12月23日

税总函[2018]××号××××公司

购买方	名　　称：北京陈鸿商贸有限责任公司 纳税人识别号：91110105397030000N 地 址、电 话：北京西城区复兴路25号010-88000000 开户行及账号：中国工商银行复兴路支行0200219800920001760			密码区	172312-4-275＜1+46*54* 82*59* 181321＞＜8182*59*09618153＜/ ＜4＜3*2702-9＞9*+153＜/0 ＞2-3 *08/4＞*＞＞2-3*0/9/＞＞25-275＜1		
货物或应税劳务、服务名称	规格型号	单位	数 量	单 价	金 额	税率	税 额
*经纪代理服务*代订酒店产品			1	215.09	215.09	6%	12.91
合　　计					¥215.09		¥12.91
价税合计（大写）	⊗ 贰佰贰拾捌元整				（小写）¥228.00		
销售方	名　　称：成都便程旅行社有限公司 纳税人识别号：91510117978018408 地 址、电 话：成都市新都区天府四街188号C栋101室028-65338866 开户行及账号：招商银行成都小天支行281083478710001			备注			

收款人：何武　　复核：李梓涵　　开票人：何武　　销售方：（章）

第二联：发票联　购买方记账凭证

图 2-37　酒店住宿普通发票

工号	*姓名	部门	*证件类型	*证件号码	收入信息			扣款信息			应发合计	专项扣除				其他扣除	税前合计	个人所得税	实发合计
					基本工资	岗位津贴	绩效奖金	缺勤扣款	请假扣款	迟到扣款		基本养老保险	基本医疗保险	失业保险费	住房公积金				
20190001	李云飞	办公室	居民身份证	341221198112081313	5000.00	200.00					5200.00	400.00	50.00	25.00	600.00		4125.00		4125.00
20190002	张大彪	行政部	居民身份证	341221198311230949	3500.00	200.00			100.00		3600.00	280.00	35.00	17.50	420.00		2847.50		2847.50
20190003	孔捷	财务部	居民身份证	251321198804031216	3500.00	200.00					3700.00	280.00	35.00	17.50	420.00		2947.50		2947.50
20190004	赵刚	采购部	居民身份证	521221198912081317	3000.00	200.00					3200.00	240.00	30.00	15.00	360.00		2555.00		2555.00
20190005	楚静	库管部	居民身份证	211101198408110330	3000.00	200.00					3200.00	240.00	30.00	15.00	360.00		2555.00		2555.00
20190006	魏尚	销售部	居民身份证	121521199006210629	3200.00	200.00	300.00				3700.00	256.00	32.00	16.00	384.00		3012.00		3012.00
20190007	田雨	销售部	居民身份证	11012119881208112X	3200.00	200.00	300.00		200.00		3500.00	256.00	32.00	16.00	384.00		2812.00		2812.00
20190008	李斯	销售部	居民身份证	281221199312081861	3200.00	200.00	300.00				3700.00	256.00	32.00	16.00	384.00		3012.00		3012.00
合计					27600.00	1600.00	900.00	0.00	300.00	0.00	29800.00	2208.00	276.00	138.00	3312.00	0.00	23866.00	0.00	23866.00

工号	*姓名	部门	*证件类型	*证件号码	计提基数	企业承担部分					
						基本养老保险	基本医疗保险	失业保险费	工伤保险费	生育保险费	住房公积金
20190001	李云飞	办公室	居民身份证	341221198112081313	5000.00	800.00	500.00	40.00	10.00	40.00	600.00
20190002	张大彪	行政部	居民身份证	341221198311230949	3500.00	560.00	350.00	28.00	7.00	28.00	420.00
20190003	孔捷	财务部	居民身份证	251321198804031216	3500.00	560.00	350.00	28.00	7.00	28.00	420.00
20190004	赵刚	采购部	居民身份证	521221198912081317	3000.00	480.00	300.00	24.00	6.00	24.00	360.00
20190005	楚静	库管部	居民身份证	211101198408110330	3000.00	480.00	300.00	24.00	6.00	24.00	360.00
20190006	魏尚	销售部	居民身份证	121521199006210629	3200.00	512.00	320.00	25.60	6.40	25.60	384.00
20190007	田雨	销售部	居民身份证	11012119881208112X	3200.00	512.00	320.00	25.60	6.40	25.60	384.00
20190008	李斯	销售部	居民身份证	281221199312081861	3200.00	512.00	320.00	25.60	6.40	25.60	384.00
合计					27600.00	4416.00	2760.00	220.80	55.20	220.80	3312.00

图 2-38　工资计算单

办公用品普通发票、餐饮服务电子普通发票、火车票、住宿发票、工资计算单等共计 7 张（票据示例图略），经认真审核无误后签收。

（二）任务布置

共享中心员工周明按照合同业务要求分别为陈鸿公司、飞扬数码科技整理票据并进行记账，具体要求如下：

（1）对签收的费用单据进行检查、核对是否完整；

（2）对费用票据进行归类整理、粘贴；

（3）每张纸质票据通过扫描或拍照，将纸质票据转成电子影像文件；

（4）采集票据影像文件，自动识别票据并人工校验；

（5）自动生成记账凭证并进行人工校验，或人工编制记账凭证。

二、工作准备

（一）知识准备

费用发票相关知识

1. 期间费用及费用类票据的概念

费用是企业在日常活动中发生的、会导致所有者权益减少的、与向所有者权益分配利润无关的经济利益的总流出，包括生产成本和期间费用。

期间费用是企业日常活动发生的不能计入特定核算对象的成本，而应计入发生当期损益的费用。

费用类票据是指计入企业期间费用的票据，主要是记入“管理费用”“销售费用”“财务费用”的发票和票据。比如工作人员的电话费、职工通勤费、广告费、防暑降温费和企业一些零星支出等票据。

费用发票整理注意事项

2. 费用发票整理注意事项

费用发票在进行整理时，首先划分费用发票业务类型，然后将划分好业务类型的发票进行计数、粘贴并做好标注，最后根据业务内容判断需要记入的费用科目。具体注意事项如下：

（1）划分费用发票业务类型。费用发票包括支出的各种费用，如：餐费、办公用品、日用品、福利费、服务费、打车费、停车费、过路费、充值费、公交费、电话费、维修费、租赁费等各种支出所开具的发票，按照列支费用的用途进行分类划分。

（2）计数、粘贴并做好标注。

① 将需要粘贴和不需要粘贴的票据分开；② 将需要粘贴和不需要粘贴的票据分别分类，同类票据（如餐费类、出租车票类等）应集中在一起；③ 粘贴票据的纸张大小：应选择与支出凭单同样大小结实的白纸（使用过的纸亦可，外露部分应保持洁白），不要用报纸或比较薄的信纸粘贴，粘贴在其上的票据不能超出该纸张的范围；④ 粘贴要求：粘贴在一张纸上的所有票据统一按上下、左右起止的顺序均匀粘贴，确保粘贴后依然平整；⑤ 粘贴在一张纸上的所有票据作为一张附件计算，并将合计金额写在右下角。火车票粘贴示例、出租车票粘贴示例如图 2–39、图 2–40 所示。

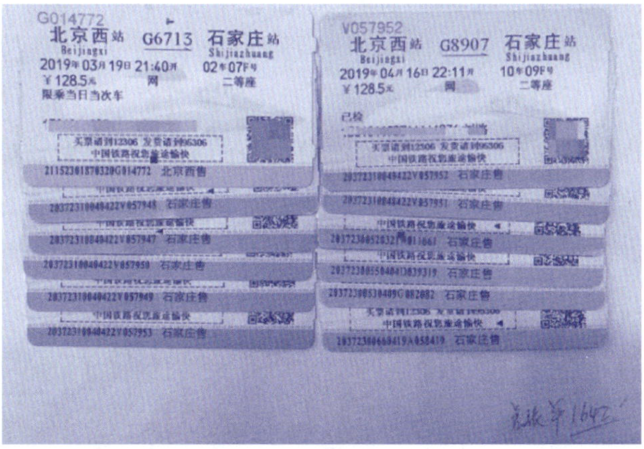

图 2–39　火车票粘贴示例

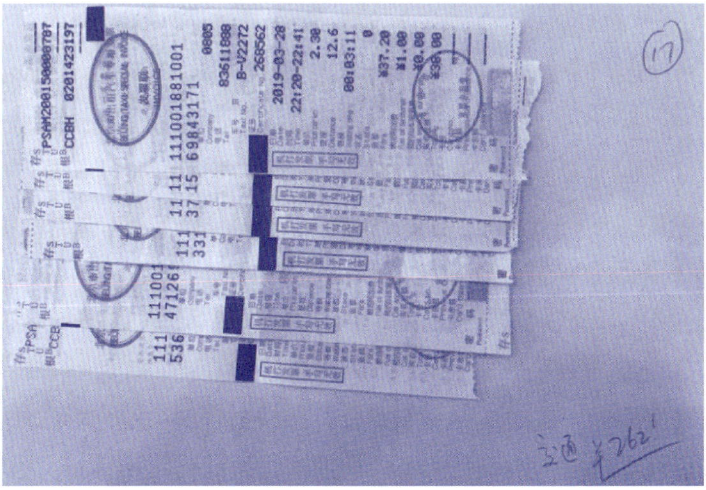

图 2–40　出租车票粘贴示例

3. 记入费用科目

按照会计核算制度的要求，根据费用经济业务内容来判断费用所要登记的账户。例如：火车票和机票记入“管理费用——差旅费”等账户；出租车发票记入“管理费用——交通费”等账户；外地住宿类发票记入“管理费用——差旅费”等账户；本地住宿类发票记入“管理费用——业务招待费”等账户；餐饮和礼品等记入“管理费用——业务招待费”等账户。

（二）操作准备

（1）客户费用类票据签收单；

（2）各种费用类票据、白纸及胶水；

（3）扫描仪（或手机）一台（部）。

（三）业务要领

（1）2019 年 4 月 1 日开始，一般纳税人取得的国内旅客运输服务，其进项税额允许从销项税额中抵扣，也就是说企业员工因工作需要发生的国内交通票据，如：火车票、机票等可以计算抵扣增值税，且无须认证。此时需要注意的是：① 火车票、机票等票面上载明的旅客名称，必须是企业的员工。② 企业员工的证明材料以企业人力资源部提供的员工名册为准，而且根据人力资源部提供的员工名册，与企业提供的为员工缴纳社保和发放工资的人员名单进行比对，三个名单应该一致。

（2）旅客运输服务是指客运服务，包括通过陆路运输、水路运输、航空运输为旅客个人提供的客运服务。能够抵扣增值税进项税额的票据类型和具体比例如下：

取得注明旅客身份信息的公路、水路等客票的按照 3% 计算进项税额；

取得注明旅客身份信息的航空运输电子客票行程单中的“票价 + 燃油附加费”按照 9% 计算进项税额，机场建设费等不得计算抵扣进项税额；

取得注明旅客身份信息的铁路车票的按照 9% 计算进项税额；

对于取得未注明旅客身份信息的出租票、公交车票等，不得计算抵扣进项税额。

（3）出租票、公交车票、停车票等票据在整理时应适当识别票据的合理性，根据工作性质和安排，乘坐出租车的费用应有预算，而不是全部票据都能够在税前扣除。如：某企业提供的一个员工的出租车票为每月 3 000 元，且全部为市内出租车，该员工仅为办公室普通职员，外出任务较少，零星外出任务可能产生的出租车费用大概在 500 元左右，那么超过 500 元的部分，在整理票据时应予以剔除，不能进入下一个环节。

（4）在整理费用类发票时还需要按照企业的报销管理规定进行，并不是企业提供的每一张发票都可以报销。如小企业主经常把家庭生活用品开具的发票用以报销，此时的发票不应该成为企业费用类发票；再比如企业员工在假期旅游时发生的住宿费用、餐饮费用等发票，如果该员工不能提供假期住宿和餐饮与工作相关证明材料的，则这些住宿和餐饮发票需要在整理单据时单独列示，不能进入账务处理环节。

三、业务流程

费用票据整理业务处理流程如图 2-41 所示。

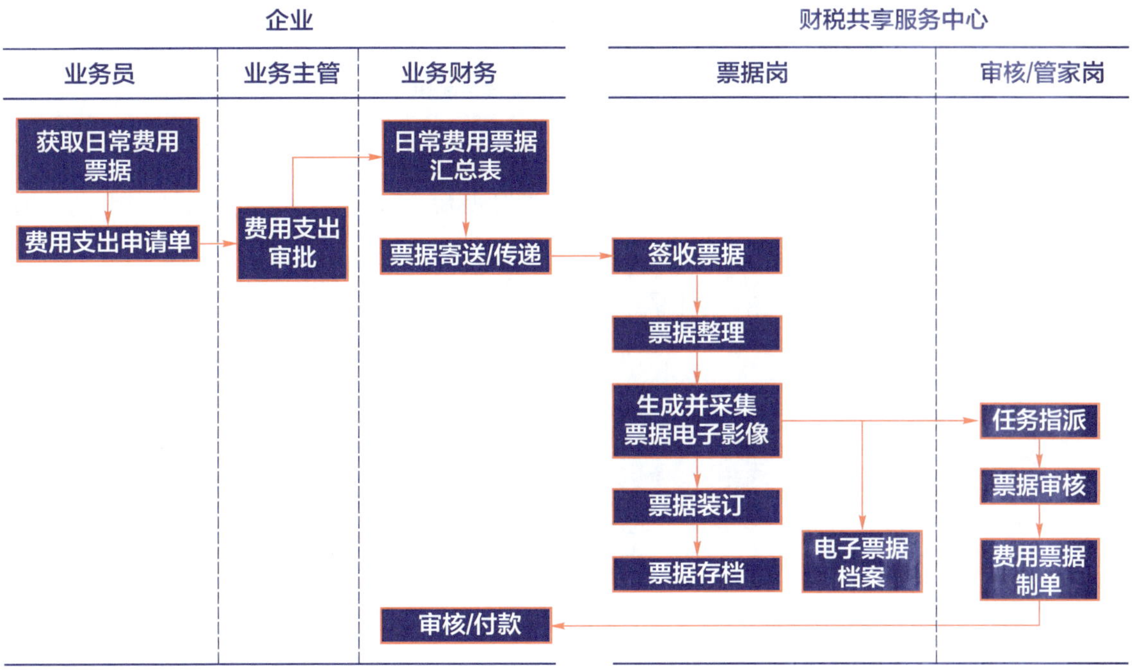

图 2-41　费用票据整理业务处理流程

四、业务操作

（一）费用票据整理

（1）企业收到费用票据时，应按照企业提供的费用类纸质票据汇总表检查当月票据是否完整，如果票据有缺失，需及时沟通，补寄。

（2）按照费用票据业务类型进行划分，然后将划分好业务类型的票据进行计数、粘贴并做好标注，最后根据业务内容分类整理。

费用发票整理业务操作

（二）票据扫描识别

费用类票据扫描识别业务操作步骤与销售类发票相同，此处不再赘述。

自动生成记账凭证并进行人工校验，或人工编制记账凭证。

自动生成记账凭证并进行人工校验，或人工编制记账凭证业务操作步骤与销售类发票相同，此处不再赘述。

中小微企业每日会发生各种费用支出，会取得众多费用票据，将各类费用票据整理好，使用财天下共享平台操作简单、快捷，实现记账凭证一键生成。

五、任务评价

本任务评价表见表 2–5。

表 2–5 “费用类票据整理与制单”任务评价表

工作任务清单	完成情况
按照业务类型划分票据的种类并进行计数、粘贴及标注	
将不同类别的票据记入对应的会计科目	
根据票据对应的费用类别在智能化财务操作平台上生成记账凭证	

任务五　批量制单

一、任务情境

批量制单生成记账凭证

（一）任务场景

共享中心理票员周明于 12 月 25 日接到客户飞扬数码科技交来的大量应收账款票据（示例图略），经认真审核无误后签收。

（二）任务布置

共享中心员工周明按照合同业务要求为飞扬数码科技的票据进行整理并进行批量制单处理，具体要求如下：

（1）对签收的应收账款票据进行检查、核对是否完整；

（2）对应收账款票据进行汇总；

（3）每张纸质票据通过扫描或拍照，将纸质票据转成电子影像文件；

（4）采集票据影像文件，自动识别票据并人工校验；

（5）使用批量制单功能自动生成记账凭证并进行人工校验，或人工修改记账凭证。

二、工作准备

（一）知识准备

批量制单是系统提供的一种制单的方式，使用批量制单功能可以将具有相同类别、相同往来单位等属性相同的单据合并到同一张凭证上，该功能可以同时将一批需要制单的业务连续制作凭证传递到总账系统。凡是业务发生时没有制单的，该业务自动排列到批量制单表中，表中列示应制单而没有制单的业务发生日期、类型、原始单据编号，默认的借贷方科目和金额以及制单选择标志。

（二）操作准备

（1）客户应收账款合同及发票签收单；

（2）扫描仪（手机）一台（部）。

（三）业务要领

票据整理后，进行扫描和 OCR 识别，系统根据识别出的票据信息，自动生成凭证，以达到批量制单的需求，允许人工干预进行修改完善。

三、业务流程

批量制单业务处理流程如图 2-42 所示：

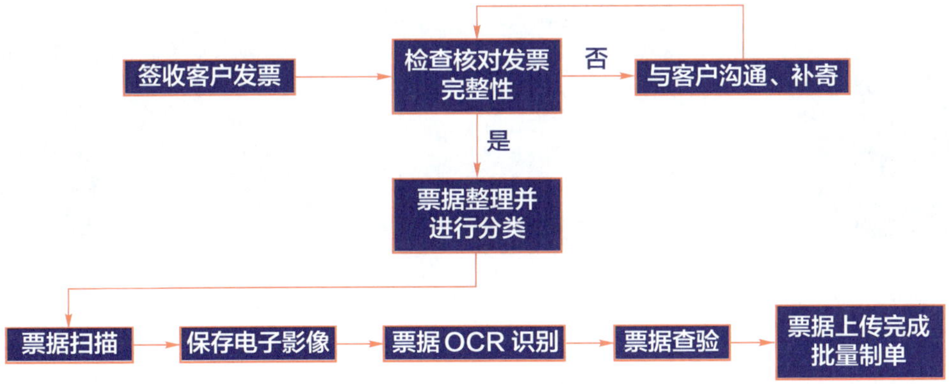

图 2-42　批量制单业务处理流程

四、业务操作

企业可以使用财天下共享平台批量制单功能，通过扫描的发票一键上传系统，

批量制单业务操作流程

自动识别并获取全票面信息后，单击“票据—票据制单”，确认会计日期，“将相同往来单位合并为同一张凭证”或其他选项，确定记账凭证的过程。例如，北京陈鸿商贸有限责任公司，使用财天下平台票据模块，通过扫描的发票一键上传系统，自动识别并获取全票面信息，单击“票据制单”，确认会计日期，将相同往来单位合并为同一张凭证，具体批量制单流程如下：

第一步，登录财天下，在全部菜单中选择“凭证”项，单击“票据制单”，选择需要批量制单的选项（可全选），如图 2-43 所示。

图 2-43　票据制单

第二步，单击右上方“生成凭证”，选择“相同往来单位合并成一张凭证”或者其他选项，确认入账时间，单击“确定”，完成批量制单，如图 2-44 所示。

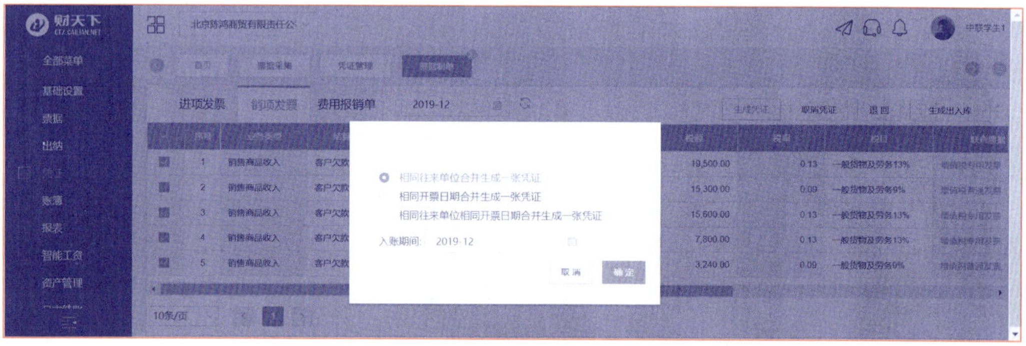

图 2-44　生成凭证

实现会计的信息化由计算机完成单据制单，极大地减轻了制单人员的劳动强度，批量制单也是计算机制单的一种方式，将具有相同类别、相同往来单位等相同属性的单据生成到一张凭证上，简化了制单过程，加快了制单速度。

五、任务评价

本任务评价表见表 2-6。

表 2-6 “批量制单”任务评价表

工作任务清单	完成情况
批量制单业务的工作内容和具体工作流程	
使用各种型号的扫描硬件设备对获取的发票进行扫描	
一键批量生成记账凭证	

工作领域三

中小微企业财税规范性审核

技能目标

1. 能掌握企业日常会计核算和账务处理方法。
2. 能对原始票据、记账凭证、科目余额表和报表进行审核。
3. 能对季度财税业务进行审核。
4. 能对年度财税业务进行审核。
5. 能对年度所得税汇算清缴进行复核。

任务一　日常财务业务审核

一、任务情境

（一）任务场景

北京陈鸿商贸有限责任公司、北京飞扬数码科技有限公司已于11月与共享中心分别签订了代理记账合同。

日常财务业务审核

郑小波是共享中心的财务管家，岗位职责包括对票据、凭证、表单的日常审核以及税务报表的审核。12月，郑小波对客户陈鸿公司、飞扬数码科技的原始票据、相关的记账凭证、科目余额表及本月财务报表进行审核。

（二）任务布置

共享中心员工郑小波按照合同业务要求对陈鸿公司财税业务、飞扬数码科技财税业务进行审核，具体要求如下：

（1）审核原始票据；

（2）审核记账凭证；

（3）审核科目余额表；

（4）审核财务报表。

二、工作准备

（一）知识准备

1. 账务审核

账务审核是对会计业务的再审核，主要是审核会计事项是否真实、是否处理得当、会计科目使用是否正确、记账方向是否正确等。因此，账务审核对于确保会计信息的质量起着重大作用。

原始票据审核相关知识

2. 常规项目审核的目的

（1）充分发挥监督职能；

（2）加强企业内部管理；

（3）促进常规基础工作效率与效果的提高。

3. 常规项目审核内容

常规项目审核的内容主要包括如图3-1所示的几个方面。

（1）原始票据审核；

（2）记账凭证审核；

（3）科目余额表审核；

（4）财务报表审核。

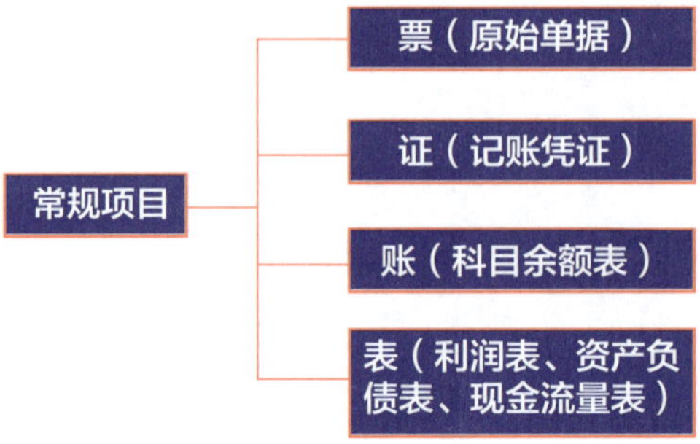

图 3-1　常规项目内容

（二）操作准备

（1）原始票据；

（2）记账凭证；

（3）科目余额表；

（4）利润表。

（三）业务要领

日常审核主要解决财务报表的规范性问题。

（1）按凭证摆放次序对照软件操作流程进行规范核验；

（2）审核科目余额表，核查有无余额异常科目，如有异常，则应核查凭证是否录入正确；

（3）审核资产负债表和利润表，特别是利润表的审核，应重点核查成本和收入是否存在倒挂现象，核查收入、成本数据是否录入正确。

三、业务流程

日常财务业务审核业务处理流程如图 3-2 所示。

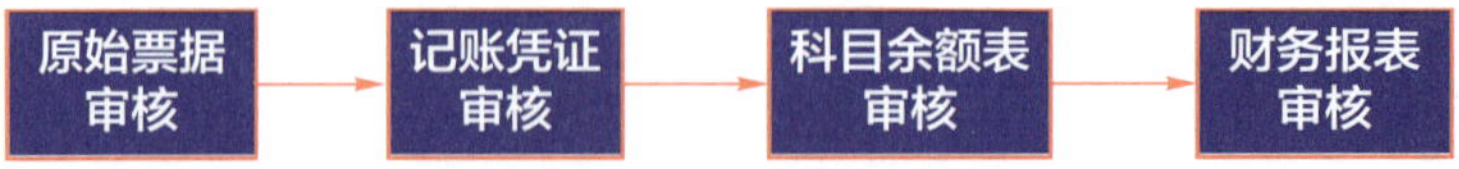

图 3-2　日常财务业务审核业务处理流程

四、业务操作

（一）原始票据审核

原始凭证审核是按照规定结合日常财务工作对原始凭证进行的审查与核实。会计人员要对自制或外来的原始凭证进行审核，通过审核原始凭证，检查企业执行国家的方针、政策、法规和制度的情况，加强资金管理，保证会计核算的质量，防止发生贪污、舞弊等违法行为。在审核中一定要严肃认真、坚持原则、坚持制度、履行职责。对内容不完整、手续不齐全、书写不清楚、计算不准确的原始票据，应退还有关部门和人员，及时补办手续或进行更正。对违法的收、支业务坚决制止和纠正，会计人员既不制止和纠正，也不向单位领导人提出书面意见的，要承担责任；对严重违法，损害国家和社会公众利益的收支活动应向主管单位或财政、税务、审计机关报告，接到报告的机关应及时处理。

企业会计原始票据审核的内容主要包括真实性审核、完整性审核和合法性审核三个方面。

1. 真实性审核

所谓真实，是指原始票据上反映的应当是经济业务的本来面目，不得掩盖、歪曲和颠倒真实情况。

（1）经济业务双方当事单位和当事人必须是真实的。开出原始票据的单位，接受原始票据的单位，填制原始票据的责任人，取得原始票据的责任人都要据实填写，不得冒他人、他单位之名，也不得填写假名。

（2）经济业务发生的时间、地点、填制凭证的日期必须是真实的。不得把经济业务发生的真实时间改变为以前或以后的时间；不得把在甲地发生的经济业务改变成在乙地发生。

（3）经济业务的内容必须是真实的。购货业务，必须标明货物的名称、规格、型号等；住宿业务，要标明住宿的日期；乘坐交通工具业务，需标明交通工具种类和起止地点；就餐业务，必须标明就餐，不得把购物写成就餐，把就餐写成住宿；劳动报酬支付，应该附有考勤记录和工资标准等。

（4）经济业务的“量”必须是真实的。购买货物业务，要标明货物的重量、长度、体积、数量；其他经济业务也要标明计价所使用的量，如住宿 1 天、参观展览 3 次、住院治疗 10 天等。

（5）单价、金额必须是真实的。不得在原始票据填写时抬高或压低单价、多开或少开金额。

以图 2-1 所示增值税专用发票为例，销售单位和购买单位的信息必须正确无误（包括：单位名称、纳税人识别号、地址、电话、开户行及账号）；发票的商品名称、数量、金额应该真实无误；发票专用章上的单位名称和税号必须与销售单位信息一致；发票专用章必须有税号；开票日期应符合报销月份；适用税率应准确无误。

银行业务回单见图 2–29，在同一家银行有多个账户时，可通过查看账户后 4 位来复核银行账户的准确性。

2. 完整性审核

所谓完整，是指原始票据应具备的要素要完整、手续要齐全。复核时要核查原始票据必备的要素是否填写完整、手续是否齐全，包括：双方经办人是否签字或盖章，需要旁证的原始票据是否手续齐全；需经领导签字批准的原始票据，要有领导人的签字或盖章。增值税专用发票的收款人、复核人、开票人必须填写完整，并加盖销售方的发票专用章。如采购入库单，必须要有采购员、仓库保管员、复核人员的签字或盖章。审核中若发现不符合实际情况、手续不完备或数字计算不正确的原始票据，应退回有关经办部门或人员，要求予以补办手续。

3. 合法性审核

所谓合法，就是要按会计法规、会计制度（包括本单位制定的正在使用的内部会计制度）和计划预算等法律法规进行会计业务核算。在实际工作中，违法的原始票据主要有三种情况，审核时要加以注意：

（1）明显的假发票、假车票。有些假票据可以通过仔细查看直接辨认。如原始凭证印制粗糙；印章不规范，带有明显的时间性假票据。有些假票据则可以借助税务网站、12306 网站进行查询，核实真伪，必要时也应通过其他形式核实。火车票如图 2–36 所示。

（2）虽是真实的发票，但制度规定不允许报销的票据。一般说来，凡私人购置和私人使用的物品，都不能用公款报销；凡个人非因公外出发生的各种费用都不能用公款报销。例如，购买奶粉这类明显是私人物品的发票，不可报销。

（3）虽能报销，但制度对报销的比例或金额有明显限制的票据，超过比例和限额的不能报销。例如，职工因公出差乘坐的火车轮船、旅馆住宿的费用，对等级、金额都有限定，超过的部分应自理；医药费报销，不同工龄的职工享受公费的比例不同，报销时，要按其公费比例报销。如果超过比例报销，超出部分就是不合法的。

（二）记账凭证审核

为了保障会计信息的质量，在记账之前应由有关稽核人员对记账凭证进行严格的审核。审核内容包括以下几点：

1. 内容是否真实

审核记账凭证是否有原始凭证为依据，所附原始凭证的内容与记账凭证的内容是否一致，记账凭证汇总表的内容与其所依据的记账凭证的内容是否一致等。

2. 项目是否齐全

审核记账凭证各项目的填写是否齐全，如日期、凭证编号、摘要、会计科目、金额、所附原始凭证张数及有关人员签章。

3. 科目是否正确

审核记账凭证的应借、应贷科目是否正确，是否有明确的账户对应关系，所使用的会计科目是否符合企业会计准则等规定。

4. 金额是否正确

审核记账凭证所记录的金额与原始凭证的有关金额是否一致，计算是否正确，记账凭证汇总表的金额与记账凭证的金额合计是否相符等。

记账凭证审核相关知识

5. 书写是否规范

审核记账凭证中的记录是否文字工整、数字清晰，是否按规定进行更正等。

6. 手续是否完备

审核出纳人员在办理收款或付款业务后，是否已在原始凭证上加盖“收讫”或“付讫”的戳记。

（三）科目余额表复核

1. 会计科目余额

对于库存现金、银行存款、库存商品、固定资产净值等资产类科目，科目余额一般不能为负数，如果科目余额为负数，则需要审核原因。库存现金期末余额在贷方可能是记账错误或者白条抵库造成的。例如：本来是银行存款的支出却记到库存现金支出，或者本来是现金收入却记到现金支出。银行存款期末余额在贷方可能是存在未达账项或者记账错误。存货期末余额出现负数，可能是存货包括的科目较多，加计错误所致，可以检查一下存货是否分类错误，是否已计入其他资产。

此外，损益类科目期末结转后，期末余额应该为0。如果结转后仍然有余额，其原因可能为：

费用类科目在凭证录入时一般为借方发生额，若出现贷方发生额，则系统将无法结转本年利润，因此以借方负数显示；在新增损益类二级科目时，若本月有发生额，但在结转本年利润时系统未能将新增二级科目的借方（或贷方）发生额结转，导致期末仍有余额。

2. 新增科目性质

通过智能财税共享财天下平台新增二级明细会计科目时，只需要输入上级科目以及需要添加的二级明细科目名称即可，余额方向是系统根据上级科目性质自动默认，这样可以避免因新增会计科目余额方向选错，造成报表不平的情况。

（四）财务报表复核

财务报表复核是保证会计报表质量的一项重要措施。企业会计报表编制完成后，在报送之前，必须由单位会计主管和单位负责人进行复核。会计报表复核的内容主要包括：

（1）报表所列金额与账簿记录是否一致；

（2）报表的项目是否填列齐全；

（3）报表的各项数字计算是否正确；

（4）内容是否完整，相关报表之间有关数字的勾稽关系是否正确，衔接一致；

（5）会计报表的附注是否符合有关要求。

经审查无误后，对会计报表应依次编定页数、加具封面、装订成册、加盖公章。封面应注明企业的名称、地址、主管部门、开业年份、报表所属年度和月份、送出日期等。

企业应注意账务复核业务中普遍会涉及的常规复核项目，熟悉做账过程中基本的会计准则。

五、任务评价

本任务评价表见表 3-1。

表 3-1　“日常财务业务审核”任务评价表

工作任务清单	完成情况
企业日常会计核算和账务处理	
对原始票据的真实性、完整性以及正确性进行审核	
在智能化财务操作平台上对记账凭证进行审核	
在智能化财务操作平台上对科目余额进行审核	
在智能化财务操作平台上对会计报表进行审核	

任务二　季度财税业务审核

一、任务情境

（一）任务场景

共享中心财务管家郑小波 2020 年 1 月 5 日对陈鸿公司和飞扬数码科技的增值

税申报表和企业所得税月（季）预缴纳税申报表进行审核。

（二）任务布置

共享中心员工郑小波按照合同业务要求对陈鸿公司和飞扬数码科技两家公司的增值税和企业所得税纳税申报进行审核，具体要求如下：

1. 小规模纳税人季度增值税审核

（1）审核会计科目余额；

（2）审核销售发票收入；

（3）审核增值税减免税额；

（4）审核增值税季度申报表。

2. 一般纳税人月度增值税审核

（1）审核会计科目余额；

（2）审核销售收入金额，审核增值税进项税金额；

（3）审核增值税减免税额；

（4）审核增值税月度申报表。

3. 季度企业所得税业务审核

（1）对各项收入、费用及利润表进行复核；

（2）审核企业所得税减免税额；

（3）对企业所得税季度申报表进行复核。

二、工作准备

（一）知识准备

1. 增值税纳税人类别的认定

依据《增值税一般纳税人资格认定管理办法》，增值税纳税人按会计核算水平和经营规模分为一般纳税人和小规模纳税人，两类纳税人分别采取不同的增值税计税方法。

增值税纳税人类别认定相关知识

（1）一般纳税人认定标准及计税方法。

① 认定标准

一般纳税人是指年应征增值税销售额（以下简称“年应税销售额”），超过财政部规定的小规模纳税人标准的企业和企业性单位。

年应税销售额是指纳税人在连续不超过 12 个月的经营期内累计应征增值税销售额，包括纳税申报销售额、稽查查补销售额、纳税评估调整销售额、税务机关代开发票销售额和免税销售额。经营期，是指在纳税人存续期内的连续经营期间，含未取得销售收入的月份。

② 计税方法。

我国目前对一般纳税人采用的计税方法是购进扣税法，即先按当期销售额和适用税率计算出销项税额，然后对当期购进项目已经缴纳的税款进行抵扣，从而间接计算出对当期增值额部分的应纳税额。其计算公式如下：

当期应纳税额 = 当期销项税额 − 当期进项税额

（2）小规模纳税人的认定标准及计税方法。

① 认定标准。小规模纳税人是指年销售额在规定标准以下，并且会计核算不健全，不能按规定报送有关税务资料的增值税纳税人。会计核算不健全是指不能正确核算增值税的销项税额、进项税额和应纳税额。自 2018 年 5 月 1 日起，销售货物或者加工、修理修配劳务，销售服务、无形资产、不动产的增值税纳税人，年应征增值税销售额 500 万元及以下的为小规模纳税人。

② 计税方法。小规模纳税人按简易办法计算应纳税额，按照销售额和规定的征收率计算应纳税额，不得抵扣进项税额。应纳税额计算公式为：

当期应纳税额 = 不含税销售额 × 征收率

2. 小微企业增值税优惠政策

根据《财政部　国家税务总局关于扩大有关政府性基金免征范围的通知》（财税〔2016〕12 号），将免征教育费附加、地方教育附加、水利建设基金的范围扩大到按月征税或按季征税。按月征税，月销售额或营业额不超过 10 万元；按季度征税，季度销售额或营业额不超过 30 万元。

根据《财政部　税务总局关于实施小微企业普惠性税收减免政策的通知》（财税〔2019〕13 号）和《国家税务总局关于小规模纳税人免征增值税政策有关征管问题的公告》（国家税务总局公告 2019 年第 4 号）规定，小规模纳税人发生增值税应税销售行为，合计月销售额未超过 10 万元；以 1 个季度为 1 个纳税期，季度销售额未超过 30 万元的，免征增值税。

另外财税〔2019〕13 号中又明确，由省、自治区、直辖市人民政府根据本地区实际情况，以及宏观调控需要确定，对增值税小规模纳税人可以在 50% 的税额幅度内减征资源税、城市维护建设税、房产税、城镇土地使用税、印花税（不含证券交易印花税）、耕地占用税和教育费附加、地方教育附加。

3. 小型微利企业所得税优惠政策

小型微利企业的所得税优惠政策

为落实好小型微利企业普惠性所得税减免政策，国家税务总局发布了《国家税务总局关于实施小型微利企业普惠性所得税减免政策有关问题的公告》（国家税务总局公告 2019 年第 2 号，以下简称“公告”）。公告规定，自 2019 年 1 月 1 日至 2021 年 12 月 31 日，从事国家非限制和禁止行业，且同时符合年度应纳税所得额不超过 300 万元、从业人数不超过 300 人、资产总额不超过 5 000 万元等三个条件的企业，为小型微利企业。

小型微利企业对其年应纳税所得额不超过 100 万元的部分，减按 25% 计入应纳税所得额，按 20% 的税率缴纳企业所得税；对年应纳税所得额超过 100 万元但不超过 300 万元的部分，减按 50% 计入应纳税所得额，按 20% 的税率缴纳企业所得税。

公告明确了小型微利企业所得税统一实行按季度预缴，无论企业所得税实行查账征收方式还是核定征收方式，只要符合条件，均可以享受小型微利企业普惠性所得税减免政策。

（二）操作准备

（1）陈鸿公司和飞扬数码科技科目余额表；

（2）陈鸿公司和飞扬数码科技 12 月份的资产负债表、利润表；

（3）陈鸿公司增值税专用发票勾选认证汇总表；

（4）陈鸿公司和飞扬数码科技销售发票专（普）票汇总表。

（三）业务要领

2019 年减税降费改革以来，小规模纳税人按季度缴纳增值税、企业所得税，因此，中小微企业实务中一般选择按照季度进行会计核算。审核要领除了日常审核要求外，还需要重点关注的审核内容包括核对纳税申报表、增值税专用发票认证通知书、销售发票汇总表等数据，并核对与当期销售收入、采购进货的数据是否一致。

三、业务流程

（一）季度增值税业务审核

（1）小规模纳税人季度增值税审核业务流程如图 3-3 所示。

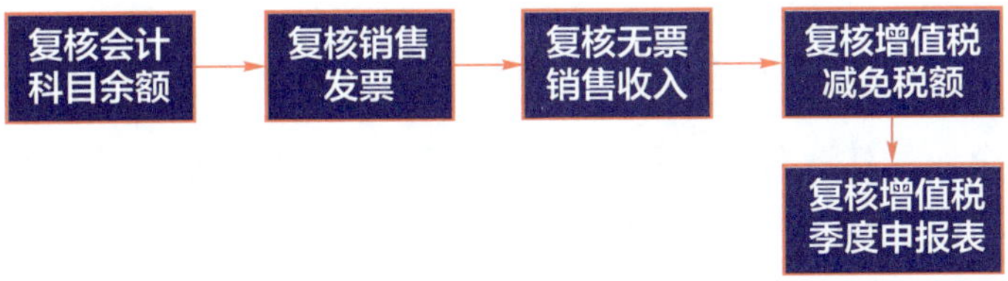

图 3-3　小规模纳税人季度增值税审核业务流程

（2）一般纳税人月（季）度增值税审核业务流程如图 3-4 所示。

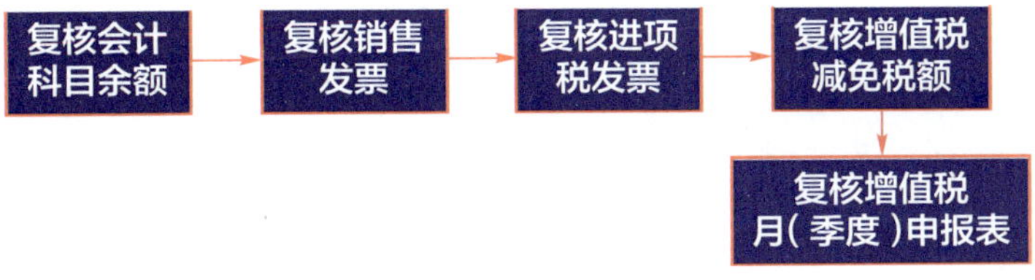

图 3-4　一般纳税人月（季）度增值税审核业务流程

（二）季度所得税业务审核

季度企业所得税审核业务流程如图 3-5 所示。

图 3-5　季度企业所得税审核业务流程

四、业务操作

增值税业务复核

（一）增值税业务复核

1. 小规模纳税人增值税业务复核

小规模纳税人首先要对其销售额的内容和规模大小进行复核，进而来判断其是否具备免缴增值税的条件。如果是按月缴纳增值税的，则月度销售额是否不超过 10 万元；按季度缴纳增值税的，则销售额规模是否不超过 30 万元，可以进行增值税的免税申报。

2. 一般纳税人增值税业务复核

首先，一般纳税人对其进项税发票进行复核，对本期是否可以抵扣的进项税发票进行归类。

其次，对销项发票进行复核，复核发票开具是否符合要求，发票内容是否齐全，销项税额计算是否正确。

再次，审核增值税减免情况，以及根据销售规模大小来判断其是否能免征教育费附加、地方教育附加、水利建设基金等。

最后，复核增值税申报表的填写是否符合要求，内容是否完整，是否适用于一般纳税人。

所得税业务复核

（二）企业所得税业务复核

（1）复核企业的从业人数、资产总额、所得额规模，是否符合小型微利企业条件，从而享受小型微利企业普惠性所得税减免政策。

（2）核对企业所得税申报表收入、成本、利润等数据是否与科目余额表相关数据一致。

（3）根据国家的相关规定，可以界定增值税纳税人的性质，可以判断企业能否享受小微企业的各种优惠政策。

五、任务评价

本任务评价表见表 3-2。

表 3-2　“季度财税业务审核”任务评价表

工作任务清单	完成情况
中小微企业增值税计算和账务处理	
区分小规模纳税人和一般纳税人的认定标准和相关纳税要求	
小微企业认定标准和税收减免政策	
在智能化财务操作平台上对增值税进行计算	
在智能化财务操作平台上对增值税账务处理进行审核	
在智能化财务操作平台上对企业所得税进行计算	

任务三　年度企业所得税汇算清缴复核

一、任务情景

（一）任务场景

共享中心财务管家郑小波 2020 年 1 月 15 日对陈鸿公司和飞扬数码科技的年度所得税汇算清缴申报表进行复核。

（二）任务布置

共享中心员工郑小波按照合同业务要求对陈鸿公司和飞扬数码科技年度企业所得税汇算清缴申报表进行复核，具体要求如下：

（1）对各项收入、费用进行复核；

（2）对利润表进行复核；

（3）核对企业所得税纳税调整项目及金额、检查企业所得税减免税额；

（4）对企业所得税汇算清缴申报表进行复核。

二、工作准备

企业所得税汇算清缴相关知识

（一）知识准备

企业所得税汇算清缴是指纳税人在纳税年度终了后规定时期内，依照《中华人民共和国企业所得税法》的规定，自行计算全年应纳税所得额和应纳所得税额，根据月度或季度预缴的所得税数额，确定该年度应补或者应退税额，并填写年度企业所得税纳税申报表，向主管税务机关办理年度企业所得税纳税申报、提供相关资料、结清全年企业所得税税款的行为。汇算清缴日期一般为自年度终了之日起五个月内。

（二）操作准备

（1）陈鸿公司的 12 月份利润表、科目余额表及明细账；

（2）飞扬数码科技 12 月份利润表、科目余额表及明细账；

（3）企业所得税申报表。

（三）业务要领

（1）在业务招待费的列支中，如果企业没有收入，没有增值税纳税义务发生，业务招待费则不能税前扣除。

（2）职工福利费科目不能滥用，注意职工福利费是面向全体员工，而非某类人群的特权，例如企业中部分人员攻读 EMBA 的费用，不能作为职工福利费列支。

（3）交通费列支应合理合法，有些交通费虽获得合法票据，但是不能列支，如企业不能提供机票上列示姓名的人员在企业从事的具体工作，则可能会存在“买票以冲抵收入，达到少交税”的目的，因此票据审核时需要特别关注。

（4）挂账三年以上的应收账款、应付账款等项目的复核，包括挂账三年以上的应收款是否能够回收的情况；不能回收的可以作为损失在企业所得税汇算清缴时申请；挂账三年以上的应付款应转入营业外收入，缴纳企业所得税。

（5）实务中注意预收账款长期大额存在，且企业一直未产生增值税纳税义务，或者缴纳的增值税税额较少，则企业可能存在通过预收账款隐匿收入的违规行为，需要重点关注。

三、业务流程

年度企业所得税汇算清缴业务处理流程如图 3-6 所示。

图 3-6　年度企业所得税汇算清缴业务处理流程

年度所得税汇算清缴业务操作

四、业务操作

（一）复核会计科目余额

企业年度所得税汇算清缴应在准确的会计核算基础上，注意以下几项工作：

（1）收入：核查企业收入是否全部入账，特别需要核查往来款项是否还存在应确认为收入而未入账的情况。

（2）成本：核查企业成本结转与收入是否匹配，是否真实反映企业成本水平。

（3）费用：核查企业费用支出是否符合相关税法规定，计提费用项目和税前列支项目是否超过税法规定标准。

（4）税收与补亏：核查企业各项税款是否提取并缴纳；用企业当年实现的所得额对以前年度发生亏损的合法弥补（一般企业 5 年内可以税前弥补亏损，高新企业、科技型中小企业 10 年内可以税前弥补亏损）。

（二）复核调整项目

由于会计和税收在核算目的、核算口径、计量方法和时间上都有较大区别，从而使得同一企业在同一时期按会计方法计算的税前会计利润与按税法规定计算的应税利润之间存在差异，这种差异的调整成为所得税汇算清缴工作的重要一环。常见的调整项目包括收入类项目和支出类项目。

因企业所得税汇算清缴中各种收入、费用的税法标准与会计核算中的收入、费用核算标准存在差异，导致税法和会计计算的企业所得税金额不同，所以企业需按税法的要求将会计利润调整为企业应纳税所得额。

五、任务评价

本任务评价表见表 3-3。

表 3-3 “年度企业所得税汇算清缴复核”任务评价表

工作任务清单	完成情况
企业所得税计算和账务处理方法	
在智能化财务操作平台上对计提企业所得税以及账务处理进行审核	
根据税法有关规定，将会计利润调整至应纳税所得额	
在智能化财务操作平台上对企业所得税的账务处理进行复核	

工作领域四
小规模纳税人税收申报

技能目标

1. 能明确小规模纳税人和小微企业的认定标准并掌握增值税计算。

2. 能掌握小规模纳税人增值税和企业所得税的优惠及减免规定。

3. 能在智能化操作平台上对增值税和企业所得税进行纳税申报。

4. 能对个人所得税进行账务处理并能在智能化税务操作平台上对计算扣除专项附加后的个人所得税费用进行正确的复核申报。

任务一　增值税纳税申报

一、任务情境

（一）任务场景

李自健是共享中心报税岗的一名员工，其岗位职责是对纳税客户的各项纳税项目进行纳税申报。2020 年 1 月 8 日，李自健对北京飞扬数码科技有限公司小规模纳税人的增值税进行纳税季度申报。

小规模纳税人企业增值税申报

（二）任务布置

共享中心员工李自健按照合同要求为北京飞扬数码科技有限公司四季度的增值税进行纳税申报，具体要求如下：

（1）审核销售收入记账凭证；

（2）审核科目余额表；

（3）生成并补充填写增值税纳税申报表，填写增值税减免税额；

（4）增值税季度申报表检查无误后进行纳税申报。

二、工作准备

（一）知识准备

1. 小规模纳税人

关于小规模纳税人的认定标准，在工作领域三中已有描述，可参照前文，这里不再赘述。

小规模纳税人增值税相关知识

2. 小规模纳税人增值税征收率

对小规模纳税人增值税采用简易征收办法，小规模纳税人适用的增值税税率称为征收率。

考虑到小规模纳税人经营规模小，且会计核算不健全，难以按增值税税率计税和使用增值税专用发票抵扣进项税额，因此实行按销售额与征收率计算应纳税额的简易办法征收增值税。自 2014 年 7 月 1 日起，小规模纳税人增值税征收率一律调整为 3%。

小规模纳税人（除其他个人外）销售自己使用过的固定资产，减按 2% 征收率征收增值税，且只能开具普通发票，不得由税务机关代开增值税专用发票。

3. 小规模纳税人增值税的征收方式

小规模纳税人增值税主要有三种征收方式：查账征收、查定征收和定期定额征收。

（1）查账征收：税务机关按照纳税人提供的账表所反映的经营情况，依照适用税率计算缴纳税款的方式。这种方式一般适用于财务会计制度较为健全，能够认真履行纳税义务的纳税单位。

（2）查定征收：税务机关根据纳税人的从业人员、生产设备、采购原材料等因素，对其生产制造的应税产品查定核定产量、销售额并据以征收税款的方式。这种方式一般适用于账册不够健全，但是能够控制原材料或进销货的纳税单位。

（3）定期定额征收：税务机关通过典型调查、逐户确定营业额和所得额并据以征税的方式。这种方式一般适用于无完整考核依据的小型纳税单位。

4. 小规模纳税人增值税的税额计算

小规模纳税人按简易办法计算应纳税额，应纳税额计算公式为：

当期应纳税额 = 不含税销售额 × 征收率

5. 小规模纳税人增值税申报时间

对于小规模纳税人，一般是以 1 个季度为 1 个纳税期限申报增值税，申报的时间是自每季度结束日起 15 日内申报纳税，特殊情况下，小规模纳税人也可以按月申报增值税。

6. 免税标准的判断

小规模纳税人在申报增值税时，首先应根据本单位的销售额规模判断是否能享受免征增值税的优惠政策。根据中华人民共和国税法规定：

（1）小规模纳税人发生增值税应税销售行为，合计月销售额未超过 10 万元（以 1 个季度为 1 个纳税期的，季度销售额未超过 30 万元，下同）的，免征增值税。

小规模纳税人发生增值税应税销售行为，合计月销售额超过 10 万元，但扣除本期发生的销售不动产的销售额后未超过 10 万元的，其销售货物、劳务、服务、无形资产取得的销售额免征增值税。

（2）适用增值税差额征税政策的小规模纳税人，以差额后的销售额确定是否可以享受规定的免征增值税政策。

“增值税纳税申报表（小规模纳税人适用）”中的“免税销售额”相关栏次，填写差额后的销售额。

（3）按固定期限纳税的小规模纳税人可以选择以 1 个月或 1 个季度为纳税期限，一经选择，一个会计年度内不得变更。

（4）《中华人民共和国增值税暂行条例实施细则》第九条所称的其他个人，采取一次性收取租金形式出租不动产取得的租金收入，可在对应的租赁期内平均分摊，分摊后的月租金收入未超过10万元的，免征增值税。

（5）转登记日前连续12个月（以1个月为1个纳税期）或者连续4个季度（以1个季度为1个纳税期）累计销售额未超过500万元的一般纳税人，在2019年12月31日前，可选择转登记为小规模纳税人。

一般纳税人转登记为小规模纳税人的其他事宜，按照《国家税务总局关于统一小规模纳税人标准等若干增值税问题的公告》（国家税务总局公告2018年第18号）、《国家税务总局关于统一小规模纳税人标准有关出口退（免）税问题的公告》（国家税务总局公告2018年第20号）的相关规定执行。

（6）按照现行规定应当预缴增值税税款的小规模纳税人，凡在预缴地实现的月销售额未超过10万元的，当期无须预缴税款。本公告下发前已预缴税款的，可以向预缴地主管税务机关申请退还。

（7）小规模纳税人中的单位和个体工商户销售不动产，应按其纳税期、本公告第六条以及其他现行政策规定确定是否预缴增值税；其他个人销售不动产，继续按照现行规定征免增值税。

（8）小规模纳税人月销售额未超过10万元的，当期因开具增值税专用发票已经缴纳的税款，在增值税专用发票全部联次追回或者按规定开具红字专用发票后，可以向主管税务机关申请退还。

（9）小规模纳税人2019年1月份销售额未超过10万元（以1个季度为1个纳税期的，2019年第一季度销售额未超过30万元），但当期因代开普通发票已经缴纳的税款，可以在办理纳税申报时向主管税务机关申请退还。

（10）小规模纳税人月销售额超过10万元的，可使用增值税发票管理系统开具增值税普通发票、机动车销售统一发票、增值税电子普通发票。

已经使用增值税发票管理系统的小规模纳税人，月销售额未超过10万元的，可以继续使用现有税控设备开具发票；已经自行开具增值税专用发票的，可以继续自行开具增值税专用发票，并就开具增值税专用发票的销售额计算缴纳增值税。

7. 小规模纳税人申报增值税需要注意的事项

（1）申报的增值税数据有两个来源，一是企业用税控器自己开具发票的金额，二是在税务机关代开的发票金额，申报时不可遗漏。

（2）小规模纳税人申报增值税时要结合最新政策，检查本期是否符合免税条件，是否将金额填入正确的免税栏次。

（二）操作准备

（1）飞扬数码科技科目余额表；

（2）飞扬数码科技资产负债表、利润表；

（3）飞扬数码科技销售发票汇总表。

（三）业务要领

2018 年 5 月 1 日起，小规模纳税人的纳税申报纳入国家税务总局的增值税纳税申报比对管理，在申报时，须先将税控设备开票数据上传抄报，再进行申报，若未抄报税则不能提交申报数据。同时注意申报系统新增了逻辑校验关系。增值税纳税申报的票表比对是指，各类发票、凭证、备案资格等信息与申报表进行比对。其中小规模纳税人比对规则具体如下：

（1）当期开具的增值税专用发票金额应不大于申报表填报的增值税专用发票销售额；

（2）当期开具的增值税普通发票金额应不大于申报表填报的增值税普通发票销售额；

（3）申报表中的预缴税额应不大于实际已预缴的税款；

（4）除按规定不需要办理备案手续之外，当期申报免税销售额的，应当比对其增值税优惠备案信息。

三、业务流程

小规模纳税人增值税纳税申报业务处理流程如图 4–1 所示。

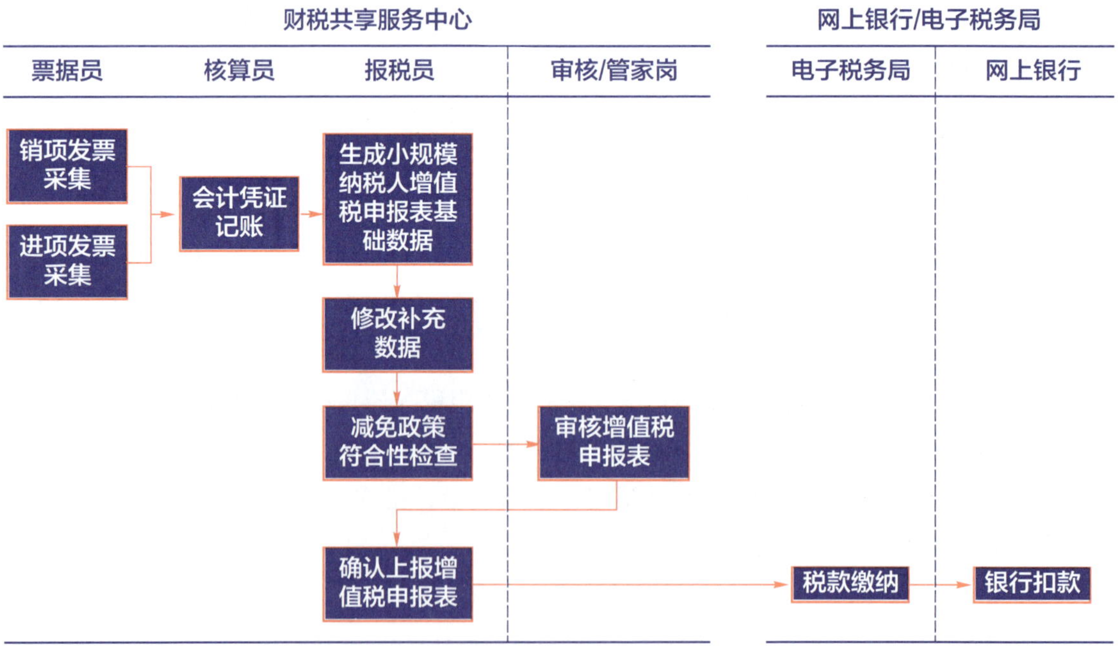

图 4–1　小规模纳税人增值税纳税申报业务处理流程

四、业务操作

小规模纳税人增值税业务操作

（一）小规模纳税人税务申报表

对于在财天下共享平台完成建账并编制财务报表的企业，在“金税师”平台可直接自动生成纳税申报表，具体报税步骤如下：

首先账号登录纳税申报平台“金税师”界面，如图 4–2 所示。然后左侧菜单栏单击“纳税工作台”进入工作界面，如图 4–3 所示。

图 4–2　金税师平台界面

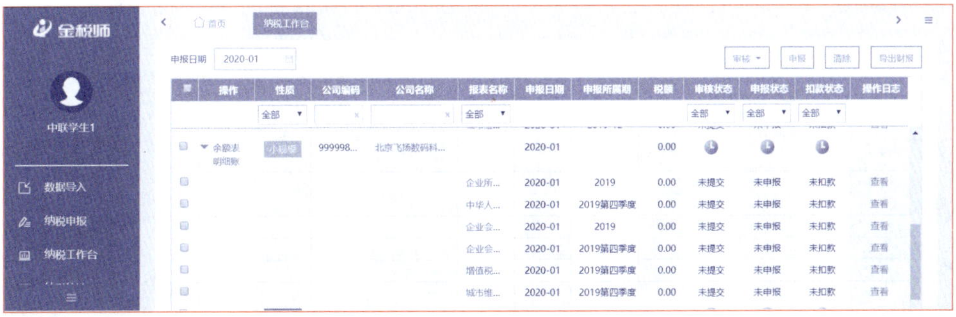

图 4–3　纳税工作台界面

（二）纳税申报表生成

（1）查询与核对基本信息。选择并单击申报企业公司名称，进行基本信息和税务信息的查询与核对如图 4–4 至图 4–6 所示。

（2）选择申报日期。基本信息查实无误的情况下，通过查看税务信息确定增值税申报是按照月份进行申报后，返回选择“申报日期”。小规模纳税人增值税申报一般为季度申报，如申报 2019 年第四季度的增值税，则申报日期应选择 2020 年 1 月份，如图 4–7 所示。

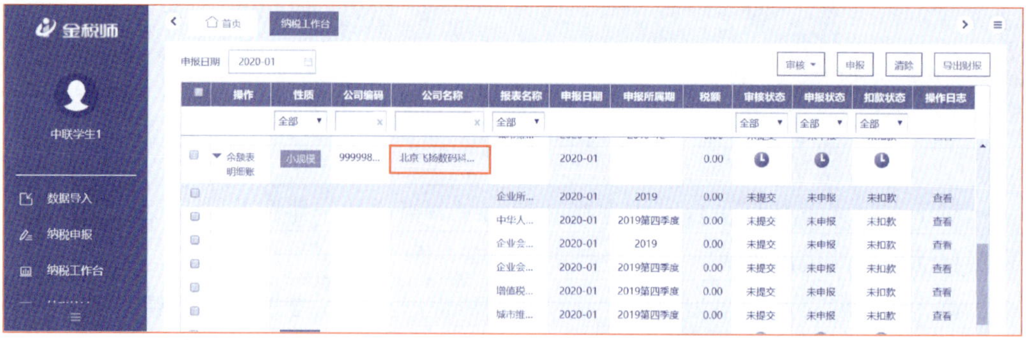

图 4-4　选择申报企业公司名称

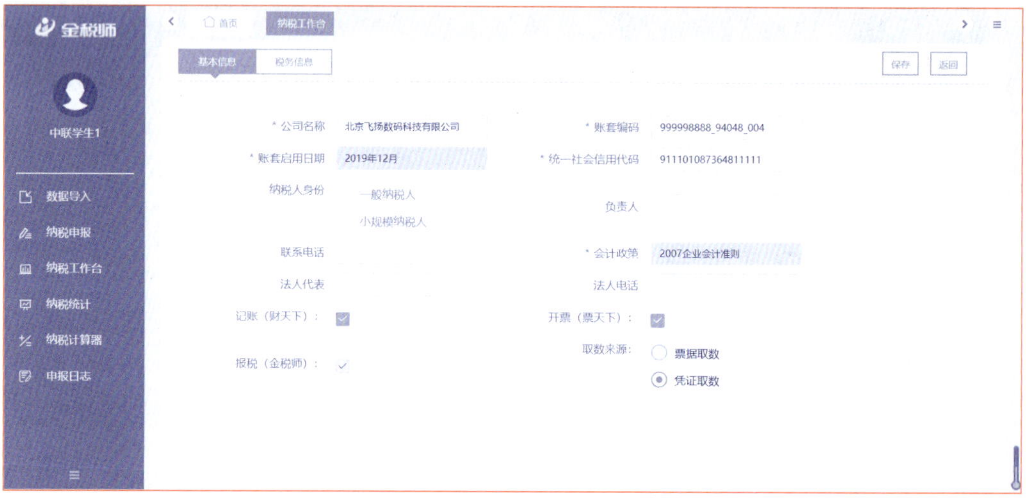

图 4-5　申报企业基本信息

图 4-6　申报企业税务信息

图 4-7　选择申报日期

（3）纳税申报。选择申报日期后，选择所要申报的税种，单击进入查看。如图 4-8 所示。通过财天下的财务报表生成信息，直接可在“金税师”平台自动生成增值税纳税申报表，单击进入增值税申报页面，如图 4-9 所示。

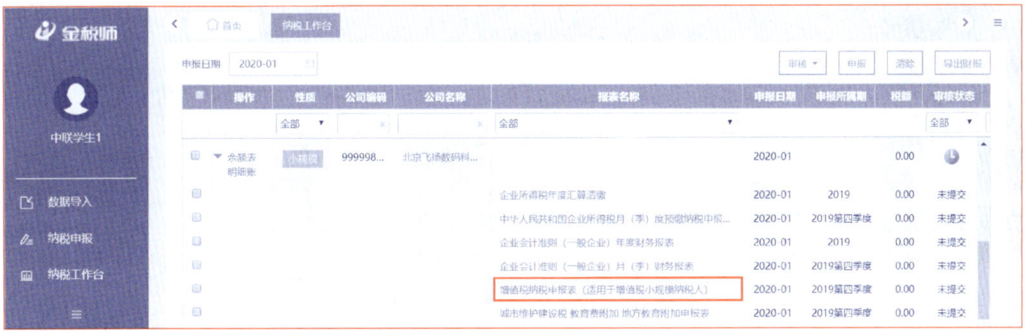

图 4-8　申报税种页面

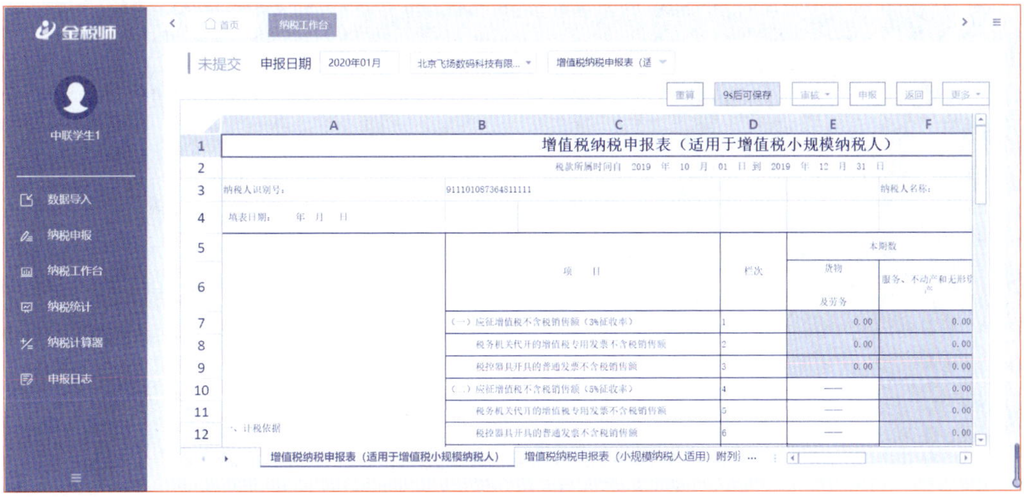

图 4-9　增值税申报表页面

结合政策进行检查，若小规模纳税企业合计月销售额未超过 10 万元（1 个季度销售额未超过 30 万元的，代开发票金额除外），享受免征增值税。

（4）税表检查审核并报送。认真核对增值税纳税申报表上的数据。如果有特殊业务，比如可以享受到减免税收优惠政策的，则需要填写“增值税减免税优惠明细表”；有差额征收业务的纳税人需要填写“税额抵减情况表”等。检查无误后由审核人员单击审核通过后，即可单击“申报”，完成报送税表，如图 4–10 至图 4–12 所示。

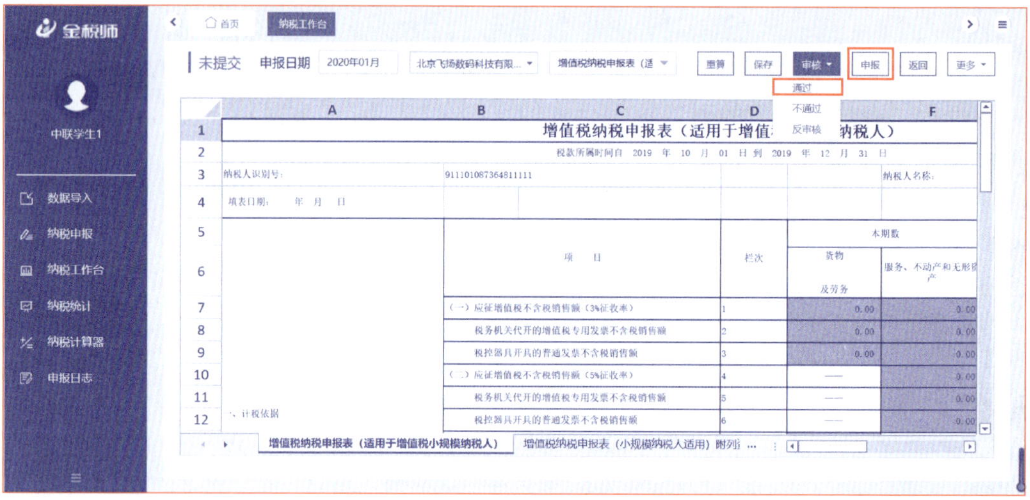

图 4–10　申报表审核页面

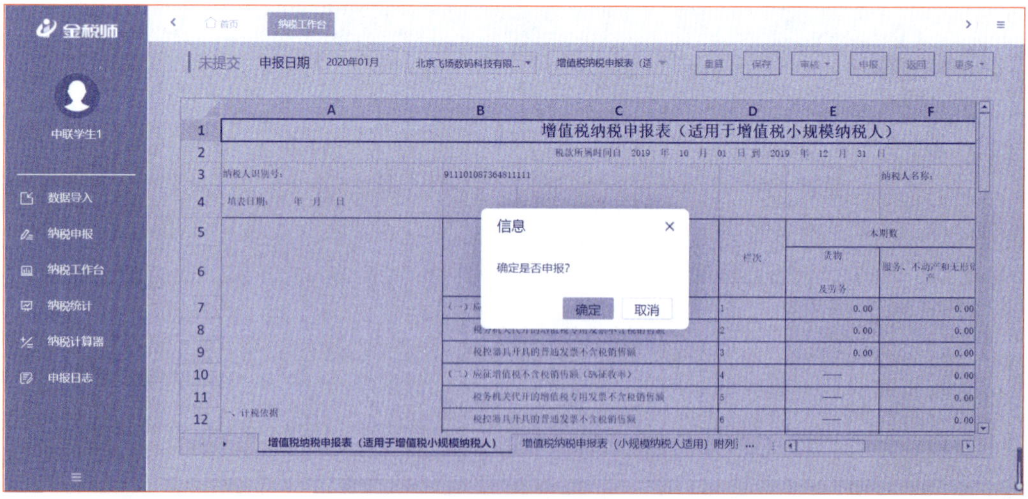

图 4–11　申报确认页面

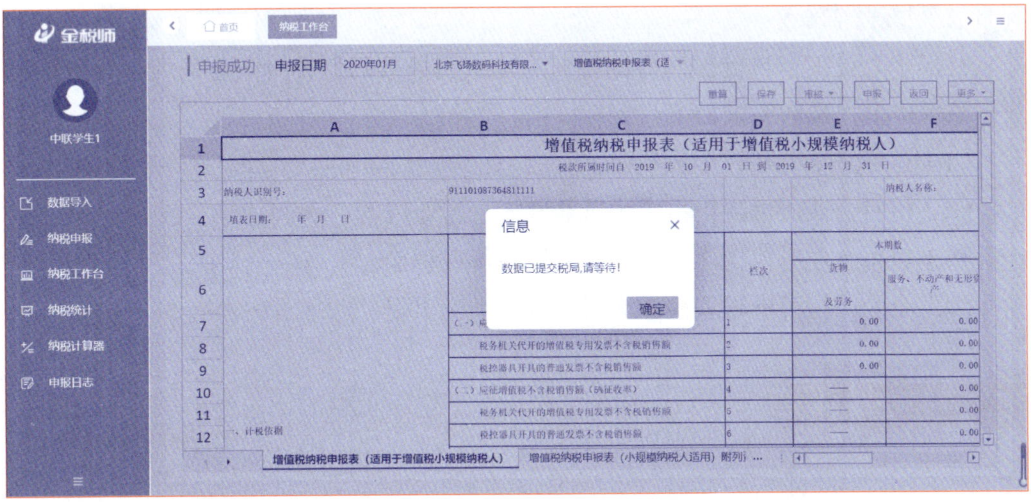

图 4-12　申报完成页面

五、任务评价

本任务评价表见表 4-1。

表 4-1　“增值税纳税申报”任务评价表

工作任务清单	完成情况
小规模纳税人的认定标准	
小规模纳税人增值税的计算和账务处理	
小规模纳税人增值税申报要求及纳税申报期限	
在智能化税务操作平台上核准增值税申报材料	
在智能化税务操作平台上生成和检查增值税申报表	
在智能化税务操作平台上完成增值税纳税申报	

任务二　企业所得税纳税申报

一、任务情境

（一）任务场景

2020 年 1 月 10 日，共享中心报税员李自健对北京飞扬数码科技有限公司的企业所得税进行纳税申报。

（二）任务布置

小规模纳税人企业所得税申报

共享中心员工李自健按照合同要求为北京飞扬数码科技有限公司的企业所得税进行纳税申报，具体要求如下：

（1）进行月末结账，生成税表；

（2）核对企业所得税申报表中营业收入、营业成本、利润总额等数据；

（3）填写企业所得税减免税额，计算所得税税额；

（4）企业所得税申报表检查无误后进行纳税申报。

二、工作准备

（一）知识准备

小规模纳税人企业所得税相关知识

1. 我国企业所得税的征税对象及税率

企业所得税的征税对象是纳税人取得的所得，包括销售货物所得、提供劳务所得、转让财产所得、股息红利所得、利息所得、租金所得、特许权使用费所得、接受捐赠所得和其他所得。

我国企业所得税实行比例税率，具体分为以下三档：

（1）基本税率是25%，适用于非居民企业和在中国境内设有机构场所的，应当就其机构场所有关联的非居民企业；

（2）低税率20%，适用于符合条件的小型微利企业和在中国境内未设有机构场所，或虽有机构场所但所得与机构场所无关联的非居民企业；

（3）低税率15%，适用于国家重点扶持的高新技术企业和技术先进型服务企业。

2. 企业所得税计算

企业所得税法定扣除项目是据以确定企业所得税应纳税所得额的项目。企业所得税条例规定，企业应纳税所得额的确定，是企业的收入总额减去成本、费用、损失以及准予扣除项目的余额。成本是纳税人为生产、经营商品和提供劳务等所发生的各项直接耗费和各项间接费用。费用是指纳税人为生产经营商品和提供劳务等所发生的销售费用、管理费用和财务费用。损失是指纳税人生产经营过程中的各项营业外支出、经营亏损和投资损失等。除此以外，在计算企业应纳税所得额时，对纳税人的财务会计处理和税收规定不一致的，应按照税收规定予以调整。企业所得税法定扣除项目除成本、费用和损失外，税收有关规定中还明确了一些需按税收规定进行纳税调整的扣除项目。

3. 企业所得税计算公式

平时预缴时，企业一般按实际利润计算预缴所得税，计算公式如下：

$$应纳所得税额 = 实际利润 \times 所得税税率$$

第二年汇算清缴时，计算公式如下：

应纳所得税额 = 应纳税所得额 × 所得税税率

4. 企业所得税预缴申报时间

小规模纳税人在每一季度终了之日起 15 日内，无论盈利或亏损，都应向税务机关报送预缴企业所得税纳税申报表，预缴税款。其中，第四季度的税款也应于季度终了后 15 日内先进行预缴。

小规模纳税人应当自年度终了之日起 5 个月内，向税务机关报送年度企业所得税纳税申报表，并汇算清缴，结清应缴应退税款。

5. 小型微利企业的优惠政策

根据《财政部　税务总局关于实施小微企业普惠性税收减免政策的通知》（财税〔2019〕13 号），对小型微利企业年应纳税所得额不超过 100 万元的部分，减按 25% 计入应纳税所得额，按 20% 的税率缴纳企业所得税；对年应纳税所得额超过 100 万元但不超过 300 万元的部分，减按 50% 计入应纳税所得额，按 20% 的税率缴纳企业所得税。若小规模纳税人符合小型微利企业认定标准可按优惠政策计算税额。

企业所得税优惠政策及申报注意事项

6. 小规模纳税人申报企业所得税需注意的事项

小规模纳税人申报企业所得税时需要注意，在每月预扣预缴时，要了解最新财税政策，检查减免税款是否正确。在年终汇算清缴时，要对需要调增和调减的项目进行纳税调整。

（二）操作准备

（1）飞扬数码科技利润表、科目余额表；

（2）企业所得税申报表。

（三）业务要领

（1）季度预缴中需要注意预缴填写的收入金额应不少于增值税纳税申报表中的销售额；

（2）年度汇算清缴的审核要领与工作领域三的任务三“年度企业所得税汇算清缴复核”相同，不再赘述。

（3）小型微利企业应按照最新纳税申报相关法律规定，即《国家税务总局关于简化小型微利企业所得税年度纳税申报有关措施的公告》（国家税务总局公告 2018 年第 58 号）进行填写。

三、业务流程

小规模纳税人企业所得税纳税申报业务处理流程如图 4-13 所示。

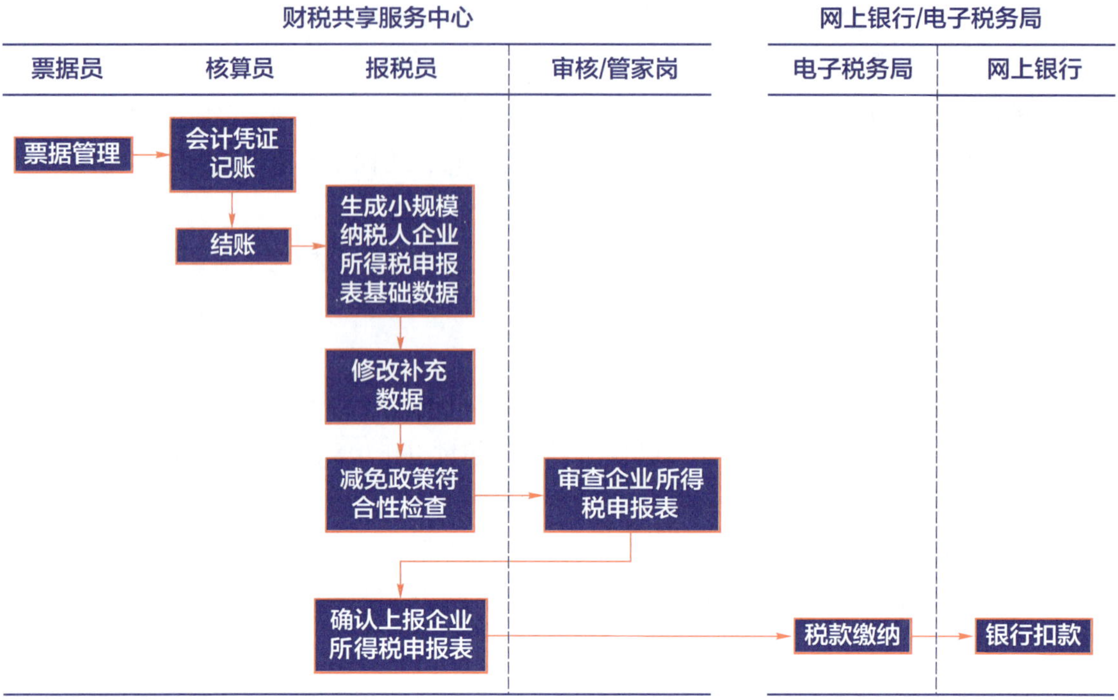

图 4-13　小规模纳税人企业所得税纳税申报业务处理流程

四、业务操作

小规模纳税人企业所得税业务操作

（一）月末结账，生成税表

小规模纳税人每月将本期所有经济业务全部登记会计账簿后，进入财天下“月末结账”，单击“月末检查结账”按钮，自动完成结账，从而自动生成税表，如图4-14所示。

图 4-14　月末结账

（1）首先账号登录纳税申报平台“金税师”界面，如图 4–2 所示。然后左侧菜单栏单击“纳税工作台”进入工作界面。选择纳税申报日期，如图 4–3 所示。

（2）小规模纳税人按季度申报企业所得税，在每季度结账后，进入申报页面，选择税种，并检查税表数据，如图 4–15 所示。

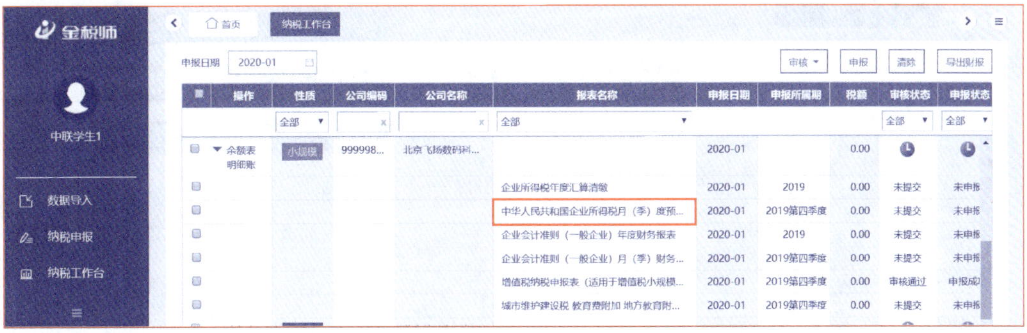

图 4–15　申报税种页面

（3）单击“中华人民共和国企业所得税月（季）度预缴纳税申报表（A 类）”，进入税表。根据财天下中该企业财务报表的数据，核对营业收入、营业成本、利润总额等数据，如图 4–16 所示。

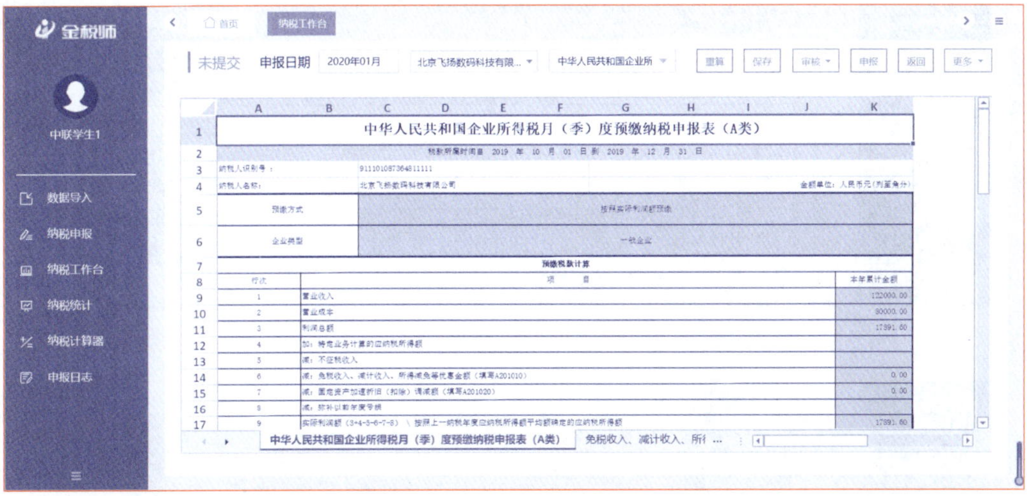

图 4–16　检查税表申报页面

（二）减免政策检查与计算

根据《财政部　税务总局关于实施小微企业普惠性税收减免政策的通知》（财税〔2019〕13 号），核对企业的从业人数、资产规模、所得额等指标，判断企业是否能够享受税收优惠。企业所得税减免政策如图 4–17 所示。

如图 4–16 所示，在预缴企业所得税时，根据规定，该企业年应纳税所得额在 100 万元以下，可以享受税收减免政策。

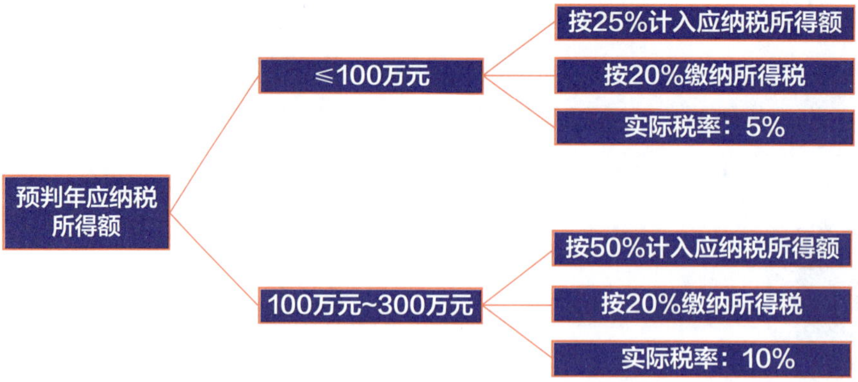

图 4-17　所得税减免政策

（三）纳税申报

税表经核查无误，由审核人员单击审核通过，单击“申报”按钮，即可完成申报，如图 4-18 至图 4-20 所示。

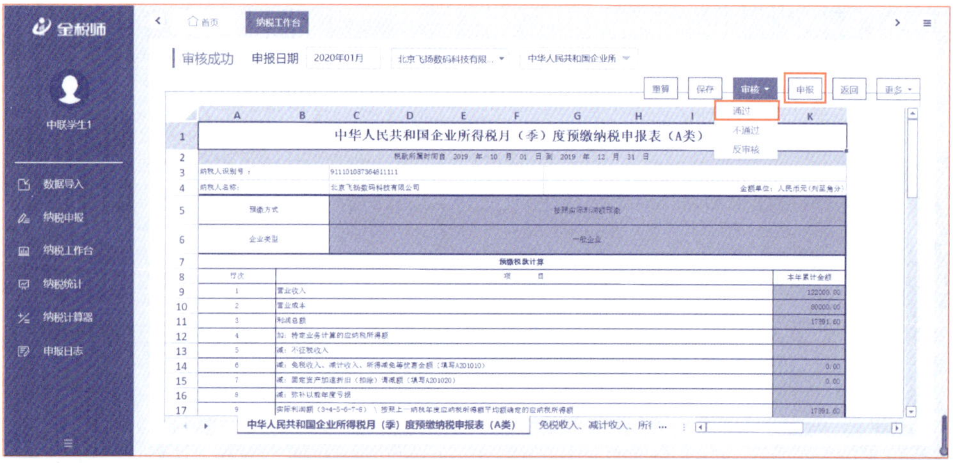

图 4-18　纳税申报 1

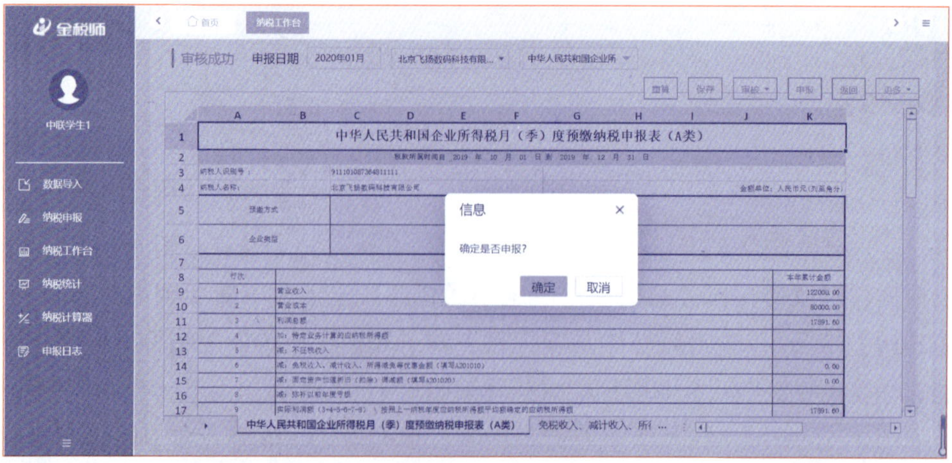

图 4-19　纳税申报 2

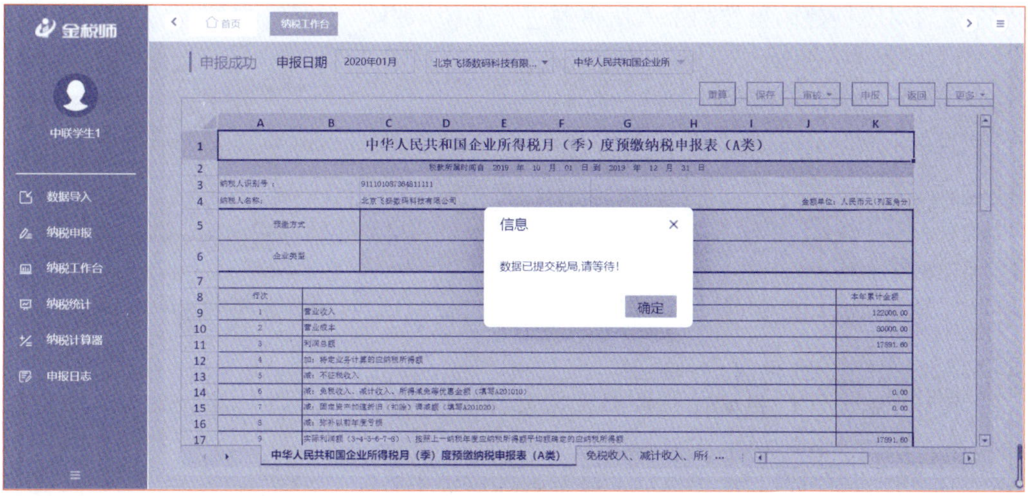

图 4-20　完成申报

五、任务评价

本任务评价表见表 4-2。

表 4-2　“企业所得税纳税申报”任务评价表

工作任务清单	完成情况
企业所得税的计算	
企业所得税减免税款的计算	
小微企业的认定标准及企业所得税相关税收优惠政策	
企业所得税纳税申报要求及纳税申报期限	
在智能化税务操作平台对企业所得税税表进行数据生成，并对企业所得税税表数据进行核准	
在智能化税务操作平台上对相关减免税款进行计算并复核	

任务三　个人所得税纳税申报

一、任务情境

（一）任务场景

共享中心报税员李自健接到飞扬数码科技提供的工资表资料如图 4-21 所示，

经审核后对飞扬数码科技的个人所得税进行纳税申报。

工号	*姓名	部门	*证件类型	*证件号码	计提基数	企业承担部分					
						基本养老保险	基本医疗保险	失业保险费	工伤保险费	生育保险费	住房公积金
20190001	刘洋	销售部	居民身份证	341221198502081311	5000.00	800.00	500.00	40.00	10.00	40.00	600.00
20190002	张新	库管部	居民身份证	341221198910030323	3500.00	560.00	350.00	28.00	7.00	28.00	420.00
20190003	李丽	行政财务部	居民身份证	251321199404013258	3500.00	560.00	350.00	28.00	7.00	28.00	420.00
20190004	赵芳	采购部	居民身份证	521221199210068972	3000.00	480.00	300.00	24.00	6.00	24.00	360.00
合计					15000.00	2400.00	1500.00	120.00	30.00	120.00	1800.00

图 4-21　飞扬数码科技工资表

（二）任务布置

共享中心员工李自健按照合同及相关资料的要求为飞扬数码科技的个人所得税进行纳税申报，具体要求如下：

（1）对客户提供的工资表及有关凭证进行认真核查；

（2）根据工资表导入系统生成凭证；

（3）登录自然人税收管理系统后添加人员信息；

（4）填写正常工资薪金所得表；

（5）进行税款计算，审核无误后纳税申报；

（6）申报成功后在网上缴纳税款或打印缴税凭证到银行缴税。

二、工作准备

小规模纳税人个人所得税相关知识点

（一）知识准备

1. 个人所得税纳税义务人

个人所得税是国家对本国公民、居住在本国境内的个人的所得和境外个人来源于本国的所得征收的一种所得税。

个人所得税的纳税义务人，既包括居民纳税义务人，也包括非居民纳税义务人。居民纳税义务人负有无限纳税义务，必须就其来源于中国境内、境外的全部所得缴纳个人所得税；而非居民纳税义务人负有有限纳税义务，仅就其来源于中国境内的所得，缴纳个人所得税。

2. 个人所得税税率

个人所得税根据不同的征税项目，分别规定了三种不同的税率：

（1）7 级超额累进税率。对综合所得（工资、薪金所得，劳务报酬所得，稿酬所得，特许权使用费所得），适用 7 级超额累进税率，按月应纳税所得额计算征税。该税率按个人月工资、薪金应税所得额划分级距，最低一级为 3%，最高一级为 45%，共 7 级。

（2）5 级超额累进税率。对经营所得适用 5 级超额累进税率，按年计算、分月预缴税款的个体工商户的生产、经营所得和对企事业单位的承包经营、承租经营的全年应纳税所得额划分级距，最低一级为5%，最高一级为35%，共5级。

（3）比例税率。对个人的利息、股息、红利所得，财产租赁所得，财产转让所得，偶然所得和其他所得，按次计算征收个人所得税，适用20%的比例税率。

个人所得税应纳税所得额计算公式如下：

应纳税所得额 = 月度收入 − 5 000元（起征点）− 专项扣除（三险一金等）− 专项附加扣除 − 依法确定的其他扣除

3. 个人所得税申报时间

小规模纳税人需要每月申报个人所得税，即使本企业所有员工的工资达不到交税标准，仍然需要按时申报。

4. 个人所得税专项附加扣除

最新修改的《中华人民共和国个人所得税法》和《国务院关于印发个人所得税专项附加扣除暂行办法的通知》中提出“个人所得税专项附加扣除”，即除每月减除5 000元基本减除费用和自行承担的社保及公积金外，还增加了专项附加扣除。

个人所得税专项附加扣除

专项附加扣除包括以下六项：

（1）子女教育方面，明确纳税人的子女在年满3岁后接受学前教育阶段和从小学到博士研究生的全日制学历教育阶段的相关支出，按每个子女每月1 000元标准定额扣除，其中高中阶段教育包含技工教育。

（2）继续教育方面，纳税人接受学历（学位）继续教育的支出，在规定期间可按每月400元定额扣除，但同一学历继续教育的扣除期限不能超过48个月；接受技能人员和专业技术人员职业资格继续教育的支出，在取得相关证书的当年按3 600元定额扣除。

（3）大病医疗方面，纳税人在一个纳税年度内，与基本医保相关的医药费用扣除医保报销后的个人负担，累计超过1.5万元部分，由纳税人在办理年度汇算清缴时，在8万元限额内据实扣除。

（4）首套住房贷款方面，纳税人本人或配偶发生的首套住房贷款利息支出，可按每月1 000元标准定额扣除。

（5）住房租金方面，符合条件的住房租金根据城市的不同，按每月1 500元、1 100元和800元标准定额扣除。

（6）赡养老人方面，纳税人赡养年满60岁父母的支出，按照一定标准定额扣除。其中，独生子女按每人每月2 000元标准扣除，非独生子女与其兄弟姐妹分摊每月2 000元的扣除额度。

（二）操作准备

（1）客户提供的工资表及职工个人的姓名、身份证号码、手机号、入职时间等相关信息。

（2）准备“北京一证通”或登录自然人税收管理系统申报密码。

（三）业务要领

以北京市为例，个人所得税仍然采用“扣缴义务端”，未纳入电子税务局统一管理，因此在个人所得税申报时最好采用固定的台式机进行操作。

（1）企业员工的个人所得税实行代扣代缴制度，每月根据纳税人扣缴义务端提示的员工专项附加扣除信息，按照累计预扣法计算予以扣除并缴纳。

（2）企业可以自行收集企业员工的专项附加扣除信息，便于自行计算个人所得税税额。

（3）非企业员工发生的劳务费等项目，企业履行代扣代缴义务，劳务报酬所得、稿酬所得、特许权使用费所得以收入减除费用后的余额为收入额。其中，稿酬所得的收入额减按 70% 计算。

减除费用：劳务报酬所得、稿酬所得、特许权使用费所得每次收入不超过 4 000 元的，减除费用按 800 元计算；每次收入 4 000 元以上的，减除费用按 20% 计算。

应纳税所得额：劳务报酬所得、稿酬所得、特许权使用费所得，以每次收入额为预扣预缴应纳税所得额。

劳务报酬所得应预扣预缴税额 = 预扣预缴应纳税所得额 × 预扣率 − 速算扣除数

稿酬所得、特许权使用费所得应预扣预缴税额 = 预扣预缴应纳税所得额 × 20%

三、业务流程

小规模纳税人个人所得税纳税申报业务处理流程如图 4–22 所示。

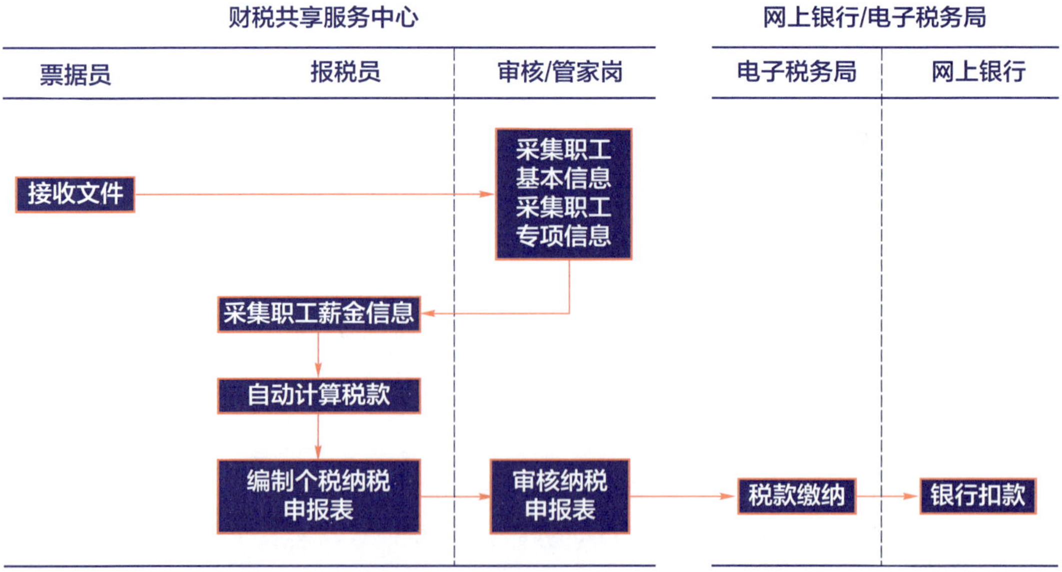

图 4–22　小规模纳税人个人所得税纳税申报业务处理流程

四、业务操作

小规模纳税人个人所得税申报业务操作

（一）根据工资表导入系统生成凭证

根据客户提供的工资表（标准模板），导入财天下系统，生成凭证。

第一步，单击“智能工资”，选择，如图 4-23 所示。

第二步，导入工资表，如图 4-24 所示。

图 4-23 工资管理

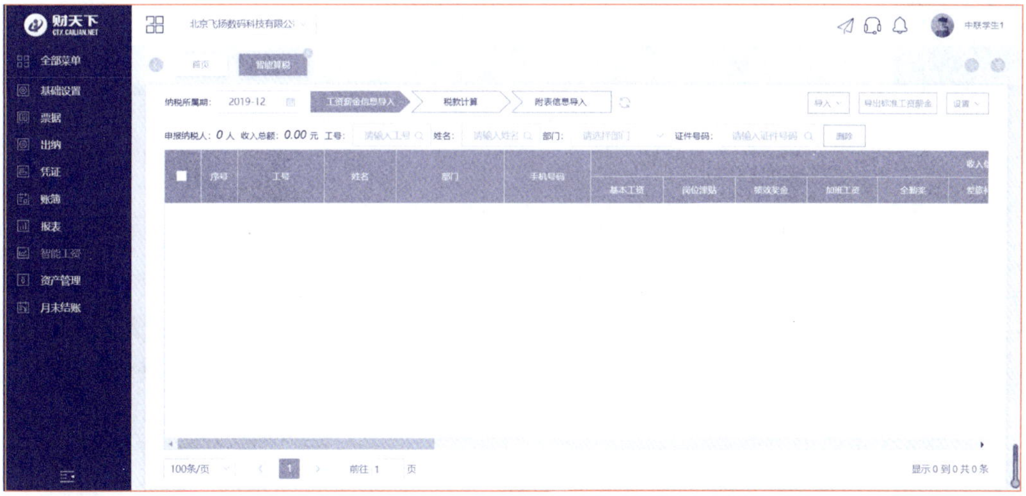

图 4-24 导入工资表

第三步，进行个税计算，如图 4-25 所示。

第四步，进行个税申报，如图 4-26 所示。

图 4-25

图 4-26

（二）个人所得税申报

（1）登录国家税务总局北京市电子税务局网站 https://etax.beijing.chinatax.gov.cn/xxmh/html/index.html，下载自然人税收管理系统扣缴客户端，如图 4-27 所示。

（2）进入客户端，单击 2019 年新税制申报，如图 4-28 所示。

（3）查询到相应企业，单击进入，如图 4-29 所示。

（4）单击人员信息采集，添加人员，如图 4-30 所示。

图 4-27　自然人税收管理系统扣缴客户端

图 4-28　新税制申报

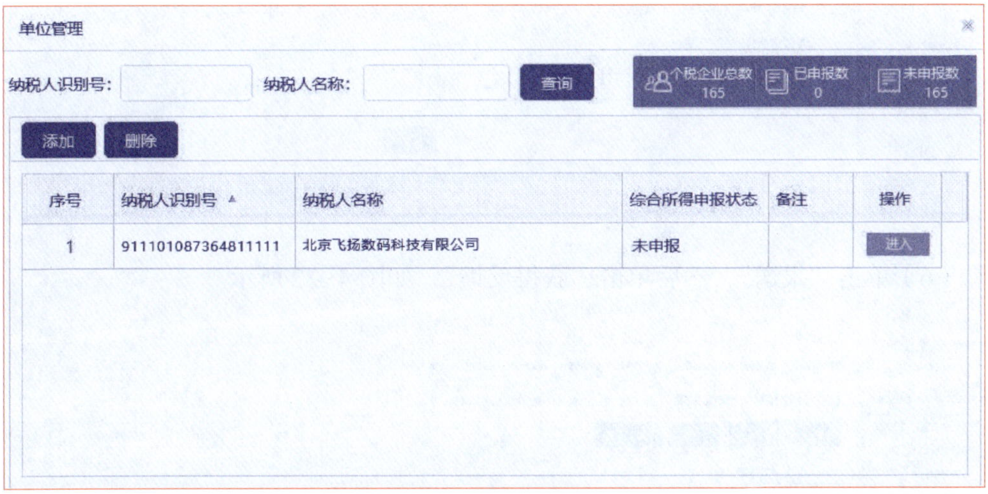

图 4-29　进入申报页面

图 4-30　人员信息采集

（5）添加人员信息，保存，如图 4-31 所示。

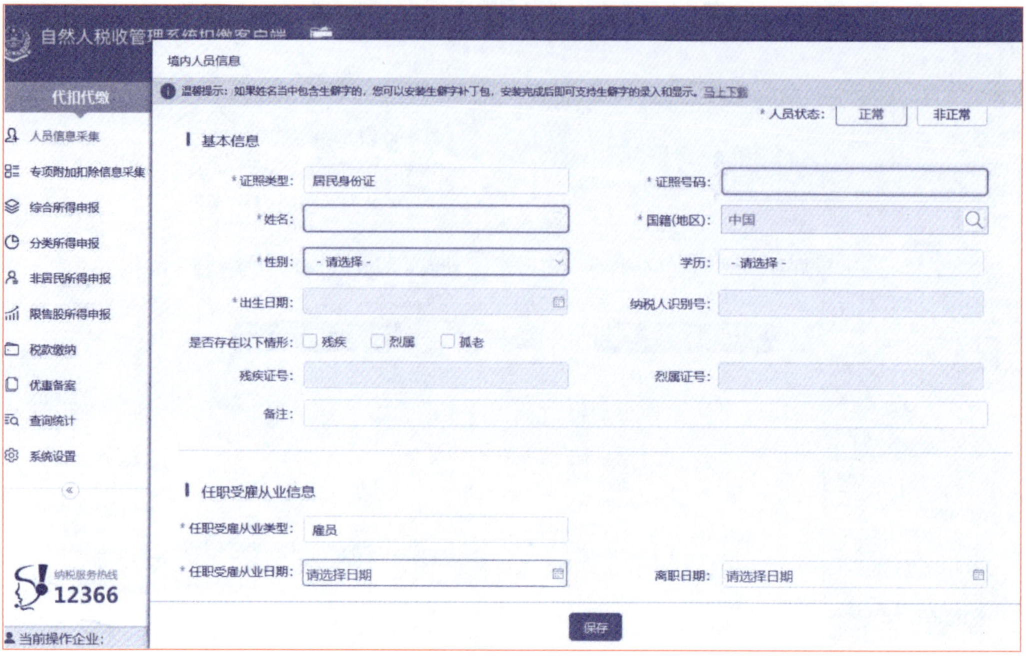

图 4-31　添加人员信息

（6）单击“报送”，然后单击“获得反馈”，如图 4-32 所示。

图 4-32　报送及获得人员信息反馈

（7）对专项附加扣除信息进行采集，下载专项扣除附加表模板，如图 4-33 所示。

（8）填好专项扣除附加表单击“导入”“下载更新”后，单击“导出全部”，如图 4-34 所示。

（9）单击“综合所得申报”，进入“收入及减除填写”界面后，单击“正常工资薪金所得”，如图 4-35 所示。

图 4-33　下载专项扣除附加表模板

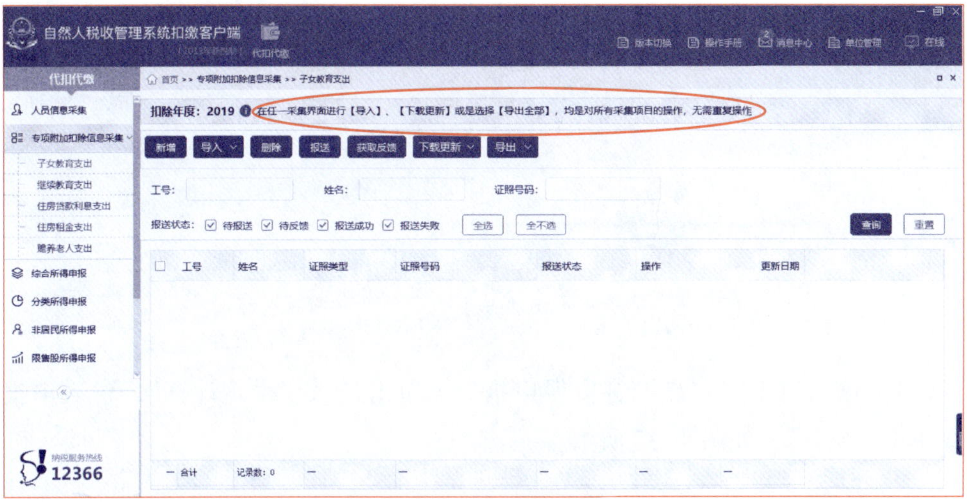

图 4-34　导出专项扣除表

图 4-35　填写收入及减除

（10）正常工资薪金所得表的填写，单击“导入”。导入数据有以下 3 种方式：①复制上月当期数据（不包含专项附加扣除数据，用户需手工补充），适合工资数和人员没有变更的情况。②标准导入，适合工资人员和工资变更较多，可以先导出模板，如图 4-36 所示，导出正常工资薪金所得表后，按要求填列好，再选标准模板导入，完成正常工资薪酬所得填写；③生成零工资记录，用户手工修改。适合只有一人，或零申报工资的情况。

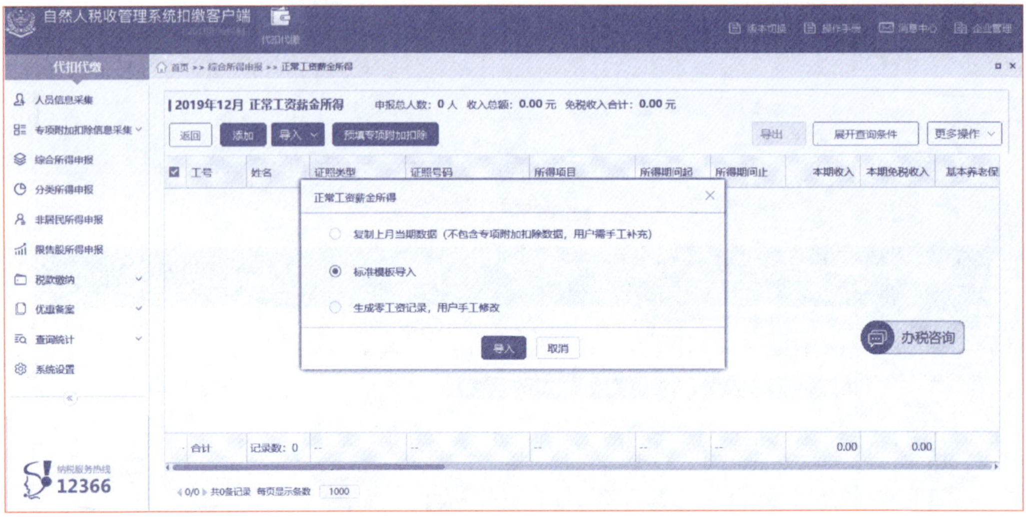

图 4-36　导入正常工资薪酬所得模版

（11）输入完工资再点综合所得申报后，单击进入“税款计算”，输入申报密码，单击“确认”，如图 4-37 所示。

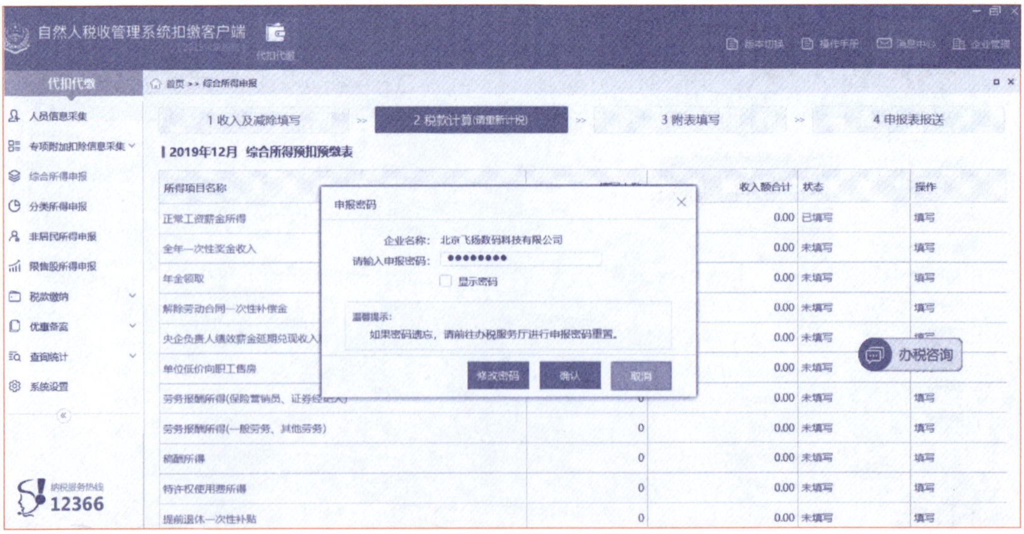

图 4-37　输入申报密码

查看并核对税款计算结果，如图 4-38 所示。

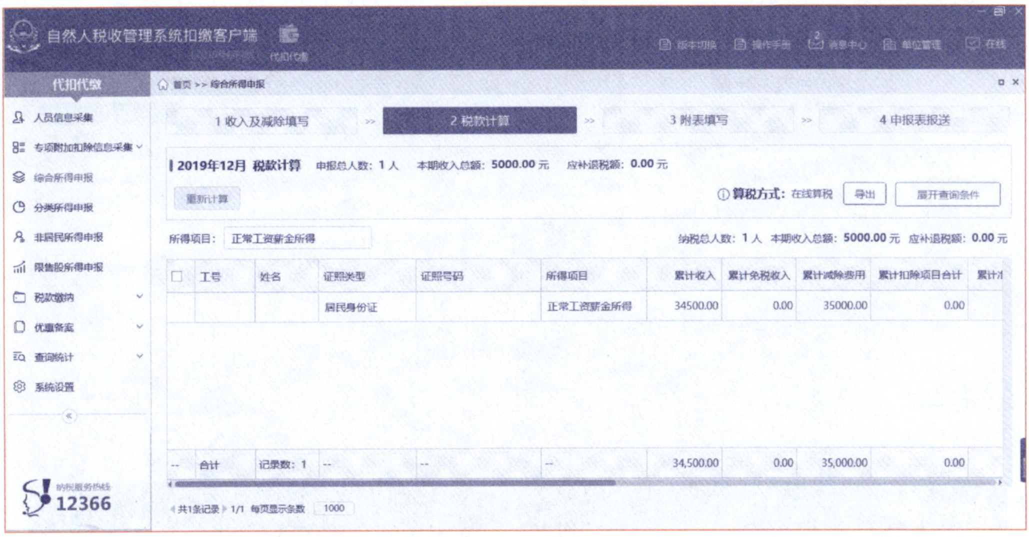

图 4-38　税款计算结果

（12）在“综合所得申报”界面，单击“附表填写”，如图 4-39 所示。

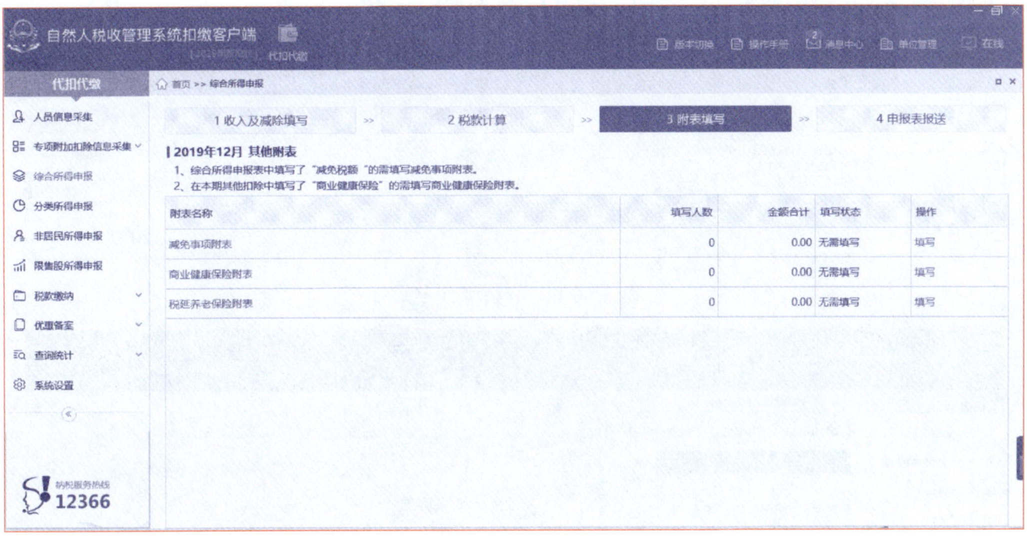

图 4-39　附表填写

（13）再单击进入“申报表报送”，单击“发送申报”，如图 4-40 所示。

（14）查看申报成功，完成报税，如图 4-41 所示。

（15）如果有税费的，需要扣除个税。首先，单击“税费缴纳”中的“三方协议缴税”，然后进行银行扣款，如图 4-42 所示。

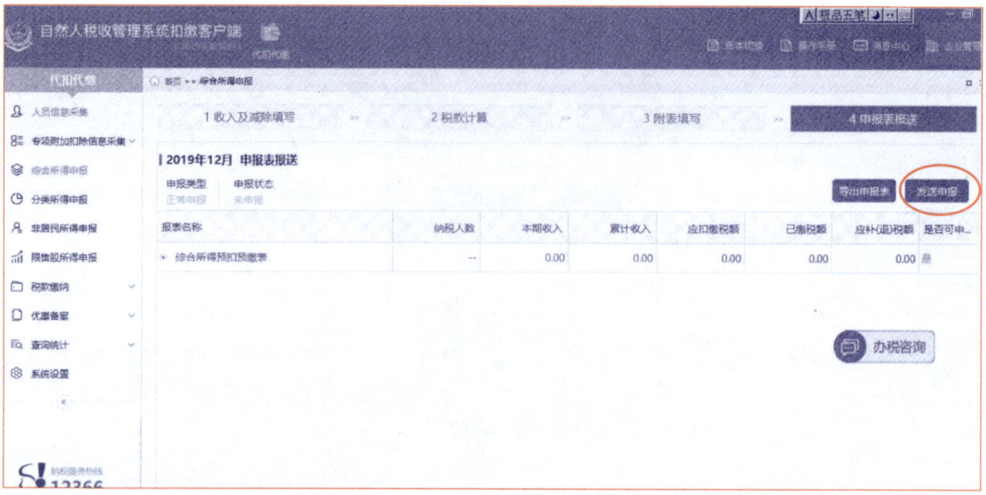

图 4-40　发送申报表

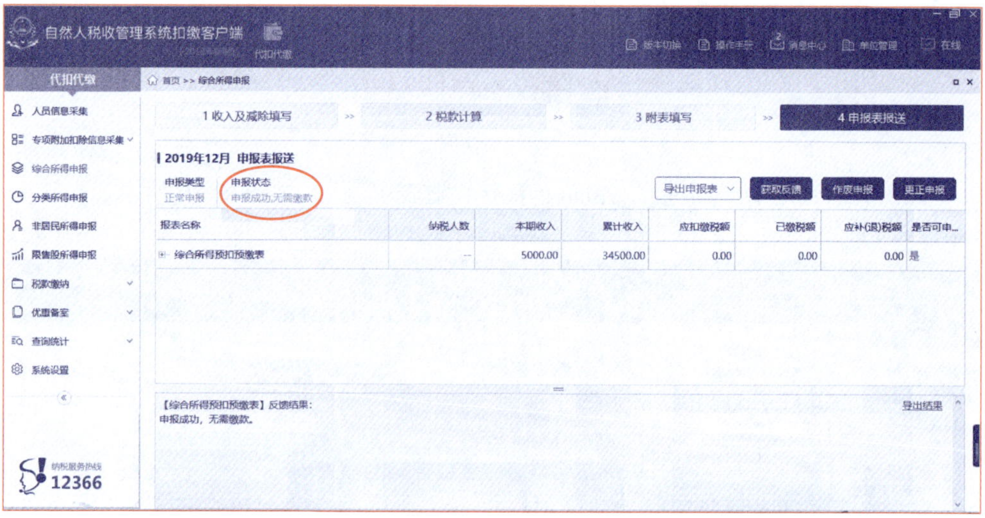

图 4-41　查看申报状态

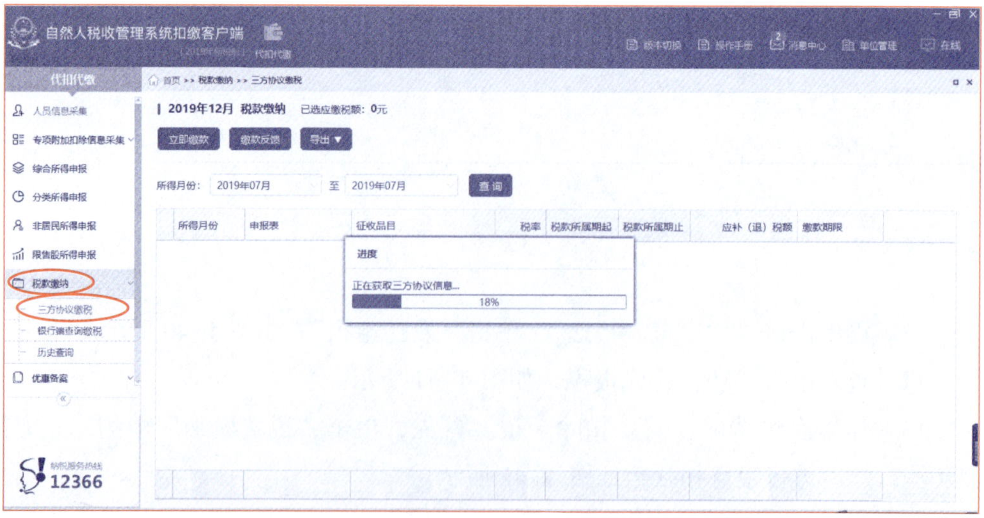

图 4-42　三方协议缴税

扣款成功后，可以在综合所得申报菜单里查询显示申报成功，已扣款，如图 4-43 所示。

图 4-43　查看申报扣款成功

（16）若无三方协议，打印税票，到银行缴纳税款，完成缴纳申报，如图 4-44 所示。

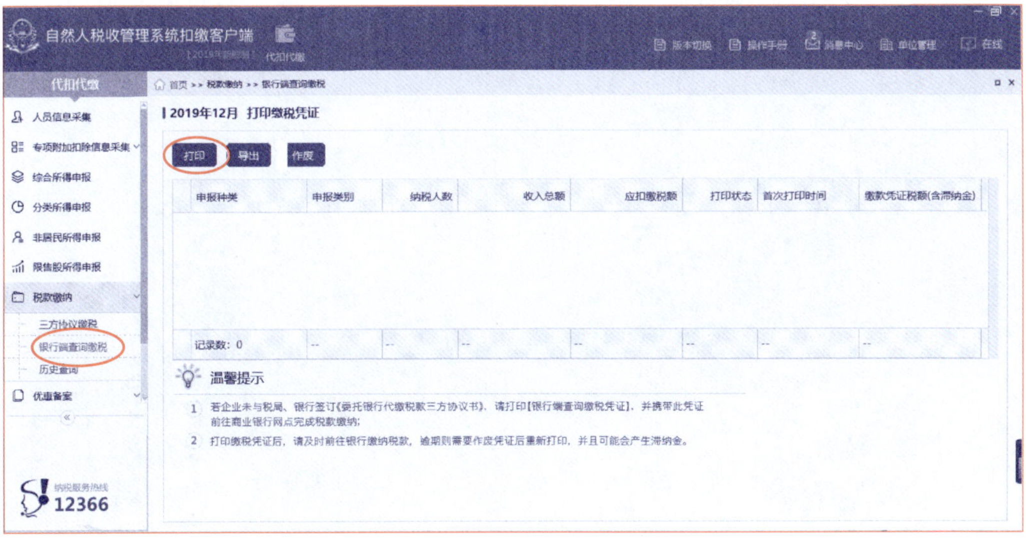

图 4-44　打印银行缴税凭证

五、任务评价

本任务评价表见表 4-3。

表 4-3　“个人所得税申报”任务评价表

工作任务清单	完成情况
个人所得税计算及相关账务处理	
个人所得税政策的相关规定及纳税申报期限	
在智能化税务操作平台上对工资凭证进行录入，并完成结账	
在智能化税务操作平台上对计算扣除专项附加后的个人所得税费用进行复核	
在智能化税务操作平台上进行个人所得税纳税申报，并交纳税款	

工作领域五

一般纳税人税收申报

技能目标

1. 能熟悉相关的法律法规并掌握一般纳税人认定标准。

2. 能掌握一般纳税人增值税计算和申报表的生成复核和申报。

3. 能掌握一般纳税人企业所得税的计算和数据生成并进行申报。

4. 能对个税账务处理和在智能化税务操作平台上对计算扣除专项附加后的个人所得税费用进行正确的复核申报。

5. 能掌握房产税和土地使用税的申报时间和计算并进行纳税申报。

任务一　增值税纳税申报

一、任务情境

（一）任务场景

共享中心报税员李自健于 11 月 8 日，对一般纳税人陈鸿公司的增值税进行月度纳税申报工作。

一般纳税人企业增值税申报

（二）任务布置

共享中心员工李自健按照合同要求为陈鸿公司的增值税进行纳税申报，具体任务如下：

（1）审核销售收入记账凭证；

（2）审核进项税额发票金额；

（3）审核已开票销售收入；

（4）生成并填写增值税纳税申报表，检查增值税减免税额；

（5）复核增值税申报表，审核无误后进行纳税申报并缴纳税款。

二、工作准备

（一）知识准备

1. 一般纳税人认定标准

关于一般纳税人的认定标准，在工作领域三中已有描述，可参照前文，在这里不再赘述。

一般纳税人增值税申报相关知识

2. 一般纳税人增值税税率

（1）基本税率 13%。

① 纳税人销售或者进口货物（除适用低税率和零税率的除外）。

② 纳税人提供加工、修理修配劳务。

③ 有形动产租赁服务。

（2）低税率 9%。

① 粮食等农产品、食用植物油、鲜奶。

② 自来水、暖气、冷气、热水、煤气、石油液化气、天然气、沼气、居民用煤炭制品、二甲醚。

③ 图书、报纸、杂志；音像制品；电子出版物。

④ 饲料、化肥、农药、农机、农膜。

⑤ 食用盐。

⑥ 交通运输服务。

⑦ 邮政服务。

⑧ 基础电信服务。

⑨ 建筑服务。

⑩ 不动产租赁服务。

⑪ 销售不动产。

⑫ 转让土地使用权。

（3）低税率 6%。

① 现代服务（租赁服务除外）。

② 增值电信服务。

③ 金融服务。

④ 生活服务。

⑤ 销售无形资产。

（4）零税率。

① 纳税人出口货物，税率为零；但是，国务院另有规定的除外。

② 境内单位和个人跨境销售国务院规定范围内的服务、无形资产，税率为零。主要包括国际运输服务；航天运输服务；向境外单位提供的完全在境外消费的下列服务：研发服务、合同能源管理服务、设计服务、广播影视节目（作品）制作和发行服务、软件服务、电路设计及测试服务、信息系统服务、业务流程管理服务、离岸服务外包业务、转让技术。

3. 一般纳税人增值税税额计算

一般纳税人采用税款抵扣制，税额计算公式如下：

当期应纳税额 = 当期销项税额 − 当期进项税额

4. 一般纳税人增值税申报要求

增值税的纳税期限分别为 1 日、3 日、5 日、10 日、15 日、1 个月或者 1 个季度。纳税人的具体纳税期限，由主管税务机关根据纳税人应纳税额的大小分别核定；不能按照固定期限纳税的，可以按次纳税。以 1 个季度为纳税期限的规定仅适于小规模纳税人。

纳税人以 1 个月或者 1 个季度为 1 个纳税期的，自期满之日起 15 日内申报纳税；以 1 日、3 日、5 日、10 日或者 15 日为 1 个纳税期的，自期满之日起 5 日内预缴税款，于次月 1 日起 15 日内申报纳税并结清上月应纳税款。

国家税务总局公告 2019 年第 15 号文《国家税务总局关于调整增值税纳税申

报有关事项的公告》修订并重新明确了增值税一般纳税人纳税申报表及其附列资料，具体包括："增值税纳税申报表（一般纳税人适用）""增值税纳税申报表附列资料（一）""增值税纳税申报表附列资料（二）""增值税纳税申报表附列资料（三）""增值税纳税申报表附列资料（四）""增值税减免税申报明细表"。公告自2019年5月1日起施行。

5. 一般纳税人增值税申报的注意事项

一般纳税人增值税申报注意事项

（1）纳税人对报送材料的真实性和合法性承担责任。

（2）纳税人在资料完整且符合法定受理条件的前提下，最多只需要到税务机关办理一次。资料齐全、符合法定形式、填写内容完整的，税务机关受理后即时办结。

（3）应征增值税销售额，包括纳税申报销售额、稽查查补销售额、纳税评估调整销售额。"纳税申报销售额"是指纳税人自行申报的全部应征增值税销售额，其中包括免税销售额和税务机关代开发票销售额。"稽查查补销售额"和"纳税评估调整销售额"计入查补税款申报当月（或当季）的销售额，不计入税款所属期销售额。

（4）纳税人应征增值税销售额已超过规定标准，未按规定时限办理的，应在收到"税务事项通知书"后5日内向税务机关办理增值税一般纳税人登记手续或者选择按照小规模纳税人纳税的手续；逾期未办理的，自通知时限期满的次月起按销售额依照增值税税率计算应纳税额，不得抵扣进项税额，直至纳税人办理相关手续为止。

（二）操作准备

（1）科目余额表；

（2）资产负债表、利润表；

（3）销售发票专票（普票）汇总表；

（4）增值税专用发票勾选认证汇总表。

（三）业务要领

2018年5月1日开始，国家税务总局对增值税一般纳税人实行纳税申报比对管理，并下发了《增值税纳税申报比对管理操作规程（试行）》，在税务机关设置申报异常处理岗，主要负责异常比对结果的核实及相关处理工作。

（1）比对信息范围包括：增值税纳税申报表及其附列资料、增值税发票信息、取得的进项抵扣凭证信息、税款入库信息、优惠备案信息和其他。

（2）比对内容包括表表比对、票表比对和表税比对。表表比对是指申报表表内、表间逻辑关系比对。票表比对是指各类发票、凭证、备案资格等信息与申报表进行比对。表税比对是指纳税人当期申报的应纳税款与当期的实际入库税款进行比对。

（3）比对规则见表 5-1。

表 5-1 比对规则

一般纳税人销项比对规则		
当期开具发票（不含不征税发票）的金额、税额合计数	≤	当期申报的销售额、税额合计数
除按规定不需要办理备案手续之外，当期申报免税销售额、即征即退销售额的，应当比对其增值税优惠备案信息		
一般纳税人进项比对规则		
当期已认证或确认的进项专用发票上注明的金额、税额合计数	≥	申报表中本期申报抵扣的专用发票进项金额、税额合计数
经稽核比对相符的海关进口增值税专用缴款书上注明的税额合计数	≥	申报表中本期申报抵扣的海关进口增值税专用缴款书的税额
取得的代扣代缴税收缴款凭证上注明的增值税税额合计数	≥	申报表中本期申报抵扣的代扣代缴税收缴款凭证的税额
取得的《出口货物转内销证明》上注明的进项税额合计数	≥	申报表中本期申报抵扣的外贸企业进项税额抵扣证明的税额
按照政策规定依据相关凭证注明的金额计算得出的可抵扣进项税额	≥	申报表中本期申报抵扣的相应凭证税额
红字增值税专用发票信息表中注明的应作转出的进项税额	=	申报表中进项税额转出中的红字专用发票信息表注明的进项税额
申报表中进项税额转出金额不应小于零		
应纳税额减征额比对规则		
当期申报的应纳税额减征额	≤	当期符合政策规定的减征税额
预缴税款比对规则		
申报表中的预缴税额本期发生额	≤	实际已预缴的税款
特殊比对规则		
实行汇总缴纳增值税的总机构和分支机构可以不进行票表比对		
按季申报的纳税人应当对其季度数据进行汇总比对		

三、业务流程

一般纳税人增值税纳税申报业务处理流程如图 5-1 所示。

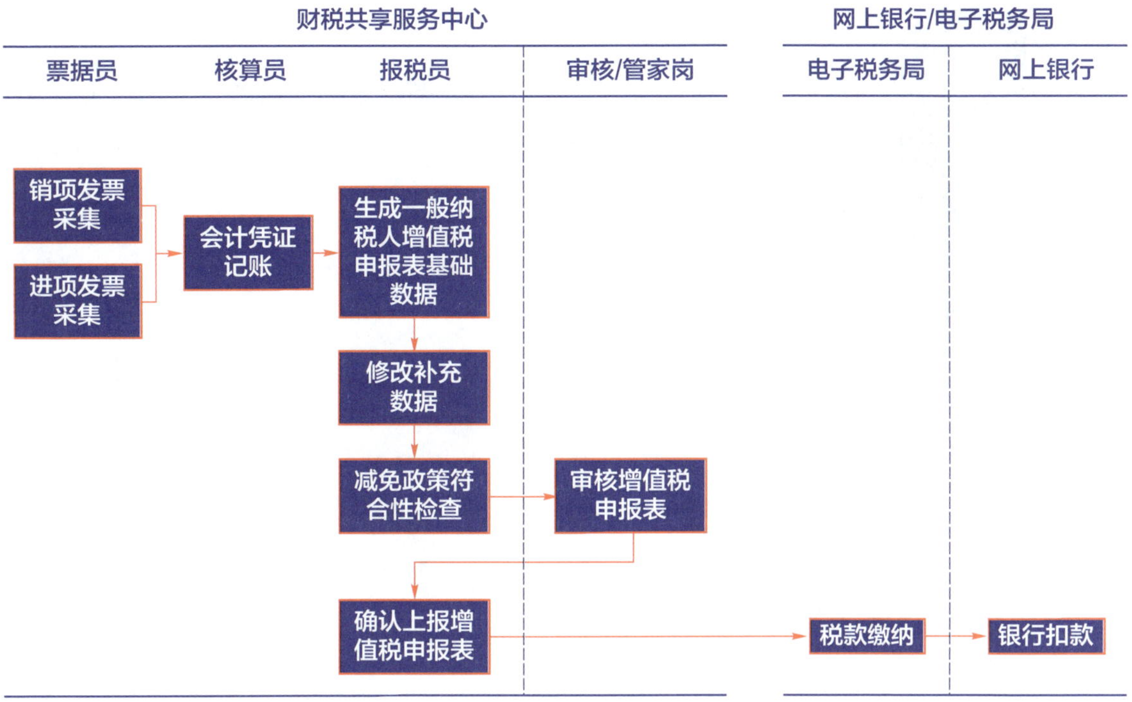

图 5-1　一般纳税人增值税纳税申报业务处理流程

四、业务操作

（一）登录纳税工作平台

首先账号登录进入纳税申报平台“金税师”界面，如图 5-2 所示。然后左侧菜单栏单击“纳税工作台”进入工作界面，如图 5-3 所示。

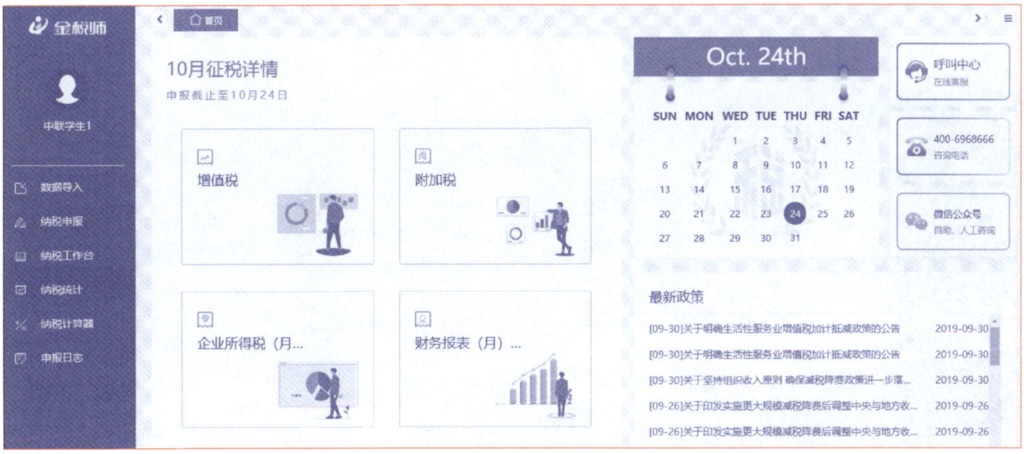

图 5-2　纳税申报平台界面

图 5-3　纳税工作台界面

（二）纳税申报表生成

（1）查询与核对基本信息。选择并单击申报企业公司名称，进行基本信息和税务信息的查询与核对如图 5-4 至图 5-6 所示。

图 5-4　选择申报企业公司名称

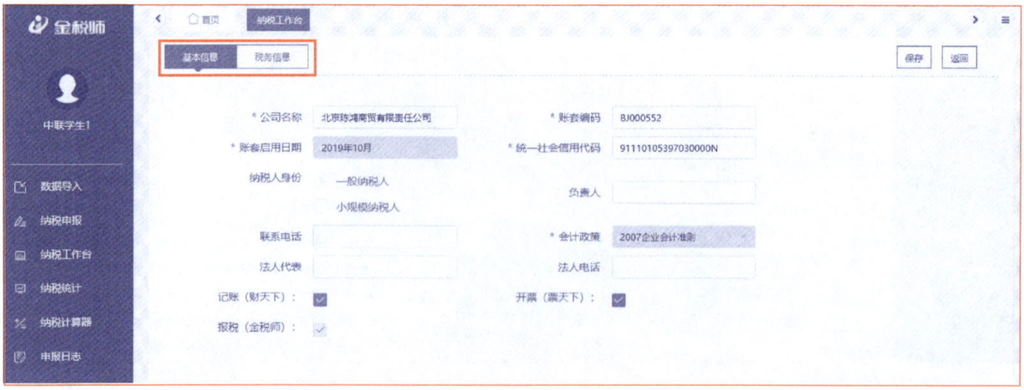

图 5-5　申报企业基本信息

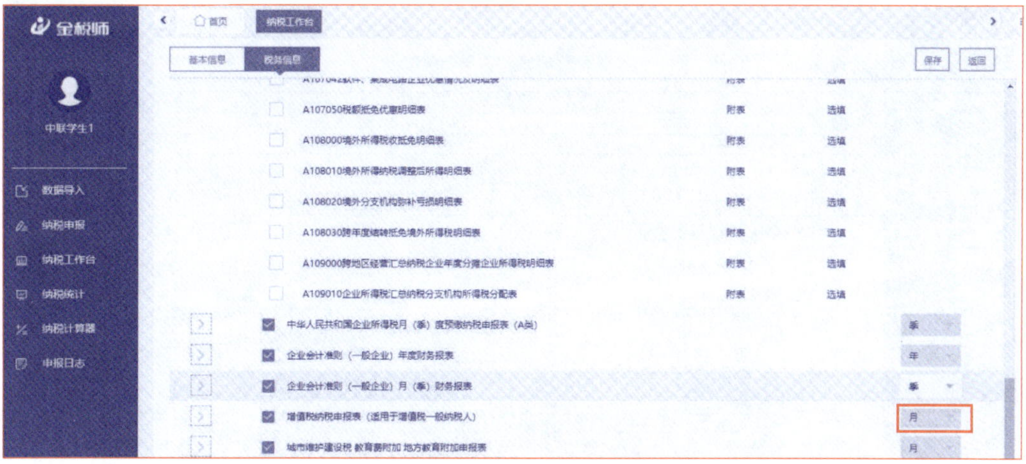

图 5-6　申报企业税务信息

（2）选择申报日期。在基本信息核查无误的情况下，通过查看税务信息确定增值税申报是按照月份进行申报后，返回选择“申报日期”如图 5-7 所示。一般纳税人增值税申报日期一般为次月申报，例如记账期间为 2019 年 10 月，则申报日期选择 2019 年 11 月，如图 5-6 所示。

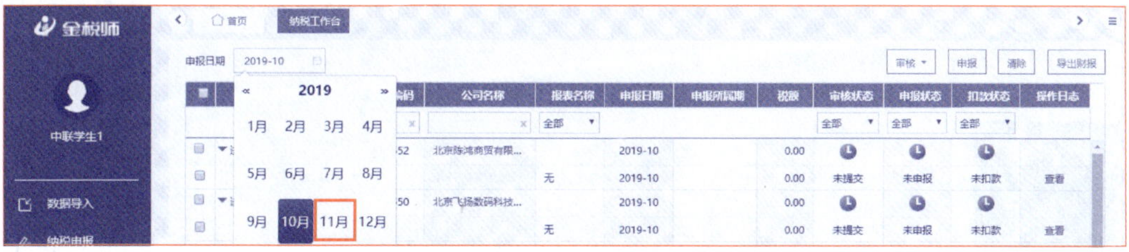

图 5-7　选择申报日期

（3）纳税申报。选择申报日期后，再选择所要申报的报表种类，单击进入查看，如图 5-7 所示。利用财天下财务报表生成的信息，直接在“金税师”平台自动生成增值税纳税申报表，单击进入增值税申报界面，填写和修改有关的金额，如图 5-8、图 5-9 所示。

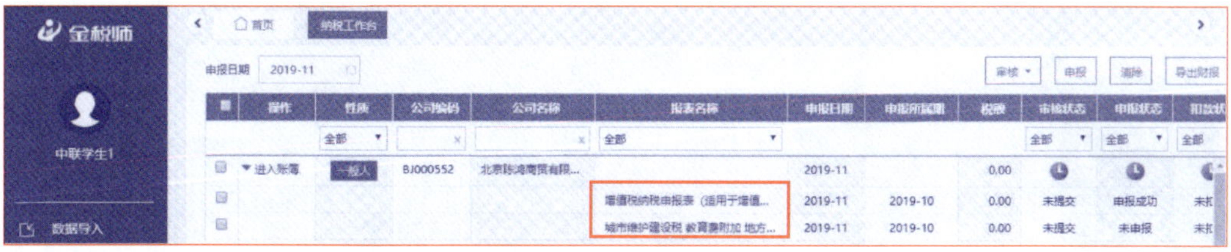

图 5-8　申报税种界面

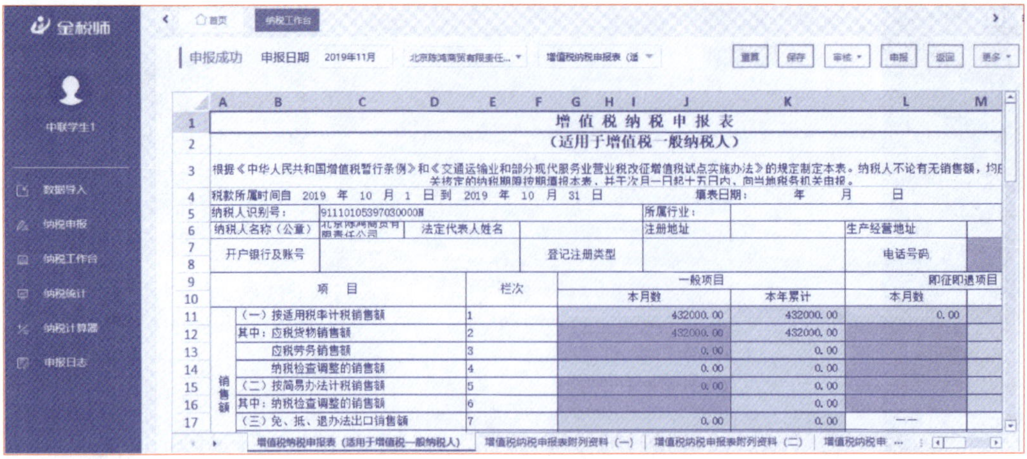

图 5-9　增值税申报表界面

（4）税表检查审核并报送。认真核对增值税纳税申报表上的数据和应交税费——应交增值税账户的销项税额、进项税额、进项税额转出等三级明细账。如果有特殊业务，比如可以享受减免税收优惠政策的，则需要填写“增值税减免税优惠明细表”；有差额征收业务的纳税人需要填写“税额抵减情况表”等。检查无误后由审核人员单击审核通过后，即可单击“申报”，完成报送税表，如图 5-10 至图 5-13 所示。申报完成可通过左侧菜单栏“纳税统计”查询申报情况及进度，如图 5-14 所示。

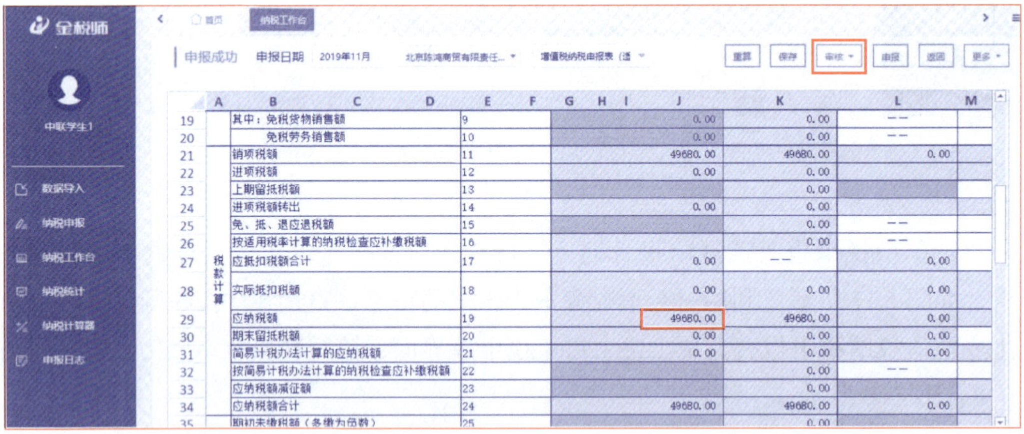

图 5-10　申报表审核页面

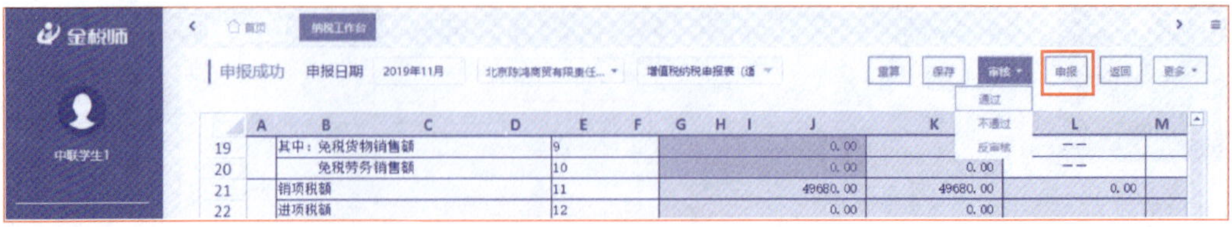

图 5-11　申报页面

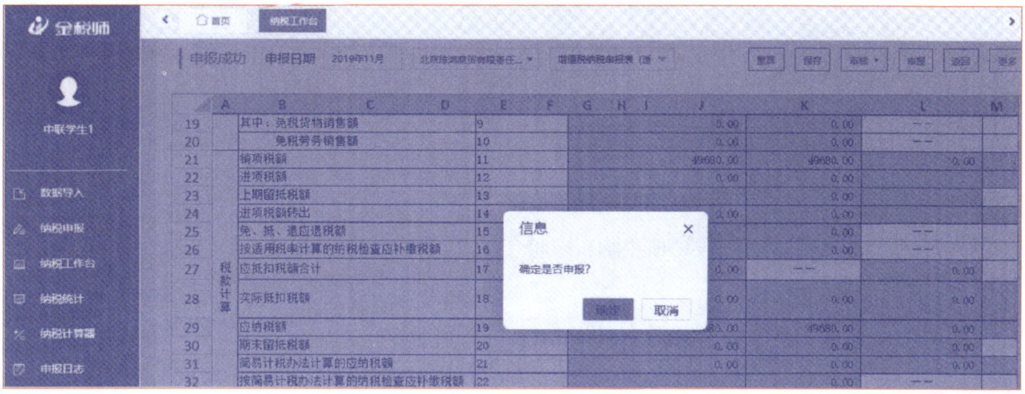

图 5-12　申报确认页面

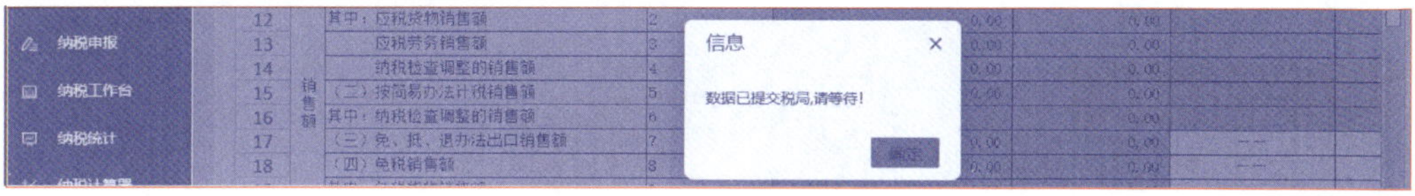

图 5-13　申报完成页面

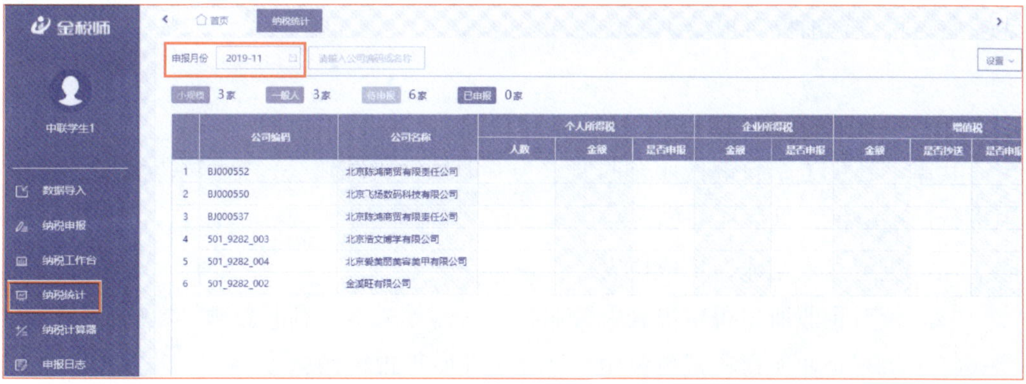

图 5-14　申报完成查询页面

五、任务评价

本任务评价表见表 5-2。

表 5-2　“增值税纳税申报”任务评价表

工作任务清单	完成情况
一般纳税人的认定标准	
一般纳税人增值税的计算和账务处理	
一般纳税人申报要求及纳税申报期限	

续表

工作任务清单	完成情况
在智能化税务操作平台上对增值税申报数据进行复核	
在智能化税务操作平台上生成和检查增值税纳税申报表	
在智能化税务操作平台上完成增值税纳税申报	

任务二　企业所得税纳税申报

一、任务情境

一般纳税人企业所得税申报

（一）任务场景

2020 年 1 月 12 日，共享中心报税员李自健为一般纳税人陈鸿公司的第四季度企业所得税进行纳税申报。

（二）任务布置

共享中心员工李自健按照合同要求为一般纳税人陈鸿公司第四季度的企业所得税进行纳税申报，具体任务如下：

（1）进行月末结账，生成税表；

（2）核对企业所得税申报表中营业收入、营业成本、利润总额等数据，

（3）填写企业所得税减免税额，计算企业所得税税额；

（4）企业所得税申报表检查无误后进行纳税申报。

二、工作准备

（一）知识准备

一般纳税人企业所得税相关知识

1. 企业所得税纳税申报要求

《中华人民共和国企业所得税法》第五十四条规定，企业所得税分月或者分季预缴。企业应当自月份或者季度终了后之日起 15 日内，向税务机关报送预缴企业所得税纳税申报表，预缴税款。自年度终了之日起 5 个月内，向税务机关报送年度企业所得税纳税申报表，并汇算清缴，结清应缴应退税款。

《中华人民共和国企业所得税法实施条例》第一百二十八条规定，企业在纳税年度内无论盈利或者亏损，都应当依照企业所得税法第五十四条规定的期限，向税

务机关报送预缴企业所得税纳税申报表、年度企业所得税纳税申报表、财务会计报告和税务机关规定应当报送的其他有关资料。

2. 企业所得税纳税申报方式

企业所得税法及其实施条例规定，企业所得税应当按照月度或者季度的实际利润额预缴；按照月度或者季度的实际利润额预缴有困难的，可以按照上一纳税年度应纳税所得额的月度或者季度平均额预缴，或者按照经税务机关认可的其他方法预缴。

分月或者分季预缴企业所得税时有三种方式：按照月度或者季度的实际利润额预缴、按照上一纳税年度应纳税所得额的月度或者季度平均额预缴、按照经税务机关认可的其他方法预缴。预缴方法一经确定，该纳税年度内不得随意变更。按照上一纳税年度应纳税所得额平均额预缴和按照税务机关确定的其他方法预缴两种预缴方式属于税务行政许可事项，纳税人变更需要履行行政许可相关程序。

3. 企业所得税征收方式

企业所得税征收方式有查账征收和核定征收两种。

（1）查账征收。

《中华人民共和国税收征收管理法》第 19 条规定："纳税人、扣缴义务人按照有关法律、行政法规和国务院财政、税务主管部门的规定设置账簿，根据合法、有效凭证记账，进行核算。"对账册健全，能正确核算收入、成本、费用，准确计算盈亏，并按规定报送财务会计、税务报表资料的纳税人，其企业所得税实行查账征收。

按照企业所得税条例规定，纳税人应纳税额按应纳税所得额计算。纳税人每一纳税年度的收入总额减去法定准予扣除金额后的余额为应纳税所得额。

（2）核定征收。

依照规定，对账册不健全，不能提供完整、准确的收入及成本、费用凭证，不能正确计算应纳税所得额的，采取核定征收方式。

核定征收方式包括定额征收和核定应税所得率征收两种办法。

① 定额征收，是指税务机关按照一定的标准、程序和办法，直接核定纳税人年度应纳企业所得税税额，由纳税人按规定进行申报缴纳的办法。

② 核定应税所得率征收，是指税务机关按照一定的标准、程序和方法，预先核定纳税人的应税所得率，由纳税人根据纳税年度内的收入总额或成本费用等项目的实际发生额，按预先核定的应税所得率计算缴纳企业所得税的办法。

实行核定应税所得率征收办法的，应纳所得税额的计算公式如下：

应纳所得税额 = 应纳税所得额 × 适用税率

应纳税所得额 = 收入总额 × 应税所得率

或 =［成本费用支出额 /（1 − 应税所得率）］× 应税所得率

5

《国家税务总局关于发布〈中华人民共和国企业所得税月（季）度预缴纳税申报表（A 类，2018 年版）〉等报表的公告》规定，“企业所得税月（季）度预缴纳税申报表（A 类）”适用于实行查账征收企业所得税的居民企业月度、季度预缴申报时填报。“企业所得税月（季）度预缴和年度纳税申报表（B 类）”适用于实行核定征收企业所得税的居民企业月度、季度预缴申报和年度汇算清缴申报时填报。

4. 企业所得税纳税申报注意事项

一般纳税人企业所得税纳税申报注意事项

（1）纳税人未按照规定的期限办理纳税申报和报送纳税资料的，将影响纳税信用评价结果。

（2）企业所得税分月或者分季预缴，由税务机关具体核定。

（3）纳税人在纳税期内没有应纳税款的，也应当按照规定办理纳税申报。

（4）符合享受企业所得税优惠条件的纳税人，采取“自行判别、申报享受、相关资料留存备查”的办理方式。通过填报企业所得税纳税申报表享受税收优惠。

（5）企业向税务机关申报扣除资产损失，仅需填报企业所得税年度纳税申报表“资产损失税前扣除及纳税调整明细表”，不再报送资产损失相关资料，由企业留存备查。

（6）实行查账征收的居民企业向税务机关报送年度企业所得税纳税申报时应当就其与关联方之间的业务往来进行关联申报。

（二）操作准备

（1）陈鸿公司利润表、科目余额表；

（2）企业所得税申报表。

（三）业务要领

季度预缴比较简单，难点在于年度汇算清缴。每年的企业所得税汇算清缴都有一些新政策和新要求，务必按照新政策执行。

以 2018 年企业所得税汇算清缴为例，一般纳税人税前扣除项目需要关注要领如下：

（1）公益性捐赠：企业进行公益性捐赠税前扣除的，应提供省级以上（含省级）财政部门印制并加盖接受捐赠单位印章的公益性捐赠票据，或加盖接受捐赠单位印章的“非税收入一般缴款书”收据联，方可按规定进行税前扣除。

（2）职工教育经费：将企业发生的职工教育经费支出扣除限额由工资薪金总额的 2.5% 提高至 8%；超过部分，准予在以后纳税年度结转扣除。

（3）雇主责任险、公众责任险：企业参加雇主责任险、公众责任险等责任保险，按照规定缴纳的保险费，准予在企业所得税税前扣除。

一般纳税人需要关注的征收管理类要领如下：

（1）资产损失税前扣除：企业向税务机关申报扣除资产损失，仅需填报企业所得税年度纳税申报表“资产损失税前扣除及纳税调整明细表”（A105090），不再报送资产损失相关资料。相关资料由企业留存备查。

（2）企业所得税优惠政策事项办理：企业享受所得税优惠事项采取“自行判别、申报享受、相关资料留存备查”的办理方式。企业根据经营情况以及相关税收规定自行判断是否符合优惠事项规定的条件，并通过填报企业所得税纳税申报表享受税收优惠，要求归集和留存相关资料备查。企业享受优惠事项的，应当在完成年度汇算清缴后，将留存备查资料归集齐全并整理完成，以备税务机关核查。企业留存备查资料应从企业享受优惠事项当年的企业所得税汇算清缴期结束次日起保留 10 年。

（3）企业所得税税前扣除凭证管理：企业应在年度汇算清缴期结束前取得税前扣除凭证，作为计算企业所得税应纳税所得额时扣除相关支出的依据。

三、业务流程

一般纳税人企业所得税纳税申报业务处理流程如图 5-15 所示。

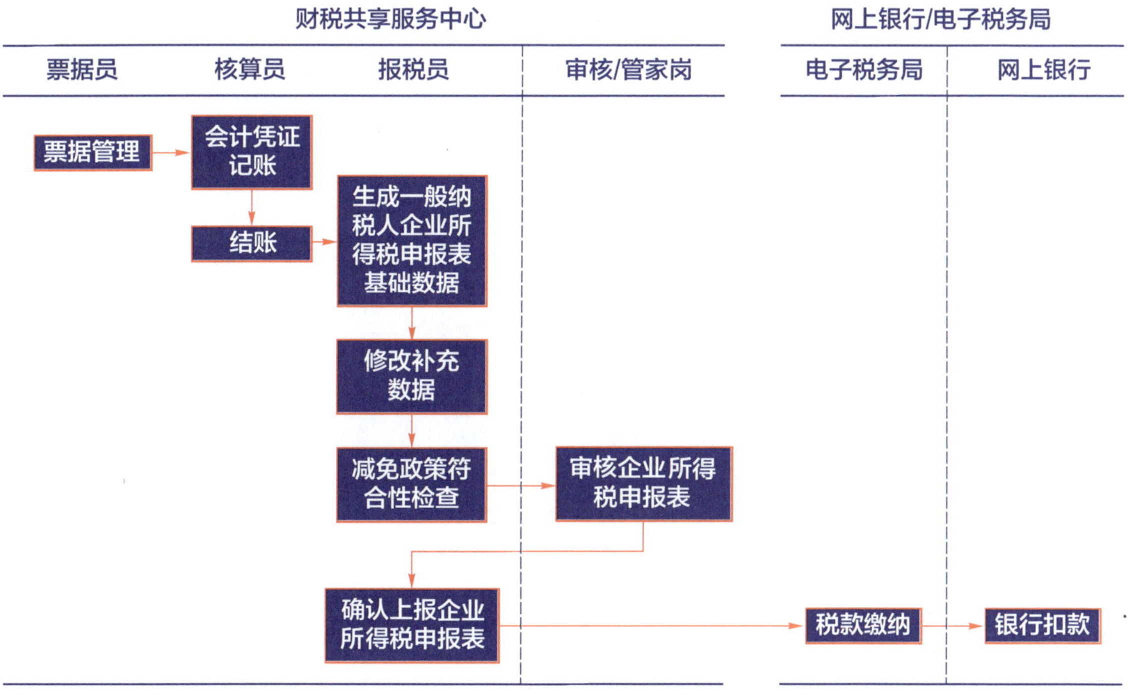

图 5-15　一般纳税人企业所得税纳税申报业务处理流程

四、业务操作

一般纳税人企业所得税税收申报业务操作

（一）登录纳税工作平台

首先账号登录进入纳税申报平台“金税师”界面，如图 5–16 所示。然后左侧菜单栏单击“纳税工作台”进入工作界面，如图 5–17 所示。

图 5–16　纳税申报平台界面

图 5–17　纳税工作台界面

（二）纳税申报表生成

（1）查询与核对基本信息。选择并单击申报企业公司名称，进行基本信息和税务信息的查询与核对如图 5–18 ~ 图 5–20 所示。

图 5–18　选择申报企业公司名称

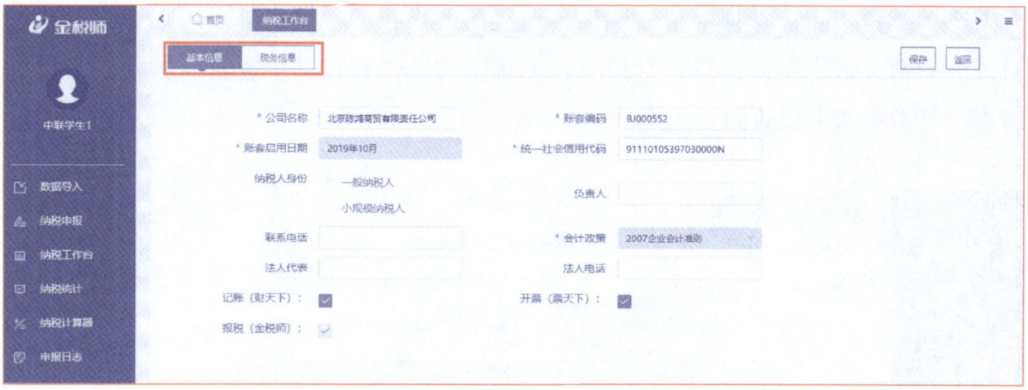

图 5-19　申报企业基本信息

图 5-20　申报企业税务信息

（2）选择申报日期。在基本信息核查无误的情况下，通过查看税务信息确定所得税申报是按照月份还是按照季度进行申报，返回选择“申报日期”。企业所得税申报分月度申报和季度申报，实务中企业所得税一般为季度申报，即日期选择应该为下个季度第一个月。例如 2019 年 12 月份形成报表，则申报日期应选择 2020 年 1 月份，如图 5-21 所示。

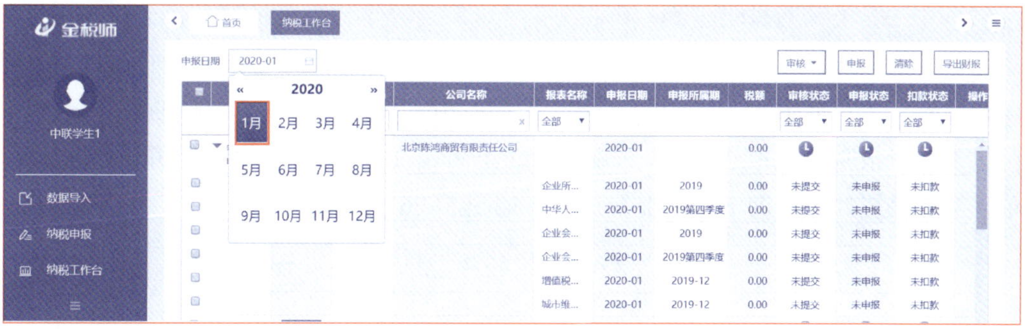

图 5-21　选择申报日期

（3）纳税申报。选择申报日期后，选择所要申报的税种，单击进入查看。通过财天下的财务报表生成信息，直接可在“金税师”平台自动生成企业所得税纳税申报表，单击进入申报页面，如图 5–22 所示。

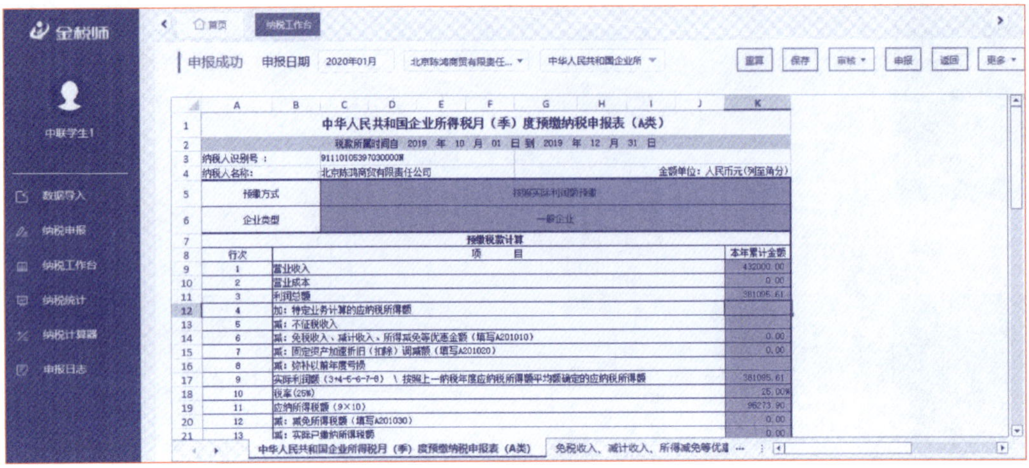

图 5–22　申报税种页面

（三）检查企业是否符合并享受小型微利企业税收优惠政策

根据小微企业普惠性税收减免政策，小型微利企业年应纳税所得额不超过 100 万元的部分，减按 25% 计入应纳税所得额，按 20% 的税率缴纳企业所得税；对年应纳税所得额超过 100 万元但不超过 300 万元的部分，减按 50% 计入应纳税所得额，按 20% 的税率缴纳企业所得税。因此所得税额的计算需要分段计算，然后再汇总为企业本季度应缴企业所得税额，公式如下：

（1）所得额不超过 100 万元的部分：

$$企业所得税额 = 所得额 \times 25\% \times 20\% = 所得额 \times 5\%$$

（2）所得额超过 100 万元不超过 300 万元的部分：

$$企业所得税额 = 所得额 \times 50\% \times 20\% = 所得额 \times 10\%$$

（四）税表检查审核并报送

认真核对增值税纳税申报表上的数据和“应交税费——应交企业所得税”明细账，并补充填写所得税相关资料，检查无误后由审核人员单击“审核通过”后，即可单击“申报”完成报送税表，如图 5–23 至图 5–25 所示。申报完成可通过左侧菜单栏“申报统计”查询申报情况及进度，如图 5–26 所示。

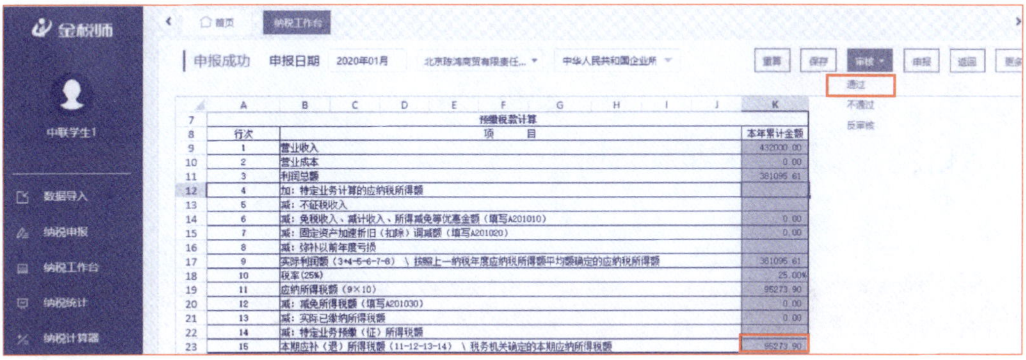

图 5-23　申报表审核页面

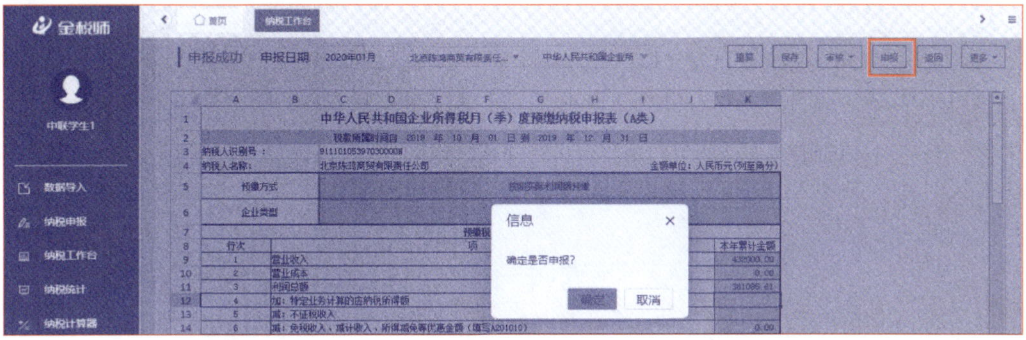

图 5-24　申报确认页面

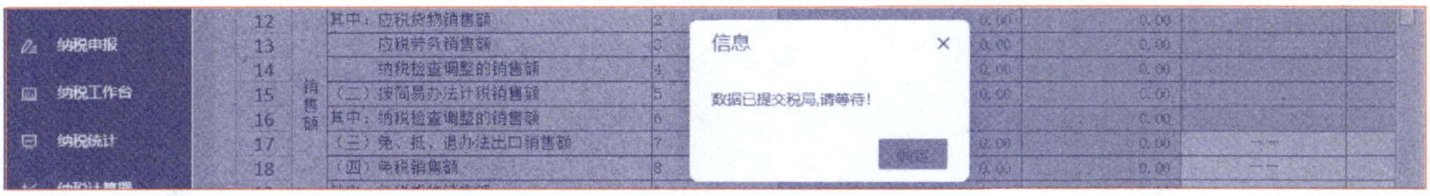

图 5-25　申报完成页面

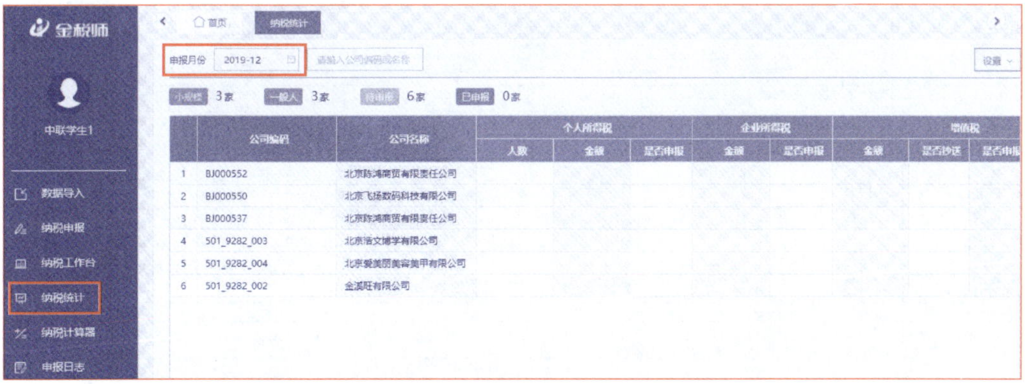

图 5-26　申报完成查询页面

五、任务评价

本任务评价表见表 5-3。

表 5-3 “企业所得税纳税申报”任务评价表

工作任务清单	完成情况
企业所得税减免税款的计算	
小微企业的认定标准及企业所得税相关税收优惠政策	
企业所得税纳税申报要求及纳税申报期限	
在智能化税务操作平台对企业所得税税表进行数据生成，并对企业所得税税表数据进行核准	
在智能化税务操作平台上对相关减免税款进行计算并复核	

任务三　个人所得税纳税申报

一、任务情境

（一）任务场景

共享中心报税员李自健接到陈鸿公司提供的工资表资料如图 5-27 所示，经审核后对陈鸿公司的个人所得税进行纳税申报。

工号	*姓名	部门	*证件类型	*证件号码	收入信息			扣款信息			应发合计	专项扣除				其他扣除	税前合计	个人所得税	实发合计
					基本工资	岗位津贴	绩效奖金	缺勤扣款	请假扣款	迟到扣款		基本养老保险	基本医疗保险	失业保险费	住房公积金				
20190001	李云飞	办公室	居民身份证	341221198112081313	5000.00	200.00					5200.00	400.00	50.00	25.00	600.00		4125.00		4125.00
20190002	张大彪	行政部	居民身份证	341221198311230949	3500.00	200.00			100.00		3600.00	280.00	35.00	17.50	420.00		2847.50		2847.50
20190003	孔捷	财务部	居民身份证	251321198804031216	3500.00	200.00					3700.00	280.00	35.00	17.50	420.00		2947.50		2947.50
20190004	赵刚	采购部	居民身份证	521221198912081317	3000.00	200.00					3200.00	240.00	30.00	15.00	360.00		2555.00		2555.00
20190005	楚静	库管部	居民身份证	211101198408110330	3000.00	200.00					3200.00	240.00	30.00	15.00	360.00		2555.00		2555.00
20190006	魏尚	销售部	居民身份证	121521199006210629	3200.00	200.00	300.00				3700.00	256.00	32.00	16.00	384.00		3012.00		3012.00
20190007	田雨	销售部	居民身份证	11012119881208112X	3200.00	200.00	300.00		200.00		3500.00	256.00	32.00	16.00	384.00		2812.00		2812.00
20190008	李斯	销售部	居民身份证	281221199312081861	3200.00	200.00	300.00				3700.00	256.00	32.00	16.00	384.00		3012.00		3012.00
合计					27600.00	1600.00	900.00	0.00	300.00	0.00	29800.00	2208.00	276.00	138.00	3312.00	0.00	23866.00	0.00	23866.00

工号	*姓名	部门	*证件类型	*证件号码	计提基数	企业承担部分					
						基本养老保险	基本医疗保险	失业保险费	工伤保险费	生育保险费	住房公积金
20190001	李云飞	办公室	居民身份证	341221198112081313	5000.00	800.00	500.00	40.00	10.00	40.00	600.00
20190002	张大彪	行政部	居民身份证	341221198311230949	3500.00	560.00	350.00	28.00	7.00	28.00	420.00
20190003	孔捷	财务部	居民身份证	251321198804031216	3500.00	560.00	350.00	28.00	7.00	28.00	420.00
20190004	赵刚	采购部	居民身份证	521221198912081317	3000.00	480.00	300.00	24.00	6.00	24.00	360.00
20190005	楚静	库管部	居民身份证	211101198408110330	3000.00	480.00	300.00	24.00	6.00	24.00	360.00
20190006	魏尚	销售部	居民身份证	121521199006210629	3200.00	512.00	320.00	25.60	6.40	25.60	384.00
20190007	田雨	销售部	居民身份证	11012119881208112X	3200.00	512.00	320.00	25.60	6.40	25.60	384.00
20190008	李斯	销售部	居民身份证	281221199312081861	3200.00	512.00	320.00	25.60	6.40	25.60	384.00
合计					27600.00	4416.00	2760.00	220.80	55.20	220.80	3312.00

图 5-27　陈鸿公司工资表

（二）任务布置

共享中心员工李自健按照合同及相关资料的要求为陈鸿公司的个人所得税进行纳税申报，具体要求如下：

（1）对客户提供的工资表及有关凭证进行认真核查；

（2）根据工资表导入系统生成凭证；

（3）登录自然人税收管理系统后添加人员信息；

（4）填写正常工资薪金所得表；

（5）进行税款计算，审核无误后纳税申报；

（6）申报成功后在网上缴纳税款或打印缴税凭证到银行缴税。

二、工作准备

（一）知识准备

个人所得税申报时注意事项：

（1）根据操作步骤进行个税申报；

（2）申报时注意专项附加扣除项目信息录入是否正确；

（3）及时增减员工信息，防止出现漏报错报。

一般纳税人和小规模纳税人个人所得税法政策相同，在此不再赘述。

一般纳税人个人所得税相关知识及申报注意事项

（二）操作准备

（1）客户提供的工资表及职工个人的姓名、身份证号码、手机号、入职时间等相关信息；

（2）准备“北京一证通”或登录自然人税收管理系统申报密码。

（三）业务要领

本业务要领与工作领域四任务三“个人所得税纳税申报”相同，此处不再赘述。

三、业务流程图

一般纳税人个人所得税纳税申报业务处理流程如图 5-28 所示。

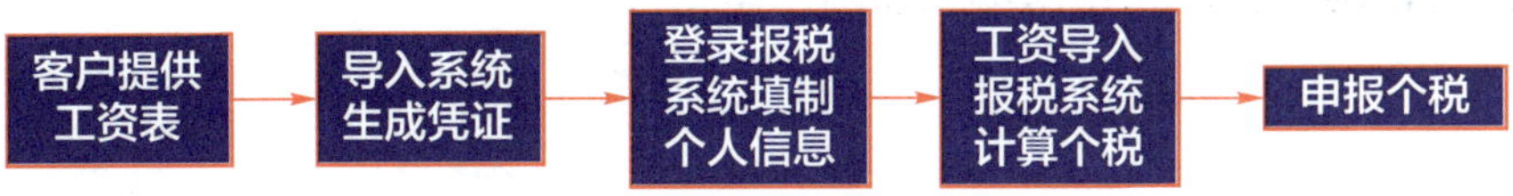

图 5-28 一般纳税人个人所得税纳税申报业务处理流程

一般纳税人个人所得税纳税申报业务操作

四、业务操作

一般纳税人个人所得税纳税申报操作与小规模纳税人个人所得税纳税申报操作相同，此处不再赘述。

五、任务评价

本任务评价表见表 5-4。

表 5-4　“个人所得税申报”任务评价表

工作任务清单	完成情况
个人所得税计算及相关账务处理	
个人所得税政策的相关规定及纳税申报期限	
在智能化税务操作平台上对工资凭证进行录入，并完成结账	
在智能化税务操作平台上对计算扣除专项附加后的个人所得税费用进行复核	
在智能化税务操作平台上进行个人所得税纳税申报，并交纳税款	

任务四　房产税和城镇土地使用税纳税申报

一、任务情境

（一）任务场景

共享中心报税员李自健于 2020 年 1 月 8 日，对北京中益商贸有限公司（一般纳税人），下半年的房产税和城镇土地使用税进行纳税申报。基本信息如下：

客户名称：北京中益商贸有限公司；

纳税人识别号：91110108MA005AGH0G；

房产用途：商用；

房产坐落地址：北京市海淀区嘉园一里 1 号院。

（二）任务布置

共享中心员工李自健按照合同要求为北京中益商贸有限公司的房产税和土地使

用税进行申报，具体要求如下：

（1）使用一证通，登录国家税务总局北京市电子税务局；

（2）填写基础信息；

（3）填写房产税申报表和土地使用税申报表；

（4）审核无误后进行纳税申报。

二、工作准备

（一）知识准备

1. 房产税计税原理

房产税是以房屋为征税对象，按房屋的计税余值或租金收入为计税依据，向产权所有人征收的一种财产税。根据房产用途，采用不同的计征方式。

房产税和土地使用税相关知识

房产税税率采用比例税率。从价计征和从租计征实行不同标准的比例税率。

从价计征：按照房产余值计征的，年税率为 1.2%；

从租计征：按房产租金收入计征的，年税率为 12%。

如果房产是自己生产经营用的，则从价计征，税额计算公式为：

$$应纳房产税税额 = 房产原值 \times (1 - 扣除比例) \times 1.2\%$$

如果房产是出租，获得租金收入的，则从租计征，税额计算公式为：

$$应纳房产税税额 = 租金收入 \times 12\%$$

2. 房产税纳税人

（1）产权属国家所有的，由经营管理单位纳税；产权属集体和个人所有的，由集体单位和个人纳税。

（2）产权出典的，由承典人纳税。

（3）产权所有人、承典人均不在房屋所在地的，由房产代管人或者使用人纳税。

（4）产权未确定及租典纠纷未解决的，亦由房产代管人或者使用人纳税。

（5）纳税单位和个人无租使用房产管理部门、免税单位及纳税单位的房产，应由使用人代为缴纳房产税。

（6）产权属于集体所有制的，由实际使用人纳税。

外商投资企业和外国企业、外籍个人、海外华侨、港澳台同胞所拥有的房产不征收房产税。

3. 房产税纳税时间

（1）纳税人将原有房产用于生产经营，从生产经营之月起，缴纳房产税。

（2）纳税人自行新建房屋用于生产经营，从建成之次月起，缴纳房产税。

（3）纳税人委托施工企业建设的房屋，从办理验收手续之次月起，缴纳房产税。

（4）纳税人购置新建商品房，自房屋交付使用之次月起，缴纳房产税。

（5）纳税人购置存量房，自办理房屋权属转移、变更登记手续，房地产权属登记机关签发房屋权属证书之次月起，缴纳房产税。

（6）纳税人出租、出借房产，自交付出租、出借房产之次月起，缴纳房产税。

（7）房地产开发企业自用、出租、出借该企业建造的商品房，自房屋使用或交付之次月起，缴纳房产税。

4. 纳税期限及纳税地点

（1）缴纳期限：房产税实行按年计算、分期缴纳的征收方法，具体纳税期限由省、自治区、直辖市人民政府确定。

（2）缴纳地点：房产税在房产所在地税务机关缴纳。房产不在同一地方的纳税人，应按房产的坐落地点分别向房产所在地的税务机关纳税。

5. 房产税部分税收优惠政策

（1）国家机关、人民团体、军队自用的房产免征房产税。但对出租房产以及非自身业务使用的生产、营业用房，不属于免税范围。

对于其所属的附属工厂、商店、招待所等不属于单位公务、业务的用房，应照章纳税。

（2）由国家财政部门拨付事业经费的单位（实行全额或差额预算管理的事业单位）所有的，本身业务范围内使用的房产免征房产税。

（3）宗教寺庙、公园、名胜古迹自用的房产免征房产税。但宗教寺庙、公园、名胜古迹中附设的营业单位，如影剧院、饮食部、茶社、照相馆等所使用的房产及出租的房产，不属于免税范围，应照章纳税。

（4）个人所有非营业用的房产免征房产税。对个人拥有的营业用房或者出租的房产，不属于免税房产，应照章纳税。

（5）经财政部批准免税的其他房产。

① 非营利性医疗机构、疾病控制机构和妇幼保健机构等卫生机构自用房产，免征房产税。

② 按政府规定价格出租的公有住房和廉租住房，包括企业和自收自支事业单位向职工出租的单位自有住房，房管部门向居民出租的公有住房，落实私房政策中带户发还产权并以政府规定租金标准向居民出租的私有住房等，暂免征收房产税。

③ 经营公租房的租金收入，免征房产税。

（6）自 2018 年 10 月 1 日至 2020 年 12 月 31 日，对按照去产能和调结构政策要求停产停业、关闭的企业，自停产停业次月起，免征房产税、城镇土地使用税。企业享受免税政策的期限累计不得超过两年。

（7）自2019年1月1日至2021年12月31日，对国家级、省级科技企业孵化器、大学科技园和国家备案众创空间自用以及无偿或通过出租等方式提供给在孵对象使用的房产，免征房产税。

（8）自2019年1月1日至2021年12月31日，对高校学生公寓免征房产税。

6. 城镇土地使用税计税原理

城镇土地使用税是以开征区域内的国家所有和集体所有的土地为征税对象，对拥有土地使用权的单位和个人征收的一种税。年应纳税额计算如下：

年应纳税额 = 实际占用的应税土地面积（平方米）× 适用税额

7. 城镇土地使用税的纳税期限

城镇土地使用税按年征收，分期缴纳。具体纳税期限由省、自治区、直辖市人民政府规定。

8. 城镇土地使用税的纳税义务发生时间

（1）纳税人购置新建商品房的，从房屋交付使用之次月起缴纳城镇土地使用税。

（2）纳税人购置存量房的，从办理房屋权属转移、变更登记手续，房地产权属登记机关签发房屋权属证书之次月起缴纳城镇土地使用税。

（3）纳税人出租、出借房产的，从交付出租、出借房产之次月起缴纳城镇土地使用税。

（4）纳税人以出让或转让方式有偿取得土地使用权的，从应由受让方从合同约定交付土地时间的次月起缴纳城镇土地使用税；合同未约定交付土地时间的，由受让方从合同签订的次月起缴纳城镇土地使用税。

（5）纳税人新征用耕地的，从批准征用之日起满一年时缴纳城镇土地使用税。

（6）纳税人新征用非耕地的，从批准征用次月起缴纳城镇土地使用税。

9. 城镇土地使用税纳税申报注意事项

（1）在城市、县城、建制镇、工矿区范围内的城镇土地使用税纳税人，应当依照省、自治区、直辖市人民政府规定的缴纳期限办理城镇土地使用税申报。

（2）纳税人在纳税期内没有应纳税款的，也应当按照规定办理纳税申报。纳税人享受减税、免税待遇的，在减税、免税期间应当按照规定办理纳税申报。

（二）操作准备

（1）客户提供的房产证明、土地使用证明等相关资料。

（2）准备“北京一证通”。

（三）业务要领

（1）各地规定有所不同，应遵照各地区的实际情况执行。

（2）房产税和城镇土地使用税每半年缴纳一次。

（3）房产税履行纳税义务前，应先进行房产税源登记。

三、业务流程

房产税纳税申报业务流程：首先根据房产税税收减免政策的规定计算房产税税额，然后在纳税申报系统填写相关信息并申报。

城镇土地使用税纳税申报业务流程：首先根据城镇土地使用税税收减免政策的规定计算城镇土地使用税税额，然后在纳税申报系统填写相关信息并申报。

四、业务操作

房产税及城镇土地使用税业务操作

（一）登录并新增基础信息

企业实务中使用一证通，登录国家税务总局北京市电子税务局，如图 5-29 所示。单击“按期应申报”后，在“其他申报”，选择“城镇土地税房地产税”，单击填写申报表，如图 5-30 和图 5-31 所示。

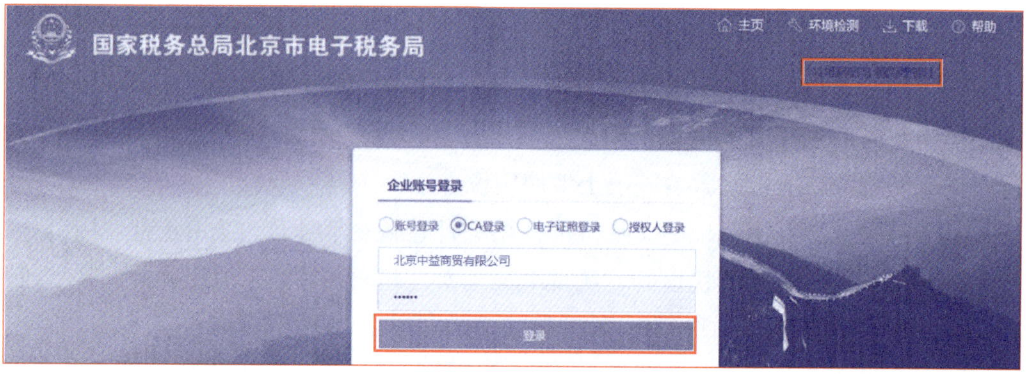

图 5-29　企业 CA 账号登录界面

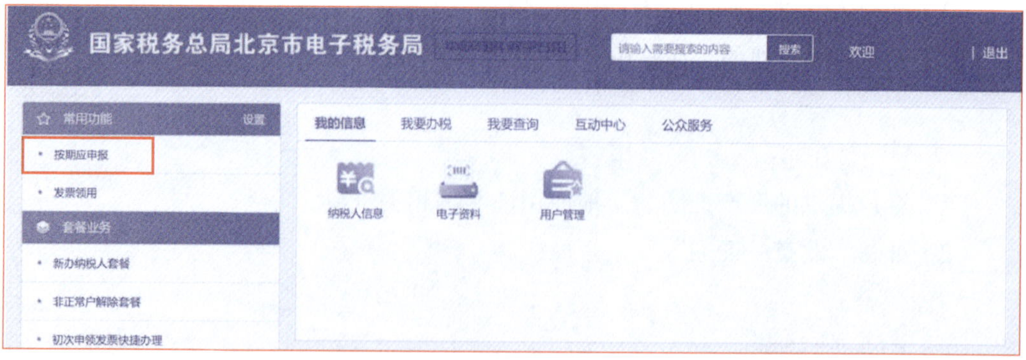

图 5-30　按期申报界面

图 5-31　其他申报界面

第一次申报时要填写基础信息，首先进入申报界面后，单击申报，单击新增，出现“维护房源信息”表格，如图 5-32 和图 5-33 所示。

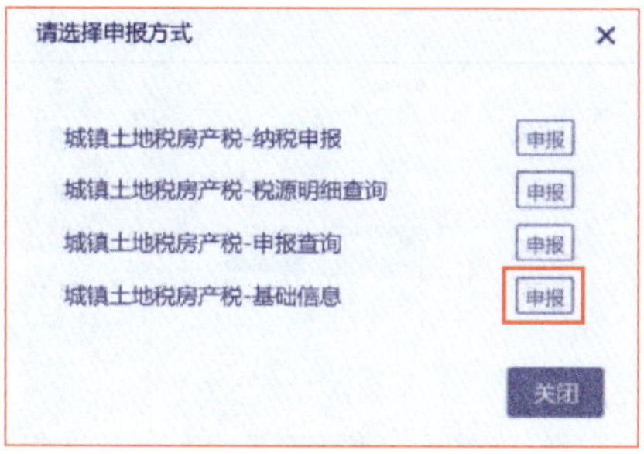

图 5-32　选择申报方式

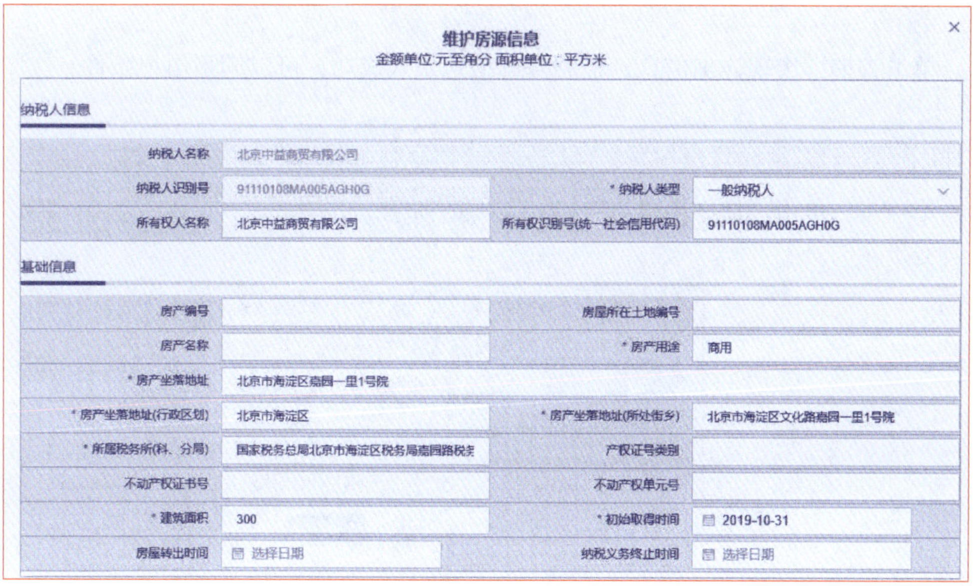

图 5-33　基础信息（维护房源信息）填写

将企业房产的相关信息录入表格，填写完成后保存并关闭。

（二）查询税源

房产税税源查询需要先返回选择申报方式，选择“房产税税源明细查询”，如图 5-34 和图 5-35 所示。

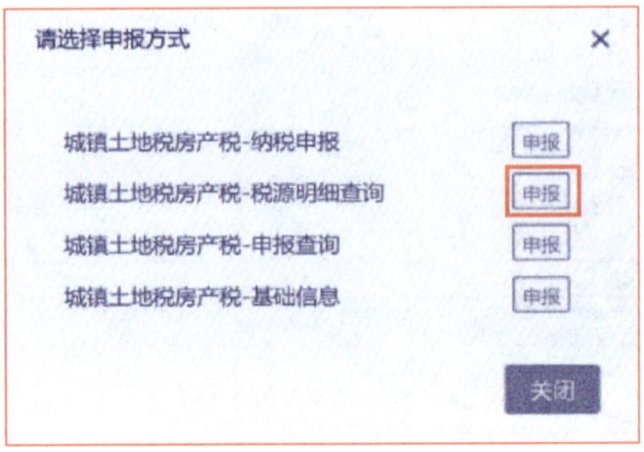

图 5-34　选择申报方式

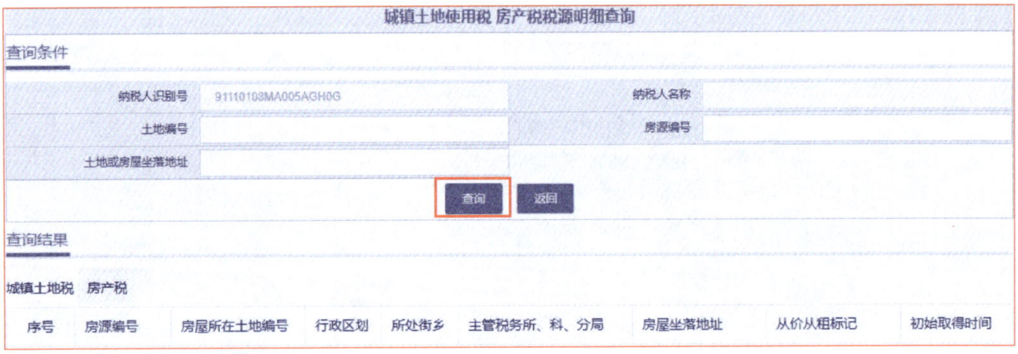

图 5-35　房产税税源明细查询

单击查询，出现详细信息，证明基础信息录入成功，可以满足申报条件。

（三）申报

第一步，单击“房产税申报”，如图 5-36 所示。

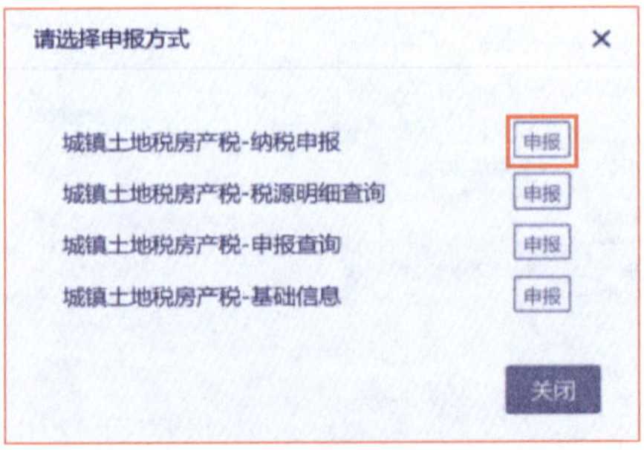

图 5-36　进入申报入口

第二步，选择“税款所属周期”，单击“查询”，如图 5–37 所示。

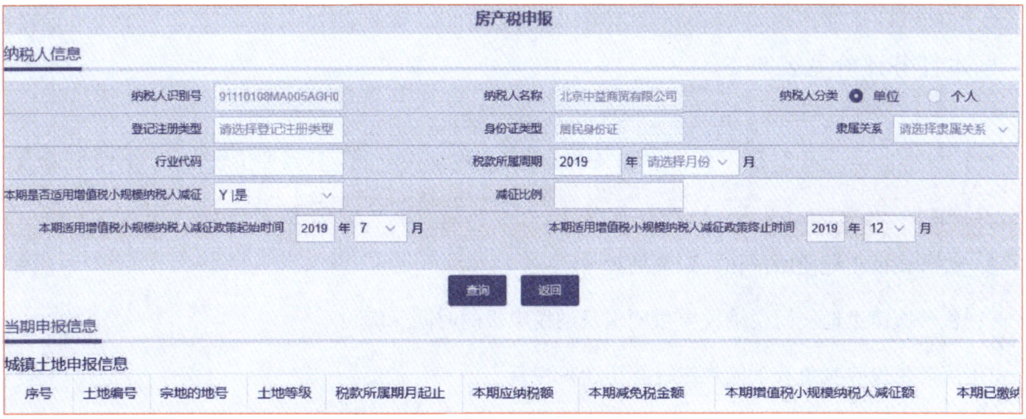

图 5–37　选择所属周期

出现房源编号等信息后，单击申报按钮，完成申报，如图 5–38 所示。

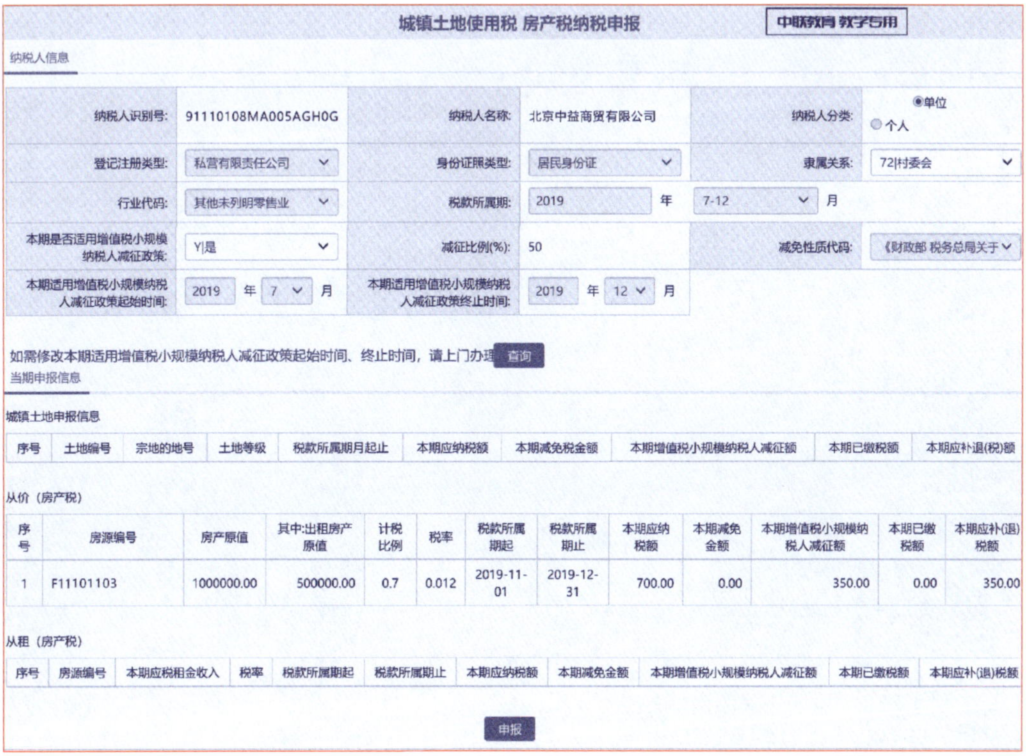

图 5–38　完成申报

五、任务评价

本任务评价见表 5-5。

表 5-5　“房产税和城镇土地使用税纳税申报”任务评价表

工作任务清单	完成情况
房产税和城镇土地使用税相关账务处理	
房产税和城镇土地使用税纳税申报要求及纳税申报的时间	
根据房产税税收减免政策的规定计算房产税税额	
根据土地使用的征收范围、计税依据计算城镇土地使用税税额	
在智能化税务操作平台填写“房产税纳税申报表”和“城镇土地使用税纳税申报表”并申报	

诚信为本
坚持准则

操守为重
不做假账

——与学习会计的同学共勉

坚持准则

诚信为本

不做假账

操守为重

——与学习会计的同学共勉

"十四五"职业教育国家规划教材

智能财税 1+X 证书制度系列教材

智能财税基础业务 2

社会共享初级外包实务

中联集团教育科技有限公司 编

初级

中国教育出版传媒集团
高等教育出版社·北京

内容简介

本书是“十四五”职业教育国家规划教材、智能财税 1+X 证书制度系列教材。

本书是为了提高学习者的财税职业技能水平和满足智能财税职业技能等级培训评价需要，根据教育部职业技术教育中心研究所公布的《智能财税职业技能等级标准》中的《初级 -2：社会共享初级外包实务——职业技能要求》编写而成。

本书内容包括“票据外包服务、财务核算外包服务、纳税申报外包服务、工资及社保业务外包服务”共 4 个工作领域，包含 13 项典型工作任务，每项工作任务各自独立，适用于智能财税社会共享初级外包服务生态环境。本书每项工作任务分为“任务情境”“工作准备”“业务流程”“业务操作”“任务评价”5 个部分，形成了“做什么”“做的标准或者规范是什么”“怎么做”“做的结果如何”这样一个技能训练闭环。全书内容对接社会实际需求，真实业务示例或仿真案例教学贯穿其中，通过强化训练，能够培养学习者快速适应财税职业工作岗位初级任职需要。本书配有教学课件、参考答案及案例数据、视频操作演示、重要知识拓展等二维码资源，学习者可通过移动终端随扫随学。具体获取方式请见书后“郑重声明”页的资源服务提示。

本书是“智能财税职业技能等级证书（初级）”培训教材，也可以作为高等职业教育专科、职业教育本科院校及应用型本科院校财务会计类专业及相关专业开展专项实训的教材，还可以作为从事财税及财税第三方服务、工商管理等工作的企业人员及社会人士的参考用书。

图书在版编目（CIP）数据

智能财税基础业务. 2，社会共享初级外包实务 / 中联集团教育科技有限公司编. -- 北京 : 高等教育出版社，2019.11（2024.1重印）
ISBN 978-7-04-053256-2

Ⅰ. ①智… Ⅱ. ①中… Ⅲ. ①财税－管理信息系统－高等职业教育－教材 Ⅳ. ①F810-39

中国版本图书馆CIP数据核字(2019)第276879号

智能财税基础业务2　社会共享初级外包实务
ZHINENG CAISHUI JICHU YEWU 2 SHEHUI GONGXIANG CHUJI WAIBAO SHIWU

策划编辑　武君红　　责任编辑　武君红　　封面设计　王　洋　　版式设计　张　杰
责任校对　窦丽娜　　责任印制　田　甜

出版发行　高等教育出版社
社　　址　北京市西城区德外大街 4 号
邮政编码　100120
印　　刷　中煤（北京）印务有限公司
开　　本　787mm×1092mm 1/16
本册印张　10.25
本册字数　200 千字
购书热线　010-58581118
咨询电话　400-810-0598

网　　址　http://www.hep.edu.cn
　　　　　http://www.hep.com.cn
网上订购　http://www.hepmall.com.cn
　　　　　http://www.hepmall.com
　　　　　http://www.hepmall.cn
版　　次　2019 年 11 月第 1 版
印　　次　2024 年 1 月第 6 次印刷
总 定 价　168.00 元

物 料 号　53256-B01

认知与导读

一、智能财税社会共享生态

财税是事关企业和其他工商主体（本书通称“企业”）经营发展的大事。我国有1.1亿工商主体，为企业营造良好的营商服务环境不仅是国家经济转型的一项重要战略性任务，也是整个财税类专业的价值所在。由社会专业机构进行财税第三方服务，使企业以微小的代价享用专业化、规范化、高品质的财税运营和治理，是社会营商环境建设和价值经营管理的重要基础性构建。无论是在发达国家还是在我国，财税第三方服务都得到了长足的发展。随着数字经济时代的到来，智能财税蓬勃兴起，正在从治理范式、作业模式、运营方式等层面改变甚至颠覆传统财税行业。基于我国以票控税监管体制而诞生的票财税共享化、便捷化、一体化智能财税平台，正在成为财税工作的基础设施，特别是构成中小微企业以财税为中心的财经治理结构的基本专业支柱。

智能财税是互联网、大数据、智能化、云计算、物联网等现代技术在财税行业应用的必然结果，是企业和经济领域价值管理和运行的基本业态和核心基础工程。它适应服务于产业升级和创新创业需求，以核算流程与管理行为智能化和人机交互为基础，以工厂化、共享化、专业化、产业化为典型模式，以技能升级与管理革命为功能特征，实现了财税工作与大智移云技术的深度融合发展，并通过智能财税分析促进企业财务管理和经营管理的转型升级。其中智能财税社会共享业态以智能财税社会共享互联网平台为枢纽，以业票财税融一体化为核心牵引，集成工商、人社、证照等服务系统，形成中小微企业智慧财经管家与大中型企业财税外包并举的智能财税社会共享服务O2O体系，集成“智能财税社会共享平台+智慧财经专业服务机构+智慧企业财经管家”的智能财税社会共享生态（见图1）。同时智能财税以企业财税智能化、数字化引领形态为坐标，体现智能财税的共通性、普适性，形成线上、线下相结合的通用业务生态。

线上服务是智能财税社会共享平台，包括中小微企业的票财税代理服务和大中型企业的财税外包服务；线下服务是中小微企业智慧财经管家。线上平台+线下管家，人机交互构成了大智移云技术赋能下的智能财税服务O2O体系。

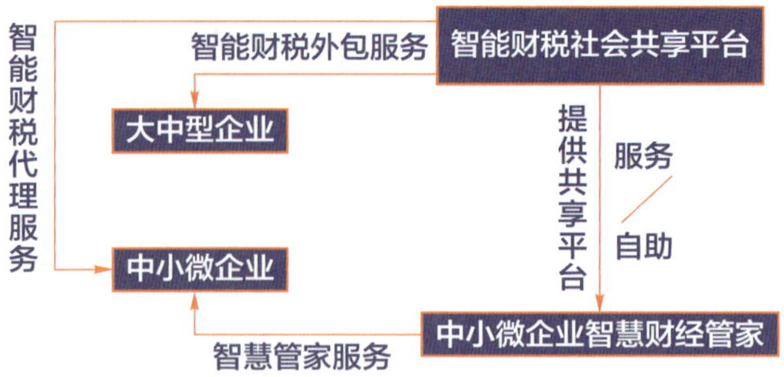

图 1　智能财税社会共享生态

智能财税社会共享平台提供智能财税服务的社会共享系统，纵向实现业票财税融智能化、一体化的采集、核算、评估、报告、管理，特别是运用大数据生产方式实现财税作为创值资源和创值业态的变革；横向按工作岗位和内容的共性实施专业化作业，对外联通业务数据输入和输出接口，为财税服务标准化、规范化、高效化和大数据创值展业提供基础设施。

中小微企业智慧财经管家可为中小微企业提供财经服务以及工商、人社、证照等多个领域的“跨界人才”，成为中小微企业主最得力的“人才库”。中小微企业智慧财经管家的大量工作是线下完成的，但是离不开平台的支撑。智能财税平台既可以由中小微企业智慧财经管家共享自助使用，也可以为第三方专业管家提供共享服务，让管家与事务解决方案不再割裂。

智能财税社会共享平台与中小微企业智慧财经管家之间的生态如图 2 所示。

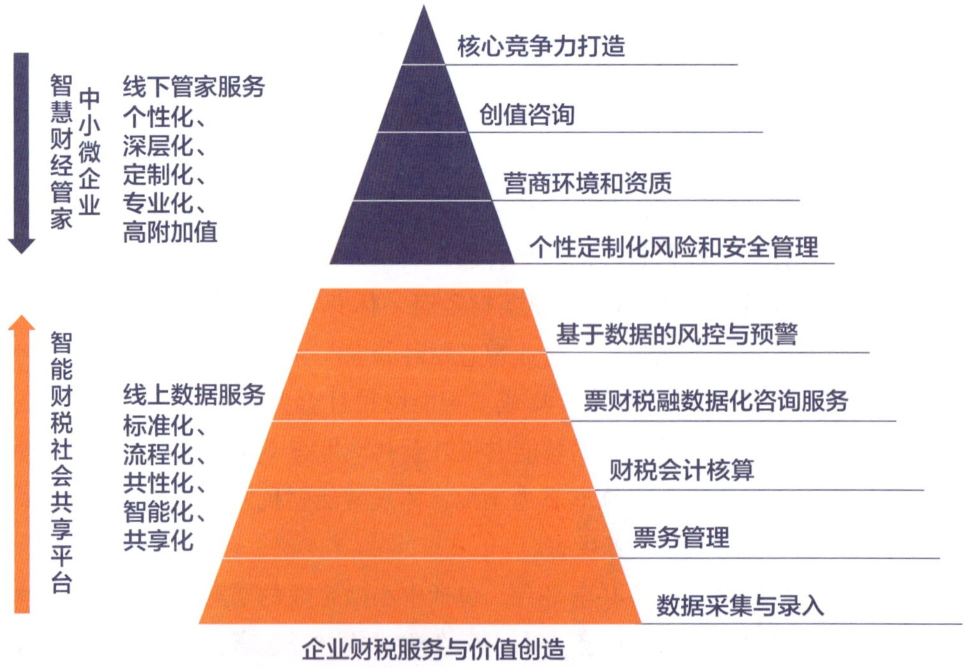

图 2　智能财税社会共享平台与中小微企业智慧财经管家生态

智能财税社会共享平台在应用端，表现为财税数据从静态数据演变为生产要素，产生财融、票融、税融等产品，成为广泛的企业生产和经济产出的资源资本。数字经济打造智能财税；智能财税从核心价值链上构建工业互联网（2B），带动社会经济生产方式和核心资本核心资源体系的变革，成为数字经济时代的强大引擎。

二、智能财税社会共享平台

智能财税社会共享平台是依托智能化、大数据、移动互联等现代技术，以财税业务流程处理为基础，以优化组织结构、规范工作流程、提升管理效率、降低运营成本和创造产业价值为目的，将不同地域、不同法人、同一时空范畴的财会业务、税务业务，按照其工作环节内容的共性，按作业专业化模式进行流程再造，在同一个平台统一票务、统一报账、统一核算和报告、统一报税，从而保证会计计量与报告、财税处理的标准规范和安全高效，并且形成大数据财税创值业态的基础工程。

智能财税社会共享平台以票财税一体化为专业逻辑，以智能化作为重要技术手段，据此构建平台底层业务逻辑，普遍适用智能化条件下企业财税会计业务，兼容第三方服务和企业自行管理两大场景。企业票财税一体化流程如图 3 所示。

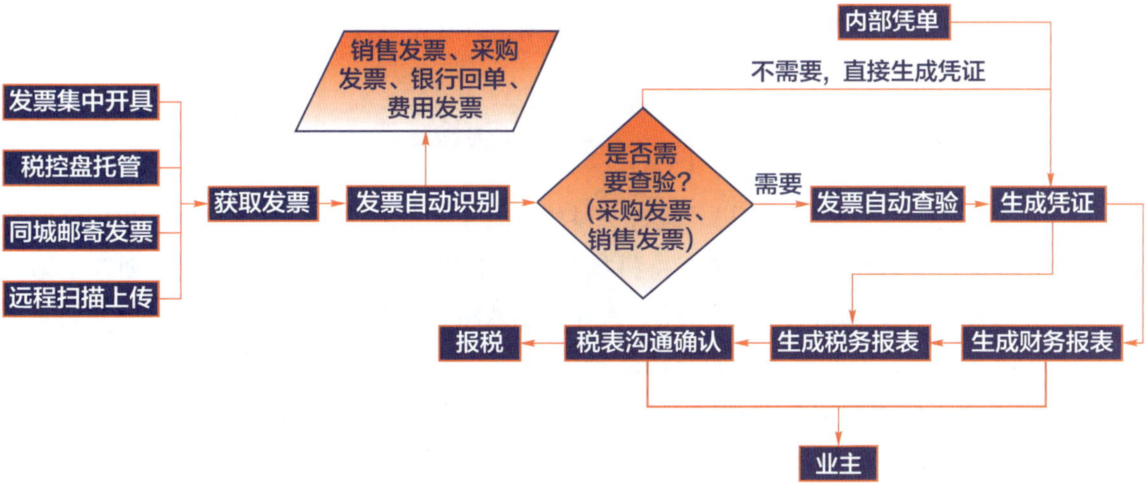

图 3　企业票财税一体化流程

智能财税社会共享平台按业务流程对同一内容业务环节岗位进行专业化打造，构建跨流程、跨法人、跨业主、跨区域的专业化共享业态，极大地提高了财税工作效率、降低了财税日常数据输入、核算、报告的人财消耗，形成财税数据资源共享和大数据财税创值产业的核心基础。平台的共享、大并发、多样性和大数据资源，又成为强大驱动，使财税智能化、流程再造和业态升级，成为社会和企业智慧财经的真正引领，具有普适性。智能财税社会共享平台流程如图 4 所示。

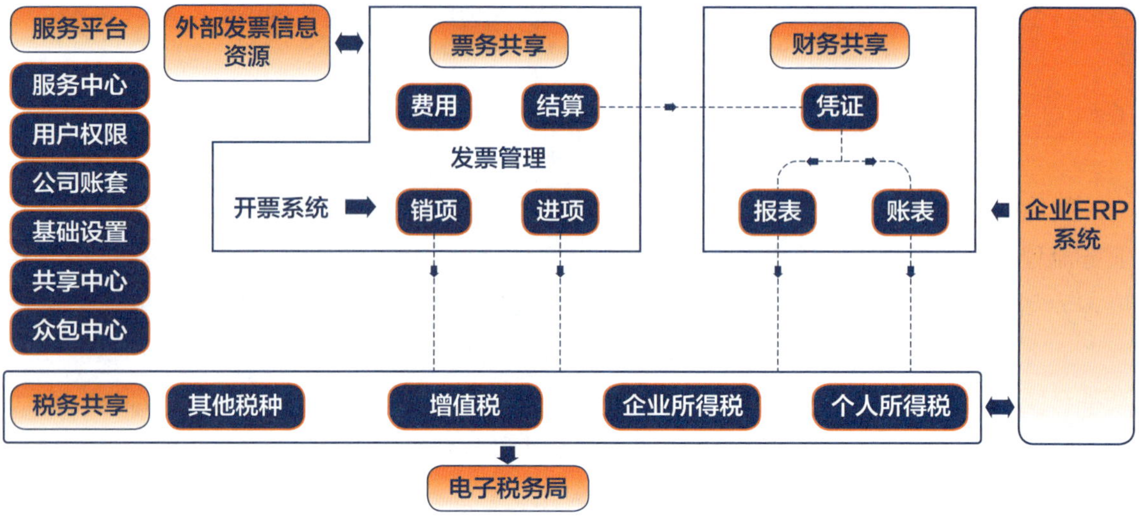

图 4　智能财税社会共享平台流程

智能财税社会共享平台在我国运用广泛。主流平台包括财天下（含票天下、金税师）、云代账、慧算账、大账房等，这些平台在票财税一体化、智能化、共享化方面具有相似的特点，依据相同法规准则，具有竞争性选择的市场条件。

三、“智能财税职业技能等级证书”及其培训资源

党的二十大报告指出“教育、科技、人才是全面建设社会主义现代化国家的基础性、战略性支撑。必须坚持科技是第一生产力、人才是第一资源、创新是第一动力，深入实施科教兴国战略、人才强国战略、创新驱动发展战略，开辟发展新领域新赛道，不断塑造发展新动能新优势。”“智能财税职业技能等级证书”立足于“1+X”作为职业教育制度设计这一根本，校准“X”对“1”进行“补充、拓展、强化”的基本定位，着力围绕数字经济时代国家需要、市场需求和学习者就业从业能力提升，以行业龙头企业和典型平台、典型业态为背景，以学习者为中心，开展“书证”融合、课证融合、场景融合、教培融合、产教融合、科教融汇，并服务于院校专业建设、课程建设、教师队伍建设，深化“三教”改革，促进技术优化升级，不断创新，推进教育数字化、信息化。

智能财税职业技能等级证书的总体设计对标数字经济时代智能财税社会共享新业态和岗位群，采用大数据能力测评模型，从主要工作领域、工作任务、技能要求三个层次进行对岗测评，解析初、中、高三个职业技能等级对应知识、技能、素质

所集成的综合能力框架，根据国家标准化工作指引，形成《智能财税职业技能等级标准》。对标准、教材、培训考核评价平台、考核大纲等培训资源进行一体化开发，并对培训指导方法、培训评价站点、培训评价办法等培训条件和制度办法进行系统化设计。

智能财税职业技能等级标准和本系列教材、资源有几个显著的特点：

一是等级标准设计在院校内运用场景覆盖中职、高职、应用型本科，有效服务于“1+X”制度改革全覆盖。

二是充分体现“X”对“1”的补位作用，既能精准对岗解决先进性、适时性、好用性问题，又优化业态辑选，每门课程控制在 40~56 学时。

三是立足于与学历教育有效衔接，设计了课程置换、学分置换、实训实习实践置入等“1”与“X”完全融合的多种适用形式。

四是岗位群对接既讲求精准度，持证即独怀绝技，又讲求岗位群分布广泛。智能财税职业技能等级证书，既精准对岗智能财税社会共享生态（共享平台操作 + 专业服务机构管家 / 企业管家）岗位群，还能对岗企业内部智能财税岗位群。

智能财税初级职业技能考试对应中小微企业的社会共享代理、大中型企业的社会共享外包、社会共享的管家服务三大板块基础业务，分别开发了《智能财税基础业务 1 社会共享初级代理实务》《智能财税基础业务 2 社会共享初级外包实务》《智能财税基础业务 3 社会共享初级企业管家》三册培训教材。智能财税基础业务初级培训教材是智能财税中级、高级培训教材的基础。

作为智能财税 1+X 证书制度配套教材，本系列教材内容对接《智能财税职业技能等级标准》(初级）及社会实际，真实业务示例或仿真案例教学贯穿其中，通过强化训练，能够培养学习者快速适应财税职业工作岗位初级任职需要。本教材编写过程中得到了广大财经税务行业企业、院校及相关领导专家的大力支持，感谢中国注册税务师协会、中国石油化工集团公司、中国石油天然气集团有限公司财务共享中心、东旭光电科技股份有限公司等单位提供的指导和帮助，同时孙万军、李宇红、张青、钟爱军、杨蕊、梁建秋、韩林、韩猛、邓艳芳、冯全、熊显彬、侯刘成、刘兴钒、贺立斌、胡彦平、郝黄达等为本书编写提供了帮助，在此一并深表感谢。

希望本系列教材的出版能够为社会培养更多的面向智能财税共享中心、专业服务机构和企业财税会计基础工作岗位群的优秀人才尽绵薄之力。

中联集团教育科技有限公司
2023 年 7 月

目　录

工作领域一
票据外包服务

技能目标

1. 了解票据管理的相关法律法规；

2. 能对票据进行分类管理；

3. 能根据法律法规及企业财务制度要求对常用票据进行审核；

4. 能对票据与业务内容、资金收付、商品或服务进行匹配分析；

5. 能使用国家税务总局全国增值税发票查验平台对发票进行真伪查验；

6. 能在票据管理平台上采集票据影像、进行票据识别与校验，并保存数字档案。

■ 任务一　费用类票据处理及审查

一、任务情境

（一）任务场景

北京惠龙家具商贸有限责任公司（简称“惠龙商贸”）是一家以销售办公家具为主的商贸公司。公司为一般纳税人，2019 年 11 月将“采购费用类票据”外包给财税共享服务中心，双方签订了外包服务合同。财税共享服务中心已经为该公司开通了票据管理云平台，公司基础信息已设置。该外包公司账套号：101，账套名称：北京惠龙家具商贸有限责任公司，存储路径：计算机“D”盘新建文件夹“北京惠龙家具商贸有限责任公司”，账套启用会计期：2019 年 11 月，公司法人代表：孟鑫，企业类型：商业企业，行业性质：2007 年新会计制度科目，单位地址：北京市朝阳区诺阳路 042 号，邮政编码：100122，电话：010-81394836，纳税人识别号：788592101833940024H，开户行：工行北京市诺阳路支行，银行账号：73815294369101，本位币代码：RMB（人民币），预置科目：按行业性质预置科目。

票据外包服务

惠龙公司案例资料

2019 年 11 月 10 日，财税共享服务中心经办人员周洋接收惠龙商贸提供的 3 张纸质采购业务费用类发票，如图 1-1～图 1-3 所示。

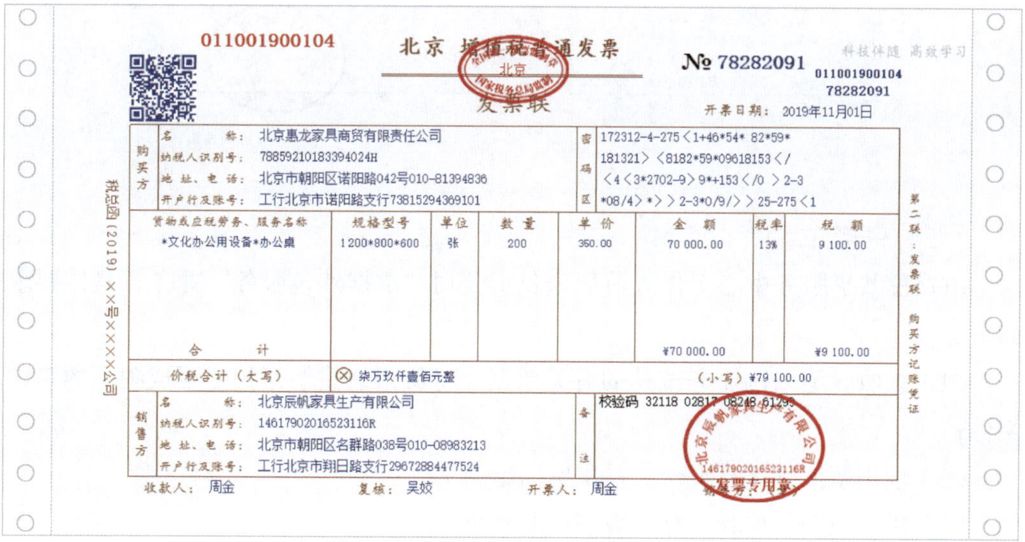
011001900104

北京　增值税普通发票

发票联

№ 78282091　011001900104　78282091

科技伴随　高效学习

开票日期：2019年11月01日

购买方　名称：北京惠龙家具商贸有限责任公司
纳税人识别号：78859210183394024H
地址、电话：北京市朝阳区诺阳路042号010-81394836
开户行及账号：工行北京市诺阳路支行73815294369101

密码区　172312-4-275＜1+46*54* 82*59*
181321＞＜8182*59*09618153＜/
＜4＜3*2702-9＞9*+153＜/0 ＞2-3
08/4＞＞＞2-3*0/9/＞＞25-275＜1

货物或应税劳务、服务名称	规格型号	单位	数量	单价	金额	税率	税额
*文化办公用设备*办公桌	1200*800*600	张	200	350.00	70 000.00	13%	9 100.00
合计					¥70 000.00		¥9 100.00

价税合计（大写）　⊗ 柒万玖仟壹佰元整　（小写）¥79 100.00

销售方　名称：北京辰帆家具生产有限公司
纳税人识别号：14617902016523116R
地址、电话：北京市朝阳区名群路038号010-08983213
开户行及账号：工行北京市翔日路支行29672884477524

备注　校验码 32118 02817 08248 61299

收款人：周金　复核：吴姣　开票人：周金　销售方：（章）

税总函（2019）××号××××公司

第二联：发票联　购买方记账凭证

图 1-1　增值税普通发票

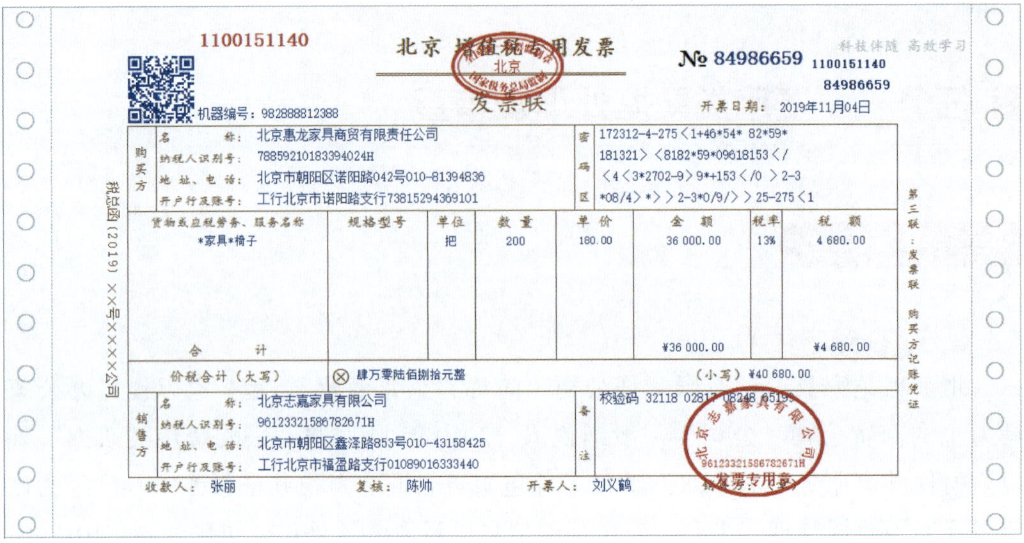

1100151140　北京增值税专用发票　№ 84986659　1100151140　84986659

发票联

机器编号：982888812388　开票日期：2019年11月04日

购买方　名称：北京惠龙家具商贸有限责任公司
纳税人识别号：78859210183394024H
地址、电话：北京市朝阳区诺阳路042号010-81394836
开户行及账号：工行北京市诺阳路支行73815294369101

密码区：172312-4-275＜1+46*54* 82*59* 181321＞＜8182*59*09618153＜/ ＜4＜3*2702-9＞9*+153＜/0 ＞2-3 *08/4＞*＞＞2-3*0/9/＞＞25-275＜1

货物或应税劳务、服务名称	规格型号	单位	数量	单价	金额	税率	税额
*家具*椅子		把	200	180.00	36 000.00	13%	4 680.00
合计					¥36 000.00		¥4 680.00

价税合计（大写）ⓧ肆万零陆佰捌拾元整　（小写）¥40 680.00

销售方　名称：北京志嘉家具有限公司
纳税人识别号：96123321586782671H
地址、电话：北京市朝阳区鑫泽路853号010-43158425
开户行及账号：工行北京市福盈路支行01089016333440

备注：校验码 32118 02817 08248 65199

收款人：张丽　复核：陈帅　开票人：刘义鹤　销售方：（章）

第三联：发票联　购买方记账凭证

税总函〔2019〕××号××××公司

图 1–2　增值税专用发票

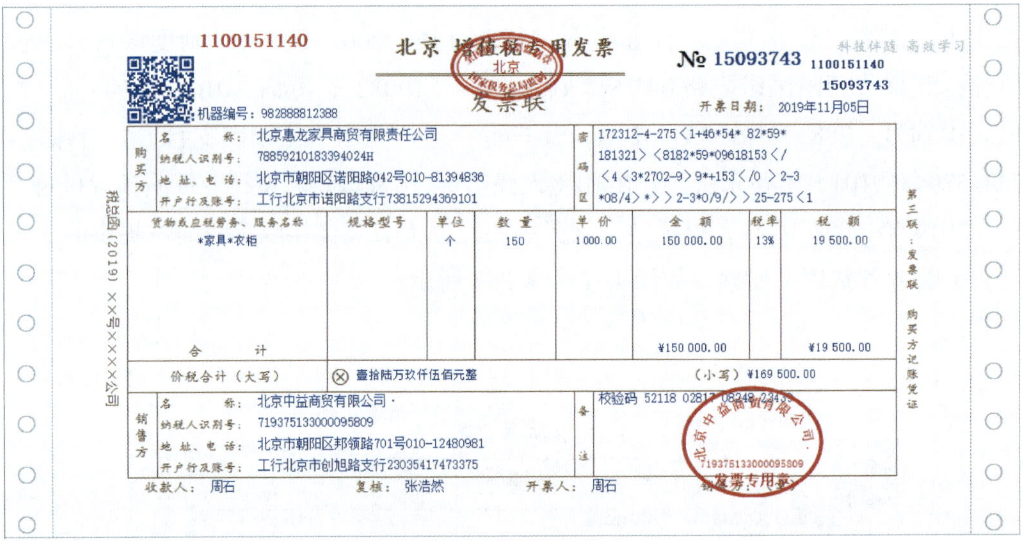

1100151140　北京增值税专用发票　№ 15093743　1100151140　15093743

发票联

机器编号：982888812388　开票日期：2019年11月05日

购买方　名称：北京惠龙家具商贸有限责任公司
纳税人识别号：78859210183394024H
地址、电话：北京市朝阳区诺阳路042号010-81394836
开户行及账号：工行北京市诺阳路支行73815294369101

密码区：172312-4-275＜1+46*54* 82*59* 181321＞＜8182*59*09618153＜/ ＜4＜3*2702-9＞9*+153＜/0 ＞2-3 *08/4＞*＞＞2-3*0/9/＞＞25-275＜1

货物或应税劳务、服务名称	规格型号	单位	数量	单价	金额	税率	税额
*家具*衣柜		个	150	1 000.00	150 000.00	13%	19 500.00
合计					¥150 000.00		¥19 500.00

价税合计（大写）ⓧ壹拾陆万玖仟伍佰元整　（小写）¥169 500.00

销售方　名称：北京中益商贸有限公司
纳税人识别号：719375133000095809
地址、电话：北京市朝阳区邦领路701号010-12480981
开户行及账号：工行北京市创旭路支行23035417473375

备注：校验码 52118 02817 08248 23439

收款人：周石　复核：张浩然　开票人：周石　销售方：（章）

第三联：发票联　购买方记账凭证

税总函〔2019〕××号××××公司

图 1–3　增值税专用发票

（二）任务布置

由财税共享服务中心工作人员唐宋负责公司“票据外包服务”业务，具体要求如下：

（1）接收 3 笔采购业务核算的有关票据，将每张纸质票据扫描形成独立的影像文件；

（2）使用票据管理云平台，采集票据影像文件；

（3）进行识别与校验，存入数字档案系统；

（4）对业务审批流程与票据进行审核；

（5）查询本任务生成的票据。

二、工作准备

（一）知识准备

1. 票据

这里的票据是指广义上的票据，包括银行票据、发票、行政事业单位资金往来结算票、企业内部资金往来票据及其他各种有价证券和凭证。

2. 发票

发票是指一切单位和个人在购销商品、提供或接受服务以及从事其他经营活动中，所开具或收取的业务凭证，是会计核算的原始依据，也是会计管理、审计和税务执法检查的重要依据。发票分为普通发票和增值税专用发票，常见的有增值税专用发票、增值税普通发票、增值税电子普通发票、机动车销售统一发票、旅游景点门票、过路过桥费发票、定额发票、客运发票等。

（二）业务要领

费用类票据外包业务处理，主要包括票据签收与分类、票据扫描与识别、票据审查、票据装订与归档环节。

会计服务机构接收票据时，要按照法律法规和委托单位的制度规定，对票据内容真实性、合法性、完整性、规范性、时效性等进行检查，对不真实、不合法、不完整、不规范的票据，拒绝接收；交接票据时，应办理交接手续；应加强对涉税票据管理，规避涉税风险。

费用类票据审核要点如表 1–1 所示。

表 1–1　费用类票据审核要点

审核要点	审核细节
票据形成环节审核	1. 以票据的号码为依据，对票据的领用、发放、报销三个环节进行核查； 2. 对票据的经办、核实及入账等环节进行核实，找出票据形成过程的关键信息； 3. 通过对票据的各个环节进行检查和比对，检验票据是否符合“三流合一”原则，即查验票据的业务流、资金流、货物流是否符合逻辑
票据真实性、合法性审核	1. 检查票据的要素齐全情况； 2. 核实票据的特点是否符合单位业务情况； 3. 关注大额整数发票，尤其是节假日或者年末等特殊时间的大额发票
票据有效性审核	1. 票据的开具单位和开具时间是否有效或者已经废止； 2. 票据的结算类型是否符合入账要求； 3. 是否属于白条收支

三、业务流程

费用类票据外包业务基本处理流程，如图 1-4 所示。

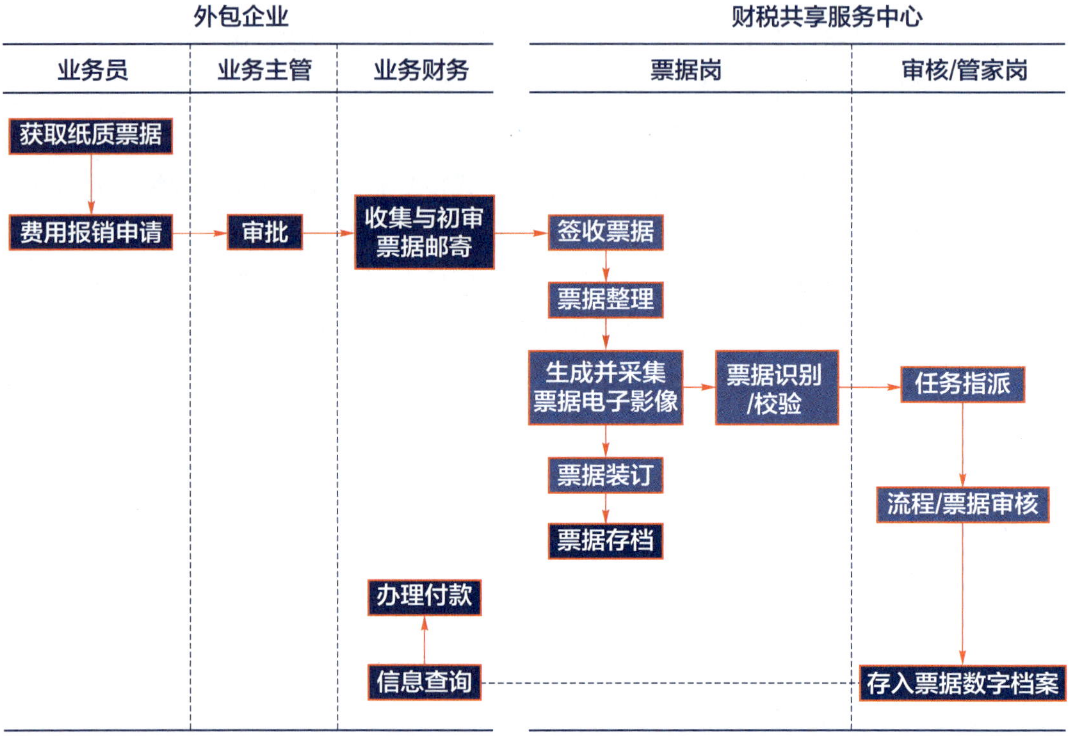

图 1-4　费用类票据外包服务流程图

四、业务操作

费用类票据处理及审查

本任务仅以发票业务操作为例。

（一）票据签收与整理

财税共享服务中心人员接收外包公司传递的纸质票据，办理接收签字手续，并在票据管理系统中进行登记。对收到的票据进行检查、分类等整理工作。

（二）发票审查

1. 基础信息审查

购买方名称必须是全称，无错字，写错无效；购买方纳税人识别号或者统一社会信用代码填写正确，多写、少写、错写都不正确；购买方如果收到销售方开具的普通发票，购买方地址、电话、开户行及账号不强制要求填写，一旦填写必须准确；发票专用章使用合规，不允许加盖多个发票章，不得同时加盖公章或财务章；发票专用章的纳税人识别号必须与销售方信息栏中的纳税人识别号一致。

2. 发票票面审查

增值税专用发票密码区信息不能压线、错格，不仅是密码区，全部打印区内容都不能压线、错格；所有信息填写完整、准确；专用发票也必须查询真伪，认证只是抵扣的程序，并不代表发票合规，必须使用国税通用机打发票，严防套票和走逃失联发票；定额发票，包含了地铁充值发票、门票、停车票、部分地区的餐费发票，严防套票和假票，需仔细核验发票专用章的真实性；其他票据，包括机票、火车票、汽车票、非税财政收据必须注意结合业务进行审核，例如差旅费用审批报告等；机票（电子客票行程单）必须登录民航局查询行程单的真伪。

3. 财务风险审查

销售货物的发票必须标明具体的规格型号、数量、单价，确实没有规格型号的除外（比如劳务或服务的发票）。发票上的规格型号、数量、单价必须与实际采购情况一致；适用税目和税率正确，与实际业务相符；发票内容必须根据实际业务开具。内容较多可以汇总开票，根据具体明细在税控系统中开具清单；2018 年 1 月 1 日以后开具的增值税发票要求填写商品和货物税务分类编码，并检查是否规范。

4. 备注栏审查

建筑服务发票，应在发票的备注栏注明建筑服务发生地县（市、区）名称及工程名称；不动产销售发票，应在发票“货物或应税劳务、服务名称”栏填写不动产名称及房屋产权证书号码（无房屋产权证书的可不填写），“单位”栏填写面积单位，备注栏注明不动产的详细地址；不动产租赁发票，应在备注栏注明不动产的详细地址；货物运输发票，应备注起止地点、车种车号、货物内容；车船税发票，如果是保险机构作为车船税扣缴义务人，在代收车船税并开具增值税发票时，应在增值税发票备注栏中注明代收车船税税款信息，具体包括：保险单号、税款所属期、代收车船税金额、滞纳金金额、金额合计等。

5. 发票与合同匹配审查

（1）对价款是否含税的审核。主要关注合同价款是否含税，有些合同将合同金额和税款分别计算，甚至约定税款比价款延迟给付。因此，在合同中分别约定价款和税款的不同给付时间，可以降低购买方 / 发包方等因不正常发票而蒙受补税的风险，避免由此产生的不必要的损失。

（2）对结算条款的审核。主要关注合同结算条款是否符合企业信用管理规定，特别是对于预付款项、付款进度、验收款的管理要求，比如有企业规定对于设备类、物资类采购原则上不进行预付款，并按执行进度分批次支付货款，具体支付比例依据合作商信用等级确定。确有特殊情况需要支付预付款项的，应经过管理层特殊审批后方可进行。

（3）对合同结算方式（如银行转账、银行票据、现金交易等）是否符合企业相关规定的审核。如企业明确规定应采用银行转账等电子结算方式的，不得通过现金方式进行结算。除总（分）公司、委托第三方收款等情形外，合同正文中涉及的收款方的账户名称应与合同签订方名称一致。

（4）对涉税事项的审核。主要关注合同中约定的税款承担、发票开具等条款是否符合国家税收法律法规的要求。合同中明确约定发票类型的，发票类型需与合同业务内容、业务性质保持一致，审核时应结合以合作对方机构所在地、劳务发生地、业务内容为标准进行判定；对于涉及增值税业务的票据，应标明开具增值税专用发票或者普通发票，以及包含的税率；合同中未明确约定发票类型的，应通过“乙方须提供符合税法规定与甲方财务要求的正规税务发票”等模糊方式进行。对于一般纳税人来讲，更愿意取得增值税专用发票。然而，如果合同没有明确约定购买方、发包方等取得发票的类型，则出卖方、施工方等有可能会通过开具增值税普通发票的方式来降低己方的税负，相反的，购买方、发包方等因为取得增值税普通发票而无法进行进项抵扣则无形中加大了己方的税负。因此，在合同中明确开具增值税发票的类型对于保障购买方、发包方等的利益就显得格外重要。

（5）对特殊事项的审核。对租赁类合同，需判断租赁形式是否符合企业资产管理规范，比如某些企业规定未经批准不得进行任何形式的融资性租赁；对于涉及企业市场竞争的核心设备，不得采用租赁的方式获得资产；对经营性租赁方式，在经济上应具备可行性。关联交易类合同应审核是否涉及关联交易，关联交易的额度是否符合企业规定；属于关联交易的，合同金额是否在年度剩余关联交易额度以内。捐赠、赞助类合同应重点审核交易的涉税事项。按照企业所得税扣除要求，非广告性赞助支出、非公益性捐赠不得在企业所得税前进行扣除。涉及押金或保证金条款的合同，应审核押金或保证金收据的开具方式。除以上审核内容以外，审核合同的财务人员一般还负责合同印花税的计算工作。根据合同业务性质、合同类型，应选择相应的印花税税目。

6. 发票与业务内容匹配分析

根据《最高人民法院关于适用〈全国人民代表大会常务委员会关于惩治虚开、伪造和非法出售增值税专用发票犯罪的决定〉的若干问题的解释》（以下简称《解释》）规定，有下列行为之一，属于“虚开增值税专用发票”：

（1）没有货物购销或者没有提供或接受应税劳务而为他人、为自己、让他人为自己、介绍他人开具增值税专用发票；

（2）有货物购销或者提供或接受了应税劳务但为他人、为自己、让他人为自己、介绍他人开具数量或者金额不实的增值税专用发票；

（3）小规模纳税人进行了实际经营活动，但让他人为自己代开增值税专用发票。

【业务 1-1-1】A 公司购买 B 公司货物价税合计 100 万元，A 公司向 B 公司支付 100 万元货款，B 公司向 A 公司开具大于 120 万元的增值税专用发票。

业务分析：B 公司有货虚开，不符合审核中规定的“三流合一”事项，即业务流、资金流、货物流必须一致。

【业务 1-1-2】A 公司向 B 公司购买钢材 100 万元，但 A 公司要求 B 公司开具增值税专用发票，可 B 公司为小规模纳税人，自己开不出增值税专用发票，税务局也无法代其开出增值税专用发票。为了避免交易失败，B 公司找到了没有实际交易的 C 公司开具了相应货款的增值税专用发票给 A 公司并完成交易。

业务分析：C 公司虚开没有交易的发票，违法。

（三）票据扫描与采集

（1）将每张纸质票据扫描形成独立的影像文件。

（2）登录票据管理系统“票天下”平台，单击“理票”|“发票采集”|“本地图片”，上传票据电子影像文件，如图 1-5 所示。

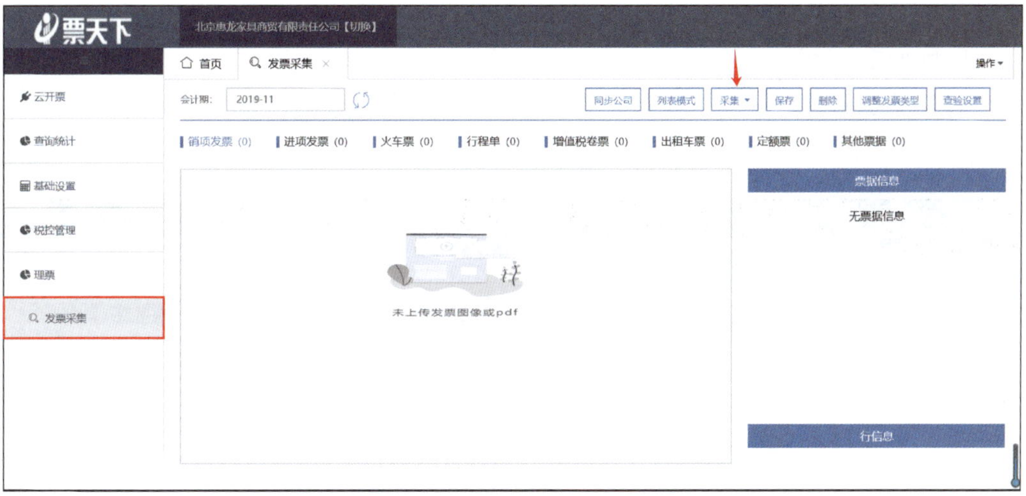

图 1-5　发票采集

（四）票据识别与校验

（1）利用票据管理系统“票天下”平台，通过 OCR（光学字符识别）技术，识别票据中的信息，如图 1-6 所示。

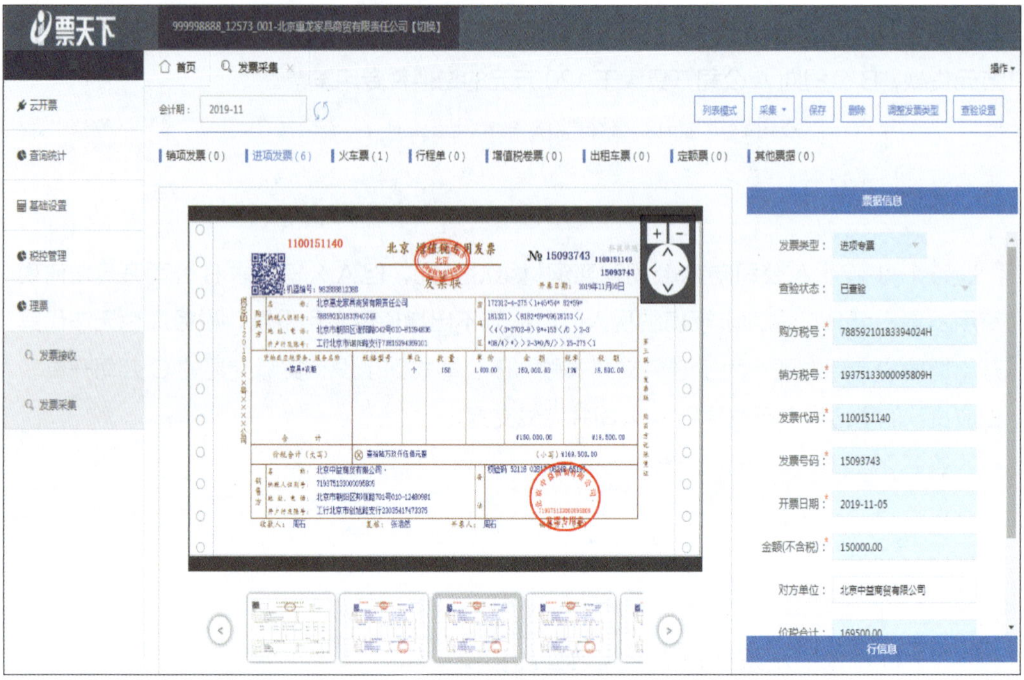

图 1-6　发票识别

（2）识别后，要求进行人工核验；若有错误，需要手动修改。

（五）查询票据汇总表

使用票据管理系统“票天下”平台，查询票据汇总表单，如图 1-7 所示。

开票日期	发票类型	发票代码	发票号码	对方单位	价税合计	查验状态	凭证号	数据来源	退回原因	发票状态
2019-11-03	进项普票	110032760675	72760690	迅驰物流有限公司	24.38	已查验	0005	PDF上传		已开具
2019-11-07	进项专票	1100151140	90162177	济南宾至酒店有限责任公司	1,208.40	已查验	0004	图片上传		已开具
2019-11-05	进项专票	1100151140	15093743	北京中益商贸有限公司	169,500.00	已查验	0003	图片上传		已开具
2019-11-01	进项普票	011001900104	78282091	北京辰帆家具生产有限公司	79,100.00	已查验		图片上传		已开具
2019-11-04	进项专票	1100151140	84986659	北京志商家具有限公司	40,680.00	已查验	0002	图片上传		已开具
2019-11-14	进项专票	1100151140	94713930	南宁科析仪器有限公司	6,328.00	已查验	0001	图片上传		已开具

图 1-7　票据汇总表

五、任务评价

“费用类票据处理及审查”任务评价表如表 1-2 所示。

表 1-2 “费用类票据处理及审查”任务评价表

工作任务清单	完成情况
了解票据管理的相关法律法规	
熟悉费用类票据外包业务处理流程	
费用类票据与合同、业务匹配情况审查	
费用类票据采集、识别操作	
保存票据数字档案	

任务二　员工费用报销票据处理及审查

一、任务情境

（一）任务场景

北京惠龙家具商贸有限责任公司与财税共享服务中心双方签订的外包服务合同中，同时将“员工费用报销”也进行了外包。

2019 年 11 月 10 日，财税共享服务中心经办人员周洋接收惠龙商贸提供的 1 名员工差旅费报销业务单据，如图 1-8、图 1-9 所示。

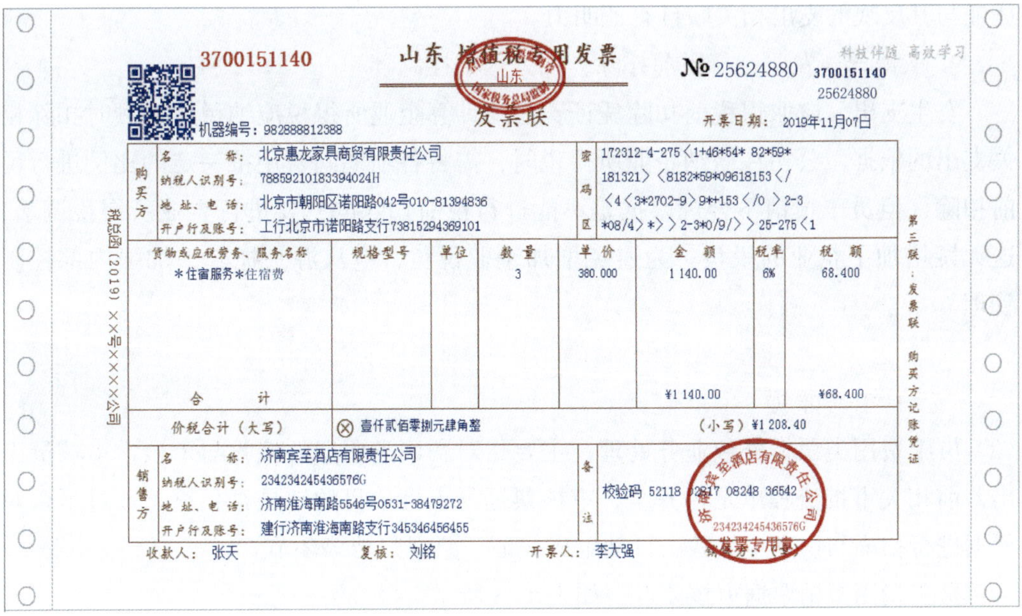

3700151140　　山东增值税专用发票　　№ 25624880　3700151140　25624880

发票联

科技伴随 高效学习

机器编号：982888812388　　开票日期：2019年11月07日

购买方		密码区
名　　称：	北京惠龙家具商贸有限责任公司	172312-4-275〈1+46*54* 82*59*
纳税人识别号：	78859210183394024H	181321〉〈8182*59*09618153〈/
地 址、电 话：	北京市朝阳区诺阳路042号010-81394836	〈4〈3*2702-9〉9*+153〈/0 〉2-3
开户行及账号：	工行北京市诺阳路支行73815294369101	*08/4〉*〉〉2-3*0/9/〉〉25-275〈1

货物或应税劳务、服务名称	规格型号	单位	数量	单价	金额	税率	税额
*住宿服务*住宿费			3	380.000	1 140.00	6%	68.400
合　　计					¥1 140.00		¥68.400
价税合计（大写）	⊗壹仟贰佰零捌元肆角整				（小写）¥1 208.40		

销售方		备注
名　　称：	济南宾至酒店有限责任公司	校验码 52118 02817 08248 36542
纳税人识别号：	234234245436576G	
地 址、电 话：	济南淮海南路5546号0531-38479272	
开户行及账号：	建行济南淮海南路支行345346456455	

收款人：张天　　复核：刘铭　　开票人：李大强　　销售方：（章）

税总函〔2019〕××号××××公司

第三联：发票联　购买方记账凭证

济南宾至酒店有限责任公司 234234245436576G 发票专用章

图 1-8　增值税发票

图 1-9　火车票

（二）任务布置

财税共享服务中心经办人员张伟负责接收公司交来的员工费用报销单据，办理接收手续后负责审核费用单据。

二、工作准备

（一）知识准备

1. 企业所得税税前扣除凭证在管理中应遵循的原则

《关于发布〈企业所得税税前扣除凭证管理办法〉的公告》（国家税务总局公告 2018 年第 28 号）指出，税前扣除凭证在管理中遵循真实性、合法性、关联性原则。真实性是指税前扣除凭证反映的经济业务真实，且支出已经实际发生；合法性是指税前扣除凭证的形式、来源符合国家法律、法规等相关规定；关联性是指税前扣除凭证与其反映的支出相关联且有证明力。

2. 取得合规发票进行税前扣除，加强内部控制管理

发生支出，应取得税前扣除凭证，作为计算企业所得税应纳税所得额时扣除相关支出的依据。公司在缴纳企业所得税时，需将各项期间费用按一定的比例进行税前扣除，但员工报销不合规票据是不能进行税前扣除的，要进行企业所得税调增，这无疑增加了企业的税负。为避免增加企业税负，应从源头抓起，加强内部控制管理。

（二）业务要领

员工费用类票据外包业务处理，主要指对费用类票据的接收与审核，审核员工出差前相关审批流程单是否齐全，审核票据与审批单目的地是否相符，通过平台对票据进行扫描与识别、查验、自动生成凭证、票据归档等环节。

员工费用报销票据审核要点，如表 1-3 所示。

表 1-3　员工费用报销票据审核要点

审核要点	审核细则
差旅费合理性	出差任务是否已经过授权批准；出差标准是否超标，是否避实就虚，铺张浪费
附件完整性	差旅费附件是否充分完整，如酒店发票后面需要附上明细清单
是否符合预算范围	对差旅费用应“总额控制”及“明细核算”相结合，做到具体问题具体分析

三、业务流程

员工费用报销票据处理及审查业务流程如图 1-10 所示。

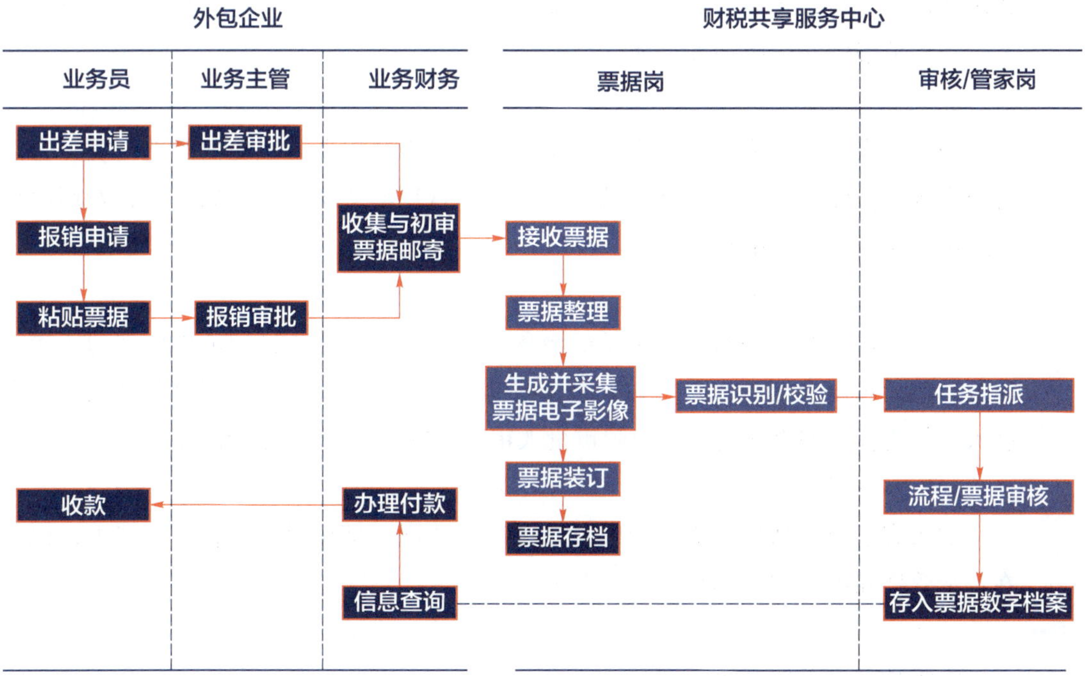

图 1-10　员工费用报销票据处理及审查业务流程图

四、业务操作

员工费用报销票据处理及审查

（一）票据签收与整理

财税共享服务中心人员接收公司传递的纸质票据，办理接收签字手续，并在票据管理系统中进行登记。对收到的票据进行检查、分类等整理工作。

（二）发票审查

本任务业务操作与任务一业务操作步骤基本相同，主要差别在于对员工个人报销事项的流程与票据审核要求不同。下面主要给出员工报销费用单据审核工作步骤及内容要点：

1. 审核出差报销是否经事前审批

要注意是否有经过授权批准的出差申请表，如果没有，除非特别审批方可报销。

2. 审核出差标准是否符合有关报销标准

如有的单位出差标准规定早餐 30 元，中餐及晚餐各 80 元，一天不超过 190 元。如果报销人员拿来一张晚餐 150 元的发票，从表面上看这项报销没有超过一天的报销限额，但是针对一餐而言，就是超标。

3. 审核票据金额是否属于应由企业负担的费用

会计人员需要关注报销人员的实际报销凭证金额是否超标，是否私自购买礼品赠送客户或私自招待客户，是否未按规定线路而绕路游山玩水等。超过企业负担标准的，相关报销费用由个人自理。

4. 审核报销附件是否“充分完整”

如酒店发票的后面，需要附上明细清单。明细清单上可以更清楚地列明，企业与个人各承担哪些费用。例如有的企业规定，饮用酒店小冰箱里的饮料，费用由个人承担，通过报销清单则会一清二楚。

5. 审核费用流程是否符合内部控制流程

每个企业都有差旅费报销审批的流程，一般应是费用报销申请单由部门负责人审批，然后由财会部门审核。如果符合报销要求且在部门负责人审批范围之内，则进入付款流程。如果还需更高权限审批人审批，则再由该审批人审批签字。

6. 审核是否有事前借款

如果有预付款情况，需要及时冲账处理，否则这笔预付款一直挂在账上，说明在资金管理和内部控制上有不到位之处。

7. 对差旅费用应“总额控制”及“明细核算”相结合

在审核差旅费时，不仅要检查本次将要报销的费用，还要留心检查实际本年累计发生的费用及本月的预测数。如果超过预算，则要提醒部门负责人加强出差管控。对于经常出差的部门（如销售部门）还要追踪到每个人的累计实际及累计预算金额，以便企业所投入的费用能与销售员产出的订单、新增的客户以及销售额相比较。

（三）票据扫描与采集

（1）将每张纸质票据扫描形成独立的影像文件。

（2）登录票据管理系统“票天下”平台，单击“理票”|“发票采集”|“本地图片”，上传票据电子影像文件，如图 1-11 所示。

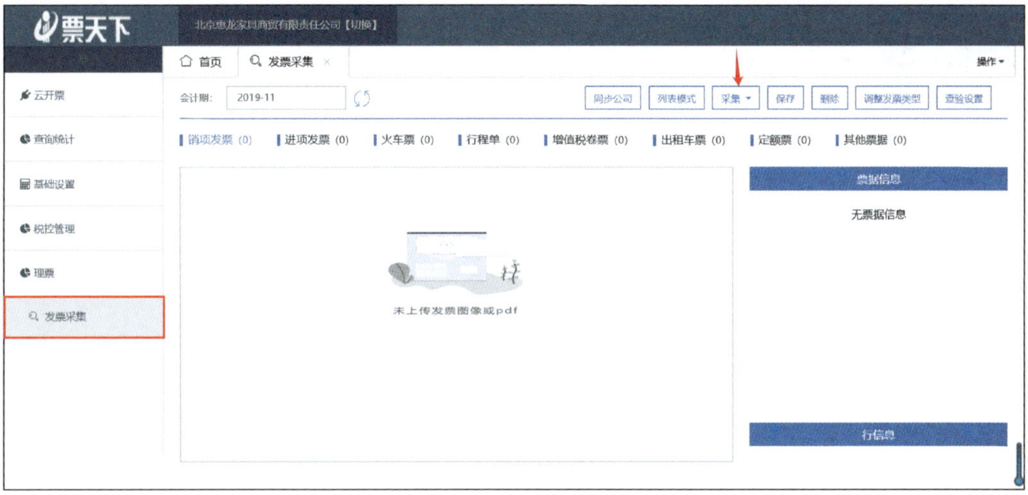

图 1-11　票据采集

（四）票据识别与校验

（1）利用票据管理系统“票天下”，通过 OCR 技术，识别票据中的信息，如图 1-12 所示。

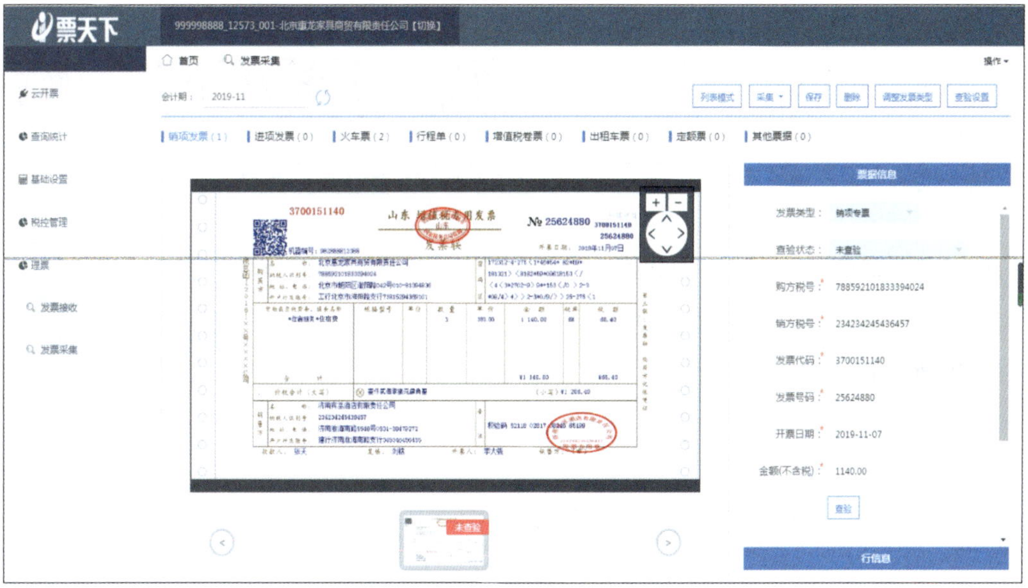

图 1-12　发票识别

（2）识别后，要求进行人工核验；若有错误，需要手动修改。

（五）查询票据汇总表

使用票据管理系统“票天下”平台，查询票据汇总表单，见图 1-13 所示。

图 1–13　发票汇总表

五、任务评价

“员工费用报销票据处理及审查”任务评价表如表 1–4 所示。

表 1–4　“员工费用报销票据处理及审查”任务评价表

工作任务清单	完成情况
明确员工费用报销流程	
依据法律法规并按照企业财务制度规定审核委托企业员工费用报销的原始凭证	
员工费用类票据与出差业务匹配情况审查	
员工费用报销票据采集、识别及校验	
保存票据数字档案	

任务三　办公费用类票据处理及审查

一、任务情境

（一）任务场景

北京惠龙家具商贸有限责任公司与财税共享服务中心双方签订的外包服务合同中，同时将“办公费用类票据处理及审查”也进行了外包。

2019 年 11 月 15 日，财税共享服务中心经办人员周洋接收惠龙商贸提供的办公费报销业务单据一张，如图 1–14 所示。

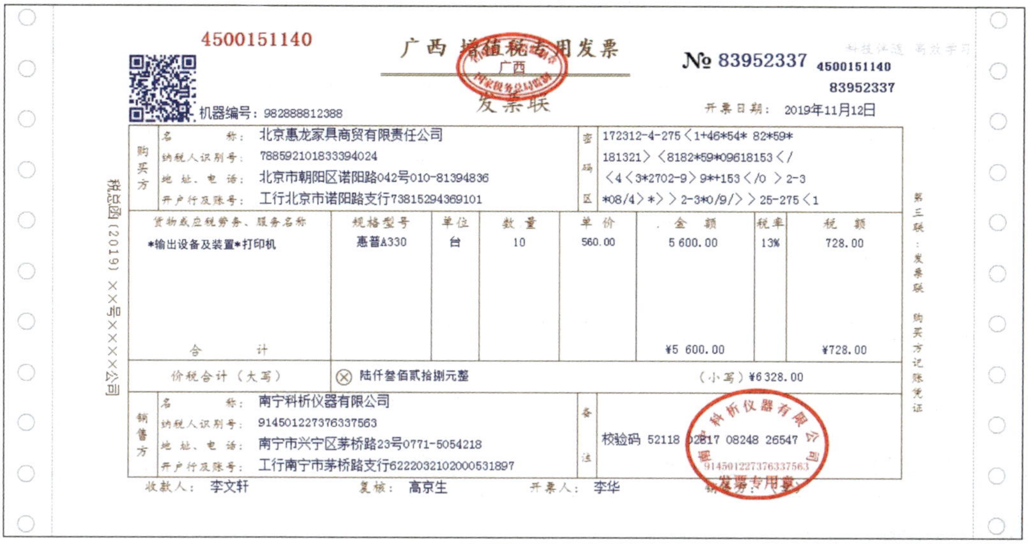

4500151140

广西增值税专用发票

发票联

№ 83952337　4500151140　83952337

机器编号：982888812388　　开票日期：2019年11月12日

购买方
名　　称：北京惠龙家具商贸有限责任公司
纳税人识别号：788592101833394024
地 址、电 话：北京市朝阳区诺阳路042号010-81394836
开户行及账号：工行北京市诺阳路支行7381529436910l

密码区
172312-4-275＜1+46*54* 82*59*
181321＞＜8182*59*09618153＜/
＜4＜3*2702-9＞9*+153＜/0 ＞2-3
08/4＞＞＞2-3*0/9/＞＞25-275＜1

货物或应税劳务、服务名称	规格型号	单位	数量	单价	金额	税率	税额
*输出设备及装置*打印机	惠普A330	台	10	560.00	5 600.00	13%	728.00
合　　计					¥5 600.00		¥728.00

价税合计（大写）　⊗陆仟叁佰贰拾捌元整　（小写）¥6 328.00

销售方
名　　称：南宁科析仪器有限公司
纳税人识别号：914501227376337563
地 址、电 话：南宁市兴宁区茅桥路23号0771-5054218
开户行及账号：工行南宁市茅桥路支行6222032102000531897

备注　校验码 52118 02817 08248 26547

收款人：李文轩　复核：高京生　开票人：李华　销售方：（章）

税总函〔2019〕××号××××公司

第三联：发票联　购买方记账凭证

图 1–14　增值税专用发票

（二）任务布置

财税共享服务中心经办人员张伟负责接收惠龙商贸的办公费用类票据，并进行审核和制单。

二、工作准备

（一）知识准备

日常办公费用中，办公用品购买和邮寄费是费用管理的重要方面，加强办公费用票据的归集与审核工作，是企业不断完善内部控制制度的重要组成部分，同时也是判断费用是否准予税前扣除的重要依据，是证明企业支出是否与企业取得收入有关、是否合理的重要条件。《中华人民共和国企业所得税法》第八条规定，企业实际发生的与取得收入有关的、合理的支出，包括成本、费用、税金、损失和其他支出，准予在计算应纳税所得额时扣除。

（二）业务要领

办公费用类票据外包业务处理，主要指对办公费用类票据的接收，审核票据是否超期限、是否在预算范围内，核对入库明细单是否相符，通过平台对票据进行扫描与识别、修改、查验、票据归档等环节。

办公费用类票据审核要点如表 1–5 所示。

表 1-5　办公费用类票据审核要点

审核要点	审核细节
办公费发票合理性查验	检查发票后是否附商品明细及办公用品购置审批单
办公费发票真实性查验	防止员工为使发票“合法化”，向商家索取虚假发票，许多似是而非的项目通过“变通”，都在办公费列支，造成不良影响
办公费发票额度控制	根据办公费用报销人员职务及级别，审查报销额度及限额

三、业务流程

办公费用类票据处理及审查业务流程图，如图 1-15 所示。

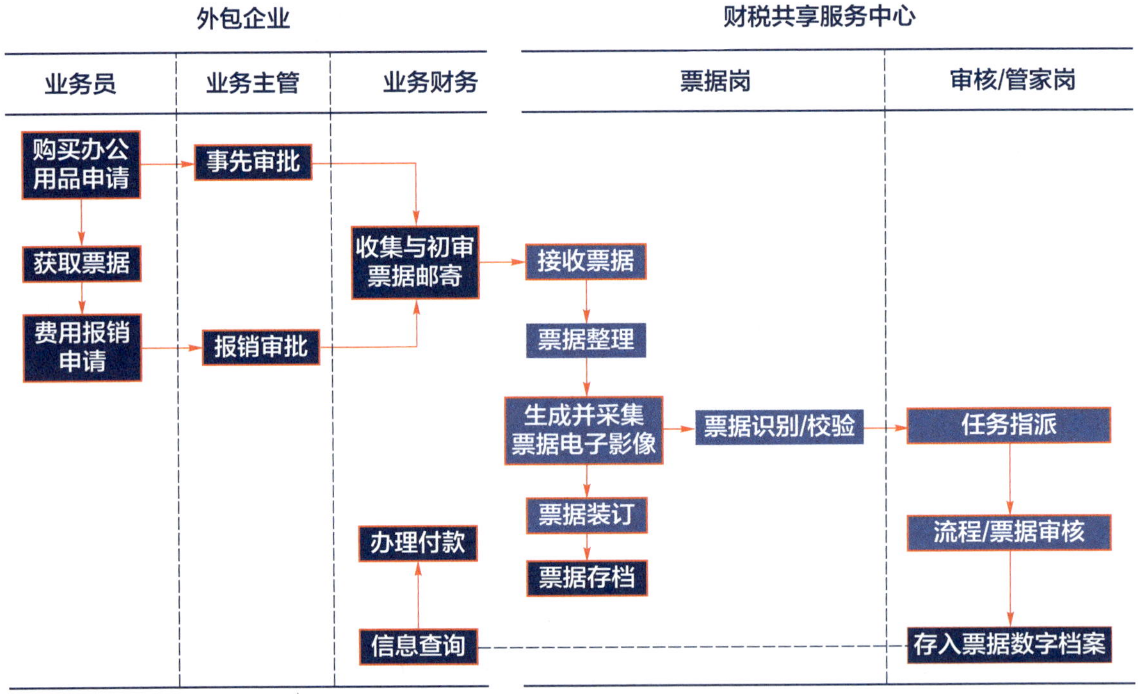

图 1-15　办公费用类票据处理及审查流程图

四、业务操作

在完成接收单据和票据整理工作后进行如下操作：

办公费用类票据处理及审查

（一）票据扫描与采集

在票天下平台中，单击“理票”中的“发票采集”，打开此页面后，先收集已经扫描好的票据，然后上传图片，会提示票据上传成功数量和上传失败的数量，如图 1-16 所示。

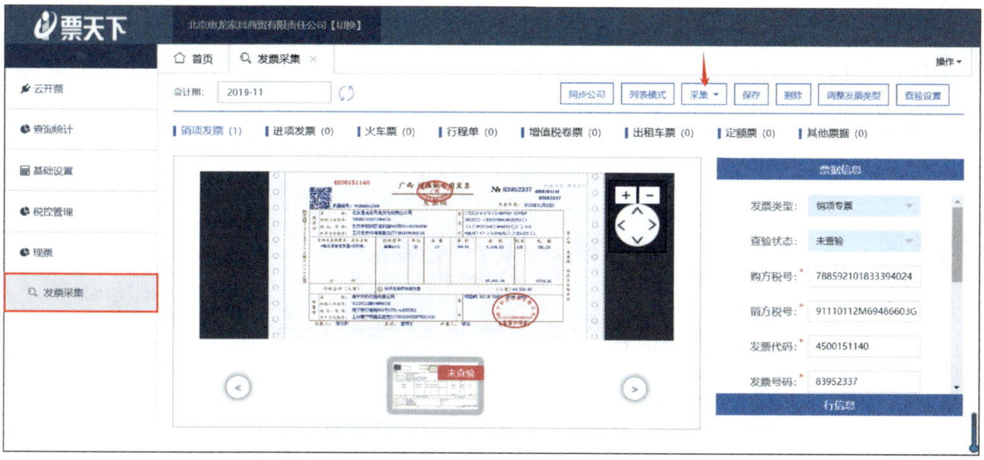

图 1-16　票据采集

（二）流程与票据审查

对办公费用审批及报销流程合规性进行检查，对发票的真实性、完整性、有效性等进行全面审查。

五、任务评价

“办公费用类票据处理及审查”任务评价表如表 1-6 所示。

表 1-6　“办公费用类票据处理及审查”任务评价表

工作任务清单	完成情况
办公费用类票据报销流程	
根据法律法规要求和公司财务制度规定审核票据	
审核办公费用报销凭证	
办公费用类报销票据采集、识别及校验	
保存票据数字档案	

任务四　电子发票处理及审查

一、任务情境

（一）任务场景

北京惠龙家具商贸有限责任公司与财税共享服务中心双方签订的外包服务合同

中，同时将“电子发票的处理及审查”也进行了外包。

2019 年 11 月 16 日，财税共享服务中心经办人员周洋接收惠龙商贸提供的办公费报销业务单据一张，如图 1-17 所示。

北京增值税电子普通发票

机器编号：480186424657

发票代码：910833591059
发票号码：49986455
开票日期：2019年11月13日
校 验 码：43920481766796360720

购买方	名　　称：北京惠龙家具商贸有限责任公司 纳税人识别号：78859210183394024H 地 址、电 话：北京市朝阳区诺阳路042号010-81394836 开户行及账号：工行北京市诺阳路支行73815294369101	密码区	172312-4-275<1+46*54* 82*59* 181321><8182*59*09618153</ <4<3*2702-9>9*+153</0 >2-3 *08/4>*>>2-3*0/9/>>25-275<1

货物或应税劳务、服务名称	规格型号	单位	数量	单价	金额	税率	税额
*物流辅助服务*快递费			20	23	460.00	6%	27.60
合　计					¥460.00		¥27.60
价税合计（大写）	⊗ 肆佰捌拾柒元陆角整				（小写）¥487.60		

销售方	名　　称：北京迅驰物流有限公司 纳税人识别号：8928490348490408 地 址、电 话：北京通州区白马路43号010-83993847 开户行及账号：北京通州区白马物流园支行9879234929383	备注	

收款人：李浩天　　复核：李华　　开票人：白静　　销售方：（章）

图 1-17　北京增值税电子普通发票

（二）任务布置

财税共享服务中心经办人员周洋按照公司要求，对电子发票进行归集、采集、制单。

二、工作准备

（一）知识准备

电子发票是指在购销商品、提供或者接受服务以及从事其他经营活动中，开具、收取的以电子方式存储的收付款凭证。

根据《中华人民共和国发票管理办法》（国务院令第 587 号）、《国家税务总局关于推行通过增值税电子发票系统开具的增值税电子普通发票有关问题的公告》（国家税务总局公告 2015 年第 84 号）有关规定，自 2015 年 12 月 1 日起在全国范围内全面推行增值税电子普通发票。2016 年，财政部、国家档案局联合公布的《会计档案管理办法》中已明确电子会计档案的法律地位，只要满足该办法规定的条件，电子发票的开票方或受票方，可仅以电子形式对发票进行归档保存。

（二）业务要领

电子发票的整理及制单业务最关键的有两个方面：

一方面是确保发票的真实性。为防止出现虚假发票，企业取得的增值税电子普通发票须通过官方查询平台进行查询确认电子发票真伪，查询人对发票真伪负责。查询途径既可以通过开票方提供的下载地址查询（如电子发票服务平台、开票方网上营业厅等），也可以通过国家税务总局全国增值税发票查验平台（网址 https://inv-veri.chinatax.gov.cn）进行发票一致性查验。

另一方面是确保发票的唯一性。电子普通发票受票方每份发票应当仅报销一次，受票方应当根据需要建立报销台账，为防止电子发票重复报销的情况发生。

三、业务流程

电子发票类业务处理及审查流程图，如图 1-18 所示。

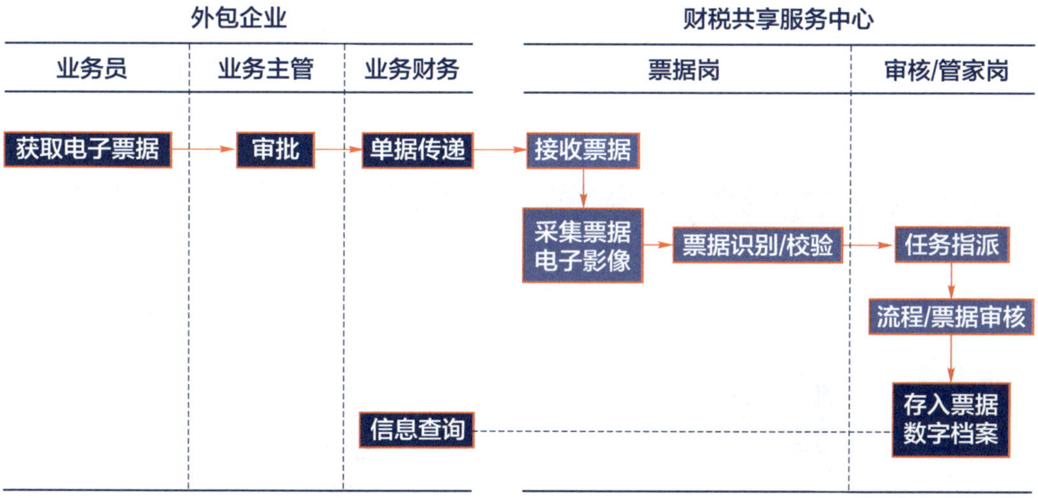

图 1-18　电子发票处理及审查流程图

四、业务操作

（一）发票接收及采集整理

为避免出现企业员工或者财务人员因为保管不善、造成纸质发票丢失的情况，可以使用“票天下”智能化票据操作平台对增值税发票进行信息归集。

（二）电子发票采集

在“票天下”平台中，单击“理票”中的“发票采集”按钮，单击右上角“采集”项，选择上传图片 / PDF 文件，如图 1–19 所示。

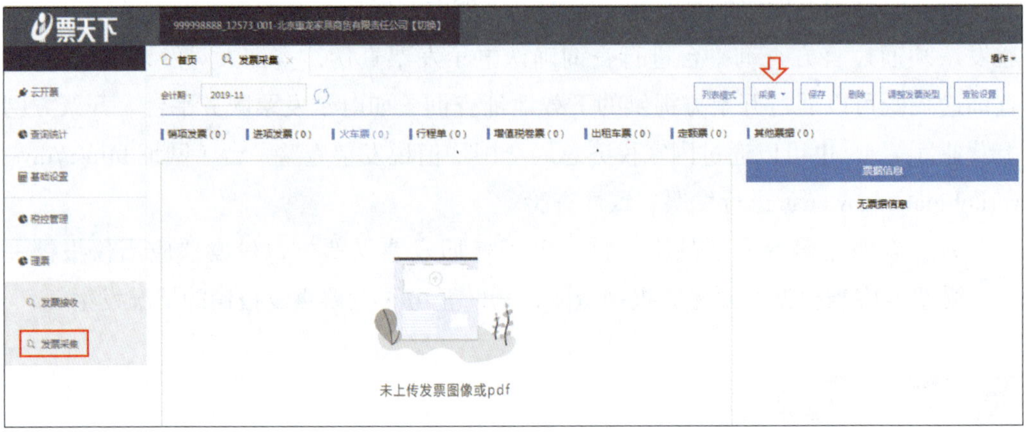

图 1–19　发票采集

电子发票处理及审查

（三）发票识别及查验

进入发票采集界面，核查右侧“票据信息”列，确认无误，输入验证码，单击“查验”，完成查验，如图 1–20 所示。

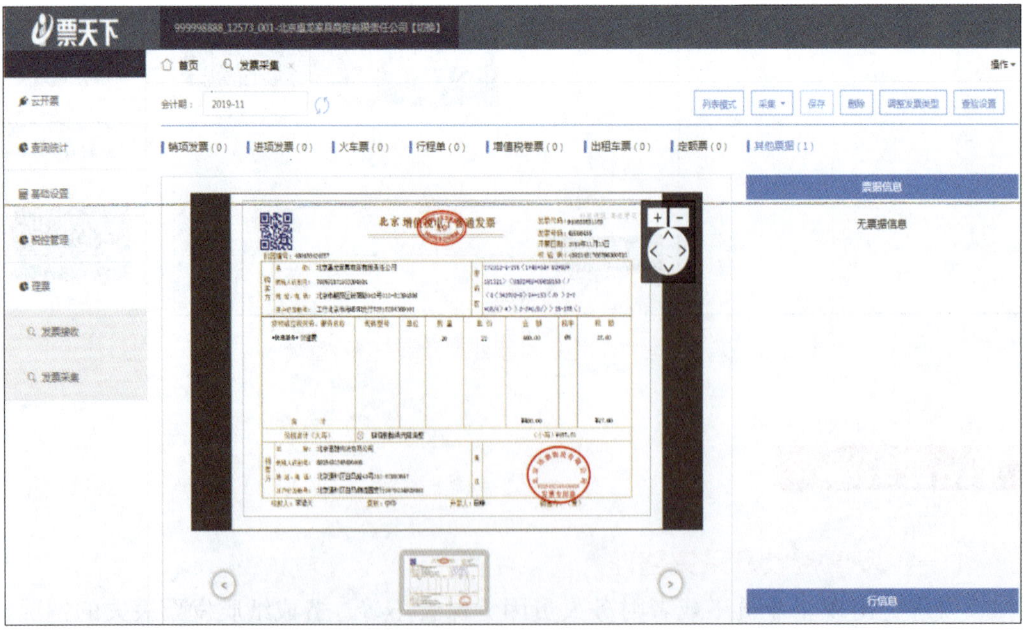

图 1–20　查验票据

【业务 1-4-1】以某餐费电子发票为例，通过国家税务总局全国增值税发票查验平台（网址 https://inv-veri.chinatax.gov.cn）进行发票一致性查验。

（1）登录网址，输入发票代码等查验相关信息，确认无误，单击“查验”，如图 1-21 所示。

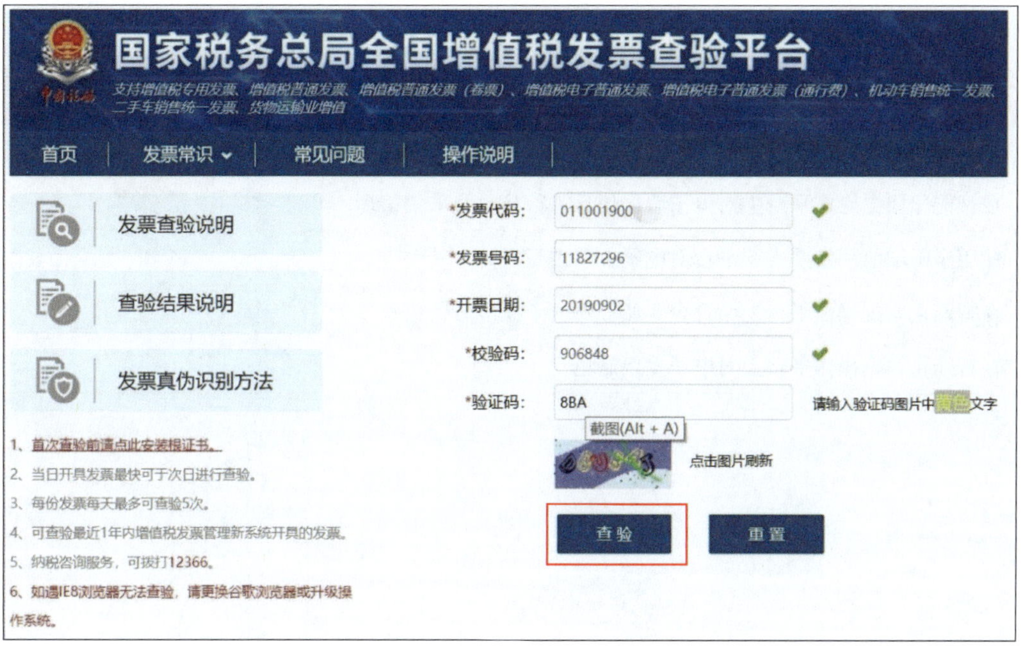

图 1-21　国家税务总局全国增值税发票查验平台

（2）电子发票查验成功，如图 1-22 所示。

发票查验明细

查验次数：第2次　查验时间：2019-09-14 12:52:23　打印　关闭

北京增值税电子普通发票

发票代码：0110019　发票号码：1182　开票日期：2019年09月02日　校验码：04270456905619　机器编号：4990989

购买方　名称：
纳税人识别号：
地址、电话：北京市西城区复兴门
开户行及账号：工行北京西便门
密码区

货物或应税劳务、服务名称	规格型号	单位	数量	单价	金额	税率	税额
*餐饮服务*餐费			1	193.40	193.40	6%	11.60
合计					¥193.40		¥11.60
价税合计（大写）	⊗贰佰零伍圆整				（小写）¥205.00		

销售方　名称：
纳税人识别号：
地址、电话：北京市门头沟区
开户行及账号：交通银行北京
备注

特别提示：
» 本平台仅提供所查询发票票面信息的查验结果。
» 若发现发票查验结果与实际交易不符，任何单位或个人有权拒收并向当地税务机关举报。

图 1-22　电子发票查验成功

五、任务评价

“电子发票处理及审查”任务评价表如表 1-7 所示。

表 1-7　“电子发票处理及审查”任务评价表

工作任务清单	完成情况
了解《网络发票管理办法》	
在智能化票据操作平台上对电子票据信息进行接收及采集整理	
使用全国增值税发票查验平台对电子发票进行查验	
在智能化票据操作平台上结合企业业务对电子发票进行核查	
在智能化票据操作平台上对电子发票制单	

工作领域二

财务核算外包服务

技能目标

1. 了解《中华人民共和国会计法》《企业会计准则第 1 号——存货》等相关法规的基本内容，并能在实际业务中应用；

2. 能在智能化票据操作平台上将采购业务相关原始单据分类成系统自动识别处理类单据和系统不能自动识别处理类单据；

3. 能在智能化票据操作平台上处理查验增值税专用发票；

4. 能在智能化财务操作平台上根据选取科目功能生成采购业务记账凭证；

5. 了解生产成本计算和账务处理，并能在实际业务中应用；

6. 能编制企业固定资产折旧明细表，并在智能化财务操作平台上生成折旧核算账务处理凭证；

7. 能在智能化财务操作平台上对制造业生产环节的直接材料成本项目进行账务处理；

8. 能在智能化财务操作平台上对工资表进行账务处理，并自动生成记账凭证；

9. 能在智能化财务操作平台上对制造业生产环节的间接制造费用进行账务处理并自动生成记账凭证；

10. 了解《企业会计准则第 14 号——收入》等相关法律法规的基本内容，并能在实际业务中应用；

11. 掌握应收账款、销售收入以及增值税销项税额账务处理，并能在实际业务中应用；

12. 能在智能化票据操作平台上对增值税发票进行扫描，并能将其自动生成记账凭证；

13. 能将银行回单与销售业务进行核对，并能进行客户回款情况分析。

泰福八宝粥公司基础信息

财务核算外包案例背景介绍

财务核算外包成本核算介绍

任务一　采购业务核算

一、任务情境

（一）任务场景

采购业务核算

南宁泰福八宝粥有限公司（简称“泰福八宝粥公司”或“公司”）是一家生产、销售八宝粥的公司。公司会计核算制度采用2007企业会计准则；一般纳税人，增值税适用税率为13%。公司产品有桂圆海带八宝粥和养生八宝粥。生产八宝粥产品所需的原材料包括糯米、紫米、海带、薏米、燕麦、红豆、绿豆、花生、桂圆、白糖、食用盐、木耳等，采购部门通过供应商购入相关原材料，该公司存货采用实际成本法核算。为简化核算，不考虑农产品增值税加计扣除事项。

公司将“采购业务核算”外包给财税共享服务中心，双方签订外包服务合同。每月月末公司将本月所有的有关票据移交到财税共享服务中心，委托其记账并要求其提供部门、存货、数量、客户和供应商辅助核算。

公司2019年12月共计发生采购业务11笔，详见业务操作【业务2-1-1】~【业务2-1-11】。

（二）任务布置

由财税共享服务中心工作人员唐宋负责泰福八宝粥公司“采购业务核算”业务，具体要求如下：

（1）接收2019年12月的11笔采购业务核算的有关票据，将每张纸质票据扫描形成独立的影像文件；

（2）使用会计核算云平台，采集票据影像文件，进行识别与校验，并存入数字档案系统；

（3）对业务审批流程与票据进行审核；

（4）根据每笔采购业务的原始票据，自动生成记账凭证或手工编制记账凭证，同时进行存货、数量、客户和供应商辅助核算，并进行人工审核；

（5）查询本任务编制的所有记账凭证。

二、工作准备

（一）知识准备

1. 采购与付款管理

采购与付款管理是企业物资供应部门按照企业的物资需求计划，通过市场采购、加工定制等渠道，取得企业生产经营活动所需要的各种物资并支付款项的过程。企业的采购与付款业务可以分为采购业务和付款业务，从业务流程上看，付款业务是采购业务的延续。

2. 合同

合同是当事人或当事双方之间设立、变更、终止民事关系的协议。依法成立的合同受法律保护。

3. 到货、检验和入库

采购货物到达企业后，需要对货物进行清点，检查货物是否同订单内容一致，检验时如发现不合格货物则不能入库，可以按照合同或协议约定，确定由供货方补齐、返修还是退货。

4. 开票、结算

财务部门核对各种业务单据，如合同、订货单、到货单，确认到货单和入库单无误，并且符合采购计划和付款条件，才能由财务部门按照合同条款进行付款。

（二）业务要领

（1）熟知采购与应付账款业务流程，即合同签订→取得采购发票→检验→验收入库→结算。

（2）在“财天下”平台进行票据采集时，应把购销合同、入库单、汇票、转账支票等单据全部采集，若发现采集图片不齐全，可以通过添加图片方式添加。

（3）票据生成后要根据合同、入库单、发票进行核对，检查会计科目、税率、数量、规格型号、价税合计数额等是否有误。

三、业务流程

在财税共享服务中心启用会计核算云平台的总账系统的环境下，采购业务核算外包服务处理过程主要包括票据接收、票据扫描与识别、票据审核与制单等处理环节。在有采购合同并取得采购发票的条件下，采购业务核算外包服务一般处理流程如图 2-1 所示。

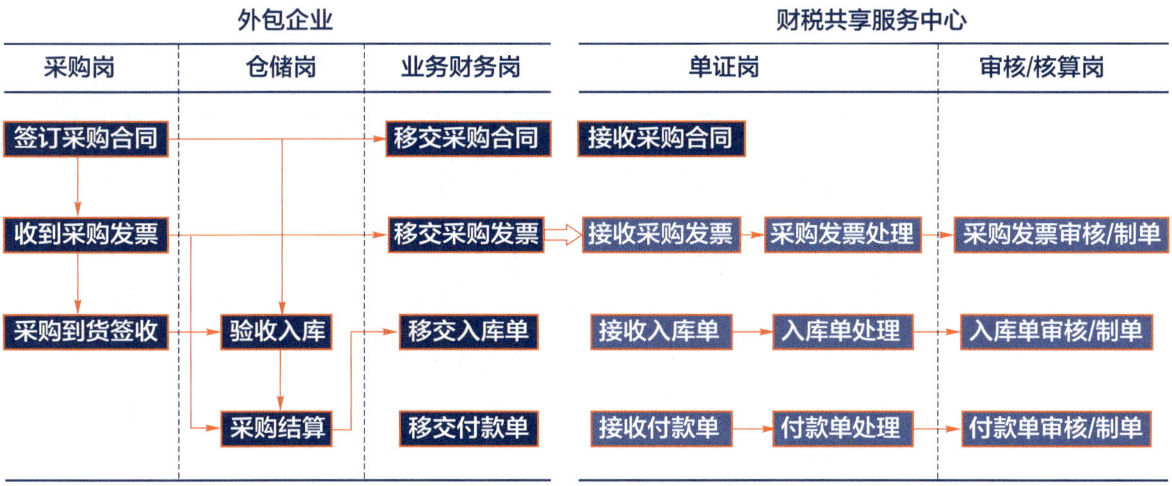

图 2-1　采购业务核算外包服务流程图

四、业务操作

【业务 2-1-1】12 月 9 日，公司向南宁友红干杂有限公司购入原材料一批，采用商业承兑汇票方式结算。有关原始票据如图 2-2～图 2-7 所示。

采购业务一

购 销 合 同

合同编号 43821484

购货单位（甲方）：　南宁泰福八宝粥有限公司

供货单位（乙方）：　南宁友红干杂有限公司

根据《中华人民共和国合同法》及国家相关法律、法规之规定，甲乙双方本着平等互利的原则，就甲方购买乙方货物一事达成以下协议。

一、货物的名称、数量及价格：

货物名称	规格型号	单位	数量	单价	金额	税率	价税合计
桂圆		千克	400	48.00	19 200.00	9%	20 928.00
木耳		千克	1000	50.00	50 000.00	9%	54 500.00
海带		千克	1500	18.00	27 000.00	9%	29 430.00
食用盐		千克	450	5.00	2 250.00	9%	2 452.50
合计（大写）	壹拾万柒仟叁佰壹拾元伍角整						¥107 310.50

二、交货方式和费用承担：交货方式：　销货方送货　，交货时间：　2019年12月10日　前，交货地点：　南宁市邕宁区龙亭路3号　，运费由　销售方　承担。

三、付款时间与付款方式：　商业承兑汇票方式结算，贰零贰零年零陆月零玖日到期

四、质量异议期：订货方对供货方的货物质量有异议时，应在收到货物后　10天　内提出，逾期视为货物质量合格。

五、未尽事宜经双方协商可作补充协议，与本合同具有同等效力。

六、本合同自双方签字、盖章之日起生效；本合同壹式贰份，甲乙双方各执壹份。

甲方（签章）：	乙方（签章）：
授权代表：梁林	授权代表：刘展明
地　　址：南宁市邕宁龙亭路3号	地　　址：南宁市兴宁区中华路208号
电　　话：0771-4946158	电　　话：0771-3245567
日　　期：2019 年 12 月 09 日	日　　期：2019 年 12 月 09 日

图 2-2　采购合同

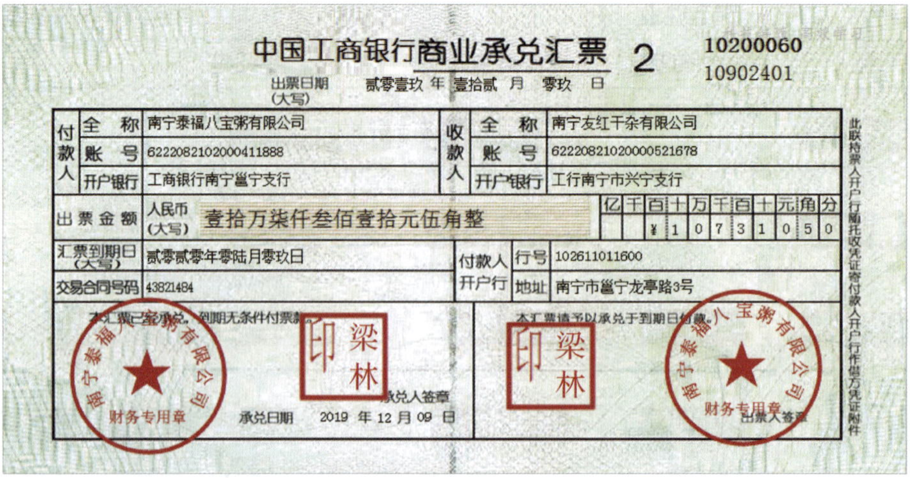
中国工商银行商业承兑汇票　2　10200060 10902401

出票日期（大写）　贰零壹玖 年 壹拾贰 月 零玖 日

付款人	全称	南宁泰福八宝粥有限公司	收款人	全称	南宁友红干杂有限公司
	账号	6222082102000411888		账号	62220821020000521678
	开户银行	工商银行南宁邕宁支行		开户银行	工行南宁市兴宁支行
出票金额	人民币（大写）	壹拾万柒仟叁佰壹拾元伍角整	亿千百十万千百十元角分		¥ 1 0 7 3 1 0 5 0
汇票到期日（大写）	贰零贰零年零陆月零玖日		付款人开户行	行号	102611011600
交易合同号码	43821484			地址	南宁市邕宁龙亭路3号

本汇票已经承兑，到期无条件付票款。　承兑人签章　承兑日期 2019 年 12 月 09 日

本汇票请予以承兑于到期日付款。　出票人签章

此联持票人开户行随托收凭证寄付款人开户行作借方凭证附件

图 2-3　商业承兑汇票

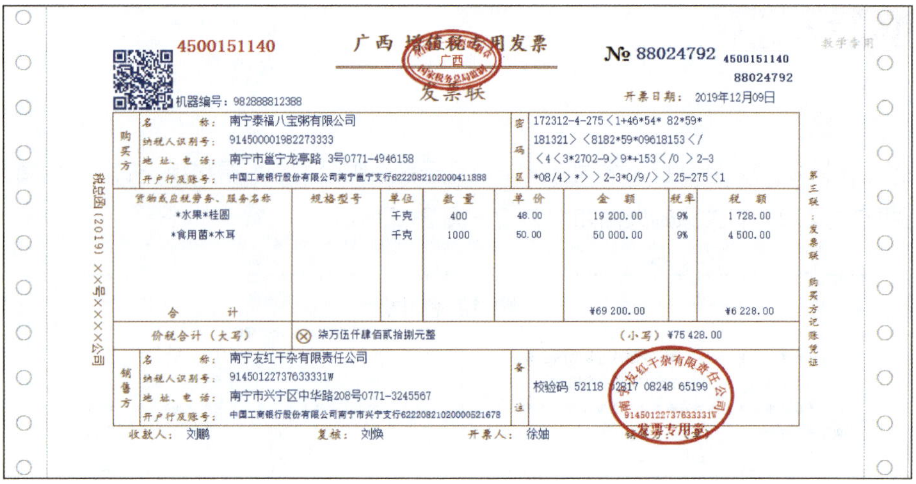
4500151140　广西增值税专用发票　№ 88024792　4500151140　88024792

发票联

机器编号：982888812388　开票日期：2019年12月09日

购买方　名称：南宁泰福八宝粥有限公司
纳税人识别号：914500001982273333
地址、电话：南宁市邕宁龙亭路 3号0771-4946158
开户行及账号：中国工商银行股份有限公司南宁邕宁支行6222082102000411888

密码区　172312-4-275＜1+46*54* 82*59*
181321＞＜8182*59*09618153＜/
＜4＜3*2702-9＞9*+153＜/0 ＞2-3
08/4＞＞＞2-3*0/9/＞＞25-275＜1

货物或应税劳务、服务名称	规格型号	单位	数量	单价	金额	税率	税额
*水果*桂圆		千克	400	48.00	19 200.00	9%	1 728.00
*食用菌*木耳		千克	1000	50.00	50 000.00	9%	4 500.00
合计					¥69 200.00		¥6 228.00
价税合计（大写）	⊗柒万伍仟肆佰贰拾捌元整				（小写）¥75 428.00		

销售方　名称：南宁友红干杂有限责任公司
纳税人识别号：91450122737633331W
地址、电话：南宁市兴宁区中华路208号0771-3245567
开户行及账号：中国工商银行股份有限公司南宁市兴宁支行62220821020000521678

备注　校验码 52118 62817 08248 65199

收款人：刘鹏　复核：刘焕　开票人：徐妯　销售方：（章）

税总函〔2019〕××号××××公司

第三联：发票联　购买方记账凭证

图 2-4　增值税专用发票的发票联

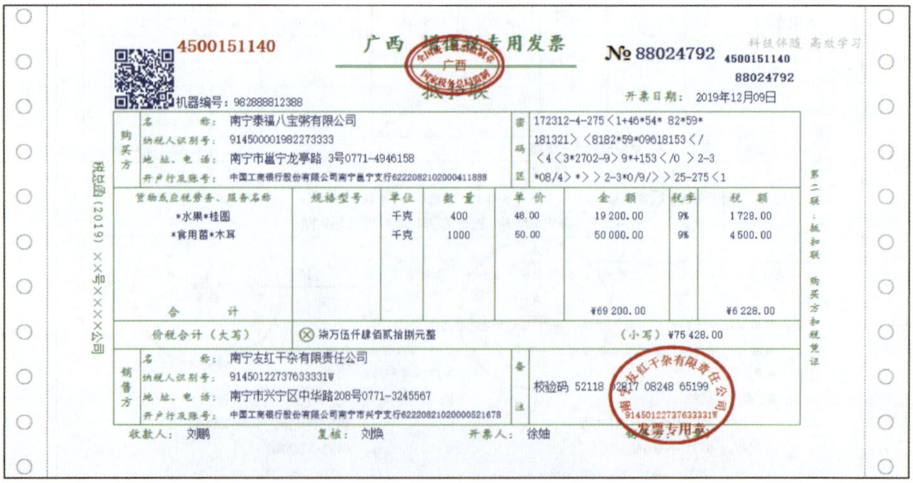
4500151140　广西增值税专用发票　№ 88024792　4500151140　88024792

抵扣联

机器编号：982888812388　开票日期：2019年12月09日

购买方　名称：南宁泰福八宝粥有限公司
纳税人识别号：914500001982273333
地址、电话：南宁市邕宁龙亭路 3号0771-4946158
开户行及账号：中国工商银行股份有限公司南宁邕宁支行6222082102000411888

密码区　172312-4-275＜1+46*54* 82*59*
181321＞＜8182*59*09618153＜/
＜4＜3*2702-9＞9*+153＜/0 ＞2-3
08/4＞＞＞2-3*0/9/＞＞25-275＜1

货物或应税劳务、服务名称	规格型号	单位	数量	单价	金额	税率	税额
*水果*桂圆		千克	400	48.00	19 200.00	9%	1 728.00
*食用菌*木耳		千克	1000	50.00	50 000.00	9%	4 500.00
合计					¥69 200.00		¥6 228.00
价税合计（大写）	⊗柒万伍仟肆佰贰拾捌元整				（小写）¥75 428.00		

销售方　名称：南宁友红干杂有限责任公司
纳税人识别号：91450122737633331W
地址、电话：南宁市兴宁区中华路208号0771-3245567
开户行及账号：中国工商银行股份有限公司南宁市兴宁支行62220821020000521678

备注　校验码 52118 62817 08248 65199

收款人：刘鹏　复核：刘焕　开票人：徐妯　销售方：（章）

税总函〔2019〕××号××××公司

第二联：抵扣联　购买方扣税凭证

图 2-5　增值税专用发票的抵扣联

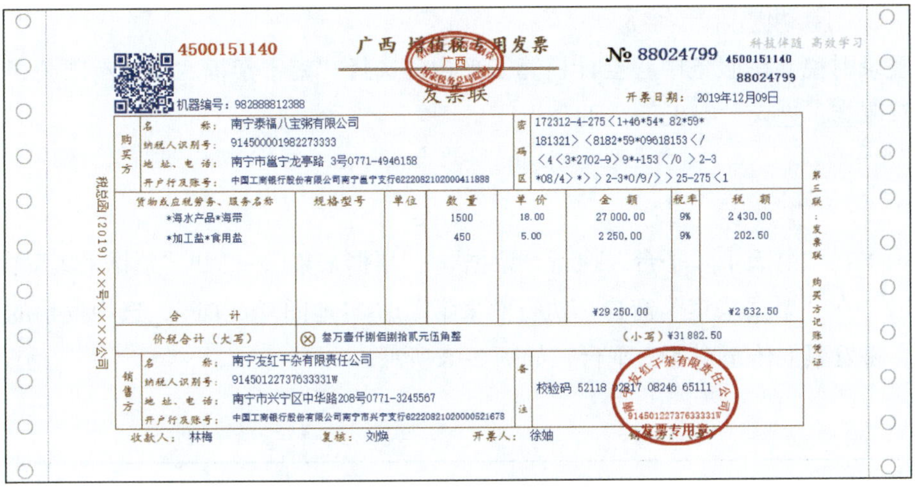
4500151140　广西增值税专用发票　№ 88024799　4500151140　88024799

发票联

机器编号：982888812388　开票日期：2019年12月09日

购买方	名　　称：南宁泰福八宝粥有限公司 纳税人识别号：914500001982273333 地址、电话：南宁市邕宁龙亭路 3号0771-4946158 开户行及账号：中国工商银行股份有限公司南宁邕宁支行6222082102000411888	密码区	172312-4-275＜1+46*54* 82*59* 181321＞＜8182*59*09618153＜/ ＜4＜3*2702-9＞9*+153＜/0 ＞2-3 *08/4＞*＞＞2-3*0/9/＞＞25-275＜1

货物或应税劳务、服务名称	规格型号	单位	数量	单价	金额	税率	税额
*海水产品*海带			1500	18.00	27 000.00	9%	2 430.00
*加工盐*食用盐			450	5.00	2 250.00	9%	202.50
合　计					¥29 250.00		¥2 632.50
价税合计（大写）	⊗叁万壹仟捌佰捌拾贰元伍角整				（小写）¥31 882.50		

销售方	名　　称：南宁友红干杂有限责任公司 纳税人识别号：91450122737633331W 地址、电话：南宁市兴宁区中华路208号0771-3245567 开户行及账号：中国工商银行股份有限公司南宁市兴宁支行6222082102000521678	备注	校验码 52118 02817 08246 65111

收款人：林梅　复核：刘焕　开票人：徐妯

图 2-6　增值税专用发票的发票联

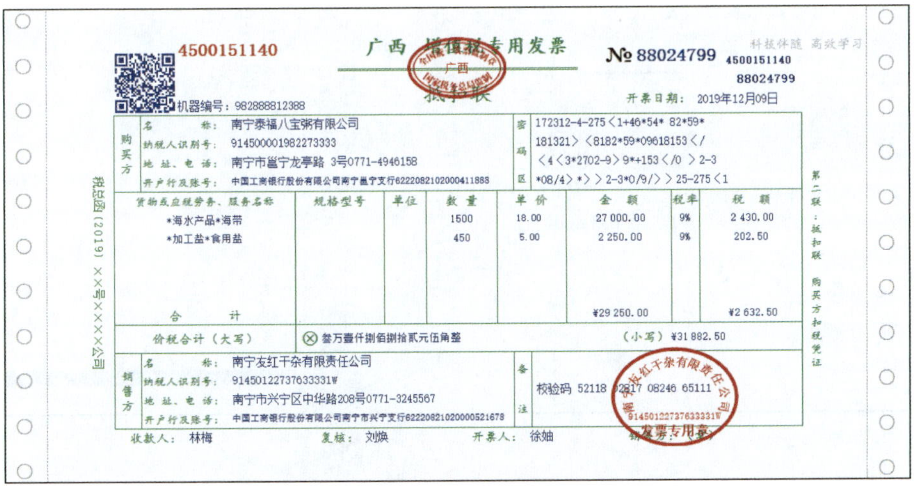
4500151140　广西增值税专用发票　№ 88024799　4500151140　88024799

抵扣联

机器编号：982888812388　开票日期：2019年12月09日

购买方	名　　称：南宁泰福八宝粥有限公司 纳税人识别号：914500001982273333 地址、电话：南宁市邕宁龙亭路 3号0771-4946158 开户行及账号：中国工商银行股份有限公司南宁邕宁支行6222082102000411888	密码区	172312-4-275＜1+46*54* 82*59* 181321＞＜8182*59*09618153＜/ ＜4＜3*2702-9＞9*+153＜/0 ＞2-3 *08/4＞*＞＞2-3*0/9/＞＞25-275＜1

货物或应税劳务、服务名称	规格型号	单位	数量	单价	金额	税率	税额
*海水产品*海带			1500	18.00	27 000.00	9%	2 430.00
*加工盐*食用盐			450	5.00	2 250.00	9%	202.50
合　计					¥29 250.00		¥2 632.50
价税合计（大写）	⊗叁万壹仟捌佰捌拾贰元伍角整				（小写）¥31 882.50		

销售方	名　　称：南宁友红干杂有限责任公司 纳税人识别号：91450122737633331W 地址、电话：南宁市兴宁区中华路208号0771-3245567 开户行及账号：中国工商银行股份有限公司南宁市兴宁支行6222082102000521678	备注	校验码 52118 02817 08246 65111

收款人：林梅　复核：刘焕　开票人：徐妯

图 2-7　增值税专用发票的抵扣联

说明：采购货物时，增值税专用发票有三联，第一联：记账联，作为销售方核算销售收入和增值税销项税额的记账凭证；第二联：抵扣联，用于购买方抵扣进项税；第三联：发票联，作为采购方的记账凭证。为节省篇幅，本工作领域以下业务增值税专用发票抵扣联从略。

▶ 操作步骤——方法一

鉴于票据接收、票据扫描等业务处理，与工作领域一中有关任务的业务操作基本相同，本工作领域相关业务操作步骤从略。

2

（一）启动财务云系统

登录财税共享服务中心会计核算云平台，选择“南宁泰福八宝粥有限公司”会计核算账套，进入“财天下”平台。

（二）票据采集与识别

（1）在“财天下”平台，执行“票据”|“票据采集”，打开“票据采集”窗口。

（2）在“票据采集”窗口，执行“采集”|“本地图片/PDF”，选中发票的扫描文件，将发票上传至财务云平台，如图 2-8 所示。

图 2-8　本地图片/PDF

（3）弹出“共上传 X 条数据”对话框，系统自动识别票据信息。

（4）校验票据信息，并补充完整。

① 在“票据信息”的“发票类型”文本框中，选择“进项专票”，如图 2-9 所示。

② 校验“票据信息”并填写完整。

发票类型：“进项专票”

发票代码：“4500151140”

发票号码：“88024792”

开票日期：“2019-12-09”

对方单位：“南宁友红干杂有限公司”

价税合计：“75 428.00”

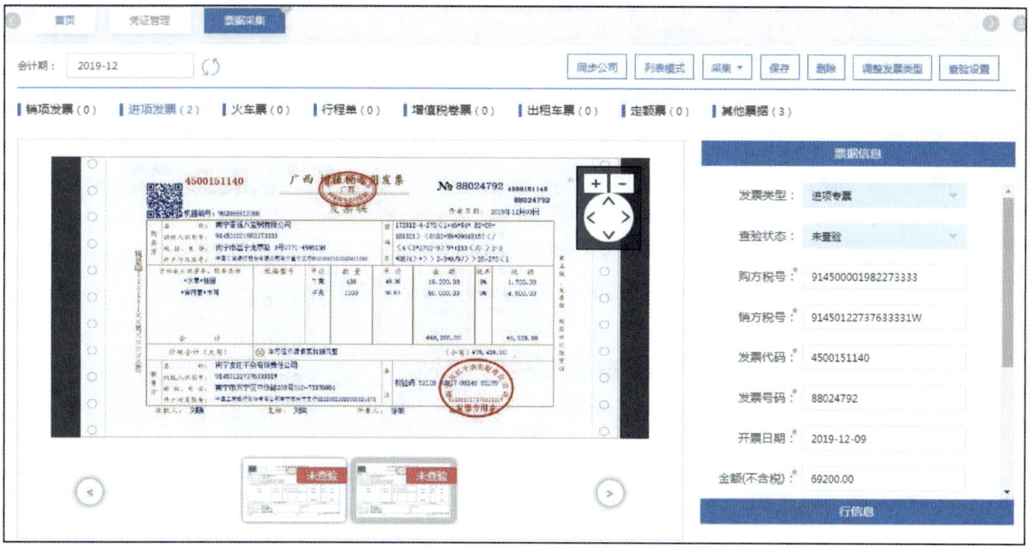

图 2-9　识别发票类型

③ 校验“行信息”并填写完整。

商品或劳务：“桂圆”

金额：“19 200.00”

税额：“1 728.00”

税率：“9%”

商品或劳务：“木耳”

金额：50 000.00

税额：4 500.00

税率：9%

④ 校验“票据制单”并填写完整：

金额：“98 450.00”

税额：“8 860.50”

业务类型：“采购原材料”

摘要：“采购原材料”

认证日期“2019-12-09”

结算方式：“商业承兑汇票”

供应商：“南宁友红干杂有限公司”

摘要：“购买原材料”

（三）票据审查与制单

（1）对票据进行审查，通过后单击“查验”，进行保存，即可自动编制记账凭证；

（2）生成的记账凭证可在“凭证管理”中查看，如图 2-10 所示。

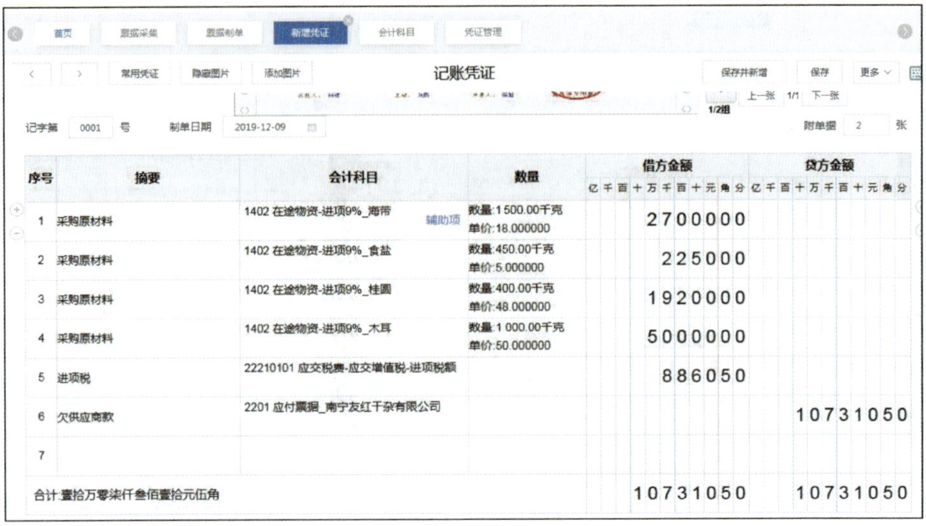

图 2-10 凭证查询

▶ 操作步骤——方法二

可以在财税共享服务中心会计核算云平台上，人工编制记账凭证，直接录入系统。由于本业务记账凭证中的“在途物资”“应付票据”等科目设有辅助核算，在添加该科目时需要选择此业务相应的存货、供应商名称。

具体操作步骤如下：

（1）在“财天下”平台，执行“凭证”|“新增凭证”，打开“增加凭证”窗口。

（2）输入日期，如“2019-12-09”；输入附件张数。

（3）输入摘要，如“购买原材料”。

（4）选择科目，如果是“在途物资”科目，要求选择存货名称“桂圆”等，如图 2-11 所示。

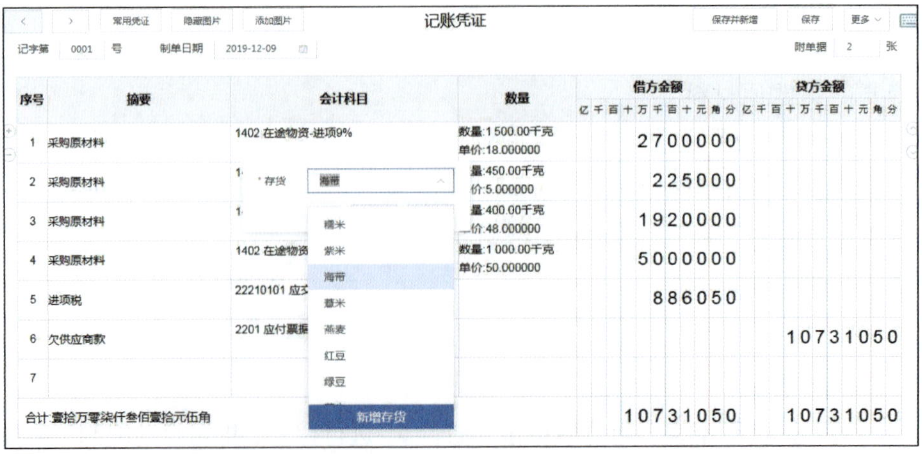

图 2-11 添加原材料名称

（5）输入借方科目金额时，先在“数量”“单价”栏内，输入采购原材料的数量、单价，如图 2-12 所示。

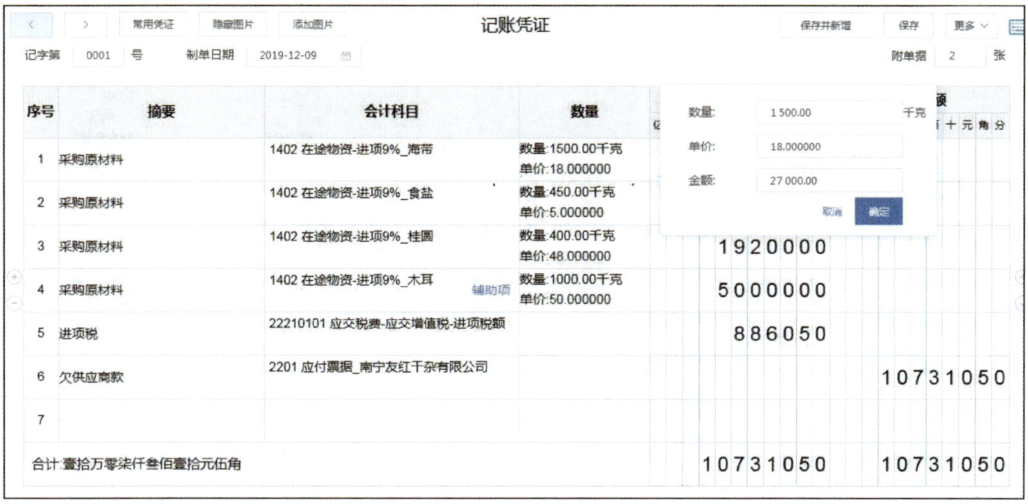

图 2-12　添加原材料数量和单价

（6）依次输入应付票据科目，选择供应商名称“南宁友红干杂有限公司”，录入贷方科目金额，如图 2-13 所示。

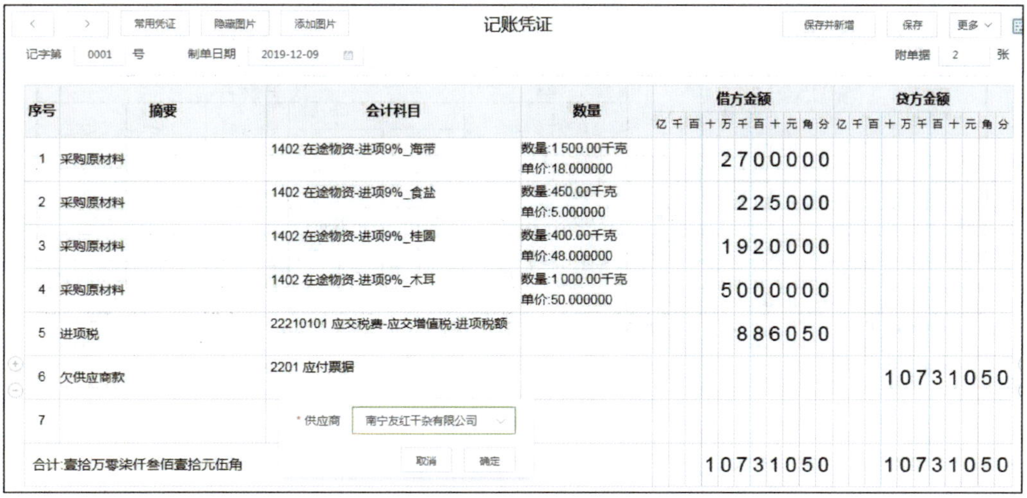

图 2-13　添加供应商名称

（7）生成凭证，如图 2-14 所示。

南宁泰福八宝粥有限责任公

首页　票据采集　票据制单　新增凭证　会计科目　凭证管理

常用凭证　隐藏图片　添加图片　**记账凭证**　保存并新增　保存　更多

上一张　1/1　下一张　1/2组

记字第 0001 号　制单日期 2019-12-09　附单据 2 张

序号	摘要	会计科目	数量	借方金额	贷方金额
1	采购原材料	1402 在途物资-进项9%_海带	数量:1 500.00千克 单价:18.000000	2700000	
2	采购原材料	1402 在途物资-进项9%_食盐	数量:450.00千克 单价:5.000000	225000	
3	采购原材料	1402 在途物资-进项9%_桂圆	数量:400.00千克 单价:48.000000	1920000	
4	采购原材料	1402 在途物资-进项9%_木耳	数量:1 000.00千克 单价:50.000000	5000000	
5	进项税	22210101 应交税费-应交增值税-进项税额		886050	
6	欠供应商款	2201 应付票据_南宁友红干杂有限公司			10731050
合计:壹拾万零柒仟叁佰壹拾元伍角				10731050	10731050

图 2-14　记账凭证

【业务 2-1-2】12 月 10 日，公司库管员验收南宁友红干杂有限公司已到货的原材料 98 450.00 元，相应原始单据如图 2-15 所示。

收　料　单

供应单位：南宁友红干杂有限公司　　　　收料单编号：

材料类别：　　2019 年 12 月 10 日　　收料仓库：1

材料编号	名称	规格	单位	数量 应收	数量 实收	实际成本 买价 单价	实际成本 买价 金额	运杂费	其他	合计
桂圆			千克	400	400	48.00	19 200.00			¥19 200.00
木耳			千克	1 000	1 000	50.00	50 000.00			¥50 000.00
海带			千克	1 500	1 500	18.00	27 000.00			¥27 000.00
食盐			千克	450	450	5.00	2 250.00			¥2 250.00
合计				3 350	3 350		98 450.00			¥98 450.00
备注										

第三联 记账联

仓库主管：黄忠力　　记账：赵秀芬　　收料：　　制单：赵秀芬

图 2-15　收料单

原材料入库一

▶ 操作步骤

【业务 2-1-2】~【业务 2-1-11】具体操作步骤参见【业务 2-1-1】，请学习者自行完成相应操作并生成记账凭证。

【业务 2-1-3】12 月 10 日，从深圳惠华罐业有限公司购入易拉罐一批，数量 100 万罐，价格 0.7 元/罐，增值税税率为 13%，含税总金额为 791 000 元，货款已含运费。双方约定，货到后公司支付货款的 30%（不含税款计 210 000 元），余下的货款下月支付。相应原始单据如图 2-16～图 2-19 所示。

采购业务二

科技伴随　高效学习

购销合同

合同编号 03519242

购货单位（甲方）：南宁泰福八宝粥有限公司

供货单位（乙方）：深圳惠华罐业有限公司

根据《中华人民共和国合同法》及国家相关法律、法规之规定，甲乙双方本着平等互利的原则，就甲方购买乙方货物一事达成以下协议。

一、货物的名称、数量及价格：

货物名称	规格型号	单位	数量	单价	金额	税率	价税合计
易拉罐		罐	1000 000	0.70	700 000.00	13%	791 000.00
合计（大写）　柒拾玖万壹仟元整							791000.00

二、交货方式和费用承担：交货方式：销货方送货，交货时间：2019年12月11日前，交货地点：南宁市邕宁区龙亭路3号，运费由销售方承担。

三、付款时间与付款方式：货到后公司支付货款的30%，余下货款下月支付。

四、质量异议期：订货方对供货方的货物质量有异议时，应在收到货物后10天内提出，逾期视为货物质合格。

五、未尽事宜经双方协商可作[illegible]协议，与本合同具有同等效力。

六、本合同自双方签字、盖章之日起生效；本合同壹式贰份，甲乙双方各执壹份。

甲方（签章）：　　　　　乙方（签章）：

授权代表：梁林　　　　　授权代表：顾陈

地址：南宁市邕宁龙亭路3号　　　　　地址：深圳市龙岗富坪路021号

电话：0771-4946158　　　　　电话：0755-84006366

日期：2019 年 12 月 10 日　　　　　日期：2019 年 12 月 10 日

图 2-16　购销合同

4500151140　　深圳增值税专用发票　　№ 52946773　　科技伴随　高效学习

发票联

4500151140
52946773

机器编号：982888812388　　　　开票日期：2019年12月10日

购买方　名称：南宁泰福八宝粥有限公司
纳税人识别号：914500001982273333
地址、电话：南宁市邕宁龙亭路3号0771-4946158
开户行及账号：工商银行南宁邕宁支行 6222082102000411888

密码区：
172312-4-275 <1+46*54* 82*59*
181321> <8182*59*09618153</
<4<3*2702-9>9*+153</0 >2-3
08/4>>>2-3*0/9/>>25-275<1

货物或应税劳务、服务名称	规格型号	单位	数量	单价	金额	税率	税额
*金属制品*易拉罐		罐	1000000	0.70	700 000.00	13%	91 000.00
合计					¥700 000.00		¥91 000.00
价税合计（大写）	⊗柒拾玖万壹仟元整				（小写）¥791 000.00		

销售方　名称：深圳惠华罐业有限公司
纳税人识别号：91440300557080402D
地址、电话：深圳市龙岗富坪路021号0755-84006366
开户行及账号：工行深圳市龙岗富坪路支行6222082102000541335

备注：校验码 52118 02817 08248 36379

收款人：王宁　　复核：刘强　　开票人：张丽　　销售方：（章）

税总函（2019）××号××××公司

第三联：发票联　购买方记账凭证

图 2-17　增值税专用发票发票联

科技伴随　高效学习

付款申请书

2019 年 12 月 10 日填　　　　字　　　　号

收款单位	深圳惠华罐业有限公司		付款原因
账号	6222082102000541335		付货款30%
开户行	工行深圳市龙岗富坪路支行		
金额	零佰贰拾壹万零仟零佰零拾零元零角零分		
附件　　张	金额(小写)　¥210 000.00		
审批	财务		

财务主管 王冰冰　　记账 赵秀芬　　复核 王冰冰　　出纳 薛国明　　制单 赵秀芬

图 2-18　付款申请书

中国工商银行
转账支票存根

10201120
14893029

附加信息
支付货款30%

出票日期　2019 年 12 月 10 日

收款人：	深圳惠华罐业有限公司
金　额：	¥210 000.00
用　途：	易拉罐款

单位主管 梁林　会计 赵秀芬

XX印务有限公司·XX年印制

图 2-19　转账支票

原材料入库二

【业务 2-1-4】12 月 11 日，公司购入的易拉罐已到货，仓库组织验收入库，货款为 700 000 元。相应原始单据如图 2-20 所示。

科技伴随　高效学习

收　料　单

供应单位：深圳惠华罐业有限公司　　　　收料单编号：
材料类别：　　2019 年 12 月 11 日　　　　收料仓库：2

材料编号	名称	规格	单位	数量		实际成本				
				应收	实收	买价		运杂费	其他	合计
						单价	金额			
	易拉罐		罐	1 000 000	1 000 000	0.70	700 000.00			¥700 000.00
合计				1 000 000	1 000 000		700 000.00			¥700 000.00
备注										

第三联　记账联

仓库主管：黄忠力　　记账：赵秀芬　　收料：　　制单：赵秀芬

图 2-20　收料单

【业务 2-1-5】12 月 11 日，从柳州顺昌粮油有限公司购入原材料一批，价税合计 119 276.40 元，税款 11 316.40 元，款项未付。相应原始单据如图 2-21~ 图 2-23 所示。

采购业务三

4500151140　　广西增值税专用发票　　№ 74393906　4500151140　74393906

发票联

机器编号：982888812388　　开票日期：2019年12月11日

购买方　名　　称：南宁泰福八宝粥有限公司
纳税人识别号：914500001982273333
地 址、电 话：南宁市邕宁龙亭路 3号0771-4946158
开户行及账号：中国工商银行股份有限公司南宁邕宁支行6222082102000411888

密码区　172312-4-275 <1+46*54* 82*59*
181321> <8182*59*09618153 </
<4 <3*2702-9> 9*+153 </0 > 2-3
*08/4> *> > 2-3*0/9/> > 25-275 <1

货物或应税劳务、服务名称	规格型号	单位	数量	单价	金额	税率	税额
*油料*花生		千克	2 200	8.80	19 360.00	9%	1 742.40
*糖*白糖		千克	5 000	8.00	40 000.00	13%	5 200.00
合　　计					¥59 360.00		¥6 942.40
价税合计（大写）	⊗ 陆万陆仟叁佰零贰元肆角整				（小写）¥66 302.40		

销售方　名　　称：柳州顺昌粮油有限公司
纳税人识别号：91450122737733666W
地 址、电 话：柳州市站前路168号0772-5797015
开户行及账号：建行柳州市站前支行62170033800007896333

备注　校验码 52118 02817 08248 65199

收款人：王一博　　复核：赵雄　　开票人：何华　　销售方：（章）

税总函（2019）××号××××公司

第三联：发票联　购买方记账凭证

科技伴随　高效学习

图 2-21　增值税专用发票发票联

4500151140　　广西增值税专用发票　　№ 74736166　4500151140　74736166

发票联

机器编号：982888812388　　开票日期：2019年12月11日

购买方　名　　称：南宁泰福八宝粥有限公司
纳税人识别号：914500001982273333
地 址、电 话：南宁市邕宁龙亭路 3号0771-4846158
开户行及账号：中国工商银行股份有限公司南宁邕宁支行6222082102000411888

密码区　172312-4-275 <1+46*54* 82*59*
181321> <8182*59*09618153 </
<4 <3*2702-9> 9*+153 </0 > 2-3
*08/4> *> > 2-3*0/9/> > 25-275 <1

货物或应税劳务、服务名称	规格型号	单位	数量	单价	金额	税率	税额
*干豆*红豆		千克	2 000	6.80	13 600.00	9%	1 224.00
*干豆*绿豆		千克	3 500	10.00	35 000.00	9%	3 150.00
合　　计					¥48 600.00		¥4 374.00
价税合计（大写）	⊗ 伍万贰仟玖佰柒拾肆元整				（小写）¥52 974.00		

销售方　名　　称：柳州顺昌粮油有限公司
纳税人识别号：91450122737733666W
地 址、电 话：柳州市站前路168号0772-5797015
开户行及账号：建行柳州市站前支行62170033800007896333

备注　校验码 52118 02817 08248 65199

收款人：王一博　　复核：赵雄　　开票人：何华　　销售方：（章）

税总函（2019）××号××××公司

第三联：发票联　购买方记账凭证

科技伴随　高效学习

图 2-22　增值税专用发票发票联

2

科技伴随 高效学习

购销合同

合同编号　84592394

购货单位（甲方）：　南宁泰福八宝粥有限公司

供货单位（乙方）：　柳州顺昌粮油有限公司

根据《中华人民共和国合同法》及国家相关法律、法规之规定，甲乙双方本着平等互利的原则，就甲方购买乙方货物一事达成以下协议。

一、货物的名称、数量及价格：

货物名称	规格型号	单位	数量	单价	金额	税率	价税合计
红豆		千克	2 000	6.80	13 600.00	9%	14 824.00
绿豆		千克	3 500	10.00	35 000.00	9%	38 150.00
花生		千克	2 200	8.80	19 360.00	9%	21 102.40
白糖		千克	5 000	8.00	40 000.00	13%	45 200.00
合计（大写）　壹拾壹万玖仟贰佰柒拾陆元肆角整							¥119 276.40

二、交货方式和费用承担：交货方式：　销货方送货　　，交货时间：　2019年12月12日　　前，交货地点：＿＿＿＿，运费由＿＿＿承担。

三、付款时间与付款方式：＿＿＿＿＿＿＿＿。

四、质量异议期：订货方对供货方的货物质量有异议时，应在收到货物后＿＿＿＿内提出，逾期视为货物质量合格。

五、未尽事宜经双方协商可作补充协议，与本合同具有同等效力。

六、本合同自双方签字、盖章之日起生效；本合同壹式贰份，甲乙双方各执壹份。

甲方（签章）：　　　　　　　　　　乙方（签章）：

授权代表：梁林　　　　　　　　　　授权代表：李媚

地　　址：南宁市邕宁龙亭路3号　　　地　　址：柳州市站前路168号

电　　话：0771-4946158　　　　　　电　　话：0772-5797015

日　　期：2019 年 12 月 11 日　　　日　　期：2019 年 12 月 11 日

图 2-23　购销合同

【业务 2-1-6】12 月 12 日，向柳州顺昌粮油有限公司购入的原材料一批，验收入库。相应原始单据如图 2-24 所示。

原材料入库三

科技伴随 高效学习

收　料　单

供应单位：柳州顺昌粮油有限公司　　　　　　　　收料单编号：

材料类别：　　　　2019 年 12 月 12 日　　　　收料仓库：3

材料编号	名称	规格	单位	数量		实际成本				
						买价		运杂费	其他	合计
				应收	实收	单价	金额			
	红豆		千克	2 000	2 000	6.80	13 600.00			¥13 600.00
	绿豆		千克	3 500	3 500	10.00	35 000.00			¥35 000.00
	花生		千克	2 200	2 200	8.80	19 360.00			¥19 360.00
	白糖		千克	5 000	5 000	8.00	40 000.00			¥40 000.00
	合　计			12 700	12 700		107 960.00			¥107 960.00
	备　注									

第三联 记账联

仓库主管：黄忠力　　记账：赵秀芬　　收料：　　制单：赵秀芬

图 2-24　收料单

【业务 2-1-7】12 月 12 日，从南宁正红粮油有限公司购入原材料一批，价税合计 250 002.40 元，税款 20 642.40 元，货款已结清。相应原始单据如图 2-25~ 图 2-29 所示。

采购业务四

购销合同

合同编号　24230521

购货单位（甲方）：　南宁泰福八宝粥有限公司

供货单位（乙方）：　南宁正红粮油有限公司

根据《中华人民共和国合同法》及国家相关法律、法规之规定，甲乙双方本着平等互利的原则，就甲方购买乙方货物一事达成以下协议。

一、货物的名称、数量及价格：

货物名称	规格型号	单位	数量	单价	金额	税率	价税合计
糯米		千克	19 000	4.80	91 200.00	9%	99 408.00
紫米		千克	6 500	8.00	52 000.00	9%	56 680.00
薏米		千克	3 800	12.00	45 600.00	9%	49 704.00
燕麦		千克	7 800	5.20	40 560.00	9%	44 210.40
合计（大写）	贰拾伍万零贰元肆角整						¥250 002.40

二、交货方式和费用承担：交货方式：　销货方送货　　，交货时间：　2019年12月13日　　前，交货地点：　　　　，运费由　　　承担。

三、付款时间与付款方式：　转账支票方式结算

四、质量异议期：订货方对供货方的货物质量有异议时，应在收到货物后　　　　内提出，逾期视为货物质量合格。

五、未尽事宜经双方协商可作补充协议，与本合同具有同等效力。

六、本合同自双方签字、盖章之日起生效；本合同壹式贰份，甲乙双方各执壹份。

甲方（签章）：　　　　　　　　乙方（签章）：

授权代表：　梁林　　　　　　　授权代表：　成冲

地　　址：　南宁市邕宁区龙亭路3号　　　　地　　址：　南宁市兴宁区华东路121号

电　　话：　0771-4946158　　　　电　　话：　0771-5048218

日　　期：　2019　年　12　月　12　日　　　　日　　期：　2019　年　12　月　12　日

图 2-25　购销合同

4500151140　　**广西增值税专用发票**　　№ 88240749　4500151140　88240749

发票联

机器编号：982888812388　　　　开票日期：　2019年12月12日

购买方	名　　称：南宁泰福八宝粥有限公司 纳税人识别号：914500001982273333 地 址、电 话：南宁市邕宁龙亭路 3号0771-4946158 开户行及账号：中国工商银行股份有限公司南宁邕宁支行6222082102000411888	密码区	172312-4-275＜1+46*54* 82*59* 181321＞＜8182*59*09618153＜/ ＜4＜3*2702-9＞9*+153＜/0 ＞2-3 *08/4＞*＞＞2-3*0/9/＞＞25-275＜1

货物或应税劳务、服务名称	规格型号	单位	数量	单价	金额	税率	税额
*谷物加工品*糯米		千克	19 000	4.80	91 200.00	9%	8 208.00
*谷物加工品*紫米		千克	6 500	8.00	52 000.00	9%	4 680.00
合　　计					¥143 200.00		¥12 888.00
价税合计（大写）	⊗ 壹拾伍万陆仟零捌拾捌元整				（小写）¥156 088.00		

销售方	名　　称：南宁正红粮油有限公司 纳税人识别号：91450122737633777W 地 址、电 话：南宁市兴宁区华东路121号0771-5048218 开户行及账号：中国工商银行股份有限公司南宁市兴宁支行6222082102000052888	备注	校验码 52118 02817 08248 25123

收款人：　王子欣　　　复核：　刘九儿　　　开票人：　吴欣楠　　　销售方：（章）

税总函〔2019〕××号××××公司

第三联：发票联　购买方记账凭证

图 2-26　增值税专用发票发票联

4500151140　　**广西增值税专用发票**　　**№ 74736190**　4500151140　74736190

发票联

机器编号：982888812388　　　开票日期：2019年12月12日

购买方	名　　称：南宁泰福八宝粥有限公司 纳税人识别号：914500001982273333 地 址、电 话：南宁市邕宁龙亭路 3号0771-4946158 开户行及账号：中国工商银行股份有限公司南宁邕宁支行6222082102000411888				密码区	172312-4-275＜1+46*54* 82*59* 181321＞＜8182*59*09618153＜/ ＜4＜3*2702-9＞9*+153＜/0 ＞2-3 *08/4＞*＞＞2-3*0/9/＞＞25-275＜1	
货物或应税劳务、服务名称	规格型号	单位	数量	单价	金额	税率	税额
*谷物加工品*薏米		千克	3800	12.00	45 600.00	9%	4 104.00
*谷物加工品*燕麦		千克	7800	5.20	40 560.00	9%	3 650.40
合　　计					¥86 160.00		¥7 754.40
价税合计（大写）	⊗玖万叁仟玖佰壹拾肆元肆角整				（小写）¥93 914.40		
销售方	名　　称：南宁正红粮油有限公司 纳税人识别号：91450122737633777W 地 址、电 话：南宁市兴宁区华东路121号0771-5048218 开户行及账号：中国工商银行股份有限公司南宁市兴宁支行6222082102000052888				备注	校验码 52118 02817 08248 25123	

收款人：王自新　　复核：天兰　　开票人：吴昕话　　销售方：（章）

税总函（2019）××号××××公司　　第三联：发票联　购买方记账凭证

图 2-27　增值税专用发票发票联

付款申请书

2019 年 12 月 12 日填　　　　字　　号

收款单位	南宁正红粮油有限公司	付款原因
账　　号	6222082102000052888	
开户行	工行南宁市兴宁支行	
金　　额	零佰贰拾伍万零仟零佰零拾贰元肆角零分	
附件　　张	金额(小写) ¥250 002.40	
审批	财务	

财务主管 王冰冰　记账 赵秀芬　复核 王冰冰　出纳 薛国明　制单 赵秀芬

图 2-28　付款申请书

中国工商银行
转账支票存根

10200020
76424253

附加信息
购买原材料

出票日期 2019 年 12 月 12 日

收款人：南宁正红粮油有限公司

金　额：¥250 002.40

用　途：购买原材料

单位主管 梁林　会计 赵秀芬

图 2-29　转账支票

【业务 2-1-8】 12 月 13 日，从南宁正红粮油有限公司购入的原材料一批 229 360 元，仓库验收入库。相应原始单据如图 2-30 所示。

原材料入库四

科技伴随　高效学习

收　料　单

供应单位：南宁正红粮油有限公司　　　　收料单编号：

材料类别：　　　　2019 年 12 月 13 日　　　　收料仓库：3

材料编号	名称	规格	单位	数量		实际成本				
				应收	实收	买价		运杂费	其他	合计
						单价	金额			
	糯米		千克	19 000	19 000	4.80	91 200.00			¥91 200.00
	紫米		千克	6 500	6 500	8.00	52 000.00			¥52 000.00
	薏米		千克	3 800	3 800	12.00	45 600.00			¥45 600.00
	燕麦		千克	7 800	7 800	5.20	40 560.00			¥40 560.00
合计				37 100	37 100		229 360.00			¥229 360.00
备注										

第三联　记账联

仓库主管：黄忠力　　记账：赵秀芬　　收料：　　制单：赵秀芬

图 2-30　收料单

【业务 2-1-9】 12 月 14 日，采购员从南宁科析仪器有限公司购买质检用的低值易耗品一批 35 000 元，增值税款为 4 550 元，价税合计 39 550 元，取得增值税专用发票，工行合计转账支付 39 550 元。相应原始单据如图 2-31 ~ 图 2-33 所示。（提示：计入周转材料——低值易耗品。）

采购低值易耗品

4500151140　　**广西增值税专用发票**　　№ 23939580　4500151140　23939580

科技伴随　高效学习

发票联

机器编号：982888812388　　　　开票日期：2019年12月14日

税总函〔2019〕××号××××公司

购买方	名　　称：南宁泰福八宝粥有限公司 纳税人识别号：914500001982273333 地 址、电 话：南宁市邕宁龙亭路3号0771-4946158 开户行及账号：工商银行南宁邕宁支行 6222082102000411888	密码区	172312-4-275＜1+46*54* 82*59* 181321＞＜8182*59*09618153＜/ ＜4＜3*2702-9＞9*+153＜/0 ＞2-3 *08/4＞*＞＞2-3*0/9/＞＞25-275＜1

货物或应税劳务、服务名称	规格型号	单位	数量	单价	金额	税率	税额
*化学试剂*低值易耗品		批	1	35 000.00	35 000.00	13%	4 550.00
合　计					¥35 000.00		¥4 550.00
价税合计（大写）	⊗叁万玖仟伍佰伍拾元整				（小写）¥39 550.00		

销售方	名　　称：南宁科析仪器有限公司 纳税人识别号：914501227376337653 地 址、电 话：南宁市兴宁区芽桥路23号0771-5054218 开户行及账号：工行南宁市芽桥路支行6222032102000531897	备注	校验码 52118 02817 08248 95315

第三联：发票联　购买方记账凭证

收款人：李大明　　复核：吉生义　　开票人：李大明　　销售方：（章）

图 2-31　增值税专用发票发票联

2

中国工商银行
转账支票存根

10201120
04552673

附加信息
购买低值易耗品

出票日期　2019年 12 月 14 日

收款人：南宁科析仪器有限公司

金　额：¥39 550.00

用　途：货款

单位主管 梁林　　会计 赵秀芬

XX印务有限公司·XX年印制

图 2-32　转账支票存根

入　库　单

No. 46781220

供货单位：南宁科析仪器有限公司　　2019 年 12 月 14 日

编　号	品　名	规　格	单位	数　量	单　价	金　额	备　注
	低值易耗品		批	1	35 000.00	35 000.00	
合				计		35 000.00	

仓库主管：黄忠力　　记账：赵秀芬　　保管：　　经手人：　　制单：赵秀芬

图 2-33　入库单

入库

【业务 2-1-10】12 月 22 日，从南宁兴宁百货股份有限公司，购入夏季工装服 35 套（劳保服装类），均价不含税 350 元/套，价款 12 250 元，税金 1 592.50 元，总金额 13 842.50 元。款项已从工行账户支付，劳保服装已验收入库。相应原始单据如图 2-34～图 2-37 所示。（提示：入库的工装服计入周转材料——劳保服核算。）

购销合同

合同编号　45993747

购货单位（甲方）：　南宁泰福八宝粥有限公司

供货单位（乙方）：　南宁兴宁百货股份有限公司

根据《中华人民共和国合同法》及国家相关法律、法规之规定，甲乙双方本着平等互利的原则，就甲方购买乙方货物一事达成以下协议。

一、货物的名称、数量及价格：

货物名称	规格型号	单位	数量	单价	金额	税率	价税合计
夏季工装服		套	35	350.00	12 250.00	13%	13 842.50
合计（大写）　壹万叁仟捌佰肆拾贰元伍角整							¥13 842.50

二、交货方式和费用承担：交货方式：　购货方自行提货　，交货时间：　2019年12月22日　前，交货地点：＿＿＿＿＿＿，运费由＿＿＿承担。

三、付款时间与付款方式：　货到付款，工行转账支付　。

四、质量异议期：订货方对供货方的货物质量有异议时，应在收到货物后　七天　内提出，逾期视为货物质量合格。

五、未尽事宜经双方协商可作补充协议，与本合同具有同等效力。

六、本合同自双方签字、盖章之日起生效；本合同壹式贰份，甲乙双方各执壹份。

甲方（签章）：（印章：南宁泰福八宝粥有限公司）

授权代表：　梁林

地　　址：　南宁市邕宁龙亭路3号

电　　话：　0771-4946158

日　　期：　2019　年　12　月　22　日

乙方（签章）：（印章：南宁兴宁百货股份有限公司）

授权代表：　张宏

地　　址：　南宁市兴宁区朝阳路2号

电　　话：　0771-5556518

日　　期：　2019　年　12　月　22　日

图 2-34　购销合同

4500151140

广西 增值税专用发票

（监制章：全国统一发票监制章 广西 国家税务总局监制）

发票联

№ 00819518　4500151140

00819518

机器编号：982888812388

开票日期：　2019年12月22日

购买方		密码区
名　　称：南宁泰福八宝粥有限公司 纳税人识别号：914500001982273333 地 址、电 话：南宁市邕宁龙亭路3号0771-4946158 开户行及账号：工商银行南宁邕宁支行 6222082102000411888		172312-4-275〈1+46*54* 82*59* 181321〉〈8182*59*09618153〈/ 〈4〈3*2702-9〉9*+153〈/0 〉2-3 *08/4〉*〉〉2-3*0/9/〉〉25-275〈1

货物或应税劳务、服务名称	规格型号	单位	数量	单价	金额	税率	税额
*服装*夏季工装服		套	35	350.00	12 250.00	13%	1 592.50
合　　计					¥12 250.00		¥1 592.50
价税合计（大写）	⊗ 壹万叁仟捌佰肆拾贰元伍角整				（小写）¥13 842.50		

销售方	备注
名　　称：南宁兴宁百货股份有限公司 纳税人识别号：914501227376337786 地 址、电 话：南宁市兴宁区朝阳路2号0771-6556518 开户行及账号：工行南宁市朝阳支行6232082102000532231	校验码 52118 02817 08248 52951 （印章：南宁兴宁百货股份有限公司 914501227376337786 发票专用章）

收款人：　海涛明　　复核：　杜义　　开票人：　海涛明　　销售方：（章）

第三联：发票联　购买方记账凭证

税总函（2019）××号××××公司

图 2-35　增值税专用发票发票联

中国工商银行
转账支票存根
10201120
09010754
附加信息

出票日期　2019年 12 月 22 日
收款人：南宁兴宁百兴股份有限公司
金　额：¥13 842.50
用　途：货款
单位主管　梁林　　会计　赵秀芬

××印务有限公司·××年印制

图 2-36　转账支票存根

入　　库　　单

No. 38130981

供货单位：南宁兴宁百货股份有限公司　　2019 年 12 月 22 日

编号	品名	规格	单位	数量	单价	金额	备注
	夏季工装服		套	35	350.00	12 250.00	
合计						12 250.00	

仓库主管：黄忠力　　记账：赵秀芬　　保管：　　经手人：　　制单：赵秀芬

图 2-37　入库单

采购业务六

【业务 2-1-11】12 月 30 日，支付深圳惠华罐业有限公司前期购入易拉罐货款，由工行账户转出 581 000 元。相应原始单据如图 2-38 所示。

中国工商银行
转账支票存根
10201120
40970171
附加信息
购买易拉罐

出票日期　2019年 12 月 30 日
收款人：深圳惠华罐业有限公司
金　额：¥581 000.00
用　途：货款
单位主管　梁林　　会计　赵秀芬

××印务有限公司·××年印制

图 2-38　转账支票存根

五、任务评价

"采购业务核算"任务评价如表 2-1 所示。

表 2-1　"采购业务核算"任务评价表

工作任务清单	完成情况
讲述利用会计核算云平台的总账系统完成采购业务核算外包服务的一般处理流程	
在会计核算云平台的票据处理系统中，采集采购业务相关单据影像文件，并进行分类与识别	
在会计核算云平台的总账系统中，根据采购业务原始票据自动生成记账凭证	
检查核对自动生成凭证的金额、方向、科目是否正确	
保存数字档案	

任务二　生产成本核算

一、任务情境

（一）任务场景

泰福八宝粥公司将"生产成本核算"业务外包给财税共享服务中心办理，双方签订合同。

生产成本核算工作分为"库存管理业务"和"成本费用核算业务"两个部分。

1. 生产工艺过程

原料部：工人们将各种原材料目测，筛选、去杂质，按干料配方表称量，将原材料过水浸泡，沥干。将称量好的沥干的原材料混合放入大锅中煮熟。

灌装部：将煮熟的八宝粥加上糖水、少量添加剂，经过灌装程序，将熟料灌入杀菌后的空易拉罐中，封口。

成品部：工人们将装满八宝粥的易拉罐放入半自动卧式杀菌锅进行高温高压杀菌，使八宝粥在高温中进一步膨化，防止返生，然后对其冷却。

质检部：八宝粥加工完成后，由质检部门进行检验、贴标，合格品出厂。

2. 成本核算

成本核算采用综合结转分步法，分成三个步骤，分别是八宝粥熟料加工、八宝粥灌装、八宝粥加工成品（含杀菌、包装、质检等）。

第一步：原料部将原材料经过预处理、煮熟，处理的原材料全部形成生产成本——八宝粥熟料，无须半成品入库核算。该生产成本全部一次性转到八宝粥灌装车间。

第二步：八宝粥灌装车间接收八宝粥熟料生产成本转入，将八宝粥熟料灌装到清洁易拉罐中，并对易拉罐封口。月末按约当产量法分配生产成本，约当产量比例为 50%。加工完成的产品进入八宝粥灌装自制半成品库。

第三步：八宝粥成品加工，接收八宝粥灌装成本，高温灭菌，质检，喷码包装。

（二）任务布置

财务共享服务中心工作人员唐明负责处理泰福八宝粥公司 12 月的生产成本核算业务。

二、工作准备

（一）知识准备

库存管理、生产成本核算等。

（二）业务要领

1. 库存管理

通过入库业务、出库业务、库存管理业务等功能，结合库存盘点、即时库存管理等综合管理系统，对仓储业务全过程进行有效控制和跟踪，实现完善的企业仓储信息管理。

2. 生产成本核算

主要内容包括固定资产折旧计提、水电费用计提、周转材料——低值易耗品摊销、租金分摊、生产八宝粥产品领料、职工薪酬核算、五险一金核算、自制半成品入库、产品入库的核算。

成本核算采用综合结转分步法，即上一生产步骤的半成品成本转入下一生产步骤时，是以“半成品”或“直接材料”综合项目记入下一生产步骤成本计算单的方法。

五险一金及工会经费、职工教育经费计提标准（以北京为例）参见表 2–2，具体以实际为准。

表 2-2　五险一金及工会经费、职工教育经费计提标准（北京为例）

类别	项目	单位缴纳比例（%）	个人缴纳比例（%）
五险一金	养老保险	16	8
	医疗保险	10	2%＋3 元
	失业保险	0.8	0.2
	工伤保险	0.2	
	生育保险	0.8	
	公积金	12	12
其他	工会经费	2	
	职工教育经费	8	

三、业务流程

一般企业成本核算业务流程如图 2-39 所示。

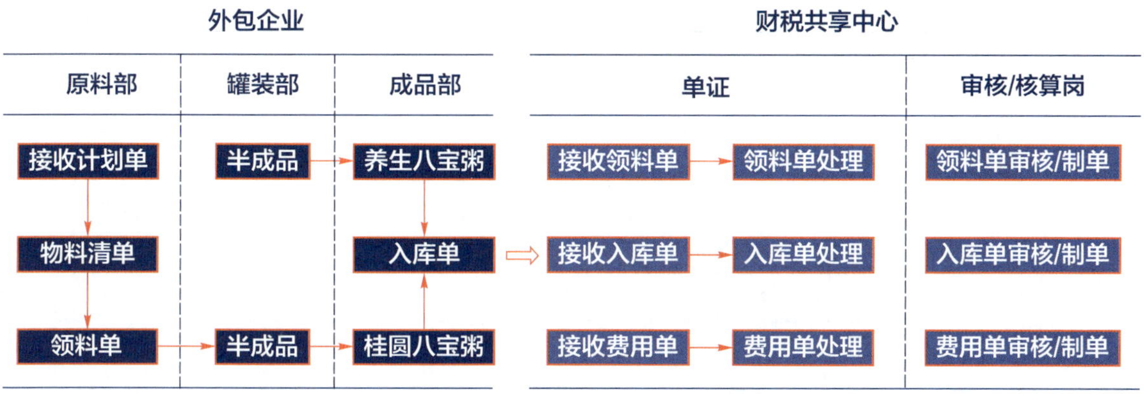

图 2-39　成本核算业务流程图

四、业务操作

（一）库存管理

生产成本核算：直接材料分配

【业务 2-2-1】12 月 13 日，与南宁茶花山矿泉水有限公司签订采购合同，购买生产用矿泉水 250 吨，单价 250 元 / 吨，增值税税率 13%。12 月 14 日，购买生产用的矿泉水已到货，仓库组织入库 250 吨。相应原始单据如图 2-40、图 2-41 所示。

库存管理一：入库

购 销 合 同

合同编号 95797519

购货单位（甲方）：　南宁泰福八宝粥有限公司

供货单位（乙方）：　南宁茶花山矿泉水有限公司

根据《中华人民共和国合同法》及国家相关法律、法规之规定，甲乙双方本着平等互利的原则，就甲方购买乙方货物一事达成以下协议。

一、货物的名称、数量及价格：

货物名称	规格型号	单位	数量	单价	金额	税率	价税合计
矿泉水		吨	250	250.00	62 500.00	0.13	70 625.00
合计（大写）　柒万零陆佰贰拾伍元整							70 625.00

二、交货方式和费用承担：交货方式：　销货方送货　，交货时间：2019年12月14日　前，交货地点：＿＿＿＿，运费由＿＿＿＿承担。

三、付款时间与付款方式：　转账支票方式结算＿＿＿＿。

四、质量异议期：订货方对供货方的货物质量有异议时，应在收到货物后＿＿＿＿内提出，逾期视为货物质量合格。

五、未尽事宜经双方协商可作补充协议，与本合同具有同等效力。

六、本合同自双方签字、盖章之日起生效；本合同壹式贰份，甲乙双方各执壹份。

甲方（签章）：　　　　　　　　　　乙方（签章）：

授权代表：　　　　　　　　　　　　授权代表：广旭

地　　址：南宁市邕宁龙亭路3号　　　地　　址：南宁市兴宁区华阳路西里298号

电　　话：0771-4946158　　　　　　电　　话：0771-5267532

日　　期：2019 年 12 月 13 日　　　日　　期：2019 年 12 月 13 日

图 2-40　矿泉水采购合同

收　　料　　单

No. 40643995

供货单位：南宁茶花山矿泉水有限公司　　2019 年 12 月 14 日

编号	品名	规格	单位	数量	单价	金额	备注
	矿泉水		吨	250	250.00	62 500.00	
合计						62 500.00	

仓库主管：黄忠力　　记账：赵秀芬　　保管：　　经手人：　　制单：赵秀芬

图 2-41　入库单

库存管理二：领用

【业务 2-2-2】本月生产桂圆海带八宝粥罐装 15 400 箱，灌装部领取原材料。相应原始单据如图 2-42 所示。

领　料　单

领料部门：灌装部

用　　途：桂圆海带八宝粥灌装　　2019 年 12 月 30 日　　编号：347

材料编号	材料名称	规格	计量单位	数量		成本	
				请领	实发	单价	金额
	白糖		千克	2 016	2 016	8.00	16 128.00
	食盐		千克	84	84	5.00	420.00
	易拉罐		个	369 600	369 600	0.70	258 720.00
合计				371 700	371 700		275 268.00

主管：王冰冰　　记账：赵秀芬　　仓管主管：黄忠力　　领料：　　发料：

图 2-42　领料单

【业务 2-2-3】本月生产养生八宝粥罐装 21 384 箱，灌装部领取原材料。请根据领料表编制分录，相应原始单据如图 2-43 所示。

库存管理三：领用

领　料　单

领料部门：灌装部

用　　途：养生八宝粥灌装　　2019 年 12 月 30 日　　编号：856

材料编号	材料名称	规格	计量单位	数量		成本	
				请领	实发	单价	金额
	白糖		千克	2 799.36	2 799.36	8.00	22 394.88
	食盐		千克	116.64	116.64	5.00	583.20
	易拉罐		个	513 216	513 216	0.70	359 251.20
合计				516 132	516 132		382 229.28

主管：王冰冰　　记账：赵秀芬　　仓管主管：黄忠力　　领料：　　发料：

图 2-43　领料单

【业务 2-2-4】12 月 30 日，按本月生产计划，成品部从灌装库领取自制半成品桂圆海带八宝粥罐装 14 800 箱，总金额 472 712 元，生产桂圆海带八宝粥。出库单略。

成品部从灌装库领取养生八宝粥罐装 20 860 箱，总价值 650 602.20 元，生产养生八宝粥，编制自制半成品出库的分录。出库单略。

库存管理四：领用

（二）成本费用核算

生产成本核算：制造费用分配

成本费用核算：分配工服

【业务 2-2-5】将业务 2-1-10 入库的 35 套职工夏季工装服分配给在职员工。夏季工装服分配表如表 2-3 所示。会计编制记账凭证，各部门领用工装服相应原始单据如图 2-44 至图 2-51 所示。

表 2-3　夏季工装服分配表

代码	部门	人数	金额
1	行政部（含保安 3 人）	11	3 850.00
2	财务部	3	1 050.00
3	销售部	2	700.00
4	原料部	6	2 100.00
5	灌装部	5	1 750.00
6	成品部	5	1 750.00
7	质检部	3	1 050.00
	合计	35	12 250.00

（注：行政部 3 名保安人员不属于本公司员工，计算工资、奖金等时不考虑在内。）

领　料　单

领料部门：行政部

用　途：　　　　2019 年 12 月 23 日　　　　编号：389

材料编号	材料名称	规格	计量单位	数量		成本	
				请领	实发	单价	金额
	夏季工装服		套	11	11	350.00	3 850.00
合计				11	11		3 850.00

主管：王冰冰　记账：赵秀芬　仓管主管：黄忠力　领料：　发料：

图 2-44　领料单

领　料　单

领料部门：财务部

用　途：　　　　2019 年 12 月 23 日　　　　编号：390

材料编号	材料名称	规格	计量单位	数量		成本	
				请领	实发	单价	金额
	夏季工装服		套	3	3	350.00	1 050.00
合计				3	3		1 050.00

主管：王冰冰　记账：赵秀芬　仓管主管：黄忠力　领料：　发料：

图 2-45　领料单

领　料　单

领料部门：销售部

用　途：　　　　2019 年 12 月 23 日　　　　编号：391

材料编号	材料名称	规格	计量单位	数量		成本	
				请领	实发	单价	金额
	夏季工装服		套	2	2	350.00	700.00
合计				2	2		700.00

主管：王冰冰　记账：赵秀芬　仓管主管：黄忠力　领料：　发料：

图 2-46　领料单

领　料　单

领料部门：原料部

用　途：　　　　2019 年 12 月 23 日　　　　编号：392

材料编号	材料名称	规格	计量单位	数量		成本	
				请领	实发	单价	金额
	夏季工装服		套	6	6	350.00	2 100.00
合计				6	6		2 100.00

主管：王冰冰　记账：赵秀芬　仓管主管：黄忠力　领料：　发料：

图 2-47　领料单

领　料　单

领料部门：灌装部

用　　途：　　2019 年 12 月 23 日　　编号：393

材料编号	材料名称	规格	计量单位	数量		成本	
				请领	实发	单价	金额
	夏季工装服		套	5	5	350.00	1 750.00
合计				5	5		1 750.00

主管：王冰冰　记账：赵秀芬　仓管主管：黄忠力　领料：　发料：

图 2-48　领料单

领　料　单

领料部门：成品部

用　　途：　　2019 年 12 月 23 日　　编号：394

材料编号	材料名称	规格	计量单位	数量		成本	
				请领	实发	单价	金额
	夏季工装服		套	5	5	350.00	1 750.00
合计				5	5		1 750.00

主管：王冰冰　记账：赵秀芬　仓管主管：黄忠力　领料：　发料：

图 2-49　领料单

领　料　单

领料部门：质检部

用　　途：　　2019 年 12 月 23 日　　编号：395

材料编号	材料名称	规格	计量单位	数量		成本	
				请领	实发	单价	金额
	夏季工装服		套	3	3	350.00	1 050.00
合计				3	3		1 050.00

主管：王冰冰　记账：赵秀芬　仓管主管：黄忠力　领料：　发料：

图 2-50　领料单

"制造费用——劳保费"科目设有部门辅助核算，在下拉菜单中选择相应部门，如图 2-51 所示。

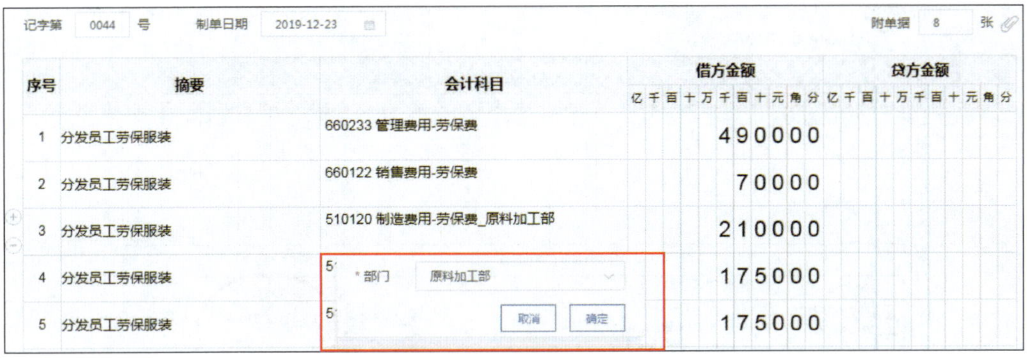

图 2-51　添加部门

【业务 2-2-6】12 月 28 日，本月质检部领用周转材料——低值易耗品化学试剂一批 35 000 元。请编制周转材料——低值易耗品化学试剂领用的分录。

成本费用核算：领用

【业务 2-2-7】12 月 28 日，按五五摊销法，摊销上笔业务，质检部领用周转材料——低值易耗品化学试剂一批，计入成本 17 500 元，请编制摊销分录。

成本费用核算：摊销低值易耗品

【业务 2-2-8】12 月 29 日，计提本月水电费，本月水电费分配表如表 2-4 所示。电费增值税税率 13%，进项税额为 1 311.13 元。自来水增值税税率为 9%，进项税额为 265.73 元。会计编制记账凭证，相应原始单据如图 2-52、图 2-53 所示。本月水费、电费分配表如表 2-4 所示。

表 2-4　本月水电费分配表

单位：元

项目	电表				水表			合计
	功率 KW	电读数	不含税单价	金额	水表数	不含税单价	金额	
行政部、财务部	8	1 664	0.58	965.12	131	2.50	327.50	1 292.62
销售部	0.6	125	0.58	72.50	15	2.50	37.50	110.00
原料部	14	2 184	0.58	1 266.72	330	2.50	825.00	2 091.72
灌装部	17	2 652	0.58	1 538.16	232	2.50	580.00	2 118.16
成品部	64	9 984	0.58	5 790.72	375	2.50	937.50	6 728.22
质检部	5	780	0.58	452.40	98	2.50	245.00	697.40
合计		17 389		10 085.62	1 181		2 952.50	13 038.12

2

成本费用核算：计提水电费

4500151140　　**广西增值税专用发票**　　№ 32395089　4500151140 32395089

发票联

科技伴随　高效学习

机器编号：982888812388　　开票日期：2019年12月29日

购买方	名称：南宁泰福八宝粥有限公司 纳税人识别号：914500001982273333 地址、电话：南宁市邕宁龙亭路 3号0771-4946158 开户行及账号：中国工商银行股份有限公司南宁邕宁支行6222082102000411888			密码区	172312-4-275<1+46*54* 82*59* 181321><8182*59*09618153</ <4<3*2702-9>9*+153</0 >2-3 *08/4>*>>2-3*0/9/>>25-275<1		
货物或应税劳务、服务名称	规格型号	单位	数量	单价	金额	税率	税额
*发电*供电		度	17 389	0.58	10 085.62	13%	1 311.13
合计					¥10 085.62		¥1 311.13
价税合计（大写）	⊗壹万壹仟叁佰玖拾陆元柒角伍分				（小写）¥11 396.75		
销售方	名称：南方电网有限公司 纳税人识别号：91450221779111688P 地址、电话：南宁市江南路54号0771-5238214 开户行及账号：中国工商银行股份有限公司南宁市江南路支行6222082102000541295			备注	校验码 52118 02817 08248 31094		

收款人：刘成　　复核：古月　　开票人：刘义　　销售方：（章）

税总函（2019）××号×××公司

第三联：发票联　购买方记账凭证

图 2-52　增值税专用发票发票联

4500151140　　**广西增值税专用发票**　　№ 71160491　4500151140 71160491

发票联

科技伴随　高效学习

机器编号：982888812388　　开票日期：2019年12月29日

购买方	名称：南宁泰福八宝粥有限公司 纳税人识别号：914500001982273333 地址、电话：南宁市邕宁龙亭路 3号0771-4946158 开户行及账号：中国工商银行股份有限公司南宁邕宁支行6222082102000411888			密码区	172312-4-275<1+46*54* 82*59* 181321><8182*59*09618153</ <4<3*2702-9>9*+153</0 >2-3 *08/4>*>>2-3*0/9/>>25-275<1		
货物或应税劳务、服务名称	规格型号	单位	数量	单价	金额	税率	税额
*水冰雪*自来水		吨	1 181	2.50	2 952.50	9%	265.73
合计					¥2 952.50		¥265.73
价税合计（大写）	⊗叁仟贰佰壹拾捌元贰角叁分				（小写）¥3 218.23		
销售方	名称：绿城水务有限公司 纳税人识别号：914502217791116231 地址、电话：南宁市淡村路23号0771-5234213 开户行及账号：中国工商银行股份有限公司南宁市淡村路支行6222082102000323293			备注	校验码 52118 02817 08248 76094		

收款人：　　复核：吴姣　　开票人：周金　　销售方：（章）

税总函（2019）××号×××公司

第三联：发票联　购买方记账凭证

图 2-53　增值税专用发票发票联

成本费用核算：生产领料（一）

【业务 2-2-9】12 月 30 日，本月生产桂圆海带八宝粥 15 400 箱，原料部领用原材料（期间 12 月 1 日—30 日）。请根据领料单编制生产领料分录，相应原始单据如图 2-54 至图 2-56 所示。

领　料　单

领料部门：原材料加工部

用　　途：桂圆海带八宝粥熬料　　2019 年 12 月 30 日　　编号：864

材料编号	材料名称	规格	计量单位	数量		成本	
				请领	实发	单价	金额
	矿泉水		吨	84	84	250	21000
合计				84	84		21000

主管：王冰冰　　记账：赵秀芬　　仓管主管：黄忠力　　领料：　　发料：

图 2-54　领料单

领　料　单

领料部门：原材料加工部

用　　途：桂圆海带八宝粥熬料　　2019 年 12 月 30 日　　编号：865

材料编号	材料名称	规格	计量单位	数量		成本	
				请领	实发	单价	金额
	糯米		千克	6 216	6 216	4.80	29 836.80
	海带		千克	1 512	1 512	18.00	27 216.00
	薏米		千克	1 008	1 008	12.00	12 096.00
	燕麦		千克	840	840	5.20	4 368.00
合计				9 576	9 576		73 516.80

主管：王冰冰　　记账：赵秀芬　　仓管主管：黄忠力　　领料：　　发料：

图 2-55　领料单

领　料　单

领料部门：原材料加工部

用　　途：桂圆海带八宝粥熬料　　2019 年 12 月 30 日　　编号：866

材料编号	材料名称	规格	计量单位	数量		成本	
				请领	实发	单价	金额
	红豆		千克	2 184	2 184	6.80	14 851.20
	绿豆		千克	1 260	1 260	10.00	12 600.00
	花生		千克	1 344	1 344	8.80	11 827.20
	桂圆		千克	336	336	48.00	16 128.00
合计				5 124	5 124		55 406.40

主管：王冰冰　　记账：赵秀芬　　仓管主管：黄忠力　　领料：　　发料：

图 2-56　领料单

成本费用核算：生产领料（二）

【业务 2-2-10】12 月 30 日，本月生产养生八宝粥 21 384 箱，销售部根据市场调研，建议实验室调整配方，实验室根据顾客口味，在配方中调减了红豆 380 千克，同时增加绿豆 380 千克，调整后的原材料在领料单中反映。请根据领料单编制会计分录，相应原始单据如图 2-57 至图 2-59 所示。

领　料　单

领料部门：原材料加工部

用　　途：养生八宝粥熟料　　2019 年 12 月 30 日　　编号：867

材料编号	材料名称	规格	计量单位	数量		成本	
				请领	实发	单价	金额
	糯米		千克	8 398.08	8 398.08	4.80	40 310.78
	紫米		千克	3 965.76	3 965.76	8.00	31 726.08
	薏米		千克	1 399.68	1 399.68	12.00	16 796.16
	燕麦		千克	3 849.12	3 849.12	5.20	20 015.42
合　计				17 612.64	17 612.64		108 848.45

主管：王冰冰　　记账：赵秀芬　　仓管主管：黄忠力　　领料：　　发料：

图 2-57　领料单

领　料　单

领料部门：原材料加工部

用　　途：养生八宝粥熟料　　2019 年 12 月 30 日　　编号：868

材料编号	材料名称	规格	计量单位	数量		成本	
				请领	实发	单价	金额
	红豆		千克	319.84	319.84	6.80	2 174.91
	绿豆		千克	1 079.84	1 079.84	10.00	10 798.40
	花生		千克	699.84	699.84	8.80	6 158.59
	木耳		千克	699.84	699.84	50.00	34 992.00
合　计				2 799.36	2 799.36		54 123.90

主管：王冰冰　　记账：赵秀芬　　仓管主管：黄忠力　　领料：　　发料：

图 2-58　领料单

领　料　单

领料部门：原材料加工部

用　　途：养生八宝粥熟料　　2019 年 12 月 30 日　　编号：869

材料编号	材料名称	规格	计量单位	数量		成本	
				请领	实发	单价	金额
	矿泉水		吨	116.64	116.64	250	29 160.00
合　计				116.64	116.64		29 160.00

主管：王冰冰　　记账：赵秀芬　　仓管主管：黄忠力　　领料：　　发料：

图 2-59　领料单

【业务 2-2-11】12 月 30 日，灌装部在 11 月领用蒸汽管路和压缩空气管路两种周转材料，蒸汽管路 3 000 元，正在使用中；压缩空气管路 3 000 元，已经损坏，均按“五五”摊销法进行产品成本核算。

成本费用核算：摊销（一）

【业务 2-2-12】12 月 30 日，将【业务 2-2-11】中已摊销的蒸汽管路 1 500 元、压缩空气管路 1 500 元报废，转销全部已提摊销额的账务处理。本月南宁泰福八宝粥有限公司相关报废申请单如表 2-5 所示。

成本费用核算：摊销（二）

表 2-5　南宁泰福八宝粥有限公司报废申请单

2019 年 12 月 30 日

名称	蒸汽管路 压缩空气管路	数量	1 批	金额	3 000.00
申请部门	灌装部	申请人	董英胜	日期	2019 年 12 月 30 日
报废原因	因人为操控不当等原因，爆管。				
申请部门负责人核实确认		庄阳煌			
行政办确认签字		李文			
审批	同意报废 梁林 2019 年 12 月 30 日				

【业务 2-2-13】12 月 30 日，月末财务收到公司人力资源管理部门提供的部门工资汇总表一份，请会计根据工资汇总表进行相关工资业务成本核算，编制相应的记账凭证。南宁泰福八宝粥有限公司部门工资汇总表如表 2-6 所示。

生产成本核算：直接人工分配

要求：生产部门生产工人工资按八宝粥产品产量比例，分配到明细的生产成本——直接人工（桂圆海带八宝粥熟料）、生产成本——直接人工（养生八宝粥熟料）等科目。

南宁泰福八宝粥有限公司生产工人工资分配表，如表 2-7 所示。

成本费用核算：工资

2

表 2-6　南宁泰福八宝粥有限公司部门工资汇总表

2019 年 12 月 30 日　　　　单位：元

项目	人数	基本工资	岗位工资	绩效工资	交通补贴	误餐补助	应发合计	养老保险	医疗保险	失业保险	公积金	扣款合计	税前应发	个人所得税	税后应发
行政部、财务部	11	21 500.00	25 100.00	11 403.04	2 200.00	1 100.00	61 303.04	3 728.00	965.00	93.20	5 592.00	10 378.20	50 924.84	83.46	50 841.38
销售部	2	4 000.00	4 700.00	2 023.12	400.00	200.00	11 323.12	696.00	180.00	17.40	1 044.00	1 937.40	9 385.72	3.50	9 382.22
原料部	管理	2 200.00	2 500.00	1 103.52	200.00	100.00	6 103.52	376.00	97.00	9.40	564.00	1 046.40	5 057.12	3.50	5 053.62
	工人	7 600.00	8 800.00	4 046.24	1 000.00	500.00	21 946.24	1 312.00	343.00	32.80	1 968.00	3 655.80	18 290.44	—	18 290.44
	6	9 800.00	11 300.00	5 149.76	1 200.00	600.00	28 049.76	1 688.00	440.00	42.20	2 532.00	4 702.20	23 347.56	3.50	23 344.06
灌装部	管理	2 200.00	2 500.00	1 103.52	200.00	100.00	6 103.52	376.00	97.00	9.40	564.00	1 046.40	5 057.12	3.50	5 053.62
	工人	6 200.00	7 200.00	3 310.56	800.00	400.00	17 910.56	1 072.00	280.00	26.80	1 608.00	2 986.80	14 923.76	—	14 923.76
	5	8 400.00	9 700.00	4 414.08	1 000.00	500.00	24 014.08	1 448.00	377.00	36.20	2 172.00	4 033.20	19 980.88	3.50	19 977.38
成品部	管理	2 200.00	2 500.00	1 103.52	200.00	100.00	6 103.52	376.00	97.00	9.40	564.00	1 046.40	5 057.12	3.50	5 053.62
	工人	6 400.00	7 400.00	3 494.48	800.00	400.00	18 494.48	1 104.00	279.00	27.60	1 656.00	3 066.60	15 427.88	—	15 427.88
	5	8 600.00	9 900.00	4 598.00	1 000.00	500.00	24 598.00	1 480.00	376.00	37.00	2 220.00	4 113.00	20 485.00	3.50	20 481.50
质检部	3	5 400.00	6 300.00	2 758.80	600.00	300.00	15 358.80	936.00	243.00	23.40	1 404.00	2 606.40	12 752.40	3.50	12 748.90
合计		57 700.00	67 000.00	30 346.80	6 400.00	3 200.00	164 646.80	9 976.00	2 581.00	249.40	14 964.00	27 770.40	136 876.40	100.96	136 755.44

表 2-7　生产工人工资分配表

2019 年 12 月 30 日　　　　　　金额单位：元

项目	产量（箱）	原料部	灌装部	成品部	合计
生产工人工资		21 946.24	17 910.56	18 494.48	58 351.28
桂圆海带八宝粥熟料	15 400.00	9 188.02			9 188.02
养生八宝粥熟料	21 384.00	12 758.22			12 758.22
桂圆海带八宝粥灌装	15 400.00		7 498.44		7 498.44
养生八宝粥灌装	21 384.00		10 412.12		10 412.12
桂圆海带八宝粥	15 400.00			7 742.90	7 742.90
养生八宝粥	21 384.00			10 751.58	10 751.58
合计		21 946.24	17 910.56	18 494.48	58 351.28

▶ 操作步骤

1. 计提工资（工资表导入）操作步骤

（1）在“财天下”首页执行“智能工资”|“人员信息”，导入人员信息；执行“人员基本信息采集”和“人员专项信息采集”同步人员信息，导入人员专项附加信息；执行“智能算税”，将根据模板填写的工资表导入，如图 2-60 所示。

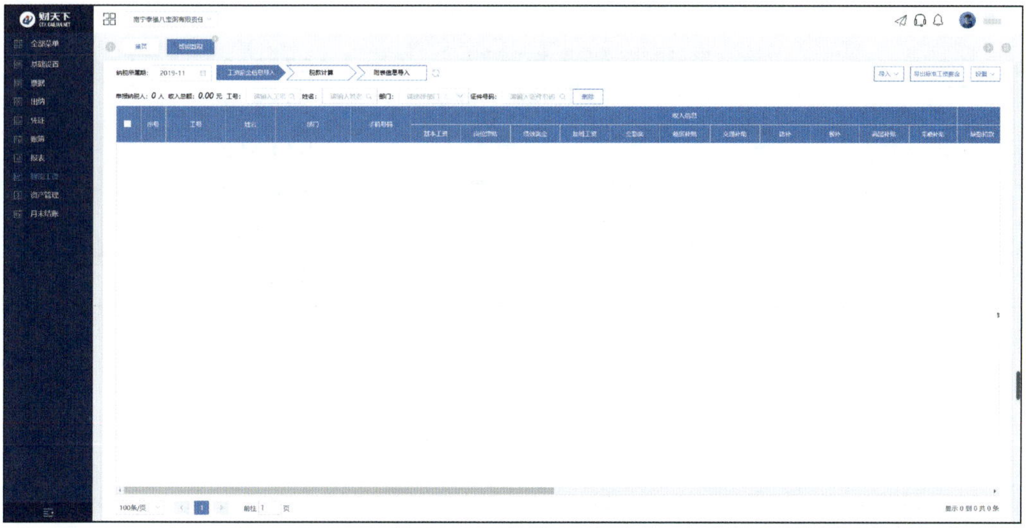

图 2-60　导入工资表

（2）进入“智能工资”中的“凭证生成”页面，单击右下方的“生成凭证”，如图 2-61 所示。

图 2-61　工资凭证录入

（3）可以在“凭证管理”中查询自动生成的计提工资凭证，如图 2-62 所示。

图 2-62　计提工资凭证

2. 计提工资凭证（手工录入）操作步骤

借方科目：首页凭证→新增凭证→摘要→分别录入管理费用－职工薪酬－工资薪金，销售费用－职工薪酬－工资薪金金额（工资表中应发合计）。

制造费用工资录入→制造费用－职工工资－成品部→录入金额（部门工资中的原料部、灌装部、成品部管理人员工资），如图 2-63 所示。

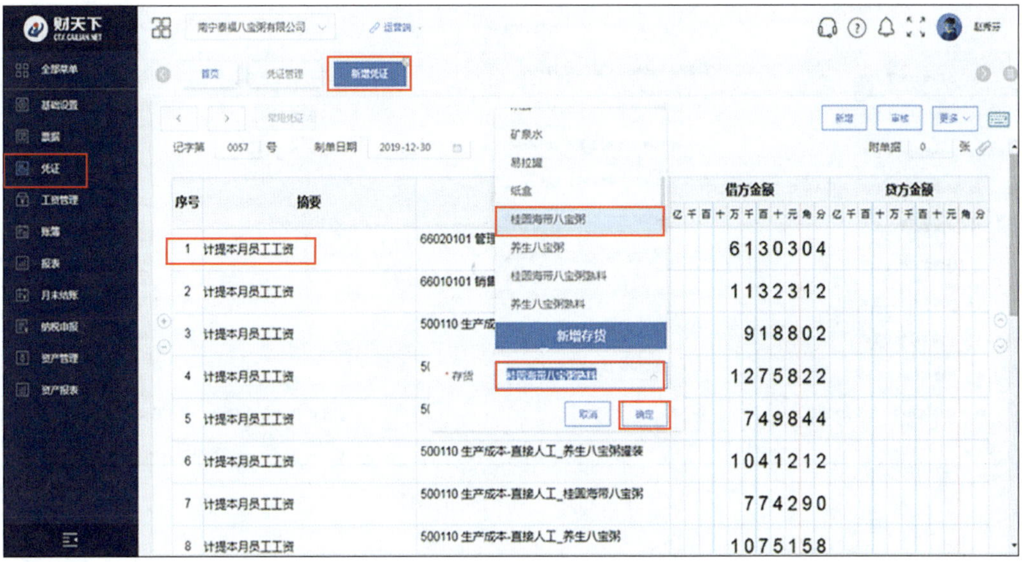

图 2-63　工资凭证录入

借方科目录入→生产成本－直接人工→存货项目选择（桂圆海带八宝粥熟料，对应部门是原料部中的工人工资 9 188.02 元）→依次录入其他部门对应的桂圆海带八宝粥、养生八宝粥的工人工资，如图 2-64 所示。

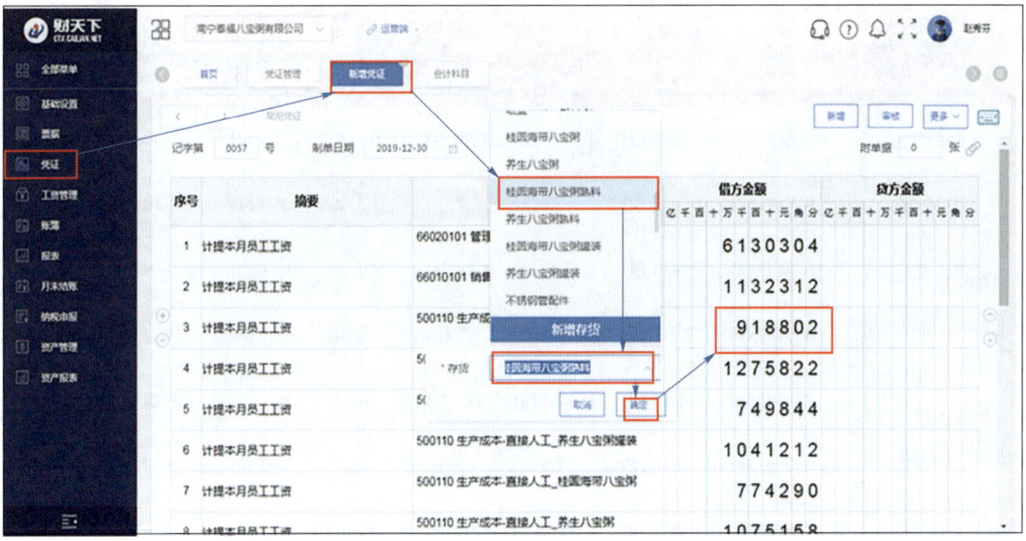

图 2-64　工资凭证录入选项

贷方科目录入→应付职工薪酬－职工工资（工资表中税后应发合计）→代扣个人社保、医保、公积金、失业金，以其他应付款列示，工资表中的相应合计数→代扣个人所得税，如图 2-65 所示。

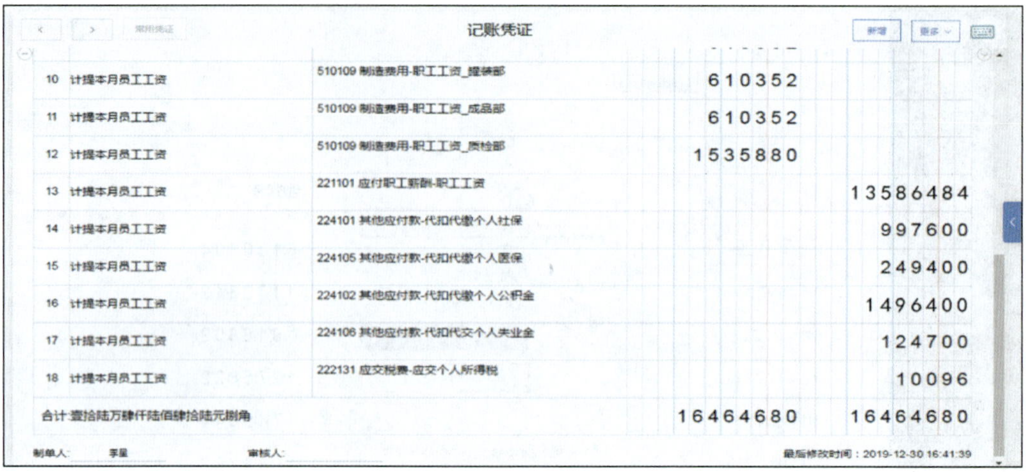

记账凭证

序号	摘要	会计科目	借方金额	贷方金额
10	计提本月员工工资	510109 制造费用-职工工资_灌装部	610352	
11	计提本月员工工资	510109 制造费用-职工工资_成品部	610352	
12	计提本月员工工资	510109 制造费用-职工工资_质检部	1535880	
13	计提本月员工工资	221101 应付职工薪酬-职工工资		13586484
14	计提本月员工工资	224101 其他应付款-代扣代缴个人社保		997600
15	计提本月员工工资	224105 其他应付款-代扣代缴个人医保		249400
16	计提本月员工工资	224102 其他应付款-代扣代缴个人公积金		1496400
17	计提本月员工工资	224106 其他应付款-代扣代交个人失业金		124700
18	计提本月员工工资	222131 应交税费-应交个人所得税		10096
合计:壹拾陆万肆仟陆佰肆拾陆元捌角			16464680	16464680

制单人: 李星　审核人:　最后修改时间：2019-12-30 16:41:39

图 2-65　工资凭证录入

成本费用核算：计提公司五险一金

【业务 2-2-14】12 月 30 日，公司根据部门工资汇总表，计提公司五险一金，并编制记账凭证。南宁泰福八宝粥有限公司部门职工五险一金计提表的具体信息，如表 2-8 所示。

表 2-8　南宁泰福八宝粥有限公司部门职工五险一金计提表

2019 年 12 月 30 日　　单位：元

人员类别		五险一金工资基数	养老保险费（16%）	医疗保险费（10%）	失业保险费（0.8%）	工伤保险费（0.2%）	生育保险费（0.8%）	住房公积金（12%）	合计
行政财务		46 600.00	7 456.00	4 660.00	372.80	93.20	372.80	5 592.00	18 546.80
销售部		8 700.00	1 392.00	870.00	69.60	17.40	69.60	1 044.00	3 462.60
基本生产车间原料部	工人	16 400.00	2 624.00	1 640.00	131.20	32.80	131.20	1 968.00	6 527.20
	管理	4 700.00	752.00	470.00	37.60	9.40	37.60	564.00	1 870.60
基本生产车间灌装部	工人	13 400.00	2 144.00	1 340.00	107.20	26.80	107.20	1 608.00	5 333.20
	管理	4 700.00	752.00	470.00	37.60	9.40	37.60	564.00	1 870.60
基本生产车间产成品部	工人	13 800.00	2 208.00	1 380.00	110.40	27.60	110.40	1 656.00	5 492.40
	管理	4 700.00	752.00	470.00	37.60	9.40	37.60	564.00	1 870.60
制造费用质检部		11 700.00	1 872.00	1 170.00	93.60	23.40	93.60	1 404.00	4 656.60
合计		124 700.00	19 952.00	12 470.00	997.60	249.40	997.60	14 964.00	49 630.60

南宁泰福八宝粥有限公司生产工人五险一金分配表，如表 2-9 所示。

表 2-9　南宁泰福八宝粥有限公司生产工人五险一金分配表

2019 年 12 月 30 日　　　　单位：元

项目	产量（箱）	原料部	灌装部	成品部	合计
生产工人五险一金		6 527.20	5 333.20	5 492.40	17 352.80
桂圆海带八宝粥熟料	15 400.00	2 732.68			2 732.68
养生八宝粥熟料	21 384.00	3 794.52			3 794.52
桂圆海带八宝粥灌装	15 400.00		2 232.80		2 232.80
养生八宝粥灌装	21 384.00		3 100.40		3 100.40
桂圆海带八宝粥	15 400.00			2 299.45	2 299.45
养生八宝粥	21 384.00			3 192.95	3 192.95
合计		6 527.20	5 333.20	5 492.40	17 352.80

【业务 2-2-15】12 月 30 日，公司根据部门工会费用、职工教育经费分配表，会计编制记账凭证。南宁泰福八宝粥有限公司 12 月工会费用、职工教育经费汇总表如表 2-10 所示。

成本费用核算：工会费用、职工教育经费

表 2-10　南宁泰福八宝粥有限公司工会费用、职工教育经费汇总表

2019 年 12 月 30 日　　　　单位：元

人员类别		工会职教工资基数	工会经费（2%）	职工教育经费（8%）	合计
行政财务		46 600.00	932.00	3 728.00	4 660.00
销售部		8 700.00	174.00	696.00	870.00
基本生产车间原料部	生产工人	16 400.00	328.00	1 312.00	1 640.00
	管理	4 700.00	94.00	376.00	470.00
基本生产车间灌装部	生产工人	13 400.00	268.00	1 072.00	1 340.00
	管理	4 700.00	94.00	376.00	470.00
产品生产成品部	生产工人	13 800.00	276.00	1 104.00	1 380.00
	管理	4 700.00	94.00	376.00	470.00
制造费用质检部		11 700.00	234.00	936.00	1 170.00
合计		124 700.00	2 494.00	9 976.00	12 470.00

按照工会费用、职工教育经费汇总表，对生产工人的工会经费、职工教育经费进行分配，分配情况如表 2-11 所示。

表 2-11　南宁泰福八宝粥有限公司生产工人工会及职工教育经费分配表

2019 年 12 月 30 日　　单位：元

项目	产量（箱）	原料部	罐装部	成品部	合计
生产工人工会职教费用		1 640.00	1 340.00	1 380.00	4 360.00
桂圆海带八宝粥熟料	15 400.00	686.60			686.60
养生八宝粥熟料	21 384.00	953.40			953.40
桂圆海带八宝粥灌装	15 400.00		561.00		561.00
养生八宝粥灌装	21 384.00		779.00		779.00
桂圆海带八宝粥	15 400.00			577.75	577.75
养生八宝粥	21 384.00			802.25	802.25
合计		1 640.00	1 340.00	1 380.00	4 360.00

成本费用核算：计提全年奖金

【业务 2-2-16】计提 2019 年度全年奖金。员工全年奖金情况说明如表 2-12 所示。

表 2-12　泰福八宝粥有限公司员工奖金

日期：2019-12-30　　单位：元

编号	姓名	部门	职务	2019 年奖金	超产奖励	奖金合计	年终奖扣税	实发合计
1001	梁林	行政部	总经理	8 000.00	1 000.00	9 000.00	270.00	8 730.00
1002	刘宏平	行政部	副总经理	7 250.00	1 000.00	8 250.00	247.50	8 002.50
1003	李文	行政部	经理	6 250.00	1 000.00	7 250.00	217.50	7 032.50
1004	张红梅	行政部	主管	5 500.00	1 000.00	6 500.00	195.00	6 305.00
1005	肖阳	行政部	主管（人事）	5 500.00	1 000.00	6 500.00	195.00	6 305.00
1006	贺兰兰	行政部	主管（采购）	5 500.00	1 000.00	6 500.00	195.00	6 305.00
1007	黄忠力	行政部	主办（仓库）	4 500.00	500.00	5 000.00	150.00	4 850.00
1008	覃有为	行政部	职员（电工）	4 000.00	500.00	4 500.00	135.00	4 365.00
2001	王冰冰	财务部	经理	6 250.00	500.00	6 750.00	202.50	6 547.50
2002	赵秀芬	财务部	会计（主管）	5 500.00	500.00	6 000.00	180.00	5 820.00

续表

编号	姓名	部门	职务	2019年奖金	超产奖励	奖金合计	年终奖扣税	实发合计
2003	薛国明	财务部	出纳（主办）	4 500.00	500.00	5 000.00	150.00	4 850.00
小计		行政财务	11	62 750.00	8 500.00	71 250.00	2 137.50	69 112.50
3001	罗东丽	销售部	经理	6 250.00	1 000.00	7 250.00	217.50	7 032.50
3002	沈冬荣	销售部	主管	5 500.00	1 000.00	6 500.00	195.00	6 305.00
小计		销售2人	2	11 750.00	2 000.00	13 750.00	412.50	13 337.50
4001	刘涛	原料部	经理	6 250.00	1 000.00	7 250.00	217.50	7 032.50
4002	肖晓琳	原料部	主管	5 500.00	1 000.00	6 500.00	195.00	6 305.00
4003	唐松	原料部	主办	4 500.00	500.00	5 000.00	150.00	4 850.00
4004	素心兰	原料部	职员	4 000.00	500.00	4 500.00	135.00	4 365.00
4005	廖婉岚	原料部	职员	4 000.00	500.00	4 500.00	135.00	4 365.00
4006	邓代辉	原料部	职员	4 000.00	500.00	4 500.00	135.00	4 365.00
小计		原料部	6	28 250.00	4 000.00	32 250.00	967.50	31 282.50
5001	庄阳煌	灌装部	经理	6 250.00	1 000.00	7 250.00	217.50	7 032.50
5002	董英胜	灌装部	主管	5 500.00	1 000.00	6 500.00	195.00	6 305.00
5003	卢陵	灌装部	主办	4 500.00	500.00	5 000.00	150.00	4 850.00
5004	姜可茜	灌装部	职员	4 000.00	500.00	4 500.00	135.00	4 365.00
5005	罗清蓉	灌装部	职员	4 000.00	500.00	4 500.00	135.00	4 365.00
小计		灌装部	5	24 250.00	3 500.00	27 750.00	832.50	26 917.50
6001	秦富强	成品部	经理	6 250.00	1 000.00	7 250.00	217.50	7 032.50
6002	高云云	成品部	主管	5 500.00	1 000.00	6 500.00	195.00	6 305.00
6003	廖莹	成品部	主办	4 500.00	500.00	5 000.00	150.00	4 850.00
6004	黄家华	成品部	主办	4 500.00	500.00	5 000.00	150.00	4 850.00
6005	周鹏凤	成品部	职员	4 000.00	500.00	4 500.00	135.00	4 365.00
小计		成品部	5	24 750.00	3 500.00	28 250.00	847.50	27 402.50
7001	邹雪梅	质检部	经理	6 250.00	1 000.00	7 250.00	217.50	7 032.50
7002	许宏龙	质检部	主管	5 500.00	1 000.00	6 500.00	195.00	6 305.00
7003	肖军旺	质检部	职员	4 000.00	500.00	4 500.00	135.00	4 365.00
小计		质检部	3	15 750.00	2 500.00	18 250.00	547.50	17 702.50
合计				167 500.00	24 000.00	191 500.00	5 745.00	185 755.00

2

公司代扣代缴员工的年终奖税额，员工年终奖代扣税表如表 2-13 所示。

表 2-13　员工年终奖代扣税表

单位：元

项目		人数	2019 年奖金	超产奖励	合计	年终奖扣税	实发合计
行政财务		11	62 750.00	8 500.00	71 250.00	2 137.50	69 112.50
销售部		2	11 750.00	2 000.00	13 750.00	412.50	13 337.50
原料部	管理	6	6 250.00	1 000.00	7 250.00	217.50	7 032.50
	工人		22 000.00	3 000.00	25 000.00	750.00	24 250.00
	小计		28 250.00	4 000.00	32 250.00	967.50	31 282.50
灌装部	管理	5	6 250.00	1 000.00	7 250.00	217.50	7 032.50
	工人		18 000.00	2 500.00	20 500.00	615.00	19 885.00
	小计		24 250.00	3 500.00	27 750.00	832.50	26 917.50
成品部	管理	5	6 250.00	1 000.00	7 250.00	217.50	7 032.50
	工人		18 500.00	2 500.00	21 000.00	630.00	20 370.00
	小计		24 750.00	3 500.00	28 250.00	847.50	27 402.50
质检部		3	15 750.00	2 500.00	18 250.00	547.50	17 702.50
合计		32	167 500.00	24 000.00	191 500.00	5 745.00	185 755.00

依据员工年终奖金汇总表，对生产工人奖金分配至各个产品成本，依据产品产量，分配情况如表 2-14 所示。

表 2-14　生产工人年终奖金分配表

单位：元

项目	产量（箱）	原料部	灌装部	成品部	合计
生产工人工资		25 000.00	20 500.00	21 000.00	66 500.00
桂圆海带八宝粥熟料	15 400.00	10 466.51			10 466.51
养生八宝粥熟料	21 384.00	14 533.49			14 533.49
桂圆海带八宝粥灌装	15 400.00		8 582.54		8 582.54
养生八宝粥灌装	21 384.00		11 917.46		11 917.46
桂圆海带八宝粥	15 400.00			8 791.87	8 791.87
养生八宝粥	21 384.00			12 208.13	12 208.13
合计		25 000.00	20 500.00	21 000.00	66 500.00

【业务 2-2-17】12 月 30 日，向职工支付部分年终奖 55 726.50 元（支付年终奖总金额 185 755.00 的 30%），以工商银行账户支付。相应原始单据如图 2-66 所示。

成本费用核算：支付全年奖金

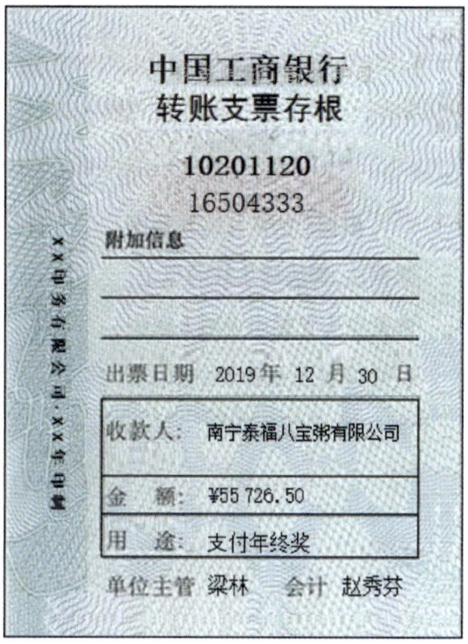
中国工商银行
转账支票存根
10201120
16504333
附加信息
出票日期　2019 年 12 月 30 日
收款人：南宁泰福八宝粥有限公司
金　额：¥55 726.50
用　途：支付年终奖
单位主管 梁林　会计 赵秀芬
××印务有限公司·××年印制

图 2-66　转账支票存根

【业务 2-2-18】12 月 30 日，月末归集各部门的制造费用，确认期末各部门制造费用总额，按产量比例法分配制造费用。原则上各部门产生的制造费用归入各部门的生产成本——制造费用。另外，为简化核算，将质检部的制造费用全部分摊给成品部，本月公司房屋租金每月 61 800.00 元，分摊到各部门分别是：行政部 6 954.71 元，原料部 8 453.32 元，灌装部 16 755.43 元，成品部 29 636.54 元。请编制相关记账凭证。

成本费用核算：月末归集各部门的制造费用

提示：在"财天下"账务系统中，制造费用中的折旧无部门核算，因此折旧金额需分摊给三个生产部门，分配方法是采用各部门固定资产原值比例进行分配。固定资产部门原值表如表 2-15 所示，制造费用分配表如表 2-16 所示。

表 2-15　固定资产部门原值表

2019 年 12 月 30 日　　单位：元

部门	固定资产
原料部	279 500.00
灌装部	554 000.00
成品部	979 900.00
合计	1 813 400.00

表 2-16　制造费用分配表

2019 年 12 月 30 日　　单位：元

项目	产量（箱）	原料部	灌装部	成品与质检部			制造部固定资产折旧	合计
		制造费用	制造费用	制造费用－成品部	制造费用－质检部	小计		
制造费用		28 339.16	39 317.71	53 808.88	58 682.80	112 491.68	14 242.07	194 390.62
固定资产原值		279 500.00	554 000.00	979 900.00		979 900.00		1 813 400.00
折旧分配		2 195.14	4 351.00	7 695.93		7 695.93	14 242.07	
合计		30 534.30	43 668.71	61 504.81	58 682.80	120 187.61		194 390.62
生产成本——桂圆海带八宝粥熟料	15 400.00	12 783.50						
生产成本——养生八宝粥熟料	21 384.00	17 750.80						
生产成本——桂圆海带八宝粥灌装	15 400.00		18 282.36					
生产成本——养生八宝粥灌装	21 384.00		25 386.35					
生产成本——桂圆海带八宝粥	15 400.00					50 317.78		
生产成本——养生八宝粥	21 384.00					69 869.83		
合计	36 784.00	30 534.30	43 668.71			120 187.61		194 390.62

综合结转分步法成本核算资料：本公司采用综合结转分步法核算产品成本，本月桂圆海带八宝粥各步骤产品产量如表 2-17 所示。

表 2-17　桂圆海带八宝粥各步骤产品产量资料

2019 年 12 月 1 日　　　　　　计量单位：箱

产品	产品数量	原料部	灌装部	成品部
桂圆海带八宝粥	月初在产品数量	0	450	200
	本月投产数量	15 400	15 400	14 800
	完工产品数量	15 400	15 000	14 600
	月末在产品数量	0	850	400

本月养生八宝粥各步骤产品产量如表 2-18 所示。

表 2-18　养生八宝粥各步骤产品产量资料

2019 年 12 月 1 日　　　　　　计量单位：箱

产品	产品数量	原料部	灌装部	成品部
养生八宝粥	月初在产品数量	0	260	250
	本月投产数量	21 384	21 384	20 860
	完工产品数量	21 384	21 000	21 000
	月末在产品数量	0	644	110

本月各类型八宝粥生产成本如表 2-19 所示。

表 2-19　生产成本期初资料

2019 年 12 月 1 日　　　　　　单位：元

项目	数量	上步骤转入	原材料	直接人工	制造费用	合计
生产成本——桂圆海带八宝粥灌装	450	2 709.76	4 087.27	144.91	201.79	7 143.73
生产成本——养生八宝粥灌装	260	1 443.70	2 334.92	82.75	115.20	3 976.57
生产成本——桂圆海带八宝粥	200	3 199.59		69.06	359.26	3 627.92
生产成本——养生八宝粥	250	3 843.28		83.00	431.82	4 358.10
合计		11 196.33	6 422.19	379.72	1 108.07	19 106.32

12 月 30 日，根据凭证资料，登记原料部生产桂圆海带八宝粥熟料的生产成本（直接材料、直接人工、制造费用），如表 2-20 所示。

12 月 30 日，根据凭证资料，登记原料部生产养生八宝粥熟料的生产成本（直接材料、直接人工、制造费用），如表 2-21 所示。

表 2-20　生产成本——桂圆海带八宝粥熟料

2019 年 12 月 30 日　　单位：元

项目	数量	直接材料	直接人工	制造费用	合计
本期		149 923.20	23 073.81	12 784.53	185 781.54
本期合计	15 400.00	149 923.20	23 073.81	12 784.53	185 781.54

生产成本核算：产成品成本

表 2-21　生产成本——养生八宝粥熟料

2019 年 12 月 30 日　　单位：元

项目	数量	直接材料	直接人工	制造费用	合计
本期		192 132.34	32 039.63	17 749.33	241 921.30
本期合计	21 384.00	192 132.34	32 039.63	17 749.33	241 921.30

结转原料部生产桂圆海带八宝粥熟料的成本

【业务 2-2-19】 12 月 30 日，原料部生产桂圆海带八宝粥熟料的生产成本，全部转入生产成本——自制半成品——桂圆海带八宝粥熟料，月末原料部生产成本——桂圆海带八宝粥熟料无余额。桂圆海带八宝粥生产成本表详见表 2-22。请编制相关记账凭证。

表 2-22　桂圆海带八宝粥生产成本表

产品名称	成本项目	月初在产品	本月生产费用	生产费用合计	完工产品产量	单位成本
桂圆海带八宝粥	直接材料		150 523.20	150 523.20	15 400	9.77
	直接人工		23 073.81	23 073.81	15 400	1.50
	制造费用		12 783.50	12 783.50	15 400	0.83
	小计		186 380.51	186 380.51	46 200	12.10

【业务 2-2-20】12 月 30 日，原料部生产的养生八宝粥熟料的生产成本，全部转入生产成本——自制半成品——养生八宝粥灌装部，本月原料部生产成本——养生八宝粥熟料无余额。养生八宝粥生产成本表详见表 2-23 所示。请编制相关记账凭证。

结转原料部生产的养生八宝粥熟料的成本

表 2-23　养生八宝粥生产成本表

产品名称	成本项目	月初在产品	本月生产费用	生产费用合计	完工产品产量	单位成本
养生八宝粥	直接材料		192 132.34	192 132.34	21 384	8.98
	直接人工		32 039.63	32 039.63	21 384	1.50
	制造费用		17 750.80	17 750.80	21 384	0.83
	小计		241 922.77	241 922.77	64 152	11.31

【业务 2-2-21】12 月 30 日，灌装部生产的桂圆海带八宝粥灌装的完工产品成本，其完工的半成品转入原材料——自制半成品——桂圆海带八宝粥灌装仓库入库，采用约当产量法将生产费用在完工产品和在产品之间进行分配。入库海带八宝粥成本情况如表 2-24 所示。请编制相关记账凭证。

结转灌装部生产灌装的完工产品成本（一）

表 2-24　生产成本——桂圆海带八宝粥罐装 15 400 箱

2019 年 12 月 30 日　　　　单位：元

项目	数量	上步骤转入	直接材料	直接人工	制造费用	合计
期初	450.00	2 709.76	4 087.27	144.91	201.79	7 143.73
本期投入			275 268.00	18 874.78	18 284.07	312 426.85
原料车间转入	15 400.00	185 781.54				185 781.54
合计	15 850.00	188 491.30	279 355.27	19 019.69	18 485.86	505 352.12
完工产品	15 000.00	15 000.00	15 000.00	15 000.00	15 000.00	
在产品	850.00	850.00	850.00	425.00	425.00	
约当产量		15 850.00	15 850.00	15 425.00	15 425.00	
单位成本		11.89	17.62	1.23	1.20	31.94
完工产品成本		178 350.00	264 300.00	18 450.00	18 000.00	479 100.00
月末在产品成本		10 141.30	15 055.27	569.69	485.86	26 252.12

本月罐装仓库海带八宝粥库存情况，如表 2-25 所示。

表 2-25　原材料——自制半成品——桂圆海带八宝粥灌装仓库

2019 年 12 月 30 日　　　　单位：元

月份	收入			发出			结存		
	数量	单价	金额	数量	单价	金额	数量	单价	金额
10 月									0
11 月	12 900.00	31.75	409 573.39	12 600.00	31.75	400 048.43	300.00	31.75	9 524.96
12 月	15 000.00	32.80	479 100.00	14 800.00	31.94	472 712.00	500.00	31.94	15 912.96

结转灌装部生产灌装的完工产品成本（二）

【业务 2-2-22】12 月 30 日，灌装部生产的养生八宝粥灌装的完工产品成本，其完工的半成品转入原材料——自制半成品——养生八宝粥灌装仓库入库，采用约当产量法将生产费用在完工产品和在产品之间进行分配。养生八宝粥已入库产品，生产成本情况如表 2-26 所示。

表 2-26　生产成本——养生八宝粥罐装 21 384 箱

2019 年 12 月 30 日　　　　单位：元

项目	数量	上步骤转入	直接材料	直接人工	制造费用	合计
期初	260.00	1 443.70	2 334.92	82.75	115.20	3 976.57
本期			382 229.28	26 208.98	25 384.59	433 822.85
原料车间转入	21 384.00	241 921.30				241 921.30
合计	21 644.00	243 365.00	384 564.20	26 291.73	25 499.79	679 720.72
本期完工	21 000.00	21 000.00	21 000.00	21 000.00	21 000.00	
在产品	644.00	644.00	644.00	322.00	322.00	
约当产量		21 644.00	21 644.00	21 322.00	21 322.00	
单位成本		11.24	17.77	1.23	1.20	31.44
完工产品成本		236 040.00	373 170.00	25 830.00	25 200.00	660 240.00
月末在产品成本		7 325.00	11 394.20	461.73	299.79	19 480.72

养生八宝粥灌装仓库仓储情况如表 2-27 所示。

表 2-27　原材料——自制半成品——养生八宝粥灌装仓库

2019 年 12 月 30 日　　　　　　单位：元

月份	收入			发出			结存		
	数量	单价	金额	数量	单价	金额	数量	单价	金额
10 月									
11 月	23 660.00	30.59	723 737.44	23 500.00	30.59	718 843.18	160.00	30.59	4 894.26
12 月	21 000.00	31.88	660 240.00	20 860.00	31.43	655 629.80	300.00	31.43	9 504.46

请编制自制半成品入库的分录。

【业务 2-2-23】12 月 30 日，结转桂圆海带八宝粥生产明细到库存商品，请在库存商品——桂圆海带八宝粥数量金额明细账登记收入数量 14 600 箱。桂圆海带八宝粥的产品成本及库存情况如表 2-28、表 2-29 所示。

结转桂圆海带八宝粥生产明细到库存商品

表 2-28　生产成本——桂圆海带八宝粥 15 400 箱

2019 年 12 月 30 日　　　　　　单位：元

项目	数量	上步骤转入	直接人工	制造费用	合计
期初	200.00	3 199.59	69.06	359.26	3 627.91
本期			19 411.97	50 322.75	69 734.72
灌装车间转入	14 800.00	472 712.00			472 712.00
合计	15 000.00	475 911.59	19 481.03	50 682.01	546 074.63
完工产品	14 600.00	14 600.00	14 600.00	14 600.00	
在产品	400.00	400.00	200.00	200.00	
约当产量		15 000.00	14 800.00	14 800.00	
单位成本		31.73	1.32	3.42	36.47
完工产品成本		463 258.00	19 272.00	49 932.00	532 462.00
月末在产品成本		12 653.59	209.03	750.01	13 612.63

表 2-29　库存商品（桂圆海带八宝粥罐装）

2019 年 12 月 30 日　　　　　　　　单位：元

月份	收入			发出			结存		
	数量	单价	金额	数量	单价	金额	数量	单价	金额
10 月									
11 月	12 500.00	36.28	453 489.81	11 000.00	36.28	399 071.03	1 500.00	36.28	54 418.78
12 月	14 600.00	36.47	532 462.00	12 000.00	36.45	437 426.67	4 100.00	36.45	149 454.11

结转养生八宝粥生产明细到库存商品

【业务 2-2-24】12 月 30 日，结转养生八宝粥生产明细到库存商品，请在库存商品——养生八宝粥数量金额明细账登记收入数量 21 000 箱，请编制相关记账凭证。养生八宝粥产品成本如表 2-30 所示。

表 2-30　生产成本——养生八宝粥 21 384 箱

2019 年 12 月 30 日　　　　　　　　单位：元

项目	数量	上步骤转入	直接人工	制造费用	合计
期初	250	3 843.28	83.00	431.82	4 358.10
本期			26 954.91	69 865.34	96 820.25
灌装车间转入	20 860.00	655 629.80			655 629.80
合计	21 110.00	659 473.08	27 037.91	70 297.16	756 808.15
完工产品	21 000.00	21 000.00	21 000.00	21 000.00	
在产品	110	110.00	55.00	55.00	
约当产量		21 110.00	21 055.00	21 055.00	
单位成本		31.24	1.28	3.34	35.86
完工产品成本		656 040.00	26 880.00	70 140.00	753 060.00
月末在产品成本		3 433.08	157.91	157.16	3 748.15

养生八宝粥库存情况如表 2-31 所示。

表 2-31　库存商品（养生八宝粥罐装）

2019 年 12 月 30 日　　　　　　　　单位：元

月份	收入			发出			结存		
	数量	单价	金额	数量	单价	金额	数量	单价	金额
10 月									—
11 月	23 450.00	34.86	817 579.81	22 000.00	34.86	767 025.84	1 450.00	34.86	50 553.98
12 月	21 000.00	35.86	753 060.00	21 000.00	35.80	751 800.00	1 450.00	35.80	51 813.98

五、任务评价

“生产成本核算”任务评价如表 2-32 所示。

表 2-32　“生产成本核算”任务评价表

工作任务清单	完成情况
《中华人民共和国会计法》的基本内容	
《企业会计准则第 1 号——存货》的基本内容	
生产成本计算方法和账务处理规定	
编制企业固定资产折旧明细表，并在智能化财务操作平台上生成折旧核算账务处理凭证	
在智能化财务操作平台上对制造业生产环节的直接材料成本项目进行账务处理	
在智能化财务操作平台上对工资表进行账务处理，并生成记账凭证	
在智能化财务操作平台上对制造业生产环节的间接制造费用进行账务处理并生成记账凭证	

任务三　销售业务核算

一、任务情境

（一）任务场景

南宁泰福八宝粥有限公司与财税共享服务中心签订的外包服务合同中，同时将“销售业务核算”进行外包。每月月初将上月所有的有关票据移交到财税共享服务

销售业务核算

中心，委托记账并要求提供存货、客户、供应商辅助核算以及相关科目的数量核算。

南宁泰福八宝粥有限公司 2019 年 12 月发生 7 笔销售、5 笔收款业务，详见业务处理【业务 2-3-1】~【业务 2-3-4】。

（二）任务布置

由财税共享服务中心工作人员唐宋负责泰福八宝粥公司“销售与收款业务核算”业务，具体要求如下：

（1）接收 2019 年 12 月的 7 笔销售、5 笔收款业务的有关票据，将每张纸质票据扫描形成独立的影像文件；

（2）使用会计核算云平台，采集票据影像文件，并进行识别与校验，存入数字档案系统；

（3）对业务审批流程与票据进行审核；

（4）根据每笔销售与收款业务的原始票据，自动生成记账凭证或手工编制记账凭证，同时进行存货、客户、供应商辅助核算以及相关科目的数量核算，并进行人工审核；

（5）查询本任务编制的所有记账凭证。

二、工作准备

（一）知识准备

1. 销售业务

销售业务是企业生产经营成果的实现过程，是企业经营活动的中心。销售部门在企业中处于市场与企业接口的位置，其主要职能是为客户提供产品及其服务，从而实现企业的资金周转并获取利润，为企业提供生存与发展的动力。

2. 应收账款的核算内容

（1）应收账款是指因销售活动或提供劳务、服务而形成的债权，不包括应收职工欠款、应收债务人的利息等其他应收款；

（2）应收账款是指流动资产性质债权，不包括长期的债权，如购买长期债券等；

（3）应收账款是指本公司应收客户的款项，不包括本公司付出的各类存出保证金，如投标保证金和租入包装物等保证金等。

3. 应收账款管理

应收账款管理是指在赊销业务中，从授信方（销售商）将货物或劳务、服务提供给受信方（购买商），债权成立开始，到款项实际收回或作为坏账处理结束，授信企业采用系统的方法和科学的手段，对应收账款回收全过程所进行的管理，其目的是保证足额、及时收回应收账款，降低和避免信用风险。

在“应收账款”科目中可按照“客户”设置辅助核算，辅助核算就是科目的辅助性的详细说明，无须设置二级明细科目，从而简化科目的层级数量。

（二）业务要领

接收销售业务票据时需对产品或劳务、服务的说明、客户名称地址，货物的名称、单价、数量、总价等信息仔细核对，对不符合的票据有权拒绝接收。对合法票据进行采集、整理、查验、生成凭证，并对凭证进行电子归档，处理完之后应知道库存商品剩余数量、客户的应收账款金额等数据。

三、业务流程

在财税共享服务中心启用会计核算云平台的总账系统的环境下，销售业务核算外包服务处理过程主要包括票据接收、票据识别、票据制单等处理环节。在有销售合同并开具发票的条件下，销售与收款业务核算外包服务一般处理流程如图 2–67 所示。

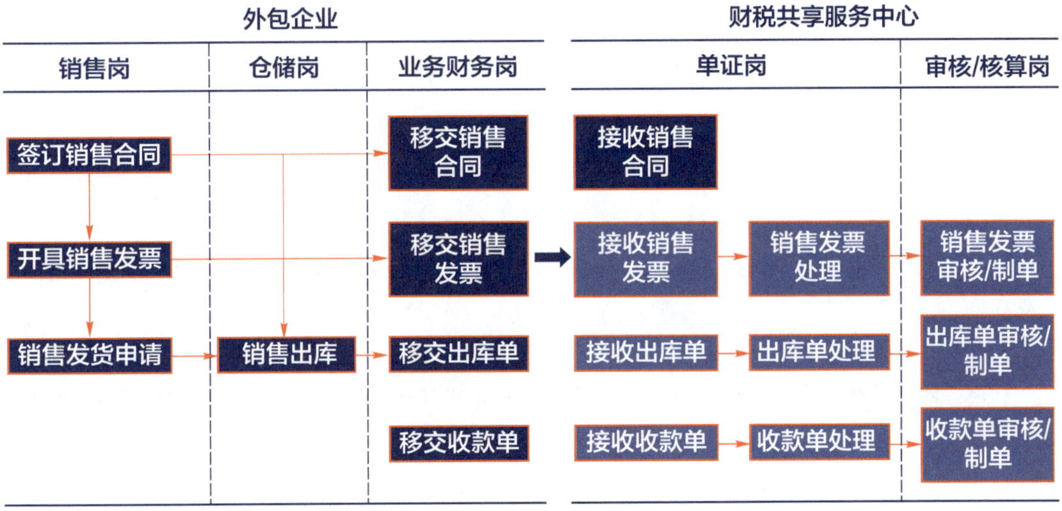

图 2–67　销售与收款业务核算外包服务流程

四、业务操作

【业务 2–3–1】12 月 30 日，本月累计销售桂圆海带八宝粥 12 000 箱（288 000 罐），每箱不含税价格 50.4 元，销售收入 604 800 元，增值税 78 624 元，增值税税率

操作演示

为 13%。

本月累计销售养生八宝粥 21 000 箱（504 000 罐），每箱不含税价格 45.6 元，销售收入 957 600 元，增值税 124 488 元，增值税税率为 13%。销售汇总表如表 2-33 所示。

表 2-33　销售汇总单

2019 年 12 月 30 日

序号	单位名称	单位	桂圆海带八宝粥			养生八宝粥			税款（元）	应收额（元）
			数量	单价	金额（元）	数量	单价	金额（元）		
1	南城百货超市有限公司	箱	3 000	50.40	151 200	5 000	45.6	228 000	49 296.00	428 496.00
2	南宁南城岭南超市	箱	2 000	50.40	100 800	4 900	45.6	223 440	42 151.20	366 391.20
3	南宁百货超市	箱	1 000	50.40	50 400	2 600	45.6	118 560	21 964.80	190 924.80
4	柳州江南甜园超市	箱	1 000	50.40	50 400	4 000	45.6	182 400.00	30 264.00	263 064.00
5	南院后勤公司	箱	1 000	50.40	50 400	1 500	45.6	68 400	15 444.00	134 244.00
6	桂林阳光超市	箱	2 000	50.40	100 800	1 500	45.6	68 400	21 996.00	191 196.00
7	南宁恒信食品有限公司	箱	2 000	50.40	100 800	1 500	45.6	68 400	21 996.00	191 196.00
	合计		12 000		604 800.00	21 000		957 600.00	203 112.00	1 765 512.00

相应原始单据如图 2-68 至图 2-81 所示。

广西　增值税专用发票　№ 00249251

4500151140　　　　此联不作报销、扣税凭证使用　　　　4500151140 00249251

机器编号：982888812388　　　　开票日期：2019年12月30日

购买方	名　　称：南城百货超市有限公司 纳税人识别号：91450100081155222A 地 址、电 话：南宁市北湖路023号0771-3245553 开户行及账号：中国工商银行股份有限公司南宁市北湖路支行6222082102000412338	密码区	172312-4-275＜1+46*54* 82*59* 181321＞＜8182*59*09618153＜/ ＜4＜3*2702-9＞9*+153＜/0 ＞2-3 *08/4＞*＞＞2-3*0/9/＞＞25-275＜1				
货物或应税劳务、服务名称	规格型号	单位	数量	单价	金额	税率	税额
*罐头*桂圆海带八宝粥		箱	3 000	50.40	151 200.00	13%	19 656.00
*罐头*养生八宝粥		箱	5 000	45.60	228 000.00	13%	29 640.00
合　计					¥379 200.00		¥49 296.00
价税合计（大写）	⊗肆拾贰万捌仟肆佰玖拾陆元整				（小写）¥428 496.00		
销售方	名　　称：南宁泰福八宝粥有限公司 纳税人识别号：914500001982273333 地 址、电 话：南宁市邕宁龙亭路 3号0771-4946158 开户行及账号：中国工商银行股份有限公司南宁邕宁支行6222082102000411888	备注	校验码 52118 02817 08248 62955				

收款人：　　复核：周石　　开票人：田雨　　销售方：（章）

税总函（2019）××号×××××公司　　第一联：记账联　销售方记账凭证

图 2-68　增值税专用发票

南宁泰福八宝粥有限公司

销　售　单（代合同）　　NO. 52044348

地址：南宁市邕宁龙亭路3号

电话：0771-4946158

客户名称：南城百货超市有限公司

地址电话：南宁市北湖路023号　　0771-3245553　　日期：2019 年 12 月 30 日

编码	产品名称	规格	单位	单价	数量	金额	备注
	桂圆海带八宝粥		箱	50.40	3000.00	151 200.0	
	养生八宝粥		箱	45.60	5000.00	228 000.0	
合计	人民币（大写）：叁拾柒万玖仟贰佰元整				8 000	379 200.00	

销售经理：　　会计：赵秀芬　　经办人：　　仓管：黄忠力　　签收人：

图 2-69　销售单

广西　增值税专用发票　№ 78632687

4500151140　　　　此联不作报销、扣税凭证使用　　　　4500151140 78632687

机器编号：982888812388　　　　开票日期：2019年12月30日

购买方	名　　称：南宁南城岭南超市 纳税人识别号：91450100081155212A 地 址、电 话：南宁市长湖路335号0771-5946217 开户行及账号：中国工商银行股份有限公司南宁市长湖路支行6222082102000413886	密码区	172312-4-275＜1+46*54* 82*59* 181321＞＜8182*59*09618153＜/ ＜4＜3*2702-9＞9*+153＜/0 ＞2-3 *08/4＞*＞＞2-3*0/9/＞＞25-275＜1				
货物或应税劳务、服务名称	规格型号	单位	数量	单价	金额	税率	税额
*罐头*桂圆海带八宝粥		箱	2 000	50.40	100 800.00	13%	13 104.00
*罐头*养生八宝粥		箱	4 900	45.60	223 440.00	13%	29 047.20
合　计					¥324 240.00		¥42 151.20
价税合计（大写）	⊗叁拾陆万陆仟叁佰玖拾壹元贰角整				（小写）¥366 391.20		
销售方	名　　称：南宁泰福八宝粥有限公司 纳税人识别号：914500001982273333 地 址、电 话：南宁市邕宁龙亭路 3号0771-4946158 开户行及账号：中国工商银行股份有限公司南宁邕宁支行6222082102000411888	备注	校验码 52118 02817 08248 91206				

收款人：　　复核：周石　　开票人：田雨　　销售方：（章）

税总函（2019）××号×××××公司　　第一联：记账联　销售方记账凭证

图 2-70　增值税专用发票

南宁泰福八宝粥有限公司

销 售 单（代合同）　　NO. 13078496

地址：南宁市邕宁龙亭路3号

电话：0771-4946158

客户名称：南宁南城岭南超市

地址电话：南宁市长湖路335号　　0771-5946217　　日期：2019 年　12　月　30　日

编码	产品名称	规格	单位	单价	数量	金额	备注
	桂圆海带八宝粥		箱	50.40	2000.00	100 800.0	
	养生八宝粥		箱	45.60	4900.00	223 440.0	
合计	人民币（大写）：	叁拾贰万肆仟贰佰肆拾元整			6 900	324 240.00	

销售经理：　　会计：赵秀芬　　经办人：　　仓管：黄忠力　　签收人：

（印章：合同专用章）

图 2-71　销售单

4500151140　　**广西　增值税专用发票**　　№ 67665926　4500151140　67665926

此联不作报销、扣税凭证使用

机器编号：982888812388　　开票日期：2019年12月30日

购买方		密码区
名　　称：	南宁百货超市	172312-4-275 <1+46*54* 82*59*
纳税人识别号：	91450127589845888U	181321> <8182*59*09618153 </
地 址、电 话：	南宁市朝阳路256号0771-2797013	<4 <3*2702-9> 9*+153 </0 > 2-3
开户行及账号：	中国工商银行股份有限公司南宁市朝阳路支行6222082102000239885	*08/4> *> > 2-3*0/9/> > 25-275 <1

货物或应税劳务、服务名称	规格型号	单位	数量	单价	金额	税率	税额
*罐头*桂圆海带八宝粥		箱	1000	50.40	50 400.00	13%	6 552.00
*罐头*养生八宝粥		箱	2600	45.60	118 560.00	13%	15 412.80
合　　计					¥168 960.00		¥21 964.80
价税合计（大写）	⊗ 壹拾玖万零玖佰贰拾肆元捌角整				（小写）¥190 924.80		

销售方		备注
名　　称：	南宁泰福八宝粥有限公司	
纳税人识别号：	914500001982273333	校验码 52118 02817 08248 24151
地 址、电 话：	南宁市邕宁龙亭路 3号0771-4946158	
开户行及账号：	中国工商银行股份有限公司南宁邕宁支行6222082102000411888	

收款人：刘诚　　复核：周石　　开票人：田雨　　销售方：（章）

税总函（2019）××号××××公司

第一联：记账联　销售方记账凭证

（印章：南宁泰福八宝粥有限公司 914500001982273333 发票专用章）

图 2-72　增值税专用发票

南宁泰福八宝粥有限公司

销 售 单（代合同）　　NO. 87163041

地址：南宁市邕宁龙亭路3号

电话：0771-4946158

客户名称：南宁百货超市

地址电话：南宁市朝阳路256号　　0771-2797013　　日期：2019 年　12　月　30　日

编码	产品名称	规格	单位	单价	数量	金额	备注
	桂圆海带八宝粥		箱	50.40	1000.00	50 400.00	
	养生八宝粥		箱	45.60	2600.00	118 560.0	
合计	人民币（大写）：	壹拾陆万捌仟玖佰陆拾元整			3600	168 960.00	

销售经理：　　会计：赵秀芬　　经办人：　　仓管：黄忠力　　签收人：

（印章：合同专用章）

图 2-73　销售单

4500151140

广西　增值税专用发票　№ 67312514

4500151140
67312514

此联不作报销、扣税凭证使用

机器编号：982888812388　　开票日期：2019年12月30日

购买方	
名　　称：	南院后勤公司
纳税人识别号：	91451400692797666C
地址、电话：	南宁市邕宁区福建路133号0771-2797026
开户行及账号：	农信社南宁市龙岗支行 181412010207065820

密码区：172312-4-275＜1+46*54* 82*59* 181321＞＜8182*59*09618153＜/ ＜4＜3*2702-9＞9*+153＜/0 ＞2-3 *08/4＞*＞＞2-3*0/9/＞＞25-275＜1

货物或应税劳务、服务名称	规格型号	单位	数量	单价	金额	税率	税额
*罐头*桂圆海带八宝粥		箱	1 000	50.40	50 400.00	13%	6 552.00
*罐头*养生八宝粥		箱	1 500	45.60	68 400.00	13%	8 892.00
合　计					¥118 800.00		¥15 444.00
价税合计（大写）	⊗壹拾叁万肆仟贰佰肆拾肆元整				（小写）¥134 244.00		

销售方	
名　　称：	南宁泰福八宝粥有限公司
纳税人识别号：	914500001982273333
地址、电话：	南宁市邕宁龙亭路3号0771-4946158
开户行及账号：	中国工商银行股份有限公司南宁邕宁支行6222082102000411888

备注：校验码 52118 02817 08248 55285

收款人：宋珊珊　　复核：周石　　开票人：田雨　　销售方：（章）

税总函［2016］××号×××××公司

第一联：记账联　销售方记账凭证

科技伴随　高效学习

图 2-74　增值税专用发票

南宁泰福八宝粥有限公司

销　售　单（代合同）　　NO. 83307013

科技伴随　高效学习

地址：　南宁市邕宁龙亭路3号

电话：　0771-4946158

客户名称：　南院后勤公司

地址电话：　南宁市邕宁区 福建路133号　　0771-2797026　　日期：2019 年　12　月　30　日

编码	产品名称	规格	单位	单价	数量	金额	备注
	桂圆海带八宝粥		箱	50.40	1 000.00	50 400.00	
	养生八宝粥		箱	45.60	1 500.00	68 400.00	
合计	人民币（大写）：壹拾壹万捌仟捌佰元整				2 500	118 800.00	

销售经理：　　会计：　赵秀芬　　经办人：　　仓管：　黄忠力　　签收人：

图 2-75　销售单

4500151140

广西　增值税专用发票　№ 93367144

045001900104
93367144

此联不作报销、扣税凭证使用

机器编号：982888812388　　开票日期：2019年12月30日

购买方	
名　　称：	柳州江南甜园超市
纳税人识别号：	91451422675035999N
地址、电话：	柳州市鱼峰路028号0772-3797026
开户行及账号：	建行柳州市鱼峰路支行6227073380500756382

密码区：172312-4-279＜1+46*54* 82*59* 181321＞＜6666*59*09618153＜/ ＜4＜3*2702-9＞9*+157＜/0 ＞2-3 *08/4＞*＞＞2-3*0/9/＞＞25-275＜1

货物或应税劳务、服务名称	规格型号	单位	数量	单价	金额	税率	税额
*罐头*桂圆海带八宝粥		箱	1 000	50.40	50 400.00	13%	6 552.00
*罐头*养生八宝粥		箱	4 000	45.60	182 400.00	13%	23 712.00
合　计					¥232 800.00		¥30 264.00
价税合计（大写）	⊗贰拾陆万叁仟零陆拾肆元整				（小写）¥263 064.00		

销售方	
名　　称：	南宁泰福八宝粥有限公司
纳税人识别号：	914500001982273333
地址、电话：	南宁市邕宁龙亭路 3号0771-4946158
开户行及账号：	中国工商银行股份有限公司南宁邕宁支行6222082102000411888

备注：校验码 52118 02817 08248 12273

收款人：宋文　　复核：周石　　开票人：田雨　　销售方：（章）

税总函（2019）××号×××××公司

第一联：记账联　销售方记账凭证

科技伴随　高效学习

图 2-76　增值税专用发票

2

南宁泰福八宝粥有限公司

销 售 单(代合同)　　NO. 4582117

地址：南宁市邕宁龙亭路3号

电话：0771-4946158

客户名称：柳州江南甜园超市

地址电话：柳州市鱼峰路 028号　0772-3797026　　日期:2019 年 12 月 30 日

编码	品名称	规格	单位	单价	数量	金额	备注
	桂圆海带八宝粥		箱	50.40	1 000.00	50 400.00	
	养生八宝粥		箱	45.60	4 000.00	182 400.0	
合计	人民币(大写)：贰拾叁万贰仟捌佰元整				5 000	232 800.00	

销售经理：　会计：赵秀芬　经办人：　仓管：黄忠力　签收人：

（印章：南宁泰福八宝粥有限公司 合同专用章）

图 2-77　销售单

4500151140　　**广西　增值税专用发票**　　№ 62346941　4500151140　62346941

此联不作报销、扣税凭证使用

机器编号：982888812388　　开票日期：2019年12月30日

购买方	名　　称：桂林阳光超市 纳税人识别号：91450100081155333A 地 址、电 话：桂林市中山路303号0778-5797022 开户行及账号：中国工商银行股份有限公司桂林市南阳桥支行6222082110052132132	密码区	172312-4-275<1+46*54* 82*59* 181321><8182*59*09618153</ <4<3*2702-9>9*+153</0 >2-3 *08/4>*>>2-3*0/9/>>25-275<1

货物或应税劳务、服务名称	规格型号	单位	数量	单价	金额	税率	税额
*罐头*桂圆海带八宝粥		箱	2 000	50.40	100 800.00	13%	13 104.00
*罐头*养生八宝粥		箱	1 500	45.60	68 400.00	13%	8 892.00
合　计					¥169 200.00		¥21 996.00
价税合计（大写）	⊗壹拾玖万壹仟壹佰玖拾陆元整				（小写）¥191 196.00		

销售方	名　　称：南宁泰福八宝粥有限公司 纳税人识别号：914500001982273333 地 址、电 话：南宁市邕宁龙亭路 3号0771-4946158 开户行及账号：中国工商银行股份有限公司南宁邕宁支行6222082102000411888	备注	校验码 52118 02817 08248 86403

收款人：天恒　复核：周石　开票人：田雨　销售方：（章）

（印章：南宁泰福八宝粥有限公司 914500001982273333 发票专用章）

税总函〔2019〕××号××××公司

第一联：记账联　销售方记账凭证

图 2-78　增值税专用发票

南宁泰福八宝粥有限公司

销 售 单(代合同)　　NO. 4582118

地址：南宁市邕宁龙亭路3号

电话：0771-4946158

客户名称：桂林阳光超市

地址电话：桂林市中山路303号　0778-5797022　　日期:2019 年 12 月 30 日

编码	品名称	规格	单位	单价	数量	金额	备注
	桂圆海带八宝粥		箱	50.40	2000.00	100 800.0	
	养生八宝粥		箱	45.60	1500.00	68 400.00	
合计	人民币(大写)：壹拾陆万玖仟贰佰元整				3500	169 200.00	

销售经理：　会计：赵秀芬　经办人：　仓管：黄忠力　签收人：

（印章：南宁泰福八宝粥有限公司 合同专用章）

图 2-79　销售单

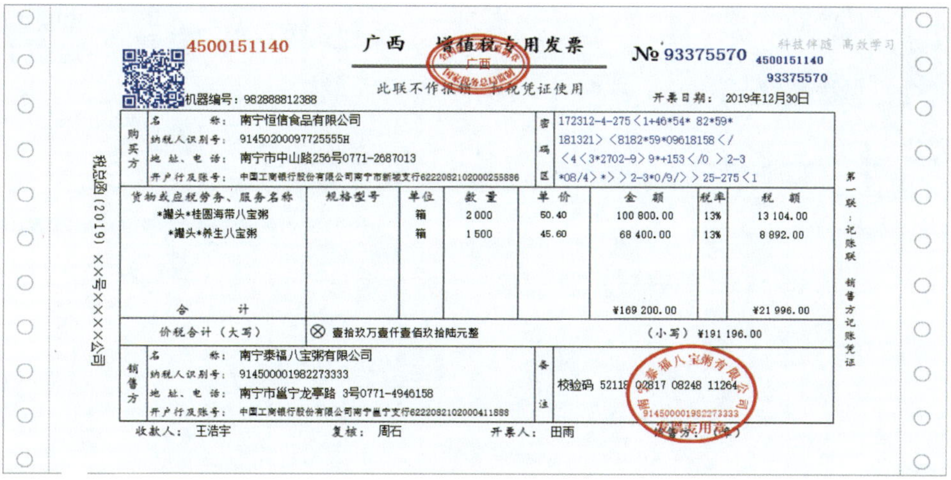

4500151140　广西　增值税专用发票　№93375570　4500151140　93375570

机器编号：982888812388　此联不作报销、扣税凭证使用　开票日期：2019年12月30日

购买方　名　　称：南宁恒信食品有限公司
纳税人识别号：91450200097725555H
地址、电话：南宁市中山路256号0771-2687013
开户行及账号：中国工商银行股份有限公司南宁市新城支行6222082102000255886

密码区　172312-4-275<1+46*54* 82*59*
181321><8182*59*09618158</
<4<3*2702-9>9*+153</0 >2-3
08/4>>>2-3*0/9/>>25-275<1

货物或应税劳务、服务名称	规格型号	单位	数量	单价	金额	税率	税额
*罐头*桂圆海带八宝粥		箱	2 000	50.40	100 800.00	13%	13 104.00
*罐头*养生八宝粥		箱	1 500	45.60	68 400.00	13%	8 892.00
合　　计					¥169 200.00		¥21 996.00

价税合计（大写）　⊗壹拾玖万壹仟壹佰玖拾陆元整　（小写）¥191 196.00

销售方　名　　称：南宁泰福八宝粥有限公司
纳税人识别号：914500001982273333
地址、电话：南宁市邕宁龙亭路 3号0771-4946158
开户行及账号：中国工商银行股份有限公司南宁邕宁支行6222082102000411888

备注　校验码 52118 02817 08248 11264

收款人：王浩宇　复核：周石　开票人：田雨　销售方：（章）

税总函〔2019〕××号××××公司

第一联：记账联　销售方记账凭证

图 2-80　增值税专用发票

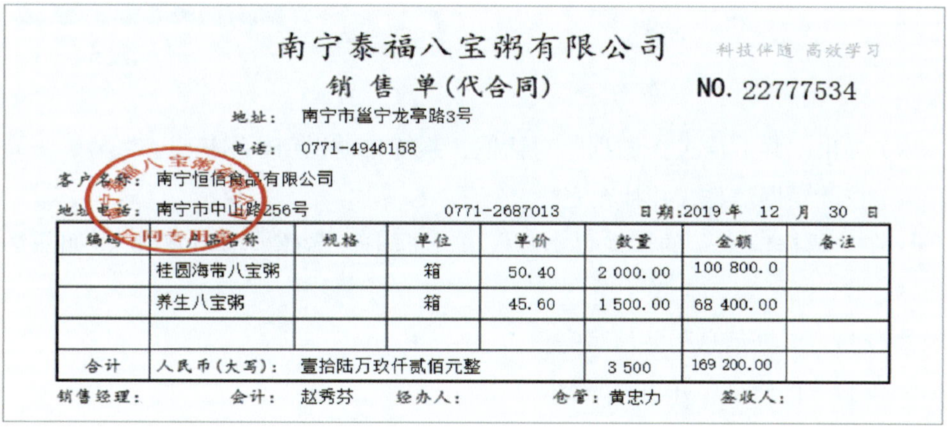

南宁泰福八宝粥有限公司

销　售　单（代合同）　NO. 22777534

地址：南宁市邕宁龙亭路3号

电话：0771-4946158

客户名称：南宁恒信食品有限公司

地址电话：南宁市中山路256号　0771-2687013　日期：2019 年 12 月 30 日

编码	产品名称	规格	单位	单价	数量	金额	备注
	桂圆海带八宝粥		箱	50.40	2 000.00	100 800.0	
	养生八宝粥		箱	45.60	1 500.00	68 400.00	
合计	人民币（大写）：壹拾陆万玖仟贰佰元整				3 500	169 200.00	

销售经理：　会计：赵秀芬　经办人：　仓管：黄忠力　签收人：

图 2-81　销售单

▶ 操作步骤

鉴于票据接收、票据扫描等业务处理，与工作领域一中有关任务的业务操作基本相同，本工作领域相关业务操作步骤从略。

（一）启动财务云系统

登录财税共享服务中心会计核算云平台，选择“南宁泰福八宝粥有限公司”会计核算账套，进入“财天下”平台。

（二）票据采集与识别

（1）在“财天下”平台，执行“票据”|“票据采集”，打开“票据采集”窗口。

（2）在“票据采集”窗口，执行“采集”|“本地图片 / PDF”，选中发票的扫描文件，将发票上传至财务云平台，如图 2-82 所示。

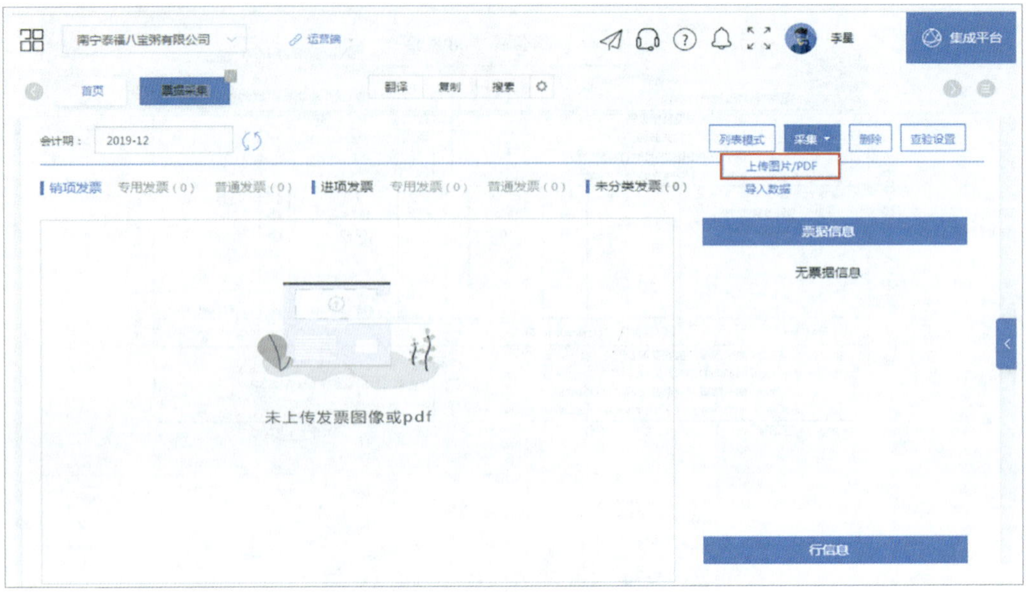

图 2-82　上传图片 / PDF

（3）弹出“共上传 X 条数据”对话框，系统自动识别票据信息。

（4）校验票据信息，并补充完整。

① 在“票据信息”的“发票类型”文本框中，选择“销项发票”，如图 2-83 所示。

② 校验“票据信息”并填写完整。

③ 校验“行信息”并填写完整。

④ 校验“制单信息”并填写完整。

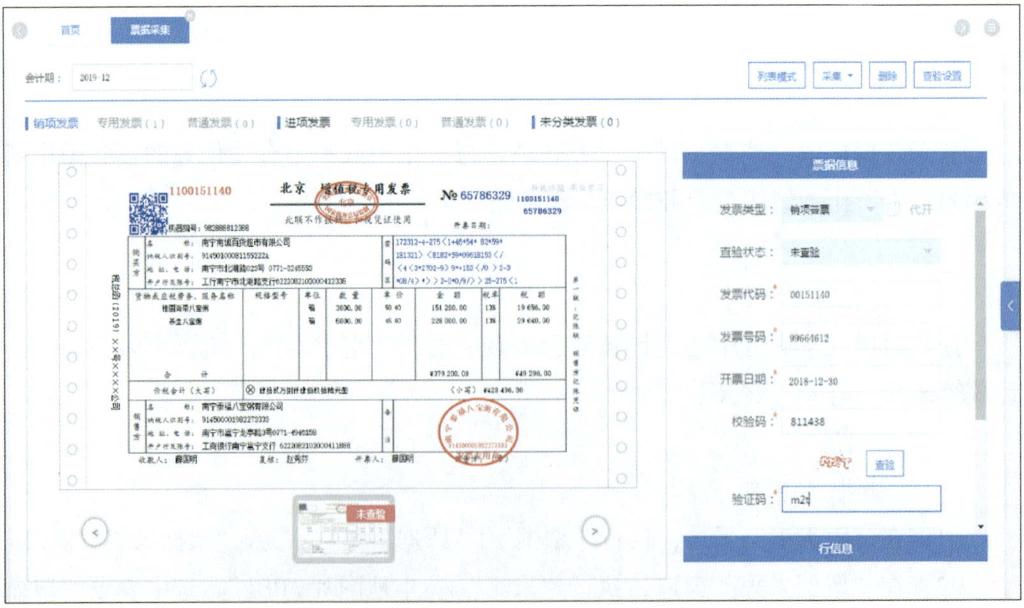

图 2-83　上传发票

（三）票据审查与制单

（1）对票据进行审查，通过后单击“查验”，进行保存，即可自动生成记账凭证，如图 2-84 所示。

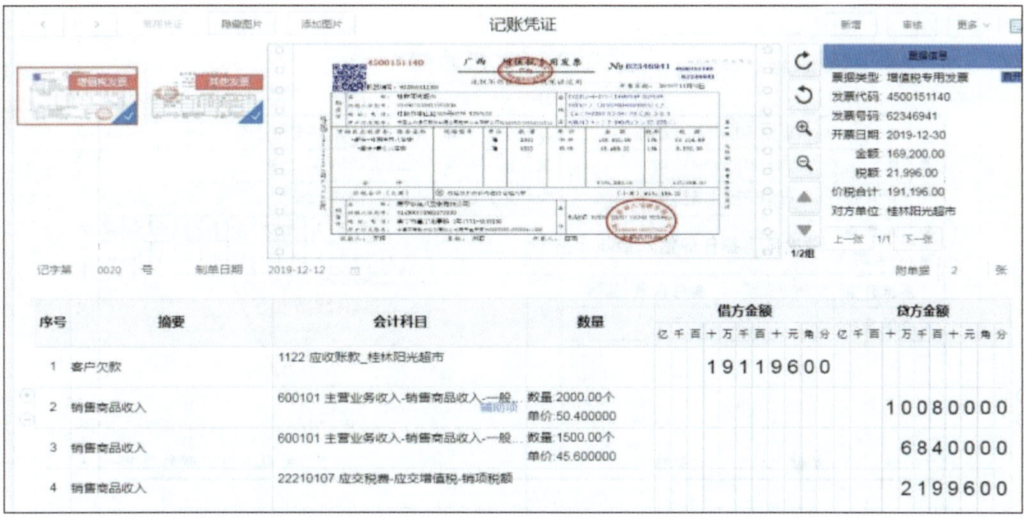

图 2-84 销售发票扫描生成凭证

（2）生成的记账凭证可在“凭证管理”中查看。

【业务 2-3-2】 12 月 6 日，公司工行账户收到南宁南城岭南超市八宝粥货款 30 万元。相应原始单据如图 2-85 所示。

提示：在权责发生制下，企业一般采用应收账款确认公司收入，待收到款项后，冲销应收账款。这样做一方面是应收账款与增值税销项税额对应，便于核算销售收入与增值税之间的数据关系；另一方面，可以确认应收账款的账面余额，便于全面了解应收账款余额，加强企业账款催收管理。

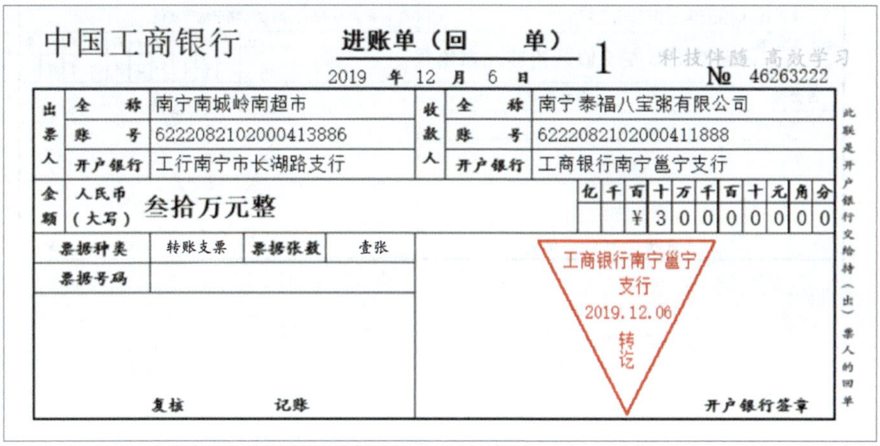
中国工商银行 进账单（回 单） 1

2019 年 12 月 6 日 № 46263222

出票人	全称	南宁南城岭南超市	收款人	全称	南宁泰福八宝粥有限公司
	账号	6222082102000413886		账号	6222082102000411888
	开户银行	工行南宁市长湖路支行		开户银行	工商银行南宁邕宁支行
金额	人民币（大写）	叁拾万元整		亿千百十万千百十元角分	¥30000000
票据种类	转账支票	票据张数	壹张		
票据号码					
复核	记账			开户银行签章	

工商银行南宁邕宁支行 2019.12.06 转讫

此联是开户银行交给持（出）票人的回单

图 2-85 工行进账单

【业务 2-3-3】12 月 13 日，收到南城百货超市有限公司货款 428 496 元，存入工行账户。银行进账单如图 2-86 所示。

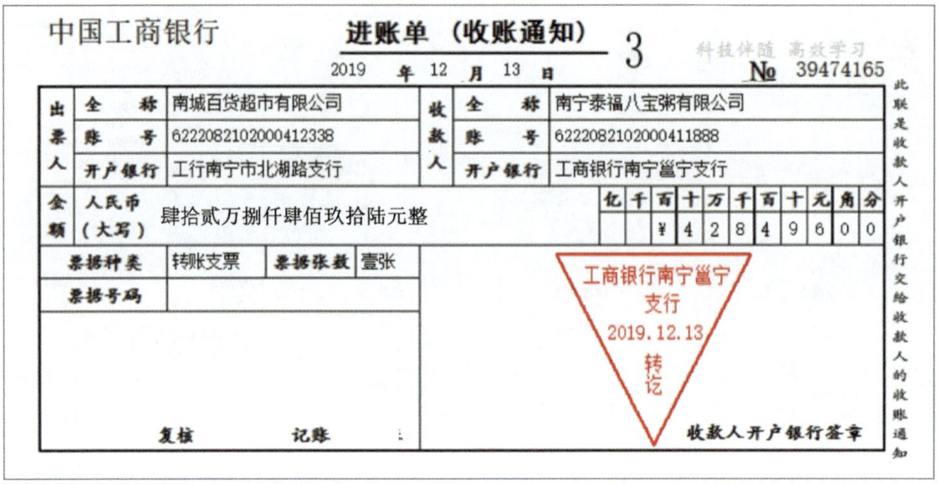

中国工商银行　进账单（收账通知）　3

科技伴随　高效学习

2019 年 12 月 13 日　№ 39474165

出票人	全称	南城百货超市有限公司	收款人	全称	南宁泰福八宝粥有限公司
	账号	6222082102000412338		账号	6222082102000411888
	开户银行	工行南宁市北湖路支行		开户银行	工商银行南宁邕宁支行
金额	人民币（大写）	肆拾贰万捌仟肆佰玖拾陆元整	亿千百十万千百十元角分		¥42849600
票据种类	转账支票	票据张数	壹张		
票据号码					
复核	记账		工商银行南宁邕宁支行 支行 2019.12.13 转讫		收款人开户银行签章

此联是收款人开户银行交给收款人的收账通知

图 2-86　工行进账单

【业务 2-3-4】12 月 30 日收到南宁百货超市 190 924.80 元货款，收到桂林阳光超市货款 191 196 元，收到柳州江南甜园超市货款 263 064 元，货款已存入工行账户。会计编制记账凭证，相应原始单据如图 2-87 至图 2-89 所示。

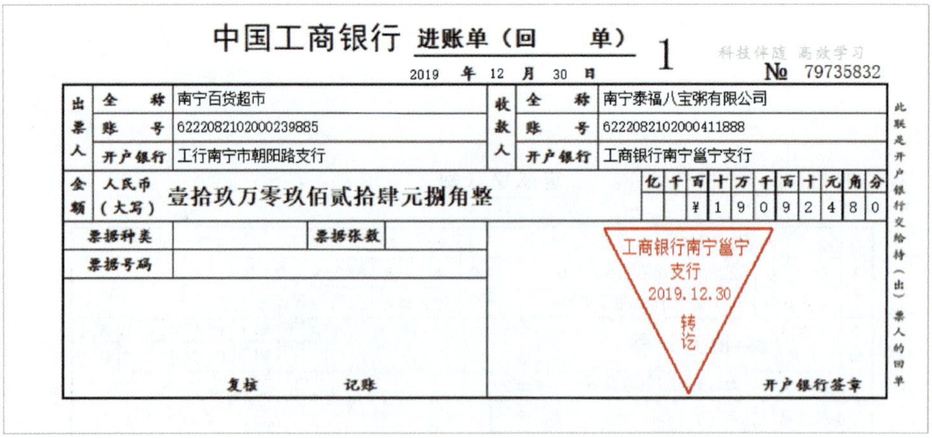

中国工商银行　进账单（回　单）　1

科技伴随　高效学习

2019 年 12 月 30 日　№ 79735832

出票人	全称	南宁百货超市	收款人	全称	南宁泰福八宝粥有限公司
	账号	6222082102000239885		账号	6222082102000411888
	开户银行	工行南宁市朝阳路支行		开户银行	工商银行南宁邕宁支行
金额	人民币（大写）	壹拾玖万零玖佰贰拾肆元捌角整	亿千百十万千百十元角分		¥19092480
票据种类		票据张数			
票据号码					
复核	记账		工商银行南宁邕宁支行 支行 2019.12.30 转讫		开户银行签章

此联是开户银行交给持（出）票人的回单

图 2-87　工行进账单

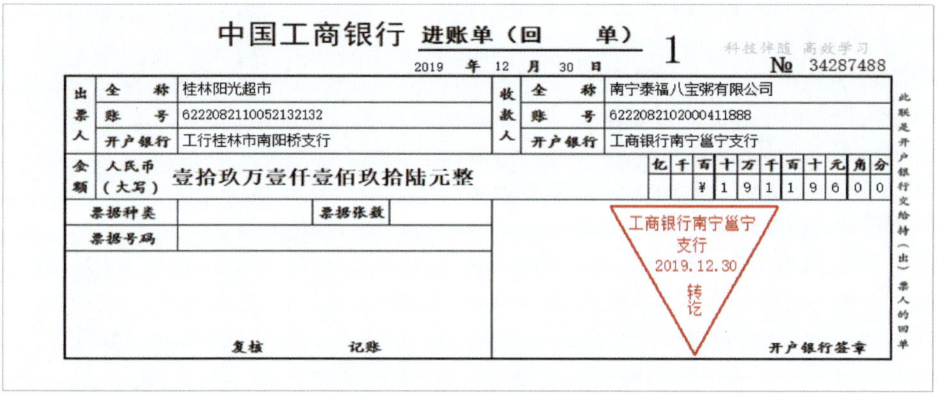

中国工商银行 进账单（回　　单） 1

2019 年 12 月 30 日　　No 34287488

出票人	全　　称	桂林阳光超市	收款人	全　　称	南宁泰福八宝粥有限公司
	账　　号	6222082110052132132		账　　号	6222082102000411888
	开户银行	工行桂林市南阳桥支行		开户银行	工商银行南宁邕宁支行
金额	人民币（大写）	壹拾玖万壹仟壹佰玖拾陆元整		亿千百十万千百十元角分	¥19119600
票据种类		票据张数			
票据号码					

复核　　记账　　　　开户银行签章

工商银行南宁邕宁支行 2019.12.30 转讫

此联是开户银行交给持（出）票人的回单

图 2-88　工行进账单

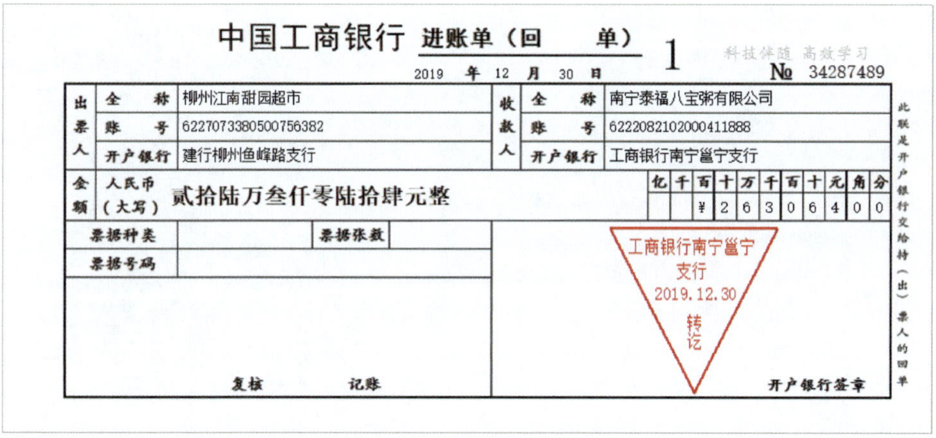

中国工商银行 进账单（回　　单） 1

2019 年 12 月 30 日　　No 34287489

出票人	全　　称	柳州江南甜园超市	收款人	全　　称	南宁泰福八宝粥有限公司
	账　　号	6227073380500756382		账　　号	6222082102000411888
	开户银行	建行柳州鱼峰路支行		开户银行	工商银行南宁邕宁支行
金额	人民币（大写）	贰拾陆万叁仟零陆拾肆元整		亿千百十万千百十元角分	¥26306400
票据种类		票据张数			
票据号码					

复核　　记账　　　　开户银行签章

工商银行南宁邕宁支行 2019.12.30 转讫

此联是开户银行交给持（出）票人的回单

图 2-89　工行进账单

五、任务评价

“销售业务核算”任务评价表如表 2-34 所示。

表 2-34　“销售业务核算”任务评价表

工作任务清单	完成情况
讲述利用会计核算云平台的总账系统，完成销售业务核算外包服务的一般处理流程	
在会计核算云平台的票据处理系统中，采集销售业务相关单据影像文件，并进行分类与识别	
在会计核算云平台的总账系统中，根据销售业务原始票据自动生成记账凭证	

2

工作领域三
纳税申报外包服务

技能目标

1. 了解税法相关法律、法规及规章，企业会计准则等基本内容；

2. 能在智能化税务操作平台上导入财务报表数据，并生成纳税申报表；

3. 能在智能化税务操作平台上填写企业所得税、增值税基本信息，并能生成企业所得税、增值税的纳税申报表；

4. 能在智能化税务操作平台上对企业财务报表数据计算及账务处理进行复核；

5. 能在智能化税务操作平台上对企业所得税数据计算及账务处理进行复核；

6. 能在智能化税务操作平台上对企业增值税数据计算及账务处理进行复核；

7. 能在智能化税务操作平台上对各税种的扣款数额和对应科目进行核对；

8. 能根据法律法规和当地税务机关的企业所得税汇算清缴政策及时办理纳税申报及退税。

任务一　纳税申报表编制

一、任务情境

（一）任务场景

大脚文化传播有限公司（简称：大脚传播）是一家以策划、设计、制作、代理、发布各类广告，开展会务服务等为主的文化传播有限公司。该公司为一般纳税人，12 月将其纳税申报业务外包给财税共享服务中心办理，双方签订合同约定由财税共享服务中心负责公司纳税申报表编制业务。该外包公司账套号：301，账套名称：大脚文化传播有限公司，存储路径：计算机“D”盘新建文件夹“大脚文化传播有限公司”，账套启用会计期：2019 年 12 月，公司法人代表：刘伟，企业类型：服务，行业性质：2007 年新会计制度科目，单位地址：北京市大兴区亦庄经济开发区隆昌街 098 号，邮政编码：100022，电话：010-81395536，纳税人识别号：94360106317958313M，开户行：中国工商银行隆昌街分行，银行账号：73815294464679，本位币代码：RMB（人民币），预置科目：按行业性质预置科目。

（二）任务布置

财税共享服务中心李司根据合同约定为大脚文化传播有限公司办理纳税申报表编制业务，具体要求如下：

（1）将公司 2019 年 12 月份的资产负债表、科目余额表和利润表的 EXCEL 文件，导入纳税服务云平台。

（2）企业增值税报表编制。

（3）企业所得税报表编制。

二、工作准备

（一）知识准备

1. 税收征管

税收征管是指国家税务征收机关依据税法、税收征管法等有关法律、法规的规定，对税款征收过程进行组织、管理、检查等一系列工作的总称。广义的税收征管包括各税种的征收管理，主要是管理服务、征收监控、税务稽查、税收法制和税务执行五个方面，具体可理解为两大方面：

一是税收行政执法，包括纳税人税务登记管理、申报纳税管理、减免缓税管理、稽查管理、行政处罚、行政复议等管理。

二是税收内部管理，即长期以来形成的从宏观经济管理需要出发而运用税收计划、税收会计、税务统计、税收票证等进行的内部管理活动。

税收征管是整个税收管理活动的中心环节，是实现税收管理目标，将潜在的税源变为现实的税收收入的实现手段，也是贯彻国家产业政策，指导、监督纳税人正确履行纳税义务，发挥税收作用的重要措施的基础性工作。

2. 纳税申报外包服务

纳税申报外包服务是指企业在资源有限的条件下，将税务管理过程中的纳税申报、部分或全部事项（流程）从企业的日常管理中分离出来，由外部税务服务商按约定提供特定的税务服务。外包服务一方面帮助企业把控涉税风险，提高税法遵从度；另一方面协助税务机关排查税收涉税风险，提高纳税质量。

（二）业务要领

将现有的资产负债表、科目余额表和利润表导入金税师平台，生成企业纳税申报数据，并根据申报数据完成增值税申报表编制和企业所得税申报表的编制。注意：申报日期是下一个月月初。

三、业务流程

纳税申报表业务编制流程如图 3-1 所示。

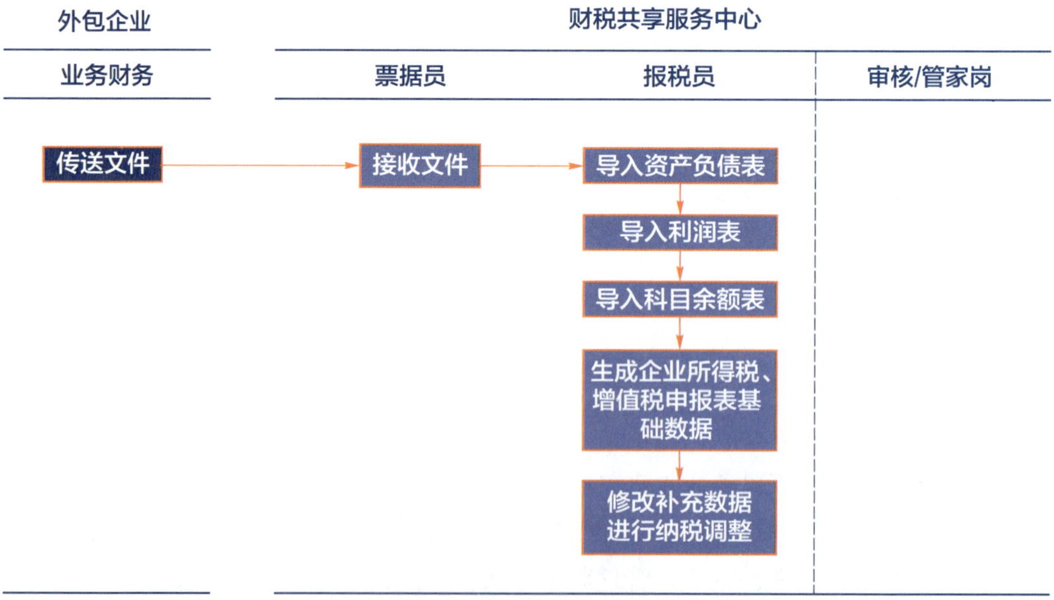

图 3-1　纳税申报表编制业务流程

四、业务操作

（一）操作准备

（1）申请财税共享服务中心会计核算云平台使用权限，如“金税师”平台的使用账号和密码。

（2）扫描二维码，下载公司相关账套文件。

（3）在财税共享服务中心会计核算云平台上，引用公司相关账套文件。

（二）登录金税师平台

（1）访问“智慧财经”网址，输入用户名和密码，单击“登录”按钮，如图3-2所示。

（2）选择“金税师”平台，单击进入，如图3-3所示。

图3-2　智慧财经登录界面

图3-3　金税师进入界面

导入资产负债表、利润表

（三）导入财务报表数据

（1）在金税师平台上，执行“数据导入”|“财报”，选择“财务报表类型”，打开“导入 EXCEL”对话框，如图 3-4 所示。

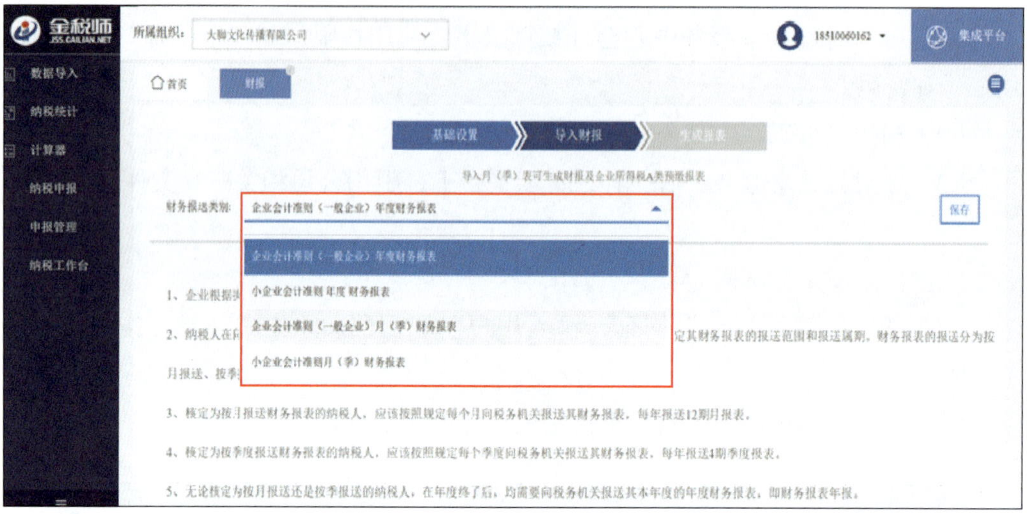

图 3-4　选择财报类型

（2）在“导入 Excel”窗口中，分别单击利润表、资产负债表对应的“选择文件”，如图 3-5 所示。

图 3-5　导入 Excel 文件

（3）单击“保存”，即可保存财务报表数据信息，如图 3-6 所示。

（4）保存之后跳转到“纳税工作台”，可查看保存完成的报表，如图 3-7 所示。

图 3-6　保存报表

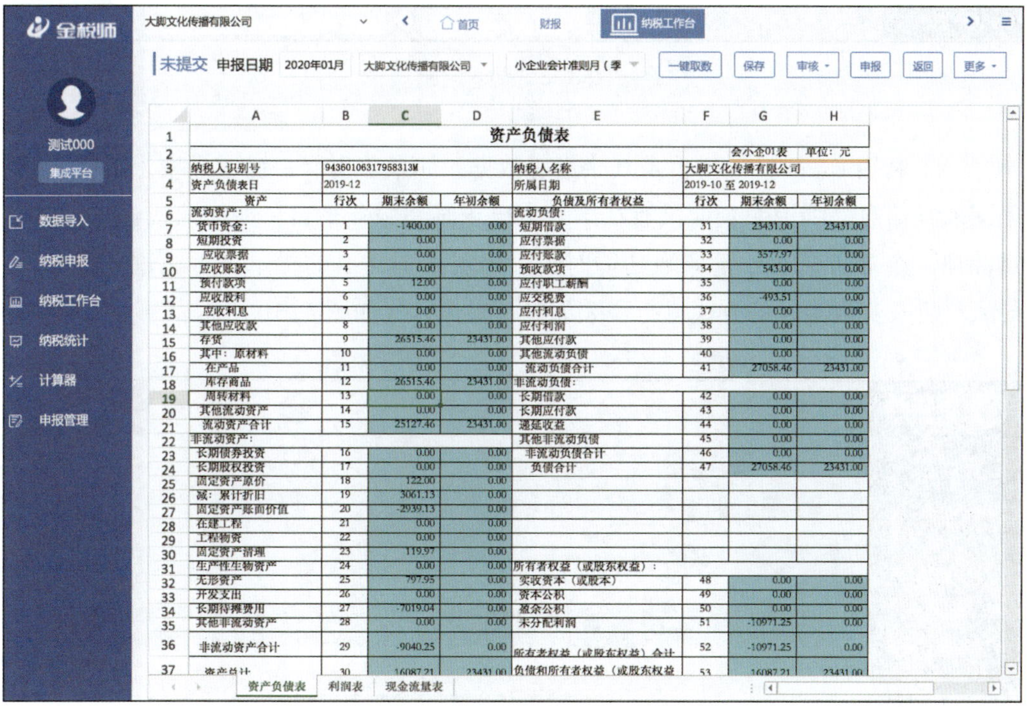

图 3-7　资产负债表

（四）增值税纳税申报表编制

对于增值税的申报，企业在编制增值税纳税申报表时需要填入发票信息。

1. 导入信息

“金税师”平台支持两种取数方式：

（1）自动取数，对于已经在第三方电子发票服务平台（如航信或百旺）进行过注册的企业来讲，“金税师”平台可对其所开具的发票进行自动抓取，并填写在纳税申报表中。Excel 导入信息如图 3-8 所示。

图 3-8　导入信息

（2）利用 Excel 导入科目及其余额表数据。如果单击“一键取进项（销项）”后未获取到信息，则说明企业没有在第三方电子发票服务平台（如航信或百旺）进行过注册。企业未开通一键取数功能时，会出现如图 3-9 的提示，可通过利用 Excel 导入科目及其余额表的方式进行税表编制，操作方式如图 3-10 所示。

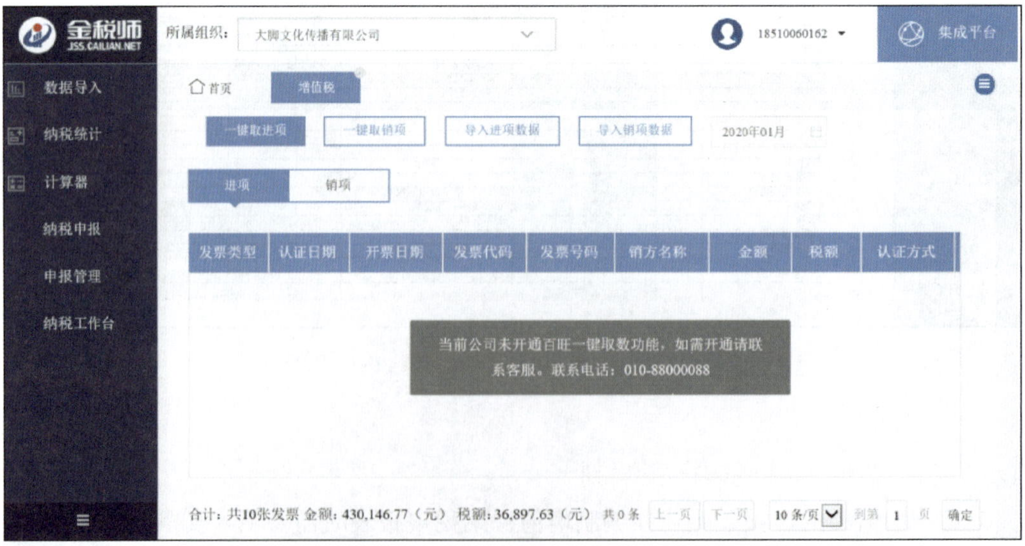

图 3-9　企业未注册提示

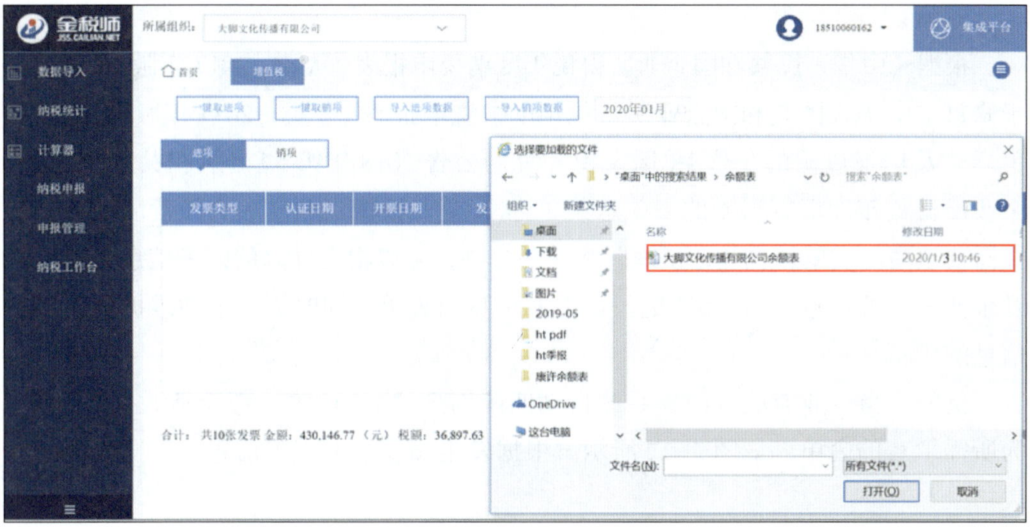

图 3-10　利用 Excel 导入数据

2. 生成税表

生成税表后，平台支持手动填写、修改税表信息。手动填写时要求纳税申报表编制人员预先查询发票信息，信息也可从其发生额及余额表中查询。

（五）企业所得税（年报）申报填写

企业所得税（年报）申报填写

1. 初始设置

单击“数据导入－企业所得税汇算清缴”，根据企业情况，在蓝色区域填写基础信息，如图 3-11 所示。

图 3-11　填写基础信息

2. 智能选表

根据《中华人民共和国企业所得税年度纳税申报表（A 类，2017 年版）》及《关于修订〈中华人民共和国企业所得税年度纳税申报表（A 类，2017 年版）〉部分表单样式及填报说明的公告》（国家税务总局公告 2018 年第 57 号）相关税收法规，企业所得税年度汇算清缴的表单总共 37 张，企业根据当期实际的经营活动情况选择需要填写的表单，在“金税师”智能平台中，可以根据导入的财务信息（发生额及余额表中的信息），自动匹配勾选需要填写的表单，同时提供手动维护表单相关信息的功能。

例如：当企业有收入时，系统自动匹配勾选“A101010 一般企业收入明细表”为所需填写的表单，如图 3-12 所示。根据发生额及余额表中信息，选择要填写的表格。

图 3-12　智能选表

3. 导入发生额及余额表匹配

“金税师”智能平台是基于标准财务核算科目研发的智能化工具。基础核算科目是智能生成纳税申报表的关键，也是财务信息匹配为税务信息的基础。金税师平台匹配方式有两种：当使用的基础科目设置为“金税师”智能平台默认标准科目时，“金税师”系统将导入的 Excel 版本的发生额及余额表信息直接智能匹配为“金税师”系统所需的信息；另一种情形下，当导入的 Excel 版本的发生额及余额表所使用核算科目与金税师系统默认科目不匹配时，需进行手动匹配，匹配操作方式为：拖动右边框中的科目名称，使其进入左边框的对应项目中，如图 3-13 所示。

图 3-13　手动导入发生额及余额表匹配

4. 纳税申报表项目显示

此表格可显示从 Excel 中同步的信息，如有需要修改或添加的科目，可手动进行修改或填写，税表具体项目如图 3-14 所示。

图 3-14　税表具体项目显示

5. 生成纳税申报表

生成纳税申报表后，平台支持手动填写、修改纳税申报表信息，要求纳税申报表编制人员预先查询发生额及余额表，如图 3-15 所示。

图 3-15　生成税表

五、任务评价

“纳税申报表编制”任务评价表如表 3-1 所示。

表 3-1　“纳税申报表编制”任务评价表

工作任务清单	完成情况
了解《中华人民共和国企业所得税法》的基本内容	
了解《中华人民共和国企业所得税法实施条例》的基本内容	
了解《关于实施小微企业普惠性税收减免政策的通知》的基本内容	
了解《财政部　税务总局关于支持小微企业融资有关税收政策的通知》的基本内容	
在智能化税务操作平台上导入财务报表数据，并生成纳税申报表	
在智能化税务操作平台上根据企业情况填写企业增值税的基本信息，并能生成企业增值税的纳税申报表	
在智能化税务操作平台上根据企业情况填写企业所得税的基本信息，并能生成企业所得税的纳税申报表	

任务二　纳税申报表复核与申报

一、任务情境

（一）任务场景

场景一： 北京子林文化有限公司（简称：子林文化）是一家以文化活动策划及实施、赛事活动策划及推广、摄影服务等为主的公司。该公司为一般纳税人，12 月将其纳税申报业务外包给财税共享服务中心办理，双方签订合同约定，财税共享服务中心负责子林公司纳税报表复核与申报业务。该外包公司账套号：302，账套名称：北京子林文化有限公司，存储路径：计算机“D”盘新建文件夹“北京子林文化有限公司”，账套启用会计期：2019 年 12 月，公司法人代表：冯庄，企业类型：服务，行业性质：2007 年新会计制度科目，单位地址：北京市怀柔区府前东街 58 号，邮政编码：124022，电话：010-69601285，纳税人识别号：95730106317958313D，开户行：中国工商银行府前东街分行，银行账号：21997394464679，本位币代码：RMB（人民币），预置科目：按行业性质预置科目。

纳税申报及完税

子林文化基础信息

场景二： 北京原创动力企业咨询有限公司（简称：原创动力）是一家以文化活动策划及实施、赛事活动策划及推广、摄影服务等为主的公司。该公司为小规模纳税人，第一季度销售收入 10 000 元。2020 年 3 月将其纳税申报业务外包给财税共享服务中心办理，双方签订合同约定，财税共享服务中心负责子林公司纳税报表复核与申报业务。该外包公司账套号：303，账套名称：北京原创动力企业咨询有限公司，存储路径：计算机“D”盘新建文件夹“北京原创动力企业咨询有限公司”，账套启用会计期：2020 年 3 月，公司法人代表：田刚，企业类型：服务，行业性质：2013 小企业会计准则，单位地址：北京市密云区经济开发区康宝路 89 号，邮政编码：103995，电话：010-69043551，纳税人识别号：92330106317568313H，开户行：中国工商银行经济开发区分行，银行账号：20007394464679，本位币代码：RMB（人民币），预置科目：按行业性质预置科目。

（二）任务布置

财税共享服务中心李司根据合同约定为北京子林文化有限公司办理纳税报表复

核与申报业务，具体要求如下：

（1）审核已导入“金税师”平台的公司资产负债表和利润表。

（2）增值税税表审核与申报。

（3）企业所得税（年报）审核与申报。

二、工作准备

（一）知识准备

1. 会计报表

会计报表是反映企业一定时期内财务状况和经营成果的书面性报告文件，它是纳税人计算应纳税款的重要依据，也是税务机关进行税务稽查的必要资料。在纳税申报表填写完毕后，需要对表格中内容进行复核，确保无误后才可进行申报。

申报时，纳税人应按税法规定：按期向当地主管税务机关报送会计报表；一般纳税人每月 1 日必须进行防伪税控开票机的抄税工作，如没有进行抄税工作，则不能申报。

2. 企业所得税汇算清缴

企业所得税汇算清缴，是指纳税人自纳税年度终了之日起 5 个月内或实际经营终止之日起 60 日内，依照税收法律、法规、规章及其他有关企业所得税的规定，自行计算本纳税年度应纳税所得额和应纳所得税额，根据月度或季度预缴企业所得税的数额，确定该纳税年度应补或者应退税额，并填写企业所得税年度纳税申报表，向主管税务机关办理企业所得税年度纳税申报、按税务机关要求提供有关资料、结清全年企业所得税税款的行为。

3. 纳税调整项目

企业按照会计法规计算确定的会计利润与按照税收法规计算确定的应税利润对同一个企业的同一个会计时期来说，其计算的结果往往不一致，在计算口径和确认时间方面存在一定的差异，即计税差异，一般将这个差异称为纳税调整项目。

4. 税收优惠政策

税收优惠政策是指税法对某些纳税人和征税对象给予鼓励和照顾的一种特殊规定。比如，免除其应缴的全部或部分税款，或者按照其缴纳税款的一定比例给予返还等，从而减轻其税收负担。税收优惠政策是国家利用税收调节经济的具体手段，国家通过税收优惠政策，可以扶持某些特殊地区、产业、企业和产品的发展，促进产业结构的调整和社会经济的协调发展。

（二）业务要领

纳税人应对纳税申报表的逻辑性和有关资料的完整性、准确性进行审核，审核重点包括：

（1）纳税申报表中所填内容与账簿是否相符，各项逻辑关系是否正确，计算是否准确。

（2）纳税人是否符合税收优惠条件，税收优惠的确认是否符合程序。

对于年度所得税汇算清缴，纳税人还需审核是否按规定弥补以前年度亏损额和结转以后年度待弥补的亏损额。

三、业务流程

纳税申报表复核与申报流程如图 3-16 所示。

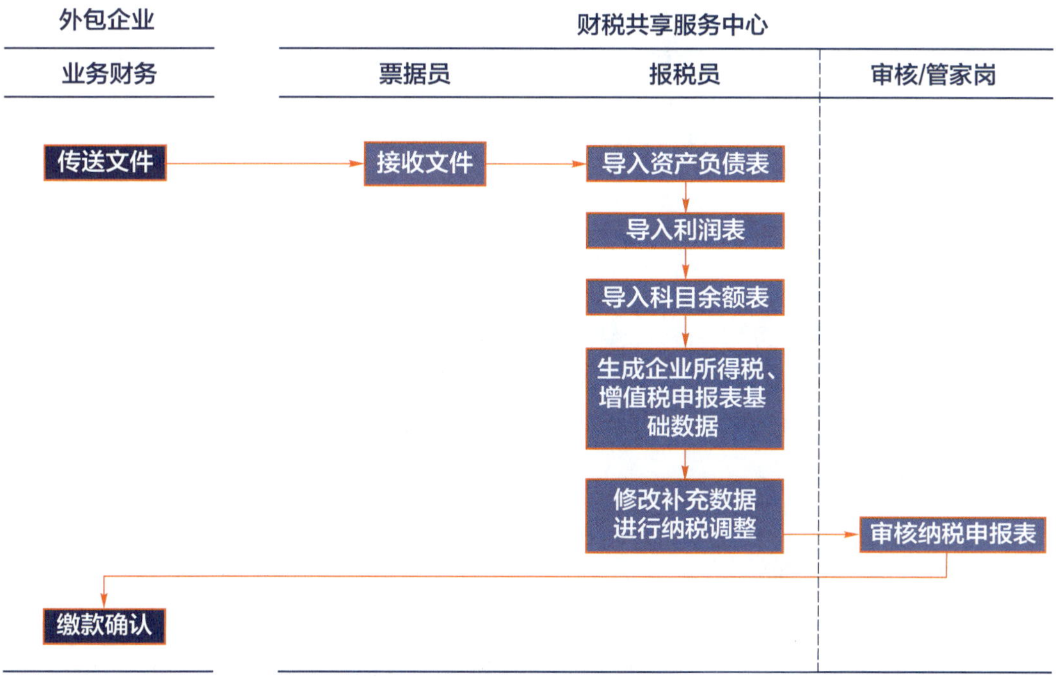

图 3-16　纳税申报表复核与申报流程

四、业务操作

【业务 3-2-1】12 月 18 日，子林公司收到 A 公司派发股票分红 3 000 元。

【业务 3-2-2】12 月 18 日，子林公司收到 B 公司派发股票分红 2 000 元。

【业务 3-2-3】12 月 18 日，子林公司支出与生产经营活动有关的业务招待费 500 元。

【业务 3-2-4】12 月 18 日，子林公司为提升知名度，委托华宇工作室制作一部宣传片，费用合计 1 000 元。

【业务 3-2-5】12 月 18 日，北京中奥尚达体育文化有限公司委托子林公司设计一套赛事方案，取得不含税收入 30 000 元（增值税税率 6%）。

【业务 3-2-6】12 月 18 日，子林公司计提职工工资 5 000 元、职工福利费 700 元、工会经费 100 元，并计提企业负担社会保险 1 600 元、补充养老保险 300 元、住房公积金 400 元。

【业务 3-2-7】12 月 18 日，子林公司实际发放职工工资 5 000 元、社会保险 1 600 元、住房公积金 400 元、补充养老保险 300 元、职工福利费 350 元。

【业务 3-2-8】12 月 18 日，子林公司缴纳税收滞纳金 50 元。

【业务 3-2-9】12 月 18 日，工会组织“我爱我的祖国”歌唱比赛，购买纪念品花费 100 元。

【业务 3-2-10】12 月 18 日，收到上半年国债利息 2 000 元。

▶ 操作步骤

（一）审核资产负债表

1. 审核

（1）财务报表项目匹配。进入“金税师”平台财务报表界面，单击“调整项目”按钮，若提示“无调整项目”，则表明已导入财务报表的格式及科目与税务局的要求相符；若提示“有项目需要调整”，则需手动更改财务报表。项目调整界面如图 3-17 所示。

（2）查看资产负债表试算平衡结果，操作界面如图 3-18 所示。

（3）查看资产负债表中资产是否有项目值，如图 3-19 所示。

图 3-17　项目调整

图 3-18　检查试算平衡

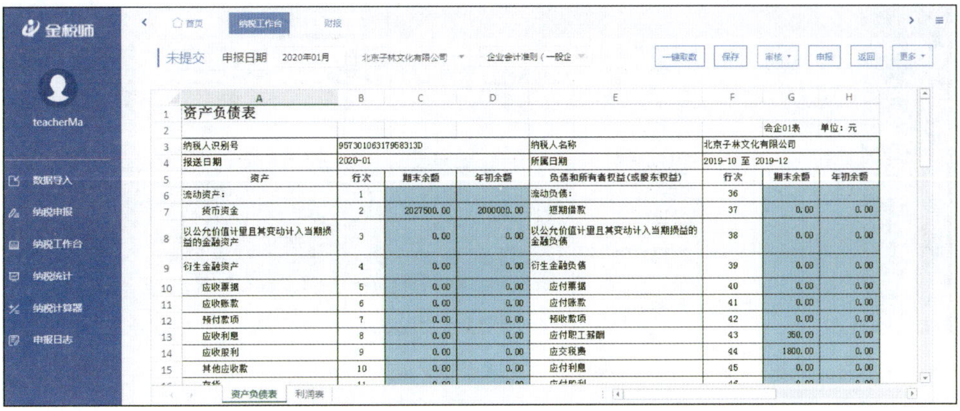

图 3-19　检查资产项目值

2. 申报

确认报表无误后，单击“审核—通过”，之后可单击“申报”；若审核通过后仍需更改信息，可单击“反审核”，如图 3–20 所示。

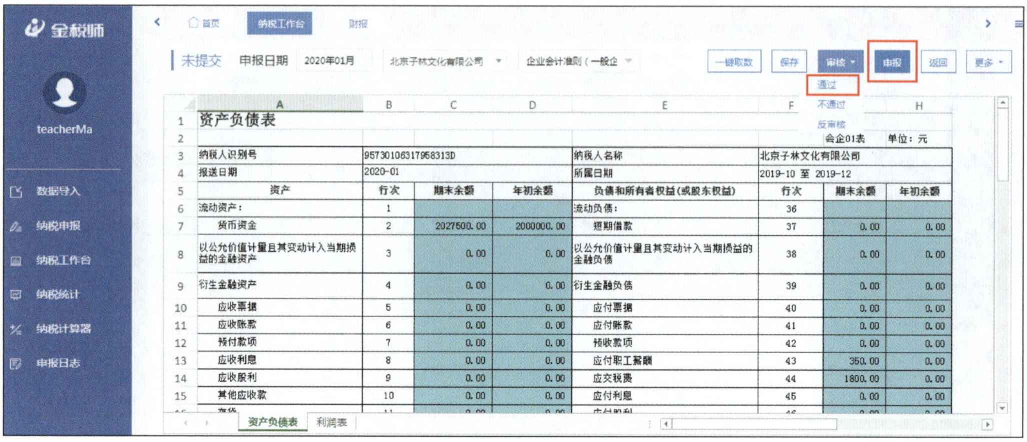

图 3–20　审核资产负债表

（二）增值税纳税申报表审核与申报

增值税纳税申报表审核与申报

1. 税表审核

（1）企业性质为一般纳税人。增值税销项税表审核要点，主要包括：

① 销售额合计金额与财务报表中的营业收入金额是否一致；

② 是否存在未开票收入；

③ 是否存在免税收入；

④ 不同税率下的销售额是否与实际核算一致。

子林公司增值税纳税申报表附列资料（一）如图 3–21 所示。

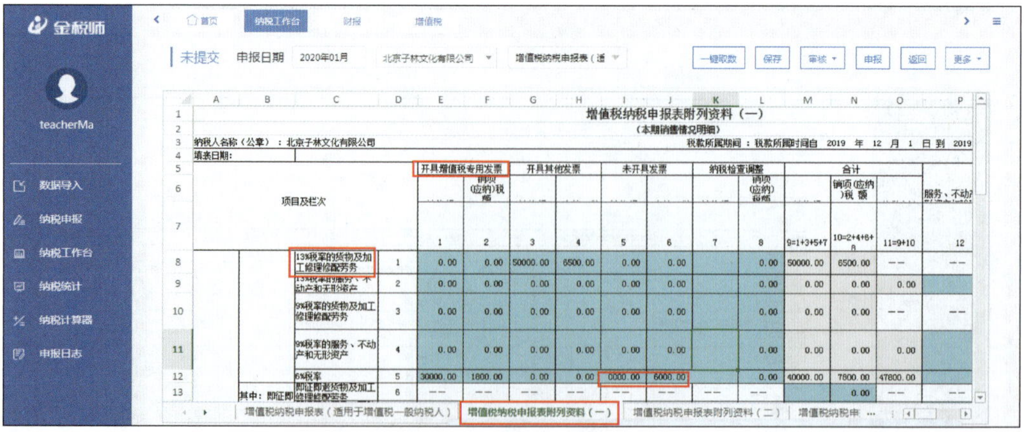

图 3–21　增值税纳税申报表附列资料（一）

增值税进项税表审核要点，主要包括：

① 本期可抵扣进项的实际税票信息与税务系统数据是否一致；

② 是否存在可计算抵扣的票据金额，填写是否正确；

③ 进项税额转出额项目填写是否完整。增值税纳税申报表附列资料（二）如图 3-22 所示。

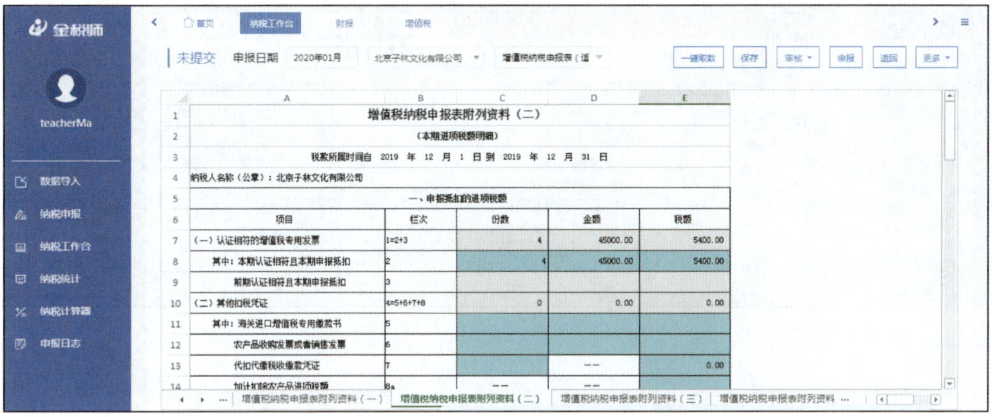

图 3-22　增值税纳税申报表附列资料（二）

（2）企业性质为小规模纳税人。小规模纳税人增值税申报表审核注意事项：

① 按照财税〔2019〕13 号的规定，小规模纳税人发生增值税应税销售行为，合计月销售额未超过 10 万元（以 1 个季度为 1 个纳税期的，季度销售额未超过 30 万元）的，免征增值税，符合免税政策的小规模纳税人仍需要进行纳税申报；其销售额填入“增值税纳税申报表”（小规模纳税人适用）主表“未达起征点销售额”表格中，相应税额填入“本期免税额”表格中。

② 核对销售额总额是否与当月的销售收入一致。

③ 货物及劳务与服务、不动产和无形资产销售额及税额是否按相应的列填写。

小规模纳税人增值税纳税申报表主表如图 3-23 所示。

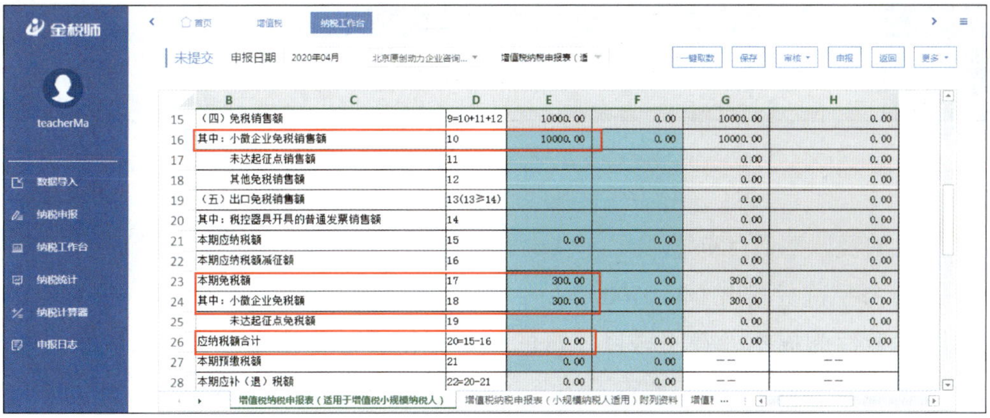

图 3-23　增值税纳税申报表（小规模纳税人）主表

2. 申报

申报成功界面如图 3-24 所示。

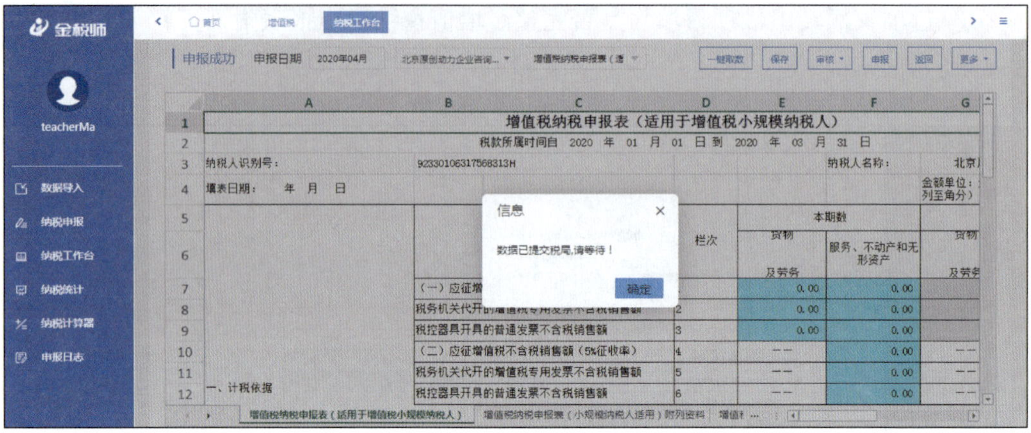

图 3-24　申报成功

企业所得税纳税申报表（年报）审核与申报

(三) 企业所得税纳税申报表（年报）审核与申报

1. 复核企业所得税（年报）注意事项

(1) 利润总额审核。审核企业所得税纳税申报表（表 A100000）中的利润总额与利润表中的利润总额是否一致，如图 3-25 所示。

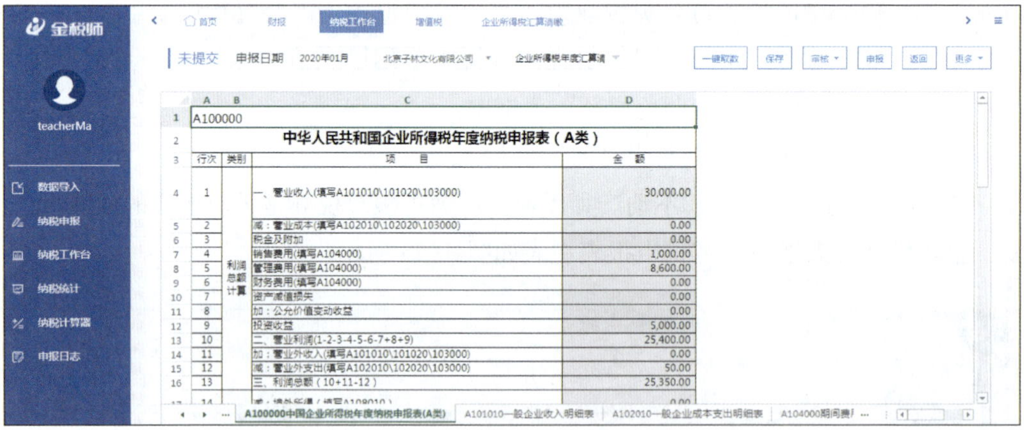

图 3-25　利润总额

(2) 纳税调整项目审核。

① 业务招待费支出（A105000）。

账载金额为成本、费用科目核算的业务招待费的账面金额合计，税收金额 = min（账面金额 ∗ 60%，收入总额 ∗ 0.5%）。子林公司调整业务招待费支出 500 元（见【业务 3-2-3】)，界面如图 3-26 所示。

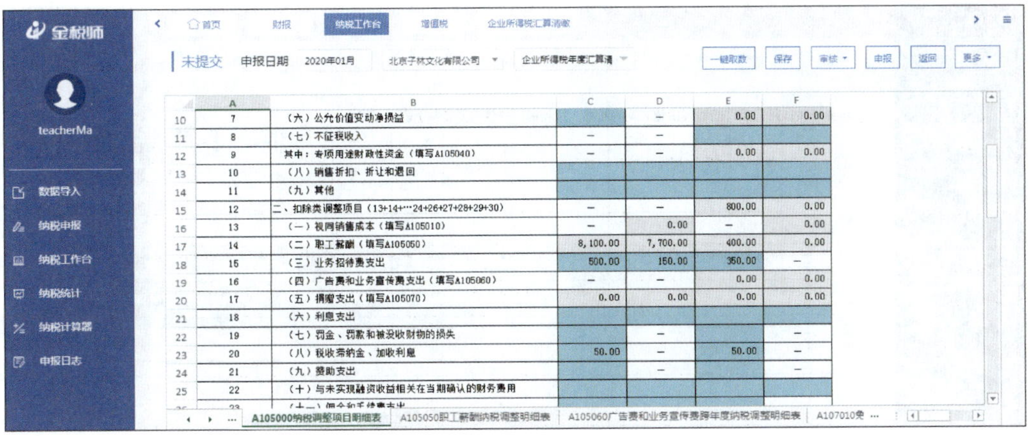

图 3-26　业务招待费

② 免税收入（A107010）。

a. 免税收入——国债利息收入免征企业所得税。填写子林公司本年度因直接持有的国债而取得的利息收入 2 000 元（见【业务 3-2-10】），如图 3-27 所示。

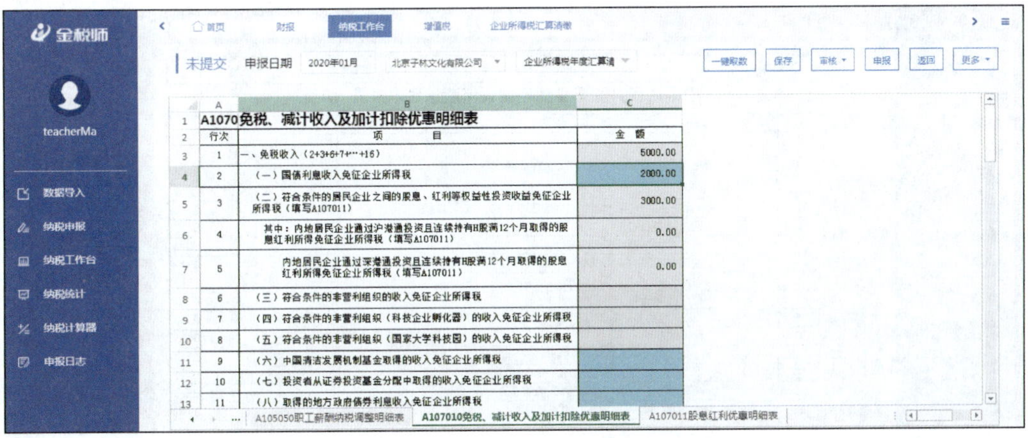

图 3-27　免税收入（一）

b. 免税收入——符合条件的居民企业之间的股息、红利等权益性投资收益免征企业所得税（填写 A107011）。

被投资企业利润分配确认金额为本年度根据分红协议计入的应收股利，包含成本法核算下的分红与权益法核算下的分红 3 000 元（见【业务 3-2-1】），如图 3-28 所示。

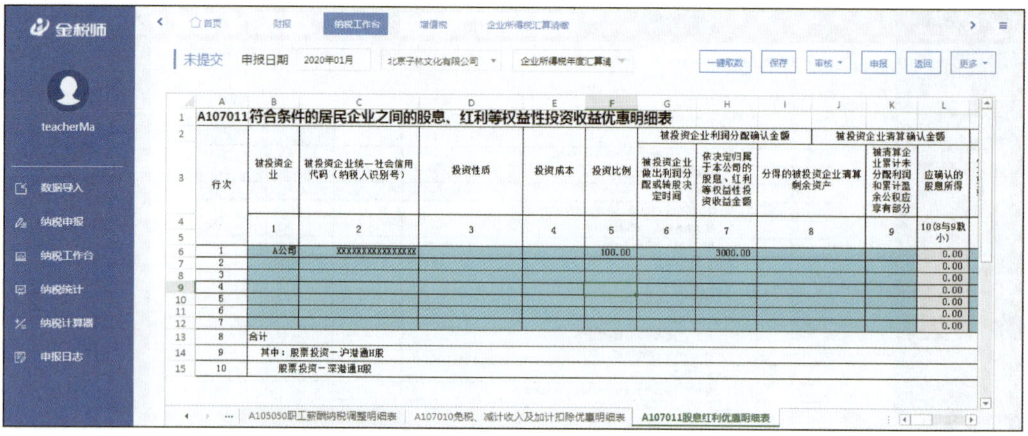

图 3-28　免税收入（二）

2. 申报

经客户确认无误后，进行纳税申报。申报成功界面提示如图 3-29 所示。

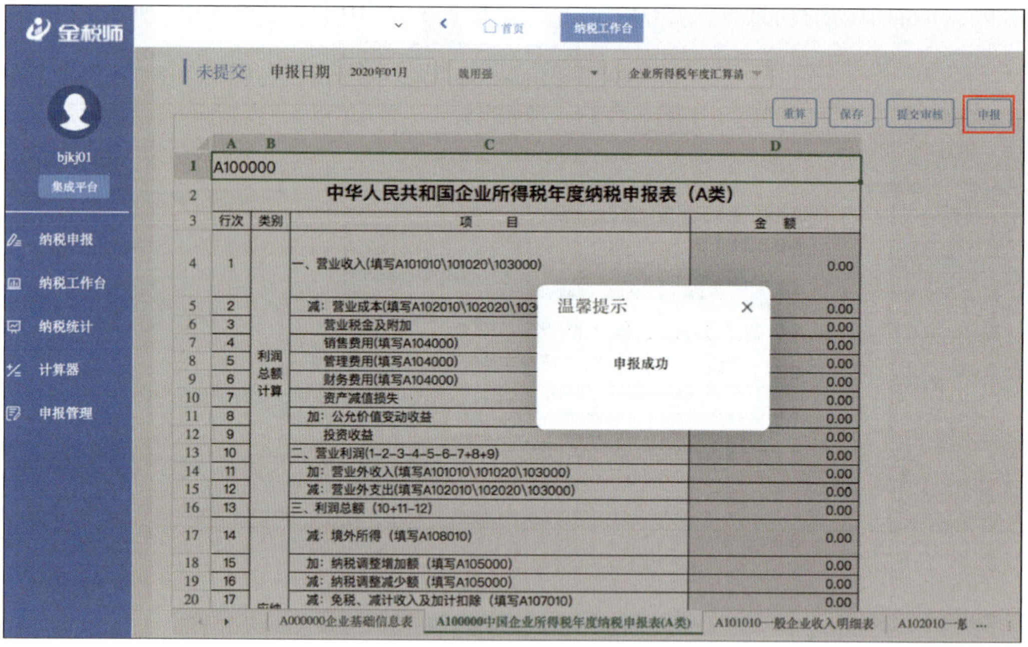

图 3-29　申报成功

五、任务评价

“纳税申报表复核与申报”任务评价表如表 3-2 所示。

表 3-2　“纳税申报表复核与申报”任务评价表

工作任务清单	完成情况
了解《中华人民共和国税收征收管理法》的基本内容	
了解《企业会计准则》的基本内容	
在智能化税务操作平台上对企业财务报表数据计算及账务处理进行复核	
在智能化税务操作平台上对企业所得税数据进行复核及纳税申报	
在智能化税务操作平台上对企业增值税数据进行复核及纳税申报	

任务三　纳税申报及完税

一、任务情境

（一）任务场景

七个小矮人文化传播有限公司（简称：矮人文化）是一家以策划、设计、制作、代理、发布各类广告，开展会务服务等为主的文化传播有限公司。该公司为一般纳税人，12 月份其纳税申报业务外包给财税共享服务中心办理，双方签订合同约定，由财务共享服务中心负责公司纳税申报及完税业务。该外包公司账套号：304，账套名称：七个小矮人文化传播有限公司，存储路径：计算机“D”盘新建文件夹“七个小矮人文化传播有限公司”，账套启用会计期：2019 年 12 月，公司法人代表：马靓，企业类型：服务，行业性质：2007 年新会计制度科目，单位地址：北京市门头沟区门头沟路 9 号，邮政编码：107511，电话：010-56188898，纳税人识别号：91110106317958313W，开户行：中国工商银行皓月园分行，银行账号：20915294763859，本位币代码：RMB（人民币），预置科目：按行业性质预置科目。

（二）任务布置

财税共享服务中心李司根据合同约定为矮人文化公司办理税款缴纳及完税业务，具体要求如下：

（1）签订银行代扣缴税款协议书；

（2）缴纳税款；

（3）打印银行代扣回单。

二、工作准备

（一）知识准备

1. 税款缴纳

税款缴纳是指纳税人和扣缴义务人依照国家法律、行政法规的规定，依法通过不同方式实现税款缴纳入库的过程。纳税人、扣缴义务人应按税法规定的期限，及时足额缴纳税款，以履行应尽的纳税义务。

2. 税款划转

企业作为纳税人向税务局缴纳税款主要是通过银行账户划款方式缴纳税款。为了实现税款划转的快捷方便和安全，纳税人可委托银行进行划款，通常银行需得到合法有效的划款指令才能将企业的税款划转到国库。

3. 申请退税的情形

扣缴义务人发生下列情况的，可向其主管税务机关申请退税：

（1）由于工作疏忽，发生技术性差错而造成多缴或误缴税款；

（2）征收过程中形成的汇算清缴退税、结算退税、减免退税及调整政策和调整税率退税；

（3）扣缴义务人依照法律、行政法规的规定履行代扣、代收税款义务，代扣、代收税款已按期缴纳入库后，税务机关按照规定应给付扣缴义务人的代扣、代收手续费；

（4）依照法律、行政法规规定的其他情况。

4. 申请退税的流程

（1）向主管税务局（所）提出申请。

（2）退税时需提供资料：

①“退税申请审批表”；

② 完税凭证等已缴税款证明原件、复印件；

③ 纳税人报关的会计决算报表、所得税预缴申报表和年终申报表原件、复印件；

④ 纳税人书面申请或其他说明材料。

（3）主管税务机关受理纳税人申请，并将纳税人申请移交相关科室，在“退税（抵税）申请审批表”上签署是否同意的意见。

（4）审批合格后办理退税。

（二）业务要领

企业纳税申报成功后，需办理税款缴纳或者退税申请。报税人员在扣款时应当确保扣款账户金额充足，并且与相应申报表最终金额进行核对，确认是否一致，确认无误后再进行扣款操作。同时，申报完成后应进行立即扣款操作，避免发生滞纳金，使企业产生不必要的损失。

三、业务流程

纳税申报及完税业务流程如图 3-30 所示。

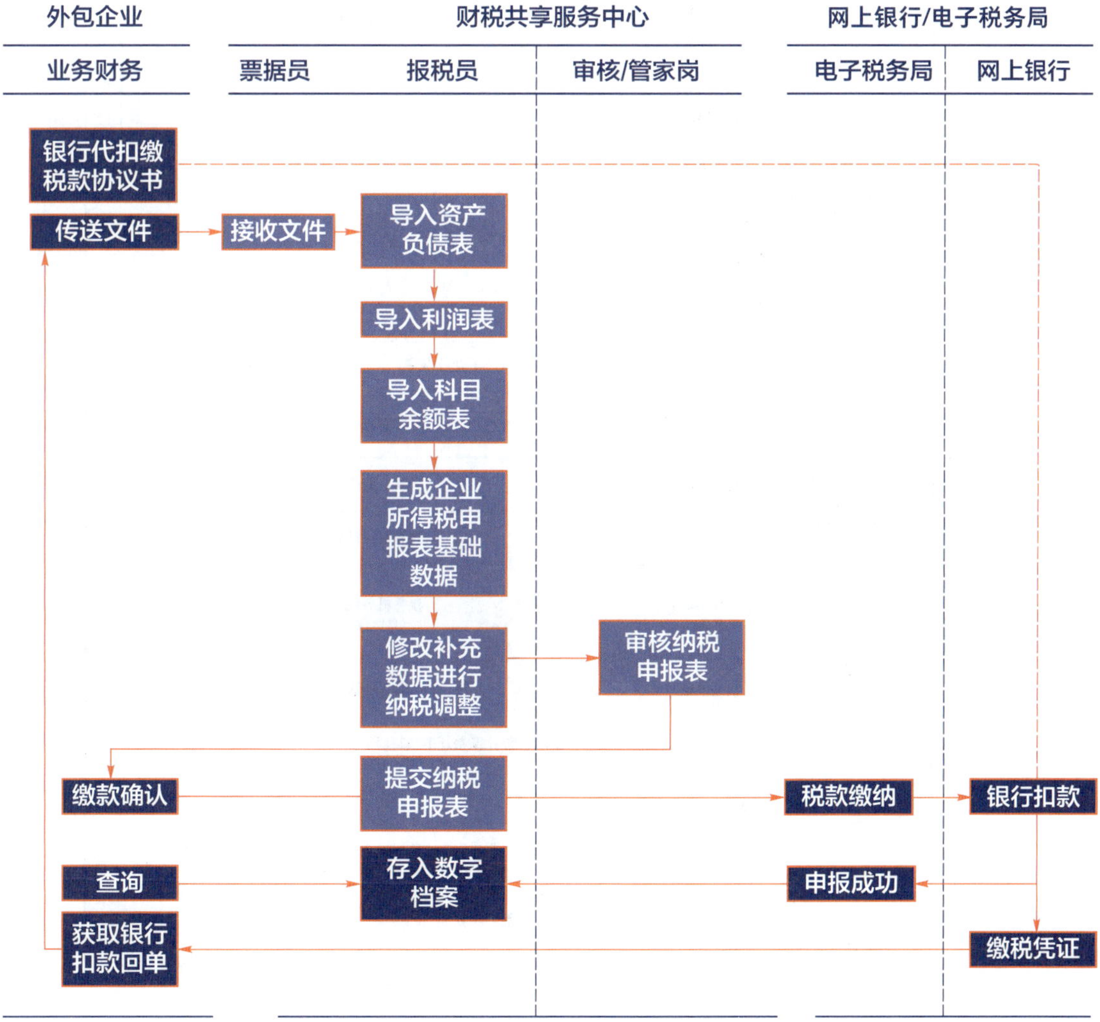

图 3-30　纳税申报及完税

四、业务操作

（一）签订银行代扣缴税款协议书

三方协议书是解决纳税人、国库、银行三者间划款问题的合同，需三方盖章，一经三方签章完毕，银行就可根据企业申报指令将税款划转到税务局指定的国库账号内。三方协议书具体内容如图 3-31 和图 3-32 所示。

委托银行(金融机构)划缴税（费）三方协议书

协议书编号：4410000

甲方（纳税人或缴费人填写）	纳税人（或缴费人）名称	××市××××有限公司			
	税务登记号				
	联系地址				
	联系电话		法定代表人		
	开户银行（金融机构）名称				
	缴税（费）专用账户名称				
	缴税（费）专用账号				
	委托划缴税（费）类别	□ 税（费）（不含社保费）　　□ 社保费			
乙方（纳税人或缴费人开户银行、金融机构填写）	开户银行（金融机构）名称		开户银行行号		
	联系地址		联系电话		
	清算银行名称		清算银行行号		
丙方（税务机关填写）	主管税务机关名称		税务机关代码（县区级）	TIPS:	
				ETS:	
	联系地址		联系电话		
	委托划缴社保费还需填写以下信息				
	纳税人编码（签约确认码）				

一、甲方委托乙方从甲方上述缴税（费）专用账户、账号中，根据甲方申报的税（费）款信息和地税机关依法确定的应征税款、滞纳金、罚款以及其他涉税款项，划缴甲方应缴税（费）款至相应级次中国人民银行国库。

二、甲方委托乙方从甲方上述缴税（费）专用账户、账号中，根据甲方申报的社会保险费款信息和地税机关依法确定的应征社会保险费款、滞纳金、罚款以及其他涉费款项，划缴甲方应缴社会保险费款至税务机关指定的社保费专用账户。

三、缴税（费）专用账户一经确定，原则上不得变更。甲方变更名称、法定代表人姓名或变更经营地址、改变主管税务机关时，应在办理有关涉税(费)事项的 5 个工作日前，向乙方、丙方同的提出变更申请，并重新签

……

1

图 3-31　委托银行划缴税费三方协议书

委托银行代扣缴税款协议书

甲方：（纳税人）：

乙方：（银行）：

为方便纳税人缴纳税款，提高办税效率和服务质量，本着“平等自愿，协商一致”的原则，甲方与乙方协议如下：

一、甲方在乙方开设缴税专户或结算账户，用于委托乙方代划应缴税款，确保在每个申报纳税期内存款余额不低于应纳税额。

二、“税收通用缴款书”中缴款单位及经办人盖章栏，通过甲乙双方签订协议预留印鉴的形式予以办理。

三、甲方同意乙方在其指定的缴税账户中划转甲方向税务机关申报且被认可的申报信息。

四、乙方在法定申报征收期内，可不需经甲方同意，直接将当日根据国税机关传输的甲方申报纳税信息，即时从其账户上扣划税款并解缴国库。

五、乙方从甲方账户上划解税款入库的同时，必须打印“税收通用缴款书”，加盖收讫章后，将第一联（收据）放到银行回单箱中，由甲方领取。

六、本协议一式三份，分别由甲、乙双方各执一份，报主管国税机关备存一份，具有同等法律效力。

甲方：（签章）

乙方：（签章）

年　月　日

图 3-32　委托银行代扣缴税款协议书

（二）缴纳税款

1. 缴纳税款操作

申报成功后界面如图 3-33 所示。

申报成功　27182616

尊敬的七个小矮人文化传播文化传播有限公司(91110106317958313W)：

您的税款所属期为2019-01-01至2019-12-31的《居民企业所得税查账征收年度申报表》(应征凭证序号为：10011119000027182616) 已申报成功。税款金额 301.92 元。

请及时缴纳税款，以免产生滞纳金！ 超过法律、行政法规规定或者税务机关依照法律、行政法规的规定确定的缴纳期限缴款的，将从税款滞纳次日按日加收滞纳税款万分之五的滞纳金。

打印申报表　缴款　关闭本页

图 3-33　申报成功

纳税人确认申报无误后，则可进入“税费缴纳”环节。系统支持“三方协议缴款”和“银行端缴款”两种模式。签署“三方协议缴款”的纳税人可直接进行网上缴款，直接在申报成功界面单击“缴款”；纳税人也可打印银行端缴款凭证，前往银行缴款。选择税费缴纳的方式如图 3-34 所示。

图 3-34　选择税费缴纳方式

提示：

（1）对于账户内余额不足的企业，需先向银行账户内存款，才可完成扣款。

（2）对于申报完成但未扣款的企业，在征期结束时开始缴纳滞纳金。滞纳金收费标准：按日加收应缴纳税款万分之五的滞纳金。

2. 退税申请操作

对于申报后需办理退税的企业，应到税务局办理，如图 3–35 所示：税款金额为 –1 948.68 元，即表示为可以申请办理退税。

图 3-35　申报成功（需退税）

（三）银行代扣回单

第三方协议扣款后，纳税人可以在银行打印缴税回单，回单既是银行收款凭证，也是完税证明。使用该银行账户办理的一切缴款业务，银行都会给企业打印客户回单，如当时未打印，则可补打。打印回单的方法：

（1）网银打印：登录网上银行，单击“转账汇款”，选择“转账记录”，找到需要打印的记录，单击“回单打印”即可；

（2）柜台打印：携带身份证和开通网银的银行卡到银行柜台也可打印。

五、任务评价

“税款缴纳及完税”任务评价如表 3-3 所示。

表 3-3　“税款缴纳及完税”任务评价表

工作任务清单	完成情况
了解《中华人民共和国税收征收管理法》的基本内容	
了解《企业会计准则》的基本内容	
在智能化税务操作平台上对各税种的扣款数额和对应科目进行核对	
根据法律法规和当地税务机关的企业所得税汇算清缴政策及时办理纳税申报及退税	

工作领域四

工资及社保业务外包服务

技能目标

1. 能在智能化工资操作平台上完成对工资表的导入，并根据工资表数据自动生成记账凭证；

2. 能收集整理现场办理个人社保所需材料，并能办理代扣代缴协议；

3. 了解现场办理报销生育医疗保险、养老保险、社保减员及增员、工伤认定等业务所需的材料和流程，并能实际应用；

4. 能在社保平台上根据收集的资料办理社保减员、增员业务和社保补缴业务；

5. 了解《中华人民共和国个人所得税法》《中华人民共和国个人所得税法实施条例》《国务院关于印发个人所得税专项附加扣除暂行办法的通知》《个人所得税专项附加扣除操作办法（试行）》等相关法律法规的基本内容；

6. 了解个人所得税的计算方法和相关账务处理的规定；

7. 能在智能化工资操作平台上录入员工信息、工资表及获取专项附加扣除信息；

8. 能将工资表导入“自然人税收管理系统扣缴客户端”。

任务一　工资表编制及发放工资的账务处理

一、任务情境

智能工资

（一）任务场景

南宁泰福八宝粥有限公司（简称：泰福八宝粥公司）以生产经营八宝粥为主。该公司为一般纳税人，12 月将其工资表编制及发放工资的账务处理业务外包给财税共享服务中心办理，双方签订合同。人力资源部门提供人员花名册、工资数据、考勤表、薪酬政策等工资计算所需资料。该外包公司账套号：401，账套名称：南宁泰福八宝粥有限公司，存储路径：计算机“D”盘新建文件夹“南宁泰福八宝粥有限公司”，账套启用会计期：2019 年 12 月，公司法人代表：梁林，企业类型：工业企业，行业性质：2007 年新会计制度科目，单位地址：广西壮族自治区南宁市邕宁龙亭路 3 号，邮政编码：530000，电话：0771-4946158，纳税人识别号：914500001982273333，开户行：中国工商银行南宁邕宁支行，银行账号：6222082102000411888，本位币代码：RMB（人民币），预置科目：按行业性质预置科目。

（二）任务布置

财税共享服务中心李司根据合同约定为南宁泰福八宝粥有限公司办理工资表编制及发放工资的账务处理业务，具体要求如下：

（1）登录“财天下——智能工资”平台，编制并上传工资表。

（2）根据工资表数据自动生成记账凭证。

二、工作准备

（一）知识准备

1. 职工薪酬

职工薪酬是指企业为获得职工提供的服务或解除劳动关系而给予的各种形式的报酬或补偿。职工薪酬包括短期薪酬、离职后福利、辞退福利和其他长期职工福利。企业提供给职工配偶、子女、受赡养人、已故员工遗属及其他受益人等的福利，也属于职工薪酬。

2. 个人所得税专项附加扣除

个人所得税专项附加扣除（简称：个税专项附加扣除），是指个人所得税法规定的子女教育、继续教育、大病医疗、住房贷款利息、住房租金和赡养老人六项专项附加扣除。2018 年 12 月 22 日，《国务院关于印发个人所得税专项附加扣除暂行办法的通知》发布，自 2019 年 1 月 1 日起施行。

3. 五险一金

五险一金是指用人单位给予劳动者的几种保障性待遇的合称，包括养老保险、医疗保险、失业保险、工伤保险、生育保险和住房公积金。五险一金的缴纳额度每个地区的规定都不同，以工资总额为基数。有的企业在缴纳五险一金时，缴纳基数除基本工资外，还包括相关补贴。但有的企业只以基本工资为基数，这是违反法律规定的。具体缴纳比例要向当地的劳动部门去咨询。

（二）业务要领

（1）熟知企业薪酬结构，计提工资；

（2）熟知社保、公积金计提比例；

（3）熟知个人所得税的法律，正确核算应缴数额；

（4）完成工资表的编制；

（5）完成工资发放的相关记账凭证自动生成。

三、业务流程

工资表编制及发放工资的账务处理如图 4-1 所示。

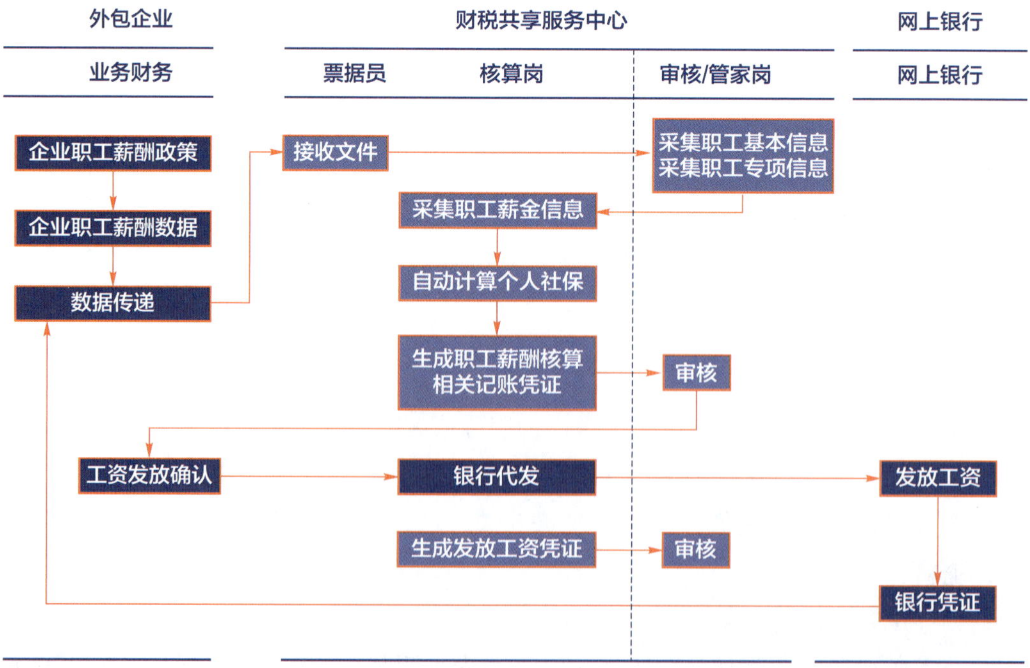

图 4-1　工资表编制及发放工资的账务处理

四、业务操作

（一）登录“财天下”平台

在图 4-2 登录界面，输入用户名、密码，单击“登录”按钮，单击“智能财税职业技能等级证书课程”中的“财天下”，进入如图 4-3 所示。

图 4-2　智慧财经登录界面

图 4-3　财天下进入界面

智能工资操作

（二）编制并上传工资表

（1）单击“智能工资”进入“人员信息”界面，单击“导入 / 导出”按钮，导入人员信息文件，如图 4-4 所示。

图 4-4　导入人员信息文件

（2）单击“智能工资”模块，选择“人员基本信息采集”，提供企业员工变动时信息的采集，如图 4-5 所示。

图 4-5　人员基本信息采集

（3）单击“智能工资”模块，进入“人员专项信息采集”，导入相关信息，此功能包含本公司员工人员专项附加信息的采集，包括子女教育、继续教育、住房贷款利息等信息的设置，如图 4-6 和图 4-7 所示。

（4）单击“智能工资”进入智能算税模块，导入工资表，如图 4-8 所示。

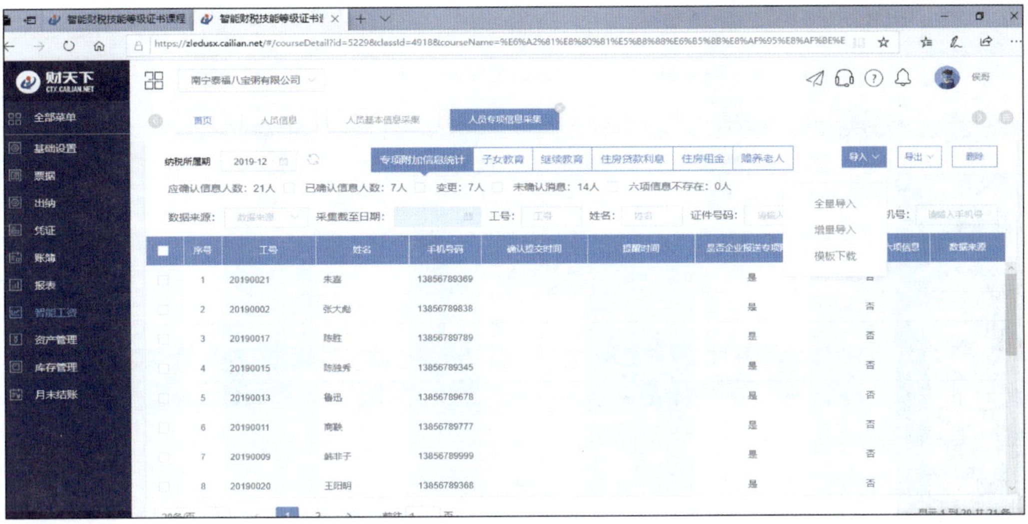

图 4-6　导入专项附加信息

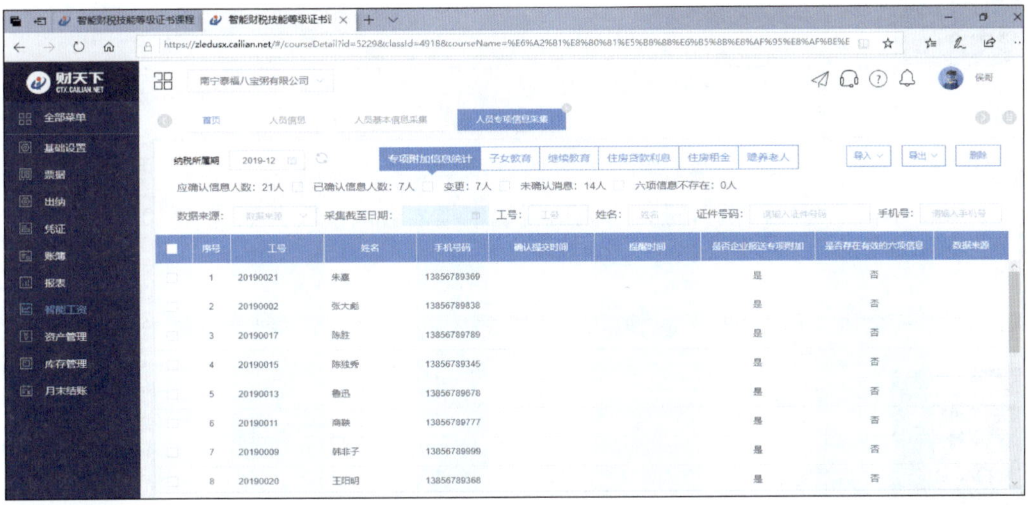

图 4-7　专项附加信息统计

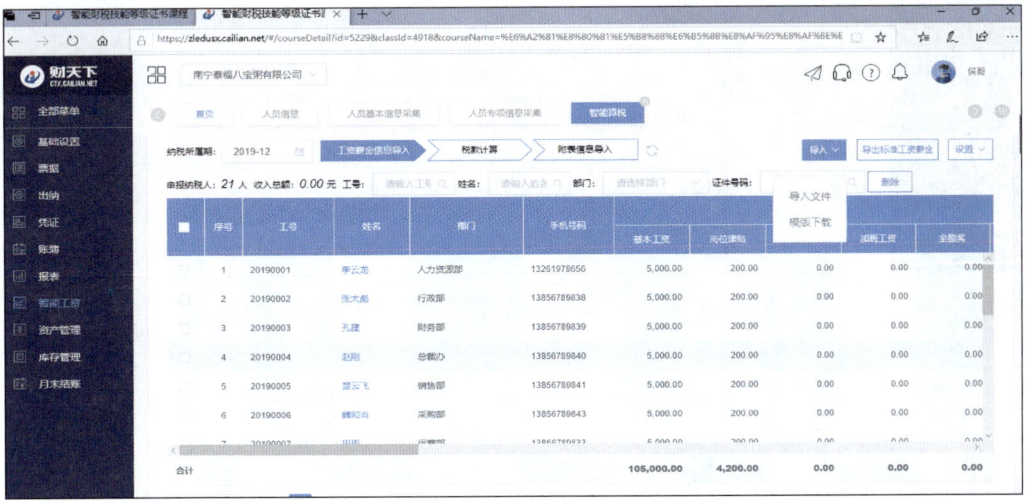

图 4-8　智能算税导入工资表

（5）单击“智能工资”进入智能算税模块，单击税款计算，如图 4-9 所示。

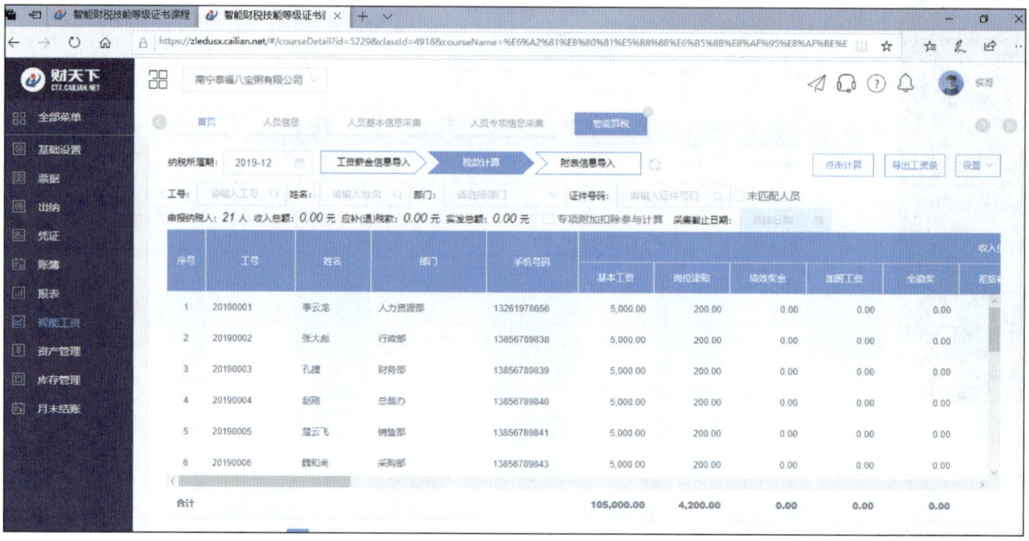

图 4-9　税款计算

（6）单击“智能工资”进入个人所得税申报表查询模块，如图 4-10 所示。

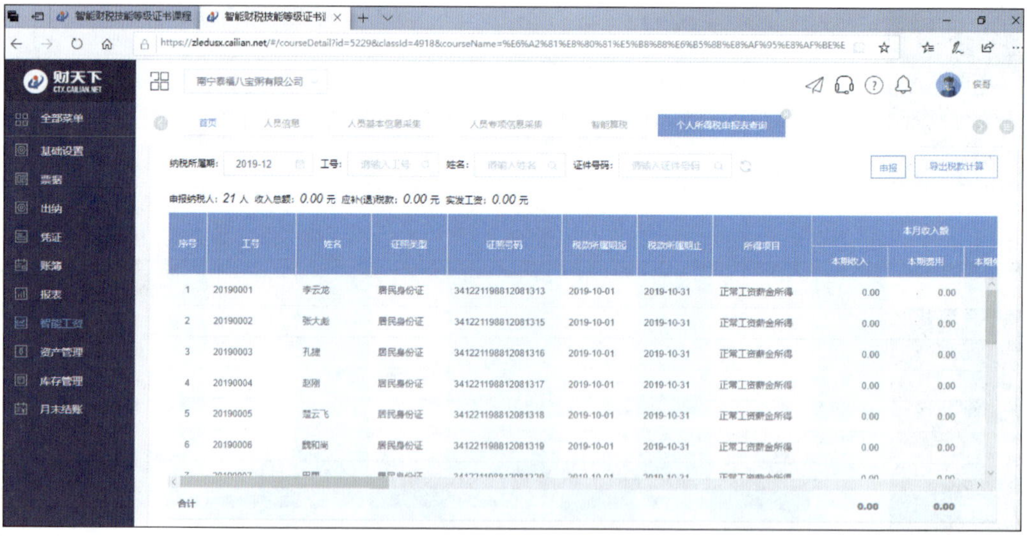

图 4-10　个人所得税申报表查询

（7）单击“智能工资”，进入“部门工资统计”，分部门计算个人所得税，支持重置、导出、五险一金、科目设置，如图 4-11、图 4-12、图 4-13 所示。

图 4-11　部门工资统计

图 4-12　五险一金

图 4-13　科目设置

（三）根据工资表数据自动生成记账凭证

（1）自动生成计提工资凭证，如图 4-14 所示。说明：单独进行工资社保外包业务的客户为其生成记账凭证仅供客户会计核算参考。

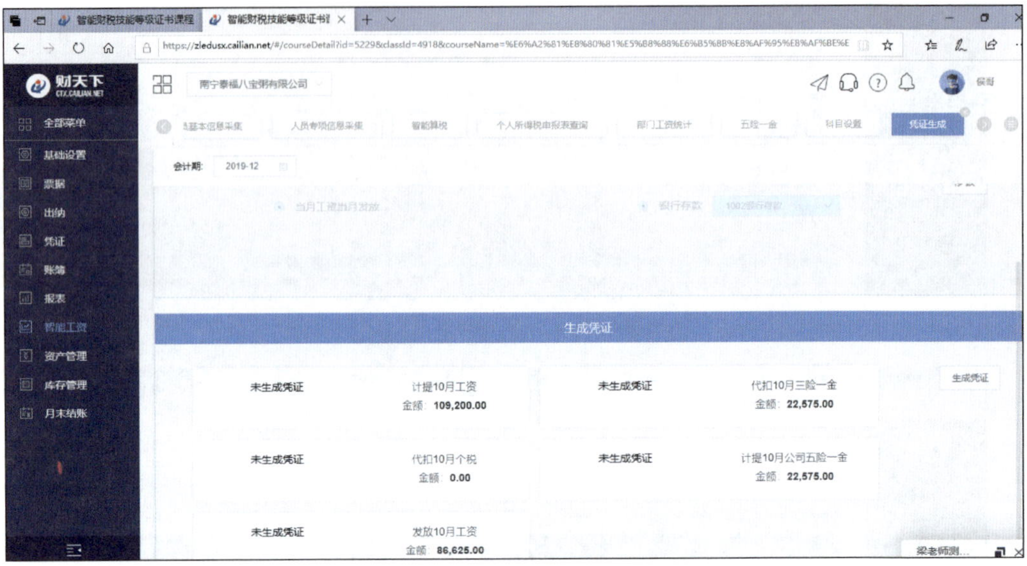

图 4-14　自动生成凭证

（2）计提工资凭证，如图 4-15 所示。

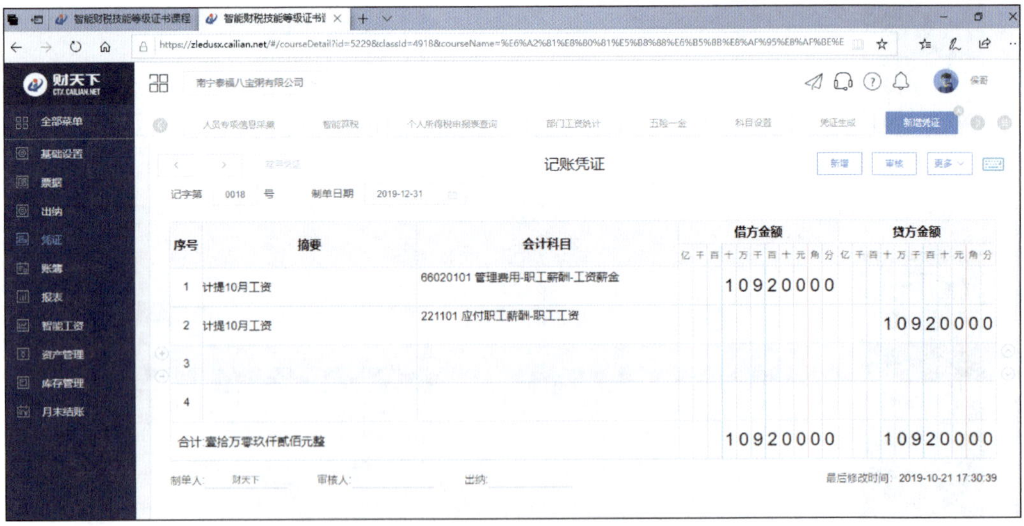

图 4-15　计提工资凭证

（3）自动生成的计提五险一金凭证，如图 4-16 所示。

（4）银行发放工资后将银行回单邮寄回南宁泰福八宝粥有限公司。

（5）自动生成发放工资的凭证，如图 4-17 所示。

图 4-16　计提五险一金凭证

图 4-17　发放工资的凭证

五、任务评价

“工资表编制及发放工资的账务处理”任务评价表如表 4-1 所示。

表 4-1　“工资单编制及发放工资的账务处理”任务评价表

工作任务清单	完成情况
在智能工资操作平台上完成对工资表的导入	
在智能工资操作平台上根据工资表数据自动生成记账凭证	
保存数字档案	

4

任务二　“五险一金”业务办理

一、任务情境

（一）任务场景

北京陈鸿有限责任公司 2019 年 12 月将其“五险一金”业务外包给财税共享服务中心办理，双方签订合同。

（二）任务布置

财税共享服务中心李司根据合同约定为北京陈鸿有限责任公司办理五险一金业务，具体要求如下：进行五险一金业务网上办理操作，包括五险一金增员、五险一金减员和五险一金补缴。

二、工作准备

（一）知识准备

1.“五险一金”

“五险一金”是指职工养老保险、医疗保险、失业保险、工伤保险、生育保险和住房公积金。

注：2016 年 12 月 19 日，全国人大常委会审议相关决定草案，拟授权国务院在河北省邯郸市等 12 个生育保险和基本医疗保险合并实施试点城市行政区域暂时调整实施《中华人民共和国社会保险法》有关规定，拟将邯郸、郑州等 12 个试点城市将生育保险基金并入职工医疗保险基金征缴和管理。

2. 社保业务内容

主要包括：企业开户、人员信息采集、人员变动所涉及的增员及减员、人员信息变更、工伤认定申报以及保险报销等事宜。

3. 社保业务办理

办理社保业务可到社保大厅现场，线上和线下结合办理，也可以在网上远程办理。

（二）业务要领

办理社保业务，首先应该清楚“五险一金”缴纳比例、缴纳时间，熟悉办理流程，准备好相关资料，方可进行业务办理。

三、业务流程

“五险一金”业务办理流程如图 4-18 所示。

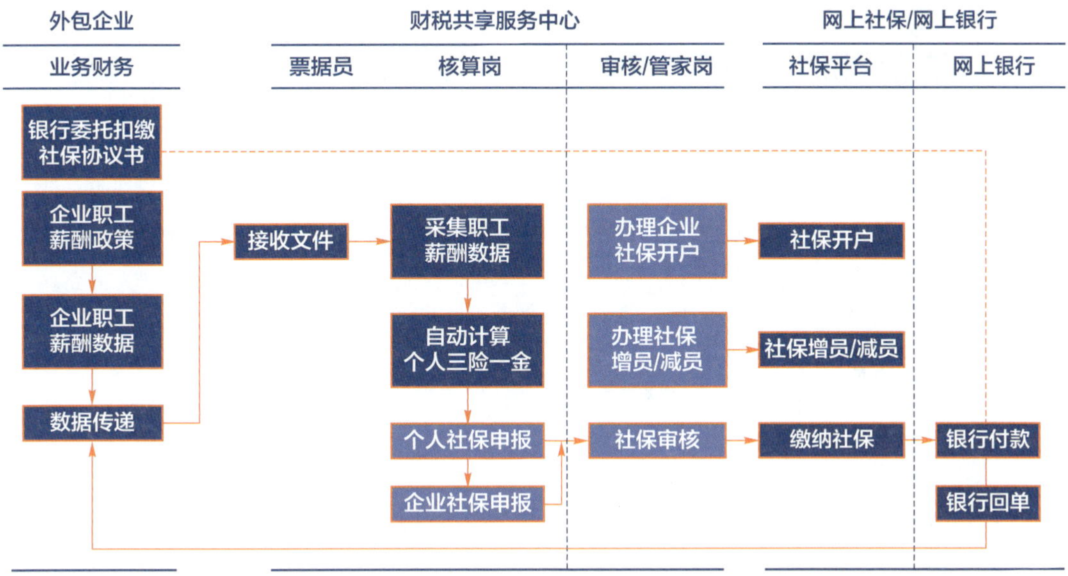

图 4-18　“五险一金”业务办理流程

四、业务操作

（一）社保增员

（1）社保增员流程如下：准备资料→登录社保网→社保增员操作→办理成功。

（2）办理社保增员需提供如下资料：身份证复印件 1 份，工资单。

（3）操作步骤：

① 登录北京市社会保险网上服务平台：http://bjt.beijing.gov.cn/renzheng/，插入“北京一卡通”，单击“登录法人中心”按钮，如图 4-19 所示。

图 4-19　北京市社会保险网上服务平台界面

② 单击“单位用户登录”按钮，选择“证书用户登录”，录入证书密码，单击“登录”按钮，进入到如图 4–20 的操作界面，选择“申报业务管理”，在“申报业务管理”栏目下依次单击“转入人员增加申报”“普通增员”。

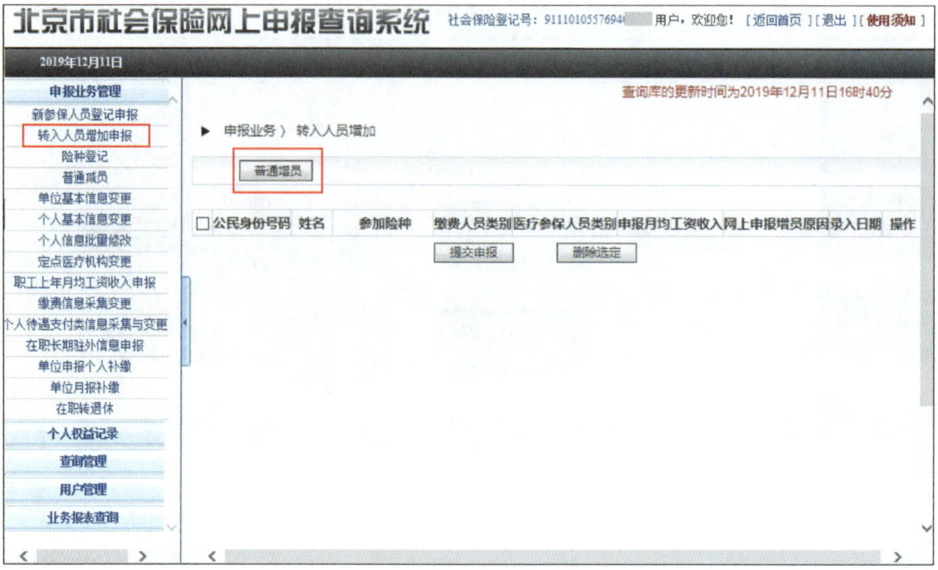

图 4–20　申报业务管理——普通增员

③ 进入“转入人员增加”页面，如图 4–21 所示。填写个人身份信息，单击“员工姓名”右侧的“查询”按钮，显示出“员工姓名、身份证号、缴费状态和缴费人员身份类别、原单位名称”等信息，如图 4–22 所示。根据显示信息选择“缴费人员类别”“医疗参保人员类别”和参加的险种，并填入申报月工资收入，单击“提交”按钮。

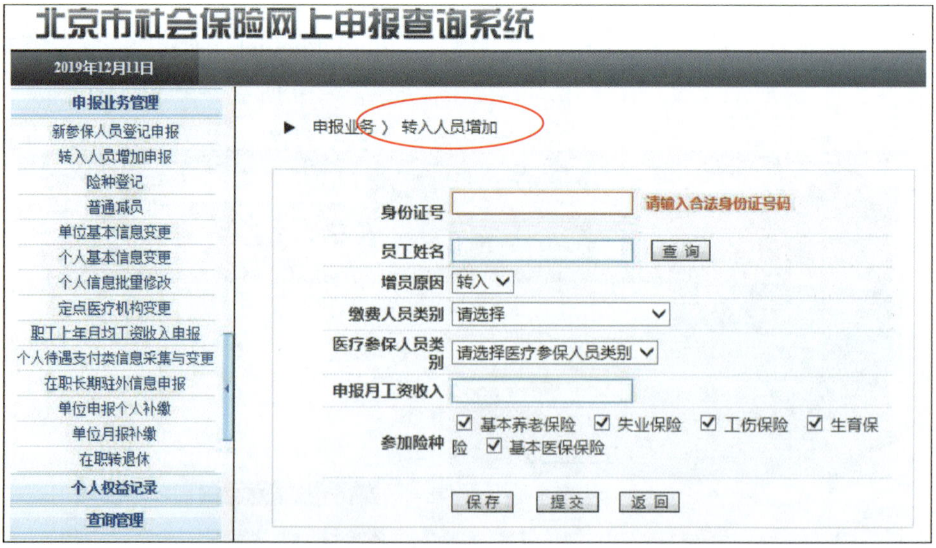

图 4–21　转入人员增加

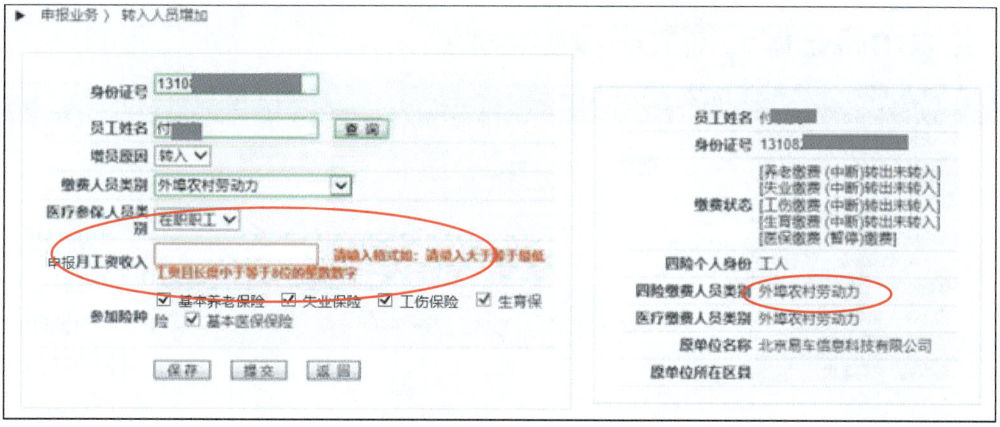

图 4-22　转入人员增加——填写信息

④ 提交后，转入人员增加申报实时反馈结果，显示“业务操作成功”页面。

（二）社保减员

（1）社保减员流程：确定减员名单→登录社保网→社保减员操作→办理成功。

（2）办理社保减员需提供如下资料：社保减员名单、身份证复印件。

（3）操作步骤：

① 登录北京市社会保险网上服务平台：http://bjt.beijing.gov.cn/renzheng/，单击“网上查询”按钮，插上“北京一证通”，进入到“申报业务管理”操作界面，单击“申报业务管理”栏目下的“普通减员”，如图 4-23 所示。

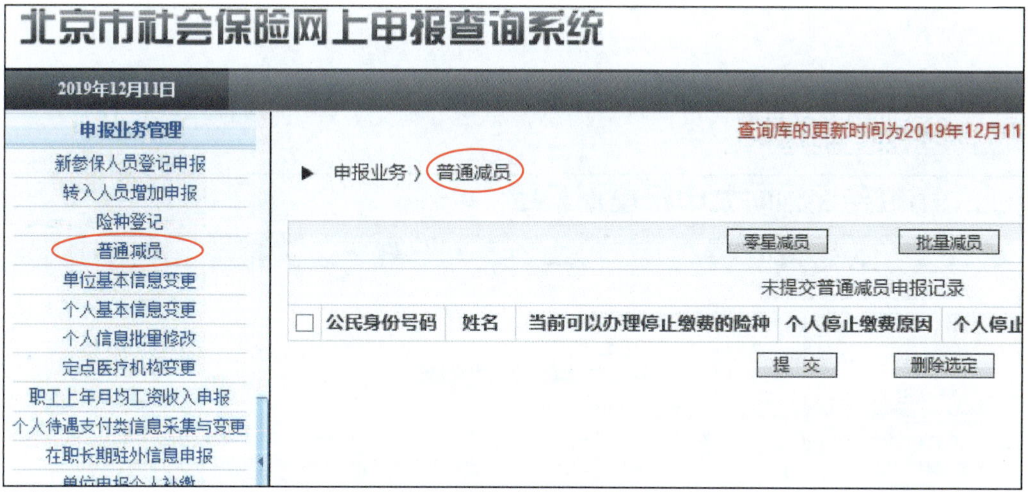

图 4-23　普通减员

② 在“普通减员”栏目中，视减员数量，可选择“零星减员”，也可选择“批量减员”，如图 4-24 所示。

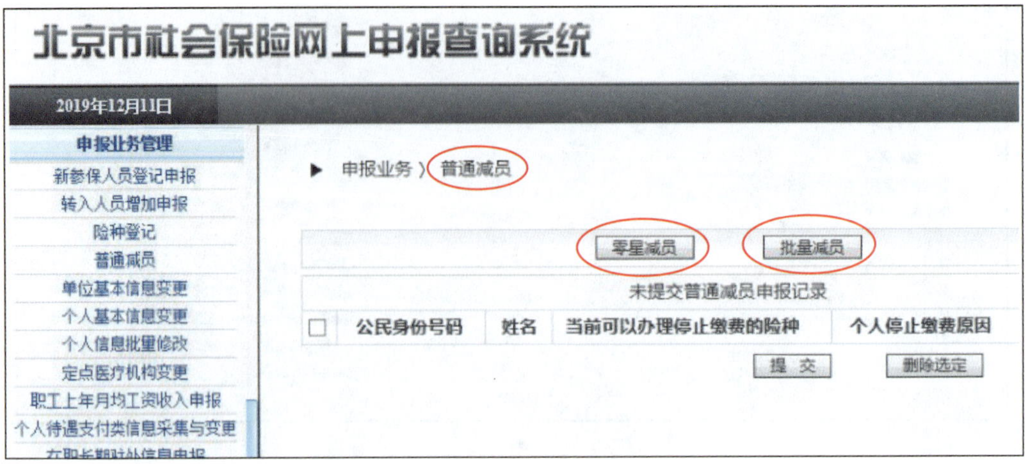

图 4–24　普通减员——减员选择

③ 选择“零星减员”，输入身份证号和姓名，单击“查询”按钮，如图 4–25 所示。

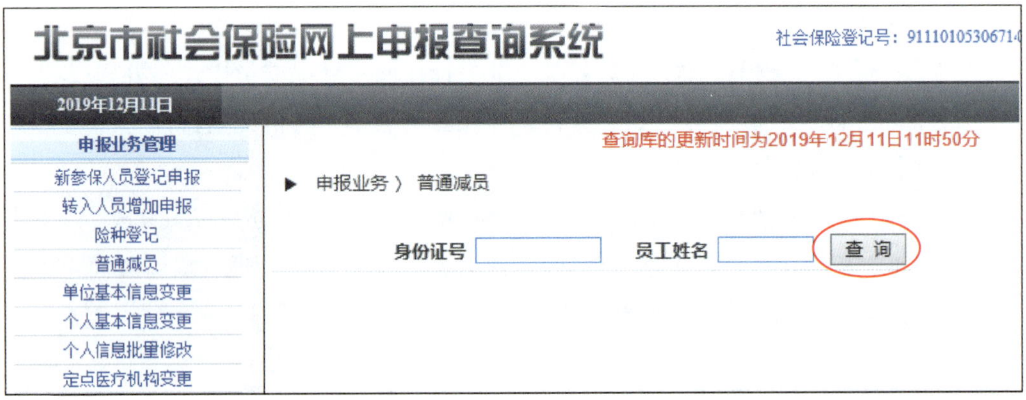

图 4–25　普通减员——查询

④ 查询到要减员的人员，核对信息，单击“提交”按钮，如图 4–26 所示。

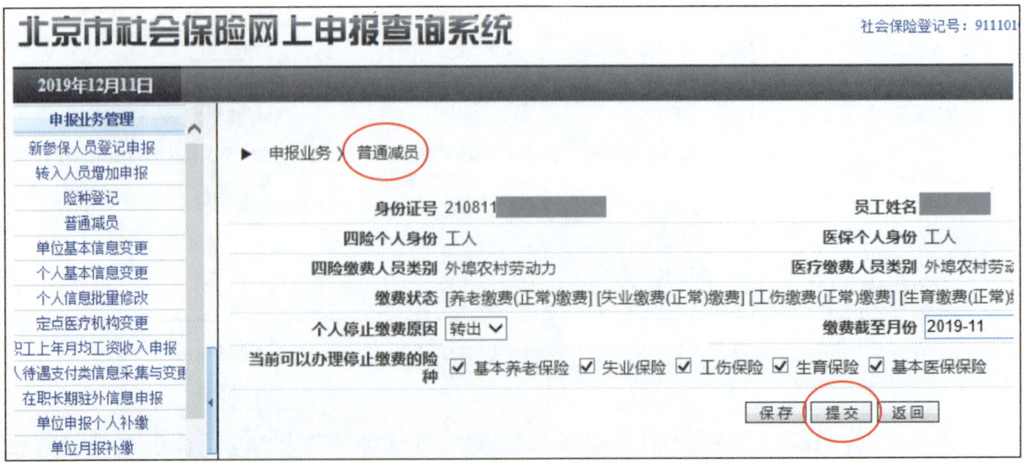

图 4–26　普通减员——提交

⑤ 提交成功后，显示减员成功界面。

⑥ 普通减员——批量减员申报，录入信息后提交，查看批量减员实时反馈结果。

（三）社保补缴

（1）社保补缴流程：准备资料→制作补缴表格→提交办事机构→办理成功。

（2）社保补缴需提供的资料：近三个月以内补缴，无须资料。近三个月以外补缴，需提供：劳动合同原件及复印件，工资凭证原件及复印件，个人所得税证明。

（3）操作步骤：

① 插入“北京一证通”，登录北京市社会保险网上服务平台，单击“查询管理”，进入到“申报业务管理”界面。

② 在“申报业务管理”栏目下依次单击“单位申报个人补缴”“新增补缴”，如图 4–27 所示。

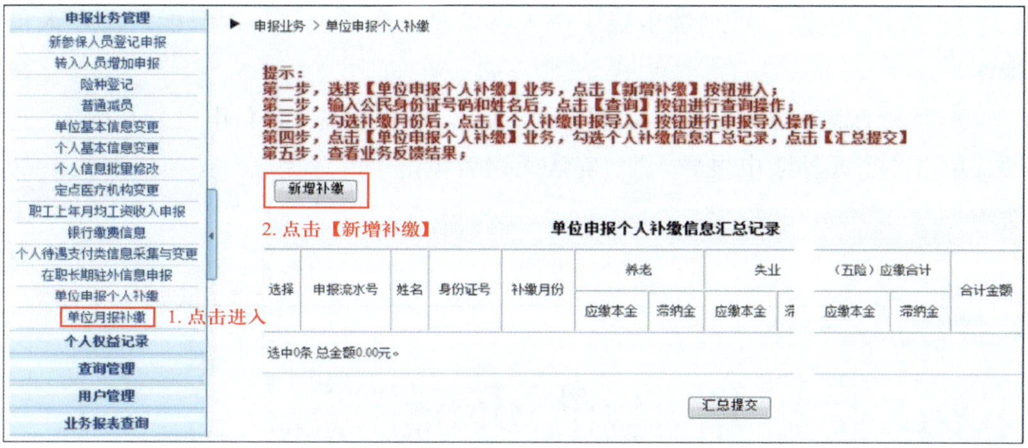

图 4–27　单位申报个人补缴——新增补缴

③ 在弹出的页面中填写个人身份证号码，单击姓名后的“查询”按钮可显示个人信息及可补缴月份、费用等详情，勾选需要补缴的月份，如图 4–28 所示。

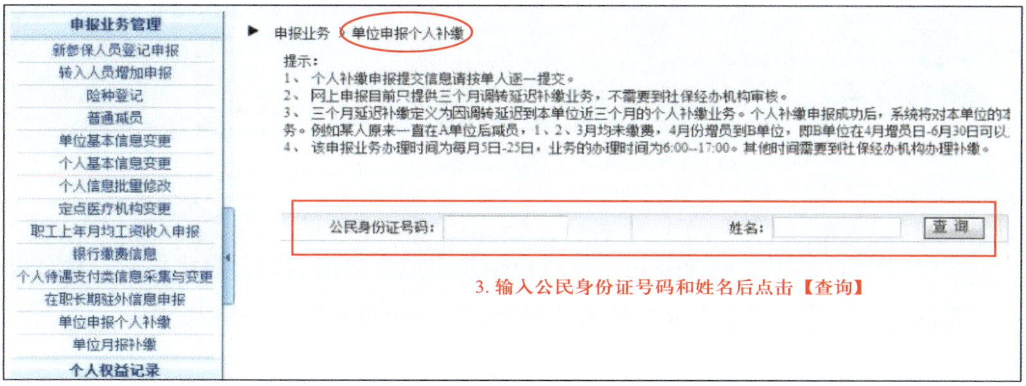

图 4–28　单位申报个人补缴——个人信息录入

④ 确认信息，单击“个人补缴申报导入”，可查看到操作成功提示，如图 4-29 所示。

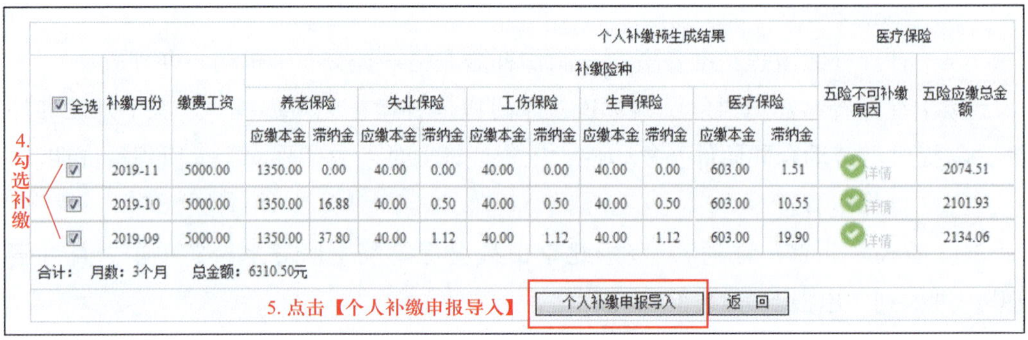

图 4-29　个人补缴申报导入

⑤ 单击“返回”可继续申报下一人员信息，注意这里一次只能对单个人员操作。

⑥ 待所有需补缴费用人员信息填写完成后，再次单击“单位申报个人补缴”选项，单击“个人补缴申报导入”，确认无误后单击“汇总提交”按钮，如图 4-30 所示。

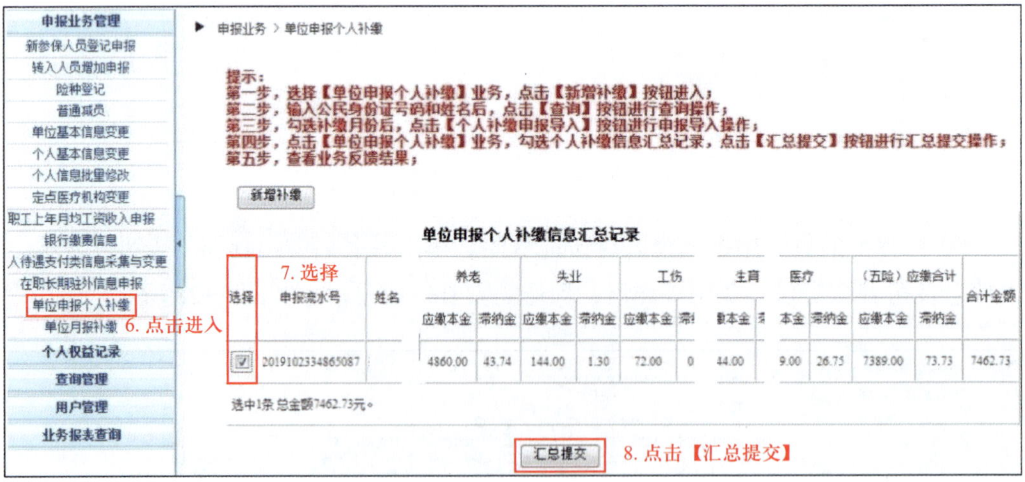

图 4-30　单位申报个人补缴——汇总提交

⑦ 查看反馈结果。确保公司社保账户余额充足，申报当天会完成扣款，次日可在“查询管理”——“个人补缴到账情况查询”中查询补缴到账情况。

五、任务评价

“五险一金”业务办理任务评价表如表 4-2 所示。

表 4-2 “五险一金”业务办理任务评价表

工作任务清单	完成情况
签订个人社保代扣代缴协议	
根据收集的资料在社保平台办理社保减员及增员业务	
根据收集的资料在社保平台办理社保补缴	

任务三　个人所得税申报

一、任务情境

（一）任务场景

北京陈鸿有限责任公司将其员工个人所得税申报业务外包给财税共享服务中心办理，双方签订合同约定由财务共享服务中心负责为其公司的员工申报个人所得税。

（二）任务布置

财税共享服务中心李司根据合同约定为北京陈鸿有限责任公司办理员工个人所得税申报业务，具体要求如下：

（1）在财天下平台（个税管理端）就职员信息进行采集。

（2）在税务局个税系统进行个税申报。

二、工作准备

（一）知识准备

1. 个人所得税相关税法规定

了解《中华人民共和国个人所得税法》《中华人民共和国个人所得税法实施条例》《国务院关于印发个人所得税专项附加扣除暂行办法的通知》《个人所得税专项附加扣除操作办法（试行）》以及《税收征收管理法》等相关法律法规的基本内容。

2. 专项附加扣除相关内容

（1）信息采集有两种方式，纳税人可自行选择。

① 纳税人直接向税务机关自行采集：纳税人下载国家税务总局的“个人所得税”APP—注册登录—选择填报享受专项扣除的项目—提交税务局；

② 纳税人向扣缴单位办理采集：纳税人向其所在企业提交“个人所得税专项附加扣除采集表”等材料—扣缴义务人提交税务局。

获取“个人所得税专项附加扣除采集表”等采集表模板有多种方式：a. 可以就近到任何一个办税服务厅领取已经印制好的信息表格；b. 到纳税人所在的个税代扣代缴单位领取；c. 登录税务总局或各省、市税务机关官网，下载电子版表格并自行打印。

（2）纳税人享受“专项附加扣除”政策的实施步骤。

第一步：对条件，将个人情况与 6 项“专项附加扣除”对照，看看自己符合几项；

第二步：报信息，无论纳税人选择在自行向税务机关办理申报时扣除，还是选择在扣缴单位发工资时享受扣除，都仅需填报“专项附加扣除”信息表相关信息即可；

第三步：留资料，部分扣除项目需要纳税人留存必备资料。

3. 个人所得税专项附加扣除的部分内容解读

（1）如果扣缴义务人不接受纳税人提交的专项附加扣除资料，则根据《国家税务总局关于发布〈个人所得税专项附加扣除操作办法（试行）〉的公告》（国家税务总局公告 2018 年第 60 号）第二十四条执行：纳税人向扣缴义务人提供专项附加扣除信息的，扣缴义务人应当按照规定予以扣除，不得拒绝。

（2）赡养老人扣除要满足纳税人赡养一位及以上年满 60 岁的父母，以及子女均已去世的年满 60 岁的祖父母、外祖父母的赡养支出，可以税前扣除；关于赡养老人的分摊扣除，约定或指定分摊的书面分摊协议等资料需留存备查；赡养岳父岳母或公婆的费用不可以享受个人所得税附加扣除。

（3）子女教育的扣除主体是子女的法定监护人，包括生父母、继父母、养父母，父母之外的其他人担任未成年人的监护人的，比照执行；监护人不是父母的，可以扣除，前提是确实担任未成年人的监护人；子女包括婚生子女、非婚生子女、养子女、继子女，也包括未成年但受到本人监护的非子女。子女教育的扣除标准是按照每个子女每年 12 000 元（每月 1 000 元）的标准定额扣除；关于子女教育的扣除在父母之间的分配问题，父母可以选择由其中一方按扣除标准的 100% 扣除，即一人每月 1 000 元扣除，也可以选择由双方分别按扣除标准的 50% 扣除，即一人每月 500 元扣除。只有这两种分配方式，子女教育的扣除分配，一方扣除或者双方平摊，选定扣除方式后在一个纳税年度内不能变更；在民办学校接受教育可以享受扣除，无论子女在公办学校或民办学校接受教育都可以享受扣除；在境外学校接受教育可以享受扣除，无论子女在境内学校或境外学校接受教育都可以享受扣除；子女教育专项附加扣除采取定额扣除方式；纳税人子女在境内接受教育的，享受子女教育专项扣除不需留存任何资料；纳税人子女在境外接受教育的，纳税人应当留存境外学校录取通知书、留学签证等相关教育的证明资料备查。

（4）关于住房贷款，在实际发生贷款利息的年度，按照每月 1 000 元的标准定额扣除，扣除期限最长不超过 240 个月；住房贷款利息和住房租金扣除不可以同时享受，纳税人及其配偶在一个纳税年度内不能同时分别享受住房贷款利息和住房租金专项附加扣除；首套住房贷款是指购买住房享受首套住房贷款利率的住房贷款；纳税人本人或者配偶单独或者共同使用商业银行或者住房公积金个人住房贷款为本人或者其配偶购买中国境内住房，发生的首套住房贷款利息支出。

（二）业务要领

（1）熟知个人所得税申报流程、资料准备、纳税申报、税款缴纳四个步骤。

（2）个人所得税的计算方法、账务处理。

（3）个人所得税的申报途径及申报流程。

（4）个人所得税的申报渠道，办税服务厅申报（现场），远程办税端申报（网络）。

三、业务流程

个人所得税申报业务流程如图 4-31 所示。

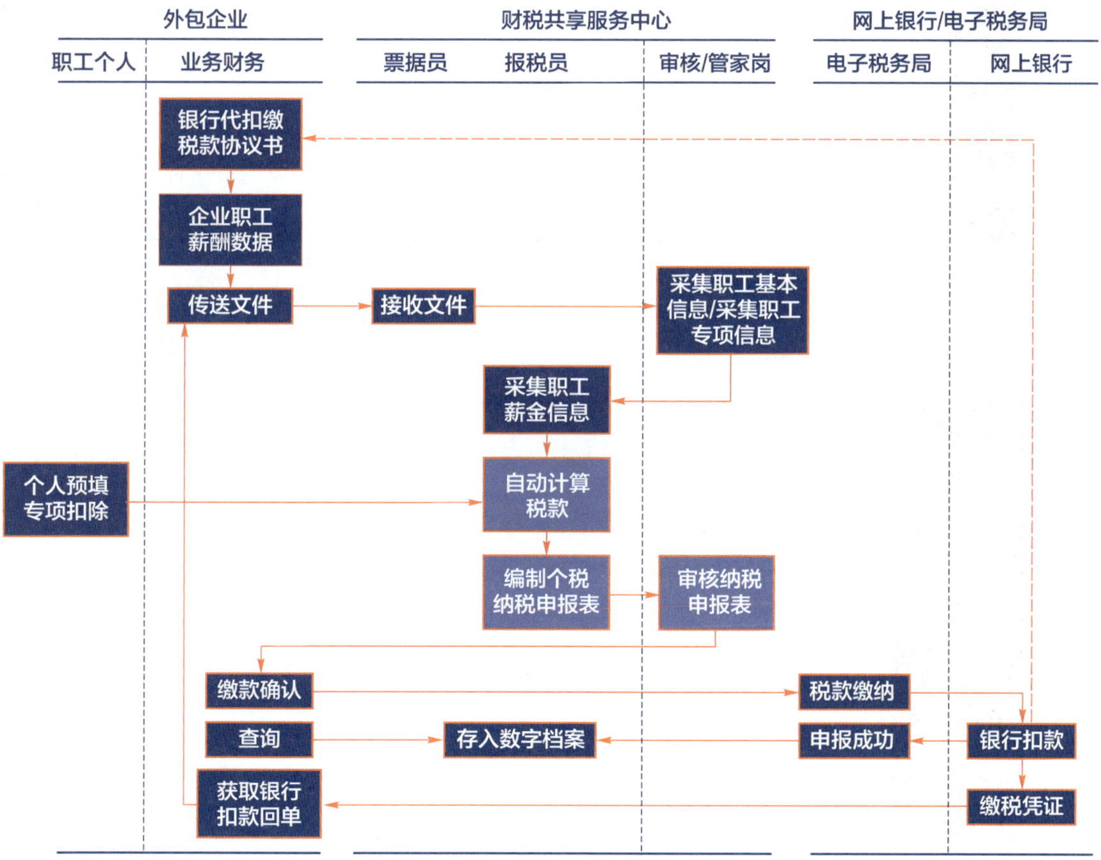

图 4-31　个人所得税申报业务流程

四、业务操作

业务操作具体分为两大部分：一是财天下平台（个税管理端）的职员信息采集；二是税务局系统个人所得税的申报。

（一）财天下智能工资模块职员信息采集

1. 添加职工信息

企业将职工基本信息添加至财天下智能工资模块。

（1）在“人员信息”界面单击“新增”，弹出“新增人员”对话框，根据已知人员信息逐个进行完善后，单击“确定”按钮，如图 4-32 所示。

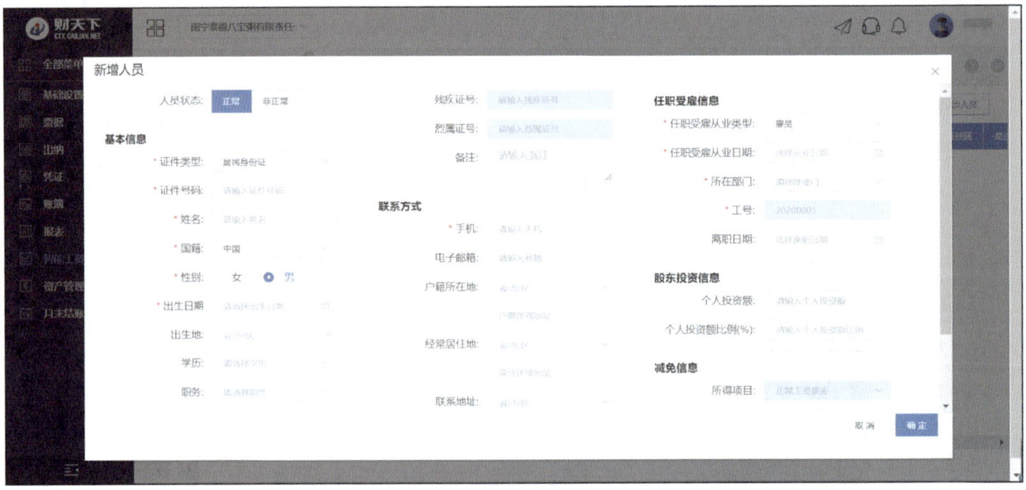

图 4-32　新增员工信息界面

（2）在“人员信息”界面，单击“导入 / 导出”，选择“模块下载”，如图 4-33 所示。

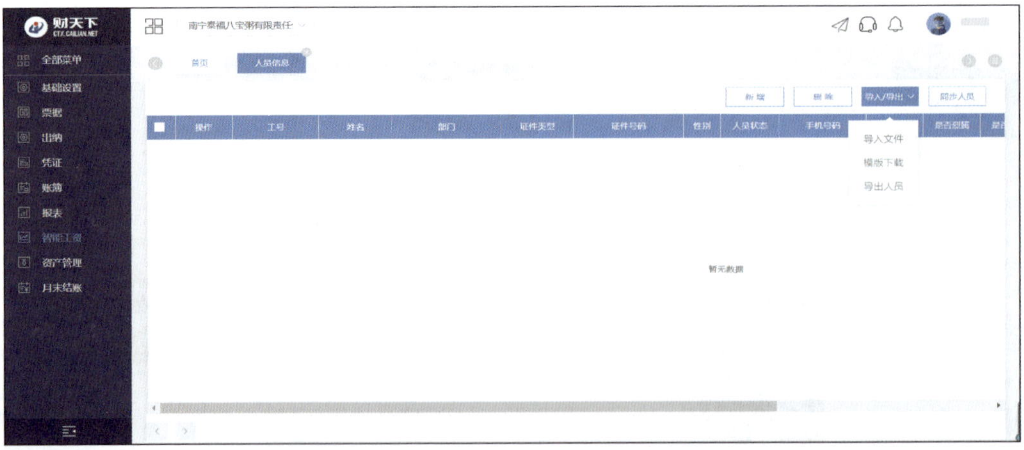

图 4-33　人员信息模板下载界面

此工资表是税务局个税申报系统中导出的工资表模板，其表不含专项附加扣除信息，如图 4-34 所示。

图 4-34　工资表模板

2. 采集六项专项附加扣除信息（员工 APP 端）

企业职员信息添加成功后，该职工在 APP 进行信息填报，如图 4-35 所示。

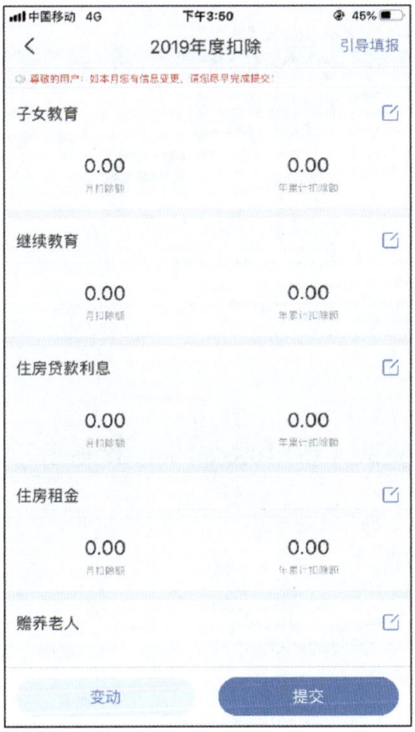

图 4-35　专项附加扣除信息表

3. 导入人员基本信息采集表

在“财天下”平台智能工资模块人员基本信息采集界面，单击“同步人员信息”，如图 4-36 所示。

图 4-36　人员基本信息采集界面

4. 获取专项附加扣除信息（管理 WEB 端）

将该会计期间的专项附加扣除信息与工资表进行同步，如图 4-37 所示。

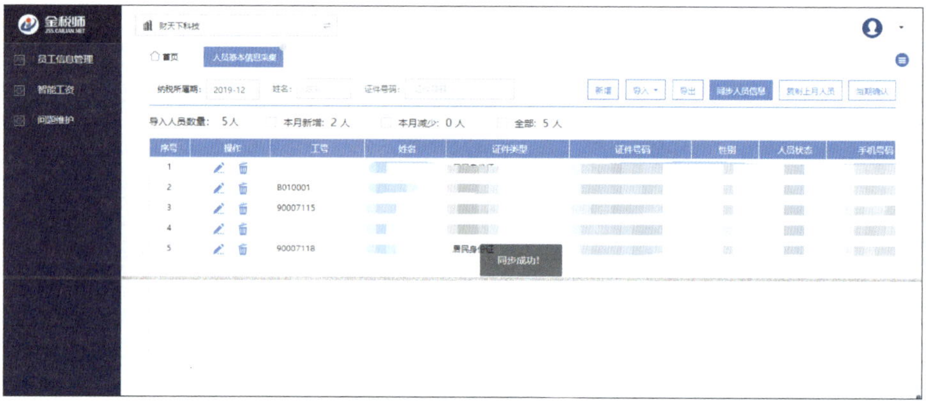

图 4-37　同步人员信息

5. 导出工资表

同步完成后，导出工资表（备用），如图 4-38 所示。

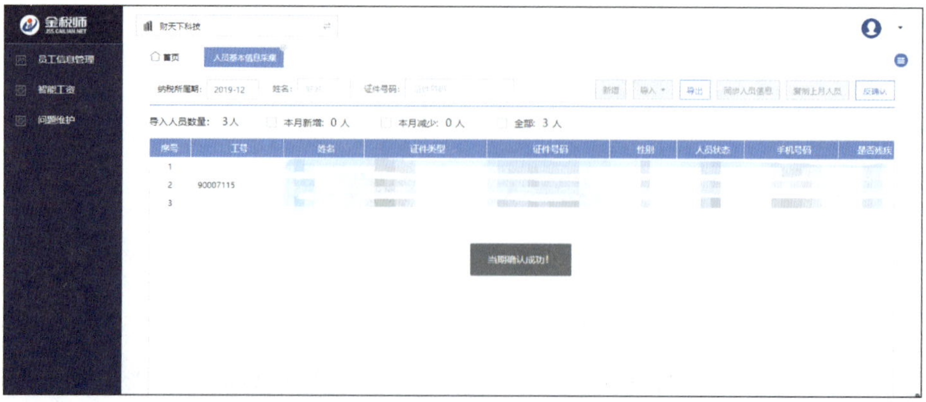

图 4-38　导出工资表

（二）税务局个税系统个税申报

个人所得税的申报渠道主要有两种：办税服务厅申报（现场）；远程办税端申报（网络）。

1. 办税服务厅申报（现场）

办税服务厅现场申报办理流程如图 4–39 所示。

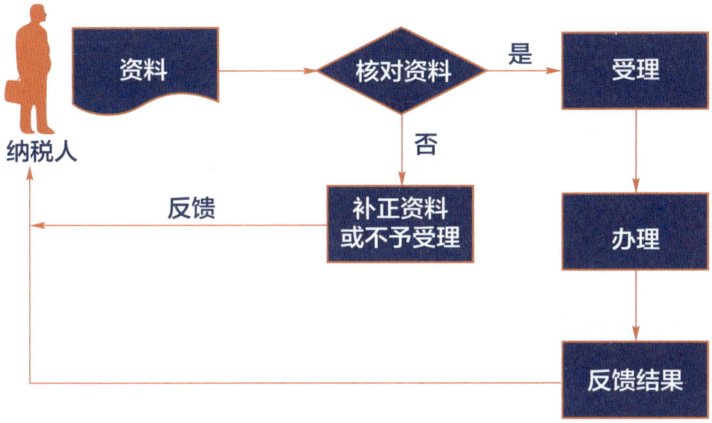

图 4–39　办税服务厅办税流程图

2. 远程办税端申报（网络）——APP

（1）下载办税软件（以北京为例）。登录国家税务总局北京市税务局（http://beijing.chinatax.gov.cn/bjswjwz/），单击“我要办税”，如图 4–40 所示。

图 4–40　国家税务总局“我要办税”界面

下载“自然人税收管理系统扣缴客户端（下载）”，如图 4–41 所示。

图 4-41　自然人税收管理系统扣缴客户端（下载）

（2）登录个税客户端 APP 申报纳税。

① 登录企业账户。打开“自然人税收管理系统扣缴客户端”APP，输入企业信息，单击“登录”，如图 4-42 所示。

图 4-42　企业账户登录

② 人员信息采集。进入个税申报界面后，单击“人员信息采集”，选择“导入文件”（从“财天下”平台取数），单击“报送”，完成人员信息采集，如图 4-43 所示。

图 4-43　人员信息采集

3. 个税申报

完成人员信息采集后，以"工资薪酬所得"为例来介绍申报程序。

首先单击"综合所得申报"，选择"正常工资薪金所得"，然后单击"填写"，如图 4-44 所示。

图 4-44　正常工资薪金所得

进入正常工资薪金所得界面后，选择“导入数据”（从“财天下”平台取数）完成工资表导入，如图 4-45 所示。

图 4-45　工资表导入

完成工资表导入后，单击“预填专项附加扣除”，在弹出的对话框中勾选“我确认需要进行自动预填”，单击“确认”，完成专项附加扣除数据的更新，如图 4-46 所示。

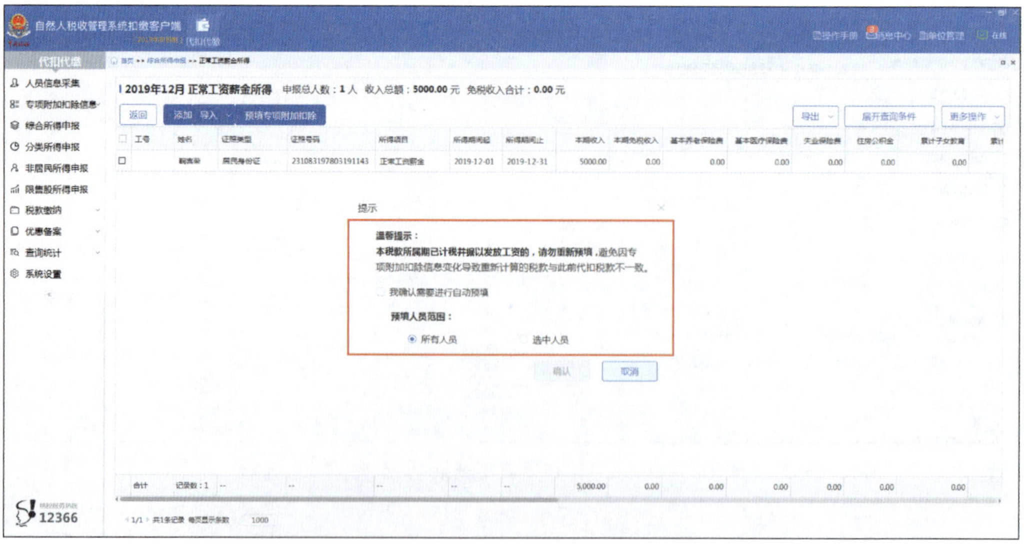

图 4-46　预填专项附加扣除

专项附加扣除数据更新后，单击“返回”进入主页面，单击“税款计算”，最后单击“申报表报送”，完成申报，如图 4-47 所示。

图 4-47　发送申报

4. 税款缴纳

个人所得税发送申报完成后，如需缴纳税款，首先单击主页面上的“税款缴纳”，选择“三方协议缴税”，然后选择“税款缴纳”，最后单击“立即缴款”，查询是否成功完成缴款（此步骤很重要），如图 4-48 所示。

图 4-48　税款缴纳

5. 银行扣款回单

将银行扣款回单寄回北京陈鸿有限责任公司。

五、任务评价

“个人所得税申报”任务评价表如表 4-3 所示。

表 4-3　“个人所得税纳税申报”任务评价表

工作任务清单	完成情况
了解《中华人民共和国个人所得税法》的基本内容	
了解《中华人民共和国个人所得税法实施条例》的基本内容	
了解《国务院关于印发个人所得税专项附加扣除暂行办法的通知》《个人所得税专项附加扣除操作办法（试行）》的基本内容	
了解个人所得税的计算方法和相关账务处理的规定	
在智能化税务操作平台上录入员工信息	
在智能化税务操作平台上录入工资表及获取专项附加扣除信息	
将人员基本信息采集表导入“自然人税收管理系统扣缴客户端”	
将工资表导入“自然人税收管理系统扣缴客户端”	
税款计算及申报表报送	
税款缴纳	

诚信为本
坚持准则

操守为重
不做假账

——与学习会计的同学共勉

坚持准则
诚信为本

不做假账
操守为重

——与会计的同学共勉

"十四五"职业教育国家规划教材

智能财税 1+X 证书制度系列教材

智能财税基础业务3

社会共享初级企业管家

中联集团教育科技有限公司 编

初级

中国教育出版传媒集团
高等教育出版社 · 北京

内容简介

本书是“十四五”职业教育国家规划教材、智能财税 1 + X 证书制度系列教材。

本书是为了提高学习者的财税职业技能水平和满足智能财税职业技能等级培训评价需要，根据教育部职业技术教育中心研究所公布的《智能财税职业技能等级标准》中的《初级 - 3：社会共享初级企业管家——职业技能要求》编写而成的。

本书是根据社会共享企业管家与企业秘书的实际工作业务设计的，包含了企业设立、变更和信息公示，资金管理，税务管理，人力资源与五险一金管理，资质证照业务管理，企业财经综合事务管理六类工作领域，每个工作领域又按其工作内容分为若干典型工作任务，每个任务依据其职业技能要求，筛选出企业的典型真实案例或设计仿真案例作为“任务情境”供学生技能操作训练使用。每个任务除了设置“任务情境”，还设置了“工作准备”“业务流程”“业务操作”“任务评价”等指导学生技能操作，并提供了智能财税综合实训平台供学生仿真训练。

本书以相关知识点的系统学习为前提基础，着重于聚焦新业态的职业技能培训。通过本书的学习，学生将会更好地融入企业的实际工作，不仅强化了其实际操作能力，还有助于其课堂学习的理解与掌握，为其更快更好地适应将来的实际工作做准备。

本书配套开发有教学课件、场景短片、业务流程图、软件处理、参考答案等相关数字化教学资源，可通过扫描书中二维码获取相关资源，进行学习讨论、交互式题库自测及实训。具体使用方法详见书后“郑重声明”页的资源服务提示。

本书既可作为“智能财税职业技能等级证书（初级）”考试的培训教材，也可作为高等职业教育专科、职业教育本科院校及应用型本科院校财务会计类专业及相关专业的综合实训教材，还可作为从事财税及财税第三方服务、工商管理等工作的企业人员及社会人士的参考用书。

图书在版编目（CIP）数据

智能财税基础业务. 3，社会共享初级企业管家 / 中联集团教育科技有限公司编. -- 北京：高等教育出版社，2019.11（2024.1重印）

ISBN 978-7-04-053256-2

Ⅰ. ①智… Ⅱ. ①中… Ⅲ. ①财税 - 管理信息系统 - 高等职业教育 - 教材 Ⅳ. ①F810-39

中国版本图书馆CIP数据核字(2019)第276884号

智能财税基础业务3　社会共享初级企业管家

ZHINENG CAISHUI JICHU YEWU 3 SHEHUI GONGXIANG CHUJI QIYE GUANJIA

策划编辑　武君红　　责任编辑　梁　木　　封面设计　王　洋　　版式设计　张　杰

责任校对　张　薇　　责任印制　田　甜

出版发行　高等教育出版社
社　　址　北京市西城区德外大街 4 号
邮政编码　100120
印　　刷　中煤（北京）印务有限公司
开　　本　787mm × 1092mm　1/16
本册印张　15.75
本册字数　320 千字
购书热线　010-58581118
咨询电话　400-810-0598

网　　址　http://www.hep.edu.cn
　　　　　http://www.hep.com.cn
网上订购　http://www.hepmall.com.cn
　　　　　http://www.hepmall.com
　　　　　http://www.hepmall.cn
版　　次　2019 年 11 月第 1 版
印　　次　2024 年 1 月第 6 次印刷
总 定 价　168.00 元

物 料 号　53256-B02

认知与导读

一、智能财税社会共享生态

财税是事关企业和其他工商主体（本书通称“企业”）经营发展的大事。我国有1.1亿工商主体，为企业营造良好的营商服务环境不仅是国家经济转型的一项重要战略性任务，也是整个财税类专业的价值所在。由社会专业机构进行财税第三方服务，使企业以微小的代价享用专业化、规范化、高品质的财税运营和治理，是社会营商环境建设和价值经营管理的重要基础性构建。无论是在发达国家还是在我国，财税第三方服务都得到了长足的发展。随着数字经济时代的到来，智能财税蓬勃兴起，正在从治理范式、作业模式、运营方式等层面改变甚至颠覆传统财税行业。基于我国以票控税监管体制而诞生的票财税共享化、便捷化、一体化智能财税平台，正在成为财税工作的基础设施，特别是构成中小微企业以财税为中心的财经治理结构的基本专业支柱。

智能财税是互联网、大数据、智能化、云计算、物联网等现代技术在财税行业应用的必然结果，是企业和经济领域价值管理和运行的基本业态和核心基础工程。它适应服务于产业升级和创新创业需求，以核算流程与管理行为智能化和人机交互为基础，以工厂化、共享化、专业化、产业化为典型模式，以技能升级与管理革命为功能特征，实现了财税工作与大智移云技术的深度融合发展，并通过智能财税分析促进企业财务管理和经营管理的转型升级。其中智能财税社会共享业态以智能财税社会共享互联网平台为枢纽，以业票财税融一体化为核心牵引，集成工商、人社、证照等服务系统，形成中小微企业智慧财经管家与大中型企业财税外包并举的智能财税社会共享服务O2O体系，集成“智能财税社会共享平台＋智慧财经专业服务机构＋智慧企业财经管家”的智能财税社会共享生态（见图1）。同时智能财税以企业财税智能化、数字化引领形态为坐标，体现智能财税的共通性、普适性，形成线上、线下相结合的通用业务生态。

线上服务是智能财税社会共享平台，包括中小微企业的票财税代理服务和大中型企业的财税外包服务；线下服务是中小微企业智慧财经管家。线上平台＋线下管家，人机交互构成了大智移云技术赋能下的智能财税服务O2O体系。

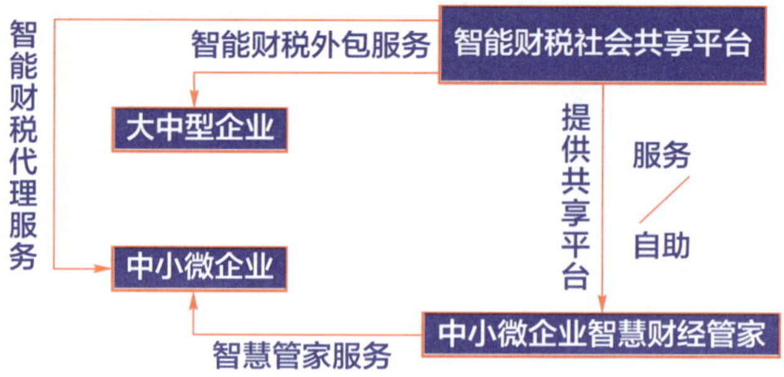

图 1 智能财税社会共享生态

智能财税社会共享平台提供智能财税服务的社会共享系统，纵向实现业票财税融智能化、一体化的采集、核算、评估、报告、管理，特别是运用大数据生产方式实现财税作为创值资源和创值业态的变革；横向按工作岗位和内容的共性实施专业化作业，对外联通业务数据输入和输出接口，为财税服务标准化、规范化、高效化和大数据创值展业提供基础设施。

中小微企业智慧财经管家可为中小微企业提供财经服务以及工商、人社、证照等多个领域的“跨界人才”，成为中小微企业主最得力的“人才库”。中小微企业智慧财经管家的大量工作是线下完成的，但是离不开平台的支撑。智能财税平台既可以由中小微企业智慧财经管家共享自助使用，也可以为第三方专业管家提供共享服务，让管家与事务解决方案不再割裂。

智能财税社会共享平台与中小微企业智慧财经管家之间的生态如图 2 所示。

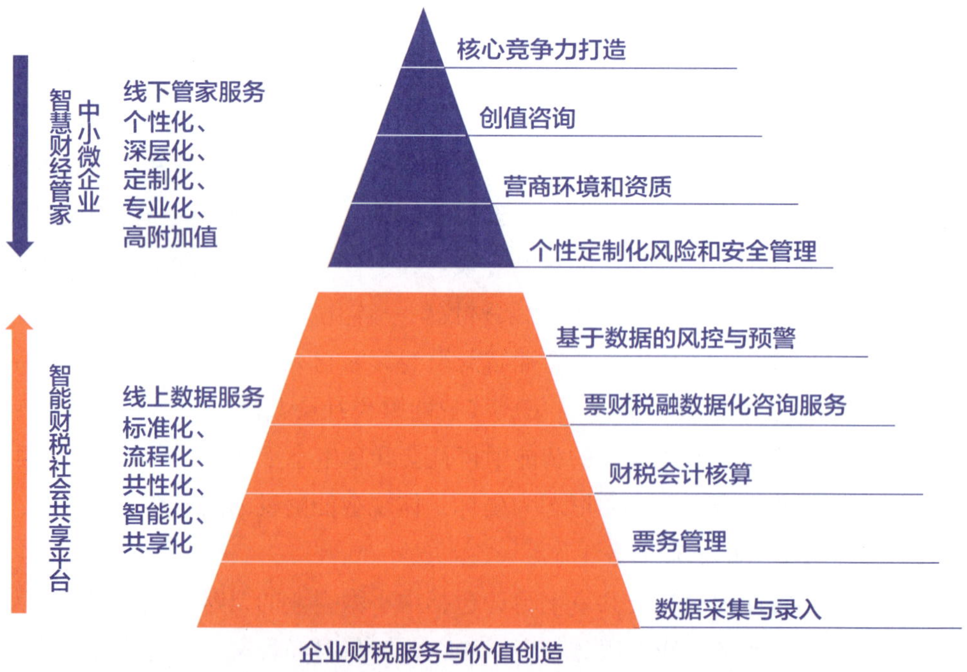

图 2 智能财税社会共享平台与中小微企业智慧财经管家生态

智能财税社会共享平台在应用端，表现为财税数据从静态数据演变为生产要素，产生财融、票融、税融等产品，成为广泛的企业生产和经济产出的资源资本。数字经济打造智能财税；智能财税从核心价值链上构建工业互联网（2B），带动社会经济生产方式和核心资本核心资源体系的变革，成为数字经济时代的强大引擎。

二、智能财税社会共享平台

智能财税社会共享平台是依托智能化、大数据、移动互联等现代技术，以财税业务流程处理为基础，以优化组织结构、规范工作流程、提升管理效率、降低运营成本和创造产业价值为目的，将不同地域、不同法人、同一时空范畴的财会业务、税务业务，按照其工作环节内容的共性，用作业专业化模式进行流程再造，在同一个平台统一票务、统一报账、统一核算和报告、统一报税，从而保证会计计量与报告、财税处理的标准规范和安全高效，并且形成大数据财税创值业态的基础工程。

智能财税社会共享平台以票财税一体化为专业逻辑，以智能化作为重要技术手段，据此构建平台底层业务逻辑，普遍适用智能化条件下企业财税会计业务，兼容第三方服务和企业自行管理两大场景。企业票财税一体化流程如图 3 所示。

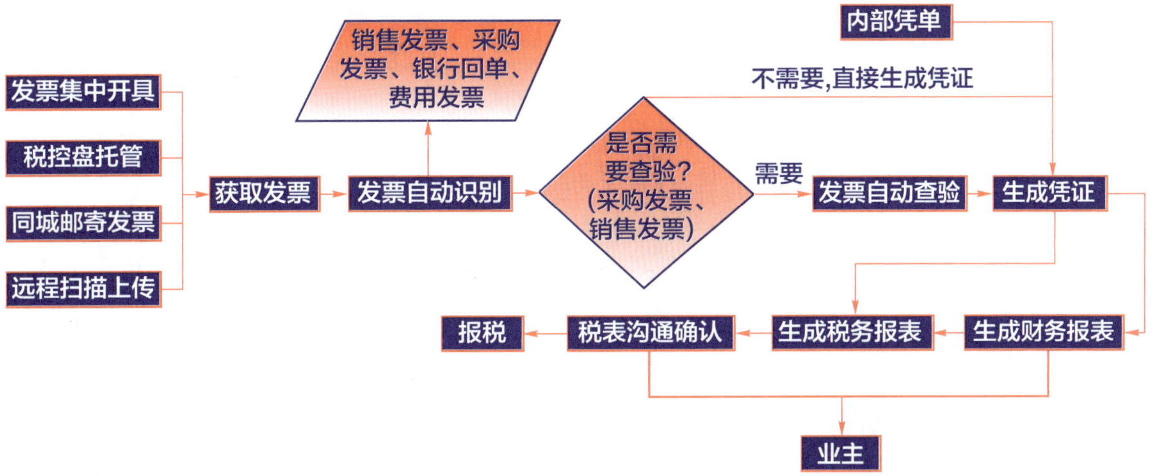

图 3　企业票财税一体化

智能财税社会共享平台按业务流程对同一内容业务环节岗位进行专业化打造，构建跨流程、跨法人、跨业主、跨区域的专业化共享业态，极大地提高了财税工作效率、降低了财税日常数据输入、核算、报告的人财消耗，形成财税数据资源共享和大数据财税创值产业的核心基础。平台的共享、大并发、多样性和大数据资源，又成为强大驱动，使财税智能化、流程再造和业态升级，成为社会和企业智慧财经的真正引领，具有普适性。智能财税社会共享平台流程如图 4 所示。

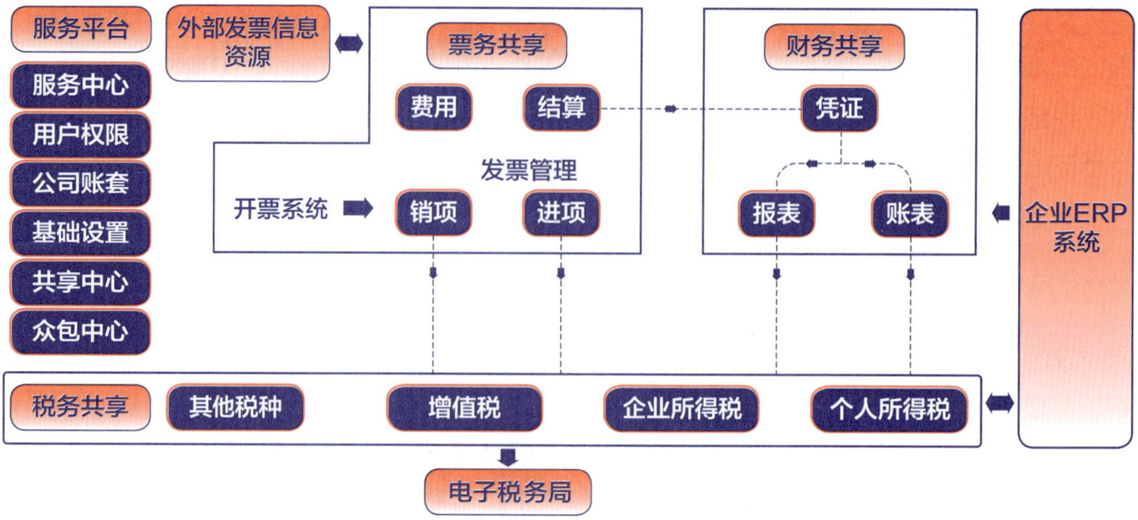

图 4　智能财税社会共享平台流程

智能财税社会共享平台在我国运用广泛。主流平台包括财天下（含票天下、金税师）、云代账、慧算账、大账房等，这些平台在票财税一体化、智能化、共享化方面具有相似的特点，依据相同法规准则，具有竞争性选择的市场条件。

三、“智能财税职业技能等级证书”及其培训资源

党的二十大报告指出“教育、科技、人才是全面建设社会主义现代化国家的基础性、战略性支撑。必须坚持科技是第一生产力、人才是第一资源、创新是第一动力，深入实施科教兴国战略、人才强国战略、创新驱动发展战略，开辟发展新领域新赛道，不断塑造发展新动能新优势。”“智能财税职业技能等级证书”立足于“1+X”作为职业教育制度设计，校准“X”对“1”进行“补充、拓展、强化”的基本定位，着力围绕数字经济时代国家需要、市场需求和学习者就业从业能力提升，以行业龙头企业和典型平台、典型业态为背景，以学习者为中心，开展书证融合、课证融合、场景融合、教培融合、产教融合、科教融汇，并服务于院校专业建设、课程建设、教师队伍建设，深化“三教”改革，促进技术优化升级，不断创新，推进教育数字化、信息化。

智能财税职业技能等级证书的总体设计对标数字经济时代智能财税社会共享新业态和岗位群，采用大数据能力测评模型，从主要工作领域、工作任务、技能要求三个层次进行对岗测评，解析初、中、高三个职业技能等级对应知识、技能、素质所集成的综合能力框架，根据国家标准化工作指引，形成《智能财税职业技能等级标准》。对标准、教材、培训考核评价平台、考核大纲等培训资源进行一体化开发，并对培训指导方法、培训评价站点、培训评价办法等培训条件和制度办法进行系统

化设计。

智能财税职业技能等级标准和本系列教材、资源有几个显著的特点：

一是等级标准设计在院校内运用场景覆盖中职、高职、应用型本科，有效服务于“1＋X”制度改革全覆盖。

二是充分体现“X”对“1”的补位作用，既能精准对岗解决先进性、适时性、好用性问题，又优化业态辑选，每门课程控制在40～56学时。

三是立足于与学历教育有效衔接，设计了课程置换、学分置换、实训实习实践置入等“1”与“X”完全融合的多种适用形式。

四是岗位群对接既讲求精准度，又讲求岗位群分布广泛。智能财税职业技能等级证书，既精准对岗智能财税社会共享生态（共享平台操作＋专业服务机构管家/企业管家）岗位群，还能对岗企业内部智能财税岗位群。

智能财税初级职业技能考试对应中小微企业的社会共享代理、大中型企业的社会共享外包、社会共享的管家服务三大板块基础业务，分别开发了《智能财税基础业务1　社会共享初级代理实务》《智能财税基础业务2　社会共享初级外包实务》《智能财税基础业务3　社会共享初级企业管家》三册培训教材。智能财税基础业务初级培训教材是智能财税中级、高级培训教材的基础。

作为智能财税1＋X证书制度配套教材，本系列教材内容对接《智能财税职业技能等级标准》（初级）及社会实际，将真实业务示例或仿真案例教学贯穿其中，通过强化训练，能够培养学习者快速适应财税职业工作岗位初级任职需要。

本教材编写过程中得到了广大财经税务行业企业、院校及相关领导专家的大力支持，感谢中国注册税务师协会、中国石油化工集团公司、中国石油天然气集团有限公司财务共享中心、东旭光电科技股份有限公司等单位提供的指导和帮助，同时孙万军、李宇红、张青、钟爱军、杨蕊、梁建秋、韩林、韩猛、邓艳芳、冯全、熊显彬、侯刘成、刘兴钒、贺立斌、胡彦平、郝黄达等为本书编写提供了帮助，在此一并深表感谢。

教材如有疏漏和不当之处，敬请指正。希望本系列教材的出版能够为培养更多的面向智能财税共享中心、专业服务机构和企业财税会计基础工作岗位群的优秀人才尽绵薄之力。

中联集团教育科技有限公司

2023年7月

目　录

工作领域一
企业设立、变更和信息公示

技能目标

1. 了解企业设立登记、变更、信息公示填制申报、注销、印鉴刻制与使用保管等业务相关法律法规的内容。

2. 掌握企业设立登记、变更、信息公示填制申报、注销、印鉴刻制与使用保管等业务流程。

3. 能根据有关法律法规规定和业务流程，在相关平台上熟练帮助客户办理企业设立登记、变更、信息公示填制申报、注销、印鉴刻制与使用保管等业务。

任务一　企业设立登记

企业设立登记

一、任务情境

（一）任务场景

北京紫霖财税服务有限公司（简称“紫霖财税”），是一家为中小企业提供财税咨询和代理的综合服务公司。

2019 年 9 月，林宇明、韩超、陈平三人拟共同出资设立一家软件开发的有限责任公司，从事技术开发和服务，注册资本 200 万元人民币。2019 年 9 月 10 日，三人经协商决定成立股东会，并召开股东会，形成以下股东会决议：

（1）公司由林宇明、韩超、陈平三人组成股东会。

（2）职务通过选举产生，设执行董事、监事、经理、财务负责人，由林宇明担任执行董事兼经理和公司法定代表人，由韩超担任财务负责人，由陈平担任监事。

企业设立登记案例资料

（3）公司暂不建立工会组织。

（4）企业的核算方式为独立核算。

（5）确定职工的月工资标准。

（6）招聘一名出纳兼秘书，协助办理公司设立登记相关事宜，并担任企业的联系人、办税员、社保和住房公积金缴费经办人、购票人。除此以外，公司目前还不需要招聘其他人员。

（7）经营范围：传感网络信息服务；物联网信息服务；数字媒体；数字作品的数据管理；数字作品的制作、集成；数字作品印刷出版、发行；数字出版领域内的技术开发、技术转让、技术咨询、技术服务。

（8）主营业务：技术开发，技术服务。

股东会会议之后，他们招聘了王清担任公司出纳兼秘书，还租赁了王健位于北京市丰台区惠民路 88 号蓝天大厦 6 层 620 号的房间作为经营场地。该房间的建筑面积为 200 平方米，使用权限为 40 年，房屋用途为办公，属于王健个人私有房产，住房产权类型为有房产证，每月租金 20 000 元，双方签订了租房协议（该经营场地没有位于中关村国家自主创新示范园及“三城一区”内）。

租房后，他们为公司开通了固定电话，号码为：010-67532981，并开始准备公司的设立登记。因不懂公司设立登记的流程，2019 年 9 月 15 日，林宇明带王清到紫霖财税，委托紫霖财税“企业管家”（中小企业财税综合服务岗）刘庆帮他们办理公司设立登记，并签订了代理委托合同。

代理委托合同签订后，双方就公司设立登记事宜进行商议，最终议定：公司名称为北京振兴科技有限公司（简称“振兴科技”），公司营业期限为 30 年，申请工商营业执照副本 1 本。公司项目类别：现代服务；经营大类：信息技术服务；经营明细：软件服务；行业名称：软件与信息技术服务；预计经营占比：100%。

林宇明等三人的出资、主要人员及企业管家信息，如表 1-1 所示。

（二）任务布置

请紫霖财税企业管家刘庆帮助林宇明等三人办理公司设立登记。

（1）签订外包服务合同，准备公司设立登记相关资料。

（2）用户注册登录。

（3）申请工商注册，进行公司核名。

（4）进行股东、法人实名认证。

（5）填写公司基本信息，上传相关证明材料。

（6）审批通过领取营业执照、印章、税控设备和发票。

企业设立登记工作准备

二、工作准备

（一）知识准备

知识点：企业　公司

相关法规:《国务院办公厅关于加快推进“五证合一、一照一码”登记制度改革的通知》（国办发〔2016〕53 号）《优化营商环境条例》《国务院办公厅关于做好优化营商环境改革举措复制推广借鉴工作的通知》（国办函〔2019〕89 号）《中华人民共和国公司法》《中华人民共和国合伙企业法》《中华人民共和国个人独资企业法》《中华人民共和国公司登记管理条例》《中华人民共和国企业法人登记管理条例》《中华人民共和国企业法人登记管理条例施行细则》《企业名称登记管理规定》《国务院关于取消和下放一批行政许可事项的决定》（国发〔2019〕6 号）《中华人民共和国合同法》

（二）业务要领

1. “五证合一、一照一码”的登记制度
2. 企业设立登记与北京市企业登记 e 窗通服务平台
3. 内资企业类型
4. 各公司类型及其区别
5. 有限责任公司的设立条件
6. 企业名称
7. 营业场所和注册地

表 1-1　股东出资及主要人员信息表

姓名	性别	民族	政治面貌	学历	职业状况	证件类型	证件号码	户籍所在地	移动电话	电子邮箱	认缴出资额（万元）	认缴出资比例	认缴出资方式	认缴出资来源	认缴出资时间	担任职务	职务任期期限	月工资标准（元）
林宇明	男	汉	群众	硕士研究生	在职	身份证	110106198503060235	北京市丰台区海棠园 6 号楼 9 层 902 室	18911223368	linyuming@163.com	100	50%	货币	工资收入	2019.9.30	执行董事兼经理	三年	20 000
韩超	男	汉	群众	大学本科	在职	身份证	110223198709280912	北京市通州区紫云苑 12 号楼 6 层 603 室	18509862348	hanchao@163.com	60	30%	货币	工资收入	2019.9.30	财务负责人	三年	10 000
陈平	男	汉	群众	大学本科	在职	身份证	110106198006150358	北京市丰台区未来家园 3 号楼 7 层 701 室	15090621293	chenping@163.com	40	20%	货币	工资收入	2019.9.30	监事	三年	10 000
王清	女	汉	群众		在职	身份证	110106199003121263	北京市丰台区东安小区 5 号楼 12 层 1206 室	18902356781	wangqing@163.com						出纳兼秘书		5 000
刘庆	男	汉	群众	大学本科	在职	身份证	110106198503207832	北京市丰台区荷花苑 3 号楼 10 层 1002 室	18901675326	liuqing@163.com						企业管家		
合计											200	100%						

说明：假定三名股东身份证件有效期起止日期均为 2010 年 1 月 1 日—2030 年 1 月 1 日。

8. 有限责任公司注册资本
9. 有限责任公司组织机构
10. 有限责任公司章程

三、业务流程

开办新企业，首先要申请企业开办，进行企业设立登记。以北京地区为例，北京市开通了“北京市企业登记 e 窗通服务平台”，企业开办是通过登录该平台实行全程网上办理的。申请企业营业执照及刻制印章、办理涉税事项、为员工办理“五险一金”、银行预约开户等业务全流程在线申报、多部门网上联合审批、审批结果由后台推送完成。企业设立登记的业务流程如图 1–1 所示。

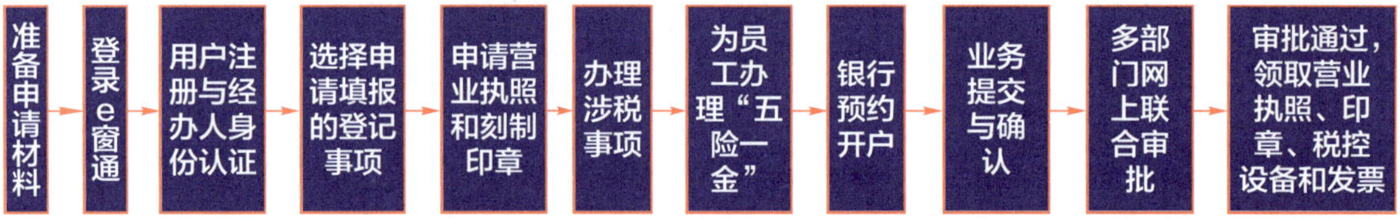

图 1–1　企业设立登记的业务流程

申请营业执照和刻制印章是企业设立登记的主要环节，申领了营业执照和印章，企业就可以开业了。申请营业执照和刻制印章包含了企业起名、填写或上传企业基本信息和证明材料、股东和法定代表人身份认证、刻制印章等内容。

企业设立登记的业务流程说明如表 1–2 所示。

表 1–2　企业设立登记的业务流程说明

工作序号	工作模块	工作任务	工具及单据	依据或方式	对接对象
1	签订外包服务合同	1. 确认客户需求，了解客户具体情况	客户需求确认表 客户尽职调查表	公司法	客户
		2. 确认组织类型及注册地址	租房协议 房产证明	公司法、合伙企业法	客户
		3. 签订外包合同	外包合同	合同法	客户
2	用户登录	1. 登录市场监督管理局网上登记申请平台网站	公司注册平台	公司登记管理条例	工商管理部门
		2. 单击公司登记设立	公司注册平台	公司登记管理条例	工商管理部门
		3. 进入“e 窗通”单击个人登录	公司注册平台	公司登记管理条例	工商管理部门

续表

工作序号	工作模块	工作任务	工具及单据	依据或方式	对接对象
3	选择申请填报的登记事项	1. 选择开办企业类型：企业开办			
		2. 在“办理业务”页面：选择申请填报的登记事项			
4	申请营业执照及公章	1. 点击申请营业执照及公章	公司注册平台	公司登记管理条例	工商管理部门
		2. 进行企业核名	公司注册平台	公司登记管理条例	
5	股东、法人实名认证	股东、法人实名认证	身份证	公司登记管理条例	客户、工商管理部门
6	填写公司基本信息，上传相关证明材料	1. 填写公司注册信息，上传相关资料	公司章程 租房协议 房产证明等	公司登记管理条例	客户、工商管理部门
		2. 选择免费刻制的公章			
		3. 股东、法人等确认	公司注册平台	公司登记管理条例	客户
		4. 完成业务确认，等待审批	公司注册平台	公司登记管理条例	客户、工商管理部门
7	多部门网上联合审批	审核申请材料			工商管理部门、公安局等
8	审批通过，领取营业执照、印章、税控设备和发票	审批通过，领取营业执照、印章、税控设备和发票	工商注册平台	公司登记管理条例	客户、工商管理等部门

四、业务操作

以北京地区为例，企业管家帮助客户通过“北京市企业登记e窗通服务平台”办理有限责任公司设立登记的操作步骤如下：

（一）签订外包服务合同

企业管家接待客户，与其沟通公司设立登记相关事宜，接受其委托，并与之签订公司设立登记办理的外包服务合同。很多新设公司都会咨询公司注册方面的问题，一般服务中介会按以下几种情况给出建议。

（1）按新设公司经营范围及行业特点给出建议，例如，新设公司如果经营与食品相关的业务需要办理卫生许可证。

（2）按企业股东情况给出建议，如个人成立的公司，可以在税收“洼地”注册个人独资企业。在税收“洼地”可以享受核定征收扶持，经营所得不按查账征收缴纳个人所得税，按照的是核定征收，核定企业开票额的多少来计算企业的利润。

（3）按主营业务给出建议，如科技、文化类可以注册在各大园区，享受优先高新技术企业、政策补贴的申报。

（4）按新设公司经营范围建议匹配地域，比如制造业建议在北京郊区或周边注册（以北京为例，各地情况不同）。

（5）按新设立公司地域、字号、经营范围、行业特点、组织形式、地址、出资比例等综合情况给出建议。

（二）准备申请材料

协助客户准备公司设立登记所需要的各种申请材料。有限责任公司设立登记所需的申请材料主要包括：

（1）内资公司设立登记申请书。（由法定代表人亲笔签署。）

（2）公司章程。（全体股东共同签署，其中自然人股东亲笔签字，法人股东加盖公章。）

（3）企业名称预先核准通知书。

（4）股东资格证件。（自然人身份证复印件、企业法人股东提交加盖公章的营业执照复印件。）

（5）住所使用证明。（一般应为产权人签字或盖章的房产证复印件。产权人为自然人的应亲笔签字，产权人为单位的应加盖公章。）

（6）许可项目审批条件。（仅限经营项目涉及前置许可的，如危险化学品经营、快递业务等，提交有关批准文件或者许可证件的复印件。）

（7）指定（委托）书。（委托他人办理。）

目前企业设立登记所需的申请材料，一般是在“企业登记e窗通服务平台”上直接填写的或上传提交的，也可以通过平台填写的信息自动生成，大多不再提交纸质的申请材料。

企业设立登记网上操作

（三）登录“e窗通服务平台”进行用户注册与经办人身份认证

（1）登录“北京市市场监督管理局网上登记申请平台”，进入登录界面，单击“个人用户登录”，进入“北京市统一身份认证平台”登录页面，选择“账号登录”，输入用户名、密码、验证码，单击“登录”，进入“我的业务”页面。如图 1–2、图 1–3 所示。

图 1–2　北京市市场监督管理局网上登记申请平台登录界面

图 1–3　北京市统一身份认证平台

（2）在“我的业务”页面，单击“公司登记”标签，进入“公司登记”页面，单击“设立”图标，在弹出的“公告”窗口单击“e 窗通 点击从这里开始”，进入“北京市企业登记 e 窗通服务平台”首页。如图 1–4、图 1–5、图 1–6 所示。

图 1-4　“我的业务”页面

图 1-5　“公司登记”页面

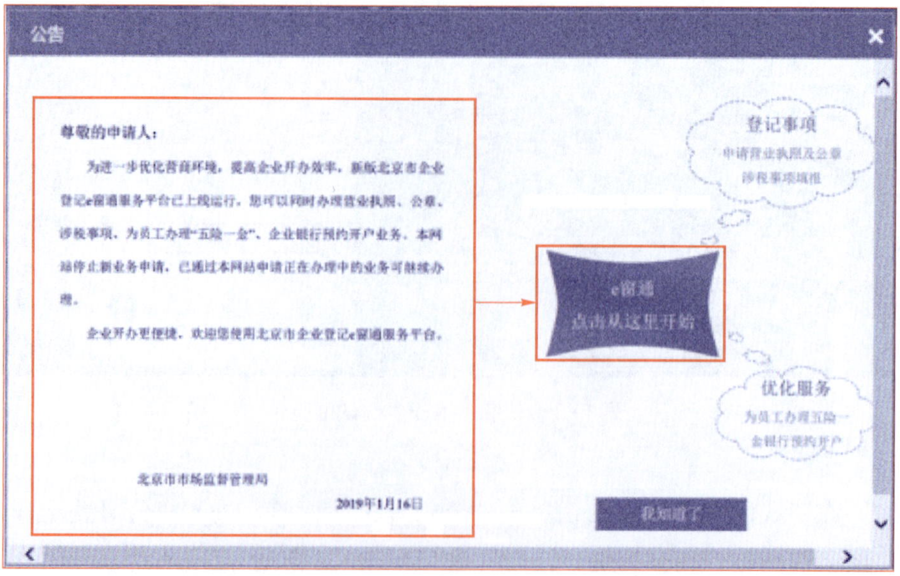

图 1-6　“公告”窗口

（3）在“北京市企业登记 e 窗通服务平台”首页，申请人先进行用户注册，经办人用手机扫描首页上的二维码，下载“北京企业登记 e 窗通”APP 进行身份认证。单击“个人办事”。如图 1-7 所示。

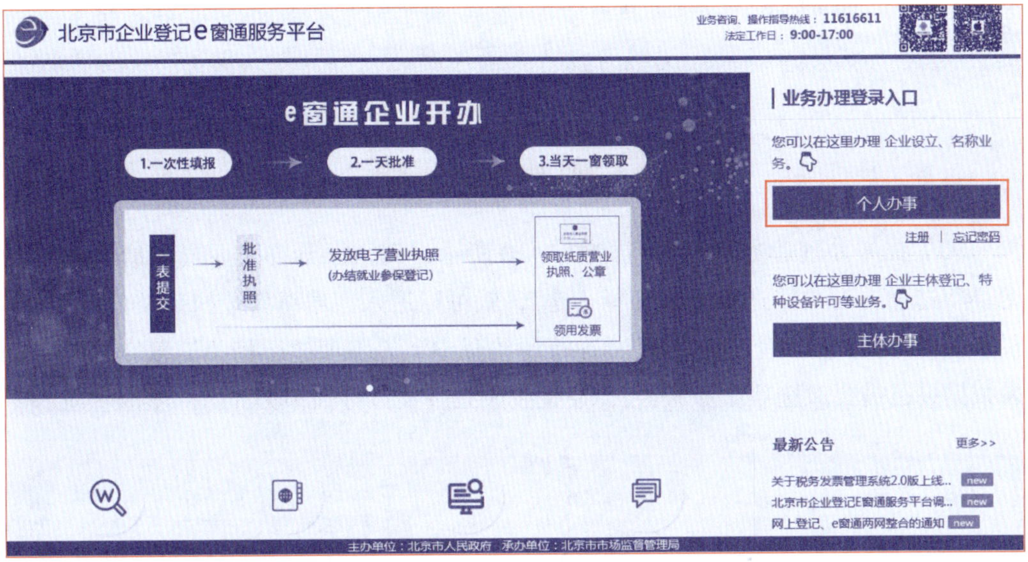

图 1-7　“北京市企业登记 e 窗通服务平台”首页

（四）选择申请填报的登记事项

（1）登录“北京市企业登记 e 窗通服务平台”后，在“业务引导”窗口，单击“进入办理”，弹出“请选择开办企业类型”窗口，选择“企业开办”，进入“办理业务”页面，选择企业设立登记要申请填报的登记事项。如图 1-8、图 1-9 所示。

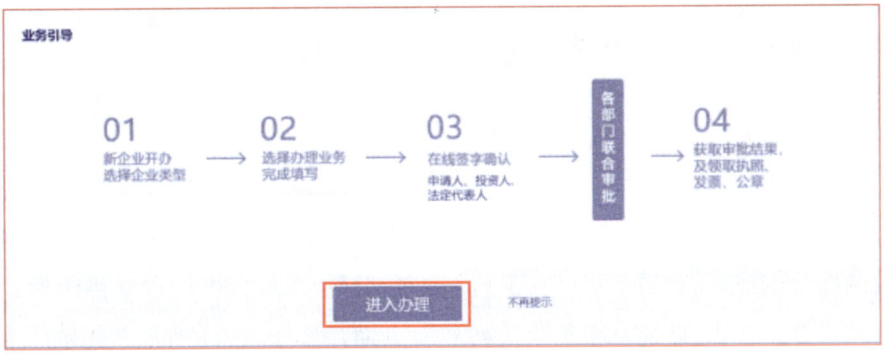

图 1-8　“业务引导”窗口

企业开办

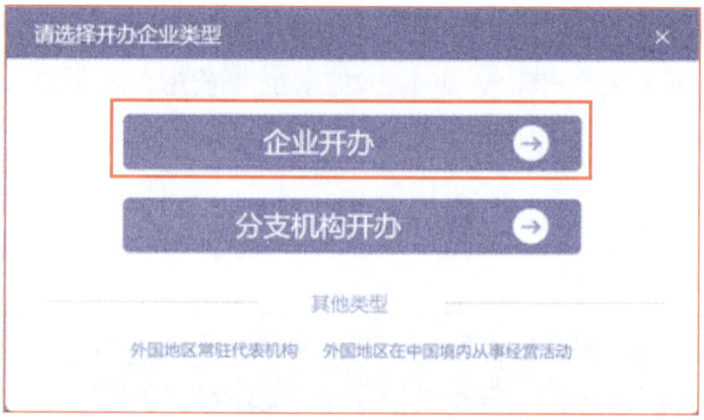

图 1-9　“请选择开办企业类型”窗口

（2）在“办理业务”页面，如图 1-10 所示，列出了开办企业要申请填报的登记事项选项，对这些选项如果选择“是”，就可以进入“申请营业执照及公章”“涉税事项”“为员工办理五险一金”“银行预约开户”等事项进行相关信息的填报。如果根据自己需要对选项选择“否”，在企业成立后要自行到相关部门办理该事项。

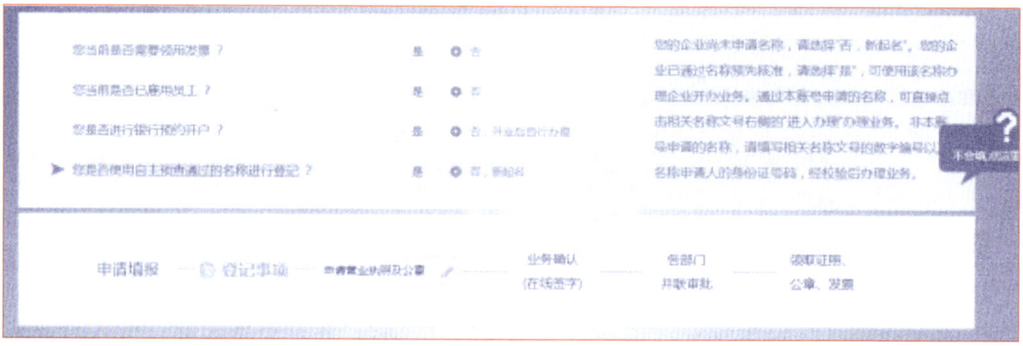

图 1-10　“办理业务”页面

注意： 如果还没有给企业起名，对“您是否使用自主预查通过的名称进行登记？”这一项要选择“否”，单击“申请营业执照及公章”，就可以进入“企业基本信息－我要起名”页面给企业起名了。

（五）申请营业执照和刻制印章

1. 企业起名

企业起名时要符合《企业名称登记管理规定》等国家有关法规的规定。企业的名称由四部分构成：行政区划＋字号（商号）＋行业（经营）特点＋组织形式。

申请营业执照和刻制印章

因此，在“企业基本信息－我要起名”页面，如图 1-11 所示，先输入企业的“字号”“行业特点”“组织形式”，然后再输入“拟登记市场主体所在地”，最后在页面下方系统所提供的三个企业名称中选择一个，并单击“检查”按钮进行企业核名。核名成功后单击“保存”，并单击“下一步”，进入“企业基本信息－股东”页面，填写股东信息。

图 1-11　“企业基本信息 - 我要起名”页面

2. 填写或上传企业基本信息和证明材料

（1）进行股东实名认证，填写股东信息。

在“企业基本信息 - 股东”页面，先进行股东实名认证，然后添加和填写股东的信息。如图 1-12、图 1-13 所示。

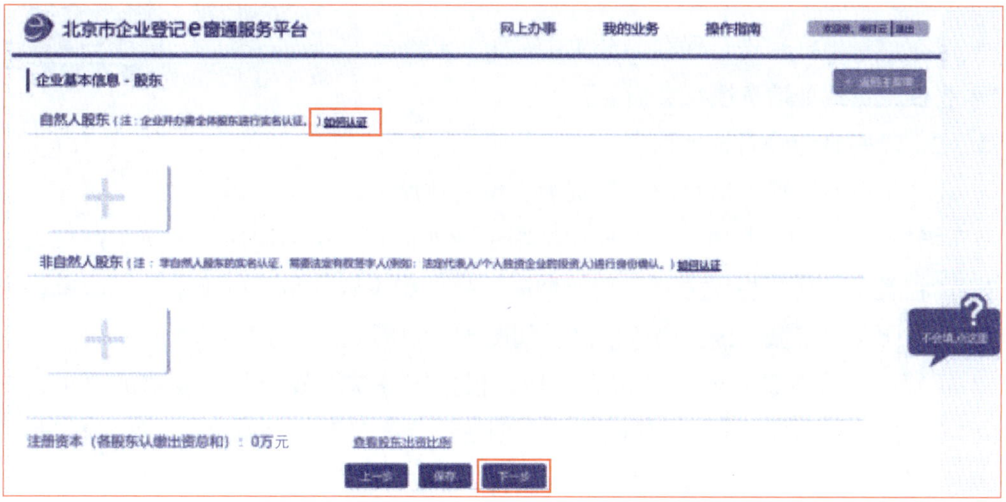

图 1-12　“企业基本信息 - 股东”页面

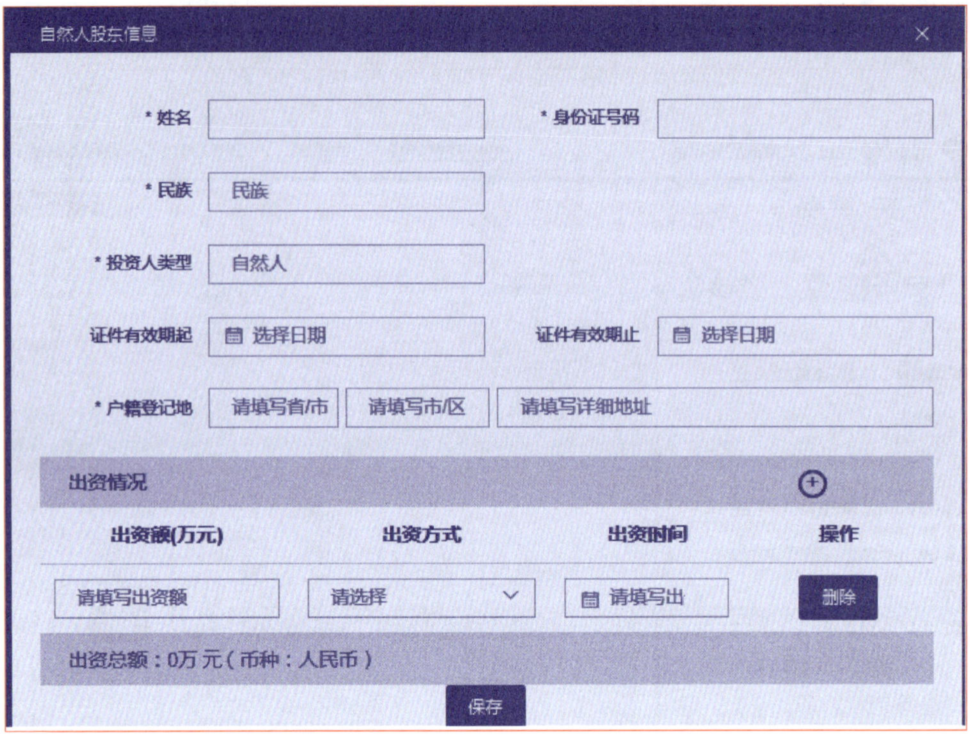

图 1-13　股东信息填写

股东信息包括：姓名、移动电话、性别、证件类别、证件号码、政治面貌、户籍登记地、出资来源、投资人类型、投资人职业状况、证件有效期起止日、出资情况（包括出资额、出资方式、出资时间）等。

股东实名认证，需用手机扫描相应操作系统的二维码，下载“北京企业登记 e 窗通”APP 完成。二维码可在“北京市企业登记 e 窗通服务平台”首页或单击图 1-12 中的“如何认证”获得，如图 1-14 所示。

图 1-14　“北京企业登记 e 窗通”APP 二维码

股东信息填好后进行保存，并单击“下一步”，进入企业经营地址信息填写页面。

（2）填写企业经营地址信息。

在“企业经营地址信息填写”页面，填写住所（经营场所）、生产经营地、住所使用期限、营业面积、房屋用途、住所（产权人）、住所产权类型、住所提供方式、营业期限、执照副本数、是否位于中关村国家自主创新示范园及“三城一区”内等信息。如图 1-15 所示。

注意：为营造良好的首都营商环境，根据国务院“放管服”改革的要求，自 2017 年 12 月 1 日起，在中关村国家自主创新示范区及中关村科学城、怀柔科学城、未来科学城和北京经济技术开发区（简称“三城一区”）范围内，试点工商登记注册“全城通办”，建立市域一体化工商登记注册服务体系。

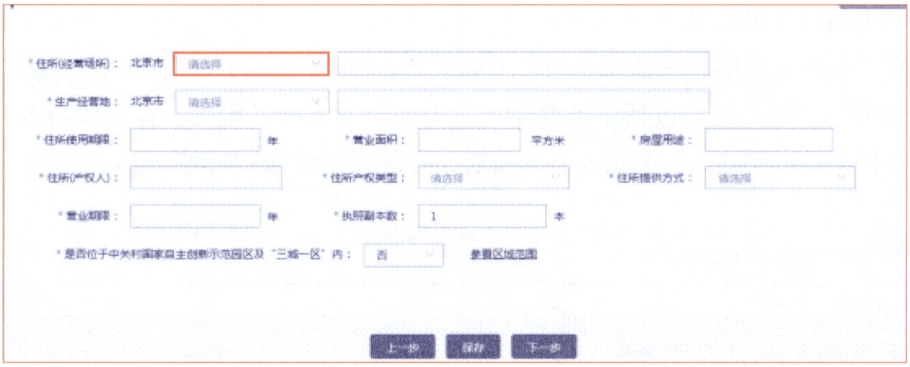

图 1-15　填写企业经营地址信息

企业经营地址信息填写完后，进行保存并单击“下一步”按钮，进入下一页填写企业经营范围信息。

（3）填写企业经营范围信息。

在填写企业经营范围信息时，如果不知道如何规范填写经营范围，可以参考“e窗通服务平台”提供的“热门行业经营范围”“常用行业经营范围”建议，平台会自动列出热门行业经营范围和常用经营范围，根据行业类型填写适合自己的经营项目。

如北京振兴科技有限公司，拟从事软件开发与服务，在确定它的经营范围时，可以从“热门行业经营范围”中选择“科技”行业，平台就会自动列出该行业经营范围的详细项目，在其中选择适合自己的项目进行保存即可。如图 1-16 所示。

图 1-16　填写企业经营范围信息

（4）填写人员信息。

在“企业基本信息 - 人员信息”页面，添加并填写公司董事、经理、法定代表人、监事、其他人员（包括企业联系人、财务负责人、办税人、社保缴费经办人、住房公积金缴费经办人、购票人）等企业人员的相关信息，如图 1-17 所示。

图 1-17　“企业基本信息 - 人员信息”页面

（5）填写企业补充信息。

在“企业基本信息 - 信息补充”页面，填写企业建党信息、工会、团组织信息、从业信息、五险一金信息等相关信息。如图 1-18 所示。

图 1-18　“企业基本信息 - 信息补充”页面（1）

（6）刻制印章。

在“北京市企业登记 e 窗通服务平台”上，北京市为新办企业免费提供了一套印章，这套印章一共有四枚，包括法定名称章（即法定代表人章）、财务专用章、发票专用章和合同专用章，其中法定名称章为必选印章。申请人可以在“企业基本信息 - 信息补充”页面选择“e 窗通”免费提供的刻制印章，也可以不选择而自行刻章。如图 1-19 所示。有关印章的详细内容见“工作领域一的任务二”。

图 1-19　“企业基本信息 - 信息补充”页面（2）

（7）文件上传。

在“企业基本信息－文件上传”页面，上传企业章程、证明材料（住所使用证明）。如图1-20所示。

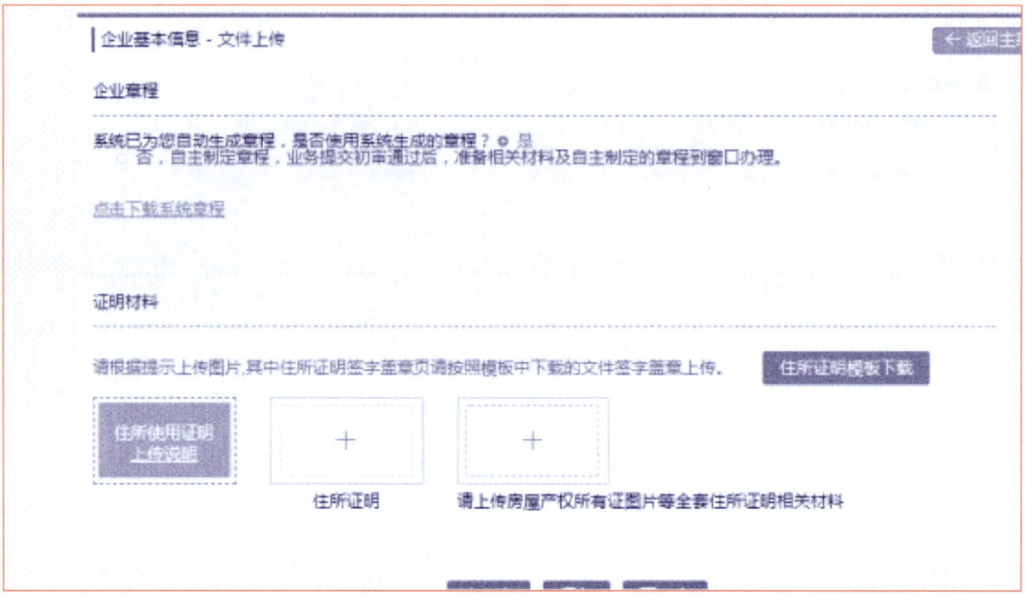

图1-20　“企业基本信息－文件上传”页面

企业章程上传：企业章程可以选择由系统自动生成，企业章程生成后会自动合并到申报材料中，企业可以自行下载自动生成的企业章程留存。如果选择自主制定企业章程，业务提交初审后，企业还须准备相关材料及自主制定的企业章程到有关窗口办理。

住所使用证明上传：下载住所证明模板，根据提示上传房屋产权所有证图片、租房协议等全套住所证明相关材料。住所证明签字盖章页要按照模板中下载的文件签字盖章上传。上传住所证明图片，要求填写公司名字、具体地址、产权人签字（产权人为公司的盖章）、日期。

（六）办理涉税事项

在“北京市企业登记e窗通服务平台”，填写“涉税事项”相关信息，包括税务信息确认、办税人信息、财务相关信息、经营项目类别、是否增值税一般纳税人登记，还可以申领税控盘和发票。详细内容见“工作领域三的任务一”。

（七）为员工办理五险一金

在“北京市企业登记 e 窗通服务平台”，为员工办理五险一金，填写聘用员工信息，包括填写单位为员工缴纳五险一金的相关信息、添加新员工信息和参保信息等。详细内容见“工作领域四的任务二和任务三”。

（八）银行预约开户

在“北京市企业登记 e 窗通服务平台”，还可以进行银行开户预约，为企业选择开户行，预约办理时间。银行开户的详细内容见“工作领域二的任务一”。

（九）业务提交与确认

企业基本信息填写完、文件上传完后，回到“办理业务”页面，进行业务提交和业务确认（在线签字）。如图 1–21 所示。

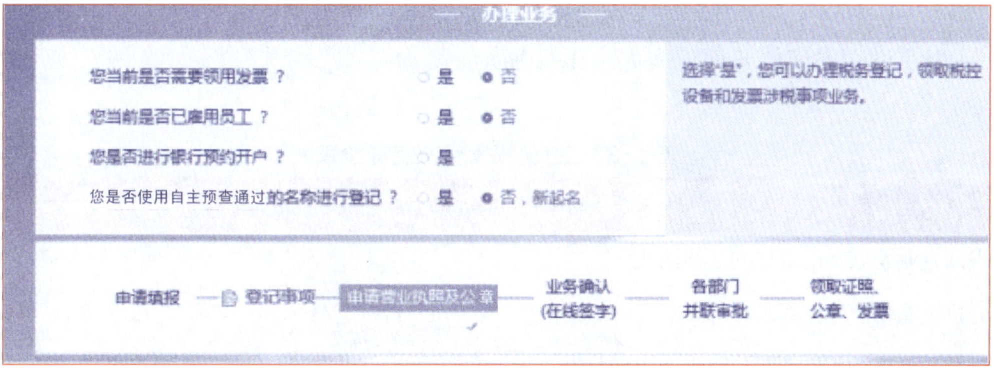

图 1–21　业务确认（在线签字）

注意：在图 1–21 下面的“申请填报”流程中，如果申请信息填写完善，登记的事项会显示为深绿色，如果显示为黄色则表示信息需要填写和完善。

业务提交、业务确认（在线签字）都是通过“北京企业登记 e 窗通”手机 APP 完成的：全体股东、法定代表人先进行身份认证（如果已认证过就不再重复认证），经办人再进行业务提交，然后全体股东和法定代表人、经办人在线到系统生成的申请材料（企业设立登记申请书）上进行确认，在线签字。签字确认提交后，电子申请材料会自动提交审核。

注意：提交信息之前，需要全体股东、法定代表人下载“北京企业登记 e 窗通”手机 APP 移动客户端进行身份认证，通过图像识别、人脸识别等技术完成对身份的智能校验审查。当所有人完成身份认证以后，经办人才可以提交全部业务。

（十）多部门网上联合审批

业务确认完成后，进入各部门联合审批。申请人可以随时在线查看各部门办理情况。相关部门审核通过后，申请人会收到短信提醒，提示业务已经办好。

（十一）审批通过，领取营业执照、印章、税控设备和发票

企业设立登记申请审批通过后，申请人登录“北京市企业登记 e 窗通服务平台”，选择纸质营业执照和公章的领取方式，领取方式有“自取”和“EMS 寄递”两种。与此同时企业也拥有了一张电子营业执照。企业法人可以用手机通过微信或支付宝搜索电子营业执照小程序，下载电子营业执照，也可以授权给证照管理员管理电子营业执照。电子营业执照可以用来验证企业身份、登录政府网站办理相关事务。至于税控设备和发票，可以到相关部门领取。

五、任务评价

企业设立登记任务评价表如表 1-3 所示。

表 1-3　企业设立登记任务评价表

任务清单	完成情况
查阅企业设立登记依据的法律法规	
分析企业设立登记的流程	
收集和整理企业设立登记所需的申请材料	
登录系统进行用户注册和经办人身份认证	
选择申请填报的登记事项	
根据企业名称法规规定和构成为企业起名	
在平台上填写或上传企业基本信息和证明材料，包括企业名称、股东、经营地址、经营范围、主要人员、公司章程、证明材料、涉税事项、“五险一金”、银行预约开户等信息的录入	
选择刻制印章的种类	
股东、法定代表人进行身份认证	
在平台上进行业务提交与确认	
领取营业执照、印章、税控设备和发票	

任务二　企业印鉴业务管理

企业印鉴业务管理

一、任务情境

（一）任务场景

北京振兴科技有限公司已经通过“北京市企业登记 e 窗通服务平台”完成了设立登记，领取了营业执照和免费提供的四枚印章（法定代表人章、财务专用章、发票专用章、合同专用章），现委托北京紫霖财税服务有限公司的企业管家刘庆为其刻制一枚公章，并制定印章使用和保管的管理制度，帮助其规范印章的使用与保管。振兴科技的相关信息见“工作领域一的任务一”。

（二）任务布置

请紫霖财税企业管家刘庆帮助振兴科技刻制一枚公章，并为其制定印章使用和保管的管理制度。

（1）确定刻章种类，刻制印章。

（2）建立印章使用和保管的制度。

二、工作准备

企业印鉴业务管理工作准备

（一）知识准备

知识点：企业印章的种类

相关法规:《印章治安管理办法（草案）》

（二）业务要领

1. 企业印章刻制改革

2. 常见企业印章及使用说明

3. 企业印章使用范围

（1）企业常见的外部印鉴使用范围如表 1-4 所示。

表 1-4　企业常见外部印鉴使用范围

印鉴名称	使用范围
公章	企业行政管理、经营管理工作相关文件、报表、凭证、文书的用印
合同专用章	企业签订合同专用
财务专用章、法定代表人章	企业财务管理专用、作为预留银行印鉴
发票专用章	企业开具发票专用

（2）其他内部使用印鉴可根据企业内部管理需要刻章，暂不需要到公安部门备案，企业常见内部印鉴使用范围如表 1–5 所示。

表 1-5　常见内部印鉴使用范围

部门业务管理印鉴名称	使用范围
×× 专用章（如综合部图书管理专用章）	×× 部门相关工作及对外业务联系专用

三、业务流程

企业印章刻制及管理业务流程如图 1–22 所示。

图 1–22　企业印章刻制及管理业务流程

企业印章刻制及管理业务流程说明如表 1–6 所示。

表 1-6　企业印章刻制及管理业务流程说明

工作序号	工作任务	操作指导	注意事项	对接对象	备注
1	确定刻章种类	根据公司的业务需要确定		客户	
2	刻制印章	设立登记时选择免费刻制四枚印章的服务，或自行直接到具备印章刻制资质的企业刻制印章	公章、财务专用章、法定代表人章、合同专用章、发票专用章等印章，应由具有印章刻制资质的企业刻制	公安部门 刻章单位	印章治安管理办法

续表

工作序号	工作任务	操作指导	注意事项	对接对象	备注
3	刻制的印章备案	刻章企业将印章刻制信息报送公安机关备案			
4	制定印章使用和保管制度	印章使用、保管		印章保管使用部门	

四、业务操作

（一）确定企业刻制印章的种类

企业管家需要和客户沟通，根据客户的经营需要，确认客户所需印鉴的种类和数量。一般企业所需刻制的印章有：公章、合同专用章、财务专用章、法定代表人章、发票专用章。

（二）刻制印章

以北京地区为例，企业办理设立登记时，在“北京市企业登记e窗通服务平台”填写或上传企业基本信息和证明材料的同时，还可以在平台上选择免费刻制四枚印章（包括法定代表人章、财务专用章、发票专用章和合同专用章）的服务，在领取营业执照时便可一并领取免费刻制的印章。如果不选择免费刻制印章，企业可以自行刻章。

因印章刻制实行备案管理，印章刻制备案纳入“多证合一、一照一码”登记制度，如果自行刻章，用章企业按要求携带相关材料直接到具备印章刻制资质的企业刻制印章即可。企业刻制印章需携带的相关材料包括：

（1）“工商营业执照”副本原件、复印件。

（2）法定代表人本人办理的，须持法定代表人身份证原件；法定代表人委托他人办理的，须持法定代表人的委托书、身份证复印件和承办人的身份证原件、复印件。

印章刻制企业在印章制作完成后，按照规定将用章单位、印章刻制申请人、印模等基本信息报送公安机关备案。

（三）制定公司印章使用和保管制度

公司印鉴使用从法律上代表公司意志，需要妥善保管，严格按照规定程序使用，因此，公司需要制定《公司印鉴使用和保管办法》。

1. 企业印章使用的注意事项

（1）空白文本上加盖印章须谨慎。严禁在空白文本上加盖公司印章。如确因工作需要，须报领导批准。

（2）制定并执行用章登记制度。公司印章的使用应严格履行用章登记制度，建立用章使用登记本，登记本中应注明用章日期、用章人姓名、用章事由（内容）、用章类别、批准领导（负责人）签字、经办人签字等。如表 1–7 所示。

表 1–7　用章使用登记表

<table>
<tr><td>日期</td><td></td><td>姓名</td><td></td><td>用章类别</td><td></td></tr>
<tr><td colspan="6">用章事由（内容）</td></tr>
<tr><td>负责人签字</td><td colspan="2"></td><td>经办人签字</td><td colspan="2"></td></tr>
</table>

2. 企业印鉴的保管及丢失等注意事项

（1）银行预留印鉴应分开保管，财务专用章、法定代表人章应分由不同人员保管。

（2）公司印章被盗、被抢或丢失，及时办理作废程序。

印章被盗、被抢或丢失，首先因为印章在公安机关有备案，所以丢失后第一步应该由法人代表带身份证原件及复印件、工商营业执照副本原件及复印件到丢失地点所辖的派出所报案，领取报案证明。然后，持报案证明原件及复印件、工商营业执照副本原件及复印件在市级以上每日公开发行的报纸上做登报声明，声明印章作废。经过上述程序后，如果确属印章被盗（抢），则因该印章的使用而发生的纠纷，企业不承担责任。

五、任务评价

企业印鉴业务管理任务评价表如表 1–8 所示。

表 1–8　企业印鉴业务管理任务评价表

任务清单	完成情况
分析企业印章的种类和用途	
查阅企业印章刻制、使用、保管的有关规定	
分析企业刻制印章的业务流程	
办理企业印章刻制业务	
制定企业印章使用和保管的管理制度	

任务三　企业变更登记业务管理

企业变更登记业务管理

一、任务情境

（一）任务场景

北京宏远新能源有限公司（简称“宏远公司”）成立于2015年，公司注册资本100万元。公司由三位股东出资成立，股东王林出资62万元，占注册资本的62%；股东张强出资28万元，占注册资本的28%；股东赵明出资10万元，占注册资本的10%。2019年4月，股东张强急需资金，想把公司的股份转让出去。他的朋友周杰对公司非常看好，觉得公司非常有投资价值，张强有意将其持有的公司28%的股份以40万元的价格全部转让给周杰。宏远公司秘书委托北京紫霖财税服务有限公司（简称“紫霖财税”）的企业管家刘庆帮该公司办理变更事宜。

（二）任务布置

请紫霖财税企业管家刘庆帮助该公司办理股权变更事宜。

（1）确立变更事项，准备相关资料。

（2）签订《股权转让协议》，召开股东会议，修改公司章程。

（3）提交相关资料，申请办理变更事项。

企业变更登记业务管理工作准备

二、工作准备

（一）知识准备

知识点：企业变更登记程序

相关法规：《中华人民共和国公司登记管理条例》《中华人民共和国公司法》

（二）业务要领

1. 企业变更项目
2. 有限责任公司与股份有限公司变更登记和备案的事项
3. 股权变更相关说明
4. 超出经营范围从事经营活动的处罚规定
5. 未能按规定及时办理变更登记的处罚规定

三、业务流程

企业办理变更业务流程，如图 1–23 所示。

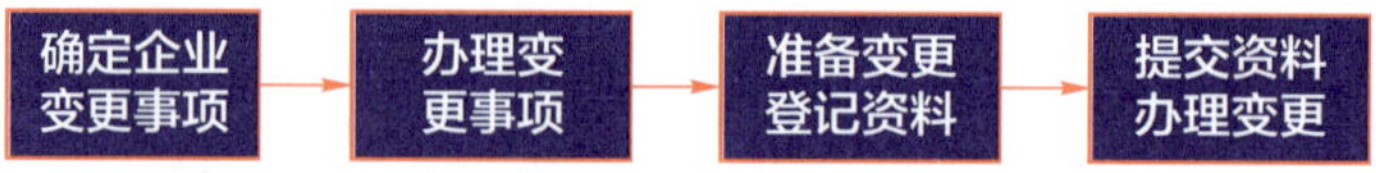

图 1–23　企业办理变更业务流程

企业办理变更业务流程说明如表 1–9 所示。

表 1–9　办理变更业务流程说明

工作序号	工作内容	操作指导	相关单据	知识链接	对接部门
1	确定企业变更事项	确定是否属于公司法变更范围（名称、地址、法人、股东、资本、营业期限、经营范围）	股东（董事会）决议	公司法	股东
2	办理变更事项	以股权变更为例 通知其他股东（其他股东具有优先权） 签订股权转让协议 召开老股东会议 召开新股东会议 款项交割	股权转让协议 股东大会决议等	公司法 公司登记管理条例	股东
3	办理变更登记	提交变更申请（网上或柜台） 提交股东会决议 提交股权转让协议 提交公司营业执照	企业变更申请 股东会决议等		工商管理部门
4	通过审批				工商管理部门

四、业务操作

以本任务业务情境为例，股权转让变更登记的操作步骤和方法如下：

（1）首先张强将股权转让给周杰，需要取得另外两位股东王林和赵明的同意并放弃优先购买权。张强以书面通知其他两位股东股权转让事宜，两位股东书面回复不购买张强的股份。

（2）张强和周杰签订《股权转让协议》，约定股权转让时间、价格、交接、债权债务、股权转让款的支付等事宜，转让方与受让方在《股权转让协议》上签字。

（3）召开老股东会议（王林、张强和赵明组成的股东会），经过老股东会表决同意，免去张强的相关职务，表决比例和表决方式按照原来公司章程的规定进行，参加会议的股东在《股东会决议》上签字盖章。

（4）召开新股东会议（王林、赵明和周杰组成的股东会），经过新股东会表决同意，任命新股东周杰的相关职务，表决比例和表决方式按照公司章程的规定进行，参加会议的股东在《股东会决议》上签字盖章。通过变更后的公司章程，全体股东签字盖章。

（5）受让方按照股权转让协议约定的付款时间进行付款。

（6）按照当地公司所属工商行政管理局要求提交变更股东的申请，提交材料如下：

①《公司变更（改制）登记申请书（公司备案申请书）》；

② 关于修改公司章程的股东会决议、决定；

③ 修改后的公司章程或章程修正案；

④ 营业执照正副本；

⑤ 股权转让协议；

⑥ 新股东的主体资格证明文件，自然人提供身份证复印件或法人证书复印件。

五、任务评价

企业变更登记业务管理任务评价表如表 1-10 所示。

表 1-10　企业变更登记业务管理任务评价表

任务清单	完成情况
根据企业需要变更的事项，确定企业变更办理部门及办理方式	
查阅超出经营活动范围及未能按照规定时间及时办理的情况下所对应承担的责任	
分析企业变更登记业务流程	
办理变更事项，包括沟通洽谈，征得其他股东同意、签订《股权转让协议》，召开股东会议，修改公司章程等	
根据相关规定整理变更登记业务所需的材料	
根据有关法律法规和业务流程在相关平台上办理企业变更登记	

任务四　企业信息公示填制申报管理

一、任务情境

企业信息公示填制申报管理

（一）任务场景

北京清洁商贸有限公司成立于 2010 年，公司位于北京市，2020 年 3 月 1 日委托北京紫霖财税服务有限公司（下面简称“紫霖财税”）对其 2019 年度企业信息进行公示，紫霖财税企业管家刘庆根据企业信息公示所需信息，向该公司秘书周梦发了一份公示所需信息资料清单。如图 1–24 所示。

企业信息公示填制申报管理案例资料

企业信息公示所需信息资料清单

1. 目前企业的通信地址、邮政编码、联系电话、电子邮箱、存续状态、网址、网站信息。
2. 营业执照复印件。
3. 截至12月31日的公司股东信息。
4. 截至12月31日的职工有关信息、社保缴纳情况。
5. 当年度的资产负债表、利润表、现金流量表。
6. 对外担保信息、对外投资信息及报关相关资料。

图 1–24　企业信息公示所需信息资料清单

周梦按清单要求整理好了信息公示的资料交给刘庆，如表 1–11～表 1–13 所示。

表 1–11　北京清洁商贸有限公司 2019 年度基本情况表

项目	内容
公司名称	北京清洁商贸有限公司
通信地址及邮政编码	通信地址：北京市朝阳区北新路 28 号；邮政编码：100018
经营场地性质	租赁
联系电话	010–65012286
电子邮箱	qingjie@163.com
主营业务活动	商品批发和零售
公司存续状态	开业
公司网站	有网站，网址为 http://www.qingjie.com，无网店

续表

项目	内容
营业期限和营业执照	营业期限：30 年；营业执照统一社会信用代码：91110105371380216D；营业执照有效期：自 2010 年 6 月 1 日至 2040 年 6 月 1 日
公司从业人数	公示信息：2019 年度公司有职工 30 人，其中女性职工 12 人。不公示信息：2019 年度经营者和雇工中高校毕业生人数、退役士兵人数、残疾人数、事业人员再就业人数均为 0
党建信息	无
控股情况	公司为私人控股
对外担保、对外投资、股东股权转让、报关信息	2019 年度无对外担保、无对外投资、无股东股权转让、无报关业务
单位社保缴费基数和实际缴费金额	2019 年社保参保职工数：30 人； 2019 年单位社保缴费基数 248 000 元； 2019 年单位社保实际缴费金额：94 240 元，其中医疗保险 29 760 元，养老保险 59 520 元，失业保险 2 480 元，工伤保险 496 元，生育保险 1 984 元； 2019 年无社保欠缴情况
CA 证书（数字证书）账号、密码	CA 证书账号：北京清洁商贸有限公司，CA 证书密码：123456

表 1-12　北京清洁商贸有限公司 2019 年度股东信息表

姓名	性别	政治面貌	认缴及实缴出资额（万元）	认缴及实缴出资比例	认缴及实缴出资方式	认缴及实缴出资时间
周林	男	群众	200	40%	货币	2010.12.31
张恺	男	群众	100	20%	货币	2010.12.31
李小炜	女	群众	100	20%	货币	2010.12.31
朱峰	男	群众	100	20%	货币	2010.12.31

表 1-13　北京清洁商贸有限公司 2019 年度财务信息表

项目	内容
实行会计电算化情况和财务管理软件	公司实行了会计电算化，使用的财务管理软件是畅捷通 T3
记账方式	自理记账
最近三年是否连续亏损	否

续表

项目	内容
公司 2019 年度的资产负债表、利润表、现金流量表相关数据	资产总额 3 450 万元，存货 1 120 万元，流动资产 2 100 万元； 负债总额 150 万元，流动负债 150 万元； 所有者权益 3 300 万元； 经营现金净流量 123 万元； 营业总收入 4 500 万元，主营业务收入 4 496 万元； 营业利润 610 万元，利润总额 612 万元，净利润 458.5 万元； 纳税总额 349.37 万元
2019 年公司财务报告审计情况	2020 年 1 月 10 日，聘请北京大地会计师事务所对公司 2019 年财务报告进行了审计
2019 年违法违规行为情况	无

（二）任务布置

请紫霖财税企业管家刘庆帮助该公司办理 2019 年度企业信息公示。

（1）收集整理相关企业公示的信息。

（2）登录国家企业信息公示系统。

（3）填写并核实相关信息。

（4）打印公示结果、查询公示信息。

二、工作准备

企业信息公示填制申报管理工作准备

（一）知识准备

相关法规：《中华人民共和国政府信息公开条例》《企业信息公示暂行条例》

（二）业务要领

1. 企业信息公示
2. 需要公示的企业
3. 企业信息公示的内容与时间要求
4. 企业年度信息公示注意事项

三、业务流程

企业进行信息公示填制申报的业务流程，如图 1-25 所示。

图 1-25　企业信息公示填制申报业务流程

企业进行信息公示填制申报的业务流程说明如表 1-14 所示。

表 1-14　企业信息公示流程说明

工作序号	工作内容	操作指导	备注
1	登录企业信用信息公示系统	登录国家企业信用信息公示系统 http://www.gsxt.gov.cn/index.html	1. 企业、农业合作社、个体工商户都应公示 2. 公示信息包括日常和年度的信息
2	选择企业信息填报		
3	选择企业登记机关所在地	企业的注册地	
4	选择登录方式	通常有三种：工商联络员、数字证书、电子营业执照	
5	选择年度报告填写	日常变更可选择其他自行公告信息	
6	填写和核查报告信息，提交并公示	填写和核查公告内容	
7	打印公示结果、查询公示信息		

四、业务操作

企业信息公示步骤如下：

（1）登录国家企业信用信息公示系统，选择“企业信息填报”，进入“请选择登记机关所在地”，选择“北京”。如图 1-26、图 1-27 所示。

（2）选择登录方式。登录方式有工商联络员登录、数字证书登录、电子营业执照登录三种，本案例选择“数字证书登录”的方式进行登录。如图 1-28、图 1-29 所示。

（3）登录成功后，单击“年度报告填写”，选择年报年度。如图 1-30、图 1-31 所示。

图 1-26　企业信息填报

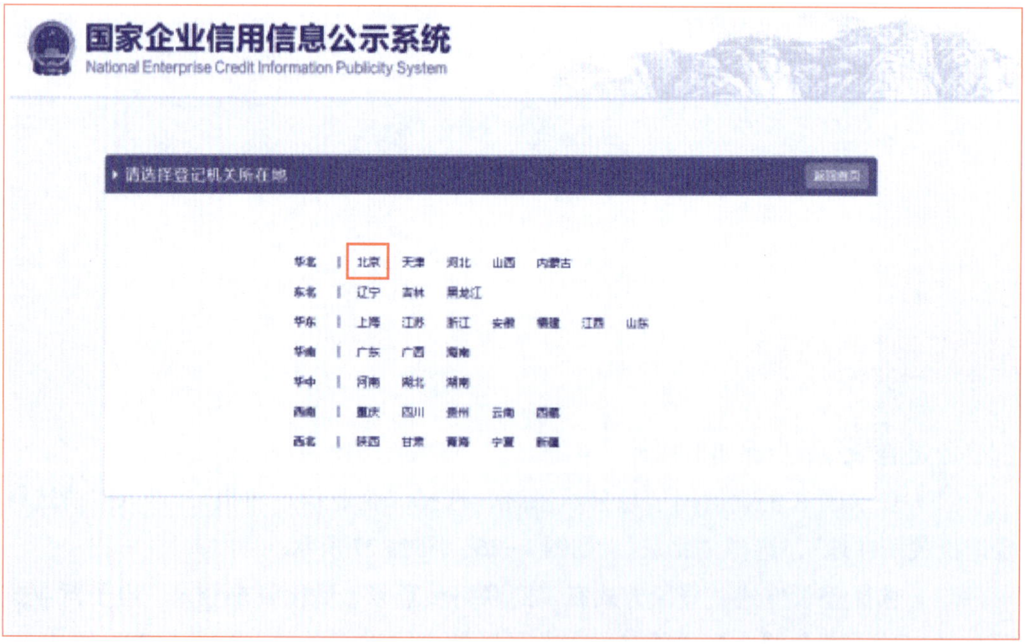

图 1-27　登记机关所在地

图 1-28　系统登录方式

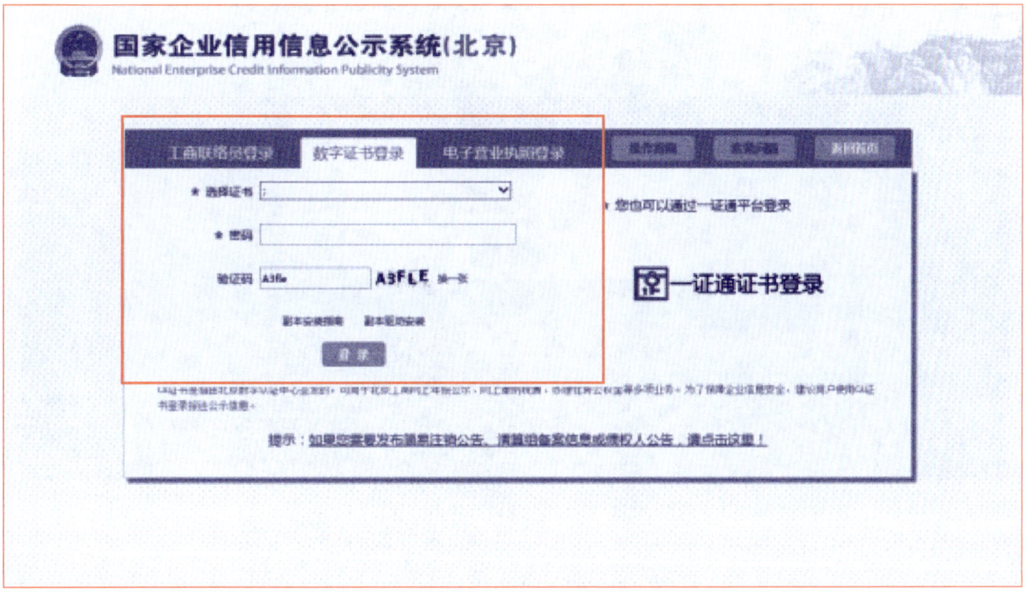

图 1-29　数字证书登录

图 1-30　年度报告填写

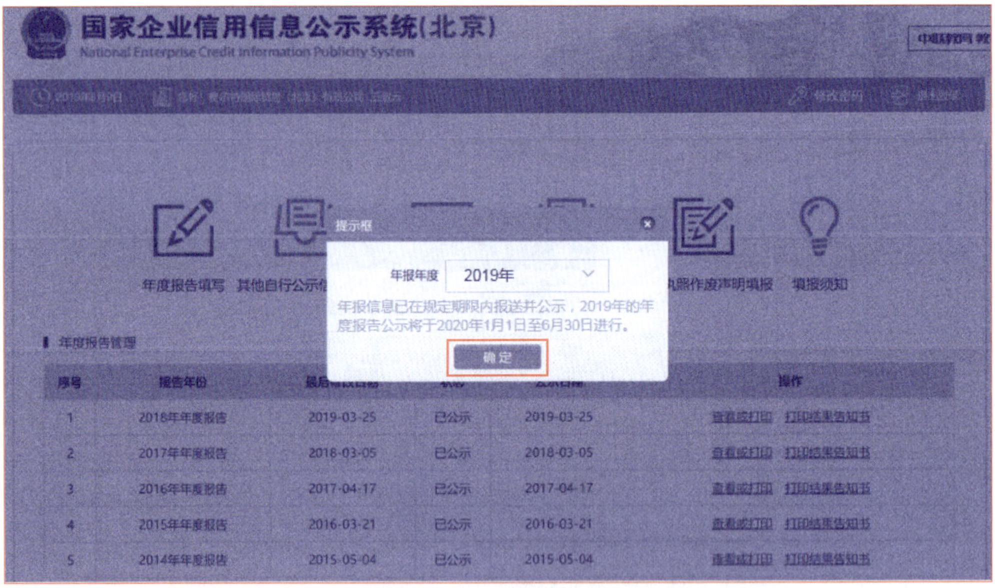

图 1-31　年度报告年份选择

（4）按照年度报告公示信息项目的顺序填写各项信息，填好后，单击“预览并公示”，检查信息填写是否有误，如果没有问题就提交并公示。如图 1-32 所示。

年度报告需要填写的信息包括：企业基本信息、股东及出资信息、网站或网店信息、股权变更信息、对外投资信息、资产状况信息、对外担保信息、党建信息、社保信息、报关信息等。

图 1-32　相关信息填写公示

（5）年度报告的公示信息提交成功后，会收到提交成功的提示，此时就可以打印企业年报公示结果告知书了。如图 1-33、图 1-34 所示。

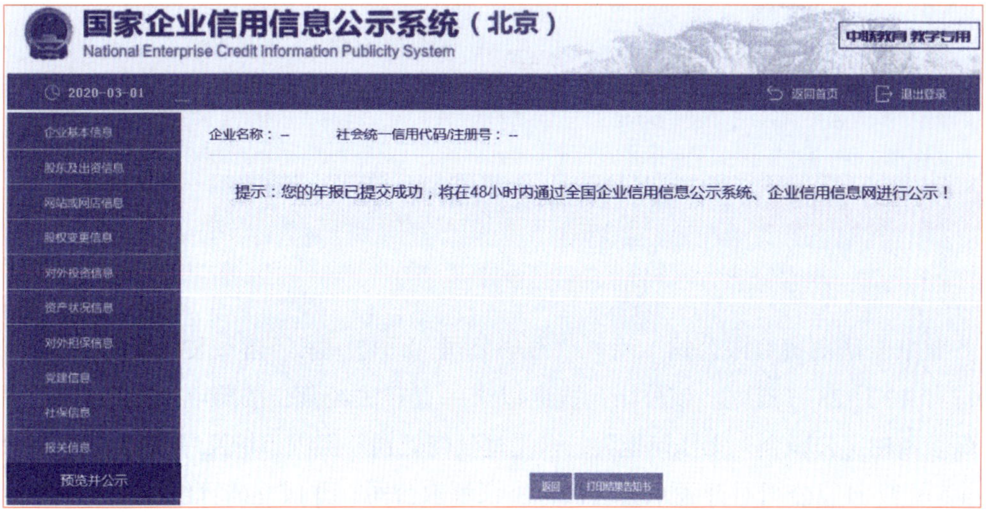

图 1-33　提交成功提示

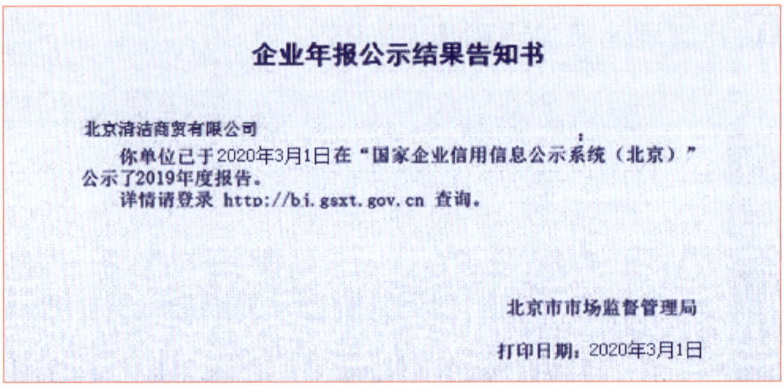

企业年报公示结果告知书

北京清洁商贸有限公司：

你单位已于2020年3月1日在“国家企业信用信息公示系统（北京）”公示了2019年度报告。

详情请登录 http://bj.gsxt.gov.cn 查询。

北京市市场监督管理局

打印日期：2020年3月1日

图 1-34　企业年报公示结果告知书

五、任务评价

企业信息公示填制申报管理任务评价表见表 1-15。

表 1-15　企业信息公示填制申报管理任务评价表

任务清单	完成情况
查阅企业信息公示相关法律法规、公示内容、公示时间	
分析企业信息公示填制申报业务流程	
整理需公示的企业信息资料	
在国家企业信用信息公示系统上填写企业公示的信息	
核查填写的企业公示信息，并提交与公示	
打印公示结果，查询企业公示信息	

任务五　企业注销业务管理

企业注销业务管理

一、任务情境

（一）任务场景

北京泰华商贸有限公司（简称“泰华公司”），是一家经营服装批发的企业，于 2017 年 12 月 28 日成立。该公司自成立以来一直守法经营，按期申报缴纳税费、社会保险和住房公积金，无任何拖欠，未受过任何处罚，但因市场发展前景不好，2019 年 12 月 27 日，公司召开股东会会议，决议解散公司，并成立清算组组织公司清算。2019 年 12 月 29 日，清算组委托北京紫霖财税服务有限公司（简称“紫霖财税”）办理公司注销相关事宜。泰华公司注销的相关信息如图 1–35、表 1–16~表 1–19 所示。

北京泰华商贸有限公司股东会决议

——关于同意解散公司的决定

根据《中华人民共和国公司法》及本公司章程的有关规定，本公司于2019年12月27日召开了公司股东会会议，本次股东会会议由执行董事王建斌主持，会议由代表100%表决权的全体股东参加，经代表100%表决权的股东通过，作出如下决议：

1. 公司因市场发展前景不好，股东会同意公司解散。
2. 公司成立清算组，其成员由王建斌、刘晓明组成，其中由王建斌担任组长。
3. 清算组成立后应按《公司法》的要求开展工作，履行职责。
4. 公司自作出解散决定之日起停止营业。

全体股东签字（或盖章）：王建斌　刘晓明

北京泰华商贸有限公司

2019年12月27日

图 1–35　股东会决议

表 1–16　泰华公司注销的相关信息

项目	内容
公司名称	北京泰华商贸有限公司
执行董事兼法定代表人	王建斌
经营地址（注册地址）	北京市丰台区新华路 36 号
营业执照信息	统一社会信用代码：91110101532371680A 营业执照有效期：自 2017 年 12 月 28 日至 2047 年 12 月 28 日 营业执照正本：1 本 营业执照副本：1 本
登记机关	北京市工商行政管理局丰台区分局
主管税务机关	北京市国家税务局北京市丰台区税务局第一税务所
注销原因	决议解散
清算组信息	清算组成员由全体股东组成：王建斌、刘晓明 清算组联系电话：18601235679 清算组办公地址：北京市丰台区新华路 36 号
债权申报联系人	王建斌
纳税、社会保险、住房公积金	为增值税一般纳税人 补缴后无欠税、处罚、逾期未申报的税费，12 月税费已缴 无欠缴和逾期未申报的社会保险、住房公积金，12 月社会保险、住房公积金已缴
发票、税控设备	发票领用簿：1 本 未使用的发票：有 2 本 未验旧的发票：无 税控设备：航信金税盘 1 个

表 1-17　清算组成员和企业管家信息表

姓名	性别	民族	政治面貌	学历	职务	清算组成员角色	证件类型	证件号码	户籍所在地	手机号
王建斌	男	汉	群众	大学本科	执行董事兼经理、法定代表人	组长（负责人）	身份证	110106198102181853	北京市丰台区怡春园 15 号楼 8 层 803 室	18601235679
刘晓明	男	汉	群众	大学本科	财务负责人	组员	身份证	110106198306229176	北京市丰台区理想花园 9 号楼 6 层 601 室	15680127963
刘庆	男	汉	群众	大学本科	企业管家		身份证	110106198503207832	北京市丰台区荷花苑 3 号楼 10 层 1002 室	18901675326

表 1-18　利　润　表

会企 02

编制单位：北京泰华商贸有限公司　　　2019 年 12 月　　　单位：元

项 目	本月金额	全年金额
一、营业收入	4 483 500.00	27 710 520.00
减：营业成本	3 248 885.83	18 227 903.33
税金及附加	38 916.95	103 037.45
销售费用	111 822.50	255 587.00
研发费用		
管理费用	192 291.11	3 667 324.61
财务费用（收益以“–”号填列）	7 570.74	286 420.74
其中：利息费用	7 570.74	286 420.74
利息收入		
加：其他收益		
投资收益（损失以“–”号填列）		
其中：对联营企业与合营企业的投资收益		
公允价值变动收益（损失以“–”填列）		
信用减值损失（损失以“–”号填列）	–14 762.23	–14 762.23
资产减值损失（损失以“–”填列）		
资产处置收益（损失以“–”填列）	–148 597.40	–148 597.40
二、营业利润（亏损以“–”号填列）	720 653.24	5 006 887.24
加：营业外收入	54 756.00	137 256.00
减：营业外支出	52 622.65	102 622.65
三、利润总额（亏损总额以“–”号填列）	722 786.59	5 041 520.59
减：所得税费用	232 768.81	1 312 452.31
四、净利润（净亏损以“–”号填列）	490 017.78	3 729 068.28
五、其他综合收益的税后净额		
（一）不能重分类进损益的其他综合收益		
1. 重新计量设定受益计划变动额		
2. 权益法下不能转损益的其他综合收益		
……		

1

续表

项 目	本月金额	全年金额
（二）将重分类进损益的其他综合收益		
1. 权益法下可转损益的其他综合收益		
2. 其他债权投资公允价值变动		
……		
六、综合收益总额		
七、每股收益：		
（一）基本每股收益		
（二）稀释每股收益		

表 1-19　资产负债表

会企 01 表

单位名称：北京泰华商贸有限公司　　填报时间：2019 年 12 月 31 日　　单位：元

资产	期末余额	年初余额	负债和所有者权益	期末余额	年初余额
流动资产：			流动负债：		
货币资金	671 914.23	590 000.00	短期借款		
交易性金融资产			交易性金融负债		
衍生金融资产			应付票据		
应收票据	555 250.00	385 000.00	应付账款	229 445.13	260 000.00
应收账款	295 244.60	260 000.00	预收款项		
预付款项			应付职工薪酬	20 346.00	21 000.00
其他应收款	6 826.84	5 000.00	应交税费	559 982.68	537 000.00
存货	786 951.20	795 200.00	其他应付款	2 083.33	3 500.00
持有待售资产			持有待售负债		
一年内到期的非流动资产			一年内到期的非流动负债		
其他流动资产			其他流动负债		
流动资产合计	2 316 186.87	2 035 200.00	流动负债合计	811 857.14	821 500.00
			非流动负债：		
			长期借款		
			应付债券		

续表

资产	期末余额	年初余额	负债和所有者权益	期末余额	年初余额
			其中：优先股		
			永续债		
非流动资产：			长期应付款		
债权投资			预计负债		
其他债权投资			递延收益		
长期应收款			递延所得税负债		
长期股权投资			其他非流动负债		
投资性房地产			非流动负债合计		
固定资产	6 807 256.77	6 231 302.33	负债合计	811 857.14	821 500.00
在建工程			所有者权益（或股东权益）：		
生产性生物资产			实收资本（或股本）	3 750 000.00	3 750 000.00
油气资产			其他权益工具		
无形资产			其中：优先股		
开发支出			永续债		
商誉			资本公积		
长期待摊费用			减：库存股		
递延所得税资产			其他综合收益		
其他非流动资产			专项储备		
非流动资产合计	6 807 256.77	6 231 302.33	盈余公积	754 862.33	754 862.33
			未分配利润	3 806 724.17	2 940 140.00
			所有者权益（或股东权益）合计	8 311 586.50	7 445 002.33
资产总计	9 123 443.64	8 266 502.33	负债和所有者权益（或股东权益）总计	9 123 443.64	8 266 502.33

（二）任务布置

请紫霖财税企业管家刘庆帮助该公司办理公司注销事宜。

（1）成立清算组组织清算活动。

（2）办理税务登记注销，并领取税务注销证明文件。

（3）办理企业登记注销

（4）办理银行注销、社保登记和住房公积金开户注销、注销公司印章。

二、工作准备

（一）知识准备

相关法规：

《中华人民共和国公司法》

《中华人民共和国税收征收管理法》

《中华人民共和国税收征收管理法实施细则》

《税务登记管理办法》

企业注销业务管理工作准备

《市场监管总局　人力资源社会保障部　商务部　海关总署　税务总局关于推进企业注销便利化工作的通知》（国市监注〔2019〕30 号）（包含附件 1《企业办理注销业务提交材料规范》和附件 2《企业注销指引》）

《国家税务总局关于深化“放管服”改革　更大力度推进优化税务注销办理程序工作的通知》（税总发〔2019〕64 号）

《国家税务总局关于进一步优化办理企业税务注销程序的通知》（税总发〔2018〕149 号）

（二）业务要领

1. 企业注销
2. 企业注销的类型
3. 企业营业执照注销与吊销的区别
4. 企业注销注意事项

三、业务流程

企业注销业务流程如图 1–36 所示。

图 1–36　企业注销业务流程

根据《市场监管总局　人力资源社会保障部　商务部　海关总署　税务总局关于推进企业注销便利化工作的通知》（国市监注〔2019〕30 号）附件 2《企业注销指引》的规定，企业注销流程如图 1–37 所示。

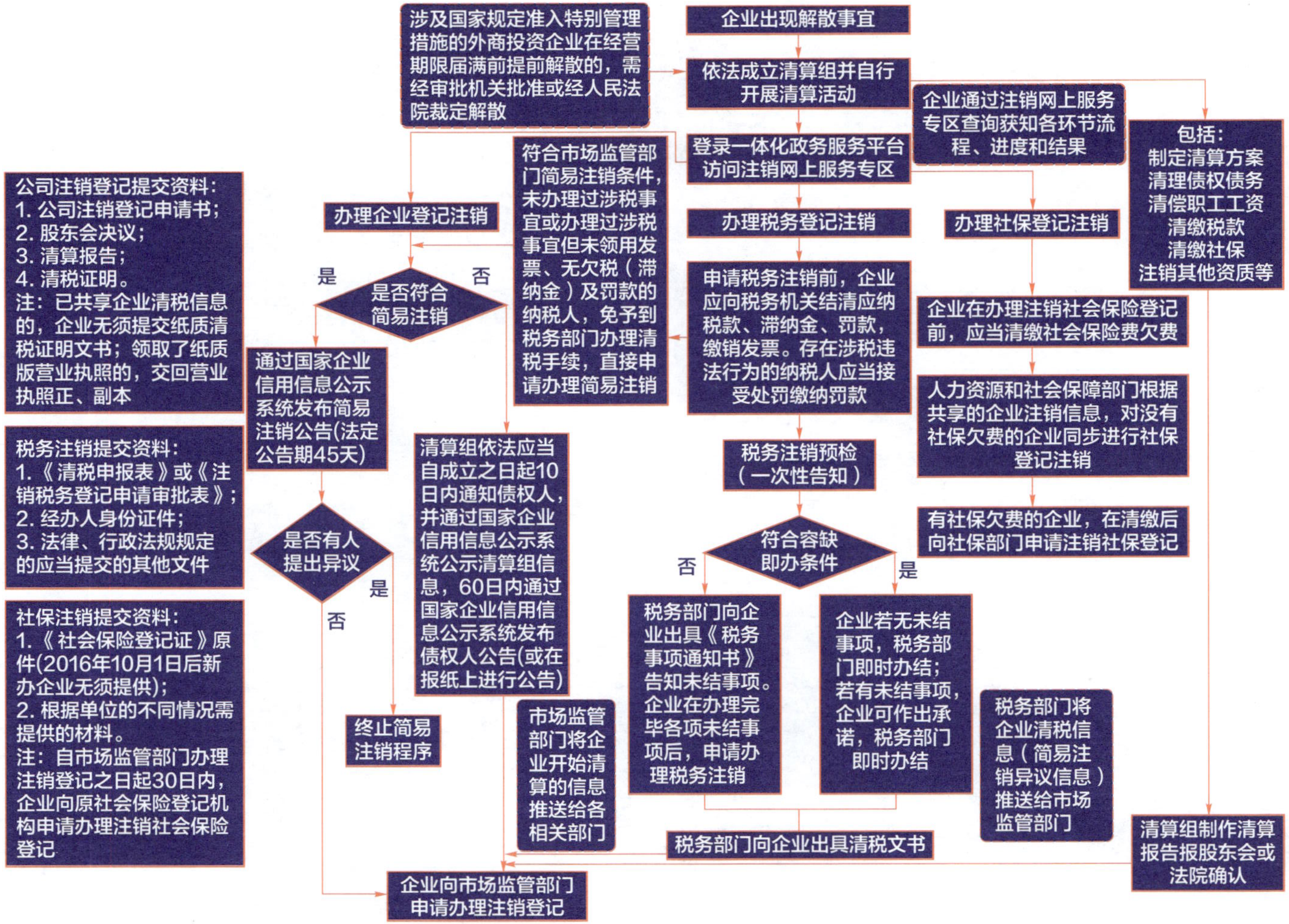

图 1-37　企业注销流程图

企业办理注销业务流程说明如表 1-20 所示。

表 1-20　企业注销业务流程说明表

工作序号	工作内容	操作指导	资料和工具	对接部门
1	成立清算组并开展清算活动	成立清算组； 开展清算活动； 制定清算方案； 清算结束后制作清算报告	公司法	
2	办理税务登记注销	注销预检； 注销申报	纳税申报表 清税证明 财务报表 电子税务局	税务部门
3	办理企业登记注销	在北京市企业登记 e 窗通服务平台注销；或者到工商柜台进行工商注销； 领取工商注销通知书	税务注销文书 注销公告 北京市企业登记 e 窗通服务平台	工商管理部门
4	办理注销社保登记和住房公积金开户	注销社保登记； 注销住房公积金账户	北京市企业登记 e 窗通服务平台	人力资源和社会保障部门
5	办理商务注销	各种生产经营许可证、资质证书等注销		商务部门或原审批机关
6	办理海关注销登记	登录系统录入申请注销信息； 进出口货物收发货人注销； 书面申请提交海关审核	“中国国际贸易”单一窗口；“互联网 + 海关”	海关
7	办理银行账户注销	补足欠费； 注销网银、U 盾，注销印鉴卡，注销结算卡； 领取注销结果	税务注销结果通知单、营业执照、印章、印鉴卡、U 盾、单位结算卡、法人身份证等	开户银行
8	办理公司印章注销	注销公司印章	税务、执照、银行账户注销文件；各印章等	公安局

四、业务操作

以北京地区为例，各类企业的注销是通过“北京市企业登记 e 窗通服务平台”办理的，该平台可以进行一般注销和简易注销。内资有限公司类型的企业在进行一般注销业务时，可选择网上全程电子化方式办理，其他的类型可选择窗口提交方式办理。

下面以紫霖财税企业管家刘庆为北京泰华商贸有限公司办理注销为例，说明有限公司网上办理一般注销的操作步骤和方法。

（一）依法成立清算组并自行开展清算活动

根据公司法规定，公司在申请注销前应先成立清算组组织公司清算，才能办理公司注销登记，公告公司终止。

1. 公司依法成立清算组

根据公司法规定，公司因下列第（1）项、第（2）项、第（4）项、第（5）项原因而解散的，应当在解散事由出现之日起 15 日内成立清算组，开始清算。

（1）公司章程规定的营业期限届满或者公司章程规定的其他解散事由出现；

（2）股东会或者股东大会决议解散；

（3）因公司合并或者分立需要解散；

（4）依法被吊销营业执照、责令关闭或者被撤销；

（5）公司经营管理发生严重困难，继续存续会使股东利益受到重大损失，通过其他途径不能解决的，持有公司全部股东表决权 10% 以上的股东可以请求人民法院解散公司。人民法院依照公司法的有关规定对公司予以解散。

有限责任公司的清算组由股东组成，股份有限公司的清算组由董事或者股东大会确定的人员组成。逾期不成立清算组进行清算的，债权人可以申请人民法院指定有关人员组成清算组进行清算。人民法院应当受理该申请，并及时组织清算组进行清算。

2. 开展清算活动

公司法规定，清算组在清算期间行使下列职权：

（1）清理公司财产，分别编制资产负债表和财产清单。

（2）通知、公告债权人。清算组应当自成立之日起 10 日内通知债权人，并于 60 日内进行公告。债权人应当自接到通知书之日起 30 日内，未接到通知书的自公告之日起 45 日内，向清算组申报其债权，说明债权的有关事项，并提供证明材料。清算组应当对债权进行登记。在申报债权期间，清算组不得对债权人进行清偿。

（3）处理与清算有关的公司未了结的业务。

（4）清缴所欠税款以及清算过程中产生的税款。

（5）清理债权、债务。

（6）处理公司清偿债务后的剩余财产。

（7）代表公司参与民事诉讼活动。

3. 制定清算方案

清算组在清理公司财产、编制资产负债表和财产清单后，应当制定清算方案，并报股东会、股东大会或者人民法院确认。公司经人民法院裁定宣告破产后，清算组应当将清算事务移交给人民法院。

清算方案的主要内容包括应支付的清算费用、职工的工资、社会保险费用和法定补偿金，应缴纳的所欠税款、应清偿的公司债务、剩余财产的分配、终结清算工作等。但若发现公司财产不足清偿债务的，应当依法向人民法院申请宣告破产。

公司法规定，公司财产在分别支付清算费用、职工的工资、社会保险费用和法定补偿金，缴纳所欠税款，清偿公司债务后的剩余财产，有限责任公司按照股东的出资比例分配，股份有限公司按照股东持有的股份比例分配。公司财产在未做前述清偿前，不得分配给股东。

4. 制作清算报告

公司清算结束后，清算组应当制作清算报告，报股东会（有限责任公司）、股东大会（股份有限公司）或者人民法院确认后，申请注销公司登记，公告公司终止。

（二）办理税务登记注销

《税务登记管理办法》规定：企业办理注销税务登记前，应先向税务机关提交相关证明文件和资料，结清应纳税款、多退（免）税款、滞纳金和罚款，缴销发票、税务登记证件和其他税务证件，经税务机关核准后，办理注销税务登记手续。

办理税务登记注销

1. 准备税务登记注销应提交的相关证明文件和资料

根据《市场监管总局　人力资源社会保障部　商务部　海关总署　税务总局关于推进企业注销便利化工作的通知》（国市监注〔2019〕30 号）及附件 1《企业办理注销业务提交材料规范》的规定，企业办理税务登记注销应向税务机关提交的相关证明文件和资料包括：

（1）《清税申报表》（已领取统一社会信用代码执照的纳税人填报）或《注销税务登记申请审批表》（未领取统一社会信用代码执照的纳税人填报）。如表 1–21、表 1–22 所示。

表 1–21　清税申报表

纳税人识别号		纳税人名称	
注销原因		注销原因说明	
清算登记日		合并类型	
是否被吸收方	□是　　□否		
新纳税人识别号			
新纳税人名称			
新纳税人主管税务机关			
变动后住所、经营地点地址			
迁达地主管税务机关			
附送资料			

续表

经办人		申请日期	
办理人员身份证件类型		办理人员身份证件号码	
法定代表人		申请日期	
税务机关办理人		办理日期	

表 1-22　注销税务登记申请表

<table>
<tr><td>纳税人识别号</td><td colspan="2"></td><td>纳税人名称</td><td colspan="2"></td></tr>
<tr><td>注销原因</td><td colspan="2"></td><td>合并类型</td><td colspan="2"></td></tr>
<tr><td>是否被吸收方</td><td>□是　□否</td><td>新纳税人识别号</td><td></td><td>新纳税人名称</td><td></td></tr>
<tr><td colspan="3">新纳税人主管税务机关</td><td colspan="3"></td></tr>
<tr><td>注销原因说明</td><td colspan="5"></td></tr>
<tr><td>变动后住所、经营地点地址</td><td colspan="2"></td><td>迁达地主管税务机关</td><td colspan="2"></td></tr>
<tr><td>批准机关名称</td><td></td><td>批准文号</td><td></td><td>批准日期</td><td></td></tr>
<tr><td rowspan="3">收缴税务证件情况</td><td>种类</td><td colspan="2">号码</td><td colspan="2">数量</td></tr>
<tr><td></td><td colspan="2"></td><td colspan="2"></td></tr>
<tr><td></td><td colspan="2"></td><td colspan="2"></td></tr>
<tr><td rowspan="3">收缴其他税务资料情况</td><td colspan="2">税务资料种类</td><td colspan="3">数量</td></tr>
<tr><td colspan="2"></td><td colspan="3"></td></tr>
<tr><td colspan="2"></td><td colspan="3"></td></tr>
<tr><td>纳税经办人</td><td colspan="2"></td><td>申请日期</td><td colspan="2"></td></tr>
<tr><td>办理人员身份证件类型</td><td colspan="2"></td><td>办理人员身份证件号码</td><td colspan="2"></td></tr>
<tr><td>受理人</td><td colspan="2"></td><td>受理日期</td><td colspan="2"></td></tr>
<tr><td>受理税务机关</td><td colspan="5"></td></tr>
</table>

（2）经办人身份证件。

（3）市场监督管理机关发出的吊销工商营业执照决定（被市场监督管理机关吊销营业执照的纳税人提交）。

（4）未启用统一社会信用代码的纳税人提供税务登记证件和其他税务证件。

（5）被市场监督管理机关吊销营业执照的纳税人，提供市场监督管理机关发出

1

的吊销工商营业执照决定复印件。

（6）单位纳税人提供上级主管部门批复文件或董事会决议复印件。

（7）非居民企业在中国境内承包建筑、安装、装配、勘探工程和提供劳务项目完工证明、验收证明等相关文件复印件。

（8）持有增值税防伪税控设备及其他应收缴的设备的，提供其持有的增值税防伪税控设备和其他应收缴的设备。

（9）《发票领用簿》。

（10）未验旧、未使用的发票。

企业办理税务登记注销，要先填写纳税申报表补足以前未报税费，然后由税务大厅推送到管理分局核查审批（简易注销不需要），具体操作步骤如下：

2. 登录税务系统选择“清税注销税（费）申报及缴纳套餐”

登录“北京市电子税务局”系统，选择“清税注销税（费）申报及缴纳套餐”菜单，进入“清税注销税（费）申报及缴纳套餐”的注销登记引导页面。如图1−38、图1−39所示。

图 1−38 选择清税注销（费）申报及缴纳套餐

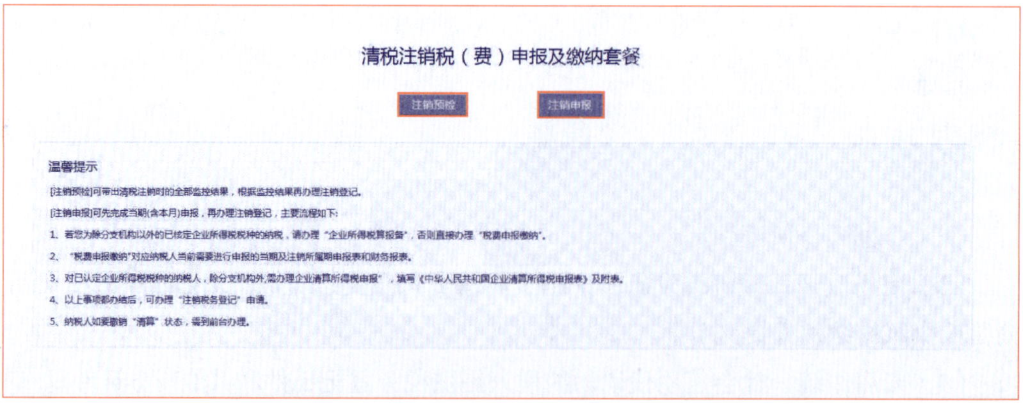

图 1−39 清税注销税（费）申报及缴纳套餐

3. 注销预检和注销申报

在“清税注销税（费）申报及缴纳套餐”页面，有“注销预检”和“注销申报”两个按钮，如图 1–39 所示，在办理企业注销之前，要先进行注销预检，检测是否还有未办结的事项。单击“注销预检”按钮，清税申报表会展现监控的结果，如图 1–40 所示，如有未办结的事项，先将未办结的事项处理完，再单击“注销申

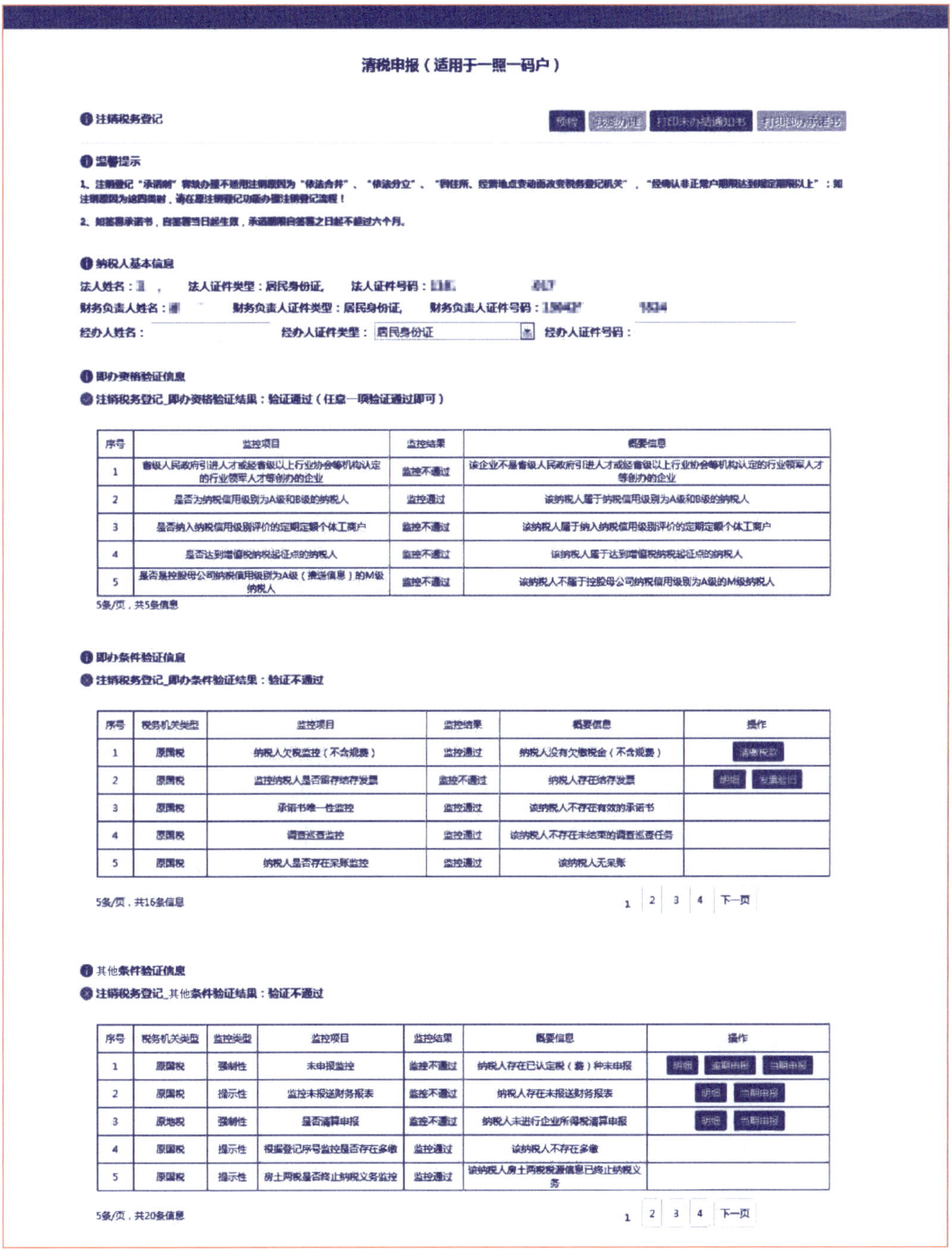

清税申报（适用于一照一码户）

注销税务登记　预检　我要办理　打印未办结通知书　打印即办承诺书

温馨提示

1、注销登记“承诺制”容缺办理不适用注销原因为“依法合并”、“依法分立”、“因住所、经营地点变动而改变税务登记机关”，“经确认非正常户期限达到规定期限以上”：如注销原因为这四类时，请在原注销登记功能办理注销登记流程！

2、如签署承诺书，自签署当日起生效，承诺期限自签署之日起不超过六个月。

纳税人基本信息

法人姓名：[illegible]，　法人证件类型：居民身份证，　法人证件号码：[illegible]

财务负责人姓名：[illegible]　财务负责人证件类型：居民身份证，　财务负责人证件号码：[illegible]

经办人姓名：　经办人证件类型：居民身份证　经办人证件号码：

即办资格验证信息

注销税务登记_即办资格验证结果：验证通过（任意一项验证通过即可）

序号	监控项目	监控结果	概要信息
1	省级人民政府引进人才或经省级以上行业协会等机构认定的行业领军人才等创办的企业	监控不通过	该企业不是省级人民政府引进人才或经省级以上行业协会等机构认定的行业领军人才等创办的企业
2	是否为纳税信用级别为A级和B级的纳税人	监控通过	该纳税人属于纳税信用级别为A级和B级的纳税人
3	是否纳入纳税信用级别评价的定期定额个体工商户	监控不通过	该纳税人属于纳入纳税信用级别评价的定期定额个体工商户
4	是否达到增值税纳税起征点的纳税人	监控不通过	该纳税人属于达到增值税纳税起征点的纳税人
5	是否是控股母公司纳税信用级别为A级（推送信息）的M级纳税人	监控不通过	该纳税人不属于控股母公司纳税信用级别为A级的M级纳税人

5条/页，共5条信息

即办条件验证信息

注销税务登记_即办条件验证结果：验证不通过

序号	税务机关类型	监控项目	监控结果	概要信息	操作
1	原国税	纳税人欠税监控（不含规费）	监控通过	纳税人没有欠缴税金（不含规费）	清缴税款
2	原国税	监控纳税人是否留存结存发票	监控不通过	纳税人存在结存发票	明细　发票验旧
3	原国税	承诺书唯一性监控	监控通过	该纳税人不存在有效的承诺书	
4	原国税	调查巡查监控	监控通过	该纳税人不存在未结束的调查巡查任务	
5	原国税	纳税人是否存在呆账监控	监控通过	该纳税人无呆账	

5条/页，共16条信息　1　2　3　4　下一页

其他条件验证信息

注销税务登记_其他条件验证结果：验证不通过

序号	税务机关类型	监控类型	监控项目	监控结果	概要信息	操作
1	原国税	强制性	未申报监控	监控不通过	纳税人存在已认定税（费）种未申报	明细　逾期申报　当期申报
2	原国税	提示性	监控未报送财务报表	监控不通过	纳税人存在未报送财务报表	明细　当期申报
3	原地税	强制性	是否清算申报	监控不通过	纳税人未进行企业所得税清算申报	明细　当期申报
4	原国税	提示性	根据登记序号监控是否存在多缴	监控通过	该纳税人不存在多缴	
5	原国税	提示性	房土两税是否终止纳税义务监控	监控通过	该纳税人房土两税税源信息已终止纳税义务	

5条/页，共20条信息　1　2　3　4　下一页

图 1–40　清税申报相关信息

报”按钮办理注销登记。无欠税、处罚、逾期未申报的企业，可以单击“注销申报”按钮，完成当期（含本月）的纳税申报后再办理注销登记。

按照“清税注销税（费）申报及缴纳套餐”的注销登记引导，如图 1-41 所示，要先依次完成“逾期税费监控”“企业所得税清算报备”“本期税费申报缴纳”“本期清算所得税申报”四个方面的注销预检，最后才能进行“注销税务登记”，完成注销申报。

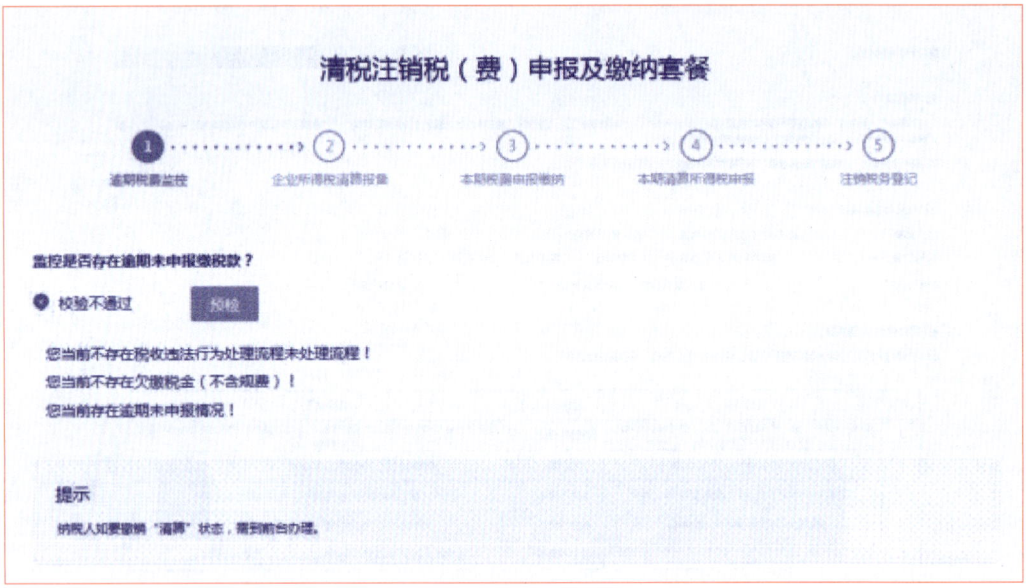

图 1-41　清税注销校验——逾期税费监控

（1）逾期税费监控。

① 单击“预检”按钮进行校验，如果存在逾期未申报缴税款的情况，可以查看在清税申报表的监控结果中监控不通过的明细，如图 1-41、图 1-42 所示。

② 在清税申报表中，单击未申报监控中的“明细”可查看到明细信息，明细信息列出了逾期申报具体情况的信息，单击“逾期申报”按钮，即可对未申报的税费进行申报。如图 1-43、图 1-44 所示。

③ 单击“预检”按钮，如果有欠缴税款的情况，查看在清税申报表的监控结果中监控不通过的明细，验证通过后，缴纳欠缴的税费，如图 1-45 所示。

④ 当欠税、处罚、逾期未申报的税费处理完后，可以进行“企业所得税清算报备”，如图 1-46 所示。

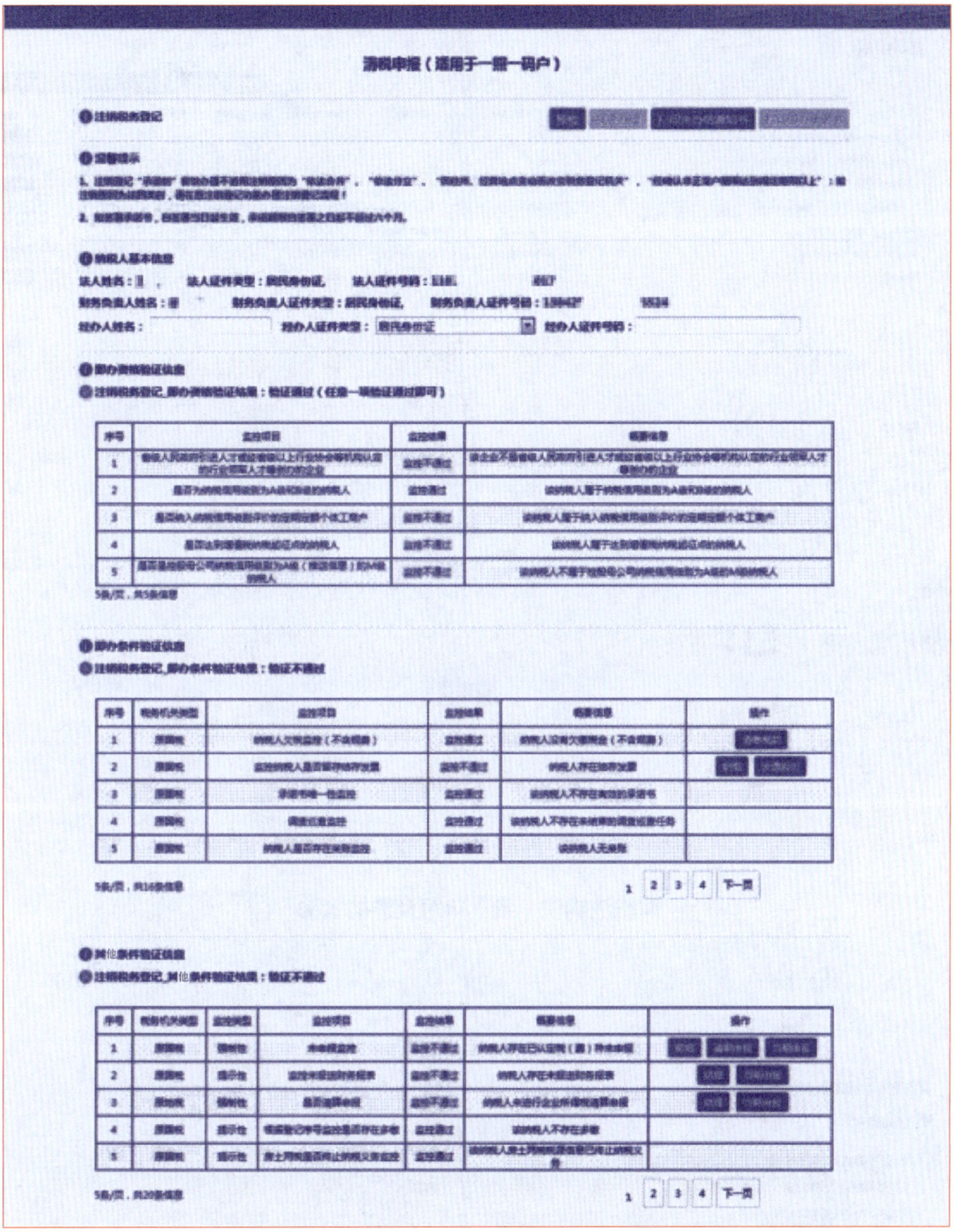

图 1-42　清税申报（适用于一照一码户）

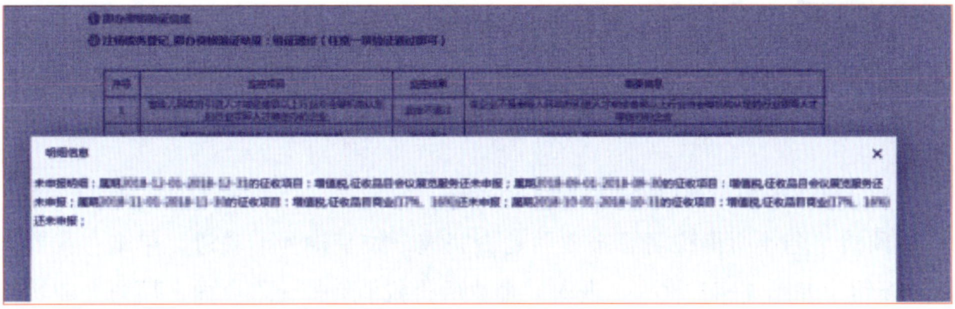

图 1-43　未申报项目相关信息

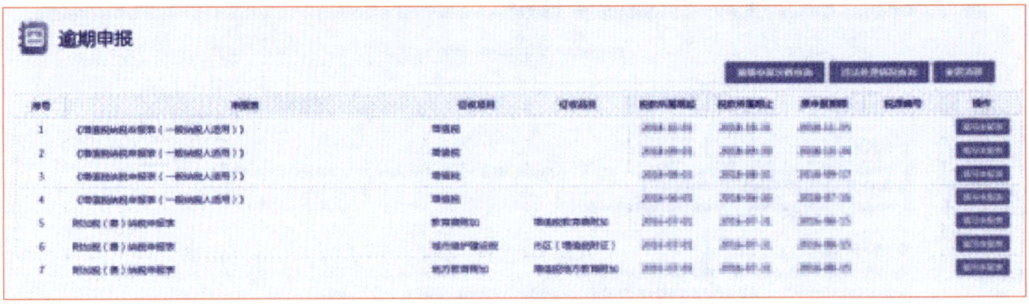

图 1-44　相关税种逾期申报

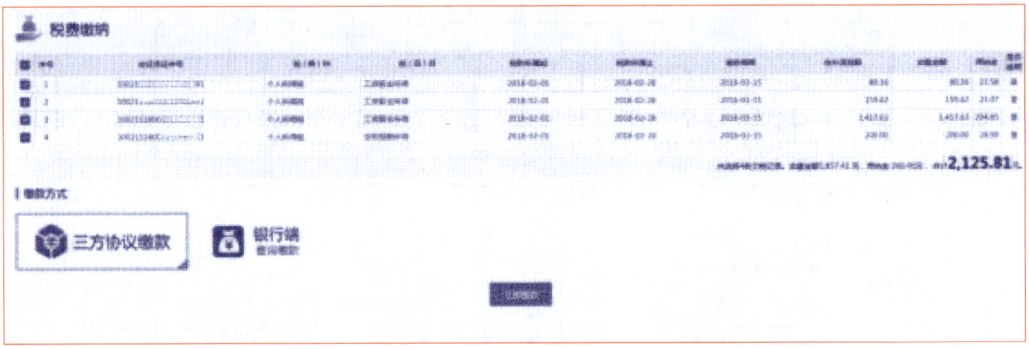

图 1-45　缴纳税费

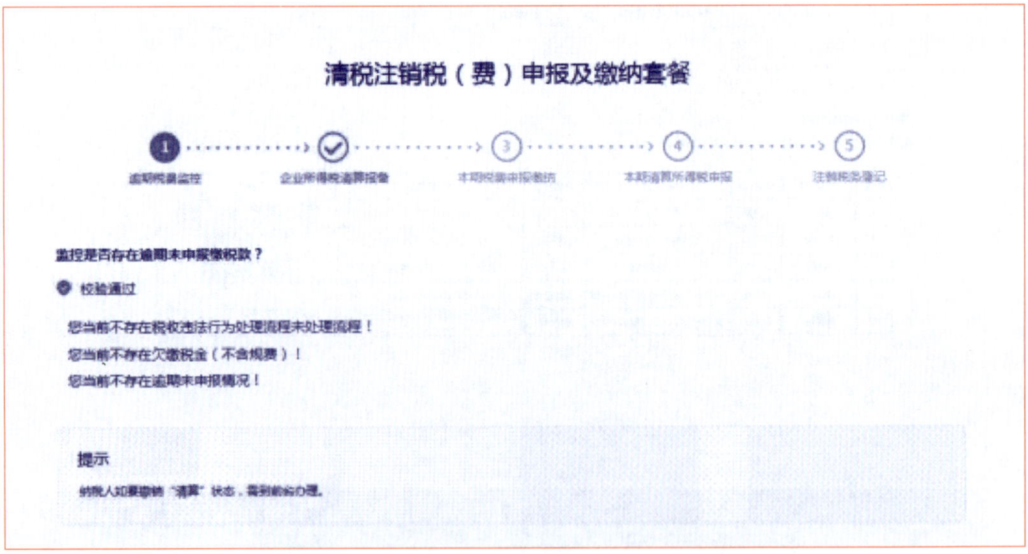

图 1-46　清税注销校验——企业所得税清算报备

（2）企业所得税清算报备。

① 预检"企业所得税清算报备"是否完成，如果检验不通过，单击"我要清算报备"按钮，如图 1-47 所示，进入"企业所得税清算登记"页面，填写企业所得税清算报备信息，如图 1-48 所示。

图 1-47　清税注销校验——企业所得税清算报备

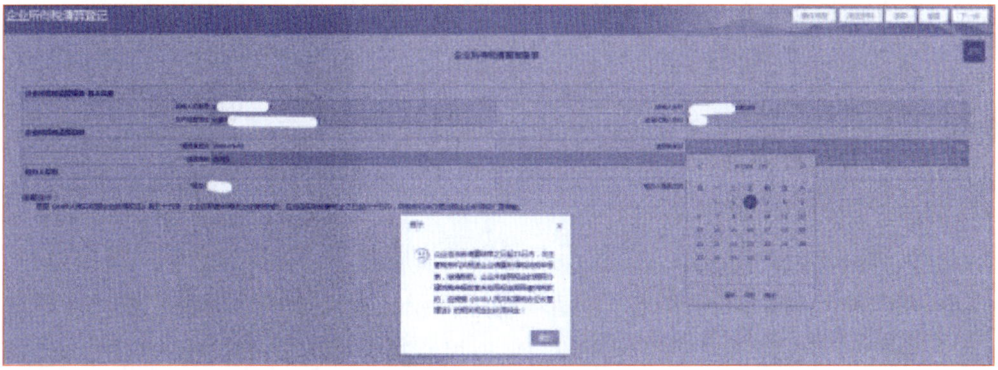

图 1-48　企业所得税清算登记

② 填写企业所得税清算报备信息后，单击“下一步”，清算报备提交成功，系统会给出“涉税事项受理系统回执单”和“校验通过”的提示，如图 1-49、图 1-50 所示。

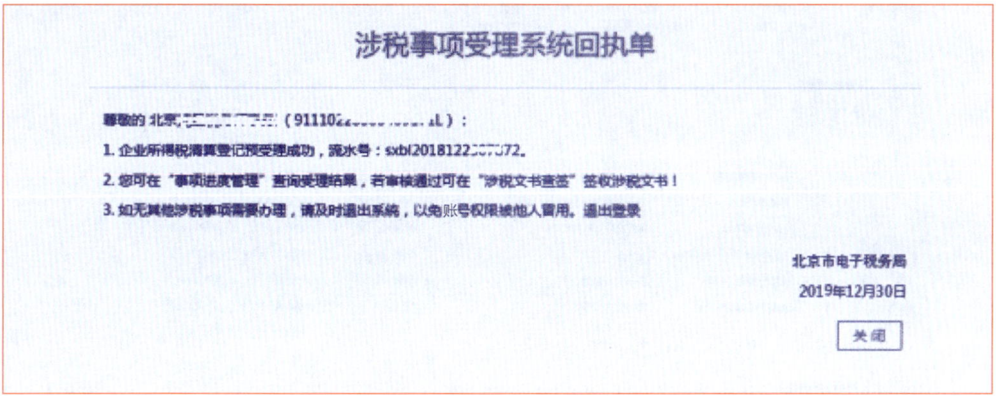

图 1-49　系统回执单

1

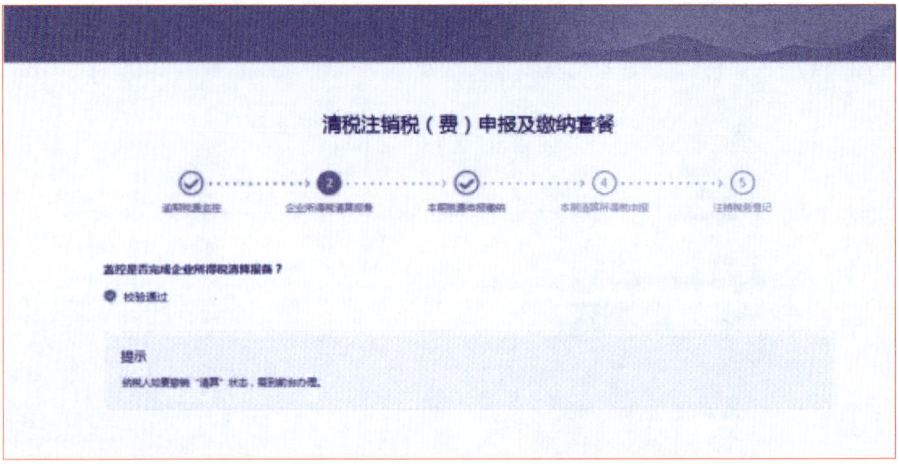

图 1-50　清税注销校验——本期税费申报缴纳

“企业所得税清算报备”注意事项：

① 企业在年度中间终止经营活动的，应当自实际经营终止之日起 60 日内，向税务机关办理企业所得税汇算清缴。

② 企业应当自清算结束之日起 15 日内，向主管税务机关报送企业清算所得税纳税申报表，结清税款。

③ 如需撤销清算报备，请到办税服务厅办理。

（3）本期税费申报缴纳。

企业所得税清算报备后，进行当期征期和当期属期的各项税费的纳税申报。先预检本期各种税费的申报情况，包括本期增值税、城市维护建设税、教育费附加、地方教育附加、企业所得税等税种的纳税申报情况，如果有未申报的税费，要进行申报并缴纳税款，如图 1-51、图 1-52 所示。

图 1-51　相关税种申报情况

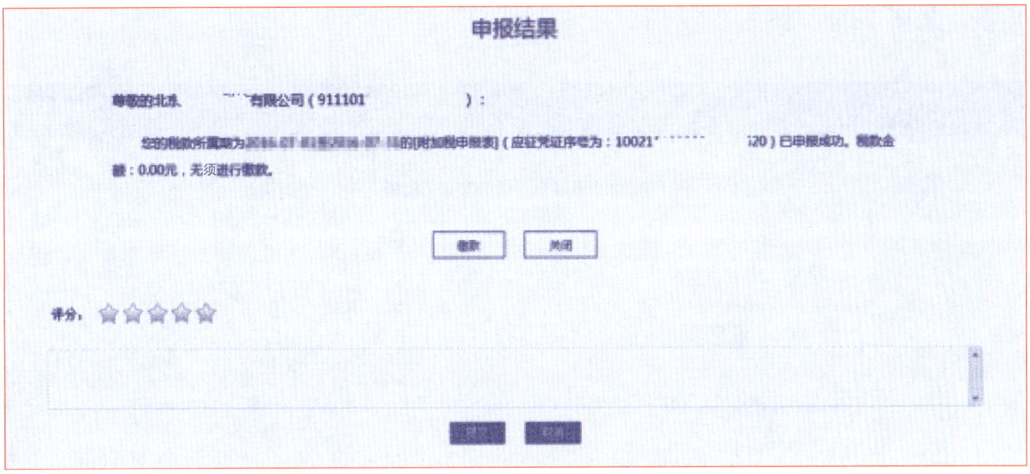

图 1-52　申报结果

校验通过后，单击“我要更正”或“我要作废”，可对申报表进行作废和更正。如图 1-53 所示。

图 1-53　申报表更正或作废

（4）本期清算所得税申报。

预检企业清算所得税是否申报，如果校验不通过，可单击“我要清算申报”按钮，如图 1-54 所示。如企业校验通过，出现“校验通过”的提示，如图 1-55 所示。

（5）注销税务登记。

本期清算所得税申报完成后，可单击“⑤注销税务登记”或“下一步”按钮再次进入注销预检，对未办结事项进行检测，如果没有未办结事项，则可以进行注销申报。如图 1–56、图 1–57 所示。

图 1–54　清税注销校验——本期清算所得税申报

图 1–55　企业清算所得税申报校验通过

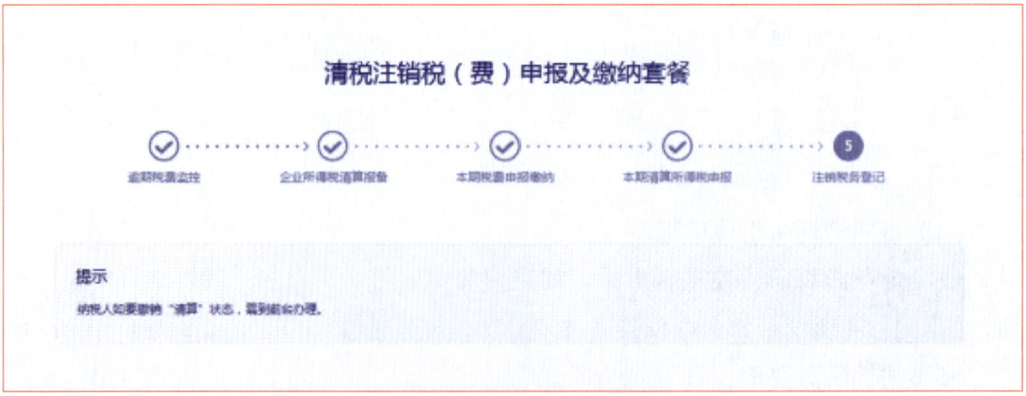

图 1–56　登记完成

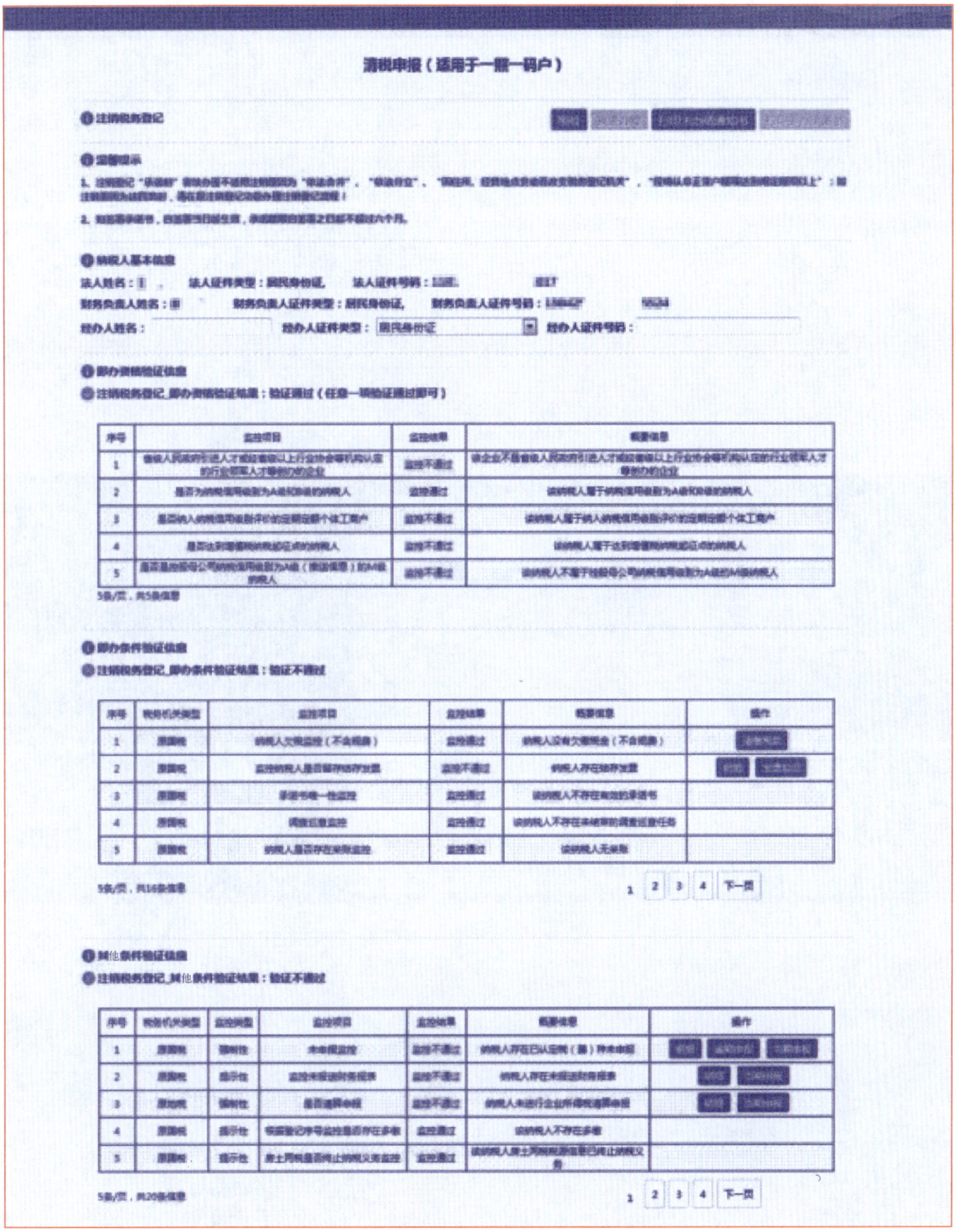

图 1-57　清税申报（适用于一照一码户）

① 企业若无未办结事项且符合即办资格，即可在预检结果页面单击“我要办理”，进入“清税申报”页面，如图 1-58 所示，在该页面录完所有必录项目，并上传必要的附送资料，如图 1-59 所示，确认无误后，单击“下一步”，提交申请，产生受理成功回执页，如图 1-60 所示。

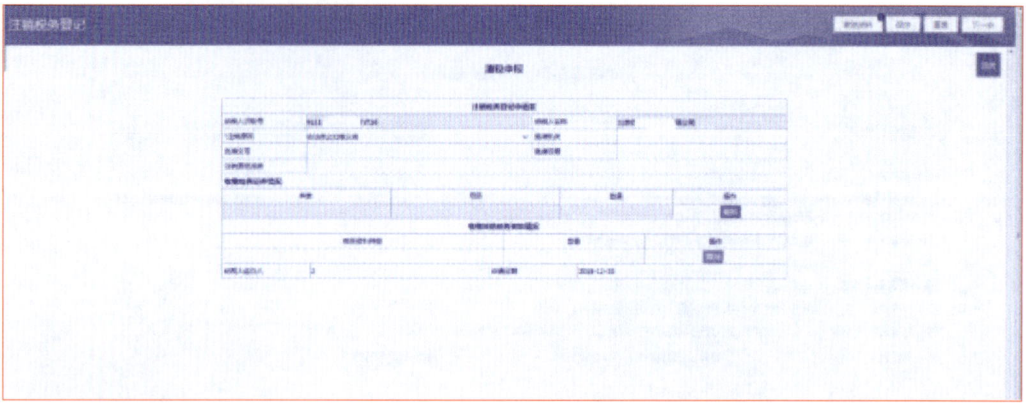

图 1-58　清税申报

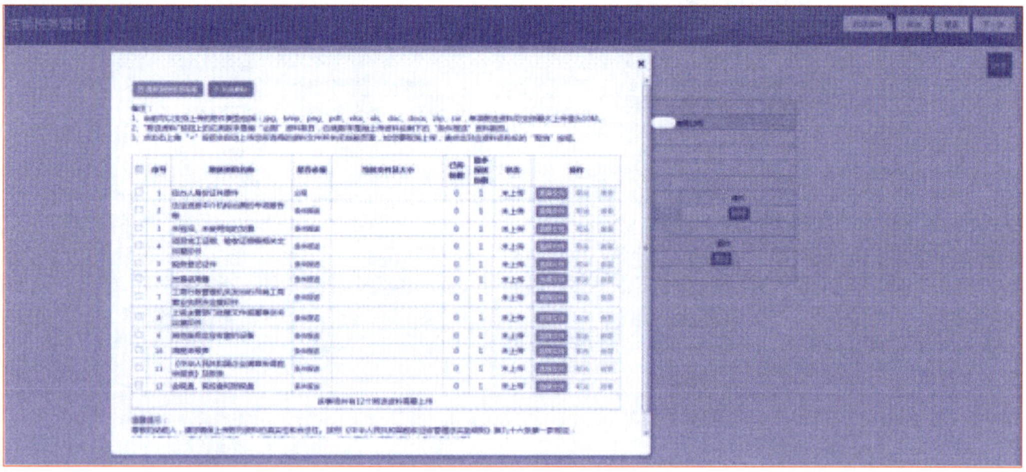

图 1-59　上传申报材料

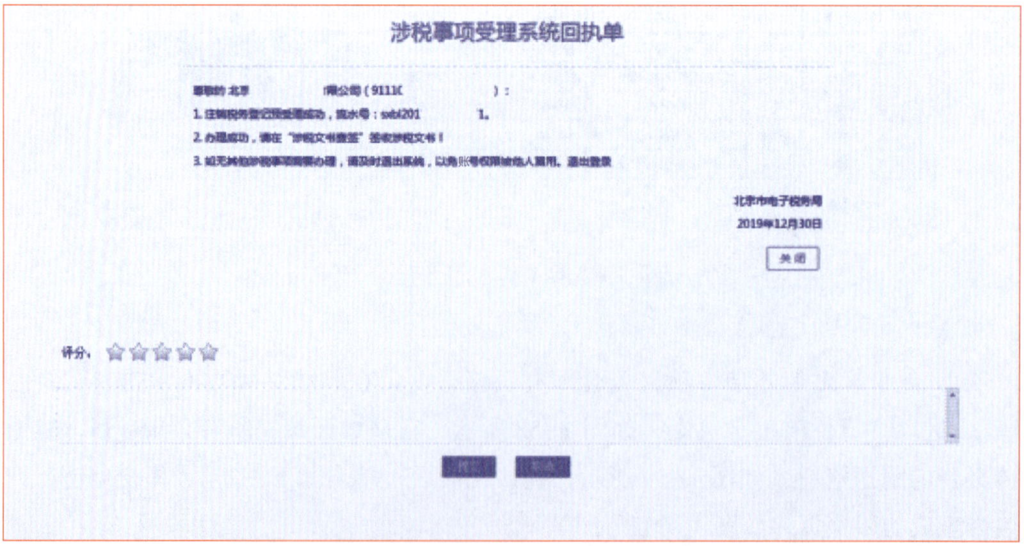

图 1-60　受理成功回执单

② 纳税人可在电子税务局的“我要查询——涉税文书查签”模块中签收清税证明通知书。在操作列中查看清税证明具体信息，如图 1-61、图 1-62 所示，税务注销完成。

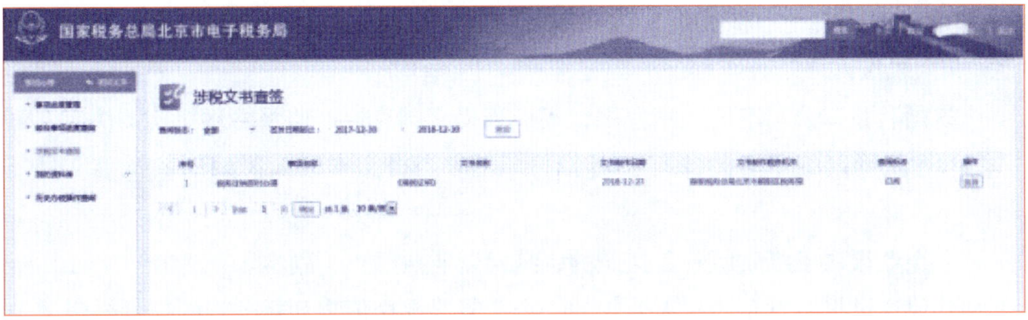

图 1-61　涉税文书查签

清税证明

京丰一税 税企清（2020）86号

根据《税收征收管理办法》，我局对企业（名称）：北京泰华商贸有限公司（统一社会信用代码：91110101532371680A）所有税务事项均已结清。

特此证明。

北京市国家税务局丰台区税务所

2020年01月20日

图 1-62　清税证明

（三）办理企业登记注销

1. 准备企业注销登记应提交的资料

根据《企业办理注销业务提交材料规范》规定，办理企业登记注销应准备的材料包括：

（1）《公司注销登记申请书》。

（2）公司依照《公司法》作出解散的决议或者决定，人民法院的破产裁定、解散裁判文书，行政机关责令关闭或者公司被撤销的文件。

（3）税务部门出具的企业清税文书。

（4）股东会、股东大会、一人有限责任公司的股东、外商投资的公司董事会或者人民法院、公司批准机关备案、确认的清算报告。

① 对于申请简易注销登记的企业，需要提交《简易注销全体投资人承诺书》（强制清算终结的企业提交人民法院终结强制清算程序的裁定，破产程序终结的企业提交人民法院终结破产程序的裁定）。

② 国有独资公司申请注销登记，还应当提交国有资产监督管理机构的决定。其中，国务院确定的重要的国有独资公司，还应当提交本级人民政府的批准文件复印件。

③ 企业领取了纸质版营业执照的，缴回营业执照正、副本。

④ 仅通过报纸发布债权人公告的，企业需要提交依法刊登公告的报纸样张。

⑤ 市场监管部门和税务部门已共享企业清税信息的，企业无须提交纸质清税证明文书。

2. 进入平台注销入口进行登录

（1）经办人企业管家刘庆登录“北京市企业登记 e 窗通服务平台”，进入“业务办理登录入口”界面，单击“主体办事”，进入“企业用户登录”窗口进行登录。如图 1-63、图 1-64 所示。

（2）下载电子营业执照，进行执照验证和授权登录后，输入经办人证件号码并登录。

电子营业执照是使用手机通过微信或者支付宝搜索电子营业执照小程序下载的。电子营业执照下载后，使用手机“扫一扫”功能，扫描图 1-64 中的二维码，

图 1-63　e 窗通“业务办理登录入口”界面

图 1-64 “企业用户登录”窗口

在执照列表中选择需要办理注销的企业，完成执照验证，授权登录后，输入经办人的证件号码并单击“登录”按钮，如图 1-65 所示，进入“网上办事——业务办理”页面进行注销业务办理，如图 1-66 所示。

（3）单击图 1-66“网上办事——业务办理”页面上方“我的业务”，会显示当前申请办理业务的进展状态和记录，单击“进度查询”等按钮，可继续操作该笔业务，如图 1-67 所示。

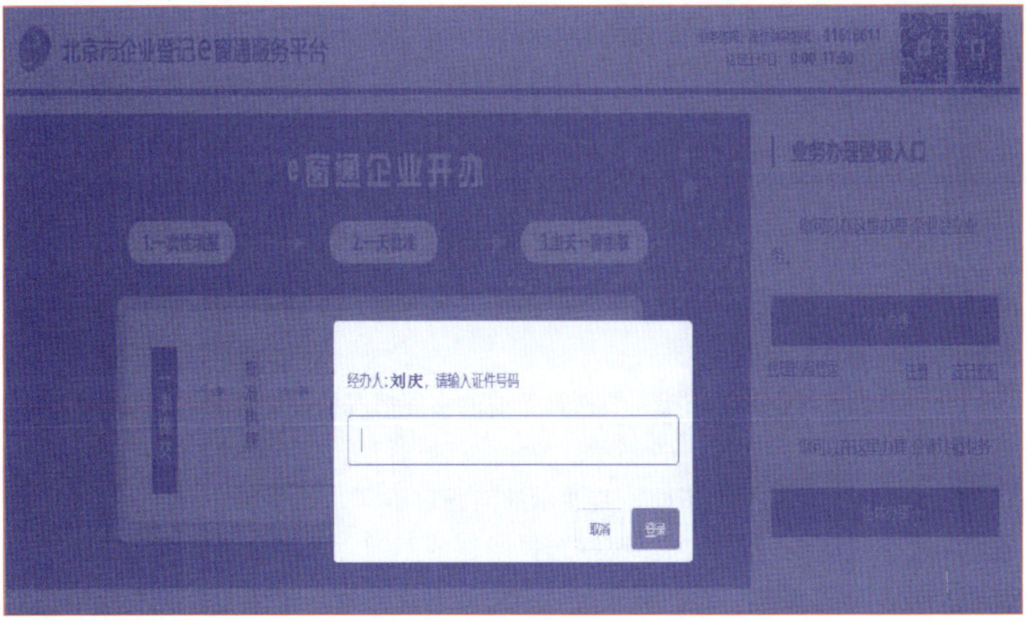

图 1-65 “企业用户登录”窗口

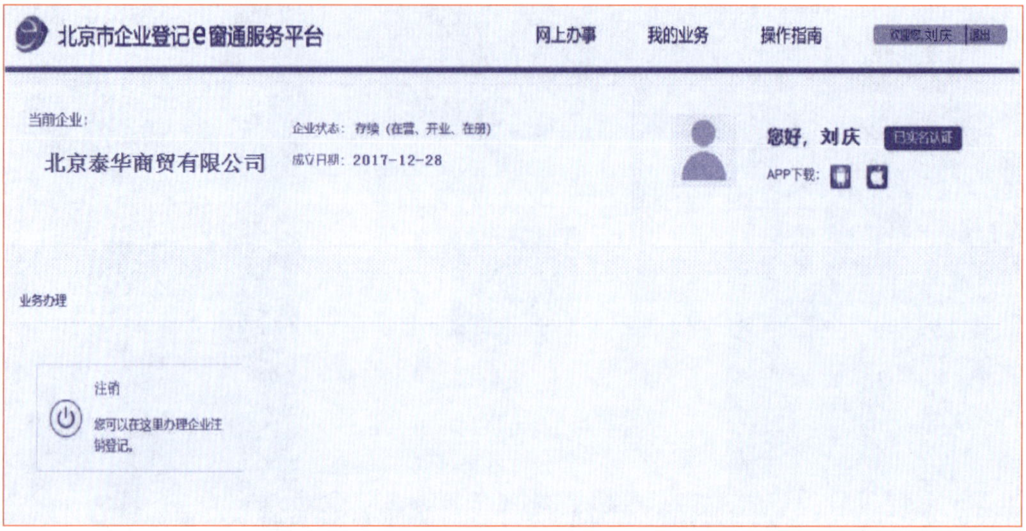

图 1-66　“网上办事——业务办理”页面

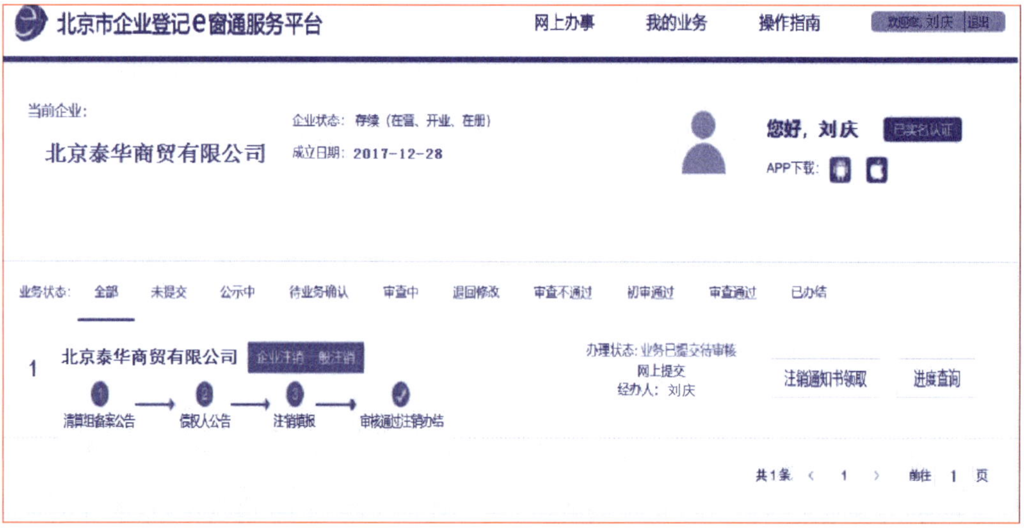

图 1-67　“我的业务”列表

（4）在图 1-66“网上办事——业务办理”页面，单击“注销”，会弹出“注销业务引导”页面，如图 1-68 所示，单击“进入办理”按钮，进入“办理业务”页面。

（5）在“办理业务”页面，要根据企业的实际情况回答该页面的问题，从而确定企业注销的类型，如图 1-69 所示。

在该页面，企业类型不同，其展示的问题也不同，如果是外资企业，会展示是否涉及负面清单的选择项。根据选择问题的不同，系统会自动判断该类型企业所采用的注销方式。企业注销有一般注销（或称普通注销）和简易注销两种方式。

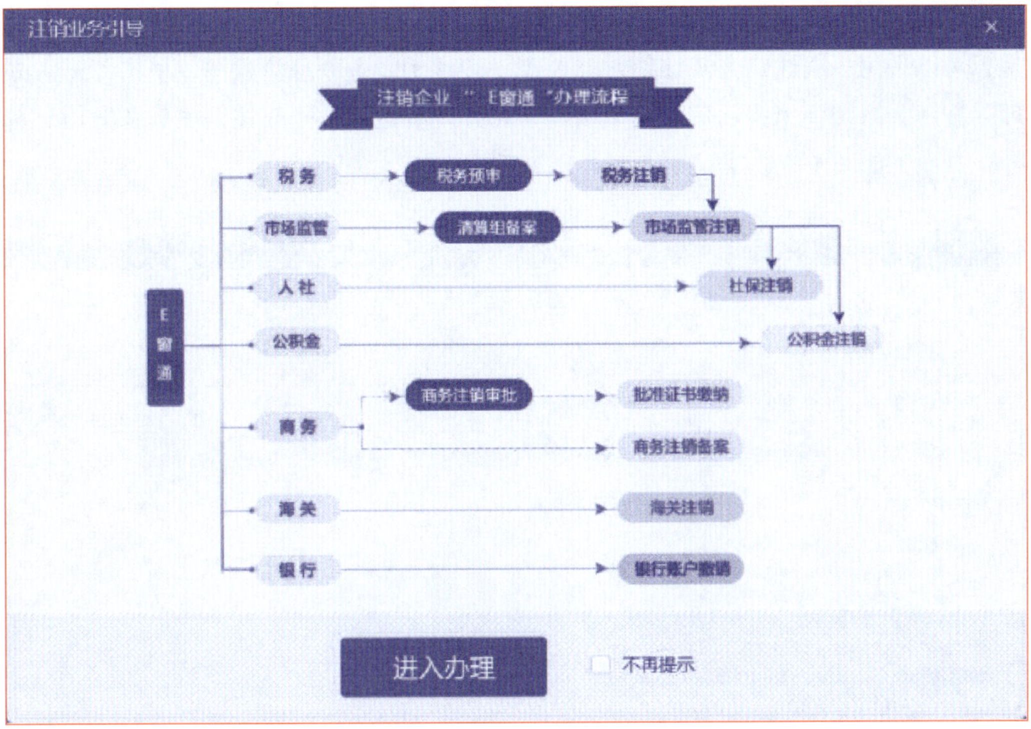

图 1-68　“注销业务引导”页面

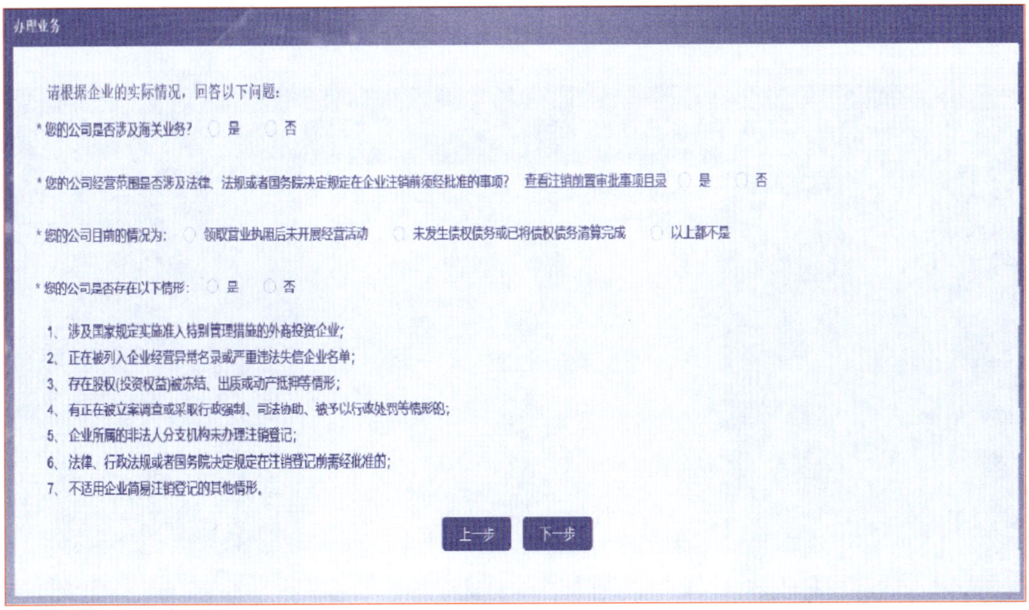
办理业务

请根据企业的实际情况，回答以下问题：

* 您的公司是否涉及海关业务？ ○ 是 ○ 否

* 您的公司经营范围是否涉及法律、法规或者国务院决定规定在企业注销前须经批准的事项？ 查看注销前置审批事项目录 ○ 是 ○ 否

* 您的公司目前的情况为： ○ 领取营业执照后未开展经营活动 ○ 未发生债权债务或已将债权债务清算完成 ○ 以上都不是

* 您的公司是否存在以下情形： ○ 是 ○ 否

1、涉及国家规定实施准入特别管理措施的外商投资企业；
2、正在被列入企业经营异常名录或严重违法失信企业名单；
3、存在股权(投资权益)被冻结、出质或动产抵押等情形；
4、有正在被立案调查或采取行政强制、司法协助、被予以行政处罚等情形的；
5、企业所属的非法人分支机构未办理注销登记；
6、法律、行政法规或者国务院决定规定在注销登记前需经批准的；
7、不适用企业简易注销登记的其他情形。

上一步　下一步

图 1-69　“办理业务”页面

3. 一般注销填报（网上办理）

（1）回答问题并确定企业注销的方式。

在“办理业务”页面，根据企业的实际情况回答该页面问题（如图 1-70 所示），并单击“下一步”按钮，系统会根据选择问题的选项，自动判断目前的企业是否可以采用一般注销方式注销，并展现一般注销业务办理流程图，单击“进入办理”按钮，系统弹出提示信息，单击“开始办理”进入“一般注销——备案信息选择”页面，如图1-71、图1-72、图1-73所示。

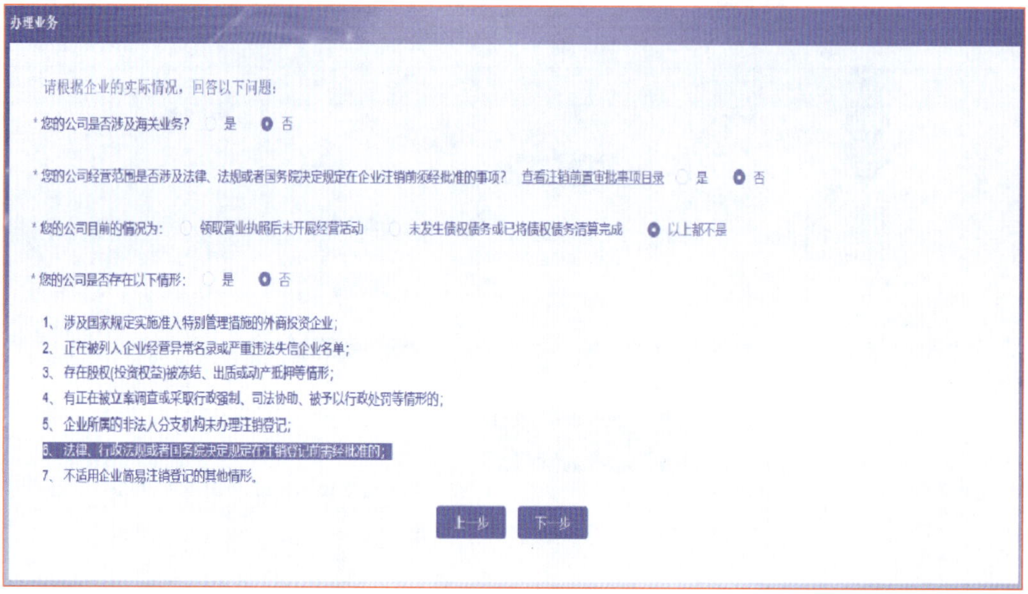

图1-70 在“办理业务”页面回答问题

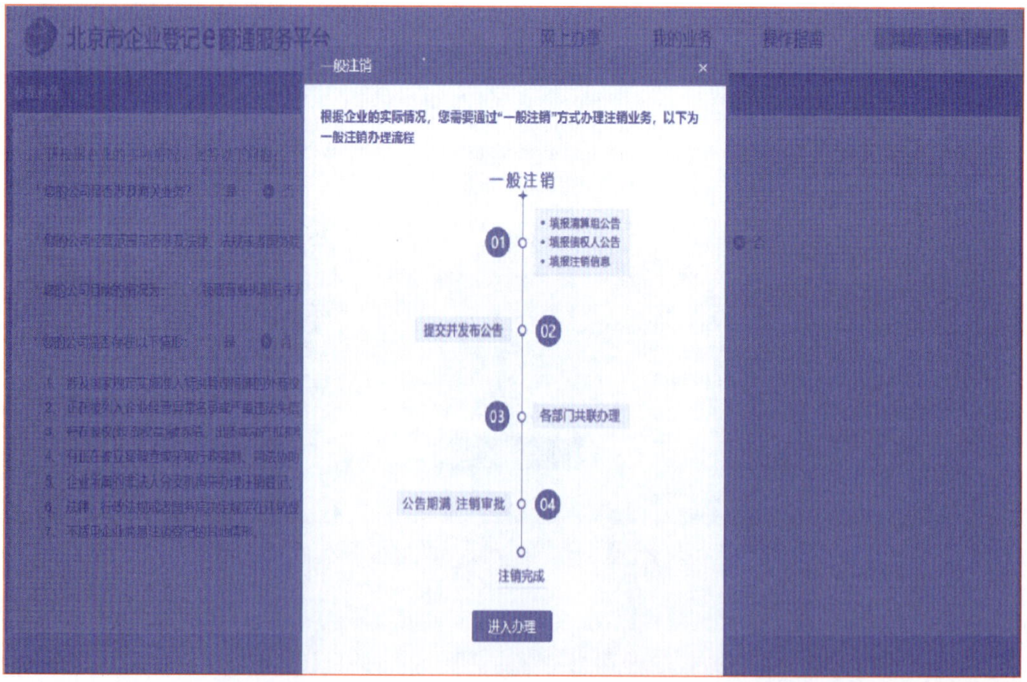

图1-71 “一般注销”业务办理流程图

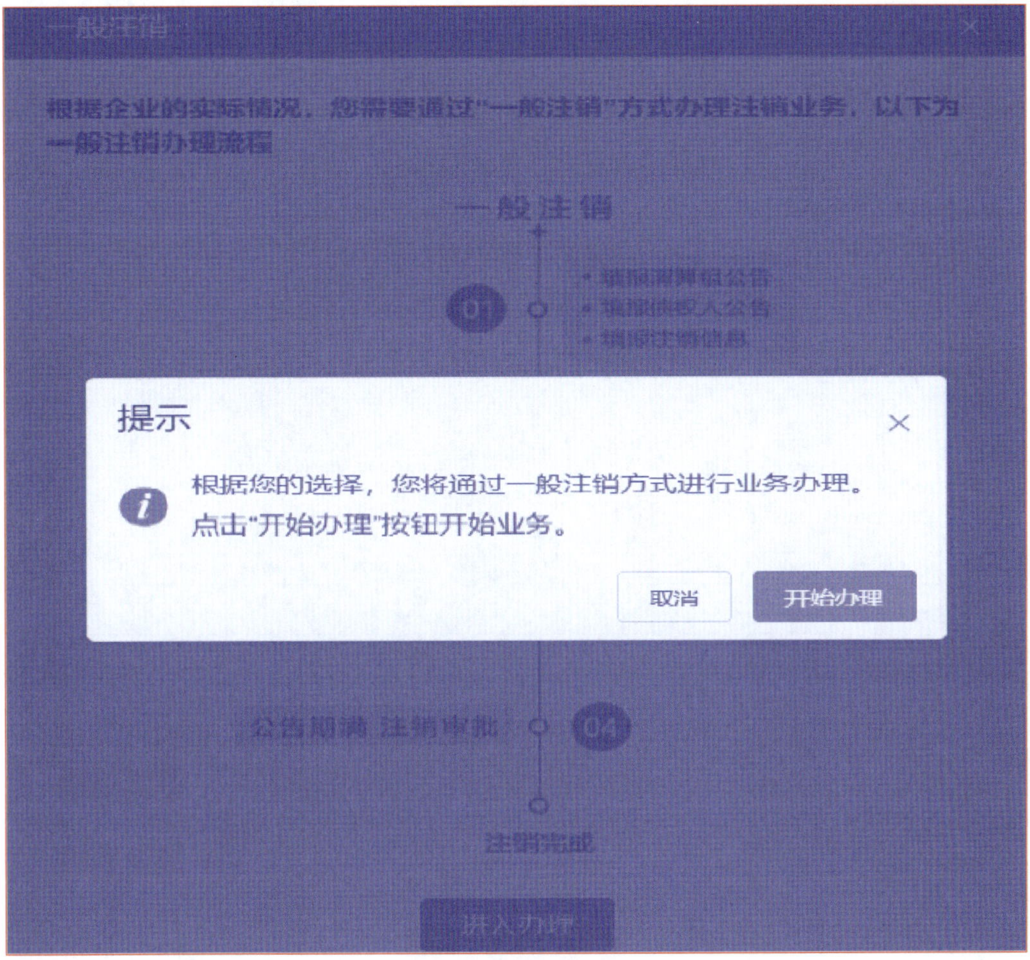

图 1-72　提示信息

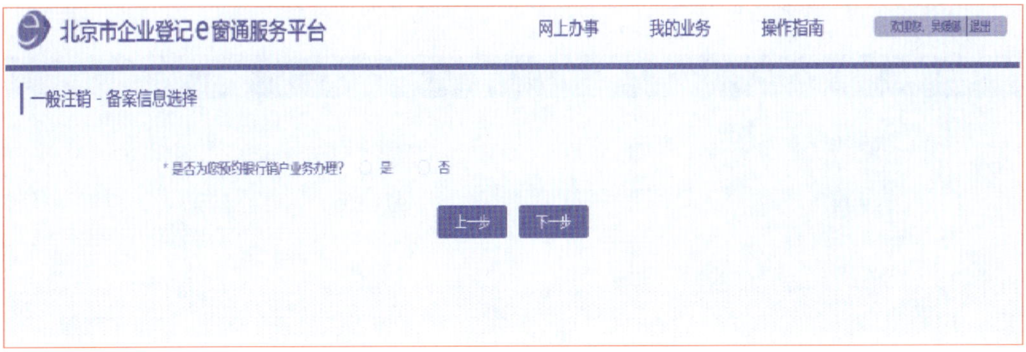

图 1-73　“一般注销——备案信息选择”页面

注意：在“办理业务”页面，根据选择问题的选项，也有可能会出现该企业既可以采用一般注销方式办理注销，也可以采用简易注销方式办理注销，由企业自由选择。

（2）清算组备案公告。

在“一般注销——备案信息选择”页面，若选择“否”后，单击“下一步”按钮，进入“一般注销——清算组备案信息”填报页面：填写清算组备案信息，并单击右侧图标“⊕”，添加清算组负责人和清算组成员，录入他们的相关信息，如图 1-74、图 1-75 所示。

注意：清算组负责人和清算组成员必须进行实名认证。

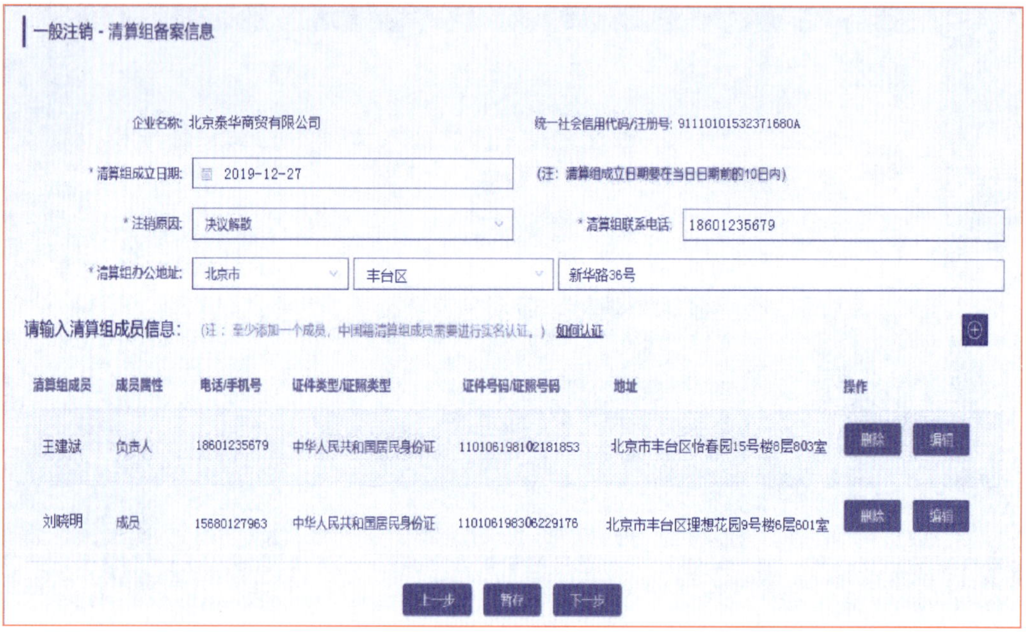

图 1-74 “一般注销——清算组备案信息”填报页面

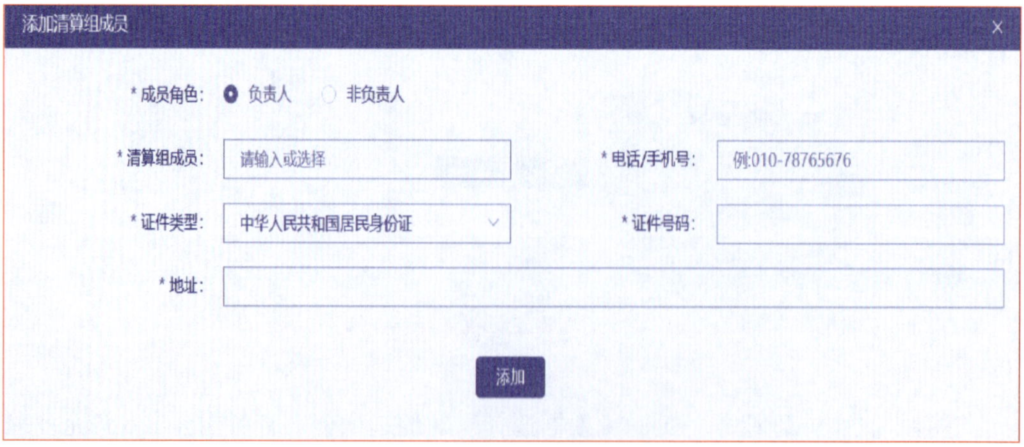

图 1-75 “添加清算组成员”页面

在添加清算组负责人和清算组成员信息时，要先选择成员角色，成员角色分为负责人和非负责人两种。成员角色选择“非负责人”时，还需要选择成员类型，成员类型分为自然人和非自然人，如图 1–76、图 1–77 所示。

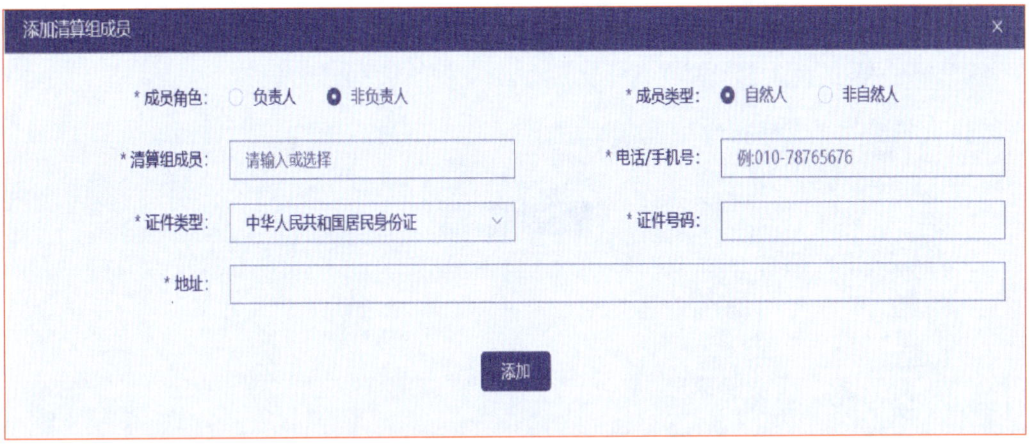

图 1–76　“添加清算组成员——非负责人——自然人”页面

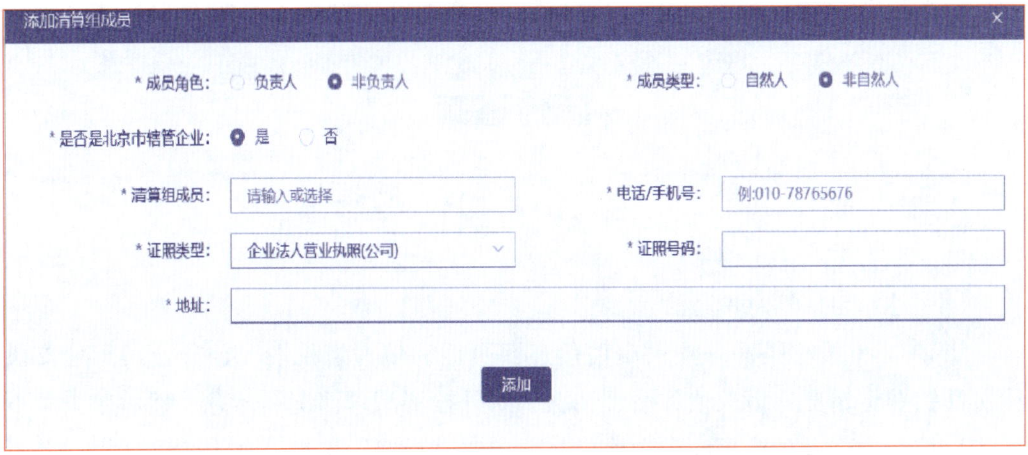

图 1–77　“添加清算组成员——非负责人——非自然人”页面

（3）债权人公告。

清算组备案信息填报好后，在图 1–77 中单击“下一步”按钮，进入“一般注销——债权人公告”页面，填写债权人公告信息，然后单击“下一步”，进入“一般注销——注销申请信息”页面，如图 1–78、图 1–79 所示。

注意：债权申报联系人必须进行实名认证。

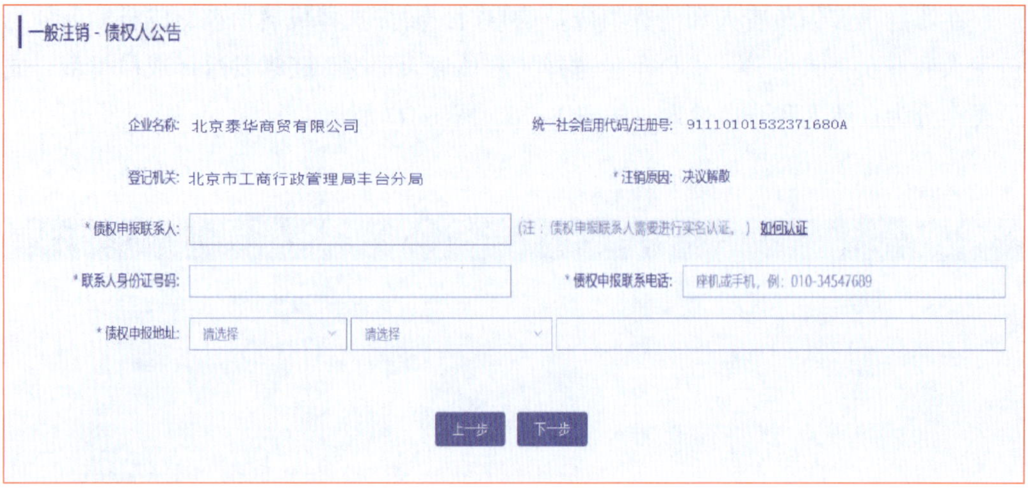

图 1-78　“一般注销——债权人公告”页面

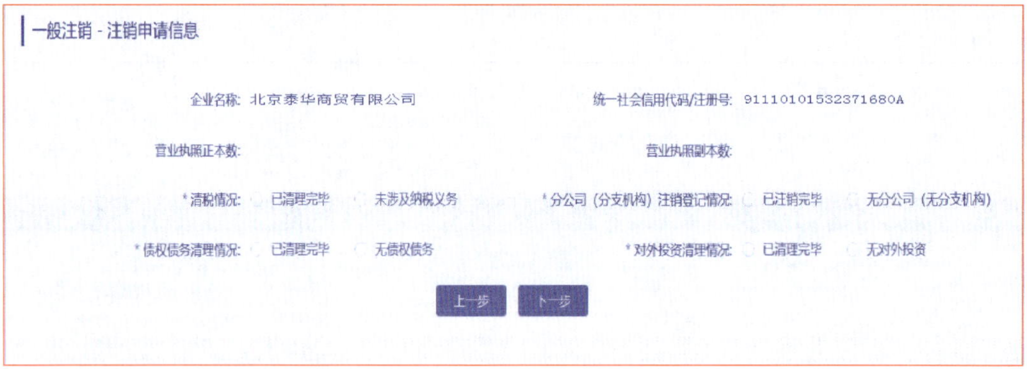

图 1-79　“一般注销——注销申请信息”页面

（4）注销申请信息填写。

① 在“一般注销——注销申请信息”页面，填写清税情况、分公司（分支机构）注销登记情况、债权债务清理情况、对外投资清理情况等信息，然后单击“下一步”按钮，进入预览页面，浏览信息后单击“提交”按钮，显示“确认提交”页面，如图 1-80 所示。

② 在“确认提交”页面，选择“我知道了”并单击“提交”按钮，进入“住房公积金事项告知单”页面，浏览告知单信息后单击“我知道了”按钮，进入“一般注销——进度详情”页面，如图 1-81、图 1-82、图 1-83 所示。

（5）文件上传。

① 公告期满后，在“请选择办理方式”页面选择现场办理或者网上办理，如果选择“网上办理”，则进入“一般注销——文件上传”页面，上传营业执照正本和营业执照副本，单击“提交”按钮并确认提交，提交成功后单击“下一步”，则进入“一般注销——详情”页面，如图 1-84～图 1-87 所示。

一般注销 - 注销申请信息

清算组备案公告信息

企业名称：北京泰华商贸有限公司　　统一社会信用代码/注册号：91110101532371680A

清算组成立日期：2019-12-27　　备案日期：2019-12-27

清算组联系电话：18601235679

注销原因：决议解散

清算组办公地址：北京市丰台区新华路36号

姓名/公司名称	成员属性	联系电话	证件类型/证照类型	证件号码/证照号码	地址
王建斌	清算组负责人	18601235679	中华人民共和国居民身份证	110106198102181853	北京市丰台区怡春园15号楼8层803室
刘晓明	清算组成员	15680127963	中华人民共和国居民身份证	110106198306229176	北京市丰台区理想花园9号楼6层601室

债权人公告信息

企业名称：北京泰华商贸有限公司　　统一社会信用代码/注册号：91110101532371680A

登记机关：北京市工商行政管理局丰台分局　　公告期：2019年12月27日~2019年02月11日

债权申报联系人：王建斌　　债权申报联系电话：18601235679

债权公告内容：2019年12月27日，北京泰华商贸有限公司因决议解散，拟向公司登记机关申请注销登记，请债权人自公告之日起45日内向清算组申报债权

债权申办地址：北京市丰台区新华路36号

注销信息

企业名称：北京泰华商贸有限公司　　企业注册号/统一社会信用代码：91110101532371680A

营业执照正本数：1　　营业执照副本数：1

注销原因：决议解散

公告报纸名称：国家企业信用信息公示系统　　公告日期：2019年12月27日

清税情况：已清理完毕　　对外投资清理情况：已清理完毕

分公司（分支机构）注销登记情况：已清理完毕　　债权债务清理情况：已清理完毕

上一步　提交

图 1-80　“一般注销——注销申请信息”预览页面

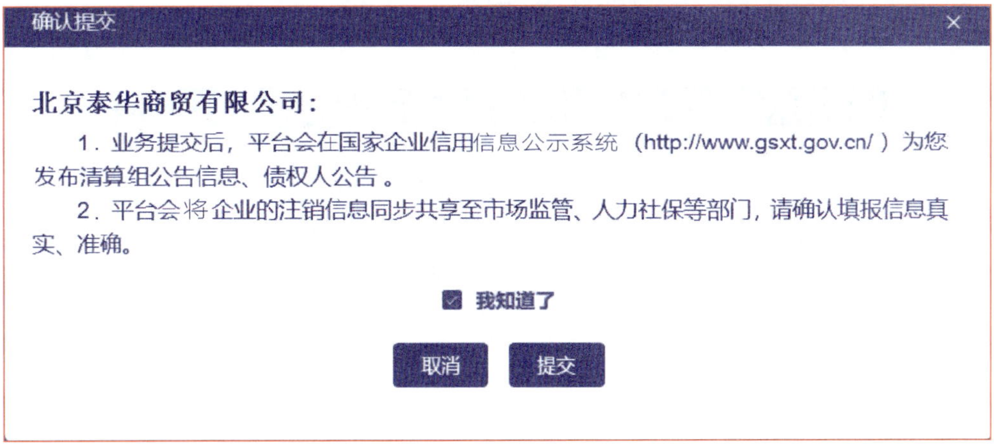

确认提交

北京泰华商贸有限公司：

1. 业务提交后，平台会在国家企业信用信息公示系统（http://www.gsxt.gov.cn/）为您发布清算组公告信息、债权人公告。

2. 平台会将企业的注销信息同步共享至市场监管、人力社保等部门，请确认填报信息真实、准确。

我知道了

取消　提交

图 1-81　“确认提交”页面

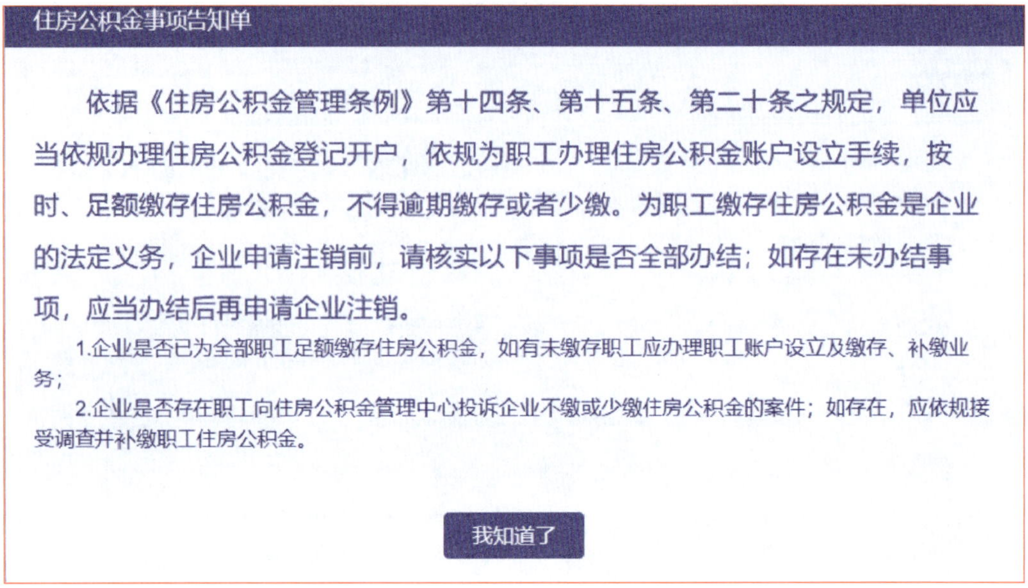

图 1-82　“住房公积金事项告知单”页面

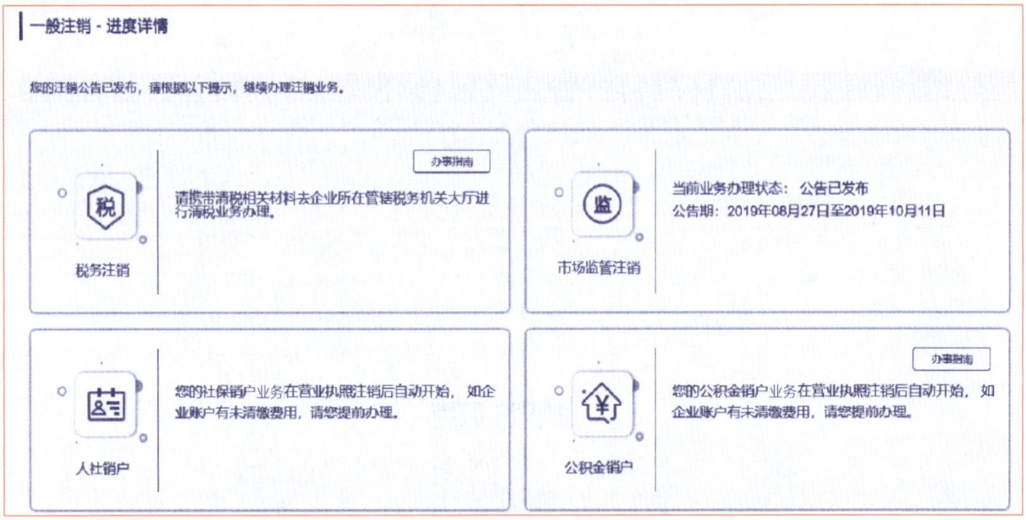

图 1-83　“一般注销——进度详情”页面

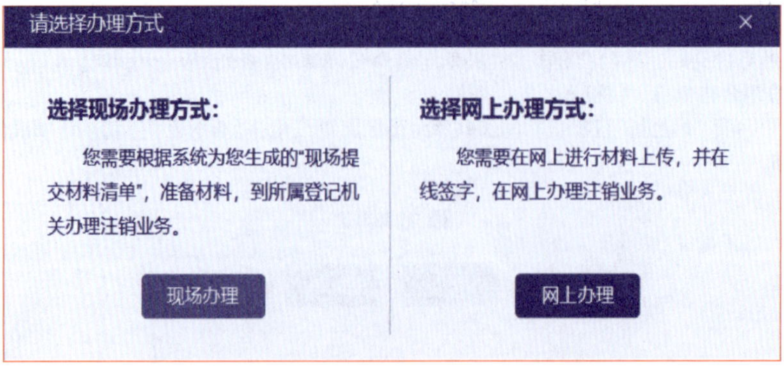

图 1-84　“请选择办理方式”页面

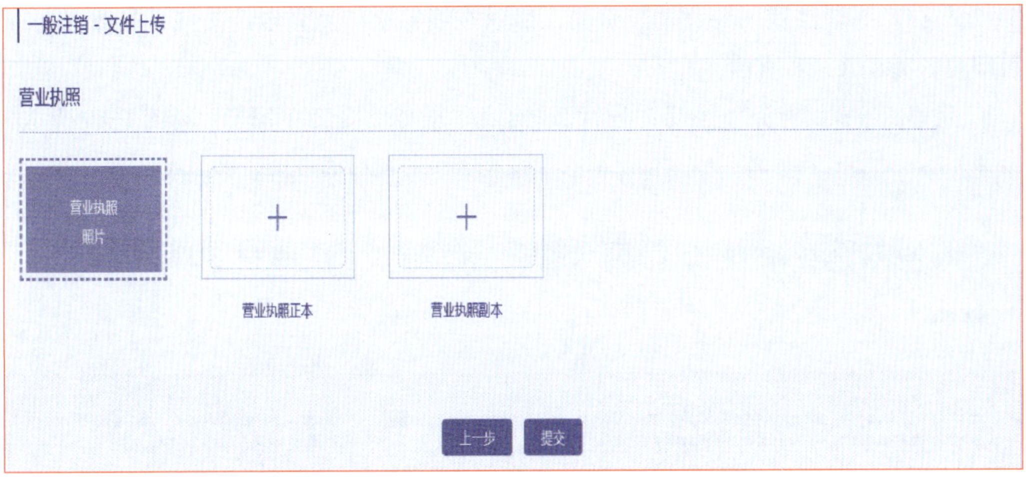

图 1-85　“一般注销——文件上传”页面

图 1-86　确认提交页面

图 1-87　提交成功页面

② 在“一般注销——详情”页面，显示在线签字信息和申请信息，具体点击查看即可，如图 1-88 所示。

③ 单击“我的业务”，业务办理状态显示为“业务已提交待审核”，如图 1-89 所示。

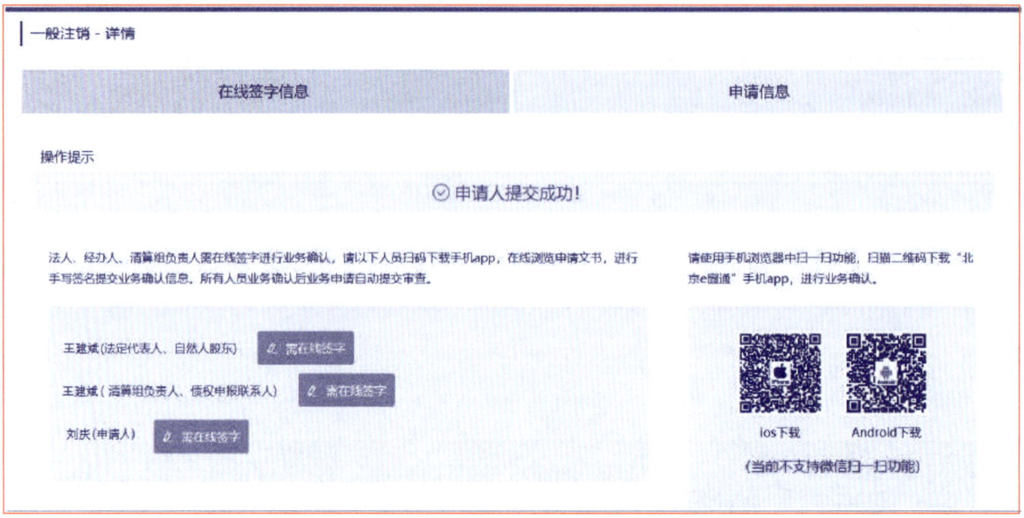

图 1-88　“一般注销——详情”页面

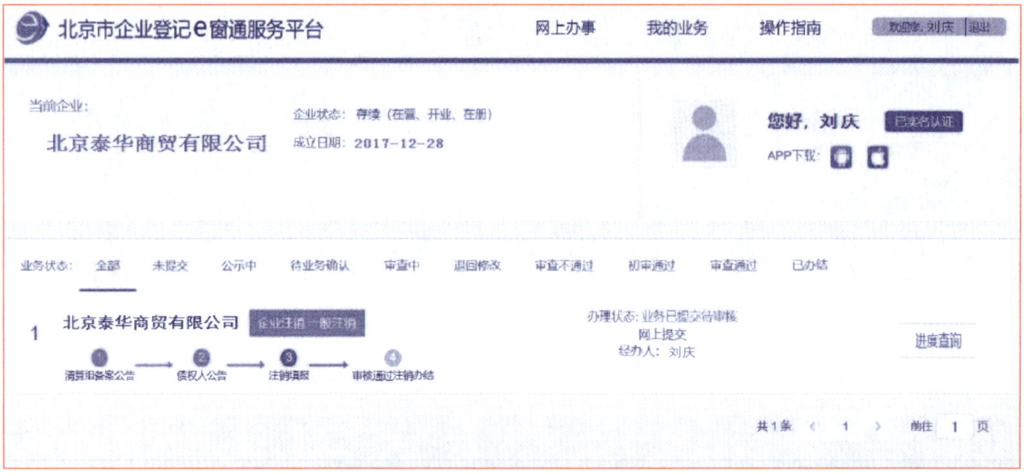

图 1-89　“我的业务”页面

（6）业务确认。

注销选择网上提交方式，需要申请人、全体股东在手机移动端进行业务确认，业务确认完成后，该记录提交到工商机关进行审核。

（7）领取注销通知书。

工商机关核准后，单击“注销通知书领取”按钮，进入“企业基本信息——领取证照”页面，填写 EMS 寄递信息，领取注销通知书，如图 1-90~图 1-92 所示。注销通知书领取方式除了采用 EMS 寄取方式外，也可以选择自取方式，如果是自取方式，需要打印领照单。

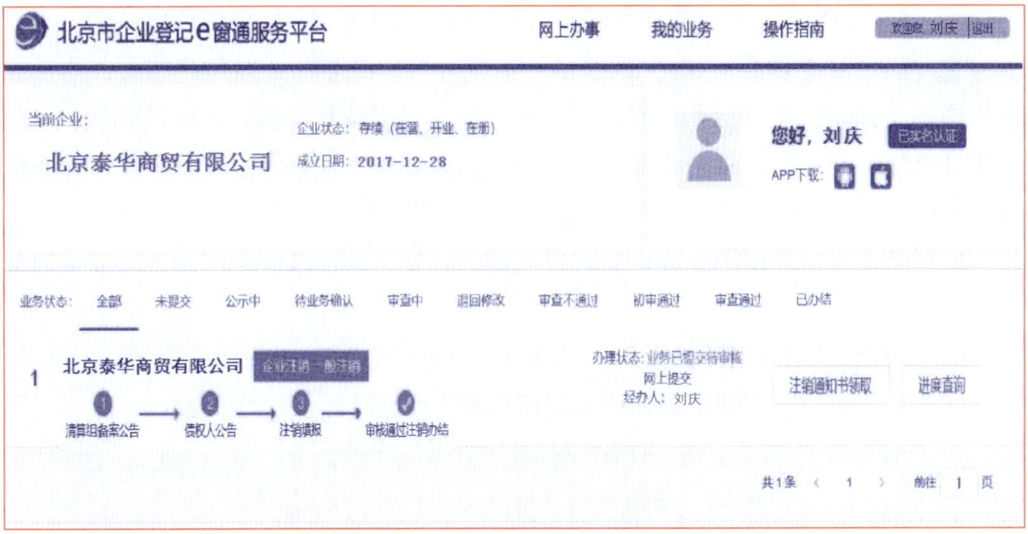

图 1-90　“我的业务”页面

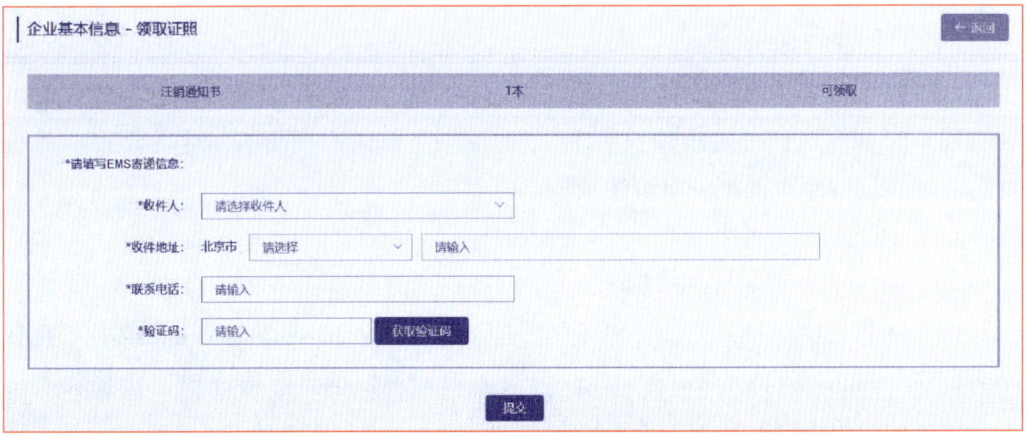

图 1-91　注销通知书 EMS 寄递信息填写页面

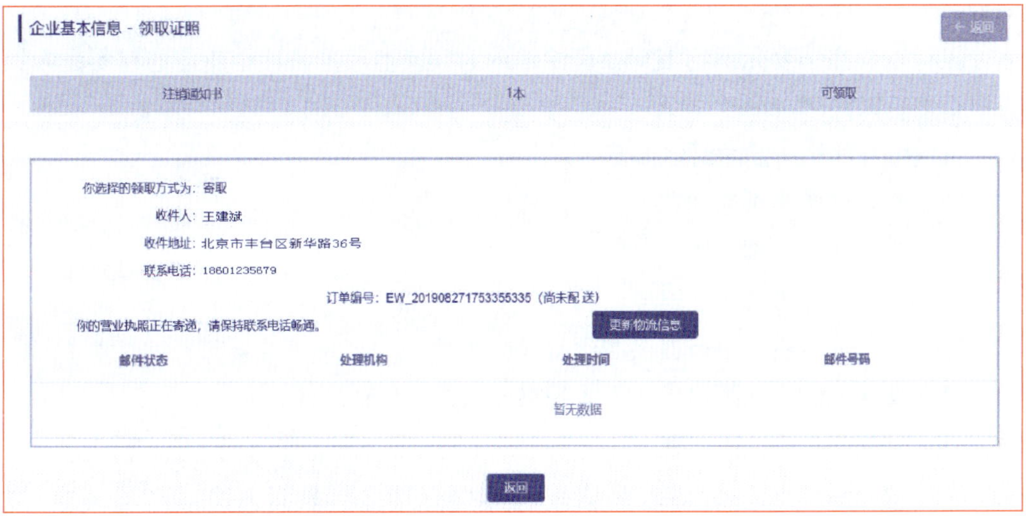

图 1-92　领取注销通知书信息页面

（四）办理注销社会保险登记和住房公积金开户

企业应当自办理企业注销登记之日起 30 日内，向原社会保险和住房公积金登记机构提交社会保险登记和住房公积金开户的注销申请和其他有关注销文件，办理注销社会保险登记和住房公积金开户手续。在办理注销社会保险登记和住房公积金开户前，应当清缴社会保险费和住房公积金的欠费。

根据《企业办理注销业务提交材料规范》规定，办理社保登记注销应准备的材料包括：

（1）《社会保险登记证》原件（2016 年 10 月 1 日后新办企业无须提供）。

（2）根据单位的不同情况，还需分别携带下列材料：

① 登记证照注销或吊销、迁往外省市的文书复印件；

② 有关部门批准解散、撤销、终止的文书复印件；

③ 破产单位需携带人民法院正式宣告破产终结的文书复印件。

（五）办理商务注销

由于企业营业执照的注销，企业取得的各种生产经营许可证（如卫生经营许可证、娱乐经营许可证、进出口权等）、资质证书（如国家高新技术企业证书）等也要向商务部门或原审批机关申请注销。

（六）办理海关注销登记

企业登录“中国国际贸易”单一窗口（http://www.singlewindow.cn）或者“互联网 + 海关”（http://online.customs.gov.cn）录入申请注销信息，将进出口货物收发货人注销书面申请提交所在地海关审核。

（七）办理银行账户注销

银行账户注销要先预约银行办理注销的时间，然后准备注销所需的材料，向银行申请银行账户注销。

办理银行账户注销

银行账户注销所需的材料如下：

（1）税务注销结果通知单。

（2）营业执照正副本原件。

（3）公章、法人名章、财务专用章。

（4）开户或变更时银行提供的预留银行印鉴卡。

（5）法人不能到场须提供法人委托书、法人身份证原件。

（6）网银、U 盾单位结算卡。

（7）对公账户里的资金全部转出（只能转到本市对公账户）。

（8）经办人身份证原件。

银行账户注销的操作步骤是：要先补足欠费，然后再注销网银、U 盾，注销印鉴卡，注销结算卡。银行受理后约 10 个工作日可以领取注销结果。

（八）办理注销公司印章

公司印章的注销在公安局办理，所需资料包括税务注销原件及复印件、银行账户注销回执、执照注销原件及复印件、刻章登记卡原件、公章、财务专用章、法定代表人章、发票专用章及合同专用章等在公安局备案的章。

五、任务评价

企业注销业务管理任务评价表如表 1-23 所示。

表 1-23　企业注销业务管理任务评价表

任务清单	完成情况
查阅企业注销有关法律法规	
分析企业注销的办理流程	
成立清算组开展清算活动	
在相应平台上提交材料办理税务登记注销，领取税务注销证明文件	
在相应平台上提交材料办理企业登记注销，领取注销文件	
办理社保登记和住房公积金开户注销、银行开户注销、商务注销、海关注销、企业印章注销	

工作领域二
资金管理

技能目标

1. 能区分和识别不同用途的银行账户，掌握企业开立账户的相关法律法规和操作流程，会办理银行开户。

2. 了解企业资金日常管理相关法律法规的内容。

3. 会制定企业资金日常管理制度。

4. 会根据相关法律法规和企业资金日常管理制度对企业资金进行日常管理。

■ 任务一　企业开立银行账户业务管理

企业开立银行账户业务管理

一、任务情境

（一）任务场景

北京美好服装制造有限责任公司，领取营业执照后，委托北京紫霖财税服务有限公司（简称“紫霖财税”）开设银行结算账户，具体包括基本账户（用于日常收入、代发工资）、一般账户（费用支出户和借款户）和异地经营的临时账户。紫霖财税企业管家刘庆于2019年1月1日为该公司办理了银行开户。

该公司开户相关信息如下：

登记注册地：北京市通州区张家湾开发区88号。

法定代表人：刘备；身份证号：211324198805010035。

营业执照统一社会信用代码：91110105397106688D。

营业执照如图2-1所示。

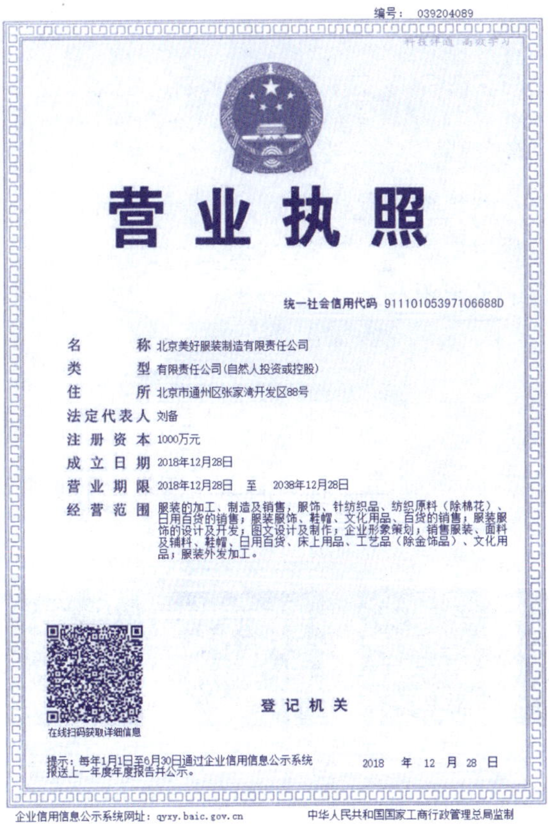
编号：039204089

营业执照

统一社会信用代码 91110105397106688D

名　　称 北京美好服装制造有限责任公司
类　　型 有限责任公司(自然人投资或控股)
住　　所 北京市通州区张家湾开发区88号
法定代表人 刘备
注册资本 1000万元
成立日期 2018年12月28日
营业期限 2018年12月28日 至 2038年12月28日
经营范围 服装的加工、制造及销售，服饰、针纺织品、纺织原料（除棉花）、日用百货的销售；服装服饰、鞋帽、文化用品、百货的销售；服装服饰的设计及开发；图文设计及制作；企业形象策划；销售服装、面料及辅料、鞋帽、日用百货、床上用品、工艺品（除金饰品）、文化用品；服装外发加工。

在线扫码获取详细信息

登记机关

提示：每年1月1日至6月30日通过企业信用信息公示系统报送上一年度年度报告并公示。

2018 年 12 月 28 日

企业信用信息公示系统网址：qyxy.baic.gov.cn　　中华人民共和国国家工商行政管理总局监制

图2-1　企业营业执照

（二）任务布置

请紫霖财税企业管家刘庆帮助该公司办理银行开户。

（1）准备申请资料。

（2）预约开户时间，提交材料。

（3）配合银行审核，补充完善相关资料。

二、工作准备

企业开立银行账户业务管理工作准备

（一）知识准备

知识点：企业结算账户的类型及用途　企业结算账户的开立程序

相关法规：《中国人民银行关于取消企业银行账户许可的通知》（银发〔2019〕41号）《企业银行结算账户管理办法》《中华人民共和国商业银行法》《人民币银行结算账户管理办法》

（二）业务要领

1. 企业银行开户改革
2. 开立单位银行账户材料准备
3. 单位开立基本账户
4. 异地开立基本存款账户
5. 一般存款账户
6. 避免企业产生久悬账户
7. 关注对个人付款的特殊要求
8. 及时变更银行账户信息
9. 妥善保管银行电子密钥

三、业务流程

企业开立银行结算账户的业务流程如图2-2所示。企业银行结算账户自开立之日即可办理收付款。

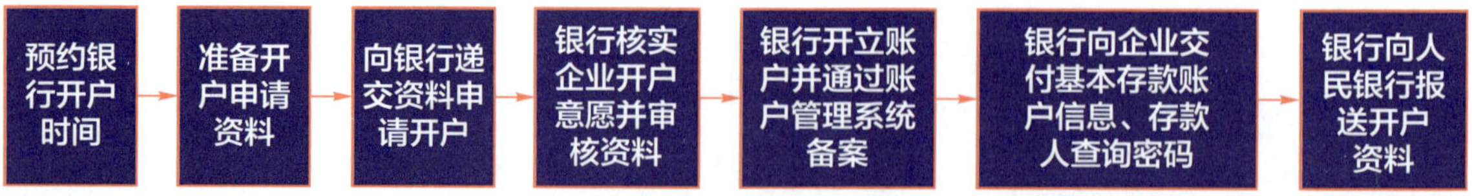

图2-2　企业开立银行结算账户业务流程

银行结算账户开立说明表如表2-1所示。

表 2-1　银行结算账户开立说明表

工作序号	工作内容	操作方式	工具及资料	对接部门	知识链接	备注
1	预约银行开户时间	和银行预约开户时间		开户银行	1.《中华人民共和国商业银行法》 2.《人民币银行结算账户管理办法》 3.《企业银行结算账户管理办法》	取消企业银行账户开户许可，由核准制改为备案制
2	准备开户申请资料	1. 营业执照 2. 法定代表人或单位负责人有效身份证件 3. 被授权人的有效身份证件和授权书 4. 其他开户证明文件				
3	申请开户	1. 去开户银行柜台 2. 填写开户申请书 3. 预留财务专用章和法人代表印鉴卡 4. 向银行递交资料	1. 开立单位银行结算账户申请书 2. 营业执照（开基本户） 3. 基本存款账户信息（开一般存款账户、临时存款账户） 4. 预留银行印鉴卡 5. 授权委托书	开户银行		
4	银行审核	1. 银行核实企业开户意愿 2. 配合审核 3. 补充完善资料		开户银行		
5	开立银行账户	1. 银行开立账户并通过账户管理系统备案 2. 银行向企业交付基本存款账户信息、存款人查询密码 3. 银行向中国人民银行报送开户资料		开户银行		

四、业务操作

（一）企业银行结算账户开立

银行结算账户是指《人民币银行结算账户管理办法》规定的基本存款账户、一般存款账户、专用存款账户、临时存款账户。企业只能在银行开立一个基本存款账户，不得开立两个（含）以上基本存款账户。

申请开户

1. 申请开户

企业申请开户之前应先和银行预约开户时间，准备开户申请资料，然后按预约时间携带开户申请资料到银行申请开户。

（1）提交开立单位银行结算账户申请书，如图 2-3 所示。

中国人民银行

开立单位银行结算账户申请书

存款人	北京英好服装制造有限责任公司	电话	010-51036728
地址	北京市通州区张家湾开发区 88 号	邮编	100600
存款人类别	企业法人	组织机构代码	91110105397106688D
法定代表人（ ） 单位负责人（ ）	姓名	刘备	
	证件种类	身份证 211324198805010035	
行业分类	A（ ）B（ ）C（√ ）D（ ）E（ ）F（ ）G（ ）H（ ）I（ ）		
注册资金	1000 万元	地区代码	010
经营范围	从事生产和销售男士西服和女士套装		
证明文件种类	营业执照	证明文件编号	91110105397106688D
税务登记证编号	91110105397106688D		
关联企业	关联企业信息填列在"关联企业登记表"上		
账户性质	基本（√ ）一般（ ）专用（ ）临时（ ）		
资金性质		有效日期至	年　月　日

图 2-3　开立单位银行结算账户申请书

（2）提交下列开户证明文件：

① 营业执照。

② 法定代表人或单位负责人有效身份证件。

③ 法定代表人或单位负责人授权他人办理的，还应出具法定代表人或单位负责人的授权书以及被授权人的有效身份证件。

④《人民币银行结算账户管理办法》等规定的其他开户证明文件。

（3）预留银行印鉴卡片，如图 2-4 所示。

企业在银行开设账户时，需要携带法定代表人章、公章、财务专用章，在银行预留印鉴，预留的印鉴主要是财务专用章和法定代表人章（或者被法定代表人授权的人的名章）。印鉴要盖在印鉴卡片上，银行和企业各留一份。企业办理银行付款结算等业务时，银行要核对企业加盖在结算凭证上的印鉴与预留银行印鉴卡上的印章是否一致，核对一致银行才会为企业办理付款结算等业务，以保证企业在银行资金的安全。

印鉴卡片　　NO

单位名称：	北京美好服装制造有限责任公司	账号：	6225887540917489588
地　址：	北京市通州区张家湾开发区88号	邮编：	
E-mail(电子信箱)地址：	[illegible]@163.com		
联系人：	梅好	电话：	010-51036728

印模：

启用日期 2019 年1 月1 日　　注销日期 年 月 日

（副卡/5-5 客户留存联）

图 2-4　预留银行印鉴卡片

注意：企业应在注册地或住所地开立银行结算账户。符合要求的企业也可以在异地（跨省、市、县）开立银行结算账户，企业基本存款账户也可异地开立。经营地与注册地不在同一行政区域的企业，在异地开立基本存款账户的，应出具注册地中国人民银行分支行的未开立基本存款账户的证明。

2. 银行审核

银行先向企业法人代表或单位负责人核实企业开户意愿，核实后审核企业提交的申请开户资料。

注意：企业只能在银行开立一个基本存款账户，不得开立两个（含）以上基本存款账户。企业开立基本存款账户时应提交《企业未开立基本存款账户承诺书》，如图 2-5 所示。

企业未开立基本存款账户承诺书

________（银行名称）：

本单位郑重承诺：在向你行申请开立基本存款账户的同时，我单位无基本存款账户，也未向其他银行申请开立基本存款账户。如多头开立基本存款账户，本单位自愿承担相关法律责任，并配合你行采取以下处置方式：

1□变更账户性质；

2□撤销账户。

本单位清楚知晓：企业（个体工商户）开立两个（含）以上基本存款账户的，中国人民银行将按照《人民币银行结算账户管理办法》（中国人民银行令〔2003〕第 5 号发布）规定进行处罚。

（企业公章）

年　月　日

图 2-5　企业未开立基本存款账户承诺书

2

3. 银行为企业开立账户

企业开立、变更、撤销基本存款账户及临时存款账户实行备案制。银行审核企业提交的申请开户资料后，银行会为符合条件的企业开立账户，并通过银行账户管理系统备案。

注意：银行在完成企业基本存款账户信息备案后，账户管理系统会生成基本存款账户编号，并在企业基本信息“经营范围”中标注“取消开户许可证核发”字样。银行应当通过账户管理系统打印基本存款账户信息和存款人查询密码，并交付企业，如图 2-6 所示。企业基本存款账户编号代替原基本存款账户核准号使用。

基本存款账户信息

账户名称:

账户号码:

开户银行:

法定代表人(单位负责人):

基本存款账户编号:

年　月　日

图 2-6　基本存款账户信息

持有基本存款账户编号的企业申请开立一般存款账户、专用存款账户、临时存款账户时，应当提供基本存款账户编号。

银行应当通过账户管理系统查询企业基本存款账户“经营范围”是否含有“取消开户许可证核发”字样，核实企业是否持有基本存款账户编号。

企业银行结算账户，自开立之日即可办理收付款业务。

特殊结算账户开立

4. 开户银行向中国人民银行报送开户资料

为企业办理完开户后，开户银行向中国人民银行报送开户资料。

（二）特殊结算账户开立

随着第三方支付平台的广泛应用，企业为了降低结算成本，提高结算效率，一般也开通了企业支付宝和财付通（企业微信）账户，现以企业支付宝为例，具体操作如下：

（1）打开支付宝页面，单击“免费注册”，如图 2-7 所示。

图 2-7　企业支付宝界面

（2）单击“企业账户”，填入电子邮箱和验证码（公司账户只能邮箱注册），单击“下一步”，如图 2-8 所示。

图 2-8　企业支付宝登录界面

（3）单击“立即查收邮件”，进入邮箱，如图 2-9 所示。

（4）在邮箱中会收到一封激活支付宝账户的邮件，单击“请激活您的支付宝账户！”，如图 2-10 所示。

（5）单击“继续注册”，如图 2-11 所示。

（6）填写相关信息，单击“下一步”，如图 2-12 所示。

（7）申请公司类型的支付宝账户，需进行支付宝实名认证，单击“立即申请”，完成企业支付宝账户开立。如图 2-13 所示。

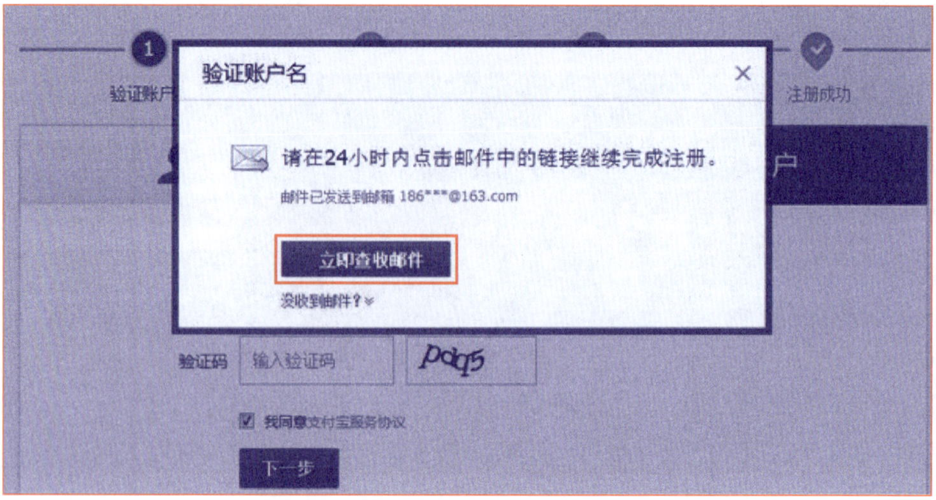

图 2-9　企业支付宝操作界面（1）

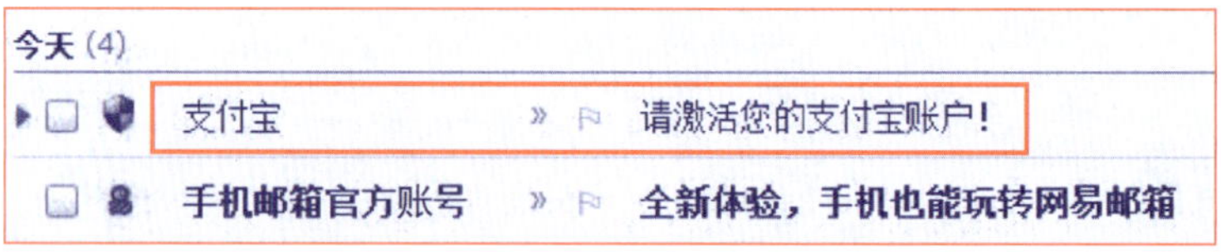

图 2-10　企业支付宝操作界面（2）

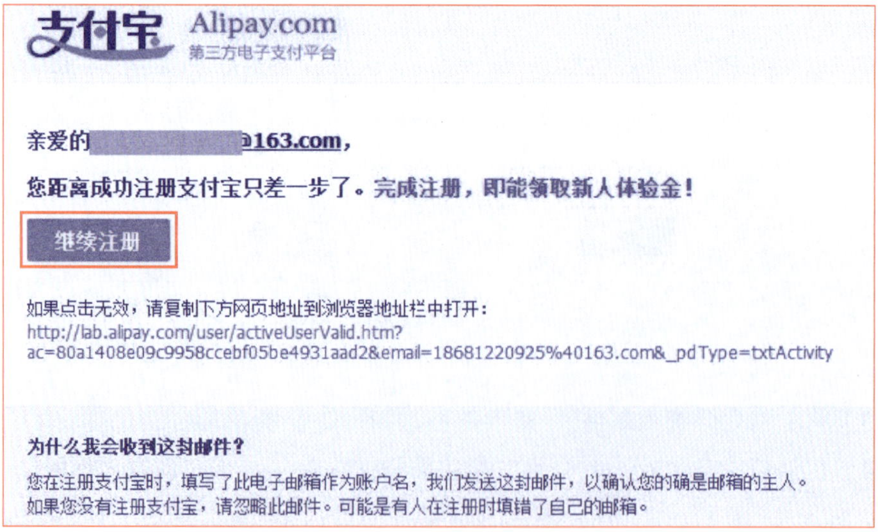

图 2-11　企业支付宝操作界面（3）

图 2-12　企业支付宝操作界面（4）

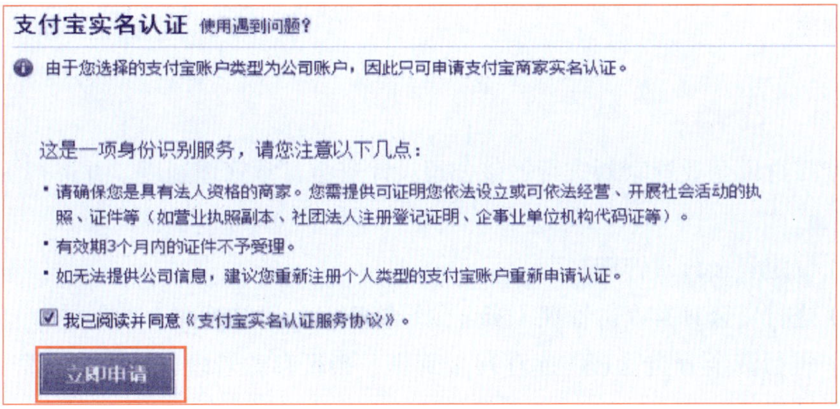

图 2-13　企业支付宝操作界面（5）

五、任务评价

企业开立银行账户业务管理任务评价表如表 2-2 所示。

2

表 2-2　企业开立银行账户业务管理任务评价表

任务清单	完成情况
查阅《企业银行结算账户管理办法》有关企业开立银行账户的相关规定	
区分和识别不同用途的企业银行账户	
分析企业开立银行账户的业务流程	
准备企业开立银行账户的申请材料	
根据相关规定和业务流程办理企业银行开户业务	

任务二　资金日常管理

资金日常管理

一、任务情境

（一）任务场景

北京振兴科技有限公司（简称“振兴科技”），登记注册地为北京市丰台区惠民路 88 号蓝天大厦 6 层 620 号。该公司领取工商营业执照开立银行账户之后，委托北京紫霖财税服务有限公司（简称“紫霖财税”）企业管家刘庆帮助其设计资金日常管理制度。

（二）任务布置

请紫霖财税企业管家刘庆帮助该公司设计资金日常管理制度，并进行资金日常管理。

（1）制定资金日常管理制度。

（2）进行资金日常收付管理（资金预算管理、收付款管理、资金报告）。

（3）进行资金分类管理（库存现金管理、银行存款管理、其他货币资金管理、商业汇票管理）。

（4）进行银行网银密钥及财务印鉴章的管理。

资金日常管理工作准备

二、工作准备

（一）知识准备

知识点：库存现金的使用范围　库存现金限额　常见的银行结算方式

相关法规:《现金管理暂行条例》《支付结算办法》《票据法》

（二）业务要领

1. 资金日常管理内容与制度
2. 日常费用报销控制
3. 定期、不定期对资金管理和使用情况进行检查

三、业务流程

企业资金日常管理业务流程如图 2-14 所示。

图 2-14　企业资金日常管理业务流程

企业日常资金管理的具体内容如表 2-3 所示。

表 2-3　日常资金管理说明表

工作序号	工作模块	工作任务	操作指导	资料及单据	对接对象
1	资金日常收付管理	资金预算管理	编制资金预算	资金预算	公司各部门
		收款管理	根据收款制度	收据、进账单等	交款人
		付款管理	注意审批程序	支出凭单、报销单	收款人
		资金报告	编制资金日报、资金月报等	资金日报	公司领导
2	资金分类管理	库存现金管理	现金使用限额等	现金盘点表	
		银行存款管理	银行存款	相关票据	
		其他货币资金管理			
		商业汇票管理			
3	银行网银密钥及财务印鉴章的管理	银行网银密钥管理			
		财务印鉴章的管理			

四、业务操作

（一）资金日常收付管理

1. 资金预算管理

企业应当充分发挥全面预算管理在资金综合平衡中的作用，严格按照预算要求组织协调资金调度，确保资金及时收付，实现资金的合理占用和营运良性循环。

通常企业上年年末会根据企业经营发展计划，编制下一年的全面预算，资金预算是全面预算中的重要组成部分。

通常销售部门编制资金收入预算，生产、采购、行政等部门编制资金支出预算，财务部门对资金预算进行平衡，资金预算经过公司批准后，各部门的支出应严格按资金预算支出，不得随意超预算支出。

2. 收款管理

企业收款分为现金收款和银行收款，现金收款前要审核收款依据（比如小额销售发票、员工罚款通知等），然后根据收款依据点收现金，开具预先印有连续编码的收据，加盖“现金收讫”章。

银行收款分为存入银行票据、进行收款提示、到银行领取进账通知单三种方式：收取银行票据的（比如银行支票、银行汇票），要填写进账单，将票据存入银行；对于银行承兑汇票要及时到承兑行进行承兑；从银行打印进账单要及时交给会计。

3. 资金支付管理

资金支付审批流程及授权审批制度的目的是规范资金支付的审批流程，明确审批权限，提高资金使用效率，控制资金风险。通常资金支付流程如下：

用款人填写报销单或付款单→经办部门负责人审核签章→财务部会计审核签章→财务负责人核准签字→公司总经理签字→出纳付款。

4. 资金日报

每天出纳要根据当日资金的发生额和余额编制资金日报，每月编制资金月报，每天还需要对库存现金进行盘点，每月要和银行进行对账。如图 2-15~图 2-17 所示。

资金日（周）报

单位：振兴科技　　　　金额单位：元

上日（周）余额			其中可用资金额度	
当日（周）资金入账合计：				
入账渠道	1		2	
	3			
	4		合计	
当日（周）资金出账合计				
出账项目	1		2	
	3		4	
	5		6	
	7		8	
	9		10	
	11			
	12			
	13		合计	
当日（周）余额			其中可用资金额度	-
明（下）日（周）收款计划			主要入账渠道	
明（下）日（周）用款计划			主要用款项目	

编制：　　　　复核：　　　　审核：

图 2-15　资金日报

资金收支预算申报表（月报）

（所属期间：2018 年×月—2018年×月）

申报单位：振兴科技　　　　申报日期：　　　　单位：人民币万元

资金收入预算					资金支出预算						审批情况		备注
收入项目明细	上月结转金额	本月新增金额	本月预算金额合计	情况说明	支出项目明细	上月结转金额	本月新增金额	本月预算金额合计	合同金额	情况说明	收入预算	支出预算	
合计					合计								
一、贷款收入小计	—	—	—		一、贷款支出小计	—	—	—					
1.			—		1.								
2.			—		2.								
3.			—		3.								
二、借款收入小计	—	—	—		二、借款支出小计	—	—	—					
1.			—		1.								
2.					2.								
3.			—		3.								
三、其他收入小计	—	—	—		三、其他支出小计	—	—	—					
1.			—		1.								
2.			—		2.								
3.					3.								

上月预算执行情况：

总经理：　　　　主管副总：　　　　财务负责人：　　　　制表人：

董事长：

图 2-16　资金收支预算申报表

现金盘点表

编制单位：振兴科技

截止日：20××年××月××日　　　　　　　　盘点日：

清点实有现金				核对及追溯记录	
货币面值	张数	原币金额	本位币金额	项　目	金 额
				1. 报表日现金账面余额	
				加：报表日至盘点日的上一日累计收入数	
100.00				减：报表日至盘点日的上一日累计支出数	
50.00				2. 盘点日的上一日现金账面余额	
20.00				加：收入凭证未记账数	
10.00				减：支出凭证未记账数	
5.00				加：未做记账凭证的收入数	
2.00				减：未做记账凭证的支出数	
1.00				3. 盘点日现金应实有数额	
0.50				4. 盘点日现金实有数额	
0.20				5. 差额：	
0.10				长款	
0.05				短款	
0.02					
0.01					
合 计					

会计主管人员：　　　　　　　　日期：

出 纳：　　　　　　　　日期：

监盘人：　　　　　　　　日期：

图 2-17　现金盘点表

（二）资金分类管理

1. 库存现金管理

（1）现金使用范围：

① 员工工资、奖金、津贴及劳保福利费用；

② 出差人员必须随身携带的差旅费；

③ 金额在结算起点以下；

④ 业务活动的零星支出备用金；

⑤ 确需现金支付的其他支出。

（2）严格按照库存现金限额保管现金。企业日常库存现金的限额通常由开户行核定，一般为平均日常现金支出的 3~5 天，特殊情况不能超过 15 天。

（3）严格审查采购物品化整为零、在结算起点以下的现金支付。

（4）在特殊情况下，规定应转账结算而不得不用现金结算的，经公司总会计师批准方可办理。

（5）建立、健全现金账目，逐笔记载现金收付，账目日清月结，账款相符。

（6）不准用不符合财务制度的凭证充抵库存现金，不准套取现金，不准将公司收入的现金以个人名义存入银行，不准保留账外公款、私设小金库。

（7）每月做一次库存现金检查，不定期进行抽查。

① 检查实际库存现金是否超过规定的现金限额。如实际库存现金超过规定库存限额，则出纳员应将超过部分及时送存银行；如果实际库存现金低于库存限额，则应及时补提现金。

② 核对库存现金和账面余额，如发现有短缺或溢余，应进一步查明原因，及时进行处理。

③ 检查完毕后填写库存现金盘点表，同时现金出纳、监盘人（会计）、财务经理签字盖章。

2. 银行存款的管理

（1）严格按照《支付结算办法》等国家有关规定，加强银行账户的管理，严格按照规定开立账户，办理存款、取款和结算。

（2）严格遵守银行结算纪律，不准签发没有资金保证的票据或远期支票，套取银行信用；不准签发、取得和转让没有真实交易和债权债务的票据，套取银行和他人资金；不准无理拒绝付款，任意占用他人资金；不准违反规定开立和使用银行账户。

（3）公司应当指定专人定期核对银行账户，每月应及时核对一次，编制银行存款余额调节表，使银行存款账面余额与银行对账单调节相符。余额调节表须有制表人签字，会计主管签字。未达账项一般不应超过 2 个月，超过 2 个月后应逐笔分析、查找并附说明。如调节不符，应查明原因，及时处理。

（4）支票管理。出纳负责支票购买和管理。出纳向开户银行购买支票后，须先检查支票是否连号、有无断号的现象，并登记支票收支备查簿，登记内容包括开户银行名称、支票号码、购买日期等情况。出纳不得同时管理财务印章，不得独立签发支票。签发支票时要登记支票收支备查簿，登记内容包括签发时间、支票号码、经办人、票面金额等。支票经审核并由经办人签名后，出纳将签发的支票交给经办人，会计凭支票存根入账。对于作废的支票，必须收回保管并登记支票收支备查簿，不得遗失。若支票丢失，经办人必须立即报告财务部，以便财务部及时采取挂失止付等补救措施，防止冒领和诈骗发生。如果造成经济损失的，要由当事人自行负责。

（5）要定期、不定期组织对银行存款余额进行抽查核对。

（6）企业应根据开户银行或存款种类等分别设置“银行存款日记账”，对银行存款进行明细核算，同时设置“银行存款”总账，进行总分类核算。

3. 其他货币资金的管理

（1）对外发生的经济往来，除用现金和银行存款结算外，还可采用其他货币资金结算办法，主要包括：外埠存款、银行汇票存款、银行本票存款、在途货币资金、信用证存款和保函押金等。

（2）使用上述结算形式，必须建立健全登记制度，由专人负责，责任人应经常与财务部门核对余额，业务结束后应立即清理，余款退回银行账户。

（3）不允许用公款或由单位担保办理个人信用卡。

4. 商业汇票的管理

（1）商业汇票是出票人签发的，委托付款人在指定日期无条件支付确定的金额给收款人或者持票人的票据。商业汇票分为商业承兑汇票和银行承兑汇票。商业承兑汇票由银行以外的付款人承兑。银行承兑汇票由银行承兑。商业汇票的付款人为承兑人。商业承兑汇票可以由付款人签发并承兑，也可以由收款人签发交由付款人承兑。银行承兑汇票应由在承兑银行开立存款账户的存款人签发。商业汇票的付款期限，最长不得超过 6 个月。

（2）存款人领购商业汇票，必须填写“票据和结算凭证领用单”并签章，签章应与预留银行的签章相符。存款账户结清时，必须将全部剩余空白商业汇票交回银行注销。

（3）财务部门应设置票据备查簿。逐笔登记应收票据的种类、号数、出票日期、票面金额和付款人、承兑人和单位名称。应收票据到期结清后，应在备查簿内逐笔注销。

（4）财务部门收到银行承兑汇票和商业承兑汇票，必须及时到银行办理认证手续，以防假、伪票据的发生。

（5）应收票据到期，财务人员应及时到银行办理变现手续，防止票据过期无法提现。

（6）因保管不善，导致票据损毁，因票据到期未按期兑付，应追究相关责任人责任，并进行处罚。

（三）银行网银密钥及财务印鉴章的管理

1. 银行网银密钥管理

（1）公司各单位应加强网上银行结算资金的安全风险防范，采取授权（复核）与经办分开、定期更换密码、及时索取银行回单等有效手段，保证网上资金结算的安全。

（2）公司的网银密钥实行三级权限管理，即出纳制单、会计复核和财务负责人授权。

2. 财务印鉴章的管理

（1）公司财务印章管理原则：分开存放保管，监督审批使用。

（2）公司财务印章包括：财务专用章、公司法人章（或其授权代表人印章）、发票专用章和财务人员个人印章。

（3）财务印章由财务部门指定人员负责保管，预留银行印鉴必须分人保管。财务专用章由财务部门出纳保管，法定代表人印鉴由会计负责保管，发票专用章和其他财务印章由财务部门负责人或授权责任人保管。

（4）财务印章必须保存在安全地方，并且经常检查，非保管人员不得使用，非经公司领导同意，不得携章外出。

（5）禁止非财务事项加盖财务印章，严禁财务印章外借。

（6）建立“财务印章使用登记簿”，对每一笔事项加盖印章应该进行登记，注明使用对象、使用事项、经手人、金额及其他事项。

（7）公司法人章（或其授权代表人印章）为公司在银行的预留印鉴之一，用于支票的签发以及公司资金支付及调拨，未经批准，不得用作其他用途。

（8）严禁在空白纸张上用印。

五、任务评价

资金日常管理任务评价表如表 2-4 所示。

表 2-4　资金日常管理任务评价表

任务清单	完成情况
查阅《企业会计准则》《现金管理暂行条例》《支付结算办法》和《票据法》等法规的相关规定	
制定资金日常管理制度	
进行资金日常收付管理	
进行资金分类管理	
区分不同岗位的职责分工及授权	
对资金支出业务所需材料进行复核	
根据现金使用范围对库存现金进行不定期抽查	
根据银行结算纪律定期核对银行账户及支票，并能够对银行存款余额进行抽查和复核	
编制资金收支预算申报表（月报）、资金日（周）报表和库存现金盘点表并定期进行复核	
按规定对银行网银密钥、财务印章和银行票据进行管理	

工作领域三

税务管理

技能目标

1. 了解税务登记、发票管理、纳税申报、特殊涉税事项处理等相关法律法规的内容。

2. 掌握企业需要申报的税种及其申报时间和申报地点。

3. 能在规定的时间内整理相关材料，登录税务相关系统填报信息，办理税务登记和各种税费的纳税申报业务。

4. 了解领取税控授权硬件（一证通、税控盘等）的相关材料及流程，会办理申请税控盘业务。

5. 能登录税务相关系统填写发票的领用、使用、发放等业务的相关信息，并登记发票的领购、领用、签收和使用等情况。

6. 能在相关开票软件上对发票进行管理、开具及保管，能操作各种打印机对发票收票单进行核查并打印。

7. 掌握印花税和个人所得税的计算和账务处理方法，并能在实际业务中应用。

8. 能根据被投资方的要求对税务股权变更的材料进行整理，并提交至税务局进行审核。

9. 能对完税证明和股权变更证明进行提交并进行税务变更登记。

任务一　税务登记

税务登记

税务登记案例资料

一、任务情境

（一）任务场景

（1）北京振兴科技有限公司（简称“振兴科技”）是一家新成立的软件开发和服务企业，2019 年 9 月 17 日刚领取了营业执照，办理了银行开户，请北京紫霖财税服务有限公司（简称“紫霖财税”）的企业管家刘庆办理振兴科技的税务登记工作，该公司的详细资料见“工作领域一的任务一”。该公司相关注册信息如下：

登记注册地和经营地址：北京市丰台区惠民路 88 号蓝天大厦 6 层 620 号；公司经营地联系电话（固定电话）：010-67532981。

法定代表人：林宇明；身份证号：110106198503060235；联系电话（手机）：18911223368；电子邮箱：linyuming@163.com。

营业执照统一社会信用代码：911107168085631092。

登记注册类型：有限责任公司；批准设立机关类型：行政机关；批准设立机关：工商行政机关；批准设立证明或文件号：营业执照或工商丰台 82 号；国标行业：软件与信息技术服务。

北京振兴科技有限公司只开立了基本存款账户。基本存款账户名称：北京振兴科技有限公司；开户银行和银行营业网点：中国工商银行丰台支行；账号：0200222109255527680；开户日期：2019 年 9 月 18 日；银行开户登记证号：J2019091827621；发放日期：2019 年 9 月 18 日；银行行号：1021876；开户银行行号：102187623564。

CA 登录账号：北京振兴科技有限公司；CA 登录密码：123456。

财务负责人：韩超，身份证号：110223198709280912，联系电话（手机）：18509862348，邮箱：hanchao@163.com。

办税员：王清，身份证号：110106199003121263，联系电话（手机）：18902356781，邮箱：wangqing@163.com。

隶属关系：北京市丰台区；主管税务局：北京丰台税务分局；税务机关代码：2110106。

纳税人存款账户信息如下，账号性质：基本存款账户；开户银行：中国工商银行丰台支行；缴款账号名称：北京振兴科技有限公司；缴款账号：0200222109255527680；清算银行号：102187623564；首选缴税账号识别：1；一般退税账号识别：2。

发票版式申请：不申请增值税专用发票，申请增值税普通发票：单份发票最高开票限额版面 5 万元，每月最高购票数量 50 份；申请增值税电子发票：单份发票最高开票限额版面 5 万元，每月最高购票数量 50 份；购买航天信息股份有限公司税控盘。

（2）2019 年 9 月 12 日，北京博创中联科技有限公司，因经营需要变更了登记注册地和经营地址、法定代表人、办税人员，并已完成了工商变更，现请企业管家协助其办理税务变更。

① 该公司原注册信息如下：

登记注册地：北京市朝阳区麒麟路 26 号。

法定代表人：刘华；身份证号：110107198506133021。

营业执照统一社会信用代码：911109107109063681。

批准机关名称：朝阳区工商局。

批准文件：朝阳工商 3 号。

办税员：张倩；身份证号：110115199005126013。

② 该公司变更信息如下：

登记注册地：北京市朝阳区榆林路 95 号。

法定代表人：杨勇；身份证号：110107198711152136。

办税员：王艳；身份证号：110106199208252366。

CA 登录账号：北京博创中联科技有限公司。

CA 登录密码：123456。

（二）任务布置

请紫霖财税企业管家刘庆帮助上述两家公司办理税务登记和税务变更。

（1）办理税务登记（下载电子营业执照、新户报到、实名认证、申请税控盘）。

（2）网上提交申请变更资料，完成税务变更登记。

二、工作准备

税务登记工作准备

（一）知识准备

知识点：税务登记流程 税务变更流程

（二）业务要领

1. 政策依据

2. 税务登记注意事项

3. 涉税办理时间要求

4. 税务变更注意

三、业务流程

税务登记业务流程如图 3-1 所示。

图 3-1　税务登记业务流程

税务变更业务流程如图 3-2 所示。

图 3-2　税务变更业务流程

企业办理税务登记和税务变更流程的具体流程说明如表 3-1 所示。

表 3-1　税务登记和税务变更流程说明

工作序号	工作模块	工作任务	工具及单据	工作指导	对接对象
1	税务登记	下载电子营业执照	微信或支付宝	人脸识别，选择企业登记地	税务部门
		网上新户报到	电子税务局	选择新纳税人套餐	税务部门
		完成实名认证	电子税务局	填写企业资料	税务部门
		申请税控盘和领取发票	营业执照 税种核定单 银行开立基本存款户等 单位公章（财务专用章） 发票专用章 经办人身份证件		税务柜台
2	税务变更	进入税务局 ×× 市网站	国税局 ×× 市网站	单击“我要办税”	电子税务局
		登录	国税局 ×× 市网站	选择登录方式	电子税务局
		上传提交资料办理税务变更	国税局 ×× 市网站	根据变更项目提交	电子税务局

四、业务操作

税务报到流程

以北京地区为例，税务登记、变更操作步骤和方法如下所示。

（一）税务报到流程（设立税务登记）

1. 下载电子营业执照

紫霖财税的企业管家刘庆协助新成立公司法定代表人，通过微信或者支付宝识别图 3-3 中二维码，根据提示操作下载电子营业执照，届时根据提示注册账号、设置密码。该账号及密码是企业登录“国家税务总局北京市电子税务局”、社保等系统账户的账号与密码，企业法定代表人务必牢记账号密码，以免造成不必要的麻烦。

图 3-3　打印电子营业执照

2. 登录官网，填写信息

使用电子营业执照登录“国家税务总局北京市电子税务局”官网，选择“新户报到”，再选择“新办纳税人套餐”图 3-4。请按页面提示信息填写并上传相关资料。

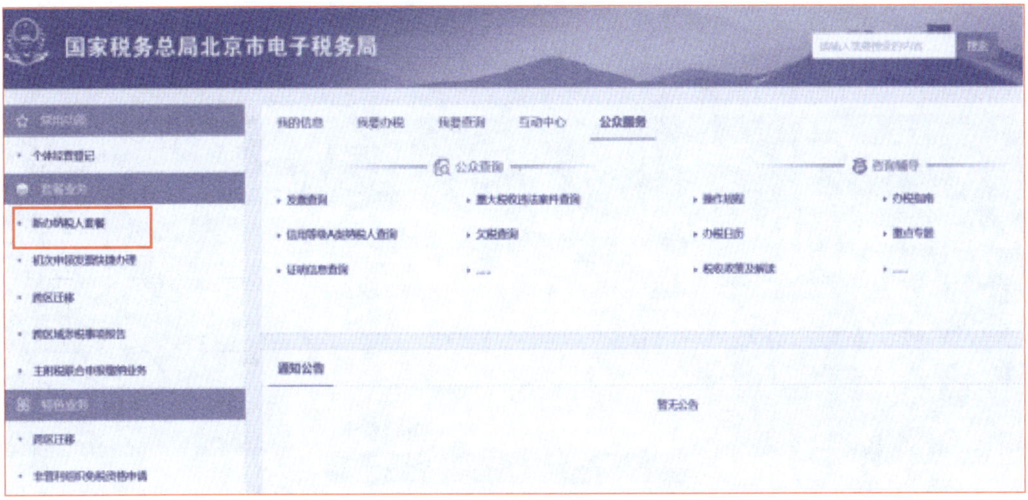

图 3-4　填写“新办纳税人套餐”相关信息

需要填写的信息包括税务信息确认、财务相关信息（包括纳税人存款人账户信息、“委托银行划缴税款三方协议书”、银税库三方协议账号网络签订）、经营项目类别等。企业在填写资料时可选择是否申请增值税一般纳税人、是否申请税控盘和发票等事项。

3. 完成实名认证

企业应办理实名办税身份信息采集进行实名认证，未实名认证的办税人员无法办理企业相关的涉税事项。

（1）登录“国家税务总局北京市电子税务局”，单击“我要办税”，如图 3-5 所示。

图 3-5　点击“我要办税”

（2）新成立企业选择账号登录，如图 3-6 所示。

图 3-6　账号登录

（3）依次单击“我的信息”“用户管理”“实名办税身份信息采集”，完成法定代表人、财务负责人、办税员的信息采集，如图 3-7、图 3-8 所示。

图 3-7　用户管理

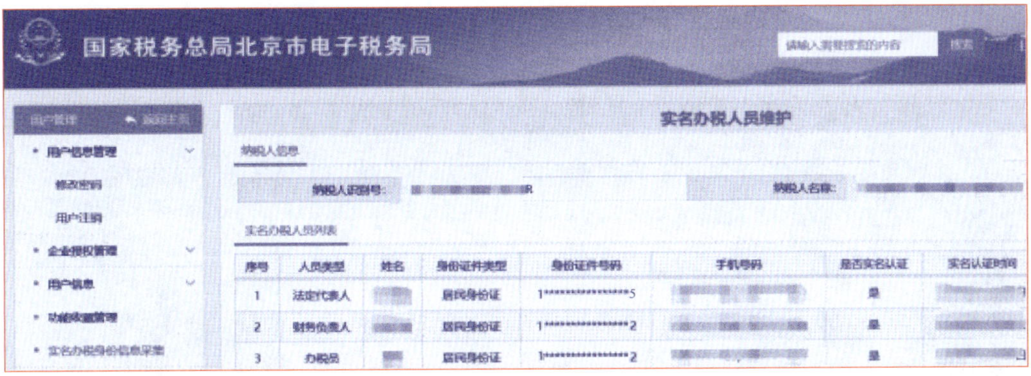

图 3-8　实名办税身份信息采集

4. 申请税控盘和领取发票

若需要开发票，企业在税务报到之后可申请开具发票税控盘。企业可在税务局办理大厅或电子税务局办理，所需资料如下：

（1）营业执照副本原件、复印件和经办人身份证件。

（2）企业公章、财务专用章、法定代表人章、发票专用章。

（3）基本存款账户信息和基本存款账户编号。

（4）票种核定单。

申请税控盘需要交纳税控基础费用。交完费用、填写完毕资料后大约 5 个工作日之后领取税控盘和发票。

（二）税务变更办理流程

以北京地区企业为例，紫霖财税的企业管家协助软件销售子公司办理税务变更的操作步骤和方法如下：

税务变更流程

税务变更案例资料

（1）打开“国家税务总局北京市电子税务局”平台，单击“我要办税”，如图 3-9 所示。

图 3-9　单击“我要办税”

（2）根据企业所使用的方式登录，如图 3-10 所示。

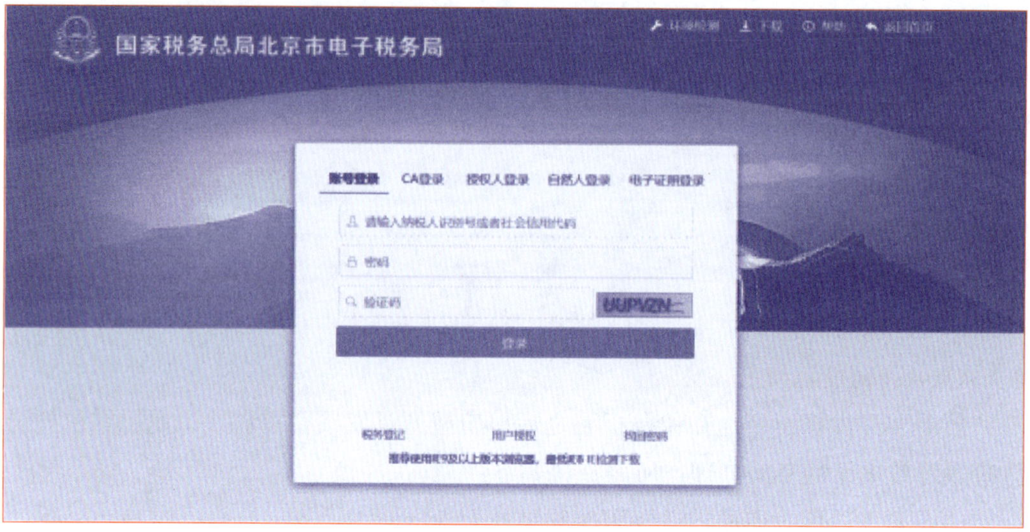

图 3-10　账号登录

（3）单击“我要办税——综合信息报告”，如图 3-11 所示。

图 3-11　综合信息报告

（4）根据企业变更的事项选择变更信息并按要求提交相应证明材料，如图 3-12 所示。

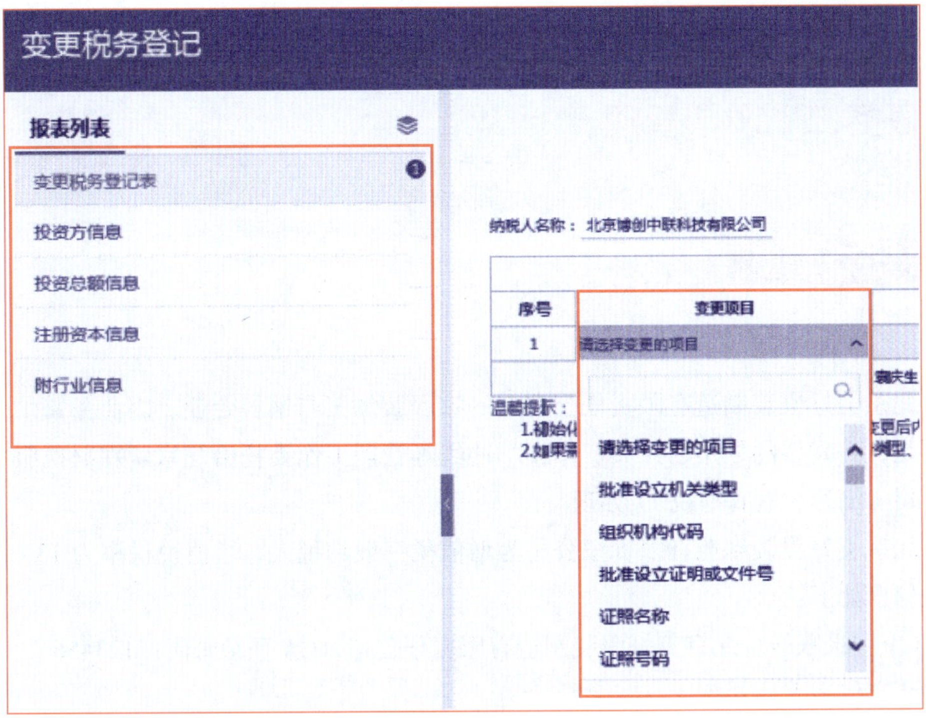

图 3-12　变更税务登记所需相关信息

五、任务评价

税务登记任务评价表如表 3-2 所示。

表 3-2　税务登记任务评价表

任务清单	完成情况
查阅税务登记的相关法规、税务登记的时间	
分析税务登记业务流程	
整理税务登记所需材料	
使用打印机，下载打印电子营业执照	
按业务流程登录税务相关系统填写和上传税务登记相关信息，办理税务登记和税务变更业务	
提交领取税控授权硬件（一证通、税控盘等）的相关材料，按流程申请并领取税控盘和发票	

发票管理

任务二　发票管理

一、任务情境

（一）任务场景

北京美好服装制造有限责任公司是一家服装加工与销售企业，因业务繁忙，人手不足，将发票的领用、开具、作废、冲红等管理工作委托给北京紫霖财税服务有限公司（简称“紫霖财税”）办理。

北京美好服装制造有限责任公司为增值税一般纳税人，增值税税率为13%，其相关信息如下：

CA登录账号：北京美好服装制造有限责任公司，CA登录密码：123456

法定代表人：刘备

办税员、领票人：张兰，手机号码为13312348765

经营地址：北京市通州区张家湾开发区88号

联系电话：010-51036728

纳税人识别号（统一社会信用代码）：91110105397106688D

基本存款账户开户银行：中国工商银行北京市通州支行

账号：6225887540917489588

北京美好服装制造有限责任公司2019年6月发生以下有关发票经济业务：

（1）6月1日，张兰领购增值税专用发票3份、增值税普通发票2份、电子普通发票2份，是否自提：否。

（2）6月2日，签订销售合同，向北京亿隆商贸有限公司销售女西服套装100套，不含税单价500元，货款尚未收到。北京亿隆商贸有限公司为增值税一般纳税人，其要求开具增值税专用发票，有关信息如下：

地址：北京市朝阳区青湾路12号

联系电话：010-65207823

纳税人识别号：911101053178069213

开户银行：中国建设银行北京市青湾支行

账号：6212000084091775489

（3）6月10日，签订销售合同，向北京如意商贸有限公司销售男西服套装80套，含税单价600元，货款尚未收到。北京如意商贸有限公司为增值税小规模纳税人，其要求开具增值税普通发票，有关信息如下：

地址：北京市昌平区平安路 19 号

联系电话：010-65172061

纳税人识别号：911101143806966718

开户银行：中国工商银行北京市昌平支行

账号：6220000558899408417

（4）6 月 15 日，签订销售合同，向北京如意商贸有限公司销售男童装 150 套，含税单价 220 元，货款尚未收到。北京如意商贸有限公司收到了企业管家刘庆为其开具的增值税普通发票，发现发票数量错录为 15 套，将发票退了回来，要求为其重新开具发票。

（5）6 月 22 日，6 月 2 日销售给北京亿隆商贸有限公司的 100 套女西服套装中，有 15 套因发现质量问题被退回。该批女西服套装的专用发票尚未申报抵扣，但北京亿隆商贸有限公司已将该发票入账，无法退回该发票的发票联和抵扣联。

（6）6 月 25 日，因面料质量与合同约定不符，北京如意商贸有限公司将 5 月 15 日购买的 50 套、含税单价 260 元的男西服套装全部退回，但因已入账和已抄税，发票无法退回。

（二）任务布置

请紫霖财税企业管家刘庆帮助该公司进行发票的领购、开具、作废、冲红等管理，企业管家朱玉负责复核。

二、工作准备

（一）知识准备

知识点：发票种类　发票的开具　发票的冲红和作废程序

相关法规：《中华人民共和国税收征收管理法》《中华人民共和国发票管理办法》《会计档案资料管理办法》《国家税务总局关于红字增值税发票开具有关问题的公告》（国家税务总局公告 2016 年第 47 号）

发票管理
工作准备

（二）业务要领

1. 发票管理说明
2. 发票领用与额度
3. 发票保管的要求
4. 所开具发票与合同内容相一致
5. 妥善保管发票可抵扣凭证
6. 开具发票一定要加盖发票专用章

3

7. 发票管理单据

（1）领购发票登记，如表 3-3 所示。

表 3-3　××公司发票入库登记表

序号	领购时间	领购人	发票名称	入库数量	起始票号	终止票号	复核人

备注：发票入库、出库必须严格按照发票号码顺序执行

（2）发票领用登记，如表 3-4 所示。

表 3-4　××公司发票领用 / 核销登记表

序号	种类	本数	发票数量	起始票号	终止票号	领用人	发放人	领用日期	交回人	回收人	本数	发票数量	起始号	终止号	交回日期

（3）发票签收本，如表 3-5 所示。

表 3-5　发票签收本

日期	单位	增值税普通发票		增值税专用发票		签收人
		发票号	金额	发票号	金额	

（4）发票使用统计，如表 3-6 所示。

表 3-6　××公司发票使用情况统计表

序号	发票名称	发票号码	开具时间	开票人	付款单位	开票项目	金额	使用情况

备注：① 发票开具必须严格按照发票号码顺序执行；
② 发票开具内容必须与实际业务内容一致。

（5）可抵扣凭证交接单，如表 3-7 所示。

表 3-7　可抵扣凭证交接单

序号	日期	金额	发票号码	金额	交票人	接收人	备注

备注：该签收单不作为收票方以现款付款的凭证。

三、业务流程

发票管理业务流程如图 3-13 所示。

图 3-13　发票管理业务流程

企业的发票管理流程说明如表 3-8 所示。

表 3-8　发票管理流程说明

工作序号	工作模块	工作任务	工具	操作
1	发票领购	登录 ×× 市电子税务局	电子税务局	登录（录入账号、密码）
		单击发票领用		单击
		填写领用的数量、种类		填写
		打印《网上领用发票收票单》		税务受理后打印
		导入申请发票信息	税控盘	打开税控盘，读入发票信息
2	发票开具	进入“发票开具”	开票软件	单击“发票开具”
		填写票面信息		填写、打印
3	发票作废及冲红	增值税专用发票作废与冲红	开票软件	分情况处理
		普通发票作废与冲红		

四、业务操作

发票领购
案例资料

（一）发票领购

以北京地区为例，目前北京有两种发票的领购方式，下面分别说明两种发票领购方式的操作步骤和方法。

第一种方式：到税务大厅领购发票。

这种领购发票方式需要携带税控盘、营业执照副本原件、发票专用章、购票人本人身份证原件等材料办理，同时还须购票人完成实名登记。

第二种方式：网上领购发票。

代开发票案例资料

（1）登录“国家税务总局北京市电子税务局”平台，进行“账号登录”，如图 3-14 所示。

图 3-14　登录“国家税务总局北京市电子税务局”平台

发票领购

（2）依次单击“我要办税”“发票使用”“发票领用”“发票发放（票 E 送）”（见图 3-15），进入“申领发票”页面（见图 3-16），单击“新申请”，进入“增值税发票申领和纳税人信息填写”页面。

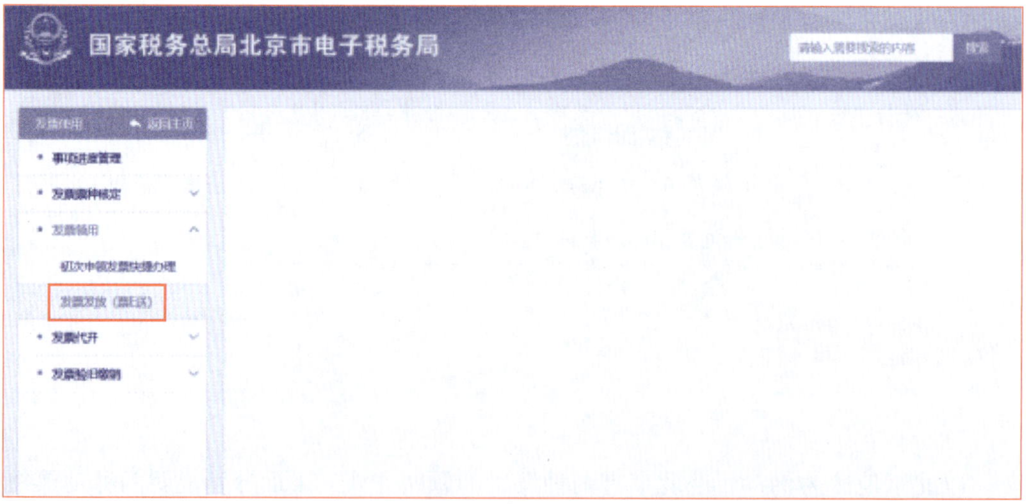

图 3-15　发票发放

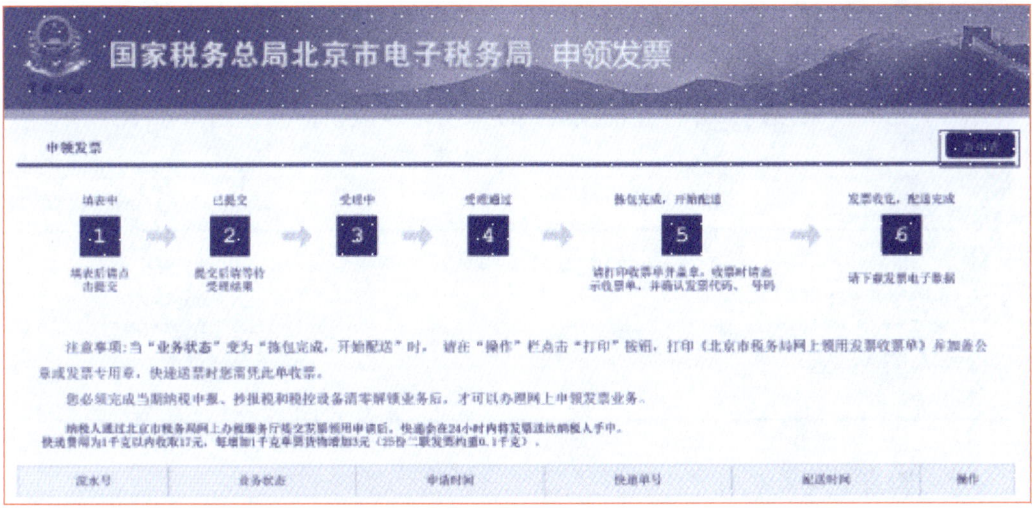

图 3-16　“申领发票”页面

（3）在“增值税发票申领和纳税人信息填写”页面（见图 3-17），根据企业可申请发票的种类及数量、领票人、配送地址等信息，填写增值税发票申领和纳税人相关信息并保存。

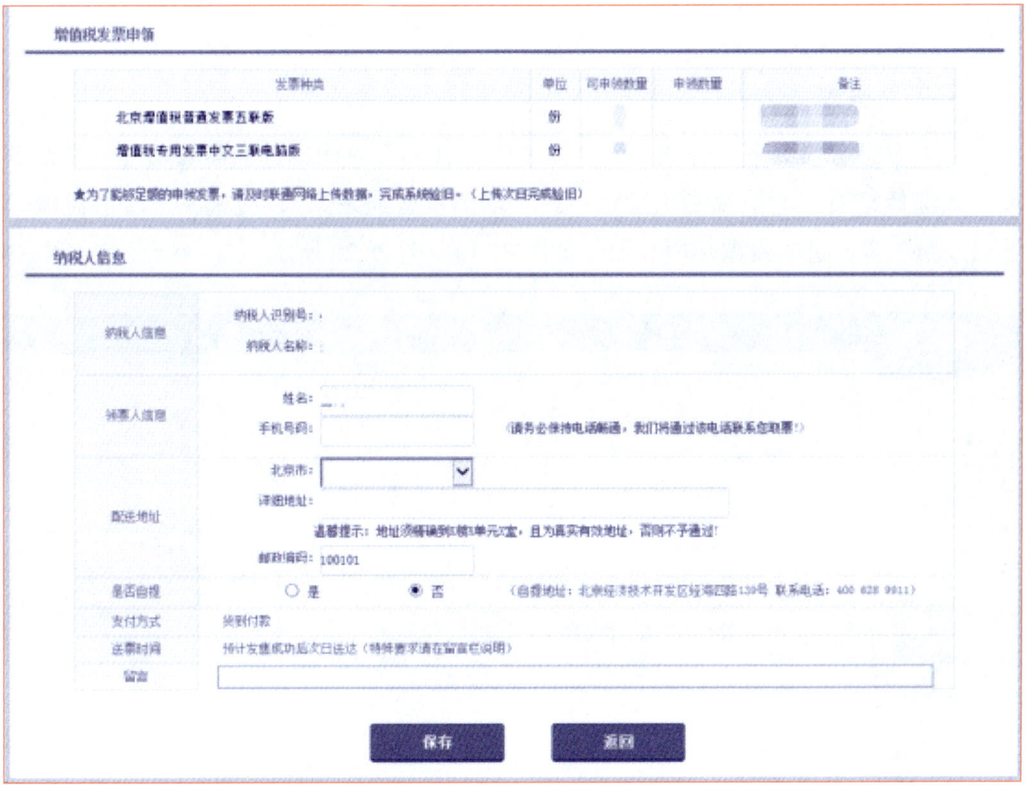

图 3-17　“增值税发票申领和纳税人信息填写”页面

（4）待税务部门受理之后，打印“北京市税务局网上领用发票收票单”并加盖公章或发票专用章，快递送票时须凭此单收票。

（5）完成发票领购，并打开税控盘，读入所申领发票信息，如图 3-18 所示。

图 3-18　读入申领发票相关纳税人信息

（二）发票开具

接受委托开具发票

（1）登录“票天下”开票软件，在“发票开具”界面，选择需要填开的发票类型，如选择纸质“增值税专用发票”或“增值税普通发票”，或选择“增值税电子普通发票”等，进入发票填写界面。如图 3-19、图 3-20 所示。

图 3-19　发票开具界面

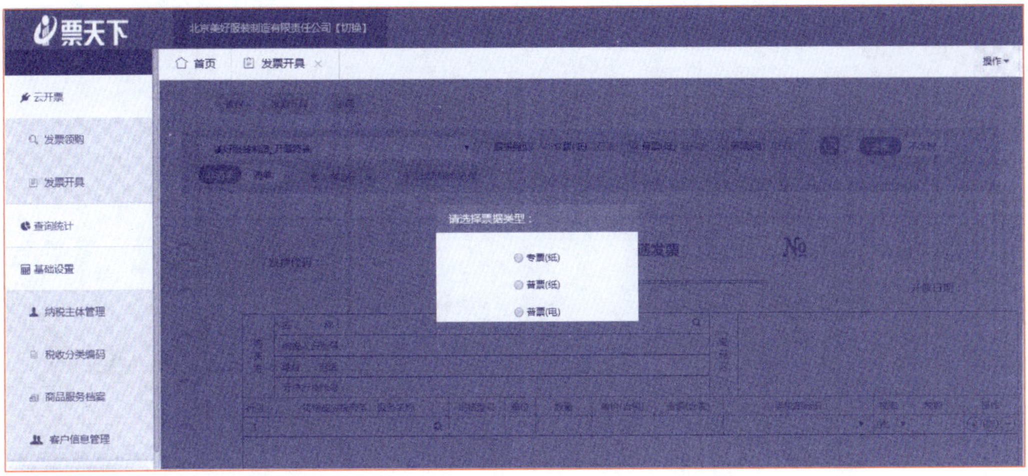

图 3-20　选择填开的发票类型

（2）在发票填写界面，如图 3-21 所示，填写发票票面内容。内容填写好后，单击“发票开具”即完成发票开具。在发票列表中下载已开具的发票并打印，如图 3-22、图 3-23 所示。

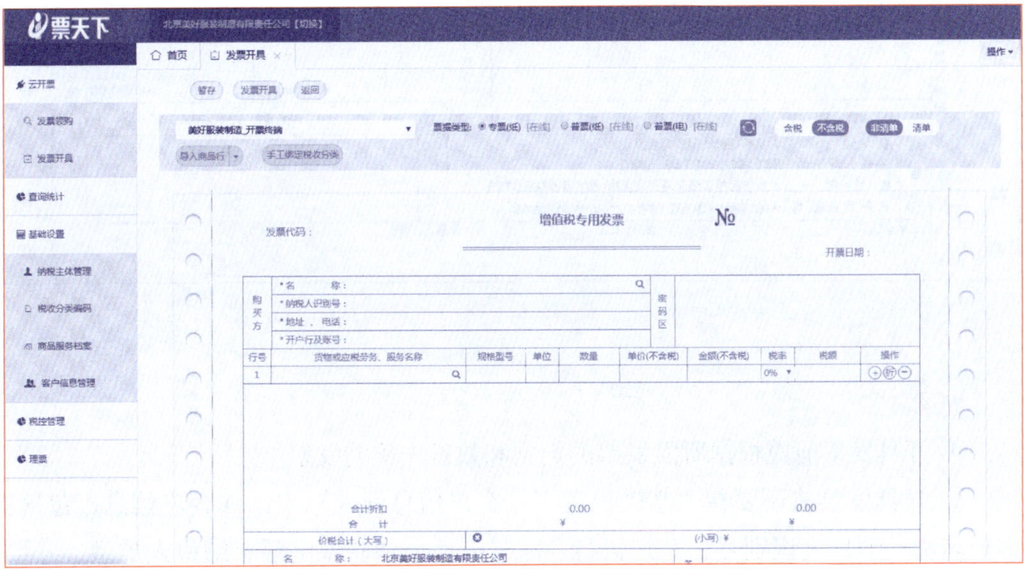

图 3-21　填写增值税发票信息

3

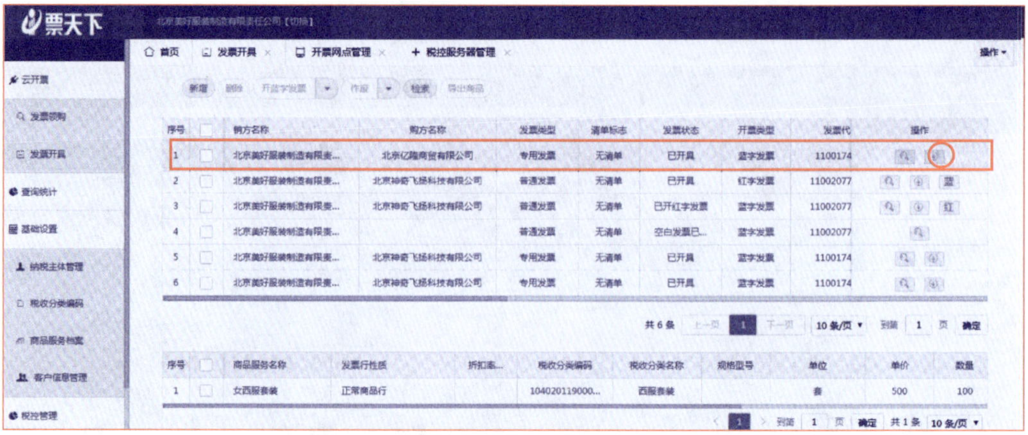

图 3-22　下载已开具的发票

中联教育 教学专用

北京增值税专用发票

1100174074　№ 70779433

1100174074
70779433

此联不作报销、扣税凭证使用

开票日期：2019 年 06 月 02 日

购买方	名　　称：北京亿隆商贸有限公司 纳税人识别号：911101053178069213 地　址、电　话：北京市朝阳区青湾路12号01065207823 开户行及账号：中国建设银行北京市青湾支行6212000084091775489			密码区	21**4<1+<>8+8-6<6>-<438>181 3688*1><+1>6-/>20>32576**918 20/40/<143++7652/485798+9726 0618**0-98-+*/3>/6*>19*63/9+0+		
货物或应税劳务、服务名称	规格型号	单位	数量	单价	金额	税率	税额
*西服套装*女西服套装		套	100	500.00	50000.00	13%	6500.00
合　　计					¥50000.00		¥6500.00
价税合计（大写）	⊗ 伍万陆仟伍佰元整				（小写）¥56500.00		
销售方	名　　称：北京美好服装制造有限责任公司 纳税人识别号：91110105397106688D 地　址、电　话：北京市通州区张家湾开发区88号010-51036728 开户行及账号：中国工商银行北京市通州支行6225887540917489588			备注			

收款人：　　复核：朱玉　　开票人：刘庆　　销售方：（章）

京税总函[2018]670号北京印钞有限公司

第一联：记账联　销售方记账凭证

图 3-23　开具的发票下载完成并打印

注意：

① 开具发票前应根据所需发票的类型和数量先领购发票。

② 开具发票前还要在“基础设置——客户信息管理”中添加客户信息，包括：客户名称、纳税人识别号、开户银行、账号、地址和联系电话、纳税人类型、开票类型、寄票信息、发送信息等。

③ 开具发票时需要选择商品和服务税收分类编码，通常是先选择大类，如货物、劳务、服务、无形资产、不动产、不征税项目等；然后查询具体项目的关键词，比如“水杯”，如果没有查询到，减少关键词（可以扩大查询范围），查询“杯”，找到所属的分类后，再增加具体货物名称。

（三）发票作废及冲红

1. 增值税专用发票的作废与冲红

增值税专用发票的作废与冲红

（1）增值税专用发票当月开错，未用于申报抵扣，且发票联和抵扣联退回的，可以直接作废，遵循谁开票谁作废的原则，或者以管理员权限登录开票软件进行作废。

进入“发票开具”界面，在发票列表中选择开错的发票并选择“作废”，完成发票作废，如图 3-24 所示。

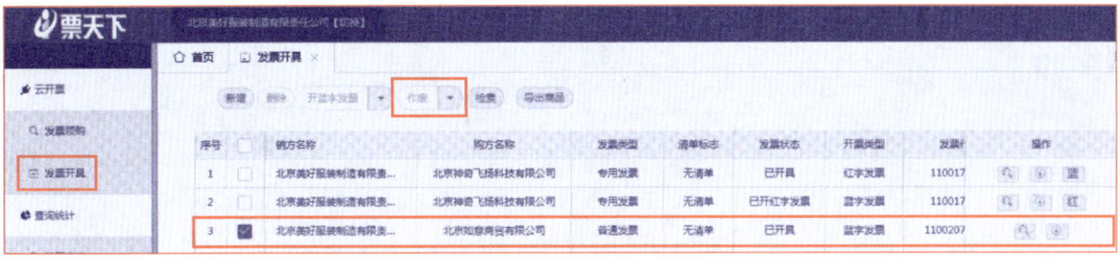

图 3-24　发票作废

（2）根据《国家税务总局关于红字增值税发票开具有关问题的公告》（国家税务总局公告 2016 年第 47 号）规定，增值税一般纳税人开具增值税专用发票后，发生销货退回、开票有误、应税服务中止等情形但不符合发票作废条件，或者因销货部分退回及发生，需要开具红字专用发票的，先填开《开具红字增值税专用发票信息表》，上传并审核通过后，再开具红字专用发票。

① 购买方申请开具红字专用发票。

专用发票已用于申报抵扣和专用发票尚未申报抵扣、但发票联或抵扣联无法退回的这两种情形，由购买方填开并上传《开具红字增值税专用发票信息表》。

注意： 填写信息表时，当选择“已抵扣”时不需要填写对应蓝字专用发票代码和号码，当选择“未抵扣”时应填写对应蓝字专用发票的代码和号码。

主管税务机关通过网络接收纳税人上传的信息表，系统自动校验通过后，生成带有“红字专用发票信息表编号”的信息表，并将信息同步传至纳税人端系统中。

销售方凭税务机关系统校验通过的信息表，在系统中以销项负数开具红字专用发票，然后下载并打印红字专用发票。红字专用发票应与信息表一一对应。如图 3-25、表 3-9、图 3-26 所示。

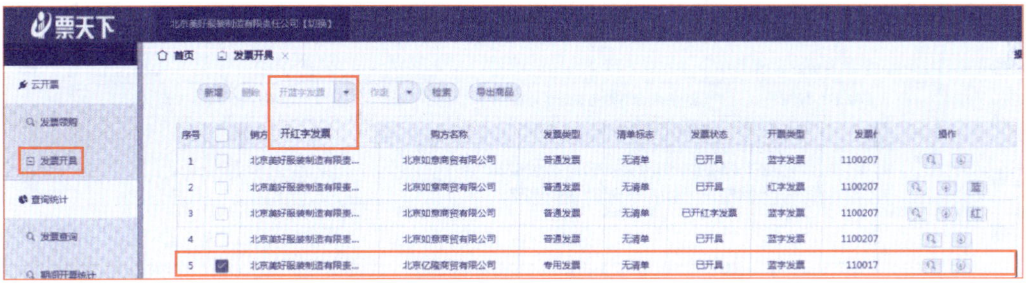

图 3-25　红字发票信息表

表 3-9　开具红字增值税专用发票信息表

填开日期：　　年　　月　　日

销售方	名称		购买方	名称		
	纳税人识别号			纳税人识别号		
开具红字专用发票内容	货物（劳务服务）名称	数量	单价	金额	税率	税额
	合计	—	—		—	
说明	一、购买方□ 对应蓝字专用发票抵扣增值税销项税额情况： 1. 已抵扣□ 2. 未抵扣□ 对应蓝字专用发票的代码：________ 号码：________ 二、销售方□ 对应蓝字专用发票的代码：________ 号码：________					
红字专用发票信息表编号						

中联教育 教学专用

北京增值税专用发票　№ 70779435

1100174074　　1100174074　70779435

此联不作报销、扣税凭证使用

开票日期：2019 年 06 月 22 日

购买方　名称：北京亿隆商贸有限公司
纳税人识别号：911101053178069213
地址、电话：北京市朝阳区青湾路12号01065207823
开户行及账号：中国建设银行北京市青湾支行6212000084091775489

密码区：
0217/9>>-124/<4977<7570*1+45
2*9301079+02//03/*09/317**-/69+
71190/>+*954+60<*>3*0>0>/*+-
70+9*/4168/*84+8056694-8-51-*9

货物或应税劳务、服务名称	规格型号	单位	数量	单价	金额	税率	税额
*西服套装*女西服套装		套	-15	500.00	-7500.00	13%	-975.00
合计					¥-7500.00		¥-975.00

价税合计（大写）　ⓧ（负数）捌仟肆佰柒拾伍元整　（小写）¥-8475.00

销售方　名称：北京美好服装制造有限责任公司
纳税人识别号：91110105397106688D
地址、电话：北京市通州区张家湾开发区88号010-51036728
开户行及账号：中国工商银行北京市通州支行6225887540917489588

备注

收款人：　复核：朱玉　开票人：刘庆　销售方：（章）

税总函[2018]670号北京印钞有限公司

第一联：记账联　销售方记账凭证

图 3-26　下载并打印红字专用发票

注意： 带有清单的发票无法在红字信息表中显示；增值税专用发票开具红字信息表时支持部分金额冲红；信息表中填写的商品数量和金额必须为负数；如果商品编码中未添加需要开具的商品名称，需要先添加商品编码再填开信息表。

② 销售方申请开具红字发票。

销售方开具专用发票尚未交付购买方，以及购买方尚未用于申报抵扣并将发票联和抵扣联退回的，由销售方按规定在系统中填开并上传《开具红字增值税专用发票信息表》，填开信息表时应填写对应的蓝字专用发票的代码和号码。信息表审核通过后，会生成信息表编号，销售方依据信息表开具红字专用发票，然后下载并打印红字专用发票。

注意： 无特殊情况，不要选择直接开具。

增值税普通发票的作废与冲红

2. 增值税普通发票的作废与冲红

（1）当月开错的发票，且未进行非征期抄报，可以对其作废。

进入“发票开具”界面，在发票列表中选择开错的发票并选择“作废”，然后完成发票作废，如图 3-27 所示。

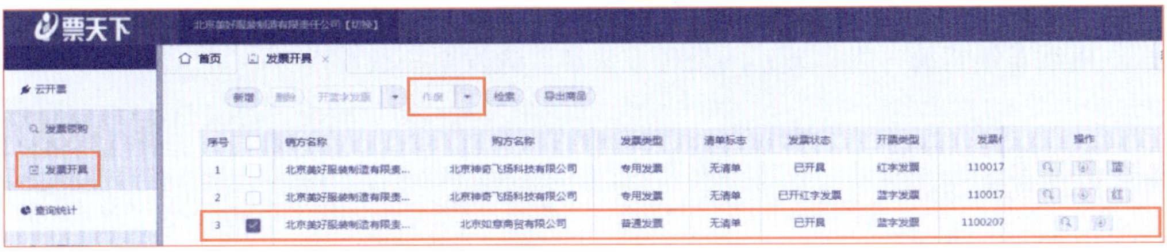

图 3-27　作废开错发票

（2）跨月的普通发票或已经抄税的普通发票，发现开错了，需进行普通发票冲红。

进入“发票开具”界面，在发票列表中勾选需要冲红对应的蓝字普通发票，选择“开红字发票”，即完成了普通发票的冲红，这时就可以下载和打印红字普通发票了。普通发票不支持部分冲红，如图 3-28、图 3-29 所示。

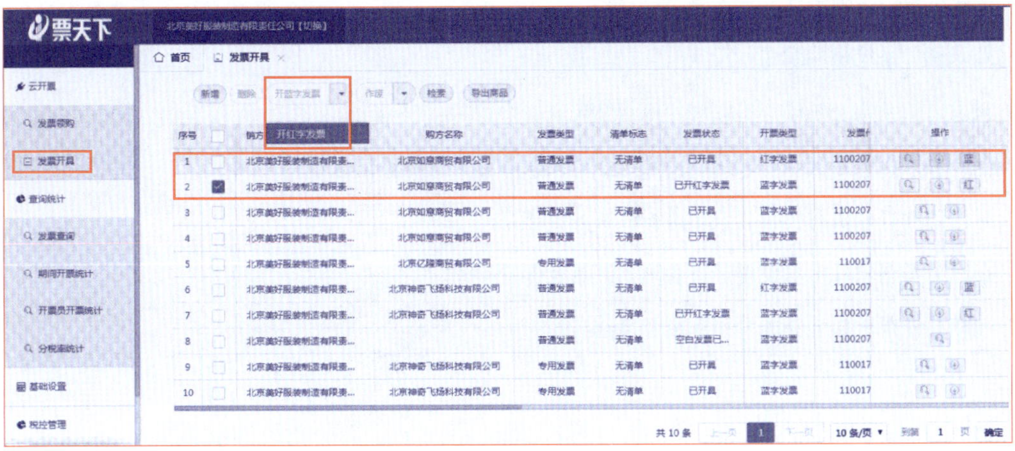

图 3-28　选择对应的蓝字普通发票进行冲红

3

中联教育 教学专用

北京增值税专用发票

№ 70779933

1100207740７4

110020774074
70779933

此联不作报销、扣税凭证使用

校验码：19152861571588851878

开票日期：2019 年 06 月 25 日

购买方	名　　称：北京如意商贸有限公司 纳税人识别号：911101143806966718 地址、电话：北京市昌平区平安路19号01065172061 开户行及账号：中国工商银行北京市昌平支行6220000558899408417	密码区	44*0/-608812221>/5+6+<611-250 /63+37693*1+875*+<837>><+3/ 673><*03><55<90>01-37421<2 >33+32817811-+--6943-27<6/711

货物或应税劳务、服务名称	规格型号	单位	数量	单价	金额	税率	税额
*西服套装*男西服套装		套	-50	-230.09	-11504.42	13%	-1495.58
合　　计					¥-11504.42		¥-1495.58
价税合计（大写）	⊗（负数）壹万叁仟元整				（小写）¥-13000.00		

销售方	名　　称：北京美好服装制造有限责任公司 纳税人识别号：91110105397106688D 地址、电话：北京市通州区张家湾开发区88号010-51036728 开户行及账号：中国工商银行北京市通州支行6225887540917489588	备注	

收款人：　　复核：朱玉　　开票人：刘庆　　销售方：（章）

税总函［2018］670号北京印钞有限公司

第一联：记账联　销售方记账凭证

图 3-29　普通发票冲红

机动车销售统一发票开错的处理方法和普通发票一致。

五、任务评价

发票管理任务评价表见表 3-10 所示。

表 3-10　发票管理任务评价表

任务清单	完成情况
查阅发票管理相关的法律法规	
分析发票管理业务流程	
登录税务系统领购发票	
对发票的领购、领用、签收和使用等情况进行登记	
登录税务相关系统填写领用、使用、发放发票等业务的相关信息	
操作各种打印机对发票收票单进行核查并打印	
在相关开票软件上对发票进行管理、开具及保管	
在相关开票软件上完成发票作废及冲红	

■ 任务三　特殊涉税事项处理

一、任务情境

（一）任务场景

2017 年 6 月，张彬以货币的形式出资 100 万元，取得北京恒远商贸有限责任公司（简称“恒远公司”）10% 的股份；2018 年 3 月，张彬以货币的形式出资 200 万元，取得恒远公司 10% 的股份；2018 年 8 月，张彬又以货币增资方式投资金额 300 万元，取得恒远公司 10% 的股份。截至 2019 年 10 月，张彬共持有恒远公司 30% 的股份。2019 年 10 月，张彬将持有恒远公司 10% 的股份转让给李辉，转让价格为 400 万元。张彬请北京紫霖财税服务有限公司（简称“紫霖财税”）的税务管家刘梅帮助其办理变更纳税申报和变更手续。

特殊涉税事项处理工作准备

（二）任务布置

请紫霖财税税务管家刘梅帮助该公司办理变更纳税申报和变更手续。

（1）准备股权变更相关资料，确认股权变更须缴纳的税种。

（2）纳税申报，缴纳税款、提交资料申请税务变更。

（3）取得税务出具的股权变更证明，完成税务登记变更。

纳税申报管理

二、工作准备

（一）知识准备

知识点：企业印花税的计算　个人所得税的计算

相关法规:《中华人民共和国税收征收管理法》《中华人民共和国税收征收管理法实施细则》《税务登记管理办法》《中华人民共和国个人所得税法》《中华人民共和国印花税法暂行条例》《股权转让所得个人所得税管理办法（试行）》

税务变更

（二）业务要领

1. 股权交易价格要公允

2. 转让价格明显偏低要有正当理由

3. 个人所得税分期缴纳和递延纳税

三、业务流程

股权转让税收申报及变更流程如图 3-30 所示。

图 3-30　股权转让税收申报及变更流程

股权转让税收申报及变更的具体流程说明如表 3-11 所示。

表 3-11　股权转让税收申报及变更流程说明

工作序号	工作任务	工具及依据	工作指导
1	准备股权变更资料	股权转让协议等	具体见业务操作“（一）准备股权变更所需要资料”
2	缴纳印花税 个人所得税	个人所得税法 企业所得税法 印花税暂行条例	
3	向税务机关提交完税证明等相关变更需要资料	完税证明，股权转让协议等	如果是企业需要缴纳企业所得税，个人转让股权不征增值税
4	取得税务机关出具的股权变更证明，完成税务登记变更	股权变更证明	

四、业务操作

股权转让税务变更流程及相关税费计算申报操作方法如下。

（一）准备股权变更所需要资料

个人（单位）股权变更，通常需要准备以下资料和证件（变更登记各地税局具体要求略有出入）：

（1）股权转让协议；

（2）同意股权转让的新、旧股东会决议，新、旧公司章程；

（3）能够确定股权原值的证明文件，如公司设立或增资时出资的提供验资报告，如受让其他股东获得股权的提交当时的股权转让协议及相关证明文件；

（4）股权转让协议签订日期上一个月公司的资产负债表；

（5）转让、受让双方印花税凭证和个人所得税凭证；

（6）按规定需要进行资产评估的，须提供具有法定资质的中介机构出具的净资产或土地、房产等资产价值评估报告（有效期为近六个月的）；

（7）股权转让双方的身份证明原件，自然人提供身份证原件及复印件，企业法人提供公司营业执照原件及复印件；

（8）个人所得税自行纳税申报表（A 表）、个人所得税基础信息表（B 表）、个人股东变更情况表、被投资企业股权变动情况报告表各两份；

（9）委托办理股权转让授权书，受托人身份证原件及复印件。

（二）确认股权变更需要缴纳的税种并进行纳税申报

（1）根据《中华人民共和国印花税暂行条例》，股权转让合同属于印花税“财产转移书据”税目的征收范围，转让方和受让方应按照合同金额的万分之五分别缴纳印花税；股权转让双方都需要依据合同金额缴纳印花税。

因此，任务场景中的转让方张彬和受让方李辉需要缴纳印花税 0.2 万元（400 万元 × 0.0005）。

（2）《股权转让所得个人所得税管理办法（试行）》规定：个人转让股权，以股权转让收入减除股权原值和合理费用后的余额为应纳税所得额，按“财产转让所得”计算缴纳个人所得税，税率为 20%。通过以上条文，可以看出自然人股东在股权转让行为中，缴税多与少，主要与三个要素有关：股权转让收入、股权原值、合理费用。

① 确认股权转让收入。

股权转让收入指转让方因股权转让而获得的现金、实物、有价证券和其他形式的经济利益。转让方取得与股权转让相关的各种款项，包括违约金、补偿金以及其他名目的款项、资产、权益等，均应当并入股权转让收入。另外，纳税人按照合同约定，在满足约定条件后取得的后续收入，也应当作为股权转让收入。

通过案例可以得知，此次股权转让的收入为 400 万元。

② 确认股权原值。

税法中股权原值确认的方式有以下五种：

a. 以现金出资方式取得的股权，按照实际支付的价款与取得股权直接相关的合理税费之和确认股权原值；

b. 以非货币性资产出资方式取得的股权，按照税务机关认可或核定的投资入股时非货币性资产价格与取得股权直接相关的合理税费之和确认股权原值；

c. 通过无偿让渡方式取得股权，具备继承或将股权转让给其能提供具有法律效力身份关系证明的配偶、父母、子女、祖父母、外祖父母、孙子女、外孙子女、兄弟姐妹以及对转让人承担直接抚养或者赡养义务的抚养人或者赡养人情形的，按取得股权发生的合理税费与原持有人的股权原值之和确认股权原值；

d. 被投资企业以资本公积、盈余公积、未分配利润转增股本，个人股东已依法缴纳个人所得税的，以转增额和相关税费之和确认其新转增股本的股权原值；

e. 除以上情形外，由主管税务机关按照避免重复征收个人所得税的原则合理确认股权原值。

③ 确认合理费用。

合理费用指股权转让时按照规定支付的有关税费。一般包括印花税、资产评估费和中介服务费等。

股权转让合同属于印花税“财产转移书据”税目的征收范围，转让方和受让方应按照合同金额的万分之五分别缴纳印花税；股权转让中发生的资产评估费、中介服务费包括会计师费用、律师费用等也是合理费用的一部分，可以在计征应纳税所得额时从收入中扣除。

通过案例可以得知，此次股权转让的合理费用为印花税。印花税额为 2 000 元，此为转让方转让时的合理费用。

因此，张彬股权转让的原值可以按照第一种方式来确认。张彬此次转让 10% 股权的原值为：$(100+200+300)\times 10\% \div 30\% = 200$（万元）（股权原值按加权平均成本计算）；应交个人所得税为：（股权转让收入 − 股权原值 − 合理费用）× 个人所得税税率 $=(400-200-0.2)\times 20\% = 39.96$（万元）

（3）根据《财政部　国家税务总局关于全面推开营业税改征增值税试点的通知》（财税〔2016〕36 号）规定，金融商品转让，是指转让外汇、有价证券、非货物期货和其他金融商品所有权的业务活动。《金融保险业营业税申报管理办法》（国税发〔2002〕9 号）第七条规定，金融商品转让，是指转让外汇、有价证券或非货物期货的所有权行为。包括：股票转让、债券转让、外汇转让、其他金融商品转让。对比以上两个规定，营改增之后，转让非上市公司股权、转让债权，都不属于增值税征收范畴。

因此，单位和个人转让非上市公司股票均不需要缴纳增值税，个人转让上市公司股票暂不交增值税，单位转让上市公司股票需要缴纳增值税。

（三）提交资料申请税务变更

纳税申报后，缴纳税款，取得完税证明后，向税务机关提交变更资料申请税务变更。

（四）完成税务变更登记

税务机关审核通过后，取得税务局出具的股权变更证明，完成税务变更登记。

（五）其他事项

（1）个人转让股权一般情况下个人所得税适用税税率为 20% 的“财产转让所得”，但也存在一些税收优惠情况：如个人转让新三板挂牌公司非原始取得的所得，暂免征收个人所得税，但原始取得的所得按照“财产转让所得”缴纳 20% 的个人所得税；再如合伙创投企业以股权投资方式直接投资于初创科技企业满两年的个人合伙人，可以享受投资额的 70% 抵扣企业分给个人的所得。

（2）个人所得税分期缴纳：中小高新技术企业以未分配利润、盈余公积、资本公积向个人股东转增股本时，个人股东一次缴纳个人所得税如果确有困难，可自行制定 5 年内（含）的分期缴税计划，并向主管税务机关备案。

（3）非上市公司授予本公司员工股票期权、限制性股票、股权奖励，如符合条件并经主管税务机关备案后，可递延纳税：员工取得该类股权时暂不纳税，转让该股权时纳税；上市公司授予员工的股票期权、限制性股票、股权奖励，经主管税务机关备案后，个人可自可行权日起，在不超过 12 个月内缴纳个人所得税。

五、任务评价

特殊涉税事项处理任务评价表如表 3-12 所示。

表 3-12　特殊涉税事项处理任务评价表

任务清单	完成情况
分析股权转让税收申报及变更流程	
计算印花税和个人所得税，并进行账务处理	
确认股权变更需要缴纳的税种并进行纳税申报	
根据被投资方的要求对税务股权变更的材料进行整理，并提交至税务局进行审核	
对完税证明和股权变更证明进行提交并进行税务变更登记	

3

工作领域四

人力资源与五险一金管理

技能目标

1. 了解人力资源与五险一金管理相关法律规定，了解公司人力资源管理的目标及各部门岗位的职责，并能在实际业务中应用。

2. 能对公司应聘人员报到时所需材料进行核查。

3. 能制定劳动协议和保密协议等劳动合同。

4. 能根据公司员工日常管理的原则和方式制定公司规章制度，并对员工进行工作考核和薪酬管理。

5. 能对新参保人员的申请条件和所需申报材料进行审核，并能在社会保险网上服务平台上对单位首次参保人员进行社保登记申报。

6. 能对单位住房公积金申请所需的材料进行整理和审核，掌握单位住房公积金登记开户的流程，并能在住房公积金网上政务平台办理单位住房公积金网上开户。

任务一　人力资源管理

一、任务情境

人力资源管理

（一）任务场景

北京紫霖财税服务有限公司（简称“紫霖财税”）是一家为中小企业提供财税咨询和代理的综合服务公司。为了集中精力做研发，2019 年 9 月 20 日，北京振兴科技有限公司与紫霖财税商谈，准备将公司基层人员招聘和培训外包给紫霖财税，并请紫霖财税帮助设计人力资源管理体系。

北京振兴科技有限公司（简称“振兴科技”）是 2019 年 9 月刚成立不久的一家软件开发与服务企业，为了保证正常的经营，振兴科技准备设置行政部、财务部、研发部、质量管理部、营销部、项目实施部 6 个部门，目前已有 3 名职工，拟招聘的岗位及需求数、学历要求、工资构成如表 4-1 所示。

表 4-1　北京振兴科技有限公司拟招聘需求表

序号	部门	姓名	性别	岗位	岗位需求数	岗位职责	学历要求	工资构成（元）		
								月基本工资标准	奖金	津贴补贴
1	行政部	林宇明	男	执行董事兼总经理	1		硕士研究生	20 000		
2		陈平	男	监事	1		大学本科	10 000		
3	财务部	韩超	男	董事兼财务部经理	1		大学本科	10 000		
4		王清	女	出纳兼秘书	1		大学本科	5 000		
5				会计	1					
6	研发部			软件工程师	5					
7	质量管理部			质检员	1					
8	营销部			营销部经理	1					
9				营销员	2					
10	项目实施部			实施部经理	1					
11				实施人员	3					

（二）任务布置

请紫霖财税企业管家（中小企业财税综合服务岗）刘庆帮助该公司进行基层人员招聘和培训，设计人力资源管理体系。

（1）通过调查人才市场行情，结合该公司业务特点和需要，将招聘需求表设计完整。

（2）根据设计好的招聘需求表、部门用人申请表，撰写和发布招聘启事。

（3）制作面试评价表、录用审批表、新员工报到函。

（4）制定新聘人员培训计划，设计培训活动、培训内容、日程安排、培训记录表、培训效果跟踪表。

（5）办理新员工劳动合同、保密协议的签订。

（6）制定员工日常管理制度。

（7）制定员工薪酬和福利标准。

（8）制定员工业绩考核方案，设计部门、员工考核表、员工绩效评价表。

二、工作准备

人力资源管理工作准备

（一）知识准备

知识点：人员招聘　人员培训　绩效及薪酬管理

（二）业务要领

1. 录用员工的注意事项
2. 未签订劳动合同的风险
3. 签订劳动合同的注意事项

三、业务流程

企业人力资源管理业务流程如图 4-1 所示。

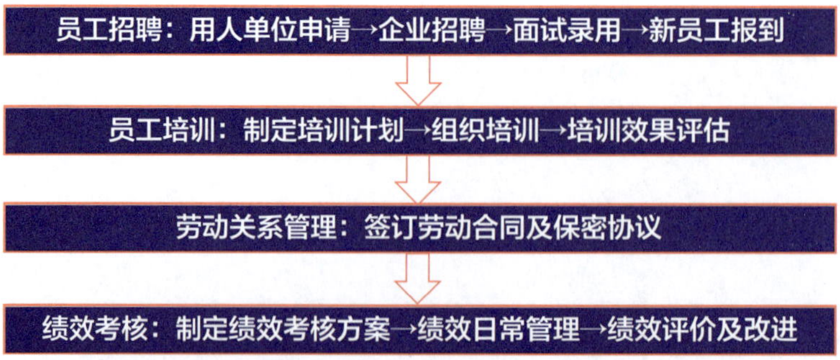

图 4-1　企业人力资源管理业务流程

企业人力资源管理业务流程说明如表 4–2 所示。

表 4–2　企业人力资源管理业务流程说明

工作序号	工作模块	工作任务	工具及单据	依据或方式	对接对象	备注
1	员工招聘	用人申请	部门用人申请表	人力资源规划 经营发展需要	上级领导	人力资源外包工作方法和流程与单位内部人力部门的工作基本一致，只不过更专业
		企业招聘	招聘信息文案	评估招聘渠道 选择招聘渠道	招聘媒体 社会共享	
		面试及录用	面试评价表 录用审批表	岗位能力需求 心理测评 能力测评	面试者 社会共享	
		新员工报到	报到函	员工报到程序	新员工	
2	员工培训	制定培训计划	培训计划	公司发展 员工需求	全体员工	
		组织培训	培训记录表 培训效果跟踪表	能力发展规律	全体员工	
3	劳动关系管理	劳动合同签订	劳动合同 保密协议	劳动合同法	全体员工	
		劳动合同变更	劳动合同变更确认书	劳动合同法	全体员工	
		劳动合同解除	劳动合同解除确认单	劳动合同法	全体员工	
4	绩效考核	考核方案制定	员工考核方案 部门、员工考核表	组织行为学 公司发展战略	全体员工	
		绩效日常管理	员工日常管理制度 考核和薪酬管理	员工工作的岗位职责、行为、效果、贡献	全体员工	
		绩效评价	员工绩效评价表	员工绩效	全体员工	
		绩效改进	绩效改进方案	公司发展需要 员工现状	全体员工	

四、业务操作

中小企业人力资源管理的核心工作内容包括四大模块：员工招聘、员工培训、员工绩效考核和劳动关系管理。各模块的核心工作内容简单介绍如下：

（一）员工招聘

为了满足企业发展的人才需求，企业通常应结合自身实际情况，制定员工招聘管理制度，开展企业的员工招聘工作。招聘工作一般分为以下几个步骤：

第一，明确部门用人需求，通过填写《招聘需求表》，详细描述岗位职责（岗位的核心工作内容）、任职要求（学历、专业、工作年限、能力及岗位必备技能）等需求内容，通过媒体发布招聘需求；

第二，筛选简历，邀请合适的人选与面试负责人对接，并通过填写《应聘登记表》《面试评价表》，记录和量化应聘人员的面试情况；

第三，对于面试合格的人选，进行入职前调查，沟通确定入职日期，发放《录用通知书》给被录用人员；

第四，在员工入职时核查公司要求的相关资料（包括但不限于体检表、原单位的离职证明原件、身份证、学历证书及其他相关证明材料），协助入职员工填写好《员工入职登记表》《劳动合同》等公司要求的资料。

（二）员工培训

为保证公司持续快速发展，在不同的发展阶段，都需要组织员工进行培训。培训内容既包括职业知识和技能，也包括职业态度、责任感、职业道德及职业行为等方面。员工培训的组织可通过三个步骤来实现：首先制定培训计划，然后组织开展培训，最后进行培训效果评估。在组织培训之前，要通过填写《培训需求表》，调研培训对象的培训需求内容，在组织了相应的培训之后，要填写《培训结果反馈表》，对培训结果进行总结，以便于改进和优化后续的员工培训。

（三）劳动关系管理

人力资源管理表单

公司劳动关系管理的内容，主要包括劳动合同确立、合同变更和合同解除几个方面的内容。

在劳动合同确立阶段，对新进员工的聘用，人事部门需对其学历证明等进行资格审查并通知其到指定医院进行体检。体检合格后，新员工在双方协商一致的基础上，签订劳动合同。各个企业的试用期不同，原则上规定为 1～3 个月，试用期满后，试用合格者，用人部门书面申请并填写《员工转正申请表》报人力资源办理转正手续。

在合同内容有变化的情况上，双方需协商一致再进行合同变更。

劳动合同的解除是指劳动合同订立后，尚未全部履行以前，由于某种原因导致劳动合同一方或双方当事人提前消灭劳动关系的法律行为。劳动合同的解除分为协商解除、法定解除和约定解除三种；根据《劳动法》的规定，劳动合同既可以单方依法解除，也可以双方协商解除；劳动合同解除，需严格遵守相关法律的规定。

常见的公司人事管理表单有《招聘需求表》《应聘登记表》《面试评价表》《录用通知书》《员工入职登记表》《劳动合同》《培训需求表》《培训结果反馈表》《员工绩效考核表》等。各类型表单根据每个公司的职位和业务设置，其内容形式各不相同，本书选取一些通用表格作为参考（具体内容可扫描二维码查看），在实际应用当中需根据企业的实际需求进行调整。

（四）绩效考核

绩效考核是企业人力资源管理板块一项重要的内容，是针对员工所承担的工作，通过应用定量的方法，对其工作行为、工作效果及其对企业的贡献或价值进行考核和评价，并将评价结果反馈给员工的过程。每个企业对于员工有不同的考核模式，对于不同的工作岗位也有不同的考核指标。在这里介绍两种比较常见的考核方法。

一是全视角考核法（360° 考核法），即上级、同事、下属、自己和客户对被考核者进行考核的一种考核方法。通过不同的角度进行多维度评价，综合不同类型评价者的意见，得出一个全面、公正的评价。

二是目标绩效考核法，通过对部门和员工设定既定的主要工作目标，按照目标实现的程度对部门和员工进行考核评价。

五、任务评价

人力资源管理任务评价表见表 4-3。

表 4-3　人力资源管理任务评价表

任务清单	完成情况
填写部门用人申请表，选择适当媒体发布招聘信息	
制作面试评价表	
会制作报到函，能对公司应聘人员报到时所需材料进行核查	
调研培训需求、编写培训计划，设计培训记录表和培训结果评价表	
了解劳动合同变更确认书的程序，了解劳动合同解除确认单的程序	
制定劳动协议和保密协议等劳动合同	
根据公司员工日常管理的原则和公司规章制度，制定部门、员工考核表，对员工进行工作考核和薪酬管理	

任务二　首次参保人员社保登记

首次参保人员社保登记

一、任务情境

（一）任务场景

2019 年 10 月 30 日，北京振兴科技有限公司（简称“振兴科技”）录用 10 名应届大学毕业生，这些新员工以前没有缴纳过职工社会保险。这 10 名应届大学毕业生的个人信息如表 4-4 所示。10 名大学毕业生参加的险种包括基本养老保险、失业保险、工伤保险、生育保险、基本医疗保险五险，户口性质均为非农业户口，个人身份均为工人，缴费人员类别均为本市城镇职工、医疗参保人员类别均为本市城镇职工，选择的医院均为解放军 301 医院、北京博爱医院、空军总医院、丰台医院、怡康医院。

首次参保人员社保登记工作准备

10 名大学毕业生的户口所在地、居住地、联系地址、对账单地址和邮编：地址与户籍所在地一致，邮编均为 100067。获取对账单方式：网上查询。委托代发银行名称：中国工商银行丰台支行账号：0200222109255527680。

振兴科技请北京紫霖财税服务有限公司（简称“紫霖财税”）协助办理社会保险申报缴纳工作。

（二）任务布置

请紫霖财税企业管家（中小企业财税综合服务岗）刘庆帮助该公司办理新员工的社会保险登记申报。登录方式：采用电子营业执照登录或者 CA 证书登录；CA 证书登录账号：北京振兴科技有限公司；CA 证书登录密码：123456。

二、工作准备

首次参保人员社保登记工作准备

（一）知识准备

知识点：社会保险　社会保险登记流程　单位负担社会保险的计算　个人负担社会保险的计算

相关法规：《中华人民共和国社会保险法》《国务院办公厅关于全面推进生育保险和职工基本医疗保险合并实施的意见》

表 4-4　招聘人员信息表

姓名	性别	政治面貌	学历	证件类型	证件号码	户籍所在地	移动电话	应聘职务	月工资标准（元）
李四	女	团员	高职	身份证	110106199806035023	北京市丰台区怡嘉家园 3 号楼 10 层 1003 室	18631238912	技术工人	3 500
林海洋	男	团员	高职	身份证	110106199809052019	北京市丰台区平安小区 8 号楼 16 层 1608 室	15082683498	技术工人	4 000
汪建国	男	团员	高职	身份证	110101199703065815	北京市西城区新福苑 6 号楼 9 层 901 室	15901069322	技术工人	4 000
王凤	女	团员	大学本科	身份证	110107199612059167	北京市石景山区嘉义小区 12 号楼 8 层 806 室	18503869721	职员	5 000
刘晓萍	女	团员	大学本科	身份证	110106199701267125	北京市丰台区春秋家园 1 号楼 17 层 1705 室	13902867185	职员	5 000
陈钢	男	团员	大学本科	身份证	110106199703162312	北京市丰台区常青苑 2 号楼 19 层 1901 室	18503869831	职员	5 000
张博	男	团员	大学本科	身份证	110106199612091073	北京市丰台区枫林园 7 号楼 21 层 2102 室	13807291685	职员	5 000
陈晓斌	男	团员	大学本科	身份证	110105199610213651	北京市朝阳区南湖小区 5 号楼 15 层 1501 室	18608195723	职员	5 000
王勇	男	团员	大学本科	身份证	110105199705311236	北京市朝阳区欢乐家园 6 号楼 16 层 1603 室	13708286159	职员	5 000
孙阳	男	团员	大学本科	身份证	110115199706182508	北京市大兴区紫藤花园 10 号楼 12 层 1205 室	15091837286	职员	5 000

4

（二）业务要领

1. 社会保险改革

2. 初次参保人员

3. 社会保险登记方式

三、业务流程

首次参保人员社保登记业务流程如图 4-2 所示。

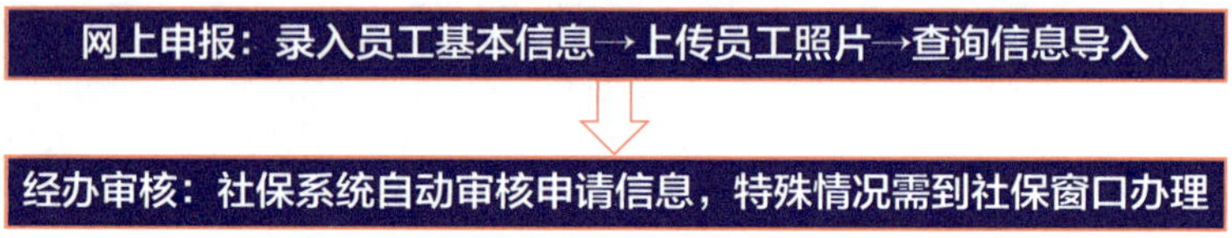

图 4-2　首次参保人员社保登记业务流程

首次参保人员社保登记业务流程说明如表 4-5 所示。

表 4-5　首次参保人员社保登记业务流程说明

序号	工作任务	任务操作	工具	备注
1	网上申报	1. 录入员工基本信息 2. 上传员工照片 3. 查询信息导入	社保网上服务平台 社保企业版	二种方式任选其一
2	经办审核	1. 社保系统自动审核 2. 特殊情况，需到社保窗口办理	社保网上服务平台 社保企业版	

四、业务操作

首次参保人员社保登记

下面以北京地区为例说明首次参保人员社会保险登记的操作步骤和方法。

（一）通过北京市社会保险网上服务平台办理

1. 登录网上申报系统

使用“电子营业执照登录”，扫描“电子营业执照登录”二维码，登录网上申报系统。

2. 网上申报

参保单位登录社保网上平台，通过“申报业务”中的“新参保人员登记”模块，录入职工信息［不含外资、港澳台地区、50 岁（含）及以上新登记女干部、兼职工伤人员］，其中“月均工资收入”一项录入职工在本单位第一个月工资，作为当年缴费基数，并上传职工一寸白底电子彩照后保存提交，通过“查询管理”中的“申报信息状态查询”模块查询职工医疗及其他四险信息是否导入成功。如图 4-3～图 4-5 所示。

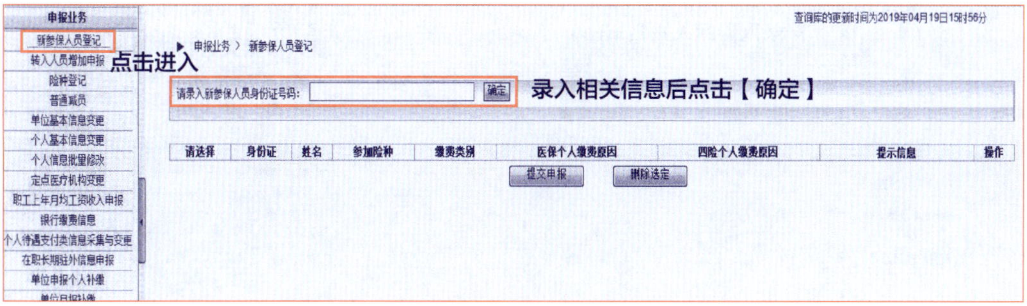

图 4-3　参保人员登记

图 4-4　新参保人员详细信息填写

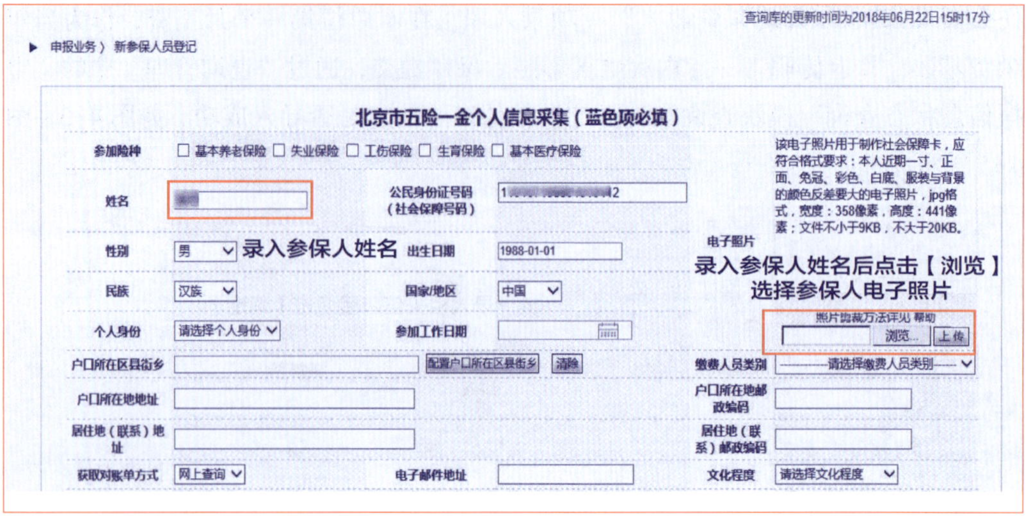

图 4-5　关键信息

3. 经办审核

在本市首次新参保职工社保登记已实现“全程网上办”，单位提交成功后系统自动审核通过，无须到经办机构审核；特殊情况需要到经办机构审核的，通过“业务报表查询”模块点击“个人信息登记表”打印《北京市五险一金个人信息登记表》一份和《北京市社会保险参保人员增加表》两份（加盖单位公章）并携带参保职工二代居民身份证正反面复印件到各区经办机构前台提交材料。

（二）通过社保企业版申报办理

用人单位通过“个人信息录入”模块录入职工个人信息并上传其电子照片，在“增员”模块中进行操作，通过“个人新参保信息报盘”模块中生成报盘文件并存至移动存储设备，打印《北京市五险一金个人信息登记表》一份和《北京市社会保险参保人员增加表》两份（加盖公章），以及参保职工二代居民身份证正反面复印件到经办机构为职工办理参保登记手续。

（三）注意事项

（1）新参保网上申报时需上传电子版照片，无须提供纸质版照片。（电子版照片要求为白底免冠证件照片，着深色服装、不得着制服，尺寸为：358 像素 × 441 像素，大小为：大于 9KB 且小于 20KB。）请参保单位务必按照具体照片要求上传，以确保成功制作社会保障卡。如图 4-6 ~ 图 4-9 所示。

（2）新参保时“委托代发银行名称”和“委托代发银行账号”项需录入参保人本人的银行信息。

（3）曾经在本市缴纳过城镇居民医疗保险的人员参保时，增加原因仍需按“新参保”办理，办理完成后可持社保卡办理同步业务，无须再另外制卡。

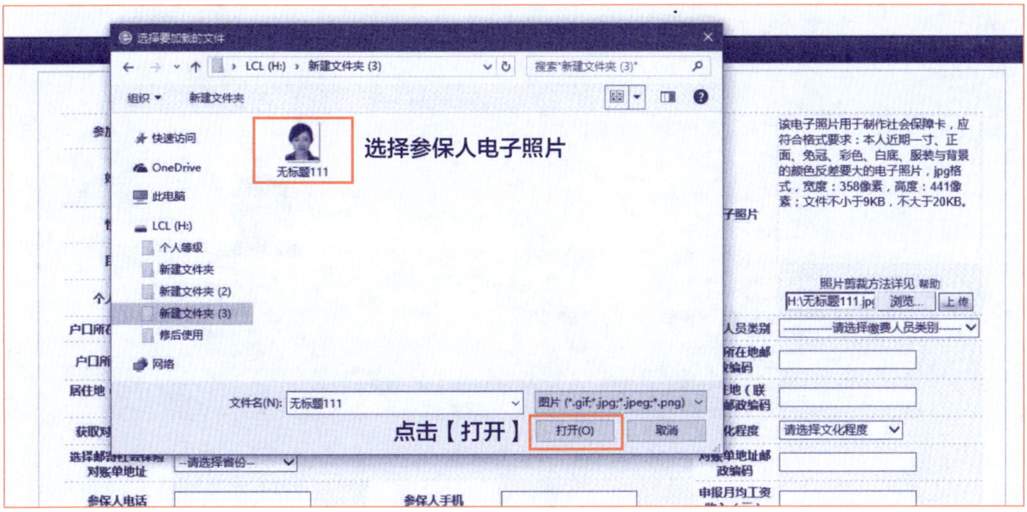

图 4-6　参保人员电子照片

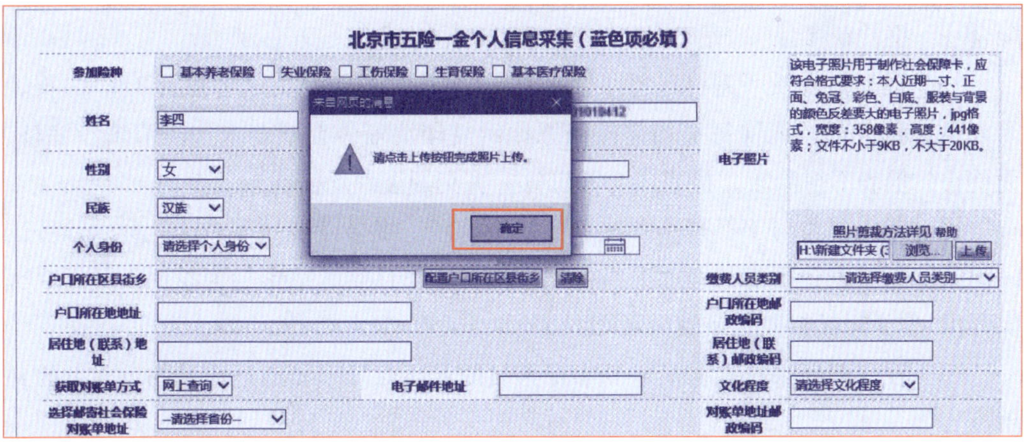

图 4-7　上传图片

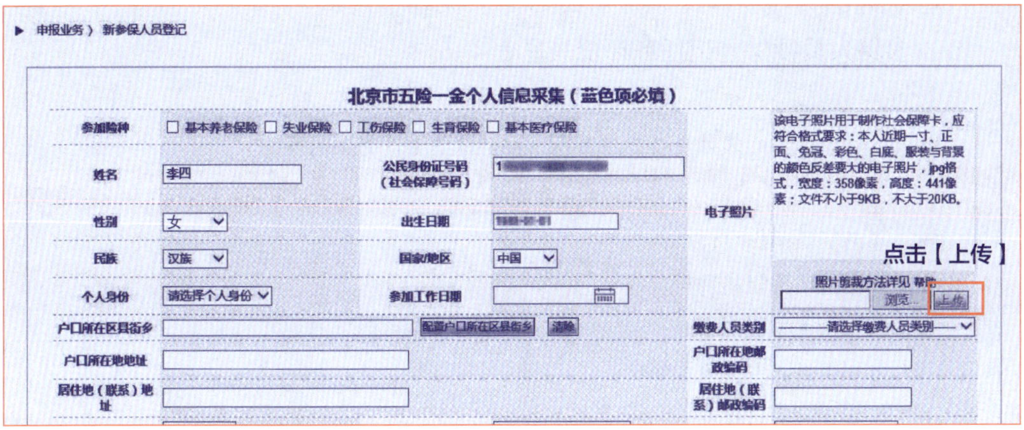

图 4-8　信息采集

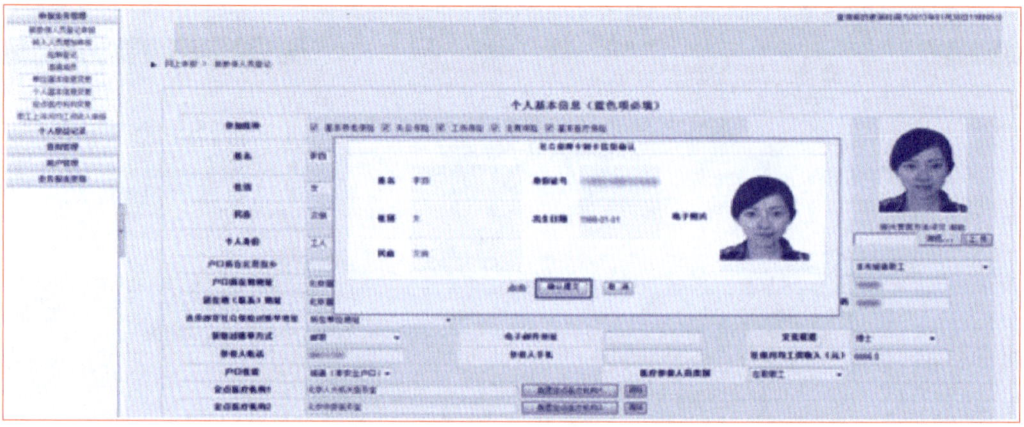

图 4-9　完成录入

（4）如遇无法在网上办理的特殊情况（包括：险种不一致、增员方式不一致），需通过企业版子系统（五险合一）软件进行申报。参保人员之前办理转外省或农民工解除劳动合同等业务后，须先办理数据清理业务，再通过企业版软件子系统（五险合一）报“新参保”，医疗报“转入办理参保业务”。

（5）以上报表及所需材料复印件均为 A4 规格（不能使用重复利用纸张），报表须逐页加盖公章。证件每页均需按照原比例复印清晰，公章要求加盖清晰、完整、无重叠，报表不得涂改，报表内容需机打。提交的证件均需在有效期内。

（6）用人单位可于办理新参统业务三个月后，携带营业执照或《社会保险登记证》原件、单位介绍信和经办人身份证原件，工作日到北京银行为参保人员领取医保存折。（具体材料以北京银行通知为准。）

（7）在办理新参统业务后，新参保人员的社会保障卡将通过快递的方式发放到单位。

五、任务评价

首次参保人员社保登记任务评价表见表 4-6。

表 4-6　首次参保人员社保登记任务评价表

工作清单	完成情况
对新参保人员的申请条件进行审核	
对新参保人员所需申报材料进行审核	
在社会保险网上服务平台上对单位首次参保人员进行登记申报，并对其信息进行登记填写，上传员工照片	
在社保网上平台查询信息导入	
到社保窗口办理特殊情况首次参保人员登记	

任务三　单位住房公积金网上开户

单位住房公积金网上开户

一、任务情境

（一）任务场景

北京振兴科技有限公司（简称“振兴科技”）领取营业执照后，还没有办理住房公积金开户业务。2019 年 10 月 31 日，请北京紫霖财税服务有限公司（简称“紫霖财税”）刘庆协助办理住房公积金开户业务，相关信息如下：

注册人：刘庆，身份证号为 110106198503207832，手机号为 18901675326，邮箱为 liuqing@163.com，登录密码为 123456。

单位信息：营业执照统一社会信用代码为 911107168085631092，登记注册地址和经营地址为北京市丰台区惠民路 88 号蓝天大厦 6 层 620 号房间，邮政编码为 100067，单位电子邮箱为 zhenxing@163.com，单位性质为企业，单位隶属关系为北京市，单位所属行业为软件与信息技术服务业，单位经济性质为有限责任公司，单位开立日期为 2019 年 9 月 15 日。法定代表人为林宇明，其身份证号为 110106198503060235，联系电话（手机）号为 18911223368。

公积金账户信息：账户名称为北京振兴科技有限公司，开户银行为中国工商银行丰台支行，账号为 0200222109255527680，资金来源为单位自筹，业务经办部门为人力资源部，联系电话为 010-67389045，单位发薪日为 1 日。

公积金缴存信息：公积金首次汇缴年月为 2019 年 9 月，跨年清册核定为 2020 年 1 月，单位和个人的缴存比例均为 12%，业务经办机构为丰台管理部。

经办人信息：经办人一信息：刘庆，身份证号为 110106198503207832，手机号为 18901675326，邮箱为 liuqing@163.com；经办人二信息：王清，身份证号为 110106199003121263，手机号为 18902356781，邮箱为 wangqing@163.com。

委托收款信息：委托收款账户名称为北京市住房公积金管理中心，开户银行为中国工商银行，账号为 0200222109255527680，银行交换号为 1245，支付系统号为 7865，委托收款日期为 1 日，首次托收日期为 2019 年 10 月 1 日，每月汇缴需要确认为“是”，状态为“启用”。

首次住房公积金办理案例资料

（二）任务布置

请紫霖财税企业管家（中小企业财税综合服务岗）刘庆帮助该公司办理住房公积金开户。

（1）登录单位网上业务平台，进行经办人注册。

（2）输入单位信息，登记开户。

（3）添加经办人信息。

（4）办理签订委托收款业务。

二、工作准备

单位住房公积金网上开户工作准备

（一）知识准备

知识点：住房公积金开户　单位负担住房公积金的计算　个人负担住房公积金的计算

（二）业务要领

1. 住房公积金开户资料准备
2. 职工住房公积金账户缴存登记
3. 职工住房公积金账户转移或者封存手续

三、业务流程

单位住房公积金网上开户的业务流程如图 4-10 所示。

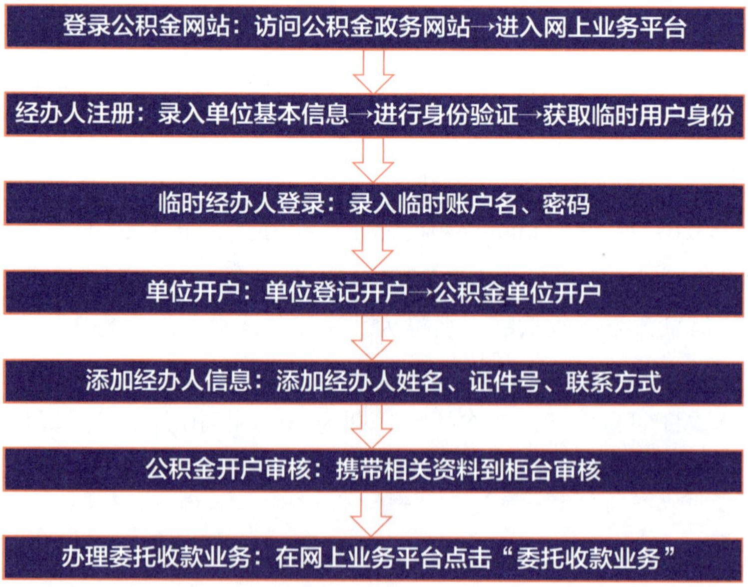

图 4-10　单位住房公积金网上开户业务流程

单位住房公积金网上开户的业务流程说明如表 4-7 所示。

表 4-7　单位住房公积金网上开户业务流程说明

序号	工作任务	任务操作	工具
1	登录公积金网站	1. 访问公积金政务网站 2. 点击网上业务平台	市公积金政务网站
2	经办人注册	1. 录入单位基本信息 2. 进行身份验证 3. 获取临时用户身份	市公积金政务网站
3	临时经办人登录	录入临时用户名、密码	市公积金政务网站
4	单位开户	1. 单位登记开户：录入单位信息 2. 公积金单位开户： 录入公积金账户信息 录入公积金缴存信息	市公积金政务网站
5	添加经办人信息	添加经办人姓名、证件号、联系方式	市公积金政务网站
6	公积金开户审核	携带相关资料到柜台审核	公积金业务办理柜台
7	办理委托收款业务	在网上业务平台点击”委托收款业务”	市公积金政务网站

四、业务操作

以北京地区为例，单位住房公积金网上开户业务的操作步骤与方法如下：

单位住房公积金网上开户

（一）系统登录

进入北京住房公积金政务网站首页。单击右侧的“单位网上业务平台”图标，进入“单位网上业务平台”登录界面。如图 4-11 所示。

图 4-11　登录界面

（二）经办人注册

新用户单击“经办人注册”按钮，如图 4-12 所示。已完成过经办人注册的，可输入用户名、登录密码、动态密码点击登录单位网上业务平台。

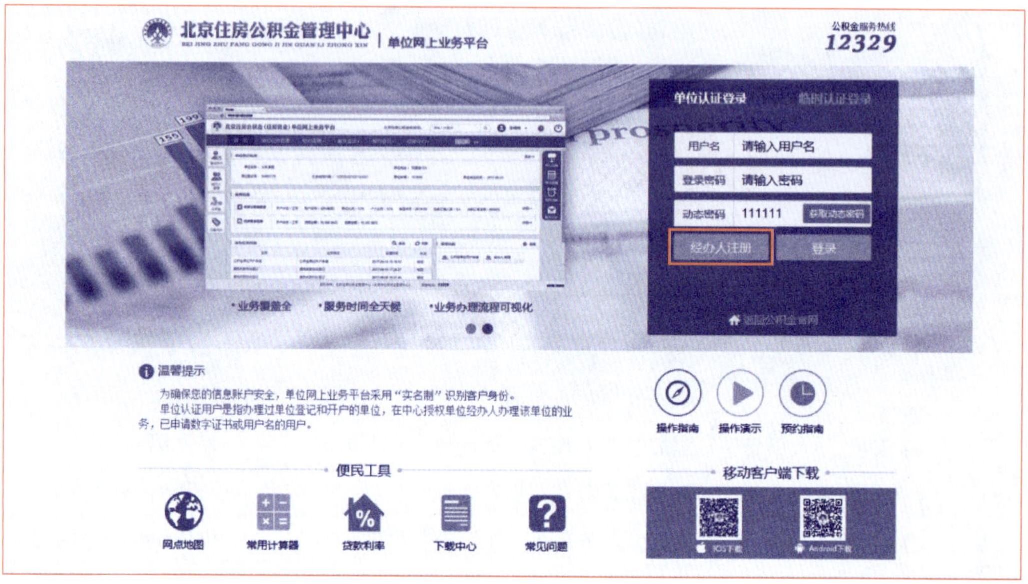

图 4-12　经办人注册

（三）临时经办人注册

选择经办人注册后，进入用户注册协议界面，阅读并知悉管理中心各项要求后，点击“同意”按钮。如图 4-13 所示。

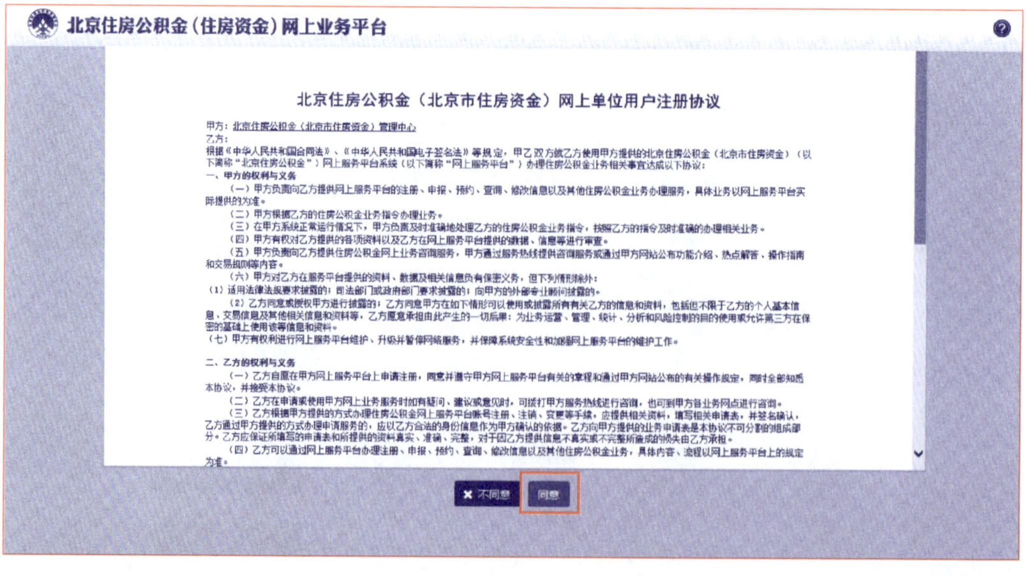

图 4-13　点击“同意”

同意用户注册协议后，页面跳转至注册信息录入界面。输入经办人基本信息、单位基本信息、经办人注册信息。经办人基本信息包括：个人姓名、证件类型、证件号码。单位基本信息包括：单位名称、统一社会信用代码。经办人注册信息包括：手机号、邮箱、临时用户名、登录密码、确认登录密码。上述信息全部录入完成后，点击“下一步”进入经办人身份验证功能，如图 4-14 所示。

图 4-14　录入注册信息

进入单位临时经办人验证界面，选择激活方式，激活方式分为“短信验证码校验”和“电子邮箱校验”两种，如图 4-15 所示。

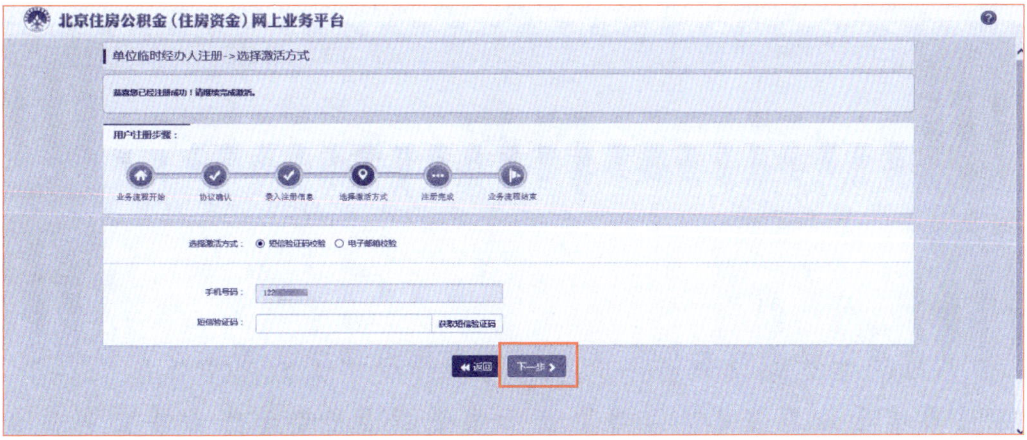

图 4-15　选择激活方式

1. 选择短信验证码校验方式激活

点击“获取短信验证码”按钮，获取手机验证码，点击“确认”按钮，如图 4-16 所示。

输入对应的短信验证码，并点击“下一步”按钮。临时经办人注册完成，如图 4-17 所示。

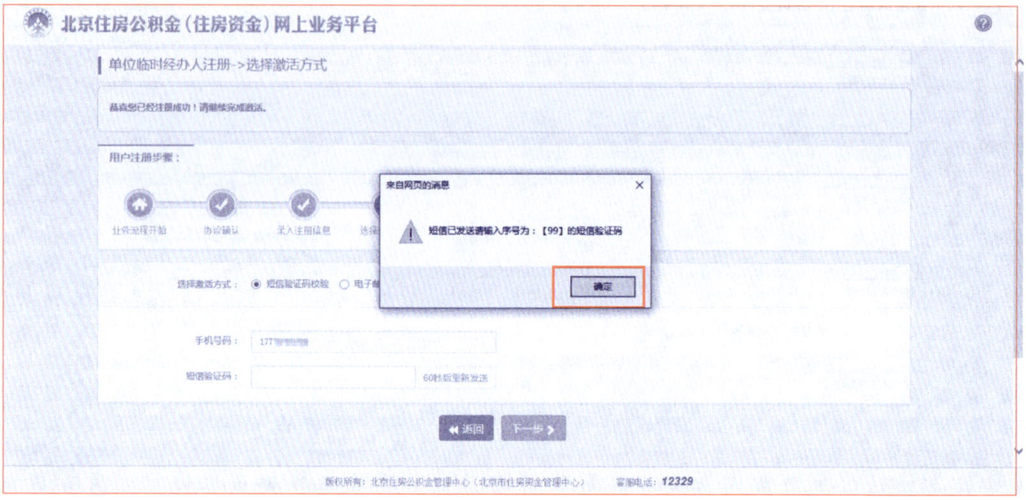

图 4-16 获取短信验证码

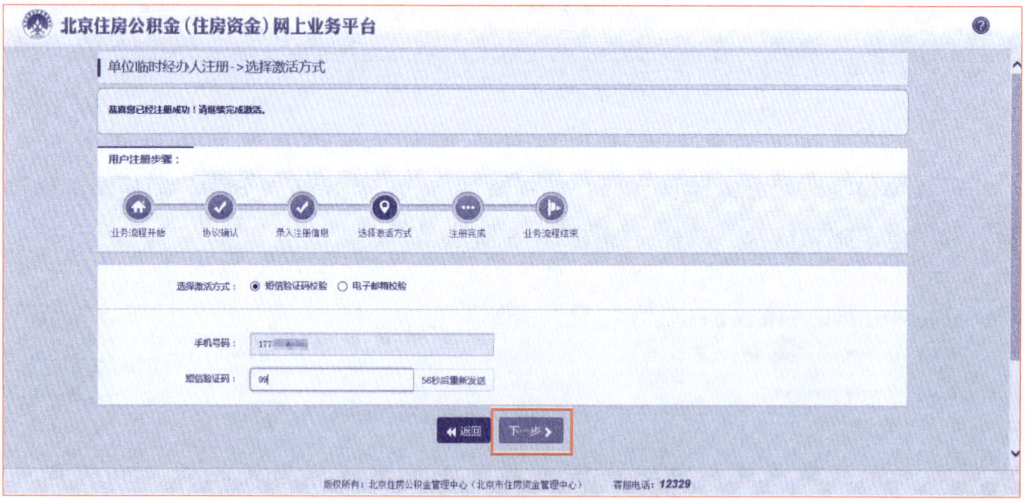

图 4-17 完成注册

2. 选择电子邮箱校验方式激活

选择电子邮箱方式激活后，经办人输入有效的电子邮箱信息并单击“下一步”按钮，跳转激活成功提示界面。经办人须通过登录输入的邮箱打开邮件方式完成临时经办人注册，如图 4-18 所示。

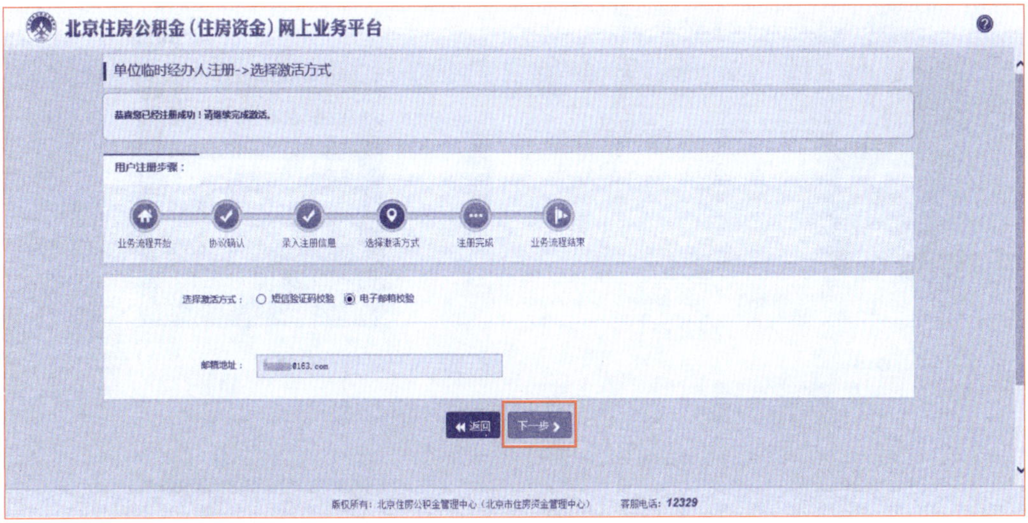

图 4-18　选择激活方式

系统提示单位临时经办人注册成功后，用户可获得“临时用户名”和“密码”登录单位网上业务平台，如图 4-19 所示。

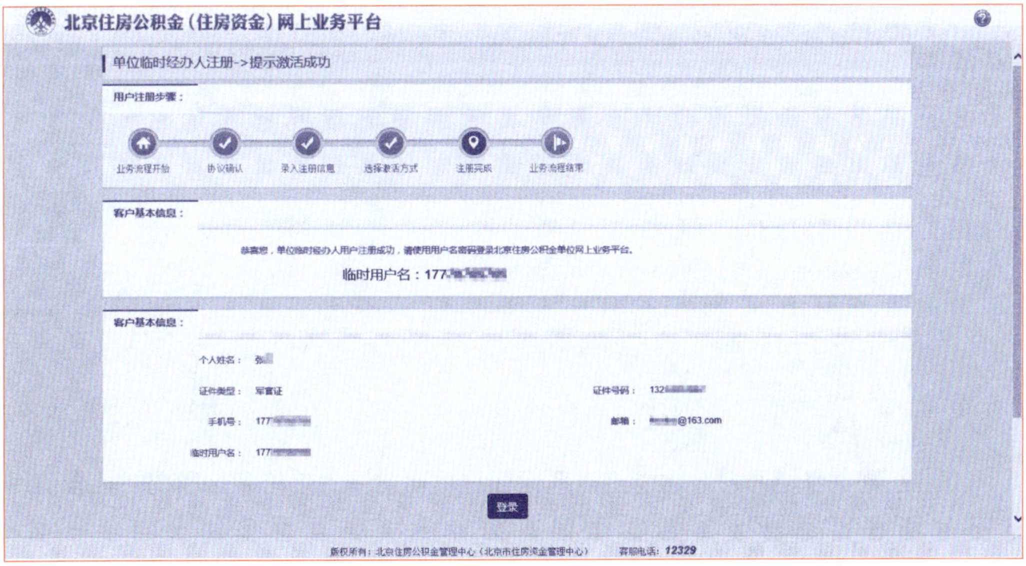

图 4-19　获得用户名、密码

（四）临时经办人登录

完成临时经办人注册后，单击“登录”按钮后，跳转登录页面，单击“临时认证登录”。输入临时用户名、登录密码、验证码后，单击“登录”按钮。如图 4-20 所示。

用户登录后，可进入临时经办人主界面，如图 4-21 所示。主界面包括临时经办人信息、待办任务列表、常用功能等。

4

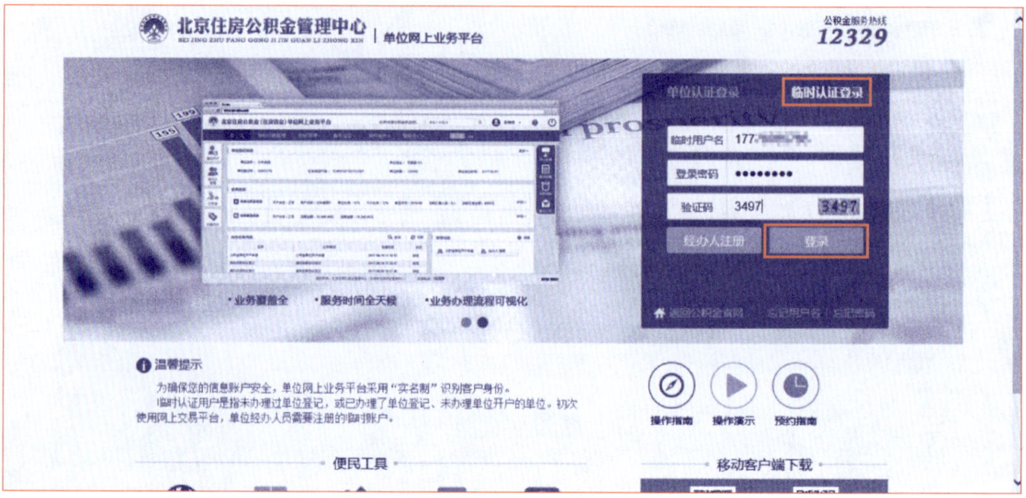

图 4-20　临时经办人登录

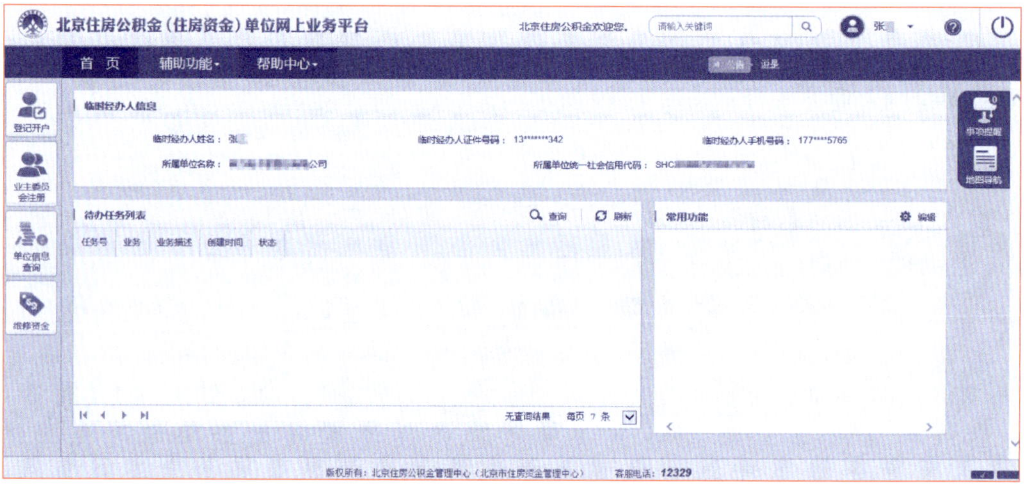

图 4-21　临时经办人主界面

（五）登记开户

点击左侧“登记开户”功能进入登记开户页面，录入单位名称和统一社会信用代码后，单击“质监校验”按钮。如图 4-22 所示。

系统根据单位名称和统一社会信用代码两项信息自动做出下列判断。

1. 单位已开户

若单位已有单位登记号且在住房公积金系统中已开户，系统提示“单位已登记开户，单位登记号为：××××××××，不可重复开户”，流程结束。

2. 单位未开户

（1）2017 年 12 月 28 日前成立的单位。

单位为 2017 年 12 月 28 日前成立，系统回填单位信息，临时经办人补全单位信息后点击“提交”按钮，系统提示业务办理完成，如图 4-23、图 4-24 所示。

图 4-22　登记开户

图 4-23　填写信息

图 4-24　提交信息

系统自动生成 8 位单位登记号，并提示“为方便单位办理业务，请您牢记单位登记号”。单击下方“点击办理公积金开户申请业务”，继续办理单位开户业务，如图 4-25 所示。系统自动跳转至“公积金单位开户”功能界面。

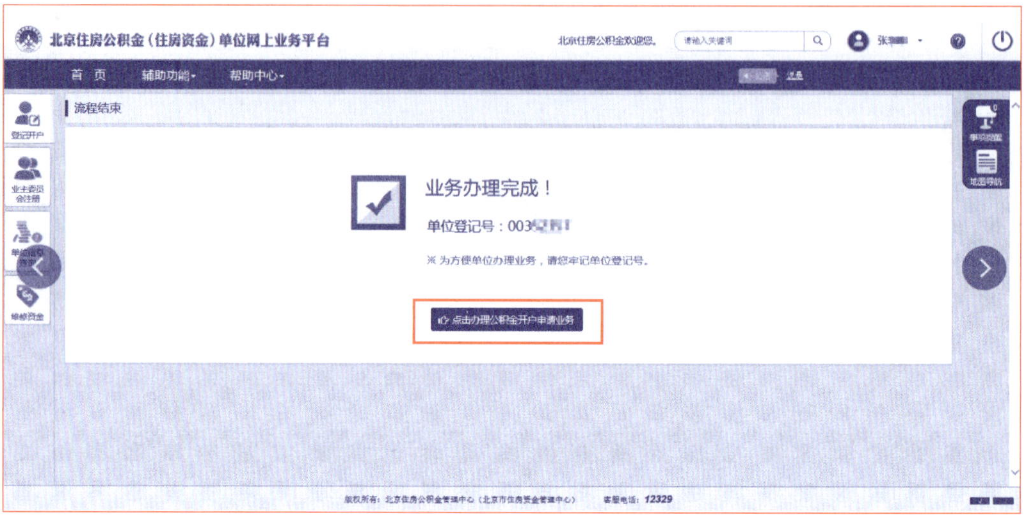

图 4-25　业务完成界面

（2）2017 年 12 月 28 日后成立的单位。

单位为 2017 年 12 月 28 日后成立，系统回填单位信息，并提示“此单位已经登记过，请点击下方按钮直接开户”。单击“确定”按钮继续，如图 4-26、图 4-27 所示。用户单击“办理公积金开户申请”跳转至公积金单位开户功能界面（见图 4-28）。

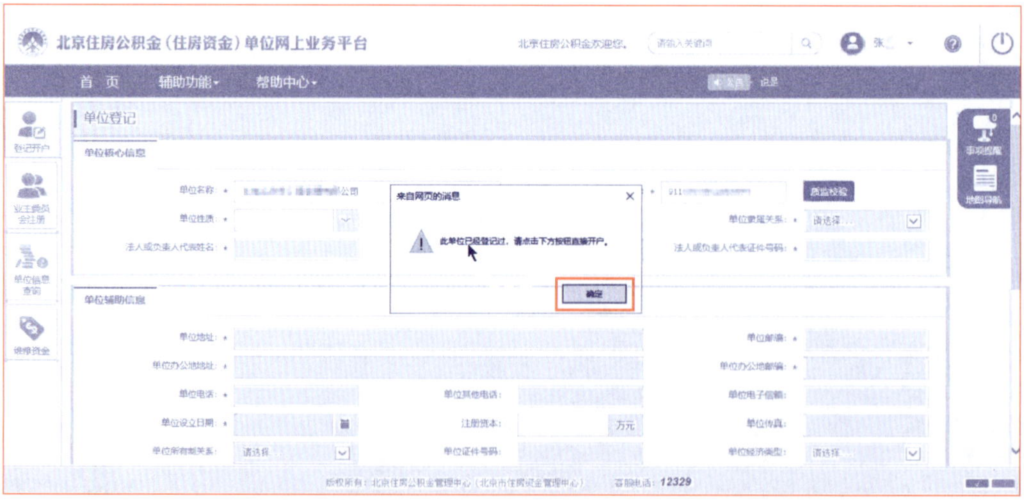

图 4-26　登记开户

图 4–27　公积金开户申请

图 4–28　提交申请

（六）公积金单位开户

进入公积金单位开户申请界面，输入公积金账户信息及公积金缴存信息。公积金账户信息包括：账户名称、资金来源、业务经办部门、联系电话、单位发薪日等。公积金缴存信息包括：首次汇缴年月、跨年清册核定月份、单位缴存比例、个人缴存比例、精度模式，另外还需在 18 个管理部中任意选择业务经办机构，点击“提交”。如图 4–28 所示。

注意：企业为职工缴存住房公积金的比例为 5%～12%，由企业根据自身情况在上述范围内选择缴存比例。

点击提交后，系统显示“业务办理完成”等提示信息。申请书编号编码规则为

“当日申报日期 + 8 位序号”。用户点击“点击可增加经办人信息”按钮，添加经办人信息，如图 4-29 所示。

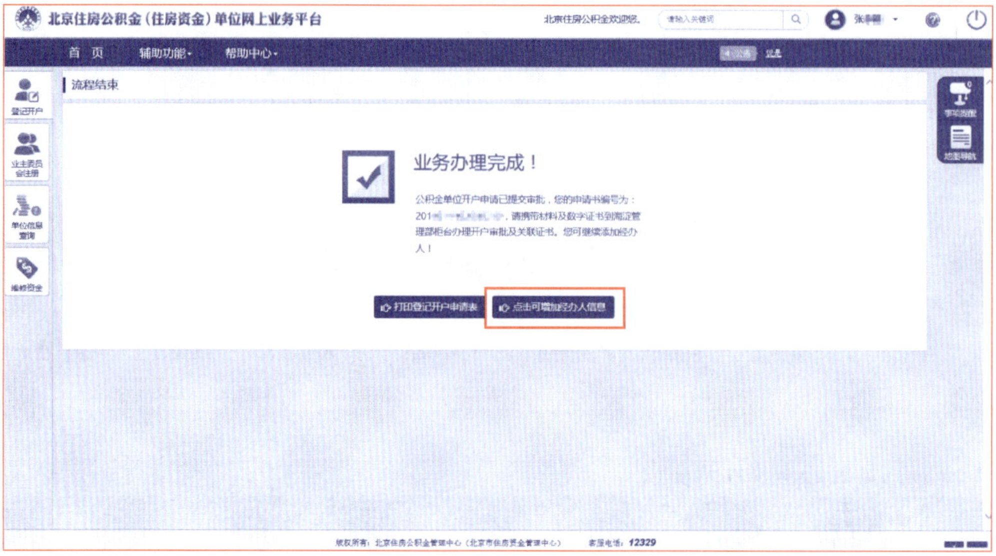

图 4-29　业务办理完成

（七）添加经办人信息

进入添加经办人信息功能界面，输入经办人信息（至少添加一条经办人信息），经办人信息包括：经办人姓名、经办人证件类型、经办人证件号码、经办人手机号码、经办人电话号码、经办人邮箱。若单位存在第二名经办人，可继续添加经办人二的各项信息，经办人二与经办人一信息采集项一致。信息输入完毕后，单击“提交”，完成经办人信息采集。如图 4-30 所示。

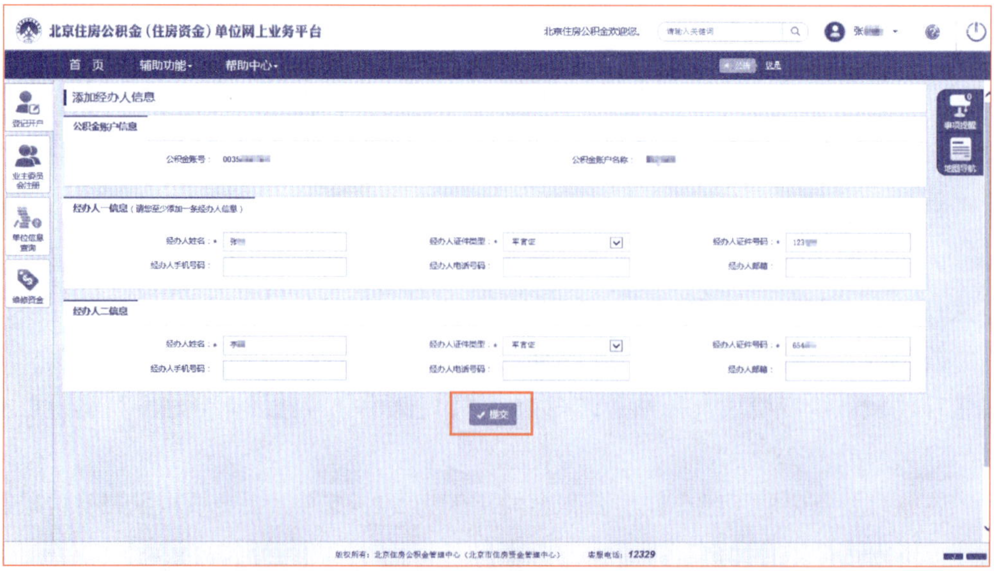

图 4-30　添加经办人信息

（八）公积金开户审核

增加经办人成功。系统提示“经办人添加完成，请您携带相关材料至管理部柜台进行单位开户以及经办人审核”，用户可单击下方“点击办理签订委托收款业务”按钮，继续办理签订委托收款。如图 4-31 所示。

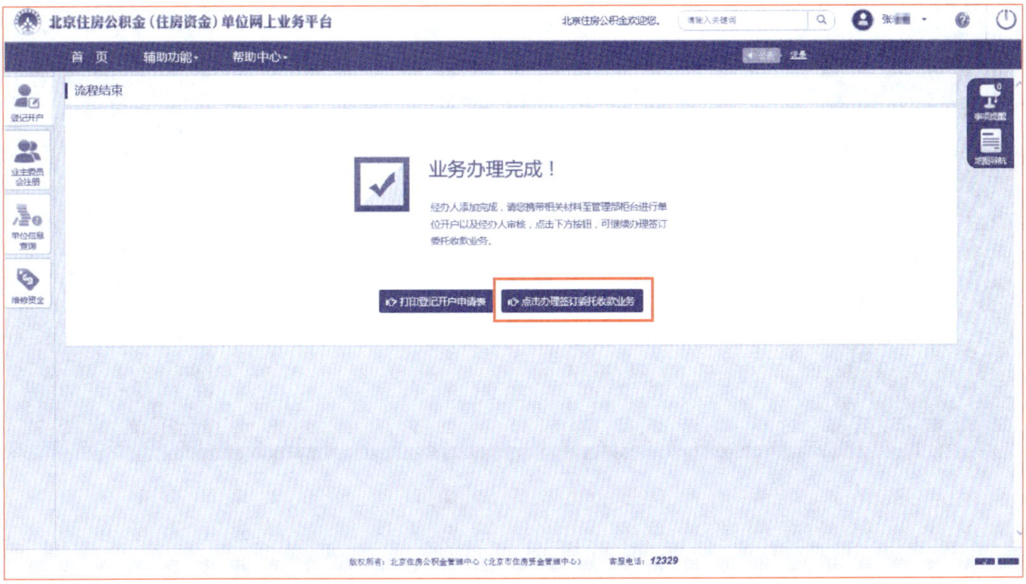

图 4-31　选择办理签订委托收款业务

如单位选择不办理签订委托收款业务，可单击“打印登记开户申请表”按钮，完成网上登记开户业务。系统提示经办人需携带相关材料，到管理部柜台办理开户审批业务，如图 4-32 所示。

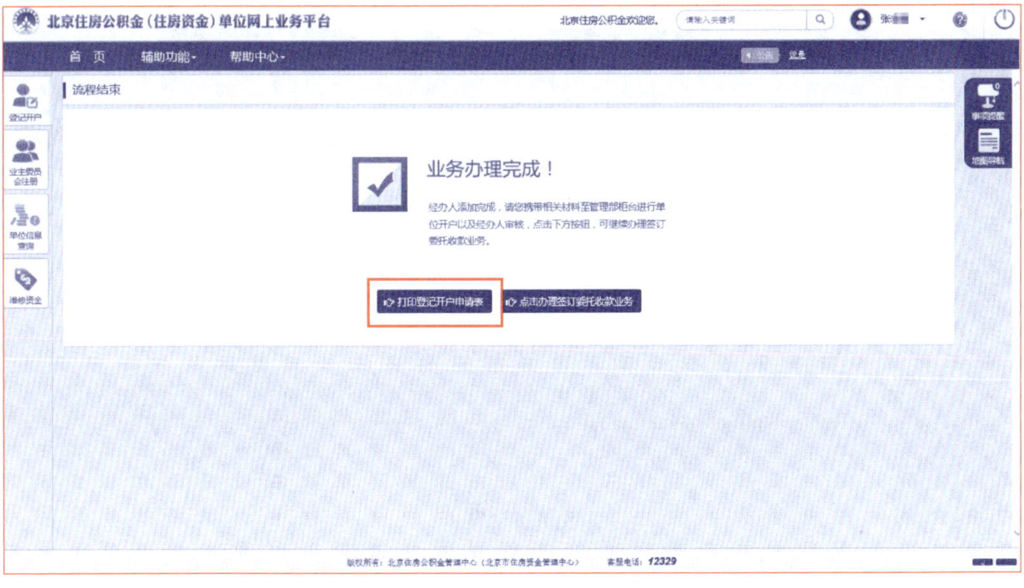

图 4-32　打印登记开户申请表

单击“打印”按钮，经办人务必使用 A4 纸正反面打印《单位网上办理住房公积金登记开户申请表》（住房公积金表 201），打印预览界面如图 4–33 所示。

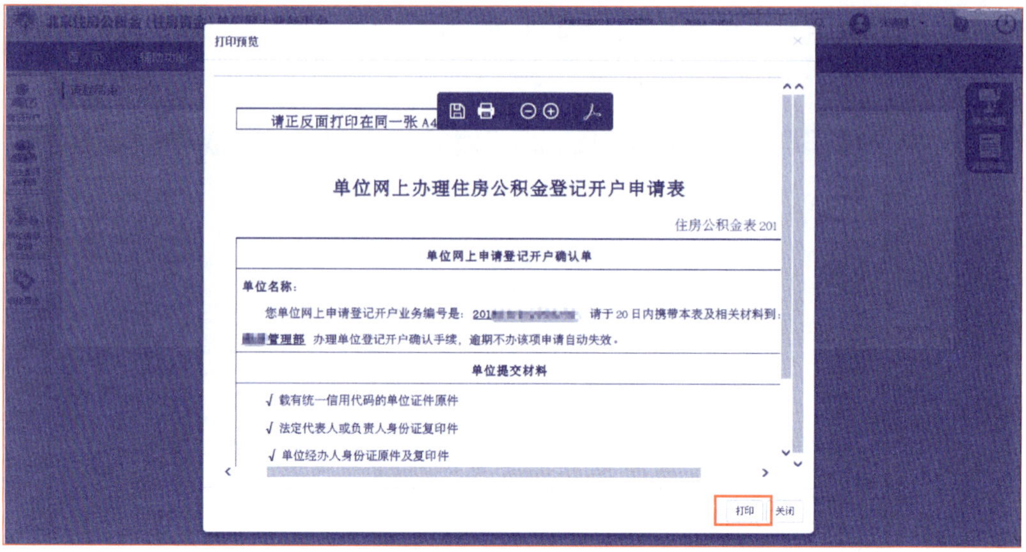

图 4–33 打印预览界面

（九）签订委托收款（推荐）

在添加经办人功能完成后，单击“点击办理签订委托收款业务”进入签订委托收款业务功能界面。阅读委托告知书后，单击“同意”按钮进入委托收款信息录入界面，如图 4–34 所示。

图 4–34 委托告知书

同意委托告知书，进入委托收款信息录入界面，输入委托收款信息。委托收款信息包括：委托收款账户名称、委托收款开户银行、委托收款账号、银行交换号、支付系统号、委托收款日等。委托收款信息输入完成后，单击“提交”，如图 4-35 所示。

图 4-35　提交委托收款信息

信息成功提交后，委托收款业务办理完成，如图 4-36 所示。

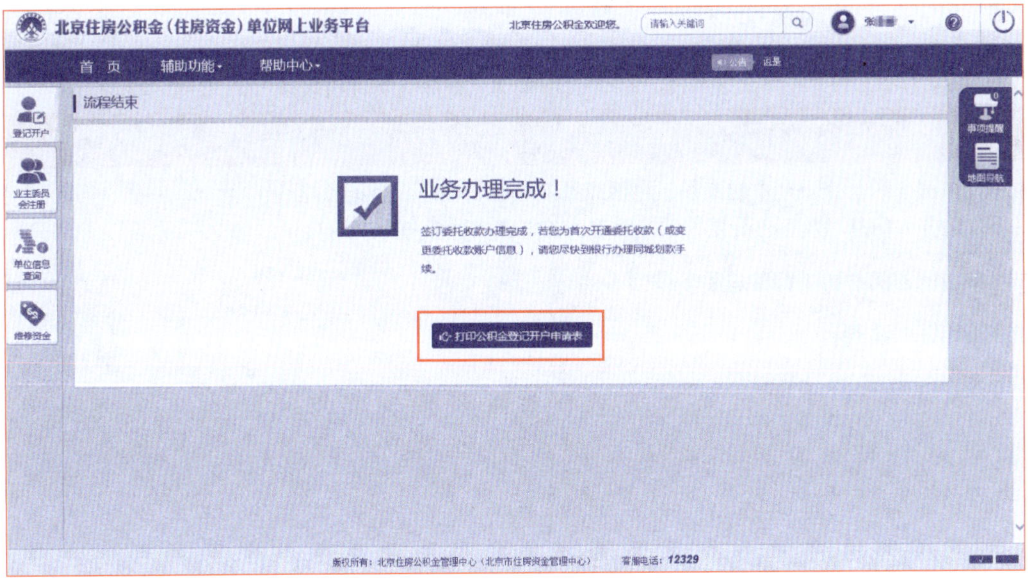

图 4-36　办理完成界面

单击“打印公积金登记开户申请表”按钮，登记开户业务网上办理完成，经办人打印登记开户申请表，单击“打印”按钮，务必使用 A4 纸正反面打印《单位网上办理住房公积金登记开户申请表》（住房公积金表 201），打印预览界面如图 4-37 所示。

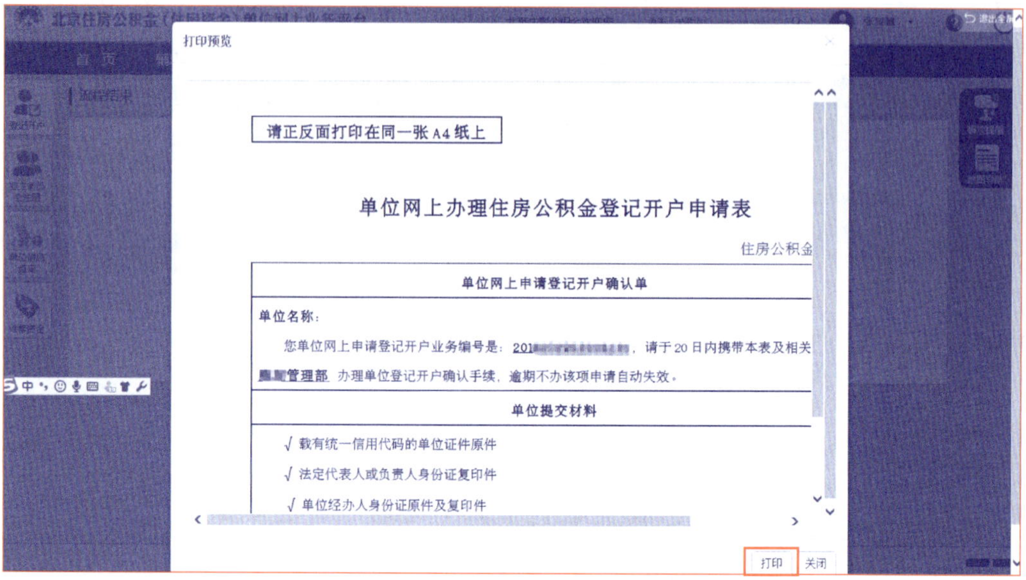

图 4-37　住房公积金表

五、任务评价

单位公积金网上开户任务评价表见表 4-8。

表 4-8　单位公积金网上开户任务评价表

工作清单	完成情况
单位住房公积金登记开户的流程，包括经办人注册和登录、登记开户、添加经办人信息以及签订委托收款等流程，并能在实际业务中应用	
对申请所需的材料进行整理和审核	
办理经办人注册	
办理单位开户	
添加经办人信息	
办理公积金开户审核	
办理公积金委托收款业务	
操作各种类型的打印机，并对登记开户申请表进行打印	

工作领域五

资质证照业务管理

技能目标

1. 了解企业资质证照业务管理相关法律法规的基本内容，并能在实际业务中应用。

2. 能对相关材料进行整理，并填写相关申报信息。

3. 能操作各种类型的打印机，并能够对申请表进行复核及打印。

4. 能根据不同类型食品的许可审查要求对其进行审核与整改。

5. 了解对行业的卫生要求和标准，并按照标准对其进行整改。

任务一 食品经营许可资格的认定与管理

食品经营许可资格的认定与管理

一、任务情境

（一）任务场景

北京红星商贸有限公司（简称“红星公司”）准备进军餐饮业，公司领导分配秘书陆华去办理食品经营许可证。办理食品经营许可证手续比较复杂，2019 年 10 月 19 日陆华到北京紫霖财税服务有限公司（简称“紫霖财税”）请企业管家（中小企业财税综合服务岗）刘庆协助其办理。

食品经营许可证案例资料

（二）任务布置

请紫霖财税企业管家刘庆帮助该公司秘书陆华办理食品经营许可证。

（1）对申报所需材料进行收集。

（2）登录市场监督管理局官网，登记注册。

（3）填写相关申报信息，并上传相关资料。

二、工作准备

（一）知识准备

相关法规:《商业特许经营管理条例》《中华人民共和国食品安全法》《中华人民共和国大气污染防治法》《食品经营许可审查通则（试行）》《北京市食品经营许可管理办法（试行）》

食品经营许可资格的认定与管理工作准备

（二）业务要领

1. 食品经营许可办理原则、责任及分类要求
2. 食品经营的许可条件
3. 食品经营许可申请现场审查要求

三、业务流程

以北京地区为例，食品经营许可资格认定的业务流程如图 5-1 所示。

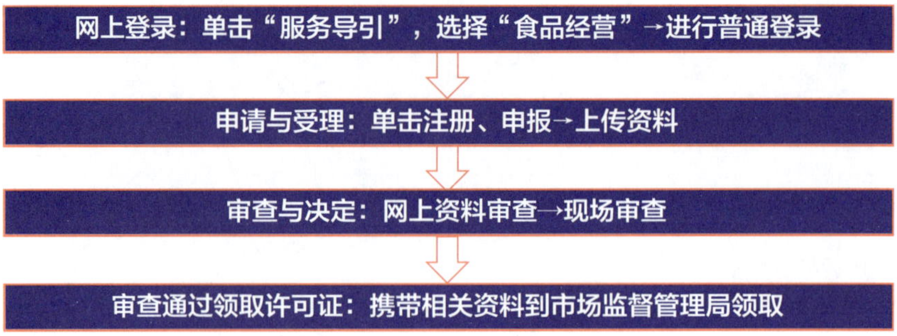

图 5-1　食品经营许可资格认定与管理业务流程

食品经营许可资格认定与管理的业务流程说明如表 5-1 所示。

表 5-1　食品经营许可资格认定与管理的业务流程说明

工作序号	工作内容	操作方式	工具及资料	对接部门	知识链接
1	网上登录注册	1. 单击“服务导引”“食品经营” 2. 进入企业平台，单击立即注册	市场监督管理局网站	市场监督管理局	《食品经营许可审查通则（试行）》
2	申请与受理	1. 注册、申报 2. 上传资料	市场监督管理局网站	市场监督管理局	《食品经营许可审查通则（试行）》
3	审查与决定	1. 资料审查（网上） 2. 现场审查	现场	市场监督管理局	《中华人民共和国食品安全法》
4	审查通过领取许可证	到市场监督管理局领取		市场监督管理局	

四、业务操作

以北京地区为例，食品经营许可资格认定与管理业务的操作步骤与方法如下所示。

食品经营许可资格的申报与认定

（一）网上登录注册

（1）在紫霖财税的企业管家刘庆的指导下，红星公司秘书陆华进入北京市市场监督管理局官网（网址：http://scjgj.beijing.gov.cn/），单击“服务导引”后，再单击“食品经营”进入企业服务平台。如图 5-2 所示。

图 5-2　北京市市场监督管理局官网首页

（2）在企业服务平台，先进行注册，然后登录。如图 5-3 所示。

（3）单击常用自助服务中的“修改信息”，进行信息修改后提交。如图 5-4 所示。

图 5-3　新用户注册

图 5-4　自助服务

（二）申请与受理

申请食品经营许可，应当先行取得营业执照等合法主体资格。企业法人、合伙企业、个人独资企业、个体工商户等，以营业执照载明的主体作为申请人。

各区局、各直属分局对申请人提出的申请决定予以受理的，应当出具受理通知书；决定不予受理的，应当出具不予受理通知书，说明不予受理的理由，并告知申请人依法享有申请行政复议或者提起行政诉讼的权利。具体操作如下：

（1）单击“我要申报”，如图 5-4 所示；然后选择“食品经营”，在其下根据需要选择要办理的食品经营许可证的业务，如根据本任务情境，在这里要选择“食品经营许可证新办”业务，如图 5-5 所示。

图 5-5　申报界面

（2）选择“食品经营许可证新办”后，进入新办页面，单击“新增”。如图 5-6 所示。

图 5-6　新增许可证

（3）根据本任务情境公司的主体业态，选择“食品销售经营者”，如图 5-7 所示。

（4）选择“主体业态”，进入食品经营许可新办申请表页面，如图 5-8 所示，申请企业要填写企业基本信息（社会信用代码、住所、所在街道、经营场所、食品经营区域面积、法定代表人、联系人、手机、主体业态、经营项目、是否连锁经营等）。

5

图 5-7　选择主体业态

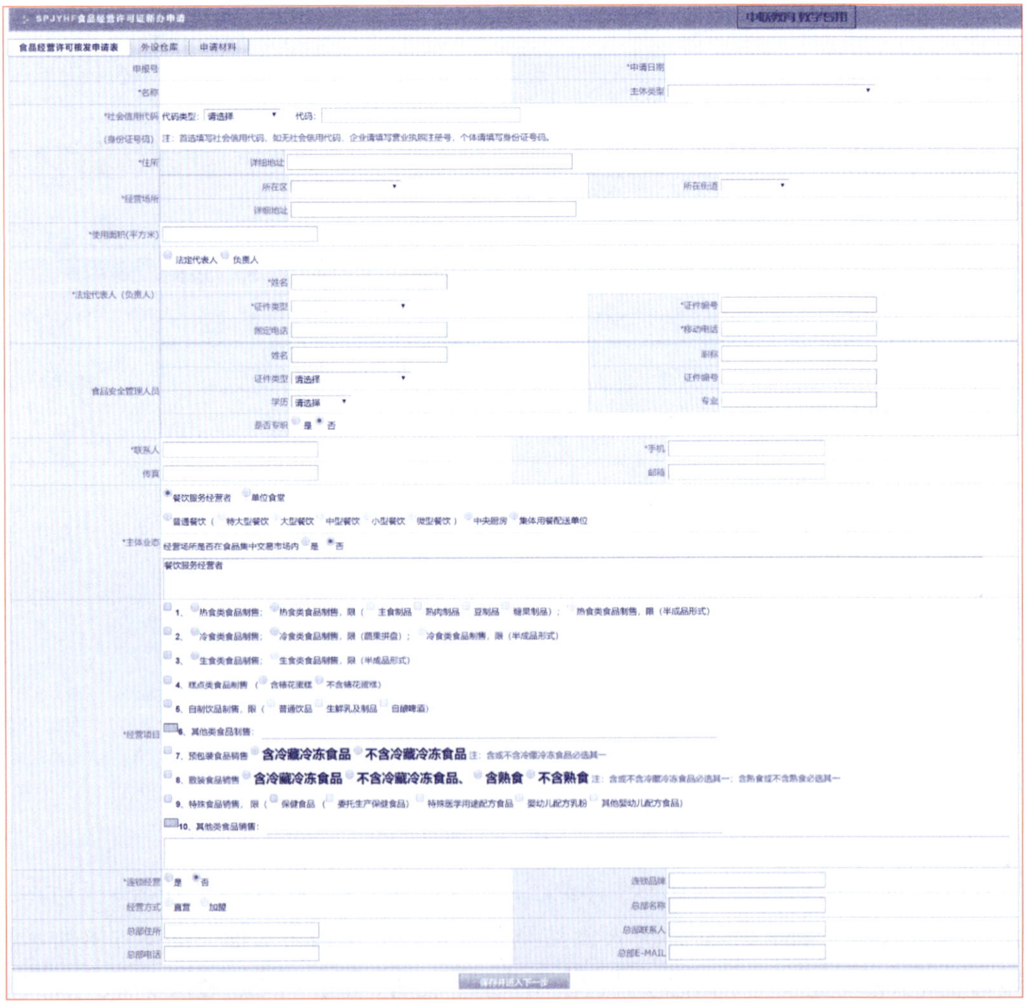

图 5-8　填写企业基本信息

（5）申请企业信息填写完整后，点击“保存并进入下一步”，进入外设仓库列表页面，如图 5-9 所示，如果没有外设仓库，直接点击“进入下一步”，进入申请材料页面即可。

图 5-9　添加外设仓库

（6）点击“新增”，进入外设仓库维护页面，如图 5-10 所示，其中带 * 为必填内容，点击“保存”，即可保存当前的外设仓库信息，进入外设仓库列表；点击“新增”，可以再次添加外设仓库记录信息；点击“修改”，可以修改当前外设仓库记录信息；点击“删除”，可以删除当前外设仓库记录。

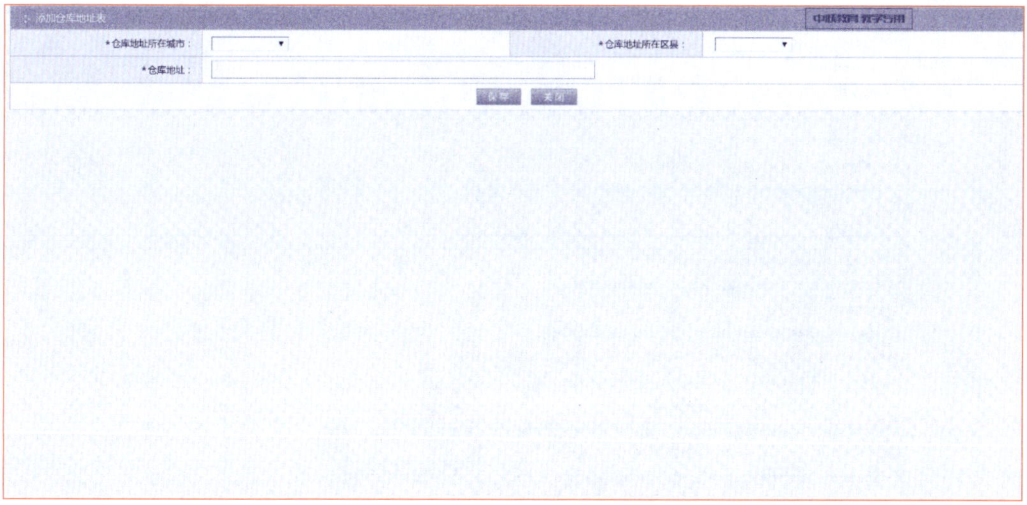

图 5-10　填写仓库信息

（7）点击“进入下一步”，进入申请材料填写页面，选择要提交的材料和份数，如图 5-11 所示。

SPJYHF食品经营许可证新办申请　中联教育 教学专用

食品经营许可核发申请表　外设仓库　申请材料

序号	材料名称	选择	份数
1	（一）食品经营许可申请表	☐	0
2	（二）营业执照或者其他主体资格证明文件复印件	☐	0
3	（三）法定代表人(负责人)的身份证明复印件	☐	0
4	（四）经营场所的具体位置（如方位图）、与食品经营相适应的经营平面布局流程图（包括主要设备设施布局）、操作流程等文件	☐	0
5	（五）食品安全管理制度清单:	☐	0
6	1.食品经营者应当建立从业人员健康管理制度、食品安全自查制度	☐	0
7	2.食品经营企业和单位食堂还应当建立从业人员培训制度、食品进货查验记录制度、食品贮存管理制度、不合格食品处置制度、食品安全突发事件应急处置方案等	☐	0
8	3.从事散装食品销售的食品销售经营者应当在食品安全管理制度中专门制定关于散装食品的食品安全管理内容	☐	0
9	4.从事食品批发的企业还应当建立食品批发销售记录制度	☐	0
10	5.从事制售类的食品经营者，使用食品添加剂，应当制定食品添加剂使用和公示制度	☐	0
11	（六）其他材料:	☐	0
12	1.自酿酒的经营者应提供具有资质的食品安全第三方机构出具的对成品安全性的检验合格报告	☐	0
13	2.生鲜乳及制品的经营者，提供与生鲜乳收购站签订的采供货协议，及供货者的经营资格证明和生鲜乳检验合格证明	☐	0
14	3.食堂的经营场所与主体资质标示地址不一致的，应提供场所合法使用的有关证明	☐	0
15	4.没有条件设置检验室的集体用餐配送单位，应当提交相关委托协议等证明文件	☐	0
16	5.中央厨房的制度清单还应包括食品供应商遴选制度，加工制作场所环境及设施设备卫生管理制度，关键环节操作规程（包括采购、贮存、烹调温度控制、专间操作、包装、留样、运输、清洗消毒等），食品检验制度，以及产品品种清单	☐	0
17	6.利用自动售货设备从事食品销售的，提交自动售货设备的产品合格证明、具体放置地点，经营者名称、住所、联系方式、食品经营许可证的公示方法等材料	☐	0
18	7.申请销售散装熟食，提交与生产单位（供货商）的合作协议（合同或意向书），生产单位《食品生产许可证》复印件	☐	0
19	8.外设仓库的具体地址	☐	0
20	9. 直接接触食品的工具、容器和包装材料具有符合食品安全标准的承诺书	☐	0
21	（七）《授权委托书》及被委托人身份证明复印件（申请人委托代理人提出许可申请时提交）	☐	0

图 5-11　申报材料

（8）点击“进入上一步”，可以对所填信息进行查看更改，点击“暂存”，暂时保存该企业填写的信息不进行提交，点击“提交”按钮，提交企业填写的申请信息，如图 5-12 所示。

SPJYHF食品经营许可证新办申请　中联教育 教学专用

食品经营许可核发申请表　外设仓库　申请材料

序号	材料名称	选择	份数
1	（一）食品经营许可申请表	☐	0
2	（二）营业执照或者其他主体资格证明文件复印件	☐	0
3	（三）法定代表人(负责人)的身份证明复印件	☐	0
4	（四）经营场所的具体位置（如方位图）、与食品经营相适应的经营平面布局流程图（包括主要设备设施布局）、操作流程等文件	☐	0
5	（五）食品安全管理制度清单:	☐	0
6	1.食品经营者应当建立从业人员健康管理制度、食品安全自查制度	☐	0
7	2.食品经营企业和单位食堂还应当建立从业人员培训制度、食品进货查验记录制度、食品贮存管理制度、不合格食品处置制度、食品安全突发事件应急处置方案等	☐	0
8	3.从事散装食品销售的食品销售经营者应当在食品安全管理制度中专门制定关于散装食品的食品安全管理内容	☐	0
9	4.从事食品批发的企业还应当建立食品批发销售记录制度	☐	0
10	5.从事制售类的食品经营者，使用食品添加剂，应当制定食品添加剂使用和公示制度	☐	0
11	（六）其他材料:	☐	0
12	1.自酿酒的经营者应提供具有资质的食品安全第三方机构出具的对成品安全性的检验合格报告	☐	0
13	2.生鲜乳及制品的经营者，提供与生鲜乳收购站签订的采供货协议，及供货者的经营资格证明和生鲜乳检验合格证明	☐	0
14	3.食堂的经营场所与主体资质标示地址不一致的，应提供场所合法使用的有关证明	☐	0
15	4.没有条件设置检验室的集体用餐配送单位，应当提交相关委托协议等证明文件	☐	0
16	5.中央厨房的制度清单还应包括食品供应商遴选制度，加工制作场所环境及设施设备卫生管理制度，关键环节操作规程（包括采购、贮存、烹调温度控制、专间操作、包装、留样、运输、清洗消毒等），食品检验制度，以及产品品种清单	☐	0
17	6.利用自动售货设备从事食品销售的，提交自动售货设备的产品合格证明、具体放置地点，经营者名称、住所、联系方式、食品经营许可证的公示方法等材料	☐	0
18	7.申请销售散装熟食，提交与生产单位（供货商）的合作协议（合同或意向书），生产单位《食品生产许可证》复印件	☐	0
19	8.外设仓库的具体地址	☐	0
20	9. 直接接触食品的工具、容器和包装材料具有符合食品安全标准的承诺书	☐	0
21	（七）《授权委托书》及被委托人身份证明复印件（申请人委托代理人提出许可申请时提交）	☐	0

进入上一步　暂存　提交

图 5-12　进入上一步 / 暂存 / 提交

（9）提交材料后可在“办事大厅”右侧点击“进度查询”，查询证件办理进度。如图 5-13 所示。

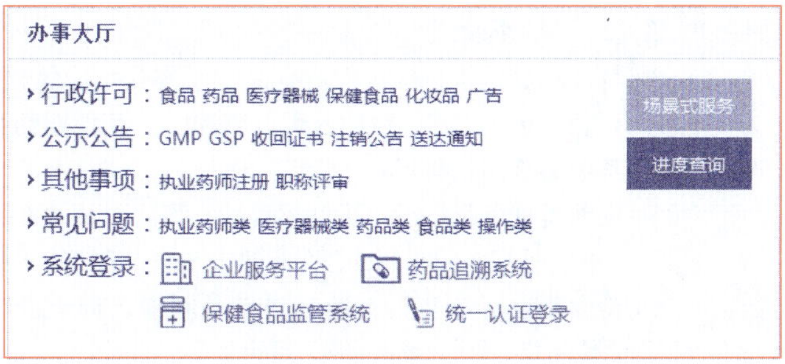

图 5-13　办事大厅

（10）递交“食品经营许可新办申请表”等相关材料。

“食品经营许可新办申请表”按要求填写完成后，进行提交，并下载打印申请表，准备好申请材料，到行政服务大厅办理食品经营许可新办申请的审查。“食品经营许可新办申请表”如表 5-2 所示。

表 5-2　食品经营许可新办申请表

名称			
社会信用代码（组织机构代码、身份证号码）		主体类型	
住　所			
经营场所			
是否外设仓库	□是　□否	仓库地址	
法定代表人（负　责　人）		固定电话	
		移动电话	
食品安全管理人员		使用面积或食品经营区域面积（平方米）	
主体业态及经营形式	1. □食品销售经营者 商场超市□　便利店□　食杂店□　食品贸易商□　食品自动售货销售商□　网络食品销售商□ 2. □餐饮服务经营者 普通餐饮:（特大型餐饮□　大型餐饮□　中型餐饮□　小型餐饮□　微型餐饮□）　中央厨房□　集体用餐配送单位□ 3. □单位食堂 学生食堂□　托幼机构食堂□　职工食堂□　工地食堂□　养老机构食堂□　其他食堂□（含集体用餐配送□　含中央厨房□） 标注：是否同时通过网络经营：是□　否□　网址：＿＿＿＿＿＿ 经营场所是否在食品集中交易市场内：是□　否□		

续表

<table>
<tr><td>经营项目</td><td colspan="3">1. 预包装食品销售：含冷藏冷冻食品□　不含冷藏冷冻食品□
2. 散装食品销售：含冷藏冷冻食品□　不含冷藏冷冻食品□　含熟食□　不含熟食□
3. 特殊食品销售，限（保健食品□（委托生产保健食品□）、特殊医学用途配方食品□、婴幼儿配方乳粉□、其他婴幼儿配方食品□）
4. 其他类食品销售：____________________
5. 热食类食品制售□；热食类食品制售，限（主食制品□、熟肉制品□、豆制品□、糖果制品□）；热食类食品制售，限（半成品形式□）
6. 冷食类食品制售□；冷食类食品制售，限（蔬果拼盘□）；冷食类食品制售，限（半成品形式□）
7. 生食类食品制售□；生食类食品制售，限（半成品形式□）
8. 糕点类食品制售（含裱花蛋糕□　不含裱花蛋糕□）
9. 自制饮品制售，限（普通饮品□、生鲜乳及制品□、自酿啤酒□）
10. 其他类食品制售：____________________</td></tr>
<tr><td>连锁经营</td><td>□是　□否</td><td>连锁品牌</td><td></td></tr>
<tr><td>连锁方式</td><td>□直营　□加盟</td><td>总部名称</td><td></td></tr>
<tr><td>总部联系人</td><td></td><td>总部联系电话</td><td></td></tr>
<tr><td>总部 E-mail</td><td></td><td>总部地址</td><td></td></tr>
<tr><td colspan="4">提交材料清单：
□（一）食品经营许可新办申请表
□（二）经营场所的具体位置（如方位图）、与食品经营相适应的经营平面布局流程图（包括主要设备设施布局）、操作流程等
（三）其他材料：
□ 1. 自酿啤酒的经营者应提供具有资质的食品安全第三方机构出具的对成品安全性的检验合格报告
□ 2. 食堂的经营场所与主体资质标示地址不一致的，应提供场所合法使用的有关证明
□ 3. 没有条件设置检验室的集体用餐配送单位，应当提交相关委托协议等证明文件
□ 4. 利用自动售货设备从事食品销售的，提交自动售货设备的产品合格证明、具体放置地点，经营者名称、住所、联系方式、食品经营许可证的公示方法等材料</td></tr>
<tr><td colspan="4">本单位（本人）承诺，申请新办食品经营许可证所提交材料真实有效。谨此对真实性承担责任。

申请人签字（盖章）：　　　　　　指定代表或委托代理人签字：

年　月　日　　　　　　　　　　　年　月　日</td></tr>
</table>

（三）审查与决定

收到申请人提交的许可申请材料后，市场监督管理局区局、各直属分局应当对许可申请材料进行审查。需要对申请材料的实质内容进行核实的，应当对经营场所涉及食品安全的布局流程、设备、设施等情况进行现场核查。

市场监督管理部门可以联合或者委托下级监督管理部门，对受理的食品经营许可申请进行现场核查。现场核查应当由符合要求的核查人员进行。核查人员不得少于 2 人。核查人员应当出示有效证件，填写《食品经营许可现场核查表》，制作《现场核查意见》，经申请人核对无误后，由核查人员和申请人在核查意见上签名或者盖章。核查人员应当自接到现场核查任务之日起 10 个工作日内，完成对经营场所的现场核查。

市场监督管理局各区局、各直属分局应当根据申请材料审查和现场核查等情况，对符合条件的，作出准予经营许可的决定，并自作出决定之日起 10 个工作日内向申请人颁发食品经营许可证。

（四）审查通过领取食品经营许可证

通过审查后，申请人到市场监督管理局领取食品经营许可证，如图 5-14 所示。

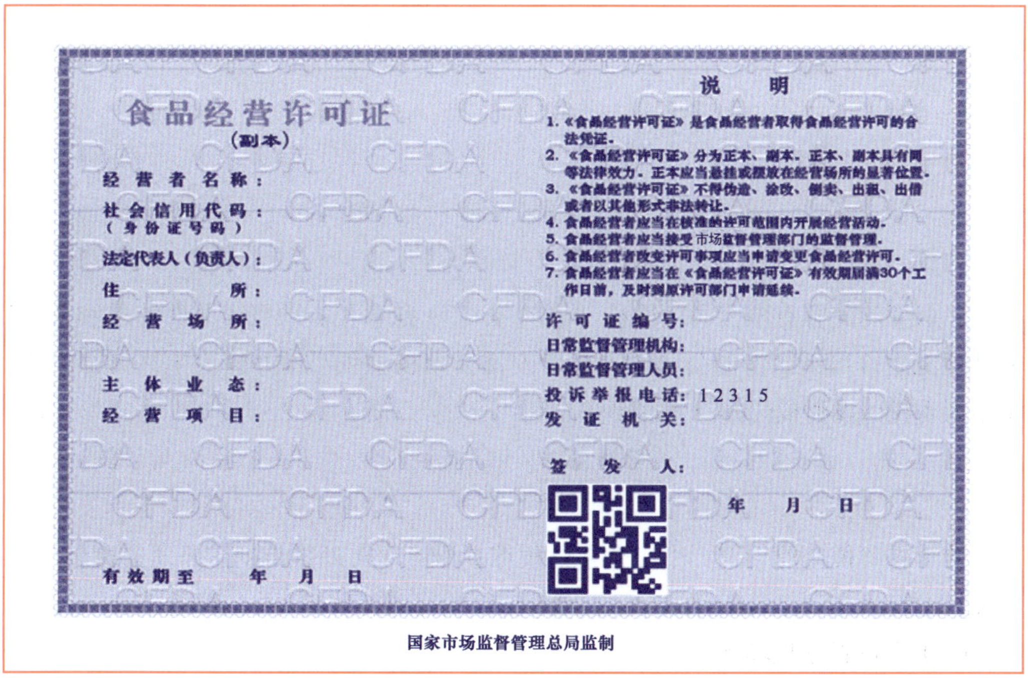

图 5-14　食品经营许可证

五、任务评价

食品经营许可资格的认定与管理任务评价表见表 5-3。

表 5-3 食品经营许可资格的认定与管理任务评价表

工作清单	完成情况
对申报所需材料进行收集	
根据不同类型食品的许可审查要求企业进行整改	
在市场监督管理局官网办理网上注册业务	
在市场监督管理局官网办理网上申报业务，填写相关申报信息，并上传相关资料	
配合现场审查人员，完成现场审查	
审查通过领取食品经营许可证	

任务二 卫生许可资格的认定与管理

一、任务情境

卫生许可资格的认定与管理

（一）任务场景

北京清韵美容有限公司（简称“清韵公司”）从事美容项目（非医疗美容），尚未办理卫生许可证。清韵公司法人赵新安排公司秘书张小雨办理卫生许可证事宜。张小雨委托紫霖财税代办卫生许可证。

（二）任务布置

请紫霖财税企业管家（中小企业财税综合服务岗）刘庆帮助该公司办理卫生许可证。

（1）企业管家现场指导。

（2）委托第三方出具检测报告。

（3）按照要求准备相关资料并递交。

（4）配合卫生监督员进行现场审核。

二、工作准备

卫生许可资格的认定与管理工作准备

（一）知识准备

知识点：卫生许可证

相关法规：《公共场所卫生管理条例》

（二）业务要领

1. 卫生许可证适用的企业
2. 申请卫生许可证需提交的材料
3. 卫生管理要求
4. 审查（现场）要求（商场书店行业）

三、业务流程

以北京地区为例，卫生许可证办理的业务流程如图 5-15 所示。

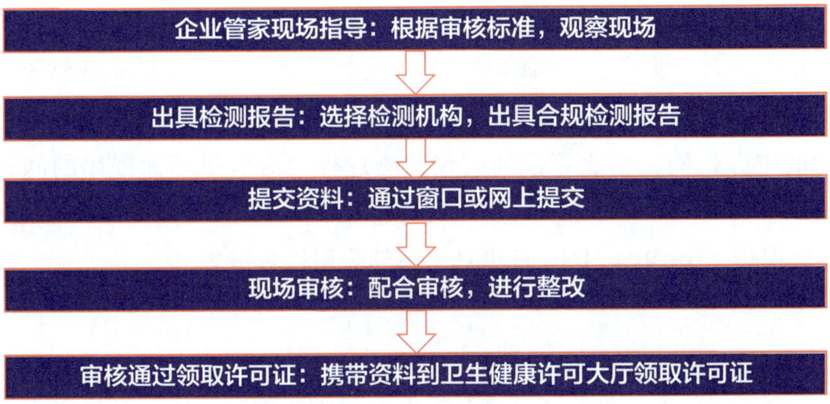

图 5-15　卫生许可证办理业务流程

北京地区卫生许可证办理业务流程说明如表 5-4 所示。

表 5-4　北京地区卫生许可证办理业务流程说明

序号	工作内容	操作方式	工具及资料	对接部门	知识链接
1	企业管家现场指导	根据审核标准，观察现场	现场记录单	客户	
2	第三方出具检测报告	选择检测机构	检测报告	第三方检测	公共场所卫生管理条例

续表

序号	工作内容	操作方式	工具及资料	对接部门	知识链接
3	通过窗口或者网上提交资料	依据卫生健康许可部门要求	相关资料	卫生健康许可大厅	公共场所卫生管理条例实施细则
4	卫生监督员现场审核	积极配合，进行调整		卫生健康管理部门	
5	审核通过取得卫生许可证		卫生许可证	卫生健康许可大厅	

四、业务操作

（一）企业管家现场指导

2019 年 4 月 8 日，紫霖财税企业管家刘庆到经营场所对清韵公司的卫生状况进行现场指导，提出了专业的意见，同时预约了卫生监督员，现场审核的时间为 2019 年 4 月 28 日。

（二）第三方中介出具检测报告

清韵公司根据企业管家刘庆的专业建议进行了整改，整改后企业管家刘庆与清韵公司秘书张小雨聘请北京蓝星环保有限公司（简称“蓝星环保”）作为清韵公司卫生检测的中介机构，企业管家刘庆在检测过程中对蓝星环保提出的问题予以了解答。

蓝星环保于 2019 年 4 月 16 日出具了清韵公司检测报告。

（三）递交材料

2019 年 4 月 18 日，清韵公司秘书张小雨和企业管家刘庆到当地卫生健康许可大厅窗口递交行政许可申请、检测报告等相关材料。

（四）卫生监督部门现场核查

2019 年 4 月 28 日，卫生监督员王虎、王音到清韵公司现场核查。清韵公司秘书张小雨和企业管家刘庆全程陪同，并对相关问题进行了解答。

（五）审核通过取得卫生许可证

2019 年 4 月 30 日，审核通过，清韵公司秘书张小雨和企业管家刘庆到当地卫生健康许可大厅窗口顺利取得卫生许可证。

五、任务评价

卫生许可资格的认定与管理任务评价表见表 5-5。

表 5-5　卫生许可资格的认定与管理任务评价表

工作清单	完成情况
对申报所需材料进行收集	
根据行业的卫生要求和标准观察现场，提出整改建议	
选择适当的第三方检测机构，取得卫生检测报告	
通过窗口或者网上提交资料	
配合卫生监督员进行现场审核	
审核通过领取卫生许可证	

工作领域六
企业财经综合事务管理

技能目标

1. 能熟练使用办公软件制作各类企业业务文件、收发电子邮件、归类整理和存储各类文档。

2. 能做好会议准备、会议记录、会议内容和资料的整理。

3. 能根据经理的日程及公司的活动事项，合理制定年日程表、月日程表、周日程表、当天日程表，并能及时通知员工。

4. 能办理办公室日常水电、电话及网络等事项的缴费。

5. 能根据货币资金管理及报销业务的有关规定和业务流程，按照岗位人员职责分工，办理现金和银行收付业务、员工借款与费用报销，并获取和整理银行回单和各种费用支出票据。

6. 能根据各类网银业务的流程，办理电子银行代发、电子商业汇票、网银日常费用报销、网上银行对账等业务。

7. 了解选聘中介机构的原则及选聘方式，了解不同第三方机构所提供的专业服务及相关流程，并能在实际业务中应用。

8. 能根据企业需求与第三方提供的专业服务项目进行对标，并能对第三方机构提供的专业服务的收费标准、服务水平及资质信誉等情况进行确认。

9. 能根据合同双方需求拟订所需签署的协议和招标公告，并能对第三方投标文件的内容进行分类整理及审核。

10. 能在智能化财务操作平台上完成与第三方管家的对接。

任务一　日常行政事务管理

一、任务情境

日常行政事务管理

（一）任务场景

北京凯达商贸有限公司（简称凯达公司）是一家经营百货批发和零售的企业，因工作需要，董事长兼总经理王鹏 2018 年 12 月招聘了刘明芳为公司总经理办公室秘书。公司秘书主要负责日常事务性工作、指派性工作以及与北京紫霖财税服务有限公司（简称“紫霖财税”）的企业管家进行对接等。刘明芳接受聘任后立即投入工作，下面是她秘书工作的几个片段。

1. 2019 年 4 月 25 日（星期四）

（1）10：00，根据周预定日程安排，2019 年 4 月 26 日（星期五）14：00 要召开有关“5 月公司春季服装促销活动安排”的工作会，会议地点在公司会议室，参加会议的有董事长兼总经理王鹏、采购部经理孙宏、营销部经理刘琪、仓库经理陈飞宇、财务部经理李义楠、秘书刘明芳。刘明芳写了一份通知，并以电子邮件的形式将通知发给参会人员。

（2）15：00，刘明芳做 4 月 26 日的工作日程表，4 月 26 日下午除了有一个促销安排会，上午 10：00 总经理王鹏还与北京华丽服装有限公司（简称华丽公司）的总经理陈峰有个约会，是商谈 5 月促销活动的合作事宜。工作日程表做好了以后，交总经理王鹏确认，确认后，打印一份给王鹏。

（3）16：00，财务部会计林芳持办公用品领用单来领办公用品，刘明芳审核办公用品领用单（见表 6-1）无误后，将办公用品发给林芳，并签了字。发放完办公用品，刘明芳准备打印文件，这时却发现 A4 打印纸不多了，于是她填写了申购单申请采购 10 包 A4 打印纸，并找办公室主任陈涛审批签字（10 包 A4 打印纸的预算金额未超过部门经理审批权限规定的额度），然后将经审批的申购单交采购部采购员王岚采购 A4 打印纸。

表 6-1　办公用品领用单

领用部门：财务部　　　　2019 年 4 月 25 日　　　　存放地点：办公用品仓库

品名	规格型号	计量单位	数量	备注
红色签字笔		支	20	
黑色签字笔		支	20	

续表

品名	规格型号	计量单位	数量	备注
胶棒		支	10	

业务负责人　李义楠　　　　领取人　林芳　　　　保管

2. 2019年4月26日（星期五）

（1）8：30，刘明芳打印了一份今日工作日程表给公司总经理王鹏，提醒他今天上午10：00要与华丽公司总经理陈峰约会，商谈两公司5月春季服装促销活动的合作事宜；14：00要开一个有关5月公司春季服装促销活动安排的工作会。

（2）9：00，采购员王岚从北京天益办公用品有限公司采购了10包A4打印纸，交刘明芳验收入库，采购发票号为00001356。刘明芳验收实物，并与申购单、发票核对无误后，将打印纸存入办公用品仓库，填写办公用品入库单，刘明芳、王岚、办公室主任陈涛、采购部经理孙宏等有关责任人在入库单上审核签字。

（3）10：00，总经理王鹏与华丽公司总经理陈峰在经理办公室约会，商谈两公司5月春季服装促销活动的合作事宜，最后陈峰答应参与凯达公司5月春季服装的促销活动，以七折优惠的价格为凯达公司提供男女春装促销的货源。秘书刘明芳做了会谈记录。

（4）14：00，5月公司春季服装促销活动安排工作会在公司会议室召开，参加会议的有执行董事兼总经理王鹏、采购部经理孙宏、营销部经理刘琪、仓库经理陈飞宇、财务部经理李义楠、秘书刘明芳，经过商议确定了促销时间和分工。促销时间为5月15日—5月20日，由采购部经理孙宏负责与各供货商洽谈促销货源，保证促销货源充足；营销部经理刘琪负责做促销方案与预算、促销宣传和卖场的布置；仓库经理陈飞宇做好促销商品的出入库管理，及时反馈各种促销商品库存情况，以保证促销货物充足；财务部经理李义楠做好促销资金保障。秘书刘明芳做了会议记录，会后马上写了会议纪要，以电子邮件的方式发给参会人员。

（二）任务布置

请凯达公司秘书刘明芳根据4月25日和4月26日两日的秘书工作完成以下任务：

（1）发电子邮件。

（2）做4月26日的日程安排。

（3）发放、申购办公用品，办理办公用品入库。

（4）写通知、约会记录、会议记录、会议纪要，并做一份简报。

（5）进行文件归档。

日常行政事务管理工作准备

二、工作准备

（一）知识准备

知识点：秘书　秘书工作　时间管理　计划管理　文书写作

（二）业务要领

1. 秘书工作的注意事项
2. 公文书写的注意事项

三、业务流程

秘书日常行政事务管理业务流程如图 6-1 所示。

收发邮件：签收→拆封→登记→分类→呈送

文件归档：分类归档，便于检索

办公用品管理：申购→入库→发放

会务管理：会议准备、会议记录、会议内容和资料的整理

日程安排：年、月、周、日安排

安排差旅事宜：差旅准备及注意事项

秘书与管家对接：通过平台消息系统对接

图 6-1　秘书日常行政事务管理业务流程

秘书日常行政事务管理业务流程说明如表 6-2 所示。

表 6-2　秘书日常行政事务管理业务流程说明

工作序号	工作任务	操作指导	资料及单据	对接对象
1	收发邮件	签收、拆封、登记、分类、呈送	邮件	邮件发送者 邮件接收者
2	文件归档	分类归档，便于检索	文件	文件发送者

6

续表

工作序号	工作任务	操作指导	资料及单据	对接对象
3	办公用品管理	申购、入库、发放	办公用品	公司各部门
4	会务管理	会议准备、会议记录、会议内容和资料的整理	记录	相关人员
5	日程安排	年、月、周、日安排	日程表	相关人员
6	安排差旅事宜	差旅准备及注意事项	无	相关人员
7	秘书与管家对接	通过平台消息系统对接	App	共享公司管家

四、业务操作

（一）收发邮件

收发邮件是指在邮件、信函的收进和发出过程中所要进行的一系列工作（如图 6-2 所示）。邮件分为邮政系统传递的邮件以及电子信函，如电传、传真、E-MAIL 等。

图 6-2　收发邮件工作流程

1. 签收

代为签收邮件。

2. 拆封

保持邮件原封的完好，注意封内文件不能损坏。

3. 登记

按收文登记簿中的内容逐项登记。

4. 分类

（1）将私人邮件与商业邮件分开。

（2）将办公室邮件与外部邮件分开。

（3）把优先考虑的材料放在一起。

5. 呈送

向领导呈交有阅办要求的邮件；向其他人递交邮件。

（二）文件归档

1. 收集文件

按照公司的有关规定，把各部门、个人手中分散的、繁多的文件材料，按照重要级筛选，集中到档案室。

2. 整理文件

把零散的文件进行基本处理，开展分类、组合、编目、排列、装订等工作。按照公司文件的部门来源、时间、项目内容等主题来进行排列，方便之后进行保管、利用。

3. 立卷归档

将收到的公文进行分类存档登记，以便以后查找，文件通常包括上级部门的政策性、指导性、交办性、参阅性公文；下级部门的呈请性公文；平行或其他不相隶属公司的商洽性、询问性公文；参加重要会议的通知、会上印发的会议公文及其他材料等；重要的、密级刊物、资料以及具有政治、经济、历史、科学价值的公文、资料等。

（三）办公用品管理

1. 申购程序

发现库存物品数量已经不足规定的最低数量时，应及时填写申购单申购，如表6-3所示。如果申购金额超过部门经理审批权限规定的额度，需向总经理请示签字后方可交给采购人员采购。

表 6-3　申　购　单

申购部门：　　　　　　　　　　　年　月　日

序号	品名	规格型号	计量单位	数量	用途

单位主管　　　　　　　　　　部门主管　　　　　　　　　　申购人

办公用品管理

2. 入库程序

采购回来后，应根据申购单进行数量及物品的核对，确认后填制办公用品入库单（如表6-4所示）并签字，进行入库登记。

6

表 6-4　办公用品入库单

供应商：

发票号码：　　　　　　　　　　年　月　日　　　　　　　　　存放地点：

品名	规格型号	计量单位	数量	备注

业务负责人　　　　　　　　　　经办人　　　　　　　　　　保管

3. 发放程序

各部门来领取办公用品时，要填制办公用品领用单（如表 6-5 所示）进行登记。

表 6-5　办公用品领用单

领用部门：　　　　　　　　　　年　月　日　　　　　　　　　存放地点：

品名	规格型号	计量单位	数量	备注

业务负责人　　　　　　　　　　领取人　　　　　　　　　　保管

（四）会务管理

企业召开会议，需要落实确定以下几个方面的内容：

1. 会议名称

会议名称的基本构成方式是："单位名称 + 时限 + 会议内容 + 会议性质"。

2. 会议主题

会议的目的和主导内容。

3. 起止日期

会议的开始日期和结束日期。

4. 议事日程

会议的具体日程安排和议题安排。需要确定每一个议题的负责人和时间。

5. 与会人员

与会人员包括出席人员、列席人员、工作人员等。

6. 会议筹备小组

按照会议的分工再设立工作小组，如秘书组、资料组、宣传组、后勤组、保卫组等。明确各工作人员的职责分工。

7. 准备企业会议文件

规模比较大、内容比较重要的企业会议，均应事先准备好各种会议文件。如开幕词、讲话稿、报告资料、交流材料、会议须知或会议手册、闭幕词等。

8. 会议会场布置

会议会场布置包括场地选择、软硬件设施、音响调试、主席台设置、座位排列、会标桌牌等内容，都需要提前确定好。

9. 会中活动安排

在会议过程中开展哪些活动，提供哪些活动保障等需要提前安排好。

10. 会务纪要

会议纪要需要真实反映会议情况和会议形成的决议等内容，一般包括会议的时间、地点、与会人员、会议内容、讨论结果等。会议纪要写完之后需要经过有关人员的审核，及时发给有关部门。会议纪要模板见表 6-6。

表6-6　会 议 纪 要

时间		地点		主持人		填写日期	
会议名称							
会议内容概要							
参会人员							
缺席人员							
会议发言记录							
会议成果							
记录人							

（五）日程安排

日程安排的基本要求：统筹兼顾、安排规范、效率原则、突出重点、留有余地、适当保密、事先同意。

日程安排的基本形式：年度预定日程表、月内预定日程表、每周工作日程表、当天工作日程表。

1. 年度预定日程表

年度预定日程表是企业在每年度例行的主要业务活动，及有关公司的活动事项一览表。年度预定日程表应将股东大会、公司成立周年纪念日、法定节假日和公司其他特定纪念活动等记载在内；公司秘书应将这个表抄送给总务部等相关部门，必要的时候请他们配合。年度预定日程表通常由总经理办公室等管理全公司的部门于年初将整个年度的活动事项整理出来，再通知各部门。

2. 月内预定日程表

月内预定日程表主要是根据年度预定日程表进行安排，上面注明出差、开会等重大事项，每个月连续制定。

3. 每周工作日程表

每周工作日程表就是将上司一周之内的约会和会议等预定好的工作记入表内，这是上司一周之内具体工作安排的基本依据，一般在上一周的星期五完成。表做完之后，要送给上司审阅，请上司确认。

4. 当天工作日程表

当天工作日程表是根据每周工作日程表制定出来的，如表 6-7 所示。秘书应把当天工作的一些注意事项记在上面，交给上司，提醒他不要忘了一些重要工作。这张表必须在头一天就让上司确认，当天早晨上班后，复印一份让上司再次确认。对于经常外出的上司，还要复印一份让上司自己带在身上，把对方的电话号码等一些注意事项记在上面。

表 6-7　当天工作日程表

年　月							序号	日期	时间	任务	地点	重要程度	备注
星期日	星期一	星期二	星期三	星期四	星期五	星期六	1						
		1	2	3	4	5	2						
6	7	8	9	10	11	12	3						
13	14	重要	16	17	18	19	4						
20	21	22	23	24	一般	26	5						
27	28	29	30	31			6						
							7						
							8						

续表

年　月							序号	日期	时间	任务	地点	重要程度	备注
重要程度		重要	中等	一般									

（六）安排差旅事宜

1. 差旅前准备事宜

（1）准备好相关资料。

（2）经办旅行的各种必要手续。

（3）预先联系。

（4）制定出差日程表。

（5）预订车票（或机票）、安排住宿。

（6）列出携带物品的清单。

2. 国内出差

（1）确定出差目的地和日期。

（2）确认出差陪同人。

（3）与出差地相关人员沟通，确定周到的日程安排。（明确如早午晚餐安排、所到地地址、需要的路程时间、接待人员等信息。）

（4）确定行程，预订火车票或机票（注意选择好航空公司、机型及班次）、酒店（选择上司习惯的酒店、熟悉酒店的电话、传真等），确定接 / 送机人员（明确接 / 送机人的联系方式）。

（5）完善细致周到的日程表（时间、地点、对方参会人、议程等）。

（6）根据上司的习惯，准备出差用物品。

（7）拟写授权书并于上司出差前一天向各相关部门及相关人员发出邮件和复印件。

3. 国外出差

（1）根据实际情况准备报告（演讲、介绍等，中 / 英文），与对方确认演示设备，必要时准备彩色打印胶片和打印稿。

（2）机票购买时注意避免经停中转，选择好的航空公司和服务，长途飞行选择好的机型。

（3）注意准备好各种证件及邀请函，并提醒上司携带。

（4）根据客人的级别和国家风俗习惯准备礼物。

6

（5）准备当地的地图及国家风情资料。

（6）确认对方还是我方提供翻译服务。

（7）回国后向邀请方致谢。

（七）秘书与管家对接

企业秘书通过财天下平台的消息系统与企业管家实时沟通，了解企业的财务状况和其他工作的进展，并通过与财天下平台的对接，提高日常性工作的工作效率、获得更大的工作成果。如图 6-3 所示。

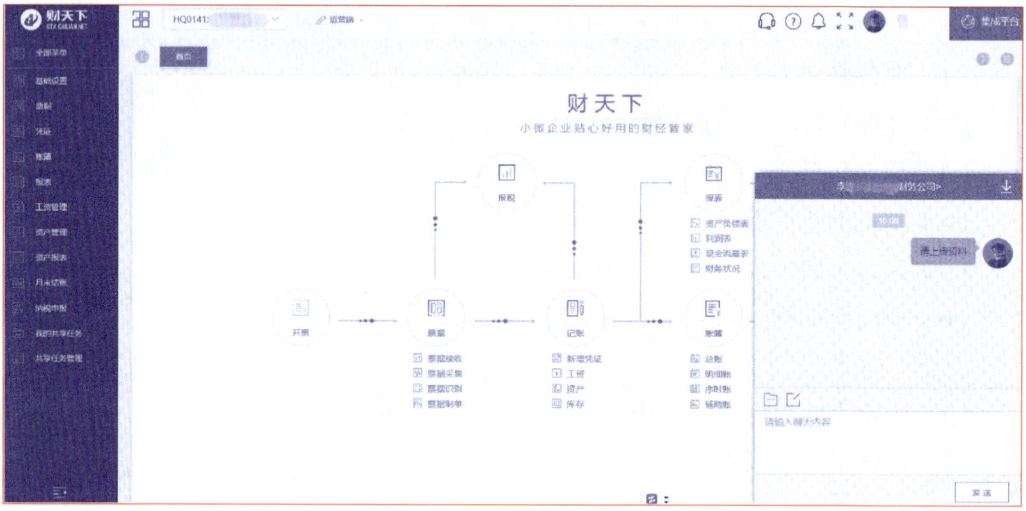

图 6-3　财天下实时管家

五、任务评价

日常行政事务管理任务评价表见表 6-8。

表 6-8　日常行政事务管理任务评价表

任务清单	完成情况
使用办公软件制作各类业务文件，收发电子邮件	
文件归档：归类整理企业文档，分别存储电子和纸质文档	
会议准备、记录和整理：会议前预先熟悉会议内容、访谈演讲稿的内容，会议中进行会议记录，会议后进行会议内容整理	
日程安排：根据经理的日程及公司的活动事项，合理制定年度预定日程表、月内预定日程表、每周工作日程表、当天工作日程表，并及时通知员工	

续表

任务清单	完成情况
安排差旅事宜	
管理办公用品：包括申购、入库、发放办公用品	
在智能化财务操作平台上完成与第三方管家的对接	

任务二　出纳及资金管理

出纳及资金管理

一、任务情境

（一）任务场景

【案例一】北京美好服装制造有限责任公司（简称“美好公司”）是一家新成立不久的企业，主营服装加工与销售，其有关信息如下：

1. 业务涉及主要人员

总经理：刘备，财务负责人：诸葛亮，会计：赵云，出纳：貂蝉，销售部业务员：张飞，销售部经理：关羽，采购部经理：周瑜，采购部业务员：鲁肃。

2. 出纳职责

公司出纳的主要职责之一是办理公司的货币资金业务并和北京紫霖财税服务有限公司（简称“紫霖财税”）的企业管家进行对接。

3. 银行账户、汇（付）款权限设置

（1）基本存款账户开户银行：中国工商银行北京市通州支行，账号：6225887540917489588，行号：10000000163。

（2）付款权限（银行网银）设置：一级U盾制单（出纳貂蝉），二级U盾复核（会计赵云），三级U盾审核（财务负责人诸葛亮）。一级、二级U盾付款权限均为50万元以下，三级U盾审核权限为50万元以上。

（3）付款权限（账户）设置：单日单笔支付最高额为100万元，单日累计支付最高额为2 000万元。

4. 货币资金支付程序

根据公司《日常资金管理办法》，货币资金支付程序为：

经办人填写报销单或付款单→经办人所在部门负责人审批签字→财务部会计审核签章→财务负责人核准签字→公司总经理审批签字（超预算额或预算外）→出纳付款。

5. 2019 年 11 月公司发生的经济业务

（1）11 月 1 日，销售部张飞以现金的方式预借差旅费，如图 6-4 所示

借　款　单

资金性质________　　　　2019 年 11 月 1 日

借款单位	销售部张飞		
借款理由	出差进行销售调研		
借款数额	人民币（大写）叁仟元整　　¥3 000.00		
本单位负责人意见	同意	借款人（签章）	张飞
领导审批： 刘备　同意 关羽　同意	会计主管人员核批：	付款记录： 2019 年 11 月 1 日以第　号 支票或现金支出凭单付给	

图 6-4　借款单

（2）11 月 3 日，收到上海器械制造有限公司汇来的前欠货款，如图 6-5 所示。

ICBC 中国工商银行　电汇凭证（收账通知）3

☑普通　☐加急　委托日期　2019 年 11 月 3 日　　NO 35402200

汇款人	全称	上海器械制造有限公司	收款人	全称	北京美好服装制造有限责任公司
	账号	6227887540917489111		账号	6225887540917489588
	汇出地点	上海市 省 上海市 市/县		汇入地点	北京市 省 北京市 市/县
汇出行名称		工商银行上海松江支行	汇入行名称		工商银行 北京市通州支行
金额	人民币（大写）	壹万伍仟元整		千百十万千百十元角分	¥1500000
		工商银行上海松江支行 转讫 汇出行盖章		支付密码	777224721189
				附加信息及用途：	复核　记账

此联给收款人的收账通知

图 6-5　银行收账通知

（3）11 月 15 日，销售部张飞报销差旅费，张飞出差取得的原始凭证和填写的差旅费报销单如图 6-6、图 6-7 所示（除了一张火车票外，张飞出差取得的其他原始凭证略，相关金额见图 6-7）。出纳貂蝉为张飞办理差旅费报销业务，收回张飞退回的出差借款余款，并为其开具了收据，空白收据如图 6-8 所示。

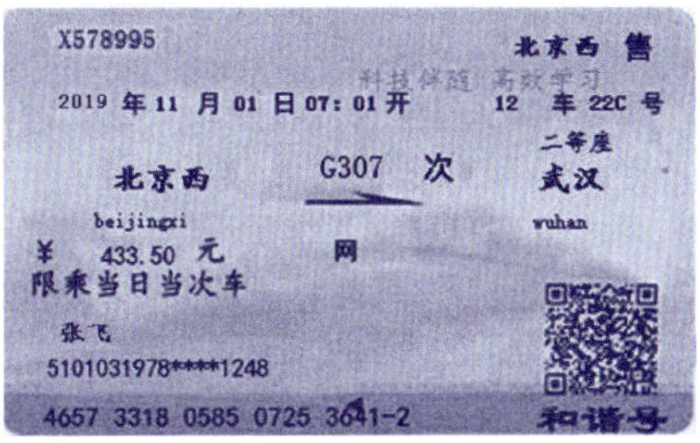

图 6-6　报销单据——火车票

差旅费报销单

部门　销售部　　2019 年　11 月　15 日

出差人		张飞								出差事由		销售调研				
出发				到达				交通工具	交通费		出差补贴		其他费用			
月	日	时	地点	月	日	时	地点		单据张数	金额	天数	金额	项目	单据张数	金额	附件
11	1	7:01	北京	11	1	13:10	武汉	火车	1	433.50			住宿费	1	1 166.00	
11	6	8:16	武汉	11	6	14:30	北京	火车	1	433.50			市内车费			
													邮电费			
													办公用品费			4
													不买卧铺补贴			
													其他	1	618.00	
合计									2	¥867.00				2	¥1 784.00	张
报销总额	人民币（大写）	贰仟陆佰伍拾壹元整							预借金额	¥3 000.00			补偿金额			
													退还金额	¥349.00		

主管　刘备　关羽　　审核　　出纳　　领款人　张飞

图 6-7　差旅费报销单

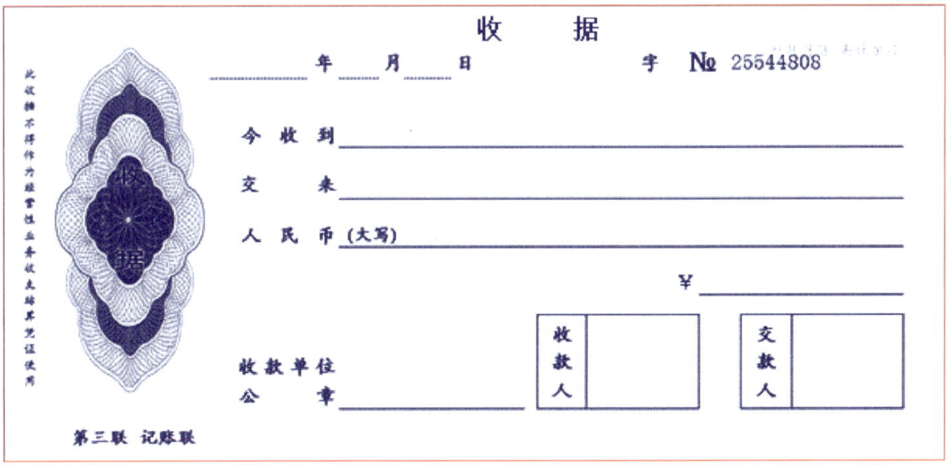
收　　据

＿年＿月＿日　　字　№ 25544808

今收到＿＿＿＿

交　来＿＿＿＿

人民币（大写）＿＿＿＿

¥＿＿＿＿

收款单位公章＿＿＿＿　收款人　交款人

此收据不得作为经营性业务收支结算凭证使用

第三联　记账联

图 6-8　收款收据

（4）11 月 17 日，收到销售部张飞交来的违纪罚款 500 元现金，出纳貂蝉收妥罚款并为张飞开具了收据，空白收据如图 6-9 所示。

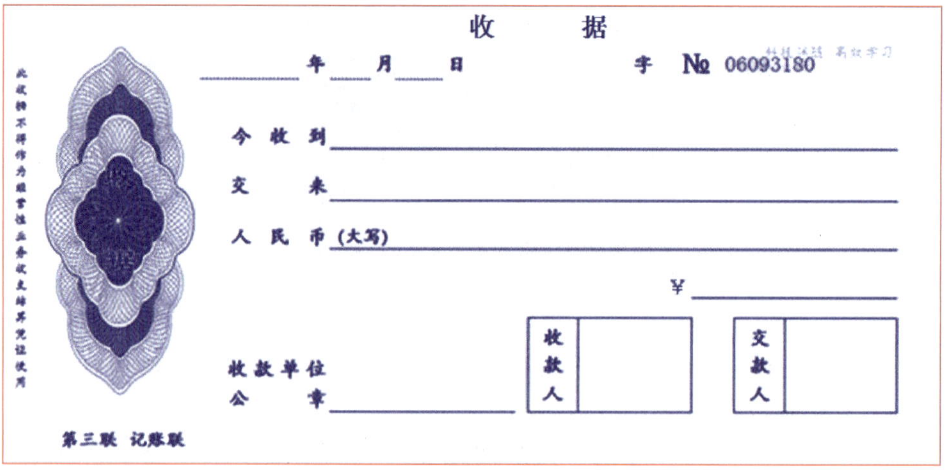
收　　据

______年____月____日　　　字　№ 06093180

今收到______

交　来______

人民币（大写）______

¥______

收款单位公章______

收款人

交款人

此收据不得作为经营性业务收支结算凭证使用

第三联　记账联

图 6-9　罚款收据

（5）11 月 25 日，支付前欠北京羊羊面料有限公司的货款，如表 6-9 所示。

表 6-9　付款申请单

2019 年 11 月 25 日

申请人	鲁肃	部门	采购部	附件张数	
收款人全称	北京羊羊面料有限公司				
开户银行	工商银行北京市丰台支行				
账　号	6225887540917486188				
付款方式	网银转账				
付款金额	人民币（大写）贰万元整			20 000.00	
付款说明	支付前欠货款				

单位负责人：刘　备　　部门负责人：周　瑜　　财务负责人：　　出纳：

（6）11 月 26 日，采购部鲁肃申请偿还前欠北京华意商贸有限公司的货款，经审批后，如表 6-10 所示，财务部门审核无误后，出纳貂蝉签发转账支票办理支付，空白转账支票如图 6-10 所示，转账支票密码为：123567894321。

表 6-10　付款申请单

2019 年 11 月 25 日

申请人	鲁肃	部门	采购部	附件张数	
收款人全称	北京华意商贸有限公司				
开户银行	工商银行北京市丰台支行				
账　号	6225887540917486188				
付款方式	转账支票				
付款金额	人民币（大写）伍万元整			50 000.00	
付款说明	支付前欠货款				

单位负责人：刘　备　　　部门负责人：周　瑜　　　财务负责人：　　　　　出纳：

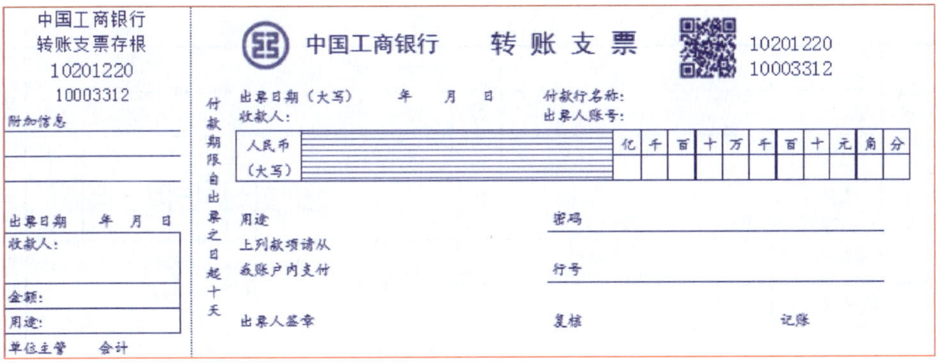
中国工商银行 转账支票存根 10201220 10003312 附加信息 出票日期 年 月 日 收款人： 金额： 用途： 单位主管 会计

中国工商银行 转账支票 10201220 10003312
付款期限自出票之日起十天
出票日期（大写）　年　月　日　付款行名称：
收款人：　出票人账号：
人民币（大写）　亿 千 百 十 万 千 百 十 元 角 分
用途　密码
上列款项请从我账户内支付　行号
出票人签章　复核　记账

图 6-10　转账支票

（7）11 月 28 日，收到北京兴隆商贸有限公司开出的一张转账支票，偿还其前欠货款，如图 6-11 所示，出纳貂蝉进行支票背书，填写进账单，将支票送存银行，转账支票背面、空白进账单如图 6-12、图 6-13 所示。

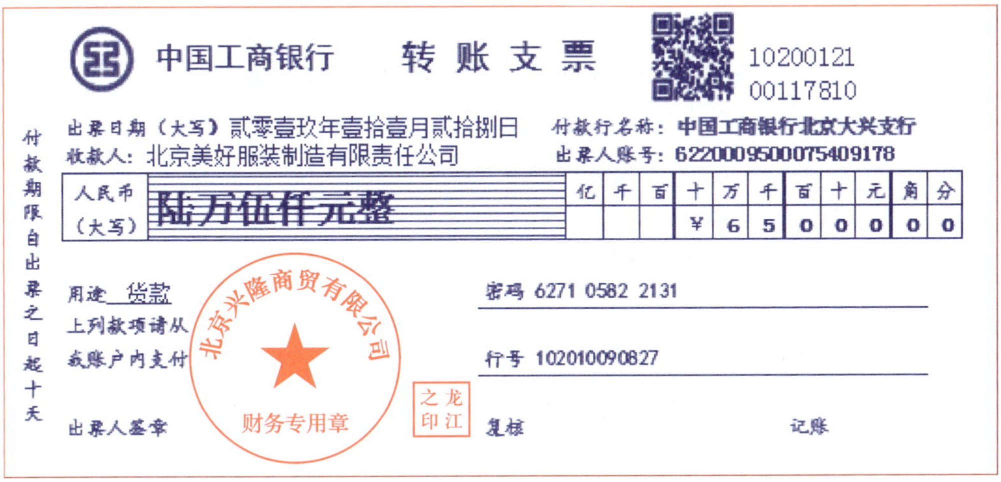
中国工商银行　转账支票　10200121 00117810
付款期限自出票之日起十天
出票日期（大写）贰零壹玖年壹拾壹月贰拾捌日　付款行名称：中国工商银行北京大兴支行
收款人：北京美好服装制造有限责任公司　出票人账号：6220009500075409178
人民币（大写）陆万伍仟元整　亿 千 百 十 万 千 百 十 元 角 分　¥ 6 5 0 0 0 0 0
用途 货款　密码 6271 0582 2131
上列款项请从我账户内支付　行号 102010090827
北京兴隆商贸有限公司 财务专用章　之龙印江
出票人签章　复核　记账

图 6-11　转账支票正联正面

附加信息：	被背书人	被背书人	（贴粘单处）
	背书人签章 年 月 日	背书人签章 年 月 日	

图 6-12 转账支票正联背面

ICBC 中国工商银行 进账单（收账通知） 3

年 月 日

出票人	全称		收款人	全称	
	账号			账号	
	开户银行			开户银行	

金额	人民币（大写）	亿	千	百	十	万	千	百	十	元	角	分

票据种类		票据张数		
票据号码				
复核 记账				收款人开户银行签章

此联是收款人开户银行交给收款人的收款通知

图 6-13 进账单

【案例二】北京紫霖新能源科技有限公司（简称“紫霖新能源”）是一家绿色低碳、环保型生物质能新兴（新能源）产业企业，其有关信息如下：

1. 业务涉及主要部门及人员

执行董事兼总经理：王强，销售部经理：任泉，销售部业务员：李云，财务部经理兼秘书：刘国忠，会计：李芳，出纳：陈冉。

2. 银行账户、汇（付）款权限设置

（1）基本存款账户：中国建设银行清苑路支行，账号：13001625008050862456。

（2）一般存款账户：北京银行健翔支行，账号：01091122800120105003425，银行地址：北京市朝阳区安翔北里甲 11 号。

（3）付款权限（银行网银）设置：一级 U 盾制单（出纳陈冉），二级 U 盾复核

（会计李芳），三级 U 盾审核（财务部经理刘国忠）。一级、二级 U 盾付款权限均为 50 万元以下，三级 U 盾审核权限为 50 万元以上。

紫霖新能源规定，为防范资金支付风险，保管 U 盾的责任人首次使用时，对其密码需进行重置（以后年度使用过程中，每年至少重置一次）。

（4）付款权限（账户）设置：单日单笔支付最高额为 100 万元，单日累计支付最高额为 2 000 万元。

3. 日常费用报销控制程序和出差报销标准

（1）根据紫霖新能源制定的《日常资金管理办法》，日常费用报销的控制程序为：

经办人填写报销单或付款单→经办人所在部门负责人签字→财务部会计审核签章→财务负责人核准签字→公司总经理签字（超预算额或预算外）→出纳付款。

日常费用是指组织生产经营所发生的日常差旅费、通信费和业务招待费等，应严格按照预算执行（若未执行预算程序，可设定一定金额的支付授权审批权限），超过预算额度或预算外支付款项，须经总经理审批后方可办理付款手续。

（2）紫霖新能源出差报销标准：交通费据实报销（除总经理外，其他人员不允许坐飞机头等舱、火车软卧、高铁一等座），住宿费每天不超过 400 元 / 天，出差伙食补助标准是 70 元 / 天。

4. 公司发生的经济业务

（1）2019 年 1 月 12 日，销售部业务员李云报销去内蒙古出差的差旅费，原始凭证如图 6-14～图 6-18 所示。出纳陈冉通过网银从公司一般存款户给李云划转报销款项。李云的个人银行开户行为北京银行，账号为 6210300006244997。该出差业务未在上月资金收支预算（月报）预先预估列支，属于预算外业务。

差旅费报销单

单位名称：北京紫霖新能源科技有限公司　　2019 年　1 月 12 日

出差事由：内蒙古客户售后服务　　出差人员：李云

起程				到达				交通工具	金额	单据张数	其他费用		
月	日	时	地名	月	日	时	地名				项目	金额	单据张数
1	4		北京	1	4		通辽	火车	215	1	住宿费	632	1
1	5		通辽	1	5		查布嘎	火车	78.5	1	餐费		
1	8		查布嘎	1	9		沈阳	火车	176	1	外埠交通费		
1	9		沈阳	1	9		北京	火车	296	1	市内交通费	24	4
											邮电费		
											其他		
小计									765.5	4	小计	656	5

单位负责人审批：

部门负责人审批：

附件 9 张

出差天数：6天　补助小计：　借款金额：　补（退）金额：

合计金额（大写）：　佰　拾　万　仟　佰　拾　元　角　分　¥

财务审核：　出纳：　领款人：李云

图 6-14　差旅费报销费

图 6-15　原始凭证——火车票

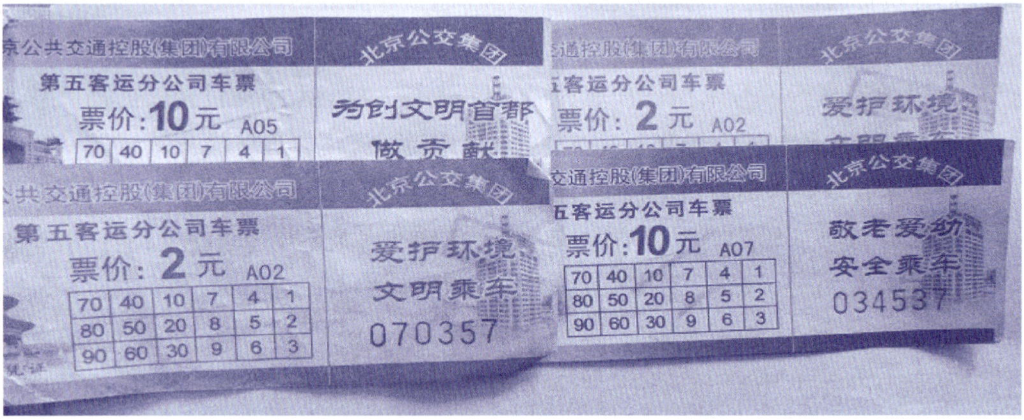

图 6-16　原始凭证——公交车票

内蒙古增值税普通发票

1500171320　　发票联　　№ 08781113

1500171320
08781113
开票日期：2019年01月08日

购买方	名称：北京紫霖新能源科技有限公司 纳税人识别号：91130221568784860B 地址、电话：北京市中北路16号院6号楼6层606室60518753 开户行及账号：建设银行清苑路支行13001625008050862456	密码区	172312-4-275＜1+46*54* 82*69* 181321＞＜8182*69*09618153＜/ ＜4＜3*2702-9＞9**153＜/0 ＞2-3 *08/4＞*＞＞2-3*0/9/＞＞25-275＜1

货物或应税劳务、服务名称	规格型号	单位	数量	单价	金额	税率	税额
*住宿服务*住宿费		天	4	153.3975	613.59	3%	18.41
合计					¥613.59		¥18.41
价税合计（大写）	⊗陆佰叁拾贰圆整				（小写）¥632.00		

销售方	名称：查布嘎市迎宾酒店有限公司 纳税人识别号：788592101833394024 地址、电话：查布嘎市朝阳区诺阳路042号 81394836 开户行及账号：工行查布嘎市杏云路支行79815294369101	备注	

收款人：高海德　　复核：张春红　　开票人：杜晓东　　销售方：（章）

查布嘎市迎宾酒店有限公司　788592101833394024　发票专用章

第二联：发票联　购买方记账凭证

图 6-17　增值税普通发票

出差情况报告单

出差事由：调试安装设备	
出发时间：2019年1月4号	返回时间：2019年1月9号
出差地点：内蒙古 通辽 查布嘎	实际出差费用：1 421.5元
出差情况报告： 到内蒙古查布嘎进行生物质压块机设备的安装和调试，设备接线完成后进行空转实验，检测设备有无栓动，整体安装调试完毕后对客户进行培训和讲解，客户满意后返回。 李云	
部门负责人审批意见：	
主管副总审批意见：	
单位负责人审批意见：	年　月　日

图 6-18　出差情况报告单

（2）2019 年 3 月 16 日，通过网银给北京利源科技有限公司开出期限 2 个月、面值 100 000 元的电子商业承兑汇票，抵偿欠其的货款 100 000 元。

北京利源科技有限公司的开户银行为：中国交通银行北京昌平支行，账号为：91100000400178641898。

（3）2019 年 3 月 20 日，通过网银，将持有的一张电子银行承兑汇票转让给北京东风商贸有限公司，抵偿欠其的货款 150 000 元。

该电子银行承兑汇票是由北京福兴商贸有限公司于 2019 年 2 月 25 日开出，期限 3 个月、面值 150 000 元，协议编号为 HE1234567809。

北京东风商贸有限公司的开户银行为：北京银行海淀支行，账号为：01012008012003051254912。

北京福兴商贸有限公司的开户银行为：中国建设银行北京通州支行，账号为：13000002563008245086。

（4）2019 年 3 月 28 日，通过网银从基本存款户支付劳务费，相关原始凭证如表 6-11、表 6-12 所示。

表 6-11　2019 年 3 月支付劳务费清单

2019 年 3 月 28 日　　　　单位：元

序号	姓名	开户行	账号	金额
1	王晓丽	中国银行北京丰台支行	6227009010009730056	4 000.00
2	周菲菲	中国工商银行北京朝阳支行	6222000030097630081	3 000.00
3	陈　建	中国农业银行北京大兴支行	6210000307500903096	3 000.00
	合计			10 000.00

审核：刘国忠　　　　制单：陈　冉

表 6-12　付款申请单

2019 年 3 月 28 日

申请人	刘国忠	部门	行政部	附件张数	1
收款人全称	王晓丽、周菲菲、陈建				
开户银行	中国银行北京丰台支行、中国工商银行北京朝阳支行、中国农业银行北京大兴支行				
账　号	6227009010009730056、6222000030097630081、6210000307500903096				
付款方式	网银转账				
付款金额	人民币（大写）壹万元整　　¥ 10 000.00				
付款说明	支付劳务费				

单位负责人：王　强　　部门负责人：　　财务负责人：　　出纳：

（5）2019 年 3 月 31 日，通过网银委托银行代发 3 月份职工工资。公司职工工资账户开户行均在中国建设银行清苑路支行，工资从公司基本存款户划转。工资表、工资代发清单如表 6-13、表 6-14 所示。

表6-13　工　资　表

2019年3月31日　　单位：元

序号	姓名	部门	职务	基本工资	奖金	津贴补贴	应付工资	代扣款项						代扣合计	实发工资
								住房公积金	医疗保险	养老保险	失业保险	三险一金小计	个人所得税		
1	王　强	行政部	执行董事兼总经理	20 000.00	800.00	300.00	21 100.00	2 532.00	422.00	1 688.00	211.00	4 853.00	914.70	5 767.70	15 332.30
2	刘国忠	财务部 行政部	财务部经理兼秘书	10 000.00	800.00	300.00	11 100.00	1 332.00	222.00	888.00	111.00	2 553.00	266.80	2 819.80	8 280.20
3	李　芳	财务部	会计	8 000.00	600.00	300.00	8 900.00	1 068.00	178.00	712.00	89.00	2 047.00	84.96	2 131.96	6 768.04
4	陈　冉	财务部	出纳	5 000.00	600.00	300.00	5 900.00	708.00	118.00	472.00	59.00	1 357.00	5.76	1 362.76	4 537.24
5	李　佳	技术部	工程师	10 000.00	800.00	300.00	11 100.00	1 332.00	222.00	888.00	111.00	2 553.00	266.80	2 819.80	8 280.20
6	丁　海	仓储部	仓库管理员	5 000.00	600.00	300.00	5 900.00	708.00	118.00	472.00	59.00	1 357.00	5.76	1 362.76	4 537.24
7	张　鹏	采购部	采购员	8 000.00	600.00	300.00	8 900.00	1 068.00	178.00	712.00	89.00	2 047.00	84.96	2 131.96	6 768.04
8	任　泉	销售部	销售部经理	10 000.00	800.00	300.00	11 100.00	1 332.00	222.00	888.00	111.00	2 553.00	266.80	2 819.80	8 280.20
9	李　云	销售部	销售员	8 000.00	600.00	300.00	8 900.00	1 068.00	178.00	712.00	89.00	2 047.00	84.96	2 131.96	6 768.04
10	周　成	生产车间	车间经理	10 000.00	800.00	300.00	11 100.00	1 332.00	222.00	888.00	111.00	2 553.00	266.80	2 819.80	8 280.20
11	马　燕	生产车间	生产工人	4 000.00	400.00	300.00	4 700.00	564.00	94.00	376.00	47.00	1 081.00		1 081.00	3 619.00
12	林小红	生产车间	生产工人	4 000.00	400.00	300.00	4 700.00	564.00	94.00	376.00	47.00	1 081.00		1 081.00	3 619.00
13	程　宇	生产车间	生产工人	4 000.00	400.00	300.00	4 700.00	564.00	94.00	376.00	47.00	1 081.00		1 081.00	3 619.00
14	朱绍云	生产车间	生产工人	4 000.00	400.00	300.00	4 700.00	564.00	94.00	376.00	47.00	1 081.00		1 081.00	3 619.00
合计				110 000.00	8 600.00	4 200.00	122 800.00	14 736.00	2 456.00	9 824.00	1 228.00	28 244.00	2 248.30	30 492.30	92 307.70

单位负责人：王　强　　审核：刘国忠　　制单：陈　冉

表 6-14　工资代发清单

2019 年 3 月 31 日　　　　单位：元

序号	姓名	工资户账号	开户行	金额
1	王　强	6222000097443000901	中国建设银行清苑路支行	15 332.30
2	刘国忠	6222000097443000902	中国建设银行清苑路支行	8 280.20
3	李　芳	6222000097443000903	中国建设银行清苑路支行	6 768.04
4	陈　冉	6222000097443000904	中国建设银行清苑路支行	4 537.24
5	李　佳	6222000097443000905	中国建设银行清苑路支行	8 280.20
6	丁　海	6222000097443000906	中国建设银行清苑路支行	4 537.24
7	张　鹏	6222000097443000907	中国建设银行清苑路支行	6 768.04
8	任　泉	6222000097443000908	中国建设银行清苑路支行	8 280.20
9	李　云	6222000097443000909	中国建设银行清苑路支行	6 768.04
10	周　成	6222000097443000910	中国建设银行清苑路支行	8 280.20
11	马　燕	6222000097443000911	中国建设银行清苑路支行	3 619.00
12	林小红	6222000097443000912	中国建设银行清苑路支行	3 619.00
13	程　宇	6222000097443000913	中国建设银行清苑路支行	3 619.00
14	朱绍云	6222000097443000914	中国建设银行清苑路支行	3 619.00
	合计			92 307.70

审核：刘国忠　　　　制单：陈　冉

（6）2019 年 5 月 16 日，给北京利源科技有限公司开出的期限 2 个月、面值 100 000 元的电子商业承兑汇票到期，通过网银兑付票款。

（二）任务布置

（1）请美好公司的出纳貂蝉办理案例一发生的各项经济业务。

（2）请紫霖新能源的出纳陈冉办理案例二发生的各项经济业务。

二、工作准备

（一）知识准备

知识点：出纳　出纳职责　支票开具　票据整理

出纳及资金管理工作准备

（二）业务要领

1. 会计出纳分离制度，U 盾分开管理

2. 增强防范意识，严防网络诈骗
3. 开通短信提醒业务
4. 建立岗位责任与授权控制
5. 实施资金日（周）报表汇报制度
6. 严格保密制度

三、业务流程

出纳及资金管理业务流程如图 6-19 所示。

办理现金收付业务：
现金收款业务：交款人提示缴款→出纳收款→出纳开具收据→将收据交给会计或共享中心→出纳登记日记账
现金付款业务：审核付款单据→领款人签字→支付款项→付款单据交给会计或共享中心→出纳登记日记账
现金余额管理：核对现金余额→将超过银行核定现金限额的现金送存银行

办理银行收付业务：
银行收款业务：填写进账通知单缴存银行票据→从银行取回收账通知→单据交给会计或共享中心→登记日记账→核销应收单据（销售发票）与收款单据
银行付款业务：审核付款单据→选择付款方式付款→付款单据交给会计或共享中心→登记日记账→核销应付单据和付款单据

办理借款报销业务：
员工借款业务：审核借款单据→付款→将借款单据交给会计或共享中心
费用报销业务：审核报销单据→核销借款单多退少补→将单据交给会计或共享中心

办理银行代发业务：设置代发流程→代发业务操作→会计复核→主管审批

办理网银票据业务：流程设置→应答→出票→背书→付款提示

办理网银对账业务：业务开通→网银对账

图 6-19　出纳及资金管理业务流程

出纳及资金管理业务流程说明如表 6-15 所示。

表 6-15　出纳及资金管理业务流程说明

工作序号	工作模块	工作任务	操作指导	资料及单据	对接对象	备注
1	办理现金收付业务	现金收款	1. 交款人提示缴款 2. 出纳收款 3. 出纳开具收据 4. 将收据交给会计或共享中心 5. 出纳登记日记账	收款依据（发票记账联等） 收款收据	会计 共享中心 管家	共享服务中心具有代理记账职能
		现金付款	1. 审核付款单据 2. 领款人签字 3. 支付款项 4. 付款单据交给会计或共享中心 5. 出纳登记日记账	付款单据（费用报销单）	会计 共享中心 管家	
		现金余额管理	日末，超过银行核定现金限额的现金，要送存给银行	现金缴款单	开户银行	
2	办理银行收付业务	银行收款业务	1. 填写进账通知单缴存银行票据 2. 从银行取回收账通知 3. 单据交给会计或共享中心 4. 登记日记账 5. 核销应收单据（销售发票）与收款单据	银行进账单 收款通知单 应收单据（销售发票等）	开户银行 会计 共享中心 管家	
		银行付款业务	1. 审核付款单据 2. 选择付款方式付款 3. 付款单据交给会计或共享中心 4. 登记日记账 5. 核销应付单据和付款单据	应付款单据（费用发票、采购发票、支出凭单） 付款单据（支票存根等）	开户银行 会计 共享中心 管家	
3	办理借款报销业务	员工借款	1. 审核借款单据 2. 付款 3. 将借款单据交给会计或共享中心	借款单	开户银行 会计 共享中心 管家	
		费用报销	1. 审核报销单据 2. 核销借款单，多退少补 3. 将单据交给会计或共享中心	费用报销单 借款单 收据	开户银行 会计 共享中心 管家	

续表

工作序号	工作模块	工作任务	操作指导	资料及单据	对接对象	备注
4	办理银行代发业务（工资等）	设置代发流程	1. 代发流程设置 2. 录入控制金额	现金管理制度	银行	
		代发业务操作	1. 选择代发类型 2. 录入或导入收款人信息和金额 3. 代发		银行	
		会计复核，主管审批	1. 会计复核 2. 主管审批 3. 代发制单		银行	
5	办理网银票据业务	网上开具银行票据	见“业务操作（五）网银票据业务”	银行票据	开户银行 供应商	
6	办理网银对账业务	网上银行对账	见“业务操作（六）网上银行对账业务”	银行对账单	开户银行	

四、业务操作

（一）办理现金收付业务

1. 现金收款

以案例一的业务（4）为例，现金收款业务处理的操作步骤和方法如下：

（1）交款人提示缴款。

（2）出纳收款。

（3）出纳开具收据，空白收据见图 6-9。该收据一式三联，收据开好后要在收据“第二联收据联”上加盖财务专用章，并在收据上加盖“现金收讫”章，然后将收据“第二联收据联”给付款人作为付款的依据，收据“第三联记账联”作为收款人收款记账的依据，如图 6-20 所示。

办理现金收付业务

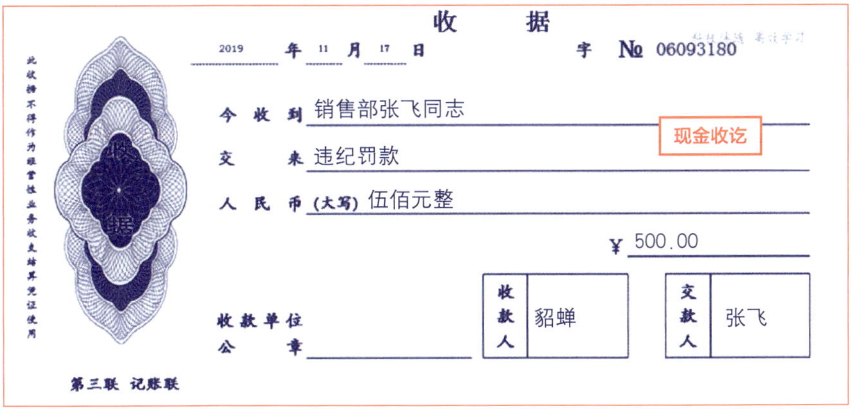
收　据
2019 年 11 月 17 日　字 № 06093180
此收据不得作为经营性业务收支结算凭证使用
今收到 销售部张飞同志
交来 违纪罚款
人民币（大写）伍佰元整
¥ 500.00
现金收讫
收款单位公章
收款人 貂蝉
交款人 张飞
第三联 记账联

图 6-20　出纳收据

（4）出纳将收据交给会计或共享中心。收据审核无误后，据其填制记账凭证并审核，如图 6-21 所示。

记 账 凭 证

日期：2019 年11 月17 日

编制单位：北京美好服装制造有限责任公司　　　　凭证号：0004

摘要	会计科目	借方金额	贷方金额
收罚款	1001 库存现金	500.00	
收罚款	630101营业外收入——罚没收入		
			500.00
附单据数：1 张	合计：伍佰元整	500.00	500.00

制单人：赵云　　审核人：诸葛亮　　出纳：貂蝉

图 6-21　记账凭证

（5）出纳根据审核无误的记账凭证登记现金日记账。

2. 现金付款

以案例一的业务（1）为例，现金付款业务处理的操作步骤和方法如下：

（1）审核人员审核付款单据，如图 6-22 所示。

科技法随 高效学习

借 款 单

资金性质＿＿＿＿＿＿　　　　2019 年 11 月 1 日

借款单位	销售部张飞		
借款理由	出差进行销售调研　现金付讫		
借款数额	人民币（大写）叁仟元整　¥3 000.00		
本单位负责人意见	同意	借款人（签章）	张飞
领导审批：刘备 同意；关羽 同意	会计主管人员核批：诸葛亮 同意	付款记录：2019 年 11 月 1 日 以第 号 支票或现金支出凭单付给	

图 6-22　借款单

（2）领款人签字。

（3）出纳支付款项。

（4）出纳将付款单据交给会计或共享中心进行会计处理。

（5）出纳登记日记账。

（二）办理银行收付业务

办理银行收付业务

1. 银行收款

以案例一的业务（2）为例，银行收款业务处理的操作步骤和方法如下：

（1）付款人填制电汇凭证汇出款项。

（2）出纳从银行取回电汇收账通知，如图 6-5 所示。

（3）出纳将单据交给会计或共享中心进行会计处理。

（4）核销应收单据（销售发票）与收款单据。记账凭证如图 6-23 所示。

记 账 凭 证

日期：2019 年11 月3 日

编制单位：北京美好服装制造有限责任公司　　　　凭证号：0002

摘要	会计科目	借方金额	贷方金额
收货款	100201 银行存款——工商银行北京市通州支行	15 000.00	
收货款	1122 应收账款——上海器械制造有限公司		15 000.00
附单据数：1 张	合计：壹万伍仟元整	15 000.00	15 000.00

制单人：赵云　　审核人：诸葛亮　　出纳：貂蝉

图 6-23　收汇款记账凭证

（5）出纳登记日记账。

2. 银行付款（以网银支付为例）

以案例一的业务（5）为例，银行付款业务处理的操作步骤和方法如下：

（1）审核付款单据，如表 6-16 所示。

表 6-16　付款申请单

2019 年 11 月 25 日

申请人	鲁肃	部门	采购部	附件张数	
收款人全称	北京羊羊面料有限公司				
开户银行	工商银行北京市丰台支行				
账　号	6225887540917486188				
付款方式	网银转账				
付款金额	人民币（大写）贰万元整				20 000.00
付款说明	支付前欠货款				

单位负责人：刘　备　　部门负责人：周　瑜　　财务负责人：诸葛亮　　出纳：貂　蝉

（2）选择付款方式付款，如图 6-24 所示。

中国工商银行　网上银行电子回单

电子回单号码：67813467376

付款人	户　名	北京美好服装制造有限责任公司	收款人	户　名	北京羊羊面料有限公司
	账　号	6225887540917489588		账　号	6225887540917486188
	开户银行	工商银行 北京市通州支行		开户银行	工商银行北京市丰台支行
金　额		人民币（大写）：贰万元整　¥20 000.00 元			
摘　要		付货款	业务种类		
用　途		货款			
交易流水号		99233648053134	时间戳		2019-11-25
中国工商银行股份有限公司 电子回单专用章		备注：			
		验证码：94277764			
记账网点	365	记账柜员	689	记账日期	2019年11月25日

打印日期：2019年11月25日

图 6-24　网上银行电子回单

（3）付款单据交给会计或共享中心。

（4）核销应付单据和付款单据，生成凭证。如图 6-25 所示。

记 账 凭 证

日期：2019 年 11 月 25 日

编制单位：北京美好服装制造有限责任公司　　凭证号：0005

摘要	会计科目	借方金额	贷方金额
付货款	2202应付账款——北京羊羊面料有限公司	20 000.00	
付货款	100201 银行存款——工商银行北京市通州支行		20 000.00
附单据数：2 张	合计：贰万元整	20 000.00	20 000.00

制单人：赵云　　审核人：诸葛亮　　出纳：貂蝉

图 6-25　记账凭证

（5）出纳登记日记账。

办理员工借款报销业务

（三）办理借款报销业务

1. 员工借款

以案例一的业务（1）为例，员工借款业务处理的操作步骤和方法如下：

（1）审核借款单据，如图 6-26 所示。

借　款　单　　科技伴随　高效学习

资金性质＿＿＿＿＿　　2019 年 11 月 1 日

借款单位	销售部张飞		
借款理由	出差进行销售调研　现金付讫		
借款数额	人民币（大写）叁仟元整　¥3 000.00		
本单位负责人意见	同意	借款人（签章）	张飞
领导审批： 刘备　同意 关羽　同意	会计主管人员核批： 诸葛亮　同意	付款记录： 2019 年 11 月 1 日 以第　号 支票或现金支出凭单付给	

图 6-26　借款单

（2）付款。

（3）将借款单据交给会计或共享中心。

2. 费用报销

以案例一的业务（3）为例，员工报销业务处理的操作步骤和方法如下：

（1）审核报销单据。

（2）核销借款单，多退少补，如图 6-27、图 6-28 所示。

差 旅 费 报 销 单

部门 销售部　　2019 年 11 月 15 日

出差人				张飞							出差事由		销售调研			
出发				到达				交通工具	交通费		出差补贴		其他费用			附件
月	日	时	地点	月	日	时	地点		单据张数	金额	天数	金额	项目	单据张数	金额	
11	1	7:01	北京	11	1	13:10	武汉	火车	1	433.50			住宿费	1	1 166.00	
11	6	8:16	武汉	11	6	14:30	北京	火车	1	433.50			市内车费			
													邮电费			
													办公用品费			4
													不买卧铺补贴			
													其他	1	618.00	
合计									2	¥867.00				2	¥1 784.00	张
报销总额	人民币（大写）	贰仟陆佰伍拾壹元整								预借金额	¥3 000.00		补偿金额			
													退还金额	¥349.00		

主管　刘备　关羽　　审核　诸葛亮　　出纳　貂蝉　　领款人　张飞

图 6-27　差旅费报销单

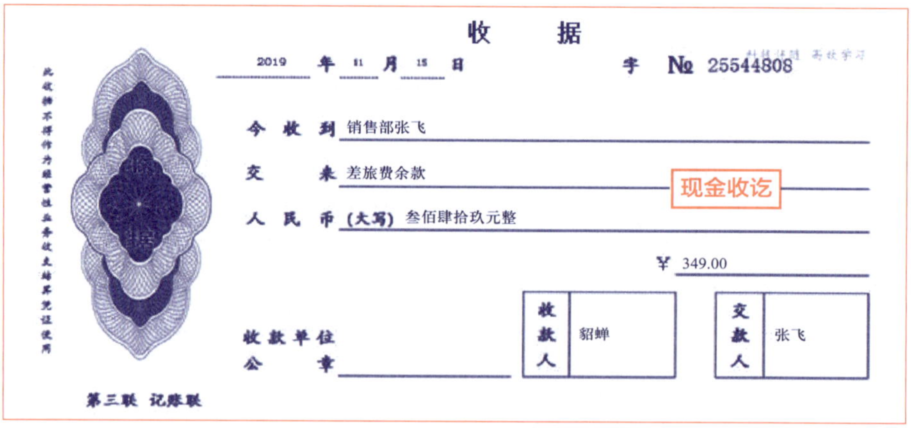

收　据

2019 年 11 月 15 日　　字 № 25544808

此收据不得作为经营性业务收支结算凭证使用

今收到 销售部张飞

交来 差旅费余款

人民币（大写）叁佰肆拾玖元整

现金收讫

¥ 349.00

收款单位公章

收款人 貂蝉

交款人 张飞

第三联 记账联

图 6-28　收款单据

（3）将单据交给会计或共享中心。

（四）银行代发（工资）流程

银行代发（工资）流程

该业务需要在开户行申请开通，开通后才可以看到“代发代扣”菜单。

1. 代发流程设置

代发流程需要主管单独设置，开通后，使用主管登录设置代发流程，如图 6-29~图 6-35 所示。

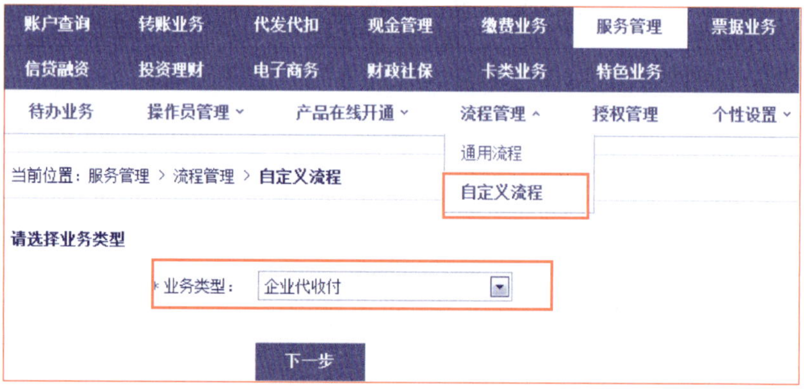

图 6-29　流程管理——自定义流程

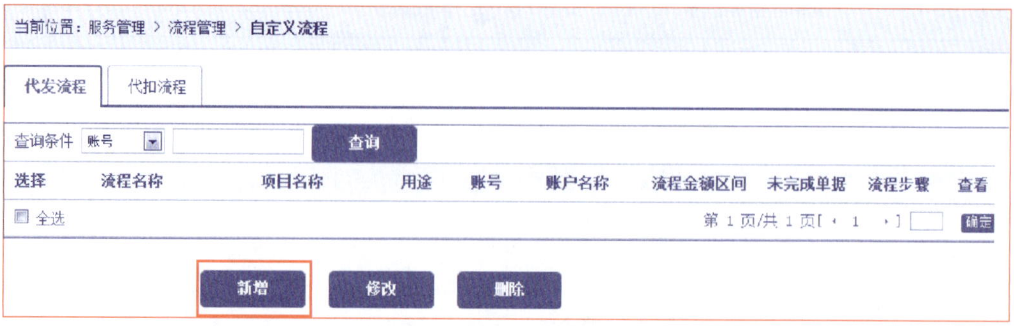

图 6-30　新增代发流程

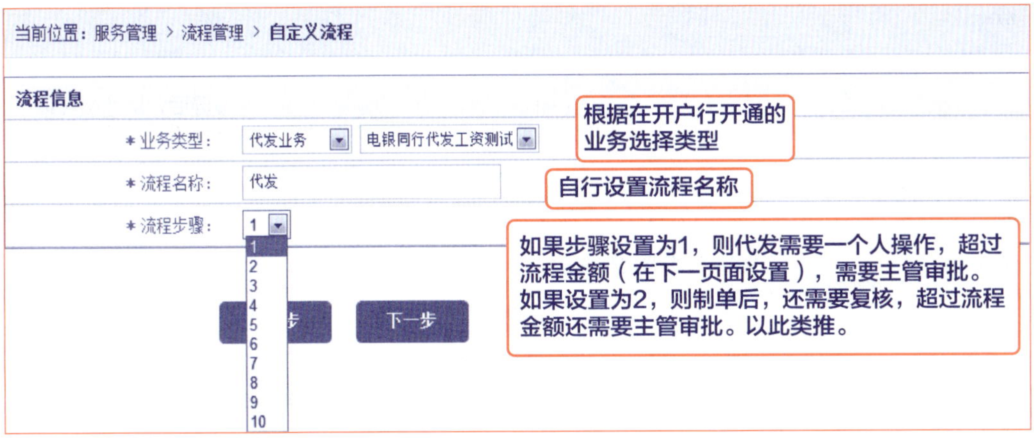

图 6-31　新增流程详细说明

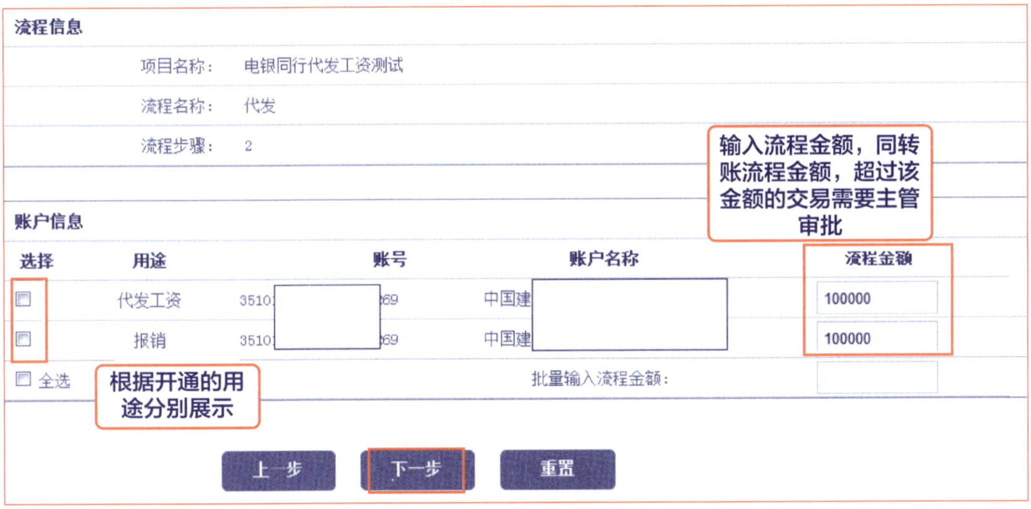

图 6-32　设置流程金额

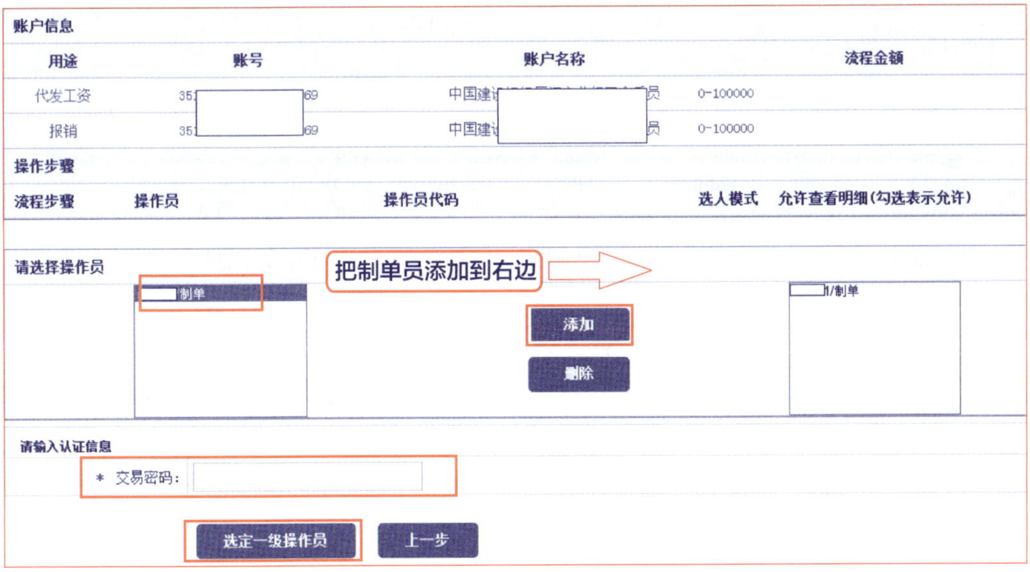

图 6-33　确认操作员和交易密码

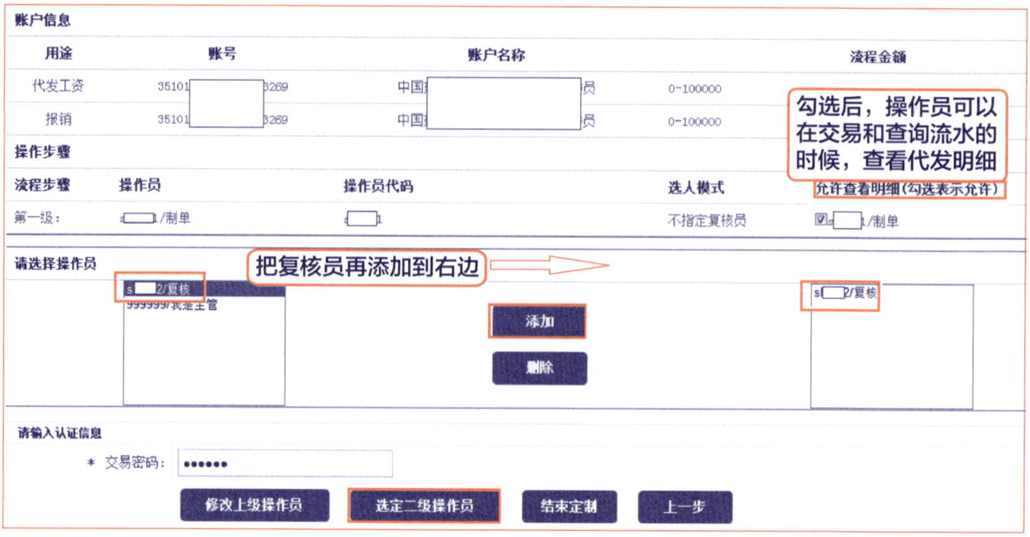

图 6-34　选定复核员和二级操作员

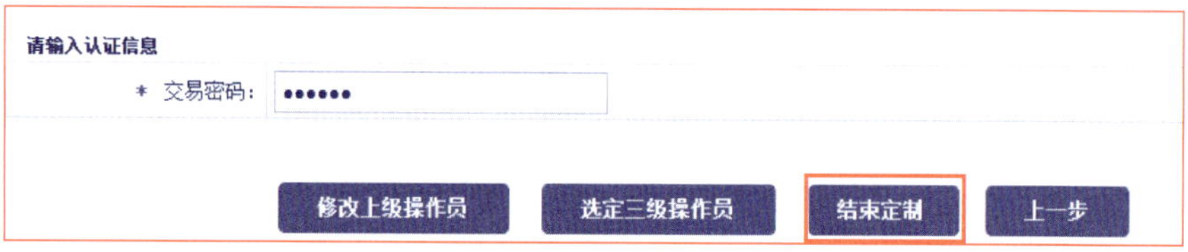

图 6-35　结束定制

2. 银行代发业务操作

单笔代发业务操作

银行代发的方式有单笔代发和批量代发二种模式，单笔代发需要针对每个收款方进行单独操作。批量代发需要根据银行要求的格式，将付款信息保存为 txt 文件或者 excel 文件，从而实现一次给多个收款方付款。

（1）单笔代发操作。

① 选择代发类型，如图 6-36 所示。

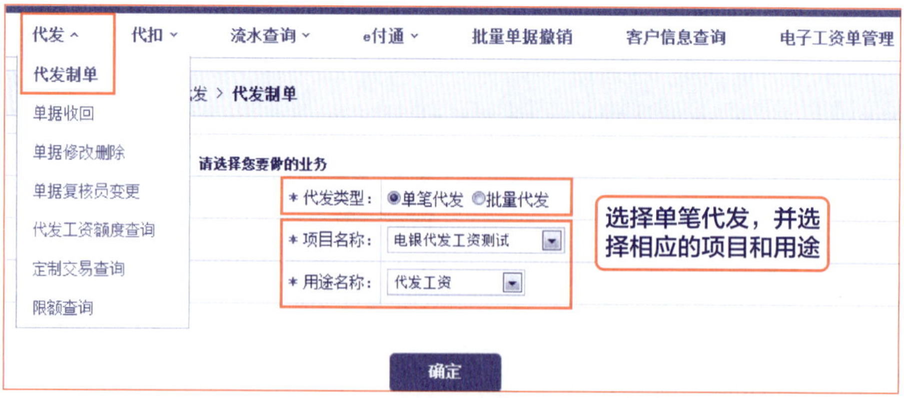

图 6-36　选择代发项目和用途

② 出纳单笔制单，如图 6-37、图 6-38 所示。

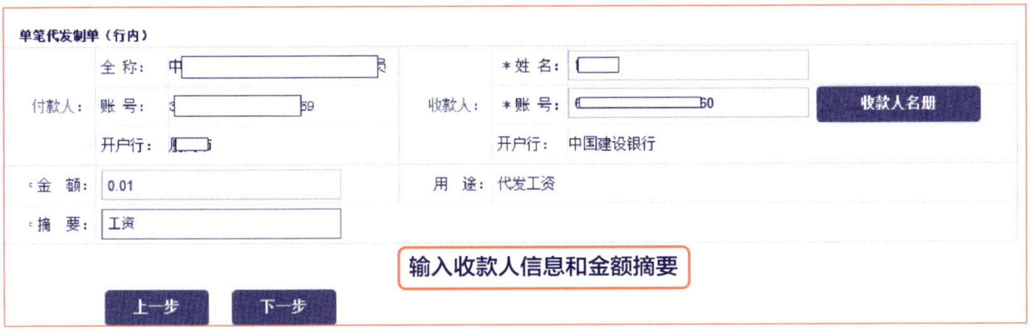

图 6-37　输入收款人和金额

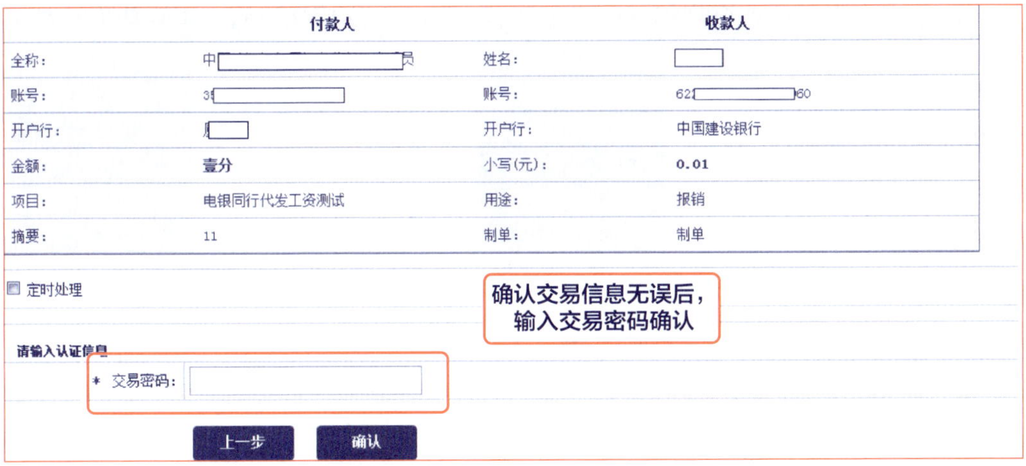

图 6-38　完成交易

③ 会计单笔复核，如图 6-39、图 6-40 所示。

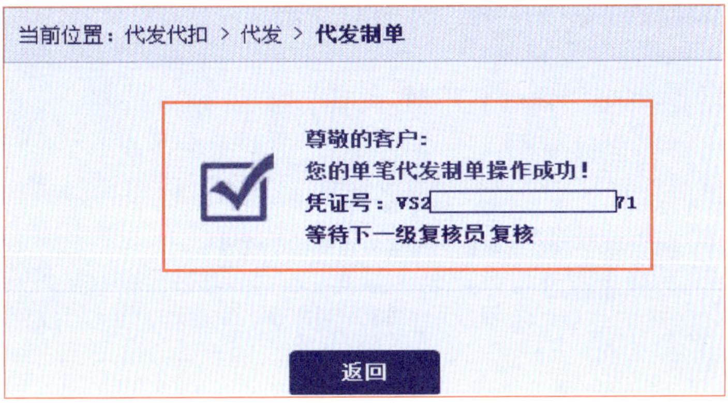

图 6-39　复核代发制

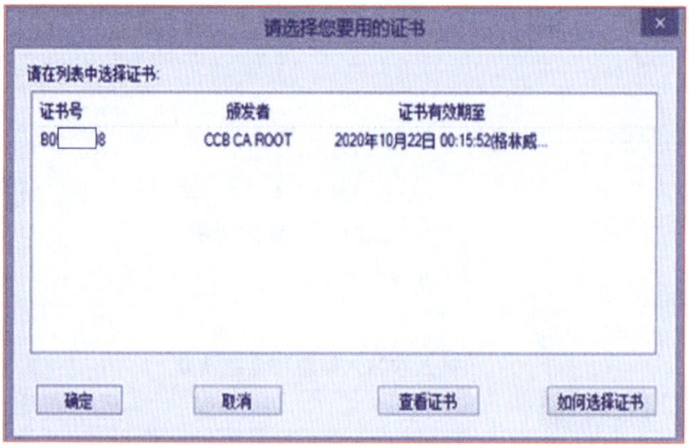

图 6-40　选择证书

批量代发操作

④ 审批。超过代发流程金额的单笔代发，复核员成功复核后，主管还需登录到企业网银进行审批。

（2）批量代发操作。

① 代发文件格式，如图 6-41 所示。

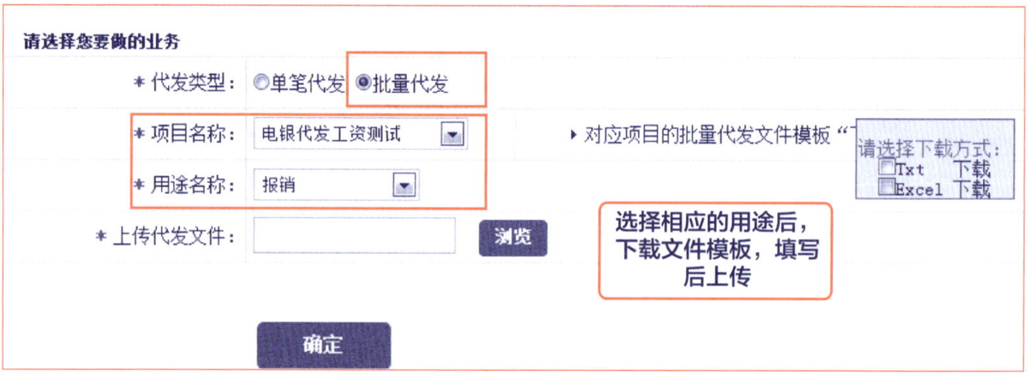

图 6-41　选择项目和用途

② 出纳批量制单，如图 6-42、图 6-43 所示。

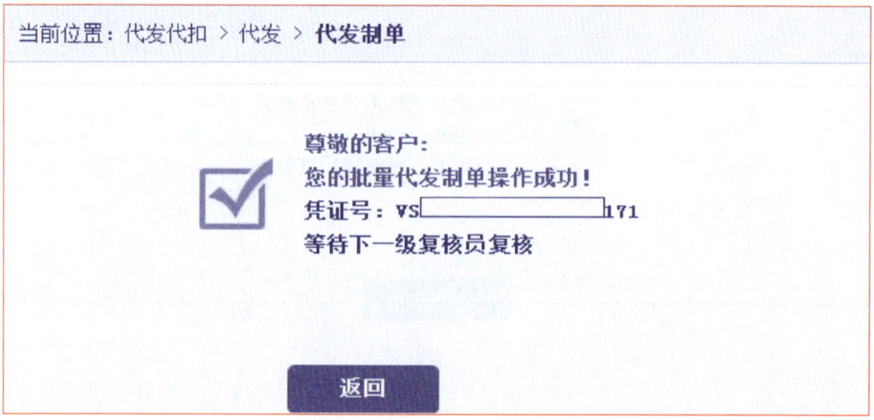

图 6-42　出纳代发制单

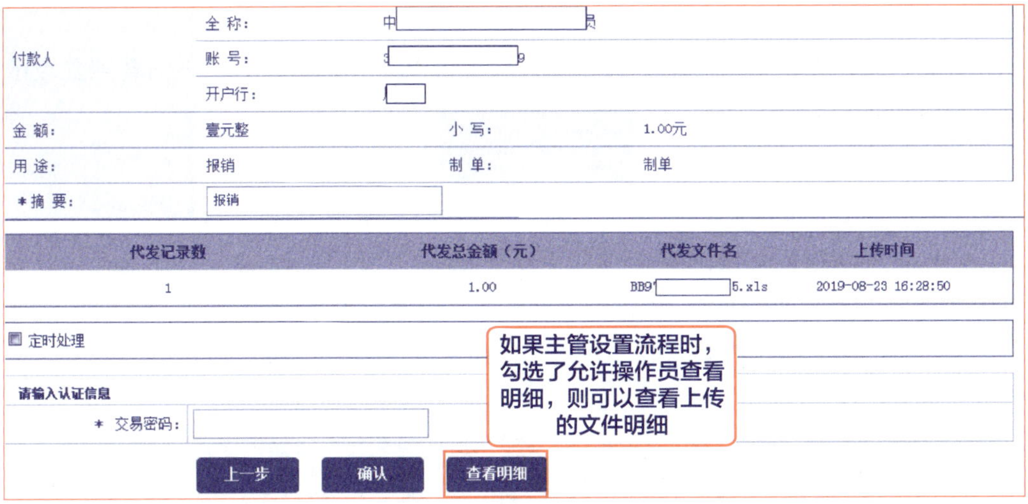

图 6-43　查看明细

③ 会计复核，如图 6-44、图 6-45 所示。

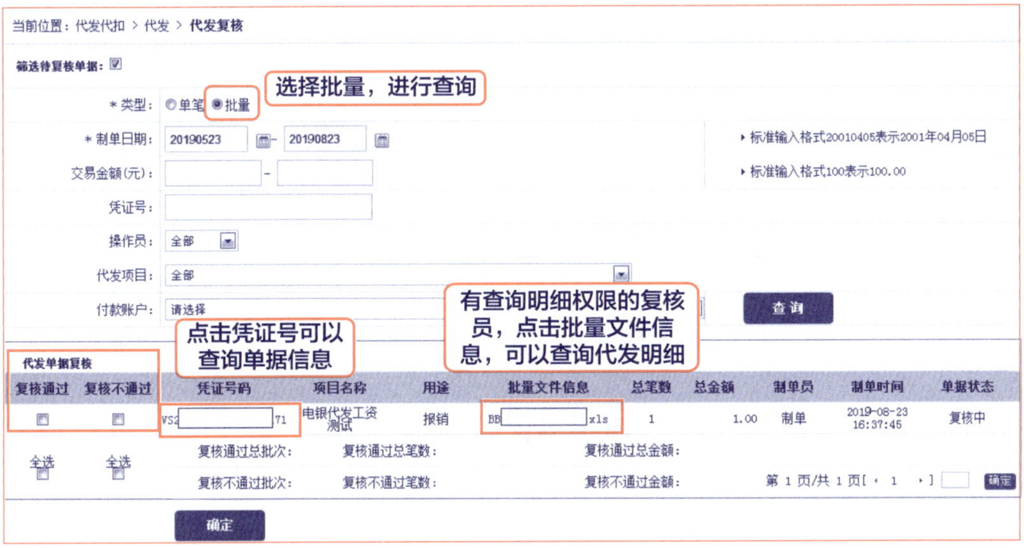

图 6-44　会计复核

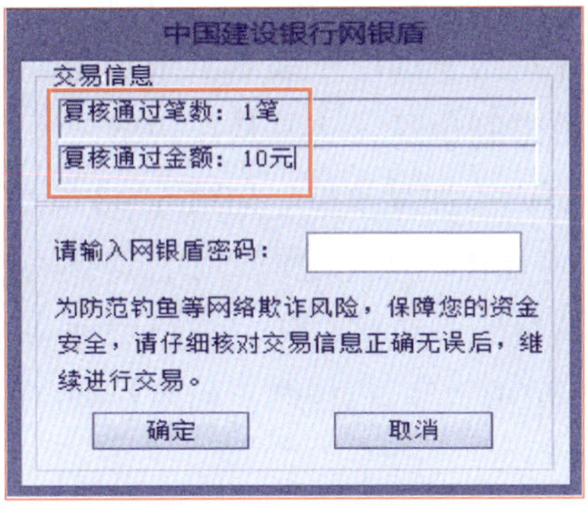

图 6-45　复核数量及金额

网银票据业务

（五）网银票据业务

该业务需要在开户行申请开通，开通后才可以在“票据业务”下面看到二级子菜单“电子商业汇票”。

1. 电子商业汇票流程设置

电子商业汇票流程需要主管单独设置，开通后，使用主管登录设置流程。

使用主管网银盾登录网银，点击“服务管理—流程管理—自定义流程”，业务类型选择“电子商业汇票”，单击“下一步”，如图 6-46 所示，进入“请输入认证信息”窗口；输入主管交易密码，单击“增加流程”，如图 6-47 所示。

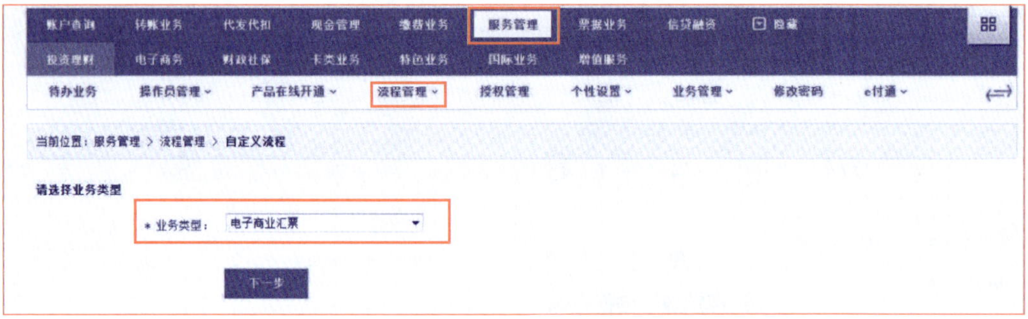

图 6-46　流程管理——选择业务类型

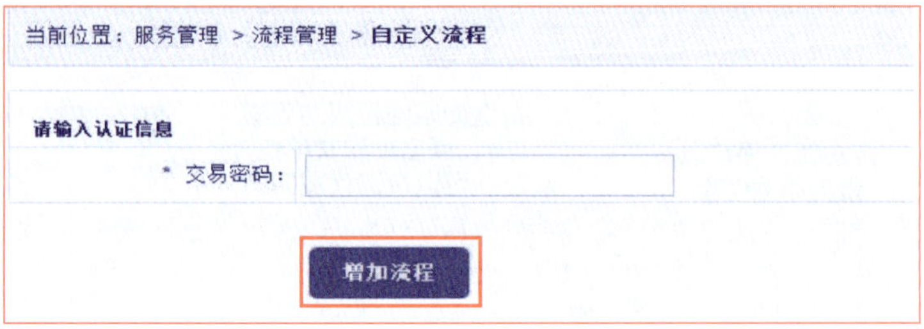

图 6-47　增加流程

在自定义流程图页面，设置类型选择为“按功能设置”（也可根据单位需要设置“按功能 + 账号设置”或“按功能 + 账号 + 金额设置”），在“请选择流程类型”下选择“个性化流程”，并勾选全部电子商业汇票功能（也可根据单位需要自行选择）。然后选择操作员：单击制单员，将其从左边框“添加”到右边框，之后单击“选定制单员”，进入下一页面添加复核员。如图 6-48 所示。

在添加复核员页面，将复核员从左边框“添加”到右边框，单击“选定一级复核员”，如需设置二级复核员则继续将二级复核员添加到右边框，单击“选定二级复核员”，进入下一页面并单击“结束订制”，如图 6-49 所示。

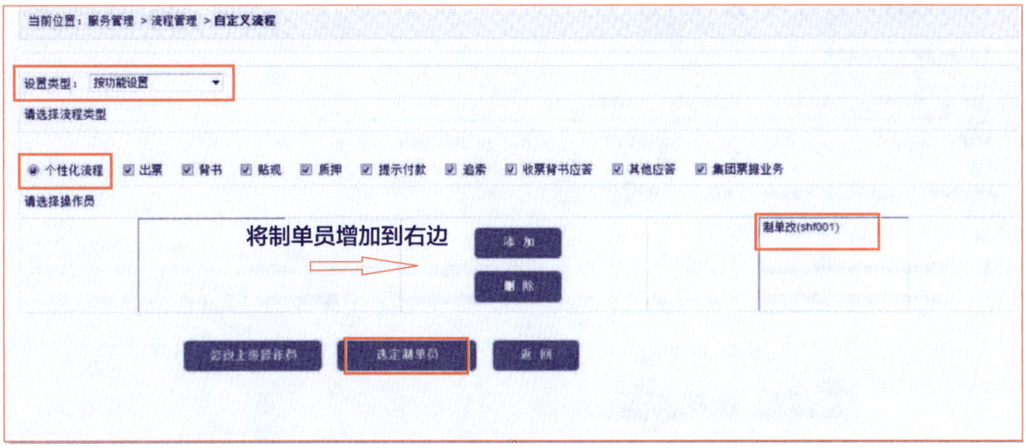

图 6-48　流程管理——选定制单员

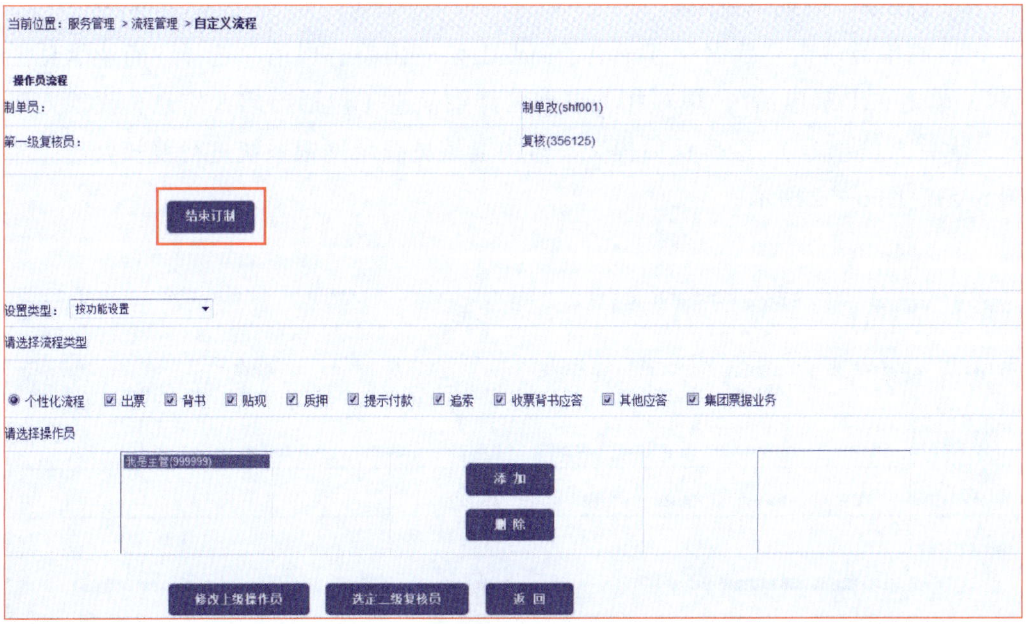

图 6-49　选定复核员——结束订制

2. 电子商业汇票常用功能

（1）应答。

制单员单击“票据业务—电子商业汇票—应答—申请”，选择“银行承兑汇票”或“商业承兑汇票”，勾选具体的电子商业汇票信息签收票据。若系统提示需要复核员操作，就使用复核员登录网银系统进行复核处理。

若系统无提示，使用制单网银盾登录网银系统进行应答操作即可。如图 6-50 所示。

图 6-50　查询银行承兑汇票

（2）出票（商业承兑汇票）。

① 制单员单击“票据业务—电子商业汇票—出票—申请”选择“商业承兑汇票”，单击“出票申请”，填写相关票据的详细信息（包括出票人信息、收款人信息、承兑人信息等），经确认后提交，再由复核员登录网银系统进行复核处理。如图 6-51、图 6-52 所示。

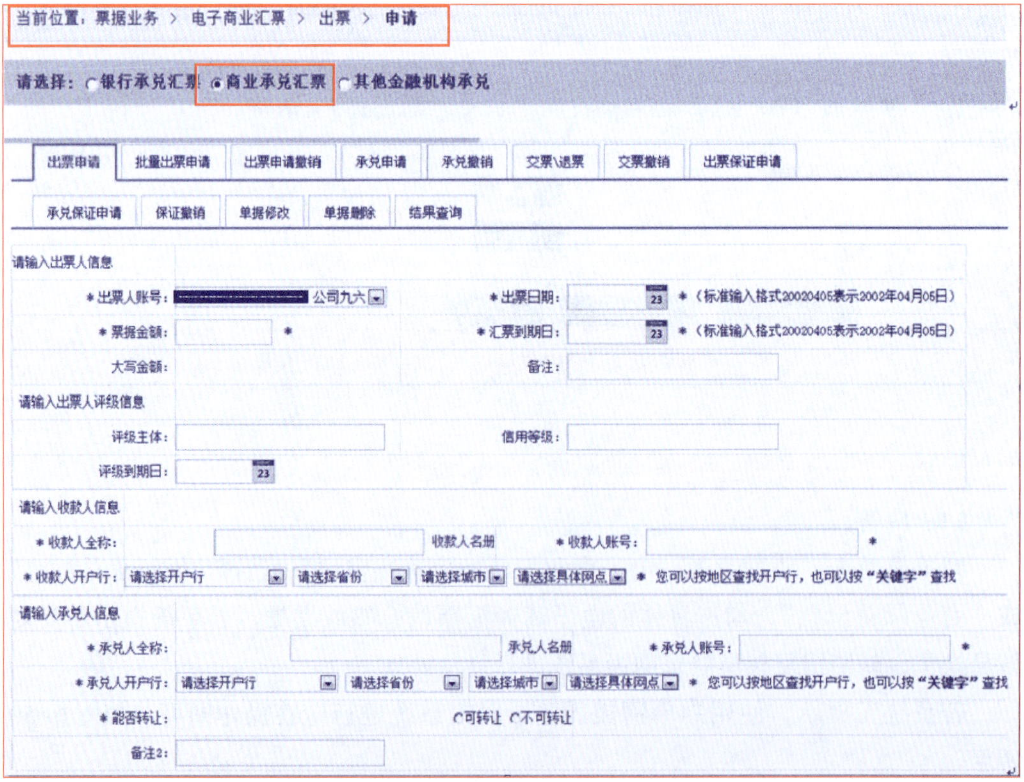

图 6-51　出票申请

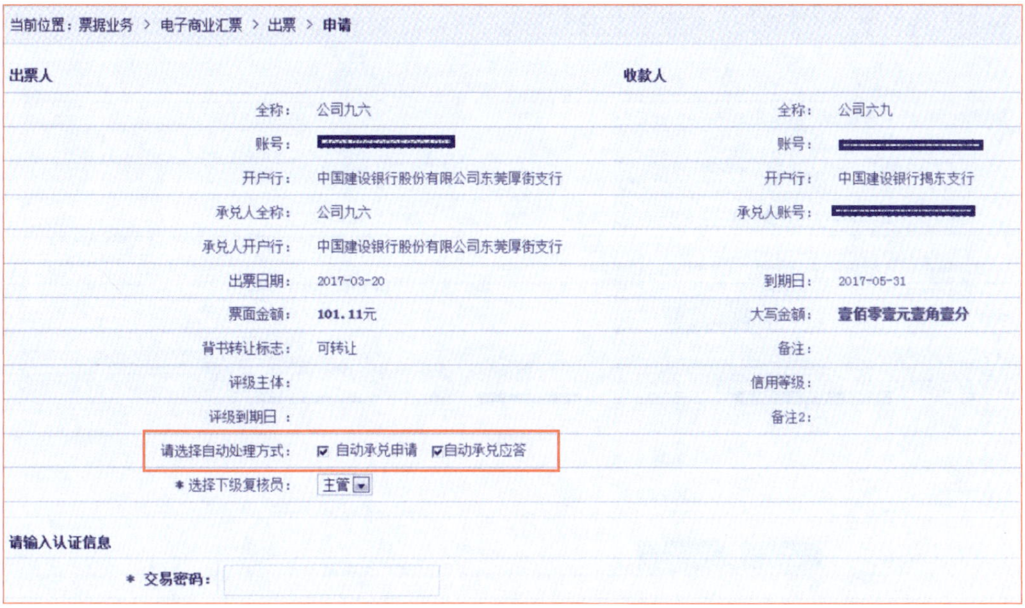

图 6-52　选择自动处理方式

注意：若客户在“请选择自动处理方式”处勾选了“自动承兑申请和自动承兑应答”，则出票步骤的第②步和第③步省略，只需要第①步和第④步即可。

② 制单员单击“票据业务—电子商业汇票—出票—申请”选择“商业承兑汇票”，单击“承兑申请”，确认票据的各项详细信息（包括出票人信息、承兑人信息、出票日期、到期日等）后提交，再由复核员登录网银系统进行复核处理。如图 6-53 所示。

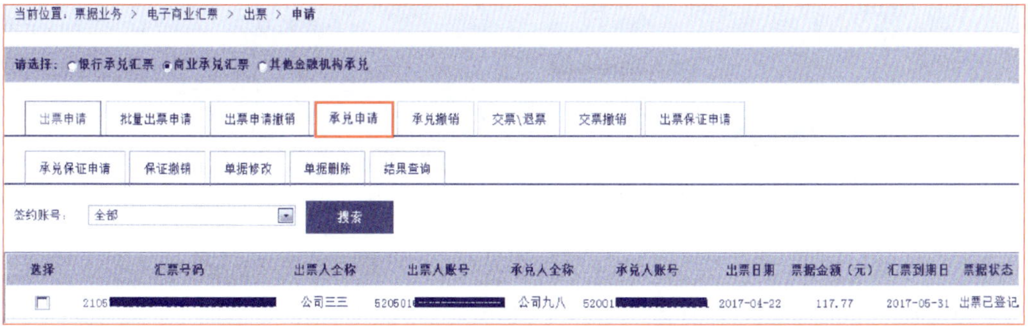

图 6-53　承兑申请

③ 仍由开票方（承兑人）制单员单击“票据业务—电子商业汇票—应答”选择“商业承兑汇票”，选择确认票据的各项详细信息后，单击“签收”提交。

④ 制单员点击“票据业务—电子商业汇票—出票—申请”选择“商业承兑汇票”，单击“交票\退票”，确认票据各项信息无误后提交，再由复核员登录网银系

统进行“交票”复核处理。如图 6–54 所示。

图 6–54　交票

（3）出票（银行承兑汇票）。

银行承兑汇票出票申请，如图 6–55 所示。

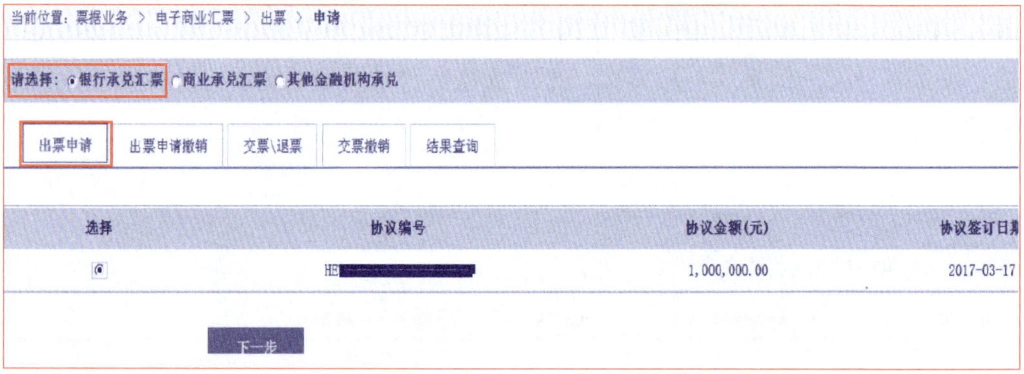

图 6–55　银行承兑汇票出票申请

① 制单员单击“票据业务—电子商业汇票—出票—申请”选择“银行承兑汇票”，单击“出票申请”，勾选协议编号进行出票，按照票据流程进行复核，如图 6–56、图 6–57 所示。出票成功后票据状态为“提示承兑待签收”。

注意： 每次出票前，企业均需至开户行网点签订银行承兑汇票协议，企业的开户行客户经理在银行系统生成协议编号。

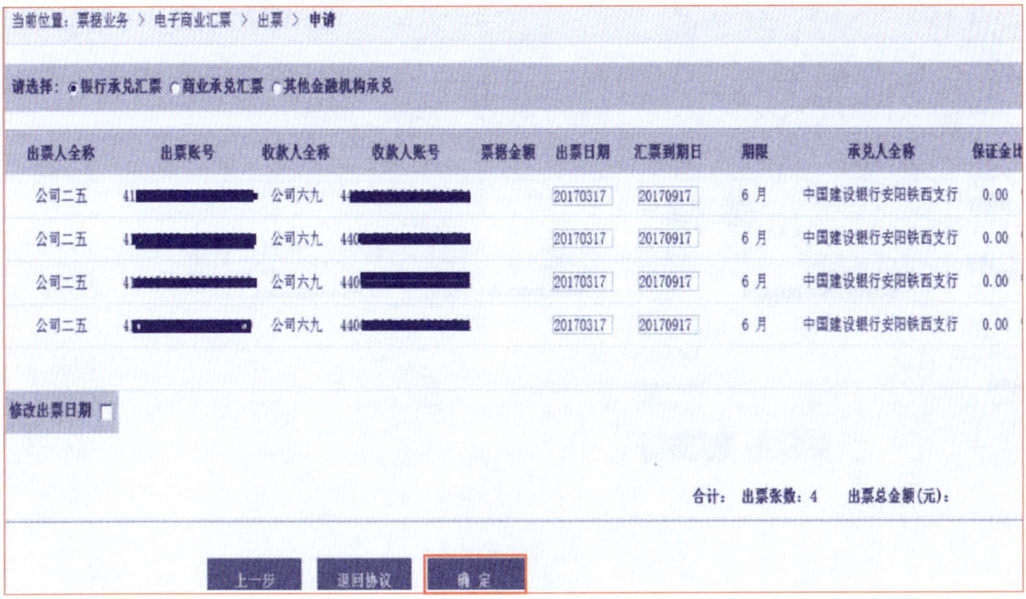

图 6-56　选择汇票出票

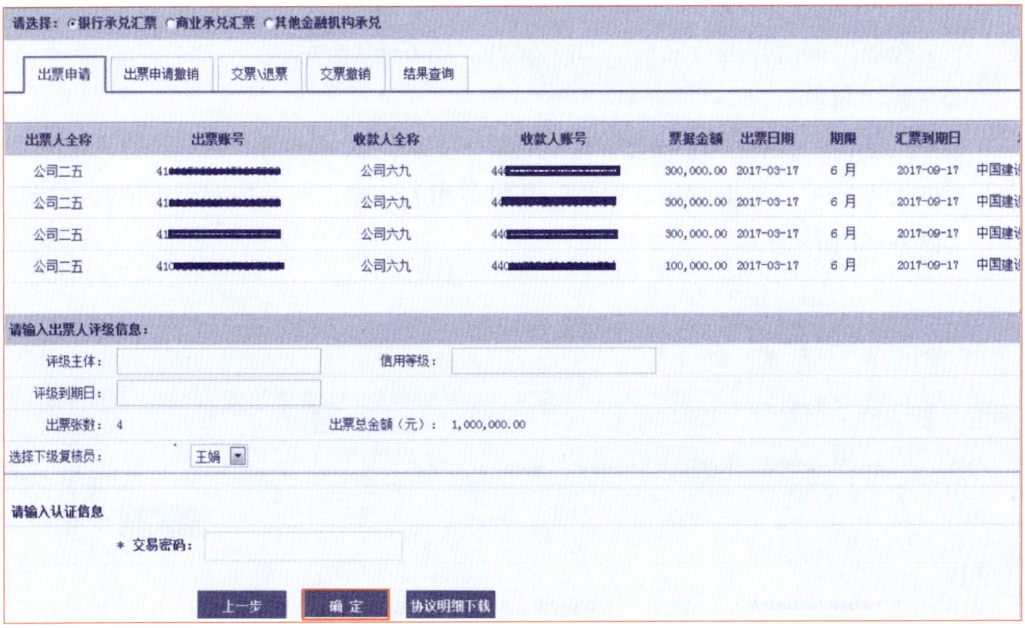

图 6-57　确定申请

② 企业的开户行客户经理在银行系统进行承兑操作后，票据状态变为“承兑已签收”。

③ 制单员登录企业网银选择“票据业务—电子商业汇票—出票—交票\退票”进行交票，按照票据流程进行复核，如图 6-58 所示。交票成功后票据状态为“提示收票待签收”，等待收款人签收票据。

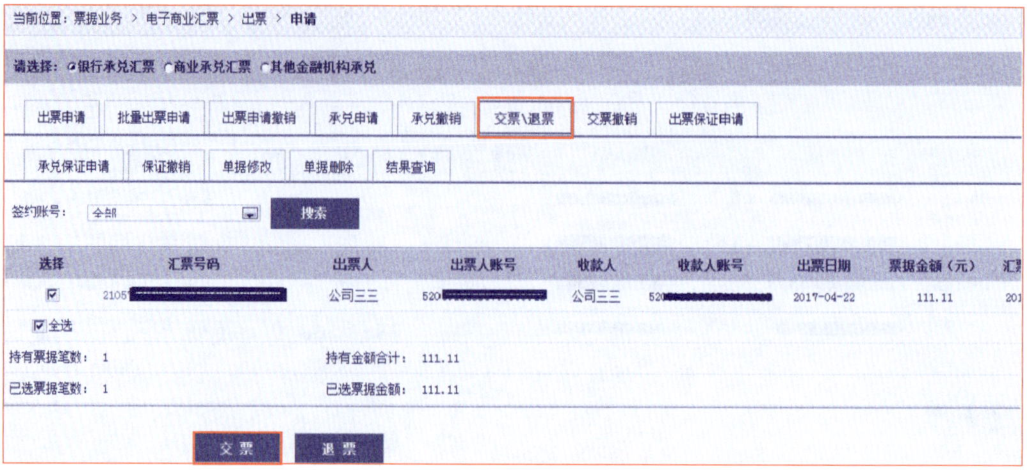

图 6-58　选择票据交票

（4）背书转让。

制单员单击“票据业务—电子商业汇票—背书—申请”制单，选择电子商业汇票的类型，单击“背书转让”查询选择要背书转让的汇票，并输入被背书人的信息，然后按照票据流程进行复核，如图 6-59、图 6-60 所示。

（5）提示付款。

制单员单击“票据业务—电子商业汇票—提示付款—申请”制单，选择电子商业汇票的类型，单击“提示付款申请”并填写相关信息，然后按照票据流程进行复核。如图 6-61 所示。

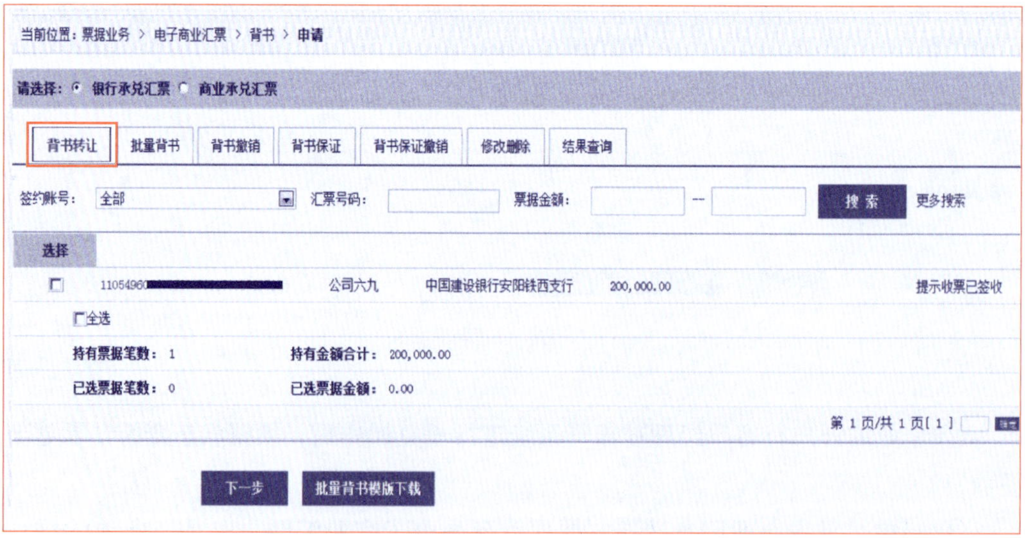

图 6-59　背书转让申请

图 6-60　背书相关信息填写

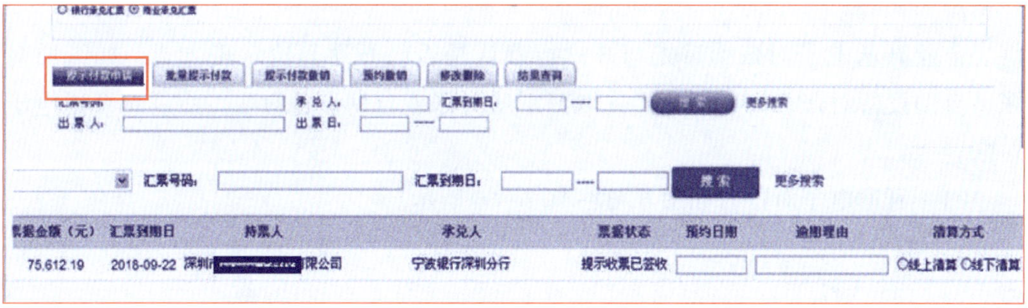

图 6-61　提示付款申请

注意： 建议企业使用主管网银盾，单击“票据业务—电子商业汇票—提示付款—自动提示付款设置”开通提示付款自动发起，方便实用。如图 6-62 所示。

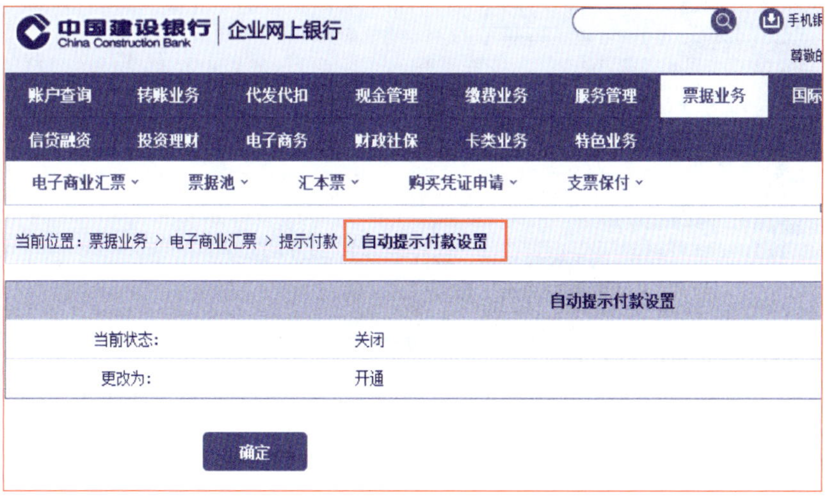

图 6-62　设置自动提示付款

（6）各类查询。

① 查询交易流水，单击“票据业务—电子商业汇票—查询—交易流水查询”。

② 查询持有票据，单击“票据业务—电子商业汇票—查询—持票查询”。

③ 查询是否在池，单击“票据业务—电子商业汇票—查询—综合查询”。

如图 6-63 所示。

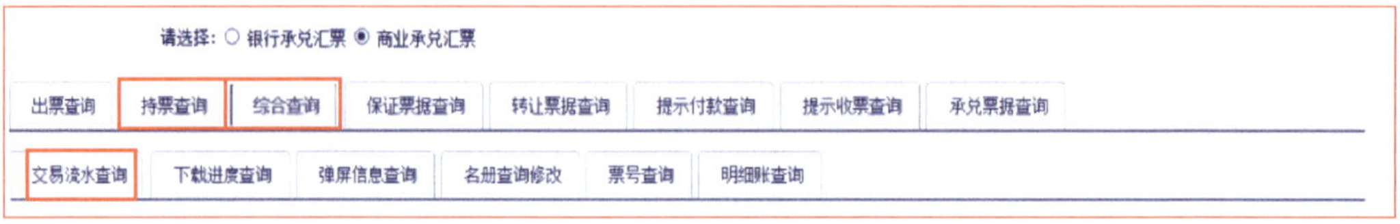

图 6-63　电子商业汇票查询

（六）网上银行对账业务

网上银行对账业务

1. 开通

企业开通电子对账前，先与开户行确认是否已开通其他对账方式，如纸质对账、自助设备对账，如有企业要先取消纸质对账或自助设备对账，然后再开通电子对账。

（1）开通电子对账，如图 6-64~图 6-66 所示。

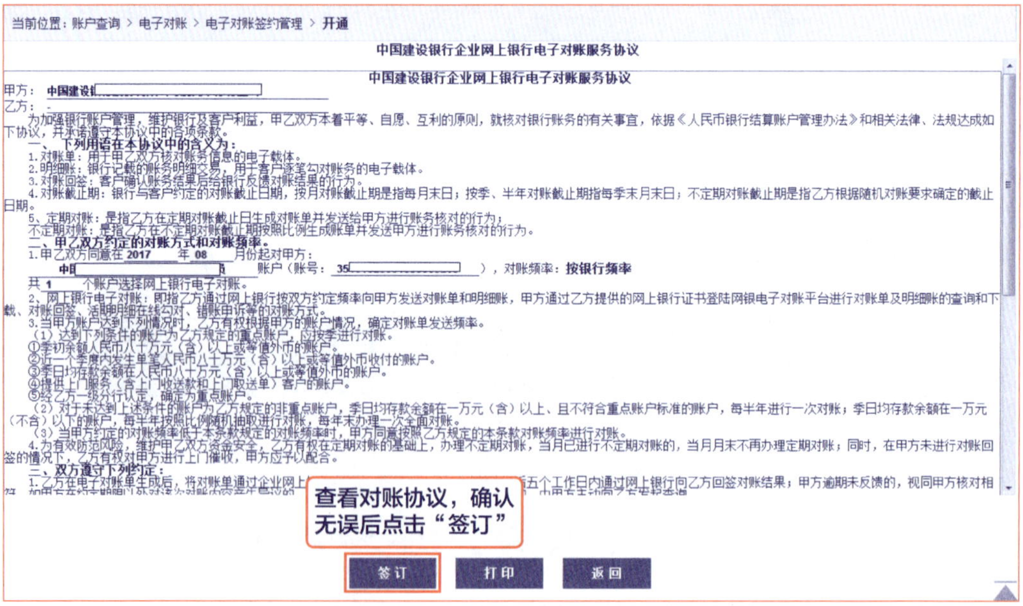

图 6-64　电子对账服务协议

图 6-65　开通电子对账

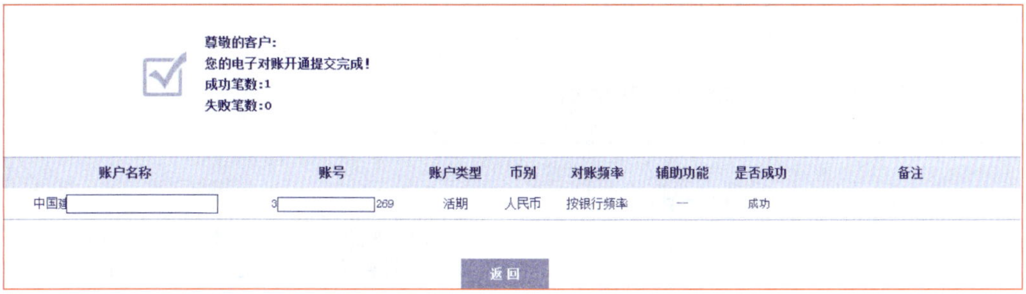

图 6-66　开通完成提示

使用主管网银盾（操作员代码 999999）登录企业网银，单击“账户查询—电子对账—电子对账签约管理—开通”开通电子对账。“对账频率”可根据需要选择“按季度”或“按月”。

（2）主管赋予制单和复核电子对账权限，如图 6-67、图 6-68 所示。

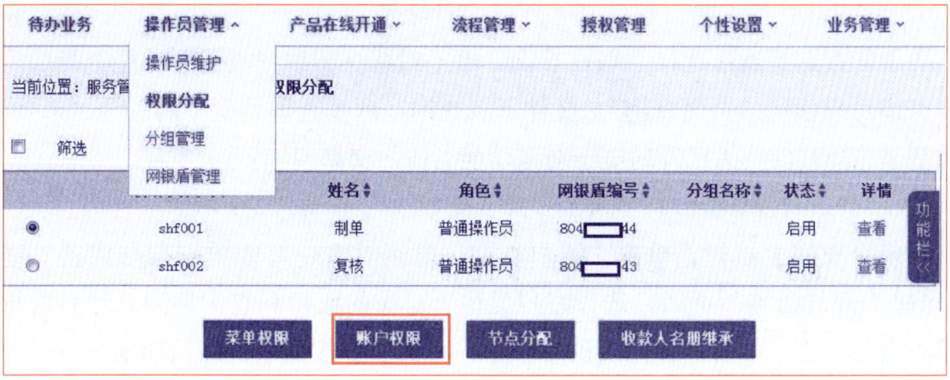

图 6-67　设置账户权限

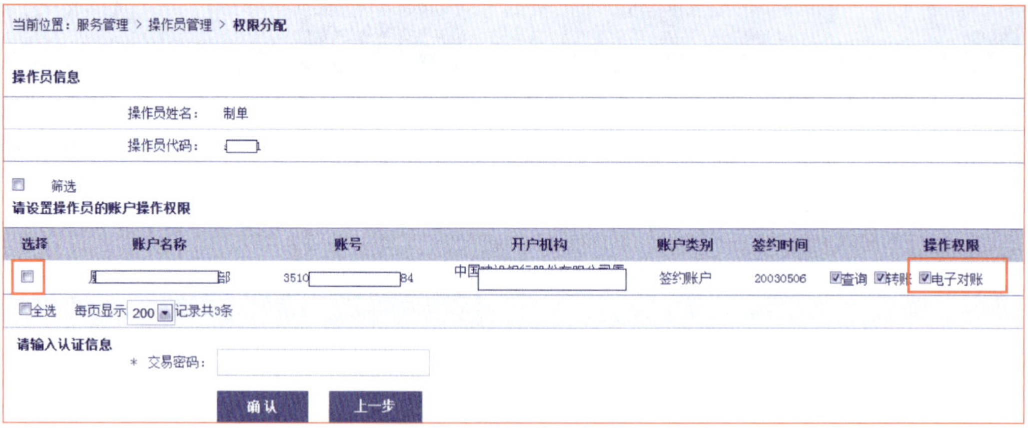

图 6-68　添加电子对账权限

电子对账开通成功后，如果制单员和复核员也需要使用电子对账功能，使用主管登录企业网上银行，单击“服务管理—操作员管理—权限分配—账户权限”，将“电子对账”交易权限赋予制单和复核。

2. 对账

（1）明细账查询，如图 6-69 所示。

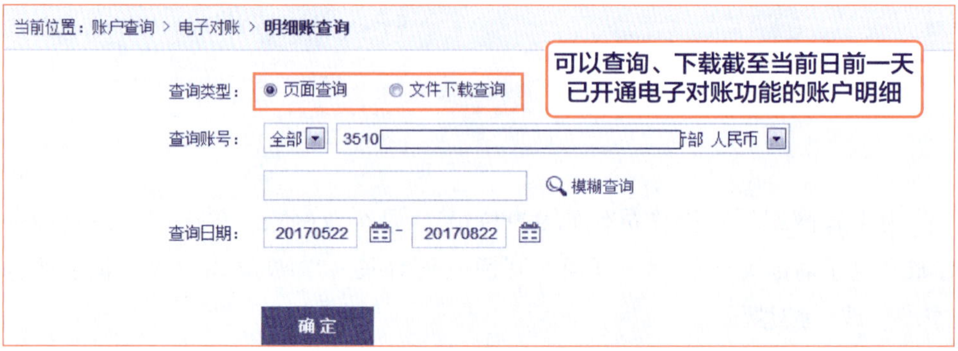

图 6-69　选择查询方式

明细账查询是通过选择“账户查询—电子对账—明细账查询”功能进行的。明细账查询可以任选“页面查询”“文件下载查询”两个查询类型中的一种，来查询、下载截至当前日前一天已开通电子对账功能的账户交易明细。

（2）对账单查询与回签，如图 6-70、图 6-71、图 6-72 所示。

登录企业网上银行，单击“账户查询—电子对账—对账单查询与回签”进入“对账单查询与回签”页面，选择账户类型、对应的账户和查询期间，然后进行对账单查询与回签。如有需要回签的对账单，页面会直接显示，确认期末余额是否一致再进行回签。如果系统未生成对账单，页面则不显示。

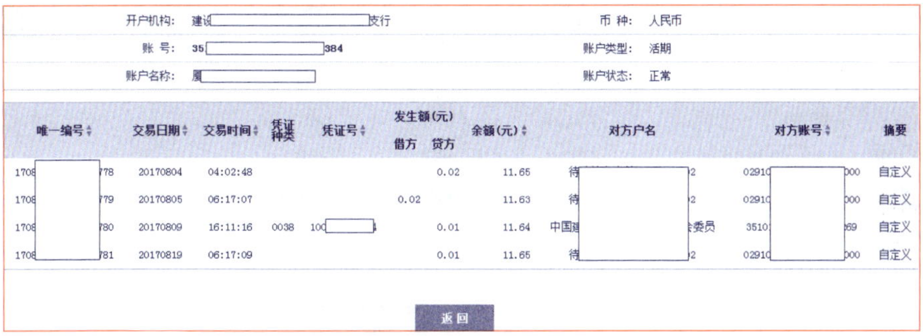

图 6-70　核对相关信息

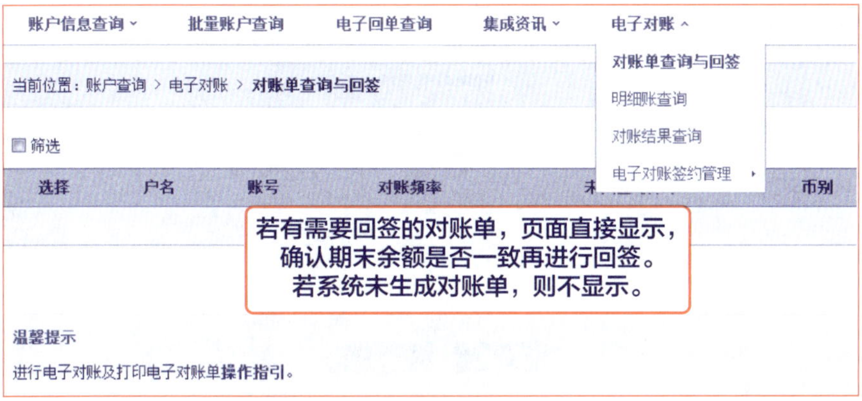

图 6-71　对账单查询与回签

图 6-72　户名及账号

（3）对账结果查询及打印对账单。如图 6-73、图 6-74、图 6-75 所示。

登录企业网上银行，单击“账户查询—电子对账—对账结果查询”进入“对账结果查询”页面，查询对账回签情况。单击对账单编号，可以进入该对账单进行打印。

图 6-73　对账回签情况查询

图 6-74　点击对账单编号

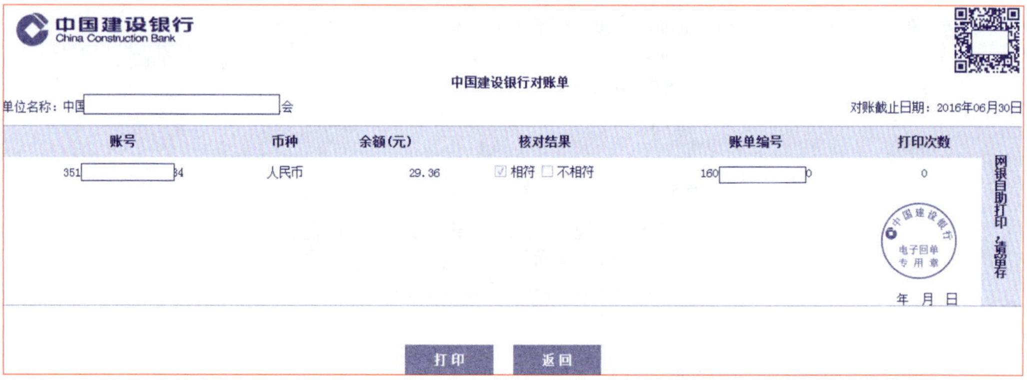

图 6-75　打印对账单

（七）网上银行费用报销业务

网上银行费用报销业务

以案例二的业务（1）为例，紫霖新能源销售部业务员李云报销去内蒙古出差的差旅费的审批程序如下：

1. 经办人填制报销单据，提请其所在部门负责人审批

（1）2019 年 1 月 12 日，李云填写“差旅费报销单”和“出差情况报告单”。

（2）李云向销售部经理任泉汇报出差业务情况，并将“差旅费报销单”和“出差情况报告单”交由任泉审批。

经任泉经理审核，李云去内蒙古差旅业务真实，票据合法、合规，金额计算准确，在“差旅费报销单”和“出差情况报告单”上签字确认。

2. 递交财务部（会计）审核

李云将差旅费报销单交由财务部会计李芳审核。

经李芳审核，该差旅费所附住宿费、交通费等支持性证据真实有效，金额计算准确，报销内容符合财务要求，销售部负责人任泉已签字审批。

李芳根据《紫霖新能源差旅费报销制度》的相关规定，计算出李云按补助标准应享受差旅补贴 420 元。差旅费报销单填制完毕无误后，李芳加盖“已审核”字样，确认审核通过。

另，李芳审核时发现，因该业务未在上月资金收支预算（月报）预先预估列支（属预算外业务），故需提交总经理王强审批。

3. 递交财务负责人审核后，提请总经理审批

刘国忠（财务负责人）和王强（总经理）经审核同意报销，于是在“差旅费报销单”和“出差情况报告单”上签字确认。如图 6-76、图 6-77 所示。

差旅费报销单　　已审核

单位名称:北京紫霖新能源科技有限公司　　2019 年 1 月 12 日

出差事由：内蒙古客户售后服务　　出差人员：李云

起程				到达				交通工具	金额	单据张数	其他费用			单位负责人审批：
月	日	时	地名	月	日	时	地名				项目	金额	单据张数	王强
1	4		北京	1	4		通辽	火车	215	1	住宿费	632	1	
1	5		通辽	1	5		查布嘎	火车	78.5	1	餐费			
1	8		查布嘎	1	9		沈阳	火车	176	1	外埠交通费			
1	9		沈阳	1	9		北京	火车	296	1	市内交通费	24	4	部门负责人审批：
											邮电费			任泉
											其他			
小计									765.5	4	小计	656	5	
出差天数：6天				补助小计：420元					借款金额:		补（退）金额:			

合计金额（大写）：佰　拾⊗万 壹 仟 捌佰 肆拾 壹 元 伍 角 零 分　　¥1 841.5元

财务审核：刘国忠　　出纳：　　领款人：李云

附件 9 张

图 6-76　差旅费报销单

出差情况报告单

出差事由：调试安装设备	
出发时间：2019年1月4号	返回时间：2019年1月9号
出差地点： 内蒙古 通辽 查布嘎	实际出差费用：1 421.5元
出差情况报告： 到内蒙古查布嘎进行生物质压块机设备的安装和调试，设备接线完成后进行空转实验，检测设备有无栓动，整体安装调试完毕后对客户进行培训和讲解，客户满意后返回。 李云	
部门负责人审批意见：　情况属实　任泉	
主管副总审批意见：	
单位负责人审批意见：　王强　2019年1月12日	

图 6-77　出差情况报告单

4. 递交财务部出纳审核无误后，制单付款

李云将已审批的“差旅费报销单”及“出差情况报告单”交给财务部出纳陈冉。

陈冉经审核认为，该业务报销审批流程完整，签字齐全，确认无误后通过“企业网银”制单（一级 U 盾制单权限），会计李芳授权付款（二级 U 盾复核权限）；并对已经完成收付的凭证加盖“转账付讫”戳记。如图 6-78、图 6-79 所示。

北京银行单位客户专用回单

N0.023

币别：人民币　　　　　　　　　　108002096853248906815
流水号：1356232580NP936ZMDE

付款人	全　称	北京紫霖新能源科技有限公司	收款人	全　称	李云
	账　号	01091122800120105003425		账　号	6210300006244997
	开户行	北京银行健翔支行		开户行	北京银行
金　额	(大写)人民币壹仟捌佰肆拾壹元伍角			(小写)¥1841.5	
凭证种类	电子转账凭证		凭证号码	100877713517	
结算方式	转账		用　途	差旅费	
			打印柜员：110863600002 打印机构：北京银行健翔支行 打印卡号：1306200001010780		

北京银行股份有限公司 电子回单专用章

打印时间：2019年1月16日　　交易柜员：　　交易机构：130625008

图 6-78　银行客户回单

差　旅　费　报　销　单

已审核　　转账付讫

单位名称:北京紫霖新能源科技有限公司　　2019 年　1　月 12

出差事由：内蒙古客户售后服务　　出差人员：李云

起程 月	日	时	地名	到达 月	日	时	地名	交通工具	金额	单据张数	其他费用 项目	金额	单据张数
1	4		北京	1	4		通辽	火车	215	1	住宿费	632	1
1	5		通辽	1	5		查布嘎	火车	78.5	1	餐费		
1	8		查布嘎	1	9		沈阳	火车	176	1	外埠交通费		
1	9		沈阳	1	9		北京	火车	296	1	市内交通费	24	4
											邮电费		
											其他		
小计									765.5	4	小计	656	5

单位负责人审批：王强

部门负责人审批：任泉

附件 9 张

出差天数：6天　补助小计：420元　借款金额：　补（退）金额：

合计金额（大写）：　佰　拾⊗万 壹 仟 捌 佰 肆 拾 壹 元 伍 角 零 分　¥1 841.5 元

财务审核：劉國忠　　出纳：陈冉　　领款人：李云

图 6-79　差旅费报销单

5. 网银转账流程

（1）出纳陈冉制单（填制付款单）。

① 单击登录，如图 6-80 所示。

图 6-80 网上银行登录

② 输入证书密码、用户名、登录密码，并登录。如图 6-81 所示。

图 6-81 录入用户名、密码登录

③ 单击“日常结算”，在“日常结算”功能菜单选择“付款业务—逐笔付款提交”，如图 6-82 所示。进入“逐笔任意转账提交”页面。

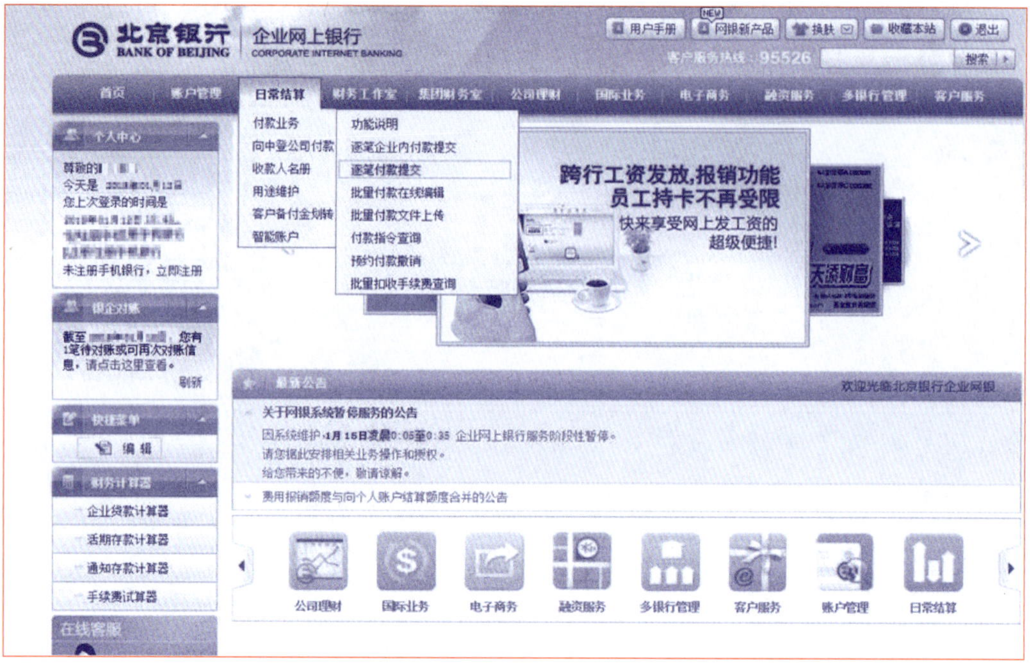

图 6-82　日常结算

④ 在“逐笔任意转账提交”页面，选择本公司付款机构及付款账号，如图 6-83 所示。

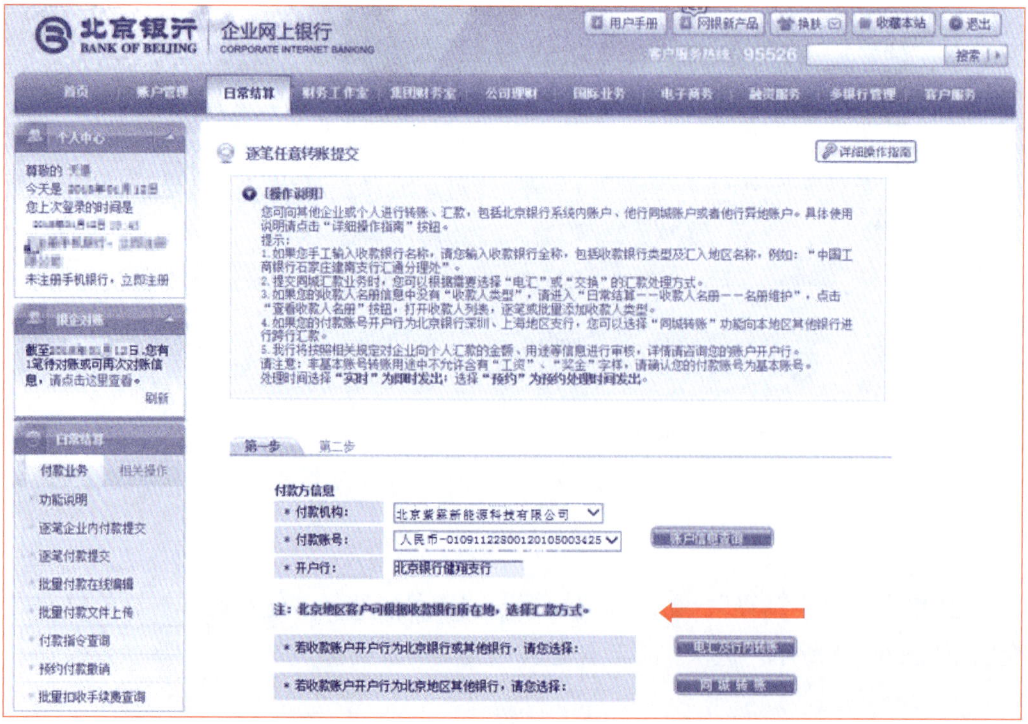

图 6-83　选择付款机构及付款账号

⑤ 填写收款人信息及金额。如图 6-84 所示。

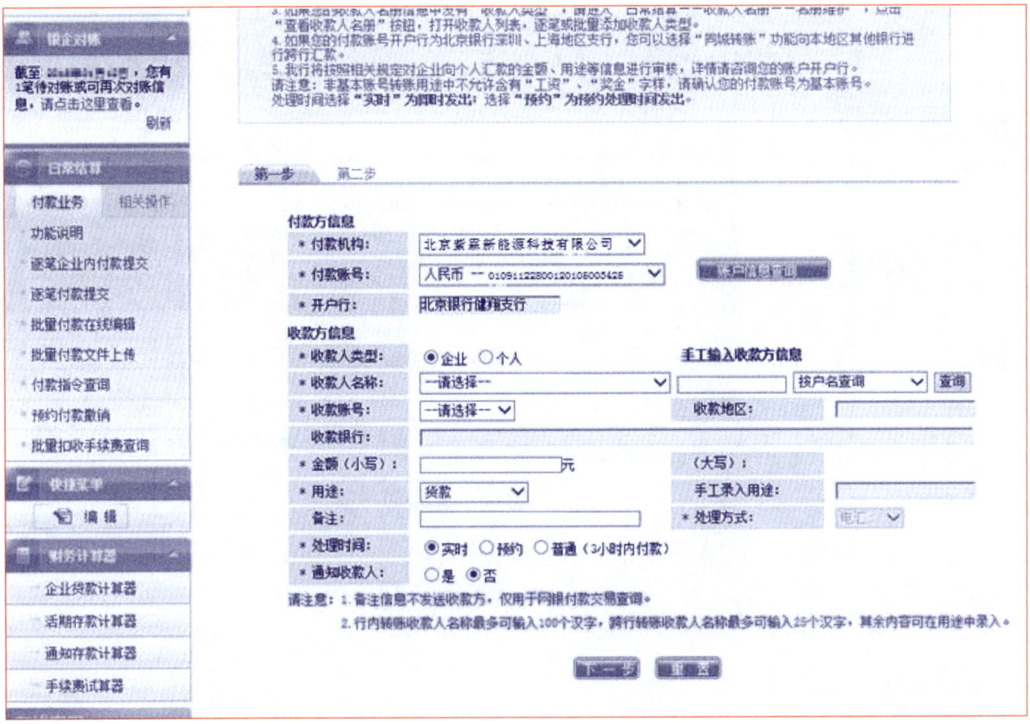

图 6-84　收款人信息及金额

⑥ 再次确认付款信息，并提交，完成制单工作。如图 6-85、图 6-86、图 6-87 所示。

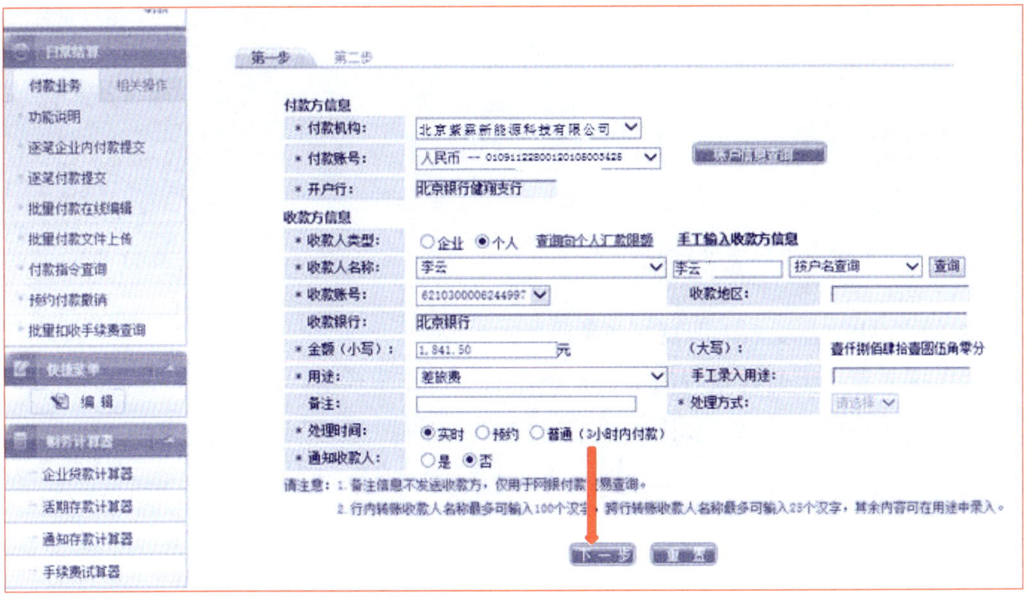

图 6-85　确认并提交

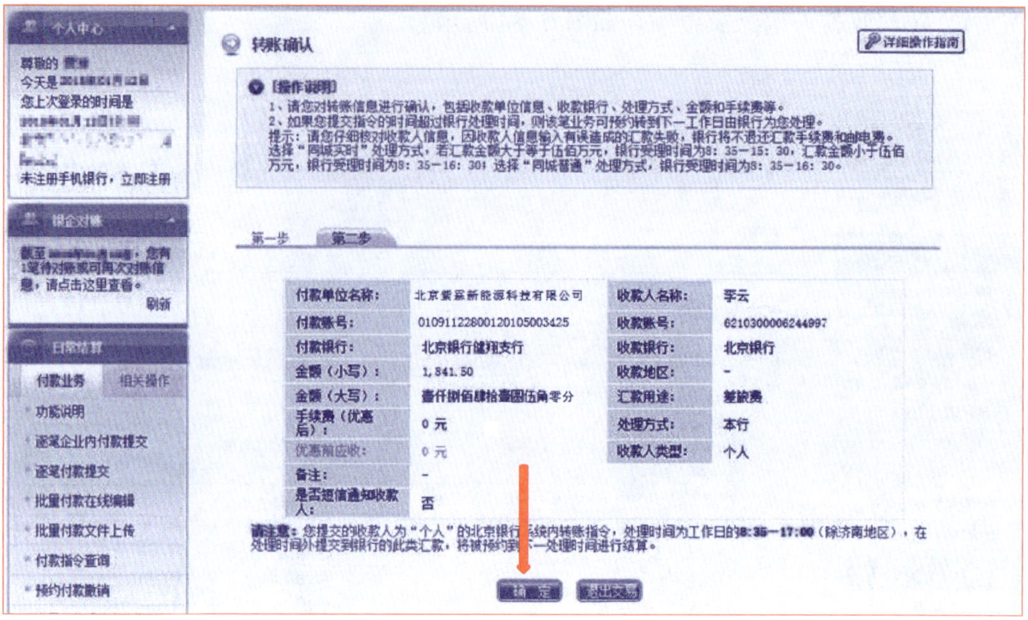

图 6-86　转账确认

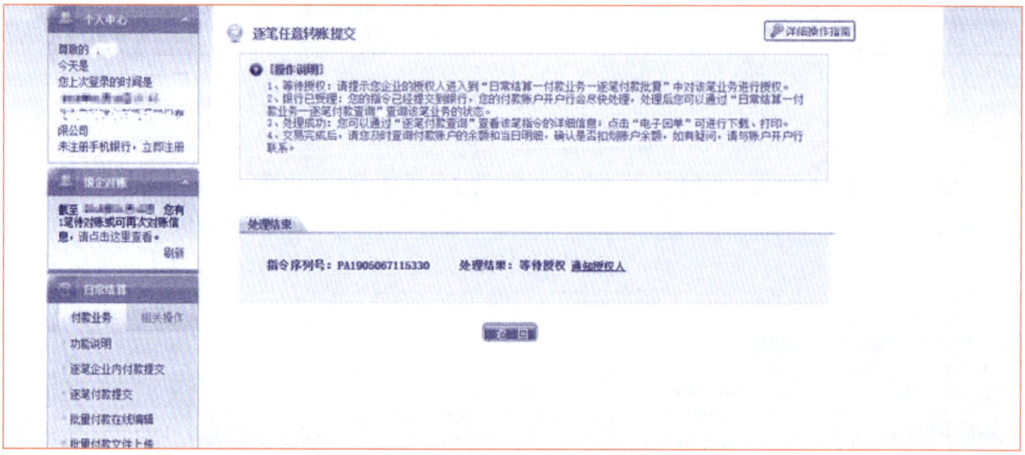

图 6-87　处理结果通知

（2）会计李芳复核（即复核付款）。

① 进入北京银行登录界面，登录企业网银。如图 6-88 所示。

② 查看待付款信息。如图 6-89、图 6-90、图 6-91 所示。

图 6-88　登录网银

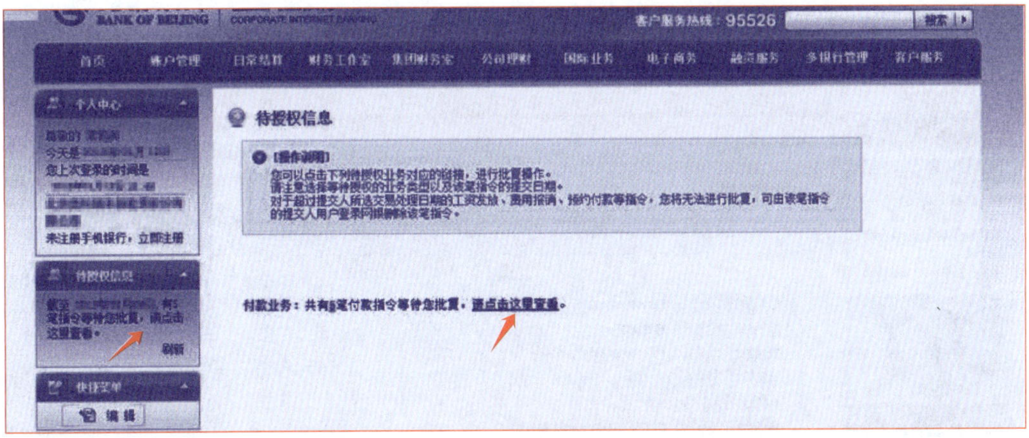

图 6-89　点击查看

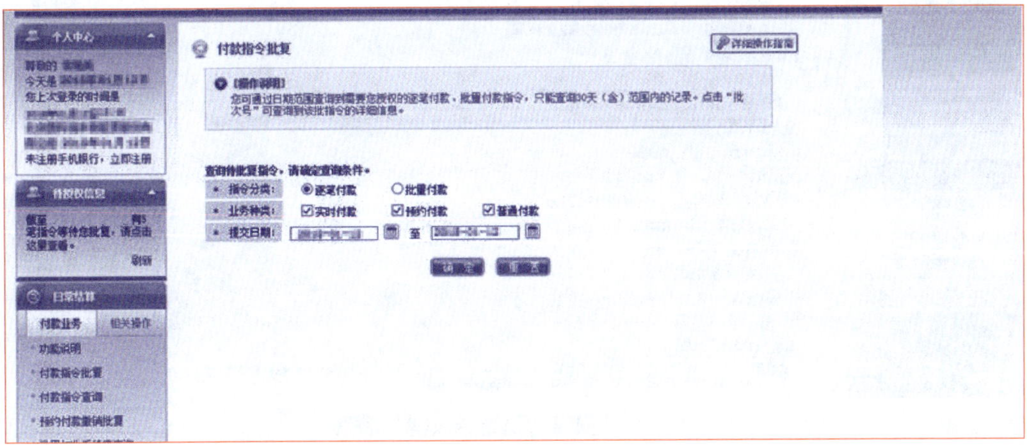

图 6-90　付款指令批复

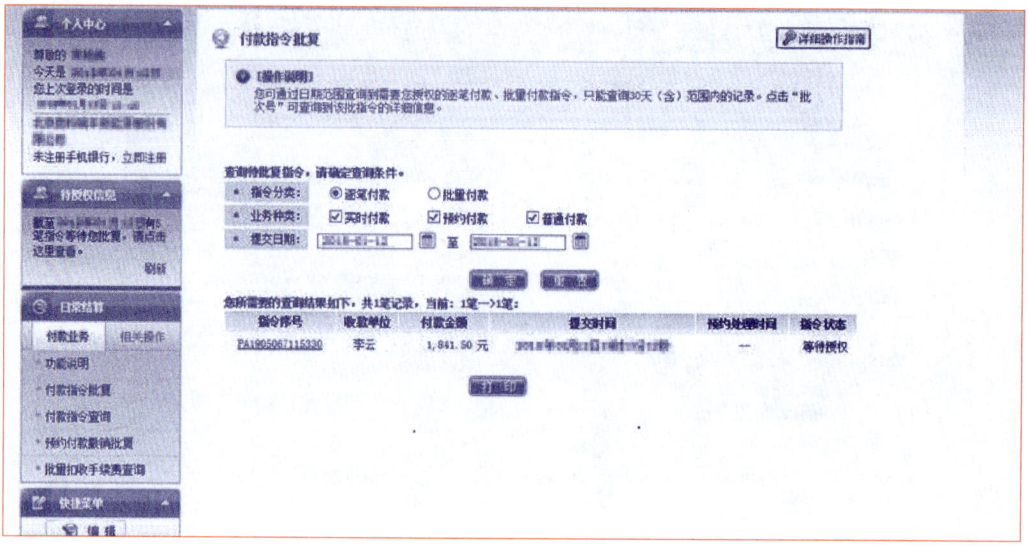

图 6-91　查询结果显示

③ 付款确认无误后，同意该付款信息，完成付款。如图 6-92 所示。

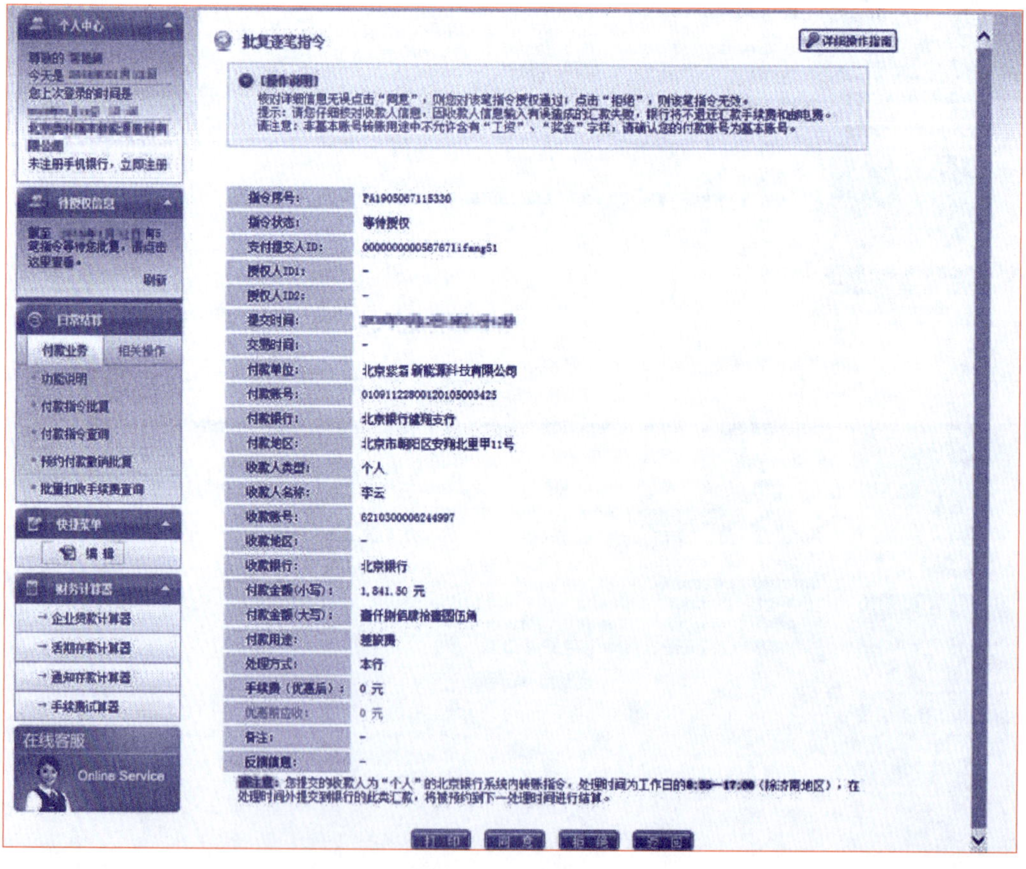

图 6-92　确认付款信息并付款

五、任务评价

出纳及资金管理任务评价表见表 6-17。

表 6-17　出纳及资金管理任务评价表

任务清单	完成情况
根据现金管理有关规定和流程，办理现金收付款业务	
根据银行存款管理有关规定和流程，办理银行收付款业务	
根据公司报销制度规定和流程，办理员工借款与日常费用报销业务	
设置网银代发流程，办理银行代发、报销业务	
根据网银票据业务流程，完成电子商业汇票的流程设置、应答、出票、背书转让、提示付款和查询等业务	
根据业务流程，完成电子银行对账业务	
完成与第三方管家的对接	

任务三　第三方服务管理

第三方服务管理

一、任务情境

（一）任务场景

北京紫霖新能源科技有限公司（简称“紫霖新能源”）是一家绿色低碳、环保型生物质能新兴（新能源）产业企业。

2019 年 10 月，紫霖新能源准备聘请会计师事务所对公司财务报告进行审计，并请北京紫霖财税服务有限公司（简称“紫霖财税”）的企业管家协助帮忙。紫霖新能源将此事交由公司秘书（兼财务负责人）刘国忠负责。

（二）任务布置

请紫霖财税企业管家刘庆协助紫霖新能源选聘会计师事务所，并对会计师事务所的服务质量进行评估。

（1）成立选聘小组，撰写需求说明书。

（2）通过招标等方式选聘第三方服务机构。

（3）根据项目需求提交各类资料，并配合第三方服务组织工作。

（4）对第三方的服务质量进行评价。

二、工作准备

（一）知识准备

知识点：招标管理办法　供方选择办法

第三方服务管理工作准备

（二）业务要领

1. 选聘决算权限
2. 利害关系回避
3. 中介机构选聘方式
4. 邀请招标并遴选
5. 退出竞标
6. 退出受委托
7. 审计报告意见分类

三、业务流程

第三方服务管理业务流程如图 6–93 所示。

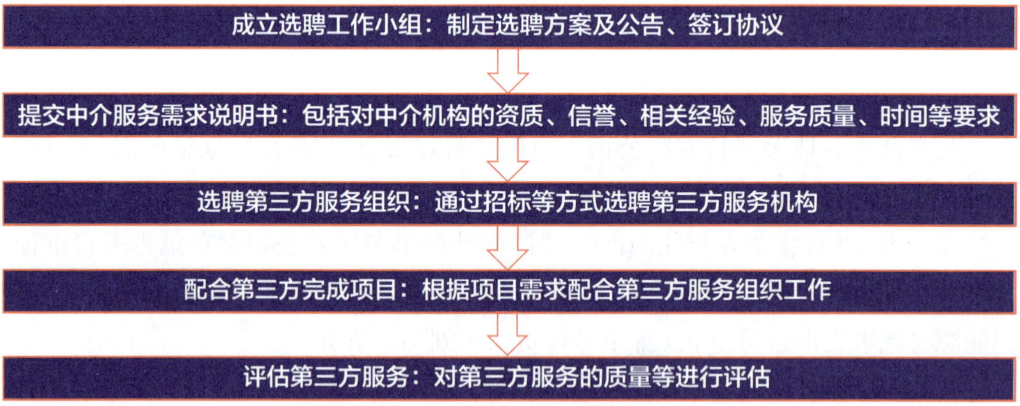

图 6–93　第三方服务管理业务流程

第三方服务管理业务流程说明如表 6–18 所示。

表 6-18　第三方服务管理业务流程说明

工作序号	工作任务	工具及依据	工作指导
1	成立选聘工作小组或选聘委员会		负责中介机构选聘的组织协调和选聘方式、选聘方案及公告的制定，协议的签订等工作
2	提交中介服务需求说明书		包括中介服务事项说明，对中介机构的资质、信誉、相关经验、服务质量、服务时间等要求以及服务费用参考价格和其他应当说明的事项
3	选聘方式	招投标法	
4	组织配合第三方公司完成项目任务		
5	对第三方服务进行评估		

四、业务操作

以选聘会计师事务所为例，紫霖新能源秘书（兼财务负责人）刘国忠在紫霖财税企业管家刘庆的协助下进行第三方服务管理的操作步骤和方法如下：

（一）成立选聘工作小组

企业应成立选聘工作小组或选聘委员会，负责中介机构选聘的组织协调和选聘方式、选聘方案及公告的制定，协议的签订等工作。选聘工作小组（选聘委员会）可由企业采购、财务、行政等相关部门的人员组成，且应为不少于 5 人的单数。企业应建立评标人员备选库，由相关部门政治素质高、责任心强、具有一定专业知识的人员组成。

例如，2019 年 10 月，紫霖新能源执行董事兼总经理王强安排公司秘书（兼财务负责人）刘国忠为组长，公司财务部、行政部、人力资源部负责人共同组成会计师选聘小组。

（二）提交中介服务需求说明书

企业需要聘用中介机构时，应提前向选聘小组（选聘委员会）提交中介服务需求说明书。说明书的内容包括中介服务事项说明，对中介机构的资质、信誉、相关经验、服务质量、服务时间等要求以及服务费用参考价格和其他应当说明的事项。

例如：2019 年 10 月，紫霖新能源的融资部门和财务部门共同提交《会计报表审计服务说明书》，写明审计范围、审计时间，以及对会计师事务所的资质、信誉、

6

相关经验等方面的要求。

（三）确定中介机构选聘方式

例如：2019 年 10 月，紫霖新能源执行董事兼总经理王强安排公司秘书（兼财务负责人）刘国忠负责聘请 2019 年度公司年报审计机构事宜。

刘国忠通过对会计师事务所的资质、信誉、相关经验、服务质量、时间、服务费用等各方面的了解，确定向大地、中北、神州三家资信良好的会计师事务所发出投标邀请书，并组成了由 5 人组成的评标委员会。

评标结果公布，大地、中北两家会计师事务所分别排名第一、第二。由于大地会计师事务所的投标报价高于中北会计师事务所较多，另经调查，中北会计师事务所具备证券、期货相关业务审计从业资格，具备多年为上市公司及大型企业集团提供审计服务的经验和良好的行业口碑，根据中国注册会计师协会公布的 2019 年全国会计师事务所综合评价前百家信息，中北会计师事务所位居前 30 名。中北会计师事务所能够满足公司 2019 年度财务审计工作要求，能够独立地对公司财务状况进行审计。故拟选聘中北会计师事务所为紫霖新能源 2019 年度年报审计机构。

根据紫霖新能源公司章程的规定，聘用、解聘会计师事务所的决策权限在股东会。2019 年 11 月 6 日，紫霖新能源股东会审议批准中北会计师事务所为紫霖新能源 2019 年度年报审计机构。2019 年 11 月 8 日，紫霖新能源向中北会计师事务所发出了中标通知书，并于 2019 年 11 月 10 日与中北会计师事务所签订了 2019 年度年报审计业务约定书，协议约定审计收费为 20 万元，聘期 2 年。

（四）配合第三方公司完成服务项目

例如：2019 年 10 月，刘国忠与中北会计师事务所审计负责人王国兴经理取得联系，沟通审计工作计划、进场时间等具体事宜，并确认是否开展预审工作。具体配合工作步骤如下：

第一步：中北会计师事务所审计负责人王国兴经理递交具体审计方案、审计资料清单。审计资料清单如下：

（1）公司的财务制度、会计核算制度、管理制度。

（2）公司的经营范围、业务流程、业务控制方法。

（3）2019 年度未审报表（资产负债表、利润表、现金流量表、所有者权益变动表及财务情况说明书）。

（4）填制业务循环内控测试相关表格（参空白模板填写），并按业务循环提供相关资料。

（5）填制了解被审计单位及其环境。

（6）营业执照、税务登记证、组织机构代码、公司章程、2018 年度审计报告、

2018 年度所得税汇算报告。

（7）股东会决议、董事会决议及其他重要管理决议。

（8）科目余额表。

（9）银行对账单、银行余额调节表（2019 年 12 月 31 日，原件）。

（10）现金盘点表。

（11）应收应付票据登记簿。

（12）存货盘点表（2019 年 12 月 31 日）。

（13）固定资产台账。

（14）固定资产盘点表。

（15）固定资产及累计折旧分类汇总表。

（16）房产证、土地使用证、车辆行驶证。

（17）在建工程（提供工程批文、预算）。

（18）工程项目完工情况表。

（19）土地使用证、土地出让合同、交纳出让金票据、专利技术相关部门的批复文件。

（20）借款合同、抵押合同、投资合同及其他重要合同协议。

（21）企业征信报告原件。

（22）工资政策、工效挂钩指标文件、工资附加费计提标准、职工的各项保险办理政策、标准。

（23）各个税种的税率、税收优惠政策，每月或季的纳税申报表（包括所得税）。

（24）合同台账及大额购进、销售合同。

（25）政府补助及税收优惠批文、各类业务收费文件。

（26）为其他单位提供担保资料。

（27）其他诉讼事项资料。

（28）关联方的名称、地址、注册资本、经营范围、负责人，关联方交易项目、金额、定价政策、款项支付情况、未支付款项原因。

（29）提供管理层声明书及管理层关联交易声明书。

第二步：2019 年 11 月 16 日，紫霖新能源按业务约定书要求预付中北会计师事务所 30% 审计费。

第三步：刘国忠召集年报审计年终审计审前会议，参会人员包括各职能部门负责人，财务资料交由主管会计李芳准备，涉及银行业务资料由出纳陈冉准备，其他审计资料由公司综经办、资产管理部、人事部、证券部等部室负责。年报审计工作由财务负责人刘国忠全权负责。

第四步：刘国忠作为审计对接具体负责人，负责审计人员答疑，沟通相关问题，并保证审计人员执行业务不受限制。

第五步：审计现场结束后，刘国忠就审计重大问题与审计负责人王国兴经理沟通，确认审计报告的类型，拟定审计报告意见类型为标准无保留意见。

第六步：2020 年 2 月 6 日，中北会计师事务所向公司出具了审计报告初稿，报告类型为标准无保留意见。财务部负责核对，核对无误后，交由刘国忠确认。

第七步：2020 年 2 月 10 日，中北会计师事务所向公司出具年度审计报告（共 6 份），如有特殊需要，可加印。报告收到后，需核对签章、防伪图标是否齐全，注册会计师是否签字。

第八步：2020 年 2 月 12 日，紫霖新能源按审计业务约定书要求向中北会计师事务所支付了审计费 70% 的余款，并取得增值税专用发票。

（五）对第三方服务进行评估

第三方单位完成服务项目后，公司要根据服务的过程和服务结果，对第三方的服务质量、价格、效率等进行评估。

例如：中北会计师事务所出具审计报告后，紫霖新能源对中北会计师事务所的服务过程和结果进行评价。

五、任务评价

第三方服务管理任务评价表见表 6–19。

表 6–19　第三方服务管理任务评价表

任务清单	完成情况
了解第三方服务管理的业务流程	
分析第三方机构选聘原则和各选聘方式的优缺点及选聘程序，确定合适的第三方机构选聘方式	
根据企业需求与第三方提供的专业服务项目进行对标，对第三方机构提供的专业服务收费标准、服务水平及资质信誉等情况进行确认	
拟定招标公告、第三方机构服务需求说明书、服务协议	
协调组织与配合第三方机构完成服务项目的任务	
对第三方投标文件的内容进行分类整理及审核	
选择恰当的评估方法对第三方的服务质量、价格、效率等进行评估	